부수 색인

1획
- 一 41
- 丨 43
- 丶 44
- 丿 44
- 乙 46
- 亅 47

2획
- 二 48
- 亠 49
- 人 51
- 亻 51
- 儿 69
- 入 71
- 八 72
- 冂 74
- 冖 74
- 冫 75
- 几 76
- 凵 76
- 刀 77
- 刂 77
- 力 82
- 勹 86
- 匕 86
- 匚 87
- 匸 87
- 十 88
- 卜 90
- 卩 90
- 㔾 90
- 厂 92
- 厶 93
- 又 93

3획
- 口 95
- 囗 105
- 土 108
- 士 115
- 夂 116
- 夊 116
- 夕 116
- 大 117
- 女 121
- 子 126
- 宀 129
- 寸 136
- 小 138
- 尢 139
- 尸 139
- 屮 142
- 山 142
- 巛 144
- 川 144
- 工 145
- 己 146
- 巾 146
- 干 149
- 幺 150
- 广 151
- 廴 155
- 廾 156
- 弋 156
- 弓 157
- 彐 159
- 彑 159
- 彐 159
- 彡 159
- 彳 160
- 艹 164
- 扌 181
- 氵 234
- 犭 260
- 卄 325
- 阝(우) 381
- 阝(좌) 392

4획
- 㣺 139
- 心 164
- 小 164
- 戈 179
- 戶 181
- 手 181
- 支 195
- 攴 195
- 攵 195
- 文 199
- 斗 199
- 斤 200
- 方 201
- 无 202
- 旡 202
- 日 202
- 曰 210
- 月 211
- 木 213
- 欠 226
- 止 228
- 歹 229
- 殳 231
- 毋 232
- 比 232
- 毛 233
- 氏 233
- 气 233
- 水 234
- 火 252

- 灬 252
- 爪 257
- 爫 257
- 父 258
- 爻 258
- 爿 258
- 片 259
- 牙 259
- 牛 259
- 犬 260
- 王 264
- 耂 312
- 月(肉) 315
- 艹 325
- 辶 371

5획
- 㐱 229
- 玄 263
- 玉 263
- 瓜 265
- 瓦 266
- 甘 266
- 生 266
- 用 267
- 田 267
- 疋 270
- 疒 271
- 癶 272
- 白 273
- 皮 274
- 皿 274
- 目 276
- 矛 279
- 矢 279
- 石 280
- 示 282
- 内 285
- 禾 286
- 穴 290

6획
- 立 291
- 竹 293
- 米 297
- 糸 298
- 缶 308
- 网 308
- 羊 310
- 羽 311
- 老 312
- 而 312
- 耒 313
- 耳 313
- 聿 315
- 肉 315
- 臣 320
- 自 321
- 至 321
- 臼 322
- 舌 323
- 舛 323
- 舟 324
- 艮 324
- 色 325
- 艸 325
- 虍 333
- 虫 334
- 血 336
- 行 336
- 衣 337
- 襾 340
- 竝 308
- 門 308
- 四 308
- 衤 337

7획
- 臼 322
- 見 341
- 角 342
- 言 343

- 谷 355
- 豆 355
- 豕 356
- 豸 357
- 貝 357
- 赤 364
- 走 364
- 足 365
- 身 367
- 車 367
- 辛 370
- 辰 371
- 辵 371
- 邑 381
- 酉 383
- 采 384
- 里 385

8획
- 金 386
- 長 390
- 門 390
- 阜 392
- 隶 397
- 隹 398
- 雨 400
- 青 402
- 非 402

9획
- 面 403
- 革 403
- 韋 403
- 韭 403
- 音 404
- 頁 404
- 風 408
- 飛 408
- 食 408
- 首 410

- 香 411

10획
- 馬 411
- 骨 412
- 高 413
- 髟 413
- 鬥 413
- 鬯 414
- 鬲 414
- 鬼 414

11획
- 魚 415
- 鳥 415
- 鹵 416
- 鹿 417
- 麥 417
- 麻 417

12획
- 黃 418
- 黍 418
- 黑 418
- 黹 419

13획
- 黽 419
- 鼎 419
- 鼓 420
- 鼠 420

14획
- 鼻 420
- 齊 420

15획
- 齒 421

16획
- 龍 421
- 龜 421

17획
- 龠 421

자원풀이 한자1900

정정확대판 2018년 2월 발행

지은이　권 지 용
펴낸이　김 기 중
펴낸곳　(주)키출판사

키출판사　전화　1644-8808
　　　　　팩스　(02) 733-1595
　　　　　등록　1980. 3. 19.(제16-32호)

정가 23,000원
ISBN 979-11-88808-10-6(13710)

Copyright ⓒ 권지용

이 책의 무단 복제, 복사, 전재는 저작권법에 저촉됩니다.
잘못 만들어진 책은 구입처에서 바꾸어 드립니다.

자원풀이 한자 참고 사이트
www.jawonpuri.co.kr

중국어, 일본어, 국어 어휘력 향상에 다 통하는
상용한자 정통 공부 비법

字(자)源(원)풀이 한자 1900

교육 R&D에 앞서가는

키출판사

추천사

漢字와 우리 文化

李熙昇 (이희승)

이 세계에는 대척적(對蹠的)으로 가장 뚜렷한 특질을 가진 양대 문화권이 있으니, 그 하나는 동양의 한자 문화권이요, 다른 하나는 서양의 로마자 문화권이다. 그런데, 저 구미(歐美)의 영(英)·미(美)·불(佛)·독(獨) 등이 로마자 문화권 속에서 육성된 것과 마찬가지로, 우리 민족은 한자 문화권의 영역 안에서 성장·발달하여 온 것이다. 따라서 영(英)·불(佛)·독(獨) 등의 민족의 언어 속에 그리스어·라틴어(로마 제국 시대의 언어)가 대량으로 침투되어 있는 것과 마찬가지로, 우리 국어 총 어휘수의 반 이상이 한자어이다.

그리고, 언어는 자의적으로 인위적으로 좌우할 수 없는 강인한 전통성·대중성을 띠고 있기 때문에, 우리 국어 속에 포함된 한자어(차용어(借用語)요 외국어(外國語)가 아님)는 일부 몰지각한 인사가 시도하였다가 실패한 바와 같이, 이를 우리 국어의 영역 밖으로 몰아내거나 물리치기는 전연 불가능한 것이다.

따라서, 우리는 필연적으로 한자를 외면할 수가 없다. 만일 이러한 우거(愚擧)를 감행한다면 우리의 언어 전통을 파괴하게 되며, 우리 문화의 영역을 좁히고, 문화 활동을 위축시키어, 민족 문화 발전을 지둔화·낙후화시키는 결과에 이르게 될 것이다. 이 얼마나 가공(可恐)할 일인가!

차라리 우리는 적당한 수의 한자와 적당한 양의 한자어를 보호·육성하여, 이를 숙련시키는 것은 앞으로 새 문화 창조에 큰 활력소가 될 것이요, 이렇게 하는 것만이 가장 현명한 문화 정책이라 할 것이다.

다행히도 외우(畏友) 권지용 동지가 다년간 한자의 과학적 연구에 몰두하여, 그 학습과 지도에 가장 용이하고 합리적인 방안을 터득하여 '한자 교육 방법의 혁신론'을 공개한 데에 이어, 그 뒷받침으로 부수를 활용한 '국제실용한자(國際實用漢字)'[*] 및 '기초한자명해(基礎漢字明解)'[**] 를 펴내게 되었으니, 한자는 난해하다는 선입관념을 불식시키고, 한자 학습에 큰 기여가 있을 것을 믿어 의심치 않는다.

권 동지의 이와 같은 역저를 출간하는 데 즈음하여, 이에 대한 환영의 마음과 기쁨의 뜻을 기록하여 찬사를 보낸다.

1973년 11월 5일

[*] 국제실용한자의 새 이름은 '자원풀이 한자 3300' 입니다.
[**] 기초한자명해의 새 이름은 '자원풀이 한자 1900' 입니다.

漢字공부가 國語의 힘을 기르는 지름길

南廣祐 (남광우)

'말의 불가사의(不可思議)한 힘'이라는 글이 외지(外誌)에 실린 일이 있다. 미국 과학자 존슨 오코나 박사가 35만 명을 상대로 테스트 한 후, "사람은 말로 사물을 생각한다. 그러므로 이해하는 말이 많을수록 사고의 폭도 넓고, 이해하는 말의 깊이가 깊을수록 사고의 정밀도(精密度)도 높은 것이다. 말을 정확(正確)히 풍부하게 쓰는 사람이 모든 방면에서 성공하고 있다."는 결론을 내렸다.

케임브리지 대학의 데보노 박사는, "영국에서 고작 수천 부 나갈 기술 서적이 일본에서는 10만 부 이상이나 팔린다. 이 독서력은 장차 일본을 세계 제일로 할 것이다."라고 감탄하고 있다.

우리도 책 읽는 국민이 되어야겠다. 그런데 우리말의 태반이 한자어이고, 한자가 척추 같은 존재임은 누구나 아는 사실이다. 그러므로, 우리의 고전은 물론 오늘날의 교과서나 학술·기술서적을 비롯하여 신문·잡지와 거리의 간판에 이르기까지 한자 지식 없이는 그 독해가 어려운 것이 현실이다.

통계로, 현행 사전에 실린 한자어는 십수만 개다. 물론 이들 중 오늘날 쓰이지 않거나 거의 잊혀진 것도 있다. 그러나, 과거에 쓰였거나 현재 쓰이고 있는 말들임이 또한 틀림이 없는 것들이다. 그런데, 이들을 나타내는 한자음은 490음(가각간갈감강……)뿐이다. 따라서, 동음이의어가 많은 것은 당연한 이치요, 한자어의 모태인 한자의 정확한 뜻을 모른 채 그 음만으로는 한자어의 올바른 뜻을 알기란 어렵게 되어 있는 것이다.

가령 '기초한자'에 '사'로 읽히는 한자가 32자인데, "士仕史使射謝四師寺死絲事思 舍巳私社司祠蛇捨邪賜斜詐沙査寫辭似斯祀"가 그것이다. 이들이 앞뒤에 놓여 이루어진 말이 漢韓大辭典에 의하면, "力士 歷史 大使 私債 社債……事實 寫實 鷄舍 癸巳 射擊 思考 喜捨 傾斜……" 등 모두 1,617개나 되므로, 32자의 뜻만 제대로 알아도 이토록 많은 단어의 뜻을 반(半)은 알 수 있다.

조사에 따르면, 기초한자 중학교용 900자가 앞에 놓여 이루어진 단어가 62,374개요, 고교용 900자로도 22,568개나 된다. 위의 통계는 '漢字의 공부가 바로 국어의 힘을 기르는 지름길이 됨'을 보여준다.

여러분에게 기초한자의 공부를 철저하게 하라고 당부하는 까닭이 여기에 있다. 이를 과학적인 방법으로 쉽게 흥미를 가지고 익힐 수 있는 책으로 이 '부수활용 기초한자명해**' 및 '국제실용한자명해*'를 안심하고 권한다.

1973년 10월 31일

머리말

 우리가 사용하고 있는 말의 70% 이상이 한자어이다. 한자를 이해하지 못하면 신문이나 잡지, 교과서에 이르기까지 그 뜻을 제대로 파악하기조차 힘든 말들이 많기 때문에 우리 사회에서 한자에 대한 이해는 불가피하다.

 또한 한자를 모르면 선조들이 이룩한 우리의 훌륭한 문화를 온전히 이해할 수 없다. 한자 문화권 속에서 살아왔고 또 지금도 살고 있는 우리에게 한자는 떼려야 뗄 수 없는 '또 다른 우리말'인 것이다. 이처럼 한자는 우리 생활 속 깊숙이 들어와 있기 때문에 한자 공부의 필요성에 대해서는 더 이상 재고(再考)의 여지가 없다.

 이러한 한자의 중요성으로 국가에서는 교육용 한자 1800자(중학교 900자, 고등학교 900자)를 선정하였다. 이 1800자를 완전히 익힌다면 우리가 일상생활에서 한자로 인해 겪는 불편은 사라질 것이다.

 그러나 한자를 완전하게 익히는 것은 결코 쉬운 일이 아니다. 이에 필자는 우리 국민 전체가 어떻게 하면 한자를 쉽고 제대로 익힐 수 있을지를 연구하게 되었고, 그 결과 '국제실용한자명해(國際實用漢字明解)'가 나오게 되었다. '국제실용한자명해'는 1974년에 초판이 나온 이래 '소년조선일보'에 15년간 연재하며 많은 독자들로부터 뜨거운 호응을 받았다.

 '자원풀이 한자 1900'은 '국제실용한자명해'에서 1800자를 뽑아낸 '기초한자명해(基礎漢字明解)'에, 2000년 수정된 교육용 한자를 반영하여 새롭게 만든 것이다. 특히 설문해자(說文解字)와 육서심원(六書尋源 : 권병훈 著)을 근간(根幹)으로 자원을 풀이하고, 이해를 돕기 위해 전자(篆字)와 도해(圖解)를 실었기 때문에 한자를 어려워하는 사람들도 짧은 시간에 한자의 뜻을 완벽하고 정확하게 깨칠 수 있을 것이다.

 이 책을 통해 입시·입사 시험의 대비는 물론, 우리 생활에 꼭 필요한 한자를 자유자재로 사용할 수 있게 될 것이다. 아무쪼록 이 책이 한자 교육의 입문서이자, 온 국민의 필독서로 사랑받기를 기대하는 바이다.

著者　權智庸
저자　권지용

목차

추천사(이희승, 남광우)······ 2

머리말 ········· 4

한자 교육 방법의 혁신론 ····· 6

필순의 기초······· 12

이 책의 특징······· 14

부수 214자 해설······· 16

자원풀이 한자 1900자······ 39

자음 색인······· 423

총획 색인········ 440

한자 교육 방법의 혁신론

1. 한자의 유래와 부수자

　한자의 원형은 자연 현상을 본떠, 약 5천 년 전에 창힐(倉頡)이 만든 것이 그 처음이라 전해진다. 이것을 구체화한 것이 540자의 기본 문자로서 초기의 문자가 되었다.

　한자의 구성 형태를 고자(古字)〈그림 1〉에서 보면, 글자들의 대부분이 물체의 모양을 본떴고, 한자의 음(音)도 자연 현상의 음향을 취해 이루어졌다. 예컨데, 鼎(솥 정)자는 '솥'의 모양을 본떴는데, 솥의 울림소리인 '정'을 그 자음으로 삼았고, 母자는 '젖이 있는 여자'의 모양을 본뜬 자로, 어린애가 어머니를 부르는 '모'가 그 자음이 된 것과 같다.

　이와 같은 원리로 이루어진 한자는, 긴 세월을 두고 여러 사람의 창의와 연구에 의해 발전되고, 인간의 이지(理智)와 생활 양식이 발달함에 따라 그 한자의 수(數)가 늘어났다. 뿐만 아니라, 생활의 변천과 지역적인 차이로 말미암아 자형(字形)과 자의(字義)·자음(字音)에도 변화가 생겨 다양해지게 되었다. 이와 같은 경위를 거쳐 하나의 글자가 하나의 모양으로 고정되기에 이른 한자를 후한(後漢) 때에 허신(許愼)이 '설문해자(說文解字)'에서, 당시에 사용되던 9353자를 수록하여 540부수로 체계 짓고 육서(六書)로 분류하여, 한자의 구조를 근본적으로 설명하였다(이는 자학(字學)의 최고(最古) 원류(源流)를 이루고 있다).

　이 540부수를 '자휘(字彙)'·'강희자전(康熙字典)' 등에서 214부수로 줄여 수만의 한자를 포괄 정리하게 되었다. 이것이 오늘날 우리가 사용하고 있는 부수자이다. 이 부수자는 모든 한자의 골격을 이룰 뿐만 아니라, 자의(字義)를 나타내는 데에 중요한 구실을 하고 있다.

〈그림 1〉 한자의 기원

2. 종래 한자 교육의 결점

옛날의 한자·한문 교육은 천자문의 암기로 시작하여 '계몽편(啓蒙篇)'·'명심보감(明心寶鑑)' 등을 거쳐 칠서(七書)의 암송을 그 최선의 방법으로 여기었다. 그리고, 그 문맥에 있어서는 '백독(百讀)이면 의자현(義自見) : 백 번 읽으면 그 뜻을 스스로 알 수 있다'이라는 다독식(多讀式)과 '수독오거서(須讀五車書) : 모름지기 다섯 수레의 책을 읽어야 한다'라는 확독식(擴讀式)이 수학(修學)의 오직 한 길이었다. 이 같은 서당식 수학의 결과, 한자 사용에 있어서도 일반이 잘 모르는 자(字)나 구(句)를 쓰는 경향이 생겨 한자는 더욱 어려운 것으로 경원(敬遠)받게 되었다.

서당식 수학뿐만 아니라, 현재까지의 한자·한문 교육도 자학이나 한문법을 바탕으로 해서 체계적인 방법으로 가르치지 않았기 때문에, 한자·한문은 배우기 힘들고 이해하기 어려운 것으로만 인식되었다.

또한, 일정(日政)때나 해방 후 중고등 학교에 있어서도, 한문 시간은 있었으나 등한시되었고, 국어 교과서의 문장에 혼용된 한자어의 음만을 체계 없이 배웠기 때문에, 오늘날의 학생들은 단어 중심으로 한자의 음만 알면 된다고 하는 안이한 사고 방식으로 뜻 없는 소리만 되뇌게 되고 말았다. 언어학적으로 보더라도 표의 문자의 근본적인 장점을 무시한 데서 초래된 결과라고 할 수밖에 없다.

이와 같은 교육 결과는, 한자·한문이 합리적으로 구성된 원리가 있음을 간과했기 때문이며, 그 문제점을 포착하여 과학적으로 지도하려고 하지 않았기 때문이다. 시야를 넓히어 볼 때도, 동양 삼국은 물론 필자가 순력(巡歷)하며 살펴본바, 과학적 교육방법을 쓴다는 구미(歐美)의 저명 대학들에서도, 한자 교육 방법만은 동양에서처럼 여전히 비과학적으로 단순한 암기가 아니면 낭독에 그치고 있을 뿐이었다.

〈그림 2〉 부수자 도해(圖解)

<표 1> 부수자의 관습상 명칭이 원래의 뜻과 달라진 것 및 그 구성 예   ( )는 다른 부수

部首字	관습상의 명칭	원래의 뜻	구성 예
亠	돼지 亥 밑	머리 부분 두	兀 亦 亨 京 享
冖	민갓머리	덮을 멱	冠 冥 冤 冢 冪
冫	이수변	얼음 빙	冬 治 冷 凌 凍
匚	터진 입 구	상자 방	匠 匡 匣 匪 匱
匸	터진 에운 담	감출 혜	匹 医 區 區 匿
厂	민음호 밑	굴바위 엄	厄 厚 原 厥 厭
厶	마늘 모	사사 사	私 參 去(厶) (弁)
宀	갓 머리	집·움집 면	宅 守 宇 官 家
巛	개머 허리	내 천	州 巡 (訓 順 洲)
广	음호 밑	집·바위집 엄	序 店 座 庫 庭
廴	민책받침	길게 걸을 인	廷 延 建 廻
廾	밑 스물 입	들 공	弁 弄 弊
⺕(彑)	터진 가로 왈	돼지 머리 계	彖 彗 彙
彡	삐친 석 삼	터럭 삼	形 彩 彭 彰 影
攵(攴)	등글월 문	칠·두드릴 복	攻 敎 敗 散 敵
殳	갖은 등글월 문	창·칠 수	段 殺 殿 毁 毆
爿	장수 장 변	조각널 장	壯 牀 狀 將
辶(辵)	책받침	쉬엄쉬엄 갈 착	返 追 逃 逐 進
癶	필발밑	걸을·갈 발	癸 登 發 (證)
豸	갖은 돼지 시	맹수 치	豸 豹 貌 猫

<표 2> 자원풀이의 예

字	풀 이
人	'사람'이 다리를 내딛고 선 모양을 본뜬 자.
鳥	꽁지가 긴 '새'의 모양을 본뜬 자.
之	싹(屮)이 땅 위(一)로 돋아 뻗어 '감'을 가리킨 자.
才	초목(丨)의 싹(丿)이 땅(一)을 뚫고 자라나듯이 능력도 발전함을 가리켜 '재주'의 뜻이 된 자.
好	여자(女)와 남자(子)가 서로 '좋아한다'는 뜻.
信	사람(亻)의 말(言)은 마음의 소리라는 데서 '믿다'의 뜻이 된 자.
江	'강'은 흐르는 물(氵)에 의해 만들어진다 하여 工을 음부로 합쳐 된 자.
醫	화살과 창 등에 찔려 패어서 신음 소리(殹=소리 마주칠 예:음부)를 내는 환자에게 약술(酉)을 먹이거나, 상처를 소독하여 '고친다'는 뜻으로 된 자.
惡	흉한(亞) 마음(心), 즉 '나쁠 악'이 '미워할 오'로도 쓰이는 자.
樂	받침대(木) 위의 북(絲)을 본떠 '음악 악'이 되고 나아가 '즐거울 락'으로도 쓰이는 자.

3. 한자 교육에 대한 방안

1) 반성

오늘에 이르기까지, 부수자는 다만 옥편이나 자전을 찾을 때의 색인 구실밖에 못하여, 글자의 원래의 뜻은 모르고 와전된 여러 가지의 명칭으로 불리거나, 또는 명칭이 원의(原義)대로 전해 왔다 할지라도 바르게 파악하지 못하여, 한자 학습이나 그 활용이 잘 되지 못하고 있다. 다음에 그 예를 몇 개 보기로 한다.〈표 1 참조〉

'宀(움집 면)'을 제 뜻대로 쓰이지 않고 '갓머리'라고 부르는 바람에 그 본래의 뜻이 '움집'임을 몰라, '宀'이 씌워지는 '家(가)·室(실)·宇(우)·宙(주)·宅(택)·宮(궁)·宿(숙)' 등이 '집'의 뜻을 가지고 있음을 모르게 된다.

'殳(칠 수)'를 모양으로만 봐서 '갖은 등글월 문'이라 한 때문에, '殳'가 합쳐지는 '投(투)·毆(구)·殺(살)·役(역)' 등이 '친다'는 뜻을 가지고 있음을 모른 채 어렵게 배우게 된다.

'辶(쉬엄쉬엄 갈 착)'을 '책받침'이라고 했기 때문에, 辶이 받쳐지는 '途(도)·道(도)·遲(지)' 등이 '간다'는 뜻을 가지고 있음을 모르고 무작정 암기하려는 등 그 예는 허다하다. 이는 한자의 원리를 몰각(沒却)한 데서 비롯한 것이다.

우선, 한자의 기본이 되는 부수자의 제 뜻을 정확히 알고, 또 도해(圖解)를 통하여 시각으로 배우고, 그를 풀이하여 부수자 상호간의 조직을 앎으로써 모든 한자 구성의 원리를 알도록 한다. 즉, 부수와 자소(字素)에 해당하는 자모(字母)〈표 4 참조〉를 활용하면 그 구성 원리를 깨칠 수 있다.

2) 부수자 도해에 의한 합리적 지도

상형(象形)·지사(指事) 문자로 이루어진 부수자는 시대의 흐름에 따라 단계적으로 발전하였다. 이를 순서에 좇아 오늘날 우리가 쓰고 있는 해서체가 이루어지기까지를 도해(圖解)하여 시각적으로 쉽게 기억하고, 원뜻을 이해시킬 뿐만 아니라, 모든 한자를 부수자로 한데 묶어 그 구성 원리를 깨치게 하여 한자의 올바른 뜻을 지도해야 한다.〈표 2 참조〉

한자는 허신(許愼)이 귀납적 방법에 의해 육서(六書)〈표 3〉로 분류했는데 상형(日·月·人)·지사(上·本·王)문자는 형태와 사리(事理)로 이해시키고, 회의(天·好·明)·형성(失·姿·淸)문자는 합리적으로 알게 하고, 전주(樂·惡 등의 경우)·가차(燕·拾 등의 경우) 문자는 문자의 운용되는 이치와 문화사적 입장에서 이유를 들어 지도하면 자획의 기억은 물론 음과 뜻에 있어서도 서로 관련이 있음을 이해하게 되어, 쉽게 배우고 또한 제 뜻을 가려서 사용할 수 있다. 이와 같은 방법으로 천여 자만

〈표 3〉 육서(六書)

체(體)	상형(象形)	사물의 형태를 본떠 구체적인 개념을 보인 글자. - '鳥'는 꽁지가 긴 새, - '隹'는 꽁지가 짧은 새, - '日'은 태양의 모양, - '山'은 산을 그대로 그린 것임.	형태(形態)
	지사(指事)	형태를 그릴 수 없는 추상 개념을 가리킨 글자. - '上'의 '一'은 일정한 장소를, '·'은 위쪽의 위치를 지시하여 '위'를 뜻함. - '本'은 나무(木) 밑에 '一'을 그어 근본을 가리킴.	
	회의(會意)	두 글자의 뜻을 합쳐 새로운 뜻을 나타낸 글자. - '明'은 '日'과 '月'이 합쳐져 '밝다'라는 뜻. - '林'은 '木'과 '木'이 합쳐져 나무가 많은 '숲'을 뜻함.	연상(聯想)
	형성(形聲)	한 字에 음을, 한 字에 뜻을 취하여 된 글자. - '俗'의 '亻'의 뜻, '谷'의 음을 취하여 된 글자. - '聞'의 '耳'의 뜻, '門'의 음을 취하여 된 글자.	
용(用)	전주(轉注)	이미 만들어진 문자 원래 뜻이 바뀌어 다른 뜻으로 쓰이는 글자. - '樂'이 '풍류 악'에서 '즐거울 락'으로 쓰임. - '惡'이 '악할 악'에서 '미워할 오'의 뜻으로 바뀌어 쓰임.	음성(音聲)
	가차(假借)	뜻의 일부나 음을 빌려 다른 뜻으로 쓰이는 글자. - '燕'은 '제비 연'인데 '宴樂(연락: 잔치를 벌여 즐김)'의 '宴'과 음이 같아 '燕樂'으로 쓰임. - '佛'은 사람(亻)이 아니면서(弗) 사람과 '비슷하다'는 뜻인데, Buddha의 두음(頭音)을 빌려 '부처'의 뜻으로 쓰임.	

알게 되면, 처음 보는 한자도 그 의부(義符)·음부(音符)로 미루어 뜻을 대개는 알 수 있게 된다. 또한 기왕에 아는 자도 오래도록 기억에 남게 되고, 실용상의 정확도 기할 수 있다.

3) 자모자(字母字)에 대한 지도

부수자를 익힌 다음 자소(字素)(대부분 부수자들이 모여 다시 변 또는 몸이 됨)에 해당하는 자모자(字母字)〈표 4〉를 300여 자만 알면, 한자의 형(形)과 음(音) 및 의(義)를 유기적으로 파악할 수 있어 쉬이 익히게 된다. 나아가 한자어와 한문 해석도 쉽게 된다.

<표 4> 자소(字素)에 해당하는 자모자(字母字) 및 그 구성 예(80개 유형)

字母	예					字母	예					字母	예				
圭	佳	卦	桂	街	閨	扁	偏	編	篇	遍	騙	戔	殘	盞	賤	踐	錢
叚	假	暇	瑕	霞	遐	甫	哺	捕	補	輔	鋪	啇	嫡	摘	敵	滴	適
倝	乾	幹	榦	幹	翰	畐	副	富	幅	福	逼	且	助	祖	租	組	阻
丂	于	兮	可	朽	考	复	復	履	腹	複	覆	占	店	帖	站	粘	點
亼	今	令	僉	劍	合	夆	峰	烽	蜂	逢	鋒	寺	侍	恃	持	特	詩
可	何	哥	河	苛	阿	夋	俊	唆	峻	酸	陵	由	宙	抽	油	袖	軸
氐	低	底	抵	昏	邸	司	伺	嗣	祠	詞	飼	俞	偷	喻	愈	踰	輸
乍	作	昨	炸	祚	詐	肖	削	哨	宵	消	硝	召	招	昭	沼	紹	詔
亥	刻	劾	咳	孩	核	昜	場	揚	湯	暢	陽	戠	幟	熾	織	職	識
交	校	狡	絞	較	郊	昔	借	惜	措	醋	錯	台	始	怠	殆	治	胎
各	客	格	略	路	閣	睪	擇	澤	譯	釋	驛	也	他	地	施	池	馳
堇	僅	勤	槿	謹	饉	兌	悅	稅	脫	說	銳	包	抱	泡	炮	砲	胞
柬	煉	練	諫	鍊	闌	勺	杓	灼	的	約	酌	侖	倫	淪	論	輪	會
曷	喝	歇	渴	竭	謁	㫃	旗	族	旋	施	旌	每	侮	悔	敏	梅	海
兼	廉	嫌	簾	謙	鎌	其	基	期	欺	斯	箕	昔	借	惜	措	籍	
乚	孔	乳	札	軋	輒	奇	倚	寄	椅	畸	騎	禺	偶	愚	遇	隅	
雚	勸	權	歡	灌	觀	爰	媛	援	暖	煖	緩	尞	僚	寮	療	遼	
舌	刮	括	活	話	闊	襄	孃	壤	穰	讓	釀	甬	勇	痛	誦	通	
喬	僑	嬌	橋	矯	驕	㐱	參	珍	疹	診	趁	失	卷	券	勝	拳	
熒	勞	撈	榮	營	螢	令	冷	鈴	零	領	齡	皀	卽	卿	旣	鄕	
充	梳	流	琉	疏	硫	同	洞	桐	筒	胴	銅	夬	快	決	缺	訣	
莫	模	漠	暮	墓	寞	者	奢	暑	煮	賭	都	巠	徑	經	莖	輕	
亡	妄	忘	忙	望	盲	余	徐	斜	敍	途	餘	敝	弊	幣	弊	蔽	
尃	傳	博	簿	縛	賻	兆	挑	桃	窕	跳	逃	賁	噴	墳	憤	賁	
分	盆	粉	紛	貧	頒	周	彫	稠	綢	調	週	喿	操	燥	繰	躁	
音	倍	培	賠	部	陪	戈	哉	戴	栽	裁	載	攸	修	悠	條	倏	
辟	僻	壁	癖	譬	避	翟	擢	曜	權	濯	躍						

4. 맺는말

한자는 수만 자라고는 하나, 국내 일간 신문들은 천여 자로 기사를 쓰고 있으며 사서삼경(四書三經)도 약 3천 자 정도를 알고, 인명(人名)·지명(地名)·특수물명(特殊物名)들만 자전으로 해결 지으면 해독(解讀)할 수 있다. 그럼에도 한자를 어렵다고 여기게 된 것은, 앞에서 언급한 바와 같이 과거의 한자교육방법이 비합리적이었고, 글자나 문장을 무턱대고 모조리 암기한 데에 기인한다. 이는 한자의 자학적(字學的)인 특질에 대해 이해가 없었기 때문이기도 하다. 이와 같은 문제들을 합리적으로 해결하여 한자 교육의 혁신과 보다 나은 교육 효과를 거두는 데 일조하고자 본 책을 펴내는 바이다.

필순의 기초

필순(筆順)이란, 글자의 점과 선, 변과 몸을 순차로 써 나가는 순서를 말한다. 한자를 쓸 때에 필순을 따르면 쓰기가 쉽고 빠르며, 또 조화있게 쓸 수 있다.

• **한자의 점획**

ﾉ	ㄱ	｜	一	､	ˋ	ˊ
왼갈고리	평갈고리	내리긋기	가로긋기	오른점	왼점	꼭지점
ｊ	ノ	㇏	㇏	ノ	｜	㇄
굽은갈고리	삐침	받침	파임	치점	내리빼기	오른갈고리
永	文	辶	勹	㇄	㇄	㇄
서획八법	서획四법	책받침	쌀 포	새가슴	누운지게다리	지게다리

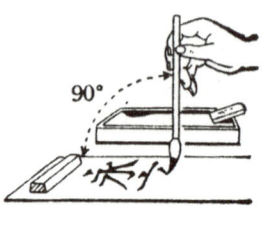

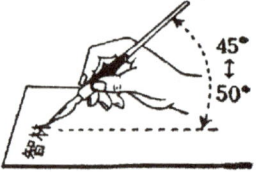

1. **필순의 대 원칙에는 세 가지가 있다.**
   ① 上에서 下로 : 三·工·客
   ② 左에서 右로 : 川·休·村
   ③ 橫에서 縱으로 : 十·大·共

2. **가로·세로획이 겹칠 때에는 가로획을 먼저 긋는다.**
   ① 木(一十才木)　② 古(一十十古)　③ 共(一卄卄共)
   ④ 去(一十土去)　⑤ 吉(一十士吉)　⑥ 表(一十丰表)

3. **다음에 한해서는 세로획을 먼저 긋기도 한다.**
   ① 中(丨冂口中)　② 日(丨冂月日)　③ 四(丨冂四四)
   ④ 目(丨冂月目)　⑤ 田(冂冂用田)　⑥ 曲(冂巾曲曲)

4. **좌우가 대칭일 경우에는 중앙을 먼저 긋는다.**
   ① 小(亅小小)　② 水(亅オ才水)　③ 止(丨卜卝止)
   ④ 光(丨ソ꾸光)　⑤ 承(了ヲ承承)　⑥ 樂(白樂樂樂)

5. 삐침(丿)과 파임(㇏)이 어우를 때에는 삐침을 먼저 한다.
   ① 人(丿 人)・欠(𠂉 ケ 欠)　② 文(亠 ナ 文)・交(亠 � 交)

6. 둘러싼 모양으로 된 자는 바깥쪽을 먼저 한다.
   ① 同(冂 冂 同)・內(冂 冂 內)　② 問(𠃜 門 問) → 間・聞・鬪

7. 왼쪽 삐침에는 두 가지 경우가 있다.
   ① 九(丿 九)・及(丿 乃 及)　② 刀(フ 刀)・力(フ 力)

8. 글자의 전체를 꿰뚫을 때에는 세로획을 나중에 긋는다.
   ① 中(口 中) → 半・申・車・事　② 平(フ 丆 平) → 干・甲

9. 글자를 가로지르는 획은 나중에 긋는다.
   ① 女(ㄑ 乄 女)　② 冊(丿 冂 冊 冊)　③ 母(ㄴ 口 口 母 母)

10. 오른쪽 위에 점이 있는 글자는 그 점을 나중에 찍는다.
    ① 犬(一 ナ 大 犬)　② 代(亻 仁 代 代)　③ 成(厂 厂 成 成 成)

11. 책받침(辶・廴)은 나중에 한다. (참고 p.33 쉬엄쉬엄갈 착, p.22 길게걸을 인)
    ① 近(斤 沂 近)・遠(袁 遠 遠)　② 建(聿 津 建)・廷(壬 廷 廷)

12. 받침 중에서도 走・是 등은 먼저 한다.
    ① 起(走 起 起)・越(走 起 越)　② 匙(是 匙 匙)・題(是 題 題)

13. 두 가지 필순이 있는 글자
    ① 止(丨 卜 止 止・一 卜 止)　② 耳(一 丁 王 耳・一 ㄇ 耳 耳)

14. 특수 자형에는 두 가지 경우가 있다.
    ① 亞(一 百 亞 亞・一 丆 亞 亞)　② 凸(丨 丨 凸 凸・丨 丨 凸 凸)

15. 필순의 예외 글자
    ① 也(フ 也 也)

이 책의 특징

1. 이 책의 선정자
교육용 상용한자 1800자와 부수자 214자, 한자능력검정시험 3급 1817자를 싣고, 그 밖에 한자 구성의 바탕이 되는 약 300자를 【참고】란 등에 덧붙여 수록, 풀이하였다. 무릇, 글자마다 양상(樣相)·성격(性格) 및 자의(字義)를 밝혀 각각 그 연유를 따라, 근본적인 이해 위에 한자를 익히고, 아울러 사물의 근원을 찾도록 하였다.

2. 자원풀이
자학(字學)의 제(諸) 전적(典籍) 및 방계(傍系) 문헌과 연구들을 종합적으로 검토하여, 현대 생활 환경에서도 알기 쉽게 합리적으로 해설하였다. 또한, 글자끼리의 상호 관계를 명확히 하기 위해 자모자(字母字)들을 본문 및 【참고】란에서 유기적으로 연관시켜 풀이해 두었다.

3. 육서
모든 자원풀이 말미(末尾)에 象·指·會·形·轉·假 등의 약물(約物)로 육서에 의한 소속을 밝혀, 제자(制字)의 원리를 이해하여 핵심을 잡도록 하였다.

4. 음(音)·훈(訓)
자음은 별색으로, 훈은 검정색으로 하여 구분짓되, 사용 빈도와 글자의 본의(本義)를 감안하여 다양하게 넣었다. ( )안은 본음(本音) 또는 속음(俗音)이다.

이 책에 쓰인 약호

象 : 상형문자	指 : 지사문자	會 : 회의문자
形 : 형성문자	轉 : 전주문자	假 : 가차문자
본 : 本字	속 : 俗字	약 : 略字
동 : 同義字	통 : 通字	⇌ : 원자(原字)에서 음을 나타냄.
(음부) : 쌍성(雙聲)·누운(疊韻)으로 된 자음		

5. 本·同·俗·略·通字 표시
국내·국외에서 널리 쓰이는 本字(본자), 同字(동자), 俗字(속자), 略字(약자), 通字(통자)를 훈란(訓欄)에 최대한 넣어 일반간행물을 읽는 데에 편리하도록 하였다.

6. 도해
자형(字形)을 쉽게 파악하여 자의(字義)를 빠르게 알아차리도록 고문자(古文字) 또는 전자(篆字)를 예시(例視)하고 글자를 인상 깊게 기억시키기 위해 자원에 의거한 독특한 구상으로 글자마다 거의 삽화를 넣었다.

7. 용례(用例)
자의를 명확히 하고 그 이해와 활용을 돕기 위해 용례(用例)를 정선(精選)하여 간략한 풀이를 붙였다.

8. 유의어
자의(字義)가 비슷하면서 그 쓰임이 다른 '皮·革·韋', '言·語·談·話·說', '鳥·隹', '織·績·紡', '家·宅·屋'들을 분간(分揀)해서 밝혀, 학습과 실용상에서 정확을 기하도록 하였다.

9. 부수자의 도설(圖說)
한눈으로 보고 익힐 수 있도록 책의 앞쪽에 3단계로 전자(篆字)·삽화를 넣고 대표 음(音)·훈(訓)을 붙여 글자의 뜻을 간단히 적었다.

10. 필순의 기초
기본적인 지침을 보여 모든 한자의 필법을 단시간에 익히도록 하였다.

11. 색인
글자를 찾는 길잡이인 부수 색인을 강희자전의 분류 및 순서를 좇아 앞·뒤 면지에 붙이고, 자음 색인·총획 색인을 뒤쪽에 각각 순서에 의해 마련해 두었다.

부수 214자 해설

부수(部首)는 한자의 기본 글자로 뜻 부분을 나타내는데 자전(옥편)을 이용해서 한자를 찾을 때 꼭 필요합니다. 또 음을 모르는 한자도 부수를 알면 그 의미를 파악할 수 있어 한자를 공부하는 데 많은 도움이 됩니다.

부수는 놓이는 위치에 따라 크게 8가지로 구분할 수 있습니다.

1. **변** 부수가 글자의 왼쪽에 있는 것
   亻→ 人, 仙 / 扌→ 指, 持

2. **방** 부수가 글자의 오른쪽에 있는 것
   攵→ 改, 收 / 頁→ 頭, 順

3. **머리** 부수가 글자의 위에 있는 것
   宀→ 安, 家 / 艹→ 花, 草

4. **발** 부수가 글자의 밑에 있는 것
   皿→ 盆, 盛 / 儿→ 元, 兄

5. **엄** 부수가 글자의 위와 왼쪽을 덮고 있는 것
   尸→ 居, 尾 / 虍→ 虎, 虛

6. **받침** 부수가 글자의 왼쪽과 밑을 싸고 있는 것
   辶→ 近, 道 / 廴→ 建, 延

7. **몸**(에운담) 부수가 글자를 에워싸고 있는 것
   囗→ 困, 因

8. **제부수** 한 글자가 그대로 부수인 것
   木, 力, 金, 馬

1획	一 한 일	一 弌 (획)	손가락 하나 또는 선(線) 하나를 가로 그어 수효의 '하나'를 가리킨 자.
	丨 뚫을 곤	丨 丨	위에서 내리그어 '뚫음'을 가리킨 자.
	丶 불똥 주	丶 丶 丶 (점)	떨어져 나간 '불똥' 같은 물체를 나타낸 자.
	丿 좌로삐칠 별	丿 丿 (삐침)	오른쪽에서 왼쪽으로 '삐치면서' 당기는 모양을 나타낸 자.
	乙(乚) 굽을 을	乙 乙 (새 을)	'새'의 '굽은' 앞가슴, 또는 초목의 새싹이 '구부러져' 나오는 모양을 본뜬 자.
	亅 갈고리 궐	⌒ ⌒ ⌒	'갈고리'가 매달린 모양을 본뜬 자.
2획	二 두 이	二 弍 (획)	두 손가락 또는 두 선을 그어 '둘' 또는 '거듭' 등을 가리킨 자.
	亠 머리 부분 돼지해머리 두	人 人	가로선(一) 위에 꼭지점(丶)을 찍어 '머리 부분'이나 '위'를 나타낸 자.
	人(亻) 사람 인	刀 刀 (인 변)	'사람'이 다리를 내딛고 섰는 모양을 본뜬 자.
	儿 걷는사람 인	儿 儿 儿 (어진 사람 인)	걸어가는 '사람'의 다리 모양을 본뜬 자.

2획			
入 들 입			뾰족한 윗부분이 물체 속으로 들어갈 때, 갈라진 아랫부분도 뒤따라서 '듦'을 가리킨 자.
八 여덟 팔			두 손의 손가락을 네 개씩 펴, 서로 '등지게' 한 모양에서 '여덟'을 가리킨 자.
冂 멀 경			'멀리' 둘러싸고 있는 나라의 '경계' 또는 '성곽'을 나타낸 자.
冖 덮을 멱		(민갓머리)	보자기로 물건을 '덮은 것' 같음을 나타낸 자.
冫 얼음 빙		(이수 변)	'얼음'의 결 또는 고드름 모양을 본뜬 자. 氷(얼음 빙)의 本字.
几 안석 궤		(책상 궤)	사람이 '기대어 앉는 상' 모양을 본뜬 자. '책상' 따위의 뜻으로 널리 쓰인다.
凵 입벌릴 감		(위 터진 입 구)	물건을 담을 수 있도록 '위가 터진 그릇'의 모양을 본뜬 글자.
刀(刂) 칼 도		(선 칼 도)	'칼'의 모양을 본뜬 자. 그 쓰임에서 '자르다'·'베다'의 뜻으로도 쓰인다.
力 힘 력			힘쓸 때 팔이나 어깻죽지에 생기는 '힘살'의 모양을 본뜬 자.
勹 쌀 포			사람이 몸을 구부려 두 팔로 무엇을 에워싸 품고 있는 모양을 본떠 '싸다'의 뜻이 된 자.

	部首	古字	설명
2획	匕 비수 비	𠃍 𠃊 (숟가락)	밥을 뜨는 '숟가락'이나, 고기를 베는 '비수'의 모양을 본뜬 자.
	匚 상자 방	匚 ㄷ (상자) (터진 입 구 변)	통나무를 파서 만든 '홈통' 또는 '모진 상자' 모양을 본뜬 자.
	匸 감출 혜	匸 ㄷ (상자) (터진 에운 담)	덮음을 나타내는 '一'에, 숨김을 나타내는 'ㄴ'(숨을 은)을 받쳐, 덮어 '감춤'을 뜻한 자.
	十 열 십	十 ㅣ (손)	다섯 손가락씩 있는 두 손을 엇걸어 '열'을 나타낸 자.
	卜 점 복	卜 ㅏ (거북)	점치기 위해 거북의 등 껍데기를 태울 때 나타나는 금 모양을 본떠 '점'의 뜻이 된 자.
	卩(㔾) 병부 절	己 ㄹ (무릎) (마디 절)	구부러진 '무릎 마디'의 모양을 본뜬 자로, 節(마디 절)의 옛자.
	厂 굴바위 언덕 엄	厂 厈 (바위) (민음호)	산기슭에 바위가 옆으로 비어져 나온 모양을 본떠, '굴바위' 또는 '언덕'의 뜻이 된 자.
	厶 사사 옛 사사로울 사	○ ○ (팔꿈치) (마늘 모)	팔꿈치를 구부려 물건을 자기 쪽으로 감쌈을 나타내어 '나' 또는 '사사롭다'의 뜻이 된 자.
	又 또 우	ㅋ ㄹ (오른손)	'오른손' 모양을 본뜬 자. 오른손은 자주 쓰인다 하여 '또'·'다시'의 뜻으로 쓰인다.
3획	口 입 구	ㅂ ㅁ (입)	사람의 '입' 모양을 본뜬 자. 그 기능에서 '먹다'·'말하다'의 뜻으로도 쓰인다.

3획			
口 에울 위	(에운 담 위)		성벽 등으로 사방을 '에워싼' 모양을 나타낸 자. 圍(에울 위)의 本字.
土 흙 토			싹(十←屮)이 돋아나는 땅(一)을 나타내어 '흙'의 뜻이 된 자.
士 선비 사			하나(一)를 들으면 열(十)을 아는 사람이란 데서 '선비'의 뜻이 된 자.
夂 뒤져올 치			발을 가리키는 止를 거꾸로 한 글자로, 머뭇거려서(止) '뒤져 옴'을 가리킨 자.
夊 천천히걸을 쇠			두 다리(ㄅ←人 = 두 다리 모양)를 끌면서(ㄟ = 끌 불) '천천히 걸어감'을 가리킨 자.
夕 저녁 석			저무는 하늘에 희게 뜬 반달 모양을 본떠 '저녁'을 가리킨 자.
大 큰 대			어른이 양팔을 벌리고 서 있는 모습이 '큼'을 가리킨 자.
女 계집 녀			'여자'가 두 손을 모으고 꿇어앉은 모습을 본뜬 자.
子 아들 자			양팔을 벌린 '어린아이'의 모양을 본뜬 자.
宀 집 면	(갓머리)		'움집'의 위를 '덮어씌운' 모양을 본뜬 자.

3획	寸 마디 촌		손목(又)에서 맥박(ヽ)이 뛰는 데까지의 사이를 나타내어 '한 치'의 길이를 가리킨 자.
	小 작을 소		점(ヽ) 셋으로 물건의 '작은' 모양을 나타낸 자.
	尢(尣) 절름발이 왕		한쪽 정강이가 굽은 사람(大→尢)의 모양을 본떠 '절름발이'를 뜻한 자.
	尸 주검 시		사람이 고꾸라져 누운 모양을 본떠 '주검(=시체)'을 뜻한 자.
	屮 싹날 철		초목의 떡잎이 '싹 터 나온' 모양을 본뜬 자.
	山 메 산		우뚝우뚝 솟은 '산봉우리'의 모양을 본뜬 자.
	川(巛) 내 천	(개미허리 셋)	물이 흐르는 모양을 본떠 '내'를 뜻한 자.
	工 장인 공		목공일 할 때 쓰는 자 또는 공구의 모양을 본떠 '만들다'의 뜻이 된 자.
	己 몸 기		사람의 척추 마디 모양을 나타내어 '몸' 또는 '자기(自己)'를 뜻한 자.
	巾 수건 건		'수건'을 몸에 걸친 모양을 본뜬 자.

3획			
干 방패 간	(그림)		'방패'의 모양을 본뜬 자. 방패를 창이나 화살이 뚫음을 가리켜 '범하다'의 뜻으로도 쓴다.
幺 작을 요	(그림)		아기가 갓 태어날 때의 모양을 본떠 '작다', '어리다'의 뜻을 나타낸 자.
广 집 엄	(그림)	(음호)	언덕이나 바위를 지붕 삼아 지은 '바위집' 또는 '돌집'의 모양을 본뜬 자.
廴 길게걸을 인	(그림)	(민책받침)	발을 '길게 끌며(\)' 멀리 걸어감(⺄)'을 가리킨 자.
廾 들 공	(그림)	(밑 스물 입)	두 손으로 마주 잡아 받들어 올리는 모양을 본떠 '손 맞잡다', '팔짱 끼다'의 뜻을 나타낸 자.
弋 주살 익	(그림)	(푯말 익)	표지를 '푯말'에 덧댄 모양, 또는 '주살(줄 달린 화살)'의 모양을 본뜬 자.
弓 활 궁	(그림)		'활'의 모양을 본뜬 자.
彐(彑) 돼지머리 계	(그림)	(터진 가로 왈)	'돼지 머리' 또는 '고슴도치 머리'의 뾰족한 모양을 본뜬 자.
彡 터럭 삼	(그림)	(삐친 석 삼)	'머리털'이 보기 좋게 자란 모양을 본뜬 자.
彳 자축거릴 조금걸을 척	(그림)	(중인 변)	허벅다리(丿), 정강이(丿), 발(丨)을 나타내어 '자축거리다'의 뜻이 된 자. *자축거리다 : 다리에 힘이 없어 다리를 절며 걷다.

4획			
	心(忄) 마음 심	(심방 변)	'마음'의 바탕이 되는 것으로 생각했던 '심장'의 모양을 본뜬 자.
	戈 창 과		날 부분이 갈라진 '창'의 모양을 본뜬 자.
	戶 지게 호	(문 호)	외짝문인 '지게문'의 모양을 본뜬 자.
	手(扌) 손 수	(재방 변)	'손'의 모양을 본뜬 자.
	支 지탱할 지		댓가지(十)를 손(又)에 쥐고 무엇을 버틴다 하여 '지탱하다'의 뜻이 된 자.
	攴(攵) 칠 복	(등 글월 문)	손(又)에 회초리(卜=상형)를 들고 '똑똑 두드리다' 또는 '치다'의 뜻으로 된 자.
	文 글월 문		사람 몸에 그린 '무늬' 모양, 또는 획을 이리저리 그어 된 '글자' 모양을 본뜬 자.
	斗 말 두		용량을 헤아리는 '말'의 모양을 본뜬 자.
	斤 도끼 근	(무게 근)	'도끼' 모양을 본뜬 자.
	方 모 방		두 척의 배를 붙인 모양이 '모남'을 나타낸 자. 쟁기의 보습이 나아가는 '방향'을 가리킨 자.

4획			
无(旡) 없을 무	(이미 기 몸)		无는 兀(우뚝 올)의 왼쪽 획(丿)이 치뚫고 허공(一)까지 통하니 그 위가 '없다'는 뜻. 旡는 欠의 반대형으로 숨이 거슬려 '목맨다'는 뜻.
日 날 일			'해(날)'의 모양을 본뜬 자.
曰 가로 왈			입(口)에서 입김(一)이 나가면서 '말이 됨'을 가리킨 자.
月 달 월			초승 '달'의 모양을 본뜬 자.
木 나무 목			땅에 뿌리를 내리고(丿丶) 가지를 뻗으며 자라나는 (十←屮=싹날 철) '나무' 모양을 본뜬 자.
欠 하품 흠			입을 벌리고 '하품하는' 모양을 본뜬 자.
止 그칠 지			사람이 멈추어 선 발목 아래의 모양을 본떠 '머무르다'·'그치다'의 뜻을 나타낸 자.
歹(歺) 뼈앙상할 알	(죽을 사)		'살을 발라 낸 뼈'의 모양을 본뜬 자. 그 잔악한 모양에서 '몹쓸다'의 뜻으로도 쓰인다.
殳 칠 수	(갖은등 글월 문)		몽둥이(几)를 손(又)에 들고 '친다'는 뜻. 몽둥이라는 데서 '날 없는 창'을 뜻하기도 한다.
毋 말 무			여자(女)가 못된 짓을 하나(一)도 '못 하게 함'을 나타내어 '말다'·'없다'의 뜻이 된 자.

4획			
比 견줄 비		두 사람이 '나란히' 섰는 모양을 본떠 '견주어 보다' 의 뜻이 된 자.
毛 터럭 모		짐승의 꼬리 '털' 이나, 또는 새의 깃 '털' 을 본뜬 자.
氏 성씨 씨	(각시 씨)	뻗어 나가던 뿌리가 지상에 비어져 나와 퍼진 모양을 본떠 '성씨(姓氏)' 의 뜻을 나타낸 자.
气 기운 기		수증기 모양을 본떠 '구름 기운' 을 뜻한 자.
水(氵,氺) 물 수	(삼수변)	'물' 의 흐름을 본뜬 자.
火(灬) 불 화		타오르는 '불꽃' 의 모양을 본뜬 자.
爪(爫) 손톱 조		물건을 '긁어당기는' '손톱' 모양을 본뜬 자.
父 아비 부		회초리(ㅣ←丨)를 들고 (乂←又) 아이들을 가르치고 이끌어가는 '아버지' 를 뜻한 자.
爻 사귈 효		점칠 때에 엇걸린 산가지가 나타내는 '수효', 또는 그 모양에서 '사귀다' 의 뜻을 나타낸 자.
爿 조각널 장	(장수 장 변)	통나무를 두 쪽으로 쪼갠 것 중 왼쪽 것의 모양을 본떠 '조각널' 을 뜻한 자.

4획	片 조각 편		통나무를 쪼갠 것 중 오른쪽 것의 모양을 본떠 '조각' 또는 '쪼개다'의 뜻이 된 자.
	牙 어금니 아		'어금니'의 모양을 본뜬 자.
	牛 소 우		'소' 머리의 두뿔과 머리·어깨·꼬리 등의 모양을 본뜬 자.
	犬(犭) 개 견	(개사슴록변)	앞발을 들고 짖어대는 '개'의 모양을 본뜬 자.
5획	玄 검을 현		작은(幺) 것이 공기에 가려져(亠) 그 빛이 '검게' 보이거나 '아득함'을 나타내어 된 자.
	玉 구슬 옥		구슬 세(三) 개를 꿴(丨) 모양을 본뜬 자. 후에, 王과의 혼동을 피하기 위해 '丶'을 덧붙임.
	瓜 오이 과		덩굴(爪)에 달린 고부랑한 '오이(厶)' 모양을 본뜬 자.
	瓦 기와 와		'기와' 모양을 본뜬 자.
	甘 달 감		입안(凵→口)의 혀끝(一)으로 '단맛'을 가려냄을 가리킨 자.
	生 날 생		싹(屮=싹날 철)이 땅(一)을 뚫고 돋아나는 모양을 본떠 '나다'·'살다'의 뜻을 나타낸 자.

5획			
用 쓸 용	用 用 🐢		卜(점 복)과 中(맞힐 중)의 어울림. 점을 쳐 보아 맞으면 그 일에 힘을 '쓴다'는 뜻.
田 밭 전	田 ⊗		밭과 밭 사이에 사방으로 난 둑의 모양을 본떠 '밭'을 뜻하게 된 자.
足 발 소	(필 필)		발목에서 발끝까지의 모양을 본떠 '발'을 나타낸 자.
疒 병들 녁	(병질 안)		사람이 병상에 팔을 늘어뜨리고 기댄 모양을 본떠 '병듦'을 가리킨 자.
癶 걸을 발	(필 발 머리)		두 발(ㅋ·ㅅ)을 벌리고 걸어가려는 모양에서 '걷다'·'가다'의 뜻이 된 자.
白 흰 백			해(日)의 빛(ノ)이 '흼'을 가리킨 자.
皮 가죽 피			짐승의 가죽을 손(又)으로 벗겨 내는(丿) 모양을 본떠, 털 있는 '날가죽'을 뜻한 자.
皿 그릇 명			위가 넓고 받침이 있는 쟁반 모양을 본떠 '그릇'을 뜻하게 된 자.
目(罒) 눈 목	(누운 눈 목)		사람의 눈 모양을 본떠 '눈' 또는 '보다'의 뜻이 된 자.
矛 창 모			뾰족한 쇠를 긴 자루 끝에 박은 '세모진 창'의 모양을 본뜬 자.

획	한자	자형	설명
5획	矢 화살 시		'화살'의 모양을 본뜬 자.
	石 돌 석		언덕(厂) 아래에 굴러 떨어진 '돌덩이(口)' 모양을 본뜬 자.
	示(礻) 보일 시		제물을 차려 놓는 '제단' 모양을 본떠, 그 제물을 신에게 '보임'을 나타낸 자.
	內 짐승발자국 유		구부려져(冂) 둥그렇게(厶) 난 '짐승의 발자국' 모양을 본뜬 자.
	禾 벼 화		볏대(木)에서 이삭이 패어 드리워진(丿) 모양을 본떠 '벼'의 뜻을 나타낸 자.
	穴 구멍 혈		집(宀)으로 삼을 수 있도록 파헤쳐진(八) 굴 '구멍'을 뜻한 자.
	立 설 립		땅(一)에 바로 '선' 사람(亠) 모양을 본뜬 자.
6획	竹(⺮) 대 죽	(대 죽 머리)	'대'와 그 이파리 모양을 본뜬 자.
	米 쌀 미		겉껍질이 까져(十) 나온 '쌀알들(::)' 모양을 가리킨 자.
	糸 실 사		'가는 실'을 감은 실타래 모양을 본뜬 자.

6획			
缶 장군 부			배가 불룩하고 아가리가 좁은 '질그릇(장군)' 모양을 본뜬 자.
网(罒) 그물 망			'그물'의 벼리(冂=경계 경)와 그물코(㐅) 모양을 본뜬 자.
羊(𦍌) 양 양			'양'의 두 뿔과 네 발 및 꼬리 등의 모양을 본뜬 자.
羽 깃 우			새의 긴 '깃' 또는 '날개' 모양을 본뜬 자.
老(耂) 늙을 로			허리 굽은(匕) '늙은이(耂=毛+人)'가 지팡이를 짚고 있는 모양을 나타낸 자.
而 말이를 이			'윗수염'을 본뜬 자. 수염 사이로 말이 나온다 하여 문장을 '이을' 때의 어조사로 쓰인다.
耒 따비 뢰 (쟁기 뢰)			잡초(丰=풀 날 개)를 캐고 밭을 일구는 나무(木)로 된 연장의 하나인 '따비'를 뜻한 자.
耳 귀 이			'귀'의 모양을 본뜬 자.
聿(⺺) 붓 율 (오직 율)			'붓'을 잡고 손을 놀려(⺺=손 놀릴 섭) 글자 획(一)을 그음을 가리킨 자.
肉(月) 고기 육 (육 달 월)			근육 및 그 단면의 모양을 본떠 '살' 또는 '몸'의 일부를 뜻한 자.

획	한자	자형 변화	설명
6획	臣 신하 신		임금 앞에서 몸을 꿇고 엎드린 '신하'의 모양을 본뜬 자.
	自 스스로 자		사람의 '코'를 본뜬 자. 코를 가리키며 자기를 나타낸 데서 '스스로'의 뜻으로도 쓰인다.
	至 이를 지		一은 땅, 至는 나는 새 또는 화살. 새 또는 화살이 날아와 땅에 '이름'을 나타낸 자.
	臼(臼) 절구 구	(확 구)	확(臼)에 쌀(--)이 든 모양을 본뜬 자.
	舌 혀 설		입(口) 안에서 방패(干) 같은 구실을 하는 '혀'를 나타낸 자.
	舛 어겨질 천		오른발(夕←夂)과 왼발(㐄)이 각각 다른 방향으로 '어겨져' 있음을 나타낸 자.
	舟 배 주		통나무를 파서 만든 '쪽배'의 모양을 본뜬 자.
	艮 그칠 간	(머무를 간)	눈알(目)을 굴리고 상체를 돌리는(匕) 데에도 한도가 있다 하여 '그치다'의 뜻이 된 자.
	色 빛 색		사람(⺈)의 마음 움직임이 무릎마디(巴)가 들어맞듯이 얼굴 '빛'에 나타남을 뜻한 자.
	艸(艹) 풀 초	(초 두)	초목의 싹들(屮·屮)이 돋아 나오는 모양에서 '풀싹'의 뜻이 된 자.

획	한자	갑골/금문/그림	설명
6획	虍 범의문채 호 (범 호)		얼룩덜룩한 줄무늬가 진 호랑이 가죽의 모양을 본떠 그 '문채'를 나타낸 자.
	虫 벌레 충		뱀이 사리고 있는 모양을 본뜬 자로, 널리 '벌레'의 뜻으로 쓰인다.
	血 피 혈		그릇(皿 =그릇 명)에 담긴 피(丿)를 뜻한 자.
	行 다닐 행		사람들이 걸어다니는(彳·亍) '네거리'의 모양을 본뜬 자. 그 길을 '다닌다'는 뜻으로도 쓰인다.
	衣(衤) 옷 의		사람들(㐅←从)이 몸을 감싸 덮는(亠) '옷'을 뜻한 자.
	襾 덮을 아		위에서 덮고(冂)아래에서 받친(凵) 데에다 다시 뚜껑(一)으로 '덮는다'는 뜻으로 된 자.
7획	見 볼 견		사람(儿)의 눈(目)으로 '본다'는 뜻으로 된 자.
	角 뿔 각		짐승의 '뿔' 모양을 본뜬 자.
	言 말씀 언		스스로 생각한바를 곧바로 찔러서(≡←辛=찌를 건) '말한다(口)'는 뜻으로 된 자.
	谷 골 곡		산등성이가 갈라진 모양인 父와 골짜기의 입구를 가리키는 口를 합쳐 '골짜기'를 뜻한 자.

7획			
豆 콩 두			'제기' 모양(콩꼬투리같이 생긴)을 본뜬 자로, 그 모양에서 '콩'의 뜻으로 널리 쓰인다.
豕 돼지 시	(돝 시)		'돼지'의 머리 및 등(一)·네 발(彑)·꼬리(乀)의 모양을 본뜬 자.
豸 해태 치	(갖은 돼지 시)		'맹수'가 발을 모으고 등을 높이 세워 덤벼들려는 모양을 본뜬 자.
貝 조개 패	(자개 패)		'조개'의 모양을 본뜬 자. 조가비를 화폐로 사용했던 데서 '돈'이나 '재물'의 뜻으로 쓰인다.
赤 붉을 적			큰불이 타오르는 빛깔에서 '붉다'의 뜻이 된 자.
走 달아날 주			팔을 휘저으며(大) 발(止←止)을 재게 내딛으며 '달아남'을 나타낸 자.
足(⻊) 발 족			허벅다리 또는 슬개골(口)에서 발가락(止←止) 끝까지의 모양을 본떠 '발'을 뜻한 자.
身 몸 신			아이 밴 여자의 불룩한 몸 모양을 본떠 '몸' 또는 '아이 배다'의 뜻이 된 자.
車 수레 거			'수레'를 옆에서 본 모양(원형은 ⚌)을 본뜬 자로, 그 '바퀴'의 뜻으로도 쓰인다.
辛 매울 신			죄(㚔=죄 건)를 범한(一)자의 이마에 바늘로 자자했던 데서 '혹독하다'·'맵다'의 뜻이 된 자.

획	한자	자형 변천	설명
7획	辰 별 진		조개가 껍데기를 벌려 움직이는 이른 봄에 전갈좌별이 나타난다 하여 '별' 의 뜻이 된 자.
	辵(辶) 쉬엄쉬엄갈 착 길갈	(책받침)	조금 걷다가(彳←彳) 멈추곤(止←止) 하며 간다 하여 '쉬엄쉬엄 가다' 의 뜻이 된 자. *쉬엄쉬엄갈 착 받침이 발음의 편의상 책받침으로 통용되어 왔습니다.
	邑(阝) 고을 읍	(우부방)	일정한 경계(口) 안에 사람(巴←卩=마디 절)들이 모여 사는 '고을' 또는 '읍' 을 뜻한 자.
	酉 술 유	(닭 유)	'술' 병 모양을 본뜬 자. 酒(술 주)의 옛자. 12지에서는 '닭' 의 뜻으로 쓰인다.
	釆(采) 나눌 변	(분별할 변)	짐승의 발자국 모양을 본뜬 자로, 그 발자국으로 짐승을 알아낸다는 데서 '분별하다' 의 뜻.
	里 마을 리		농토(田) 사이의 땅(土)에 사람이 거주함을 나타내어, 널리 '마을' 의 뜻으로 쓰이게 된 자.
8획	金 쇠 금		흙(土)에 덮여 (스) 있는 광석(丷)을 나타내어 '금' 을 뜻한 자.
	長(镸) 긴 장		수염과 머리카락이 긴 '노인' 이 지팡이를 짚고 있는 모양에서 '길다' 의 뜻이 된 자.
	門 문 두짝 문		두 짝 '문' 의 모양을 본뜬 자.
	阜(阝) 언덕 부	(좌부방)	흙이 겹겹이 쌓이고 덮쳐진 산의 단층 모양을 본떠 큰 '언덕' 을 뜻한 자.

획	한자	자형 변천	설명
8획	隶 밑 이		꼬리(氺←尾)를 붙잡고(⺕←손 우) 뒤쫓아간다는 데서 '미치다' 또는 '밑' 의 뜻이 된 자.
	隹 새 추		꽁지가 몽똑하게 짧은 '새' 의 모양을 본떠, 꽁지 짧은 새를 통틀어 일컬은 자.
	雨 비 우		구름에서 빗방울이 떨어지는 모양을 본떠 '비' 또는 '비오다' 의 뜻이 된 자.
	青 푸를 청		붉은(丹)계 광물인 구리의 거죽에 산화 작용으로 나타나는(主→生) 녹이 '푸름' 을 나타낸 자.
	非 아닐 비		새의 두 날개가 서로 반대 방향으로 펴짐을 나타내어 '어긋나다'·'아니다' 의 뜻이 된 자.
9획	面 낯 면		사람 머리(百=首)의 앞쪽 윤곽(口)을 나타내어 '얼굴' 을 뜻한 자.
	革 가죽 혁		짐승의 날가죽에 털을 뽑고 있는 모양을 본떠, 털만 뽑아 낸 '가죽' 을 뜻한 자.
	韋 가죽 위		'다룬 가죽' 을 본뜬 자. 또는, 성의 주위를 군인이 어긋 디디며 다닌 발자국 모양을 본뜬 자.
	韭 부추 구		땅(一) 위에 잎과 줄기가 여러 갈래(非)로 뻗쳐 돋아 나온 '부추' 의 모양을 본뜬 자.
	音 소리 음		소리에 마디가 있음을 나타내어 言의 아랫부분 口에 한 획(一)을 더 그어 '소리' 를 가리킨 자.

획	한자	고문자	설명
9획	頁 머리 혈		사람(儿)의 목에서 '머리(百=首)' 끝까지의 모양을 본뜬 자.
	風 바람 풍		벌레는 기후에 민감하다 하여 바람의 형상을 나타내는 凡밑에 虫을 붙여 '바람'을 뜻한 자.
	飛 날 비		새가 두 날개를 펴고 하늘 '높이' '나는' 모양을 본뜬 자.
	食(飠) 밥 식	(먹을 식)	밥(皀=밥 고소할 흡)을 모아(亼=모을 집) 담은 모양을 본떠 '밥' 또는 '먹다'의 뜻이 된 자.
	首 머리 수		털(巛)난 '머리(百)' 모양을 본뜬 자. 머리는 몸의 맨 위에 있으므로 '우두머리'로 쓰인다.
	香 향기 향		쌀(禾) 밥이 입맛(日)을 돋우는 고소한 냄새를 풍긴다는 데서 '향기롭다'의 뜻이 된 자.
10획	馬 말 마		'말'의 머리·갈기와 꼬리(馬)·네 굽(灬) 등의 모양을 본뜬 자.
	骨 뼈 골		살(月←肉)이 발라내어진(冎=살 발라낼 과) '뼈'를 뜻하여 된 자.
	高 높을 고		성(冂=성곽 경) 위에 높이 치솟은 망루(古)의 모양을 본떠 '높다'의 뜻을 나타낸 자.
	髟 머리늘어질 표	(터럭 발)	긴(镸←長) 머리카락(彡)이 '늘어짐'을 나타낸 자.

획	한자	고문자	설명
10획	鬥 싸움 두		두 사람이 주먹을 불끈 잡아(鬥=잡을 국) 쥐고(鬥=잡을 극) 맞선 모양에서 '싸우다'의 뜻.
	鬯 활집 창 (술 창)		'활집'을 본뜬 자. 또는, 그릇(凵)에 기장쌀(※←米)로 담근 '술'을 국자(匕)로 푸는 모양.
	鬲 오지병 격		세 개의 '다리가 굽은 큰 솥' 또는 '오지병'의 모양을 본뜬 자.
	鬼 귀신 귀		죽은(甶= 귀신머리 불) 사람(儿)의 영혼이 삿되게(厶) 사람을 해치는 '귀신'을 뜻한 자.
11획	魚 고기 어		'물고기'의 머리(⺈)·몸통(田)·지느러미(灬)의 모양을 본뜬 자.
	鳥 새 조		꽁지가 긴 '새'의 모양을 본뜬 자(隹자 참조).
	鹵 소금밭 로		卤(西의 옛자)자에 ⁚(소금 모양)을 어울러, 중국 서쪽에서 나는 '돌소금밭'을 나타낸 자.
	鹿 사슴 록		'사슴'의 뿔 및 머리(亠)·몸통(吅)·네 발(比)의 모양을 본뜬 자.
	麥 보리 맥		'보리'의 이삭(來=보리 이삭의 모양→人부)과 뿌리(夂) 모양을 나타내어 된 자.
	麻 삼 마		집(广)에서 삼실(朩=삼실 파)을 가림을 뜻하여 된 자인데, '삼' 자체를 뜻하게 되었다. *삼실 : 베실

획	한자	고자	설명
12획	黃 누를 황		炗(光 옛자)과 田을 어울러, 땅(田)의 빛깔(光)이 '누름'을 나타낸 자.
	黍 기장 서		물(氺=水)을 넣어(入) 술을 만드는 데에 가장 좋은 볏과(禾)의 '기장'을 뜻한 자.
	黑 검을 흑		불땔 때(炗←炎) 연기가 창(囧) 사이로 빠져 나가면서 그을어진 것이 '검다'는 뜻.
	黹 바느질 치		실을 꿴 바늘로 '수놓은' 모양을 본뜬 자. 수놓는다는 데서 '바느질'의 뜻으로도 쓰인다.
13획	黽 맹꽁이 맹		큰 두 눈에 배가 불룩 나온 '맹꽁이'의 모양을 본뜬 자.
	鼎 솥 정		'세 갈래'의 발이 달린 '솥'의 모양을 본뜬 자.
	鼓 북 고		악기를 세워(壴=악기 세울 주) 나무채(支=가지 지)로 치는 '북'을 뜻하여 된 자.
	鼠 쥐 서		'쥐'의 이빨(臼)·배 및 네 발(㲋)·꼬리(\) 등의 모양을 본뜬 자.
14획	鼻 코 비		'코'의 모양을 본뜬 自에 '호흡을 시켜 준다'는 뜻의 畀(줄 비)를 받쳐 '코'를 뜻한 자.
	齊 가지런할 제		벼나 보리의 이삭들이 나란히 팬 모양을 본떠 '가지런함'을 나타낸 자.

획	한자	자형	설명
15획	齒 이 치		잇몸에 '이'가 아래위로 나란히 박힌(止) 모양(凶)을 나타낸 자.
16획	龍 용 룡		머리를 치켜 세우고(立) 몸뚱이(月)를 꿈틀거리며 오르는 (县←글←飛) '용'을 나타낸 자.
	龜 거북 귀		'거북'이 등(囪) 밑으로 머리(쇼)와 꼬리(乚)를 내놓고 네 발(彐)로 기어가는 모양을 본뜬 자.
17획	龠 피리 약		'피리'의 여러 구멍(吅=많은 소리 령)에서 나는 많은 소리가 한데 뭉쳐(侖) '조화됨'을 뜻한 자.

자원풀이 한자
1900자

- 부수자 214자 + 교육용 상용한자 1800자
  + 한자능력검정시험 3급 1817자
  = 1902자 수록(중복한자 제외)
- 한자별 급수 표시
- 부수자는 별색으로 표시
- 상세한 자원풀이와 자원 관련 그림 수록
- 주요 활용단어와 영단어

이 책의 공부방법

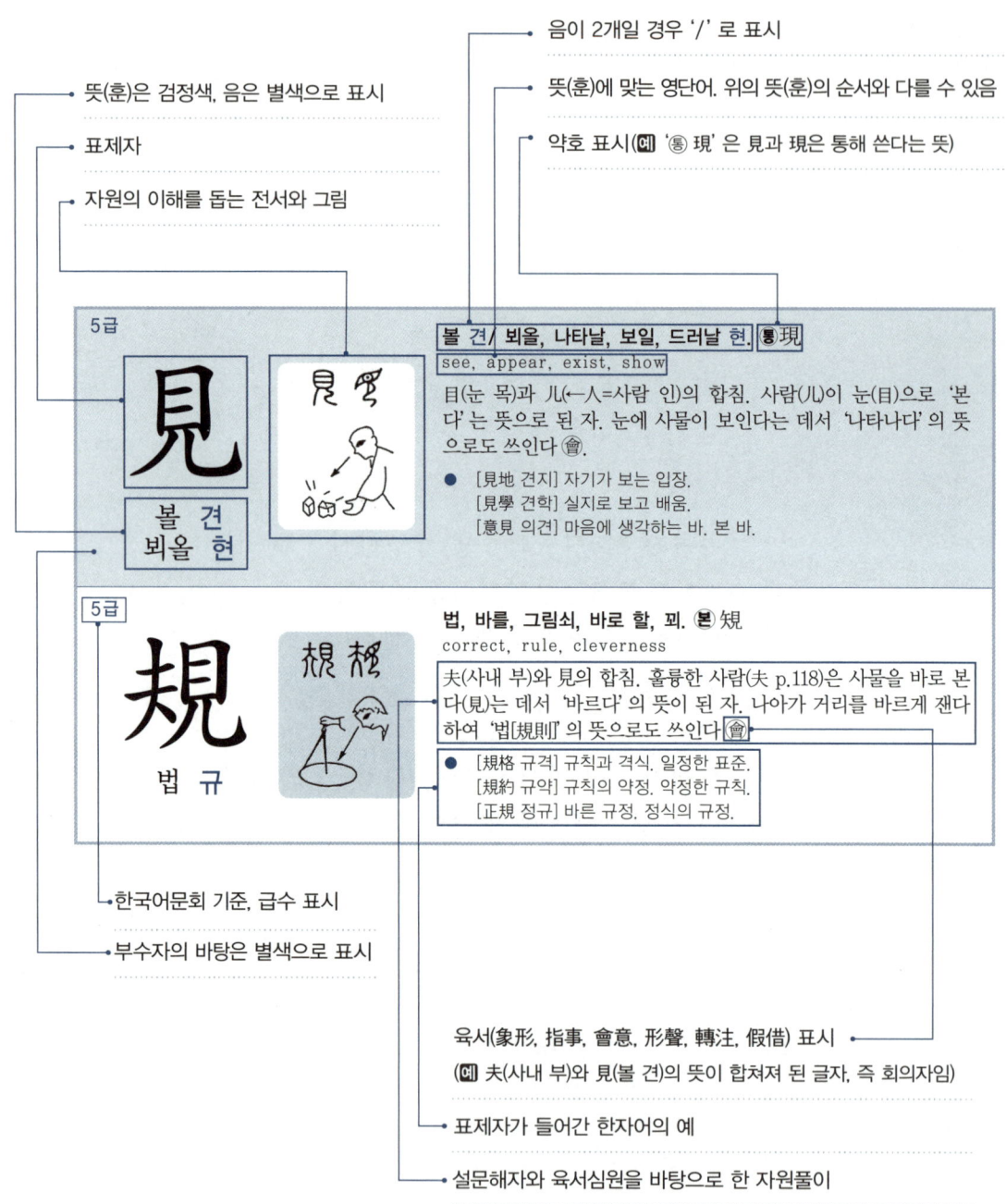

- 뜻(훈)은 검정색, 음은 별색으로 표시
- 표제자
- 자원의 이해를 돕는 전서와 그림
- 음이 2개일 경우 '/' 로 표시
- 뜻(훈)에 맞는 영단어. 위의 뜻(훈)의 순서와 다를 수 있음
- 약호 표시(예) '통 現' 은 見과 現은 통해 쓴다는 뜻)
- 한국어문회 기준, 급수 표시
- 부수자의 바탕은 별색으로 표시
- 육서(象形, 指事, 會意, 形聲, 轉注, 假借) 표시
  (예 夫(사내 부)와 見(볼 견)의 뜻이 합쳐져 된 글자, 즉 회의자임)
- 표제자가 들어간 한자어의 예
- 설문해자와 육서심원을 바탕으로 한 자원풀이

8급 一 한 일	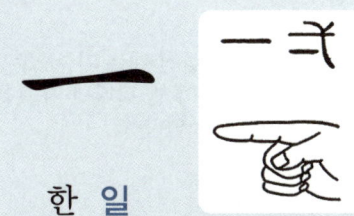	한, 하나, 첫째, 같을, 오로지. 통壹 one, first 손가락 하나 또는 선 하나를 가로 그어 수효의 '하나'를 가리킨 자. 나아가 셈의 '시작'이나 사물의 '처음'을 나타내게 되었다 指. ● [一念 일념] 한결같은 마음. 한 생각. 　[一等 일등] 첫째의 등급. 　[均一 균일] 한결같이 고름.
4급 丁 장정 고무래 정		장정, 고무래, 성할, 못, 넷째 천간. nail, maturity ① '못'의 모양을 본뜬 자. 오늘날은 못의 경우 金(쇠 금)을 덧붙여 釘(못 정)으로 쓰는데, '정'이라는 음은 못을 칠 때 나는 소리의 흉내이다. 후에, 그 모양에서 '고무래'로도 일컬어진다 象. ② 초목이 '무성한' 모양을 본뜬 자. 혈기 왕성한 청년을 초목의 무성함에 비겨 '장정(壯丁)'의 뜻으로 쓰인다 象. ● [丁寧 정녕] 틀림없이 꼭. 　[白丁 백정] 소나 개, 돼지 따위를 잡는 일을 직업으로 하는 사람. 　[兵丁 병정] 병역에 복무하는 장정.
8급 七 일곱 칠		일곱, 글체 이름. seven, seventh 十(열 십)의 내리긋는 획을 세 번 구부려 열에서 셋을 뺀 '일곱'을 가리킨 자 指. 또는 손가락으로 '일곱'을 나타낸 모양을 본뜬 자 象. ● [七夕 칠석] 음력 7월 7일 밤. 　[七日 칠일] 일주일. 　[三七 삼칠] 아이를 낳은 지 삼 주째.
8급 三 석 삼		석, 셋, 세 번, 자주. 통參 three, third ① 一과 二(두 이)를 합쳐 '셋'을 나타낸 자 會. ② 맨 위 획(一)은 하늘을, 아래 획(一)은 땅을, 가운데 획(一)은 사람을 가리켜 '셋'을 뜻하게 된 자 指. ● [三代 삼대] 할아버지와 아버지와 아들. 　[三尺 삼척] 석 자. 　[再三 재삼] 두 번 세 번.
7급 上 윗 상		위, 높을, 오를, 높은 이, 임금. above, high, ascend 일정한 위치를 나타내는 一에 그보다 위를 가리키는 '·'를 얹어 '위' 또는 '높은 이'를 나타낸 자 指. ● [上流 상류] 흐르는 물의 위쪽. 　[上陸 상륙] 육지로 오름. 　[屋上 옥상] 지붕 위.

3급 II	丈 어른 장		어른, 길이, 열 자, 지팡이. 통杖 adult, length, stick 十(열 십)과 又(손 우)의 어울림. 손과 팔을 물건 재는 기준으로 삼은 데서 한 자(又 p.139 尺)의 열(十) 배 '길이'를 나타낸 자. 나아가, 키가 열 자나 되게 큰 '어른'의 뜻으로 쓰인다 會. ● [丈母 장모] 아내의 친어머니. 빙모. 　[丈夫 장부] 다 자란 남자. 　[査丈 사장] 사돈 어른.
7급	下 아래 하		아래, 낮을, 떨어질, 내릴, 항복할. below, low, descend 일정한 위치를 나타내는 一에 그보다 낮음을 가리키는 '•'을 받쳐 '아래'를 나타낸 자 指. ● [下流 하류] 물 흐름의 아래쪽. 　[下野 하야] 관직에서 물러나 민간으로 돌아감. 　[部下 부하] 직위상으로 본 아랫사람.
7급	不 아니 불·부		아니, 못할, 없을, 안 정할 불·부/ 클 비. no, not, undetermined 하늘(一)로 새가 날아 올라가는 모양(󰀓)을 본뜬 자. 그 새가 돌아 오지 않음에서 '아니하다'의 뜻으로 쓰인다. 또는, 혹시나 돌아오지 '않을까' 하고 의심을 품은 데서 의문을 나타낼 때의 '미정사'로도 쓰이게 되었다 象. 【참고】 不 다음에 오는 첫 소리가 ㄷ·ㅈ일때 '부'로 발음함. ● [不幸 불행] 운수가 좋지 않음. 불운(不運). 　[不利 불리] 이롭지 아니함. 　[不當 부당] 이치에 맞지 아니함. 　[不定 부정] 일정하지 아니함.
3급	丑 소 축		소(둘째 지지), 북동쪽 축/ 쇠고랑, 쥘 추. ox(second of 12 stems) 손(크←手)으로 '쇠고삐(丨)'나 '쇠코뚜레'를 '잡은' 모양을 본뜬 자. 그 모양에서 '쇠고랑'의 뜻으로도 쓰인다 象. ● [丑末 축말] 축시의 마지막. 　[丑方 축방] 북북동쪽(24방위의 하나). 　[丑時 축시] 오전 1~3시.
3급	且 또 차		또, 아직, 만일 차/ 많을, 어조사 저. and, yet, much 제기 위에 음식을 쌓고 '또' 쌓은 모양을 본뜬 자. 그 쌓인 모양에서 '많다'의 뜻으로도 쓰인다 象. ● [且置 차치] 아직 내버려 둠. 　[苟且 구차] 군색하고 딱함. 　[況且 황차] 하물며 또.

7급

인간 세

인간, 한평생, 시대, 대대, 역대.
world, generation

'인간' 의 활동 기간은 대략 30년이라는 데서 十(열 십) 셋을 합친 변형으로 이루어진 자. 나아가, 한 '시대' 또는 '한평생' 의 뜻으로도 쓰인다 會.
【참고】1世代는 30년, 1世紀는 100년임.

- [世界 세계] 온 세상(世上).
- [近世 근세] 가까운 지난날의 세상.
- [末世 말세] 끝장이 가까운 시대.

3급 II

 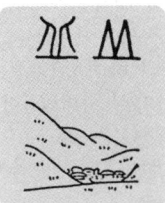

언덕 구

언덕, 높을, 메, 마을, 무덤, 클. 본北
hill, village

① 마을 주위를 둘러싼 '언덕' 모양을 본뜬 자 象.
② 北(북녘 북)과 一의 합침. 북쪽(北) 언덕을 배경으로 사람들이 남향집을 지은 땅(一)을 나타내어 '마을' 을 뜻하게 된 자 會.

- [丘陵 구릉] 언덕(약 300m 이하).
- [比丘 비구] 남자 중.
- [沙丘 사구] 모래 언덕.

3급 II

남녘 병

남녘, 밝을, 불, 셋째 천간, 물고기 꼬리.
south, third of 10 stems

冂(빌 경) 안에 火(불 화)가 들어 있는 모양에서 '밝다' 의 뜻이 된 자. 또는, 젯상(冂) 위에 켜 놓은 불(火)이 '밝다' 는 뜻으로 된 자 象會.

- [丙科 병과] 과거의 셋째 등급.
- [丙方 병방] 24방위의 하나.
- [丙子 병자] 60갑자의 열셋째.

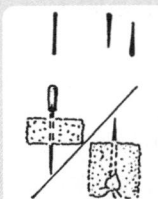

뚫을 곤

뚫을, 통할, 나아갈, 셈대 세울, 송곳.
perpendicular stroke

① 위에서 내리그어 '위아래로 통함' 을 가리킨 자 指.
② 초목의 싹이 터 나오는 모양으로서, '나아감' 또는 '뚫음' 을 뜻한 자. 뚫는다는 데서 '송곳' 또는 '작대기' 로 불린다 象.

8급

 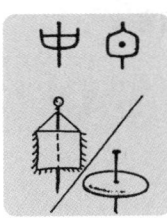

가운데 중

가운데, 바를, 마음, 절반, 맞힐.
middle, inside, hit

물건(口)의 복판을 작대기(丨)로 꿰뚫은 모양에서 '가운데' 를 뜻하게 된 자 會. 또는, 기폭의 '중간' 되는 데에다 끄나풀로 깃대를 맨 모양을 본뜬 자 象.

- [中立 중립] 어느 쪽에도 치우치지 않음.
- [中止 중지] 중간(中間)에 그만둠.
- [命中 명중] 목적물에 바로 맞음.

불똥 주

불똥, 표할, 심지, 등불, 구절 찍을.
spot, point, tip of a candle

떨어져 나간 '불똥' 같이 작은 물체를 나타낸 자 ㉮. 후에, 글월의 구절이 끊김을 나타내는 '월점' 중의 하나로도 쓰이게 되었다 ㉯.

3급

丸 둥글 환

둥글, 총알, 알, 구를, 곧을, 자루.
bullet, pellet, roll

① 乂(←人)과 乙(굽힐 을)의 어울림. 사람(乂)이 몸을 굽히고(乙) 굴에 들어가는 모양에서 '둥글다'의 뜻이 된 자 ㉮.
② '둥근' 것은 기우뚱거린다 하여 仄(기울 측)을 뒤집어 놓은 자. 仄은 동굴(厂=바위집 엄) 안에서 사람(人)이 몸을 '기울인' 모양을 가리킨 자 ㉯.
【참고】 배는 목재를 구부려 만든다 하여 丸을 배의 명칭으로도 씀.

- [丸藥 환약] 둥글게 만든 알약.
  [丸劑 환제] 환약.
  [彈丸 탄환] 총알.

3급II

丹 붉을 단

붉을, 단사, 마음 단/ 꽃 이름 란.
red, cinnabar, heart

광석을 캐는 굴 입구의 나무틀 모양인 丹(겹쳐 덮을 모)에 광물을 가리키는 '丶'합쳐, 붉은계 광물인 '단사(丹砂)'를 가리킨 자. 단사의 빛깔에서 '붉다'의 뜻으로 두루 쓰인다 ㉮.

- [丹心 단심] 속에서 우러나는 참된 마음.
  [丹楓 단풍] 붉은 나뭇잎.
  [牡丹 모란] 꽃의 하나.

7급

主 주인/임금 주

주인, 임금, 어른, 지킬, 심지, 등잔.
master, lord

불(丶)이 타오르고 있는 촛대(𡈼)나 등잔의 모양을 본뜬 자. 등불이 방 안의 중심이 되듯이 가정에서 중심이 되는 '주인(主人)', 또는 한 집의 불씨를 관리하는 '어른'의 뜻으로도 쓰인다 ㉯.

- [主幹 주간] 어떤 일을 책임지고 맡아서 처리함.
  [主客 주객] 주인과 손.
  [主語 주어] 문장에서 주체가 되는 말.

丿 삐침 별

삐칠, 목 바로 펼 별/ 목 끊을 요.
left stroke

오른쪽에서 왼쪽으로 '삐치'면서 당기는 모양을 나타낸 자 ㉮.

3급

 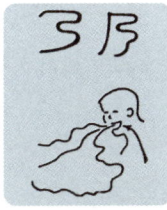

이에 내

이에, 너, 그, 옛, 어조사, 뱃노래.
that, but

ノ과 ⺂의 합침. 말할 때 목구멍으로부터 구부러져(⺂) 나오는 입김(ノ)을 가리켜 된 자로, 윗말을 이어받는 '어조사'로 쓰이게 되었다 ㉔.

- [乃今 내금] 지금.
  [乃父 내부] 너의 아버지.
  [乃至 내지] ~에서 ~에 이르기까지.

3급 II

오랠 구

오랠, 묵을, 머무를, 기다릴, 가릴.
long time, remain

사람(ク←人)을 뒤에서 잡아당겨(乀=끌릴 이) '머무르게' 함을 가리킨 자. 잡아당기므로 걸음이 느려 '오래 걸린다'는 뜻으로도 쓰인다 ㉔.

- [久遠 구원] 아득하게 멀고 오램.
  [永久 영구] 길고 오램.
  [長久 장구] 연대가 길고 오램.

3급 II

갈 지

갈, 이, 어조사, ~의, 이를, 끼칠, 쓸.
this, of, go

풀싹(屮=싹 날 철)이 땅(一) 위로 돋아 뻗어나감을 가리켜 '가다'의 뜻이 된 자 ㉔. 음이 통하는 此(이 차 p.228)의 뜻을 빌려 '이'의 뜻으로도 쓰인다 ㉮.

【참고】之는 자원의 바탕이 비슷한 데서 土로 형태가 바뀌어 쓰이기도 함. [p.136 寺]

- [之子 지자] 이 아이.
  [愛之重之 애지중지] 사랑하고 중히 여김.
  [天地之間 천지지간] 하늘과 땅의 사이.

3급

어조사 호

어조사, 그런가, ~에, ~를, 감탄사.
at, in

ノ과 兮(어조사 혜)의 합침. 兮는 입김(丂=입김 나갈 고)이 퍼져 나가는(八) 모양. 말의 중간이나 끝에서 '에' 등으로 말을 빼면서 (ノ) 다음 말을 이끄는 구실을 하는 '어조사'로 된 자 ㉔.
【참고】'ノ'은 소리낼 때 입김이 나감을 뜻함.

- [乎而 호이] 친한 사이의 칭호.
  [可乎哉 가호재] 옳도다.
  [時乎時乎 시호시호] 때여 때여.

3급 II

 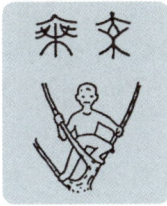

탈 승

탈, 오를, 수레, 곱할, 다스릴. ㉿乘
ride, mount

木(나무 목) 위에 사람을 가리키는 ノ과 北(←舛=어긋 디딜 천)의 어울림. 사람(ノ)이 나무(木)에 양발을 어긋 디디며(北) '오른다'는 뜻으로 된 자. 나아가, 수레 따위에 '탄다'는 뜻으로도 쓰인다 ㉠㉷.

- [乘法 승법] 곱하기.
  [乘車 승차] 차를 탐.
  [便乘 편승] 한 자리 얻어 탐.

3급II

乙
새 을

새, 둘째, 굽힐, 둘째 천간, 교정할.
bird, bend, second of 10 stems

'새'의 '굽은' 앞가슴, 또는 초목의 싹이 '구부러져' 나오는 모양을 본뜬 자(象).

- [乙方 을방] 24방위의 하나.
- [乙種 을종] 둘째 종류.
- [甲乙 갑을] 갑과 을(첫째, 둘째의 뜻).

8급

九
아홉 구

아홉, 수가 많을 구/ 모을 규. (통)糾
nine, numerous

十(열 십)의 가로획의 오른편을 쳐뜨려, 열에서 하나가 적은 '아홉'을 가리킨 자. 열에 가까운 수라는 데서 '수효가 많음'을 나타내기도 한다(指). 또는, 집게손가락 위에 가운뎃손가락을 구부려 얹어 '아홉'을 나타낸 자(象).

- [九曲 구곡] 굴곡이 매우 많음.
- [九九 구구] 곱셈 때 계산법의 하나.
- [九重 구중] 아홉 겹. 겹겹의 속.

3급

乞
빌 걸

빌, 청할, 거지 걸/ 빌릴, 줄, 내줄 기.
beg, beggar

气(기운 기)에서 한 획을 줄인 자로서, '구걸하는' 사람(ᄼ)이 기운 없이 말하며 몸을 굽힘(乙)을 가리켜 된 자(指).

- [乞食 걸식] 밥을 빌어먹음.
- [求乞 구걸] 돈 등을 거저 달라고 빎.

3급

也
어조사 야

어조사, 또, 이를, 뱀.
even, also(final particle)

① 말을 할 때 입김이 서려 나오는 모양을 가리켜 된 자로, 말을 시작할 때나 끝맺을 때의 '어조사'로 쓰인다(指).
② 기다란 '뱀('它=뱀 타)이 사린 모양을 본떠 된 자(象). [p.108 地]

- [也有 야유] 또 있음.
- [也乎 야호] 강세 어조사.
- [是也 시야] 옳다.

4급

乳
젖 유

 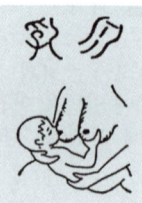

젖, 젖 먹일, 낳을, 기를, 어머니.
milk, nourish, suckle

孚(기를 부)와 乚(乙)의 합침. 새(乚)가 발(爫)밑에 알(子)을 품고 있는 모양에서 새끼를 까거나, 또는 짐승이 새끼를 '낳아' '기른다'는 뜻으로 된 자. 나아가, 어린애(子)가 손(爫)으로 주무르는 젖꼭지(乚)를 나타내어 '젖' 또는 '젖통이[乳房]'의 뜻으로도 쓰인다(會).

- [乳兒 유아] 젖먹이.
- [乳齒 유치] 젖니.
- [牛乳 우유] 소의 젖.

乾

3급II

하늘, 마를, 임금, 굳셀 건/ 마를 간.
heaven, dry

倝(해돋을 간)과 乙의 합침.
① 乙은 수증기(气=증기 기)가 오르는 모양. 수분이 햇볕(倝)을 받아 증발한다(乙) 하여 '마르다'의 뜻이 된 자 會.
② 초목의 굽은 싹(乙)이 해(倝)를 향함을 가리켜 '하늘'의 뜻이 된 자 會.
【참고】倝은 깃발(㫃=깃발 언 p.202 族)이 아침(旦=아침 단) 햇빛에 비춰짐을 나타내어 '해 돋다'의 뜻이 됨.

- [乾坤 건곤] 하늘과 땅.
  [乾燥 건조] 물기가 없어지고 마름.
  [乾物 간물] 말린 물고기나 짐승의 고기.

하늘 마를 건

亂

4급

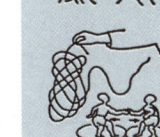

어지러울, 얽힐, 다스릴, 음행. 약 乱
confused, disorderly

𠬪(다스릴 란)과 乚(乙)의 합침. 굽어(乚) 뒤얽힌 일을 다스리지(𠬪) 못해 '어지럽다'는 뜻으로 된 자. 본자는 𠬪으로, 얽힌 실타래를 손으로 가리어 다스리는 모양, 또는 어린애(乙←幺)가 경계선(冂)을 두고 다투는 것을 떼어(𠂇=떨어질 표) 말린다는 데서 '다스리다' 의 뜻이 된 자 會.

- [亂雜 난잡] 뒤섞이어 질서가 없음.
  [亂暴 난폭] 무법하게 거칠고 사나움.
  [騷亂 소란] 시끄럽고 어수선함.

어지러울 란

亅

갈고리, 갈고랑쇠.
hook

'갈고리'가 매달린 모양을 본뜬 자 象.
【참고】丨(셈대 세울 곤)과는 별자.

갈고리 궐

了

3급

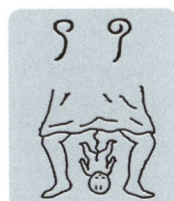

마칠, 깨달을, 끝날, 똑똑할, 어조사.
finish, complete

아기가 양팔을 몸에 꽉 붙이고 모체로부터 나와 해산이 '끝났음'을 가리켜, 子에서 양팔을 나타내는 一을 뺀 자 指.

- [了得 요득] 깨달음.
  [完了 완료] 완전히 끝마침.
  [終了 종료] 일을 끝마침. 끝냄.

마칠 료

予

3급

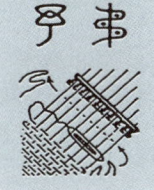

나, 줄 동 余, 취할(豫의 약자).
I, give

베짤 때 씨실을 담은 북을 좌우 손으로 번갈아 주었다 받았다 하는 모양을 본떠 '주다'·'취하다'의 뜻이 된 자 象. 또는, 余(p.57)와 음이 같은 데서 그 뜻을 빌려 '나'의 뜻으로도 쓰인다 假.

- [予寧 여녕] 상을 입음.
  [予奪 여탈] 줌과 빼앗음. 與奪(여탈).
  [分予 분여] 나눠줌.

나 여

7급

事

일 사

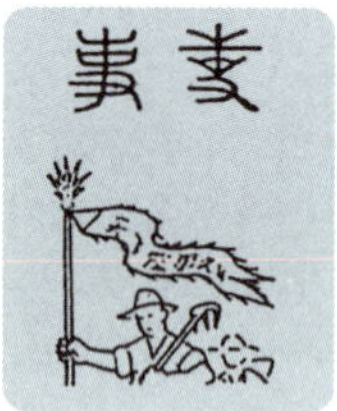

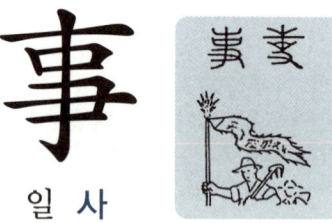

일, 섬길, 큰일, 다스릴, 경영할.
serve, matter, manage

① 亠(←之=갈 지:음부)와 叏(사기 사)의 어울림. 역사(史 p.96)를 기록해 나감(之)을 '일삼는다'는 뜻으로 된 자. 일을 잘 해서 윗사람을 받든다 하여 '섬기다'의 뜻으로도 쓰인다 (形).
② 깃발을 들고 일터로 나가는 모양을 본떠 '일하다'의 뜻이 된 자 (象).
【참고】 아래 획 '⺕'은 손으로 '일함'을 뜻함.

- [事務 사무] 맡아 보는 일. 취급하는 일.
  [事由 사유] 일의 까닭. 연고. 연유.
  [行事 행사] 어떠한 일을 거행함.

8급

二

두 이

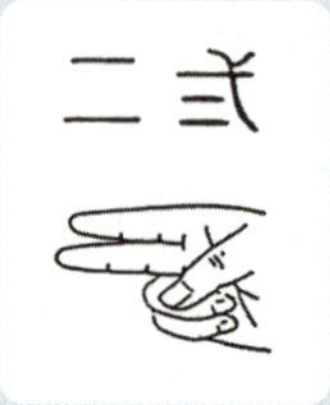

두, 둘, 다음, 거듭, 의심할, 두 마음.
two, second, double

① 두 손가락 또는 두 선을 그어 '둘'을 가리킨 자 (指).
② 一(하늘)과 一(땅)을 합쳐 수효의 '둘'을 뜻한 자 (會).

- [二分 이분] 둘로 나눔.
  [二重 이중] 두 겹.
  [第二 제이] 둘째.

3급

于

어조사 우

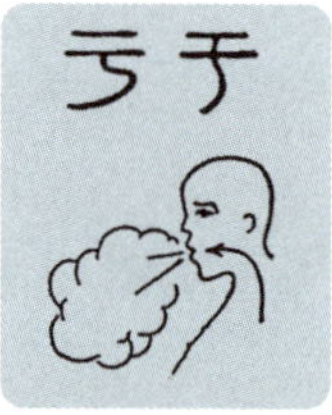

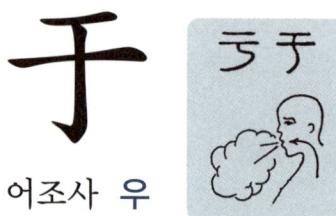

어조사, 말할, 갈, 탄식할, 부터.
proceed, final particle

一과 丂(숨 막힐 고)의 어울림. 답답하게 막혔던 입김(丂)이 한 번 퍼져(一) '나감'을 나타내어 '탄식할 때의 어조사'로 쓰이게 된 자 (會).
【참고】 본자 亏의 丂는 입김(ㄅ)이 나가다가 장애물(一)에 걸려 막힘을 나타냄.

- [于歸 우귀] 신부가 처음 시집에 듦.
  [于今 우금] 지금까지.
  [于先 우선] 먼저.

3급

云

이를 운

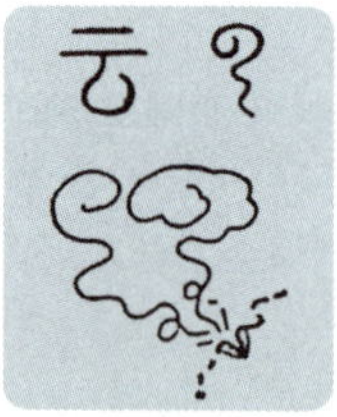

이를, 말할, 이러저러할, 어조사.
saying, speak

① 말을 할 때 입김이 나오는 모양을 본떠 '말하다'의 뜻이 된 자 (象).
② '구름'이 피어오르는 모양을 본뜬 자. 雲(p.400)의 옛자 (象).

- [云爲 운위] 말과 행동. 세태와 인정.
  [云謂 운위] 일러 말함.
  [云云 운운] 이러저러함.

3급

互

서로 호

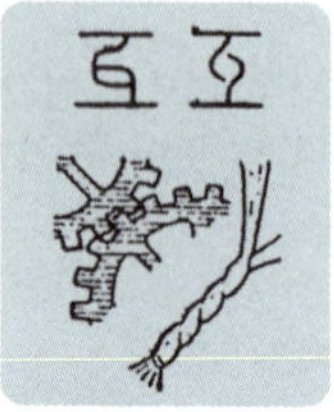

서로, 번갈아들, 어그러질, 어긋매낄.
each other, mutually

서로 '번갈아' 꼬아진 새끼의 모양, 또는 서로 엇물려 있는 기계 따위의 모양을 본떠 '서로'의 뜻이 된 자 (象).

- [互讓 호양] 서로 사양함.
  [互惠 호혜] 서로 혜택을 베풂.
  [相互 상호] 서로.

8급

다섯 오

다섯, 다섯 번, 엇걸릴. 통伍
five, fifth

① 손가락 '다섯' 을 가리켜 된 자. 또는, 二에 三을 어울러 '다섯' 을 뜻한 자 指.
② '다섯' 은 음과 양이 엇걸리는 수라 하여 하늘(一)과 땅(一) 사이에서 '엇걸리는(X)' 모양을 나타낸 자 指.

- [五戒 오계] 불교에서의 다섯 가지 계율.
- [五福 오복] 다섯 가지의 복.
- [端五 단오=端午] 음력 5월 5일. 重午.

3급II

우물 정

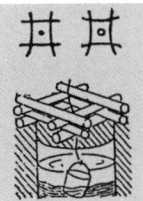

우물, 밭이랑, 저자, 반듯할, 잇닿을.
well, orderly

나무로 네모지게 짠 우물틀 모양을 본떠 '우물' 을 뜻하게 된 자 象.
【참고】 전자의 복판에 있는 'ㆍ' 은 두레박임.

- [井水 정수] 우물물.
- [井田 정전] 고대 전제(田制)의 하나.
- [市井 시정] 사람이 모여 사는 곳.

3급II

버금 아

버금, 작을 아/ 칠할 악/ 누를 압. 속약亜
secondary, inferior

등뼈가 불쑥 나온 두 곱사등이가 마주 선 모양을 본뜬 자로, 곱사등이의 체격은 건전한 사람보다 못하다 하여 '버금' 의 뜻이 되었다 象.

- [亞流 아류] 둘째 가는 사람이나 사물.
- [亞聖 아성] 유학에서 공자 다음가는 성인인 맹자를 이르는 말.
- [東亞 동아] 아세아(亞細亞)의 동쪽.

亠
머리 부분 두

머리 부분, 덮을(돼지해밑).
part of the head, above

가로선(一) 위에 꼭지점(ㆍ)을 찍어 '머리 부분' 을 나타낸 자. 즉, 亢(목 항)의 아랫부분인 几는 사람의 목덜미를, 亦(또 역)의 아랫부분인 ㅆ은 사람의 겨드랑이를 나타내는 것으로 보아, 이 글자는 '위' 또는 '머리 부분' 을 가리킴을 알 수 있다. 나아가, '덮어씌움' 을 뜻하기도 한다 指.

5급

망할 망

망할, 도망할, 죽을, 잃을 망/ 없을 무.
ruin, escape, die, lose

亠(←入=들 입)과 乚(隱=숨을 은의 옛자)의 합침. 사람이 으슥한 데로 숨어(乚) 든다(入)는 데서 '도망(逃亡)하다' · '없어지다' 의 뜻이 된 자. 또는, 사람(人→亠)이 묻힘(乚)을 나타내어 '죽다' 의 뜻이 된 자 會.

- [亡靈 망령] 죽은 사람의 영혼.
- [亡身 망신] 자기의 지위, 체면 따위를 손상함.
- [滅亡 멸망] 망하여 없어짐.

6급	交 사귈 교	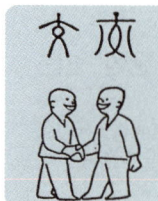	**사귈, 벗할, 바꿀, 서로, 흘레할, 옷깃.** associate with, change 사람이 발을 꼬고 선 모양, 또는 벗들과 발길이 잦게 내왕함을 나타내어 '서로 사귐' 을 뜻한 자 象. 【참고】亠는 머리, 八은 양팔, 乂는 두 다리. ● [交易 교역] 물건을 사고팔아 바꿈. [交通 교통] 왕복·운반·전달의 통칭. [社交 사교] 사회적으로 사귐.
3급	亥 돼지 해	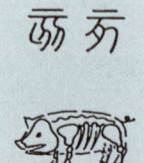	**돼지(열두째 지지), 북북서, 풀 뿌리.** pig(last of 12 stems) ① '돼지'의 머리(亠)와 몸 및 다리(乂)의 뼈대 모양을 본뜬 자 象. [p.356 豕] ② 땅을 뚫고 (亠←之) 싹트는 '풀 뿌리(乂←仒)' 모양을 본뜬 자 象會. ● [亥方 해방] 북북서쪽. [亥時 해시] 오후 9〜11시. [亥月 해월] 음력 10월의 별칭.
3급Ⅱ	亦 또 역		**또, 또한, 클, 모두, 어조사.** 통奕 also, too 亣(←大=큰 대)와 八의 어울림. 亣는 서 있는 사람의 모양을, 八은 사람의 양쪽 팔을 나타냄. 팔 밑의 겨드랑이는 오른쪽에도 왼쪽에도 있다 하여 '또한'·'또' 의 뜻이 된 자 指. ● [亦是 역시] 또한. [亦然 역연] 이 또한 그러함. [基亦 기역] 그 또한.
3급	亨 형통할 형		**형통할, 드릴 형/ 삶을 팽/ 드릴 향.** 통享 to be successful, boiled 𠅃(高=높을 고)와 了(마칠 료)의 합침. 음식을 높이(𠅃) 쌓고 제사 드렸더니 일이 잘 끝나게(了 p.47) 되었다는 데서 '형통(亨通)하다' 의 뜻이 된 자 會. ● [亨途 형도] 평탄한 길. [亨通 형통] 모든 일이 뜻과 같이 잘 되어 감. [亨熟 팽숙] 삶아서 익힘.
3급	享 누릴 향	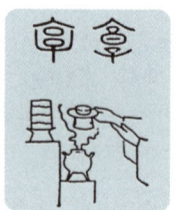	**누릴, 드릴, 잔치.** 통亨 enjoy, offer, feast 𠅃(高=높을 고)와 子(아들 자)의 합침. 아들(子)이 음식을 높이(𠅃) 쌓아 차려 놓고 제사를 '드린다' 는 뜻으로 된 자. 제사를 드리니 신이 복을 내려 행복을 '누린다' 는 뜻으로도 쓰인다 會. 【참고】본디, 𠅃는 음식이 높이 쌓인 모양, 子는 曰(음식 담긴 그릇)에서 온 자. ● [享樂 향락] 즐거움을 누림. [享有 향유] 누려서 가짐. [祭享 제향] 제사의 높임말. 나라 제사.

6급

京
서울 경

서울, 클, 언덕, 곳집, 수(數) 이름.
capital, great palace

높은(古←高=높을 고) 터전(小←丘=언덕 구)에 크게 지은 궁성의 모양을 본떠, 나라를 다스리는 궁성이 있는 '서울'을 뜻하게 된 자 象.
【참고】 亠는 궁성의 지붕.

- [京畿 경기] 서울에서 가까운 지역.
  [京鄕 경향] 서울과 시골.
  [上京 상경] 서울로 올라감.

3급 II

亭
정자 정

정자, 집, 우뚝할, 이를, 곧을.
arbor, lofty

亯(←高=높을 고)와 丁(장정 정:음부)의 합침. 길 가던 사람(丁)이 바람을 쐬며 쉴 수 있도록 높이(亯) 지어 놓은 '정자(亭子)'를 뜻한 자 形.
【참고】 丁은 정자를 받친 기둥.

- [亭閣 정각] 정자.
  [亭亭 정정] 늙었으나 몸이 굳센 모양.
  [客亭 객정] 주막집.

8급

人(亻)
사람 인

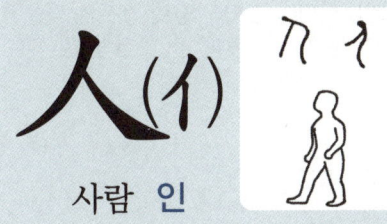

사람, 나랏사람, 사람마다, 남, 성질.
person, man

'사람'이 다리를 내딛고 서 있는 모양을 본뜬 자 象.

- [人格 인격] 사람의 품격.
  [人類 인류] 인종을 구별하여 이른 말.
  [超人 초인] 뛰어난 사람.

6급

今
이제 금

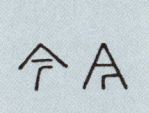

이제, 오늘, 곧.
now, today, at once.

亼(모을 집)과 ㄱ(←⺁=끌릴 예)의 합침. 세월이 흐르고 쌓여(亼 p.97 습) 지금에 이르렀다(ㄱ) '이제'·'오늘'의 뜻이 된 자 會.

- [今時 금시] 지금(只今). 이제의 때.
  [今日 금일] 오늘.
  [方今 방금] 바로 이제.

4급

仁
어질 인

어질, 사람됨의 근본, 동정할, 열매.
perfect virtue, benevolent

亻변에 二(두 이)의 합침. 두(二) 사람(亻) 사이에 일어나는 '어진 마음' 또는 '사람됨의 근본'을 밝혀 된 자 會.

- [仁德 인덕] 인자하여 동정심이 많은 덕.
  [仁慈 인자] 인후(仁厚)하고 자애로움.
  [寬仁 관인] 너그럽고 인자함.

3급 II

介
낄 개

낄, 도울, 중개할, 갑옷, 낱, 착할.
introduce

人과 丿丨(←八=나눌 팔)의 합침. 어떤 일을 판가름하기(丿丨) 위해 사람(人)이 양쪽 사이에 '낀다'는 뜻으로 된 자. 나아가, '중개(仲介)하다'의 뜻으로도 쓰인다 會.

- [介意 개의] 마음에 둠.
  [介入 개입] 끼어듦.
  [紹介 소개] 일이 되게 주선함.

5급

他
다를 타

다를, 남, 저, 누구, 딴 마음, 간사할.
other, another person

亻변에 也(입겻 야:음부)의 합침. 사람(亻)이 뱀(也 p.46)같이 쌀쌀스럽다 하여 '남[他人]'이라는 뜻이 된 자 形.

- [他鄕 타향] 고향이 아닌 곳.
  [排他 배타] 남을 배척함.
  [自他 자타] 자기와 남.

5급

仕
섬길 사

섬길, 벼슬, 살필, 배울, 일삼을. 통士
official, serve

亻변에 土(선비 사:음부)의 합침. 선비(土 p.115) 중에 공부와 덕을 쌓은 사람(亻)이 나라일을 본다는 데서 '벼슬'을 뜻하게 된 자 會形.

- [仕途 사도] 벼슬길.
  [給仕 급사] 심부름하는 아이.
  [奉仕 봉사] 남을 위해 헌신적으로 일함.

3급 II

付
부칠 부

부칠, 줄, 부탁(付託)할. 통附
give to, request

亻변에 寸(손 촌)의 합침. 손(寸 p.136)에 쥔 물건을 다른 사람(亻)에게 '준다'는 뜻으로 된 자 會.

- [付送 부송] 물건을 부쳐 보냄.
  [交付 교부] 내줌. 물건의 인도.
  [還付 환부] 도로 돌려 내줌.

5급

仙
신선 선

신선, 날 듯할, 센트.
fairy, like flying

亻변에 山(메 산:음부)의 합침. 사람(亻)이 산(山)에서 도를 성취하여 장생불사가 된 '신선(神仙)'을 뜻한 자 會形.

- [仙境 선경] 신선이 살 만한 곳.
  [仙藥 선약] 불로불사의 약.
  [登仙 등선] 신선이 되어 올라감.

人 부

6급

대신할 대

대신할, 갈마들, 대수, 시대(時代).
instead of, substitute

亻변에 弋(주살 익:음부)의 합침. 주말(弋 p.156)을 세워 사람(亻)을 '대신(代身)하다'는 뜻으로 된 자 形.

● [代理 대리] 남을 대신하여 일을 처리함.
　[代表 대표] 여럿을 대신하여 나섬.
　[現代 현대] 오늘날의 시대(時代).

5급

하여금 령

하여금, 시킬, 명령할, 법령(法令).
order, command, law

亼(모을 집)과 卪(병부 절)의 합침. 사람들을 불러 모아(亼 p.97 合) 무릎(卪)을 꿇리고 '명령한다'는 뜻으로 된 자 會.

● [令愛 영애] 남의 딸에 대한 높임말.
　[令狀 영장] 출두 명령서.
　[號令 호령] 큰 소리로 하는 명령.

5급

써 이

써, 쓸, 할, 까닭, 말, 함께, 거느릴.
to use with, to lead with

구부러진 쟁기 모양을 나타내는 ㅏ(←厶)에 人의 합침. 사람(人)이 밭을 갈 때 쟁기(ㅏ)를 '쓴다'는 뜻으로 된 자. 사람(人)이 쟁기(ㅏ)와 함께 앞으로 나아간다는 데서 '함께' 또는 '거느린다'는 뜻으로도 쓰인다 指.

● [以內 이내] 어떤 일정한 범위의 안.
　[以外 이외] 일정한 범위의 밖.
　[所以 소이] 써 그러한 바.

3급II

우러를 앙

우러를, 사모할, 의뢰할, 믿을. 통昂

look up, adore

亻변에 卬(높을 앙:음부)의 합침. 卬은 사람(匕←人)이 무릎(卪)을 꿇은 모양. 꿇어 앉은 사람(卬)이 고개를 들고 높은 사람(亻)을 쳐다본다는 데서 '우러르다'의 뜻이 된 자 形.

● [仰望 앙망] 우러러 바람.
　[仰天 앙천] 하늘을 쳐다봄.
　[信仰 신앙] 종교를 믿음.

3급II

버금 중

버금, 다음, 가운데, 중개(仲介)할.
next, second, middle

亻변에 中(가운데 중:음부)의 합침. 형제들 가운데(中 p.43)에서 둘째 가는 사람(亻)을 가리켜 '버금' 또는 '다음'의 뜻이 된 자 會形.

● [仲媒 중매] 혼인을 이루게 함.
　[仲裁 중재] 사이에 들어 화해를 붙임.
　[伯仲 백중] 재주나 실력이 비슷함.

5급

件
물건 건

물건, 가지, 조건, 구별할, 나눌, 수효.
article, distinguish

亻변에 牛(소 우)의 합침. 사람(亻)이 소(牛)를 붙잡고 있는 모양을 나타낸 자로, 소는 농가에서 중요한 재산이라 하여 딴 재산과 '구별된다'는 뜻이 되었다. 나아가, 특별히 구별되는 '물건(物件)'의 뜻으로도 쓰인다 會. [p. 88 半]

- [件數 건수] 사건(事件)의 가짓수.
  [用件 용건] 볼일.
  [條件 조건] 일에 대한 규정 항목.

3급 II

企
꾀할 기

꾀할, 바랄, 계획할, 뒤꿈치 들. 통 跂

expect, plan, consider

人과 止(그칠 지:음부)의 합침. 사람(人)이 '발 뒤꿈치(止)를 들어' 멀리 바라보듯이, 앞일을 내다보며 '계획하다' 또는 '꾀하다'의 뜻으로 된 자 會形.

- [企圖 기도] 일을 꾸며 내려고 꾀함.
  [企業 기업] 어떠한 사업을 계획함.
  [企劃(畫) 기획] 일을 계획함.

4급

伏
엎드릴 복

엎드릴, 공경할, 숨을, 복날. 통 匐

prostrate, obey, hide

亻변에 犬(개 견)의 합침. 개(犬)가 주인(亻) 곁에 '엎드려' 있는 모양을 나타낸 자로, 개가 주인을 따르듯이 윗사람을 '공경한다'는 뜻으로 두루 쓰인다 會.

- [伏魔殿 복마전] 화(禍)의 근원지. 음모지.
  [伏兵 복병] 군사를 숨겨 둠.
  [潛伏 잠복] 숨어 엎드림.

5급

任
맡길 임

맡길, 맡을, 믿을, 일, 짐, 견딜. 통 壬

appoint, receive

亻변에 壬(짊어질 임:음부)의 합침. 사람(亻)이 짐을 짊어지듯이 (壬 p.115) '책임(責任)을 진다' 또는 직책을 '맡는다'는 뜻으로 된 자 形.

- [任務 임무] 맡은 일.
  [赴任 부임] 임무를 맡은 곳으로 감.

4급 II

伐
칠 벌

칠, 벨, 공, 자랑할, 방패. 통 閥

attack, to cut down

亻변에 戈(창 과)의 합침. 사람(亻)이 창(戈)을 들고 찌름을 나타내어 '치다' 또는 '베다'의 뜻이 된 자 會.

- [伐木 벌목] 나무를 베어 냄.
  [殺伐 살벌] 거동이 거칠고 무시무시함.
  [討伐 토벌] 죄 있는 무리를 군사로 침.

7급

쉴 휴

쉴, 그칠, 편안할, 아름다울, 기쁠, 말.
rest, desist, peaceful

亻변에 木(나무 목)의 합침. 사람(亻)이 나무(木) 그늘에서 '쉬고' 있음을 뜻한 자. 나아가, '휴식(休息)하다' · '그치다'의 뜻으로도 쓰인다 會.

- [休養 휴양] 쉬며 심신을 보양함.
  [休戰 휴전] 전쟁을 중지함.
  [公休 공휴] 사회적으로 주어진 휴식.

3급

짝 반

짝, 벗, 모실, 의지할, 한가할, 살질.
pair, accompany with

亻변에 半(절반 반:음부)의 합침. 둘의 의사가 반씩(半 p.88) 합쳐 이뤄진 한 쌍의 사람(亻), 즉 '짝'을 뜻한 자 形.

- [伴侶 반려] 짝이 되는 동무.
  [同伴 동반] 길을 같이 감. 함께 다님.

3급Ⅱ

맏 백

맏, 벼슬 이름 백/ 우두머리 패. 통 陌

elder, chief, official rank

亻변에 白(사뢸 백:음부)의 합침. 여러 일을 사뢰어야(白 p.273) 할 사람이라 하여 '어른(맏이)'을 뜻하게 된 자 形.

- [伯父 백부] 큰아버지.
  [伯仲 백중] 서로 비슷하여 낫고 못함이 없음.
  [道伯 도백] 도지사와 같은 벼슬.

3급

펼 신

펼, 일 펴일, 다스릴, 기지개 켤. 통 申

extend, stretch

亻변에 申(기지개 켤 신:음부)의 합침. 사람(亻)이 기지개를 켜는(申 p.267) 모양에서 '펴다'의 뜻이 된 자 形.

- [伸張 신장] 길게 뻗어남. 길게 늘임.
  [伸縮 신축] 펴짐과 오그라짐.
  [屈伸 굴신] 굽히고 폄.

3급

닮을 사

닮을, 같을, 본뜰, 보일, 받들, 이을, 비슷할.
same, resemble, imitate

亻변에 以(써 이:음부)의 합침. 以(p. 53)는 쟁기로 논밭을 가는 농부를 가리킴. 쟁기채(以)를 잡고 있는 농부(亻)들이 서로 닮았다 하여 '비슷하다'의 뜻 形.
【참고】似는 以와 같은 뜻으로 쓰이기도 함.

- [似而非 사이비] 겉은 비슷하지만 속은 완전히 다름.
  [近似 근사] 거의 같음. 비슷함.
  [類似 유사] 서로 비슷함.

5급

벼슬, 지위, 자리, 벌일, 방위, 인원.
official rank, seat

亻변에 立(설 립)의 합침. 벼슬아치(亻)들이 늘어선(立) 자리가 서열을 나타낸 데서 '지위(地位)'의 뜻이 된 자 會.

- [位置 위치] 자리. 지위. 곳.
  [方位 방위] 공간의 기준에 대한 방향.
  [品位 품위] 인격의 풍김새.

位 자리 위

3급 II

但 다만 단

다만, 홀로, 오직, 특별히, 부질없을.
only, simply

亻변에 旦(아침 단:음부)의 합침. 아침(旦)에 이부자리에서 일어나는 사람(亻)은 지평선 위로 솟아 나오는 해같이 알몸뿐이라 하여 '다만'의 뜻이 된 자 形.
【참고】旦은 지평선(一)에 돋는 해(日) 모양.

- [但書 단서] 조건과 예외를 나타내는 글.
  [但只 단지] 다만. 겨우. 오직.
  [非但 비단] 다만(부정적 용법).

3급

도울, 버금, 보좌관, 속료.
assist, secondary

亻변에 左(도울 좌:음부)의 합침. 윗사람(亻)을 한 옆에서 '돕는다(左 p.145)'는 뜻으로 된 자 會形.

- [佐命 좌명] 임금을 도움.
  [佐史 좌사] 주 또는 현의 속관.
  [補佐 보좌] 윗사람을 도와 일을 처리함.

佐 도울 좌

4급 II

낮을, 값쌀, 구부릴, 숙일, 머뭇거릴.
low, cheap, bend

亻변에 氐(낮을 저:음부)의 합침. 신분이 낮은 사람(亻)이 자세를 낮춘다(氐)는 데서 '낮다'의 뜻이 된 자 會形.
【참고】氐은 언덕(氏 p.233) 아래의 평지(一)가 '낮음'을 뜻함.

- [低俗 저속] 품격이 낮고 속됨.
  [低音 저음] 낮게 나는 소리.
  [高低 고저] 높고 낮음.

低 낮을 저

7급

머무를, 살, 그칠, 설.
stay, dwell, stand

亻변에 主(주인 주:음부)의 합침. 사람(亻)이 일정한 곳에서 주로(主 p.44) 삶을 가리켜 '머무르다'의 뜻이 된 자 形.

- [住宅 주택] 사람이 들어 사는 집.
  [居住 거주] 일정한 곳에 머물러서 삶.
  [常住 상주] 항상 살고 있음.

住 살 주

3급	 余 나 여	 **나, 나머지, 사월, 마래기.** 통予 [⇒餘]. my, me, remainder 亽(←舍=집 사:음부)와 八(나눌 팔)의 어울림. 외기둥집(亽)에서 소리치는 음향이 멀리 퍼져(八 p.72) 나간 것이 여음을 남긴다는 데서 '남다'의 뜻이 된 자 形. 그 소리의 근원이 내 것이라는 데서 吾(나 오)의 뜻을 빌려 '나'의 뜻으로도 쓰이게 되었다 假. 【참고】八은 외기둥집의 버팀목 같기도 함. ● [余等 여등] 우리들. 　[余月 여월] 음력 4월의 다른 명칭. 　[比余 비여] 나와 비교해 봄.
3급Ⅱ	 何 어찌 하	 **어찌, 무엇, 누구, 어느, 멜.** 통荷·訶 how, what, who, bear 亻변에 可(허락할 가:음부)의 합침. 두 사람(亻)의 뜻이 맞아(可 p.96) 같이 짐을 '멘다'는 뜻으로 된 자. 멘 것이 무엇일까 의문을 품고 묻는다 하여 '무엇'·'어찌'의 뜻으로 쓰이게 되었다 形. 【참고】음이 통하는 訶(힐난할 가)의 뜻을 빔. ● [何等 하등] 아무런. 조금도. 　[誰何 수하] 누구. 　[如何 여하] 어떠함.
4급Ⅱ	佛 부처 불	 **부처, 깨달을, 비슷할, 도울, 흥할.** 약仏 Buddha, awake oneself 亻변에 弗(아니 불:음부)의 합침. 사람(亻)이 아니(弗)면서 사람과 '비슷하다'는 뜻으로 된 자 形. 그 뜻에서 산스크리트 Buddha(佛陀)의 두음을 빌려 '부처'의 뜻으로 쓰이게 되었다 假. ● [佛經 불경] 불교의 경전. 　[佛敎 불교] 부처의 가르침. 　[成佛 성불] 부처가 됨. 해탈함.
6급	 作 지을 작	 **지을, 이룰, 일할 작/ 만들 주.** 통做 make, work, act 亻변에 乍(잠깐 사:음부)의 합침. 사람(亻)이 잠시(乍)도 쉬지 않고 일하여 무엇을 만든다는 데서 '짓다'의 뜻이 된 자 形. 【참고】乍의 본자는 𠂉로, 재빨리 도망치는(亼 p.49 亡) '짧은 순간(一)'을 뜻함. ● [作曲 작곡] 노래 곡조를 지음. 　[作業 작업] 일을 함. 　[動作 동작] 몸을 움직이는 행동.
6급	 使 하여금 사 부릴	 **하여금, 부릴, 가령 사/ 사신(使臣) 시.** employ, messenger 亻변에 吏(관리 리:음부)의 합침. 윗사람(亻)이 아랫관리(史 p.96)에게 일을 시킨다 하여 '부리다'의 뜻이 된 자 會形. ● [使命 사명] 지워진 임무. 　[大使 대사] 외교 사절의 최고 직급. 　[天使 천사] 신의 뜻을 인간에게 전달하는 사자(使者).

3급 II

佳 아름다울 가

아름다울, 기릴 가/ 착할, 좋을 개.
fine, good, pure

亻변에 圭(홀 규:음부)의 합침. 홀(圭)을 들고 있는 사람(亻)이 눈에 확 뜨여 '아름답게' 보임을 뜻하여 된 자 形.
【참고】圭는 제후에게 영토(土·土)와 함께 내리던 신표를 뜻함.

- [佳約 가약] 가인과 만날 언약. 혼약.
  [佳人 가인] 용모가 아름다운 여자.
  [絶佳 절가] 뛰어나게 아름다움.

7급

來 올 래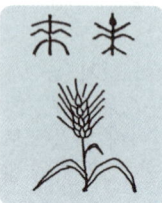

올, 부를, 돌아올, 보리, ~부터. 약 来·耒
come, return, wheat

'보리' 이삭의 모양을 본뜬 자 象. 보리는 하늘에서 보내왔다는 전설에서 '오다'의 뜻으로 쓰이게 되었다 轉. [p.417 麥]

- [來訪 내방] 남이 찾아와 봄.
  [往來 왕래] 가고 옴.
  [由來 유래] 사물의 내력(來歷).

6급

例 법식 례

법식, 전례(前例), 견줄, 본보기, 대강.
compare, example

亻변에 列(나란히 설 렬:음부)의 합침. 사람(亻)이 줄지어(列 p.78) 선 것을 옆에서 '견주어' 본다는 뜻으로 된 자 會形.

- [例外 예외] 정해진 것에서 벗어남.
  [常例 상례] 보통 있는 일.
  [實例 실례] 실제의 본보기.

3급 II

供 이바지할 공

이바지할, 갖출, 받들, 문초 받을.
supply, arrange, offer

亻변에 共(모을 공:음부)의 합침. 윗사람(亻)에게 두 손 모아(共 p.72) 물건을 받쳐 올린다는 데서 '받들다'·'이바지하다'의 뜻이 된 자 形.

- [供給 공급] 수요에 따라 물품을 댐.
  [供養 공양] 웃어른에게 음식을 대접함.
  [提供 제공] 갖다 바침.

3급 II

侍 모실 시

모실, 좇을, 가까울, 기를, 임할. 통 寺
serve, attend, accompany

亻변에 寺(관청 시:음부)의 합침. 관청(寺 p.136)에서 윗사람(亻)을 섬긴다는 데서 '모시다'의 뜻이 된 자 形.

- [侍女 시녀] 시중 드는 여자.
  [侍立 시립] 좌우에서 모시고 섬.
  [內侍 내시] 조선 때 환관의 별칭.

人 부

4급

依 의지할 의

의지할, 비슷할, 따를, 그대로, 비유할.
rely on, resemble

亻변에 衣(옷 의:음부)의 합침. 사람(亻)이 옷(衣)을 입어 몸을 보호한다 하여 '의지(依支)하다'의 뜻이 된 자 形.

- [依賴 의뢰] 남에게 부탁함.
- [依然 의연] 전과 다름이 없는 모양.
- [歸依 귀의] 돌아와 의지함. 불도의 신앙.

4급 II

侵 침노할 침

침해할, 범할, 점점, 차차, 습격할, 흉작.
invade, encroach

亻변에 크(←帚 비 추)와 又(또 우)의 어울림. 사람(亻)이 손(又)에 비(크)를 들고 '점점' 쓸어 나가듯이 조금씩 먹어 들어간다는 데서 '침범(侵犯)하다'·'침해(侵害)하다'의 뜻이 된 자 會.

- [侵略 침략] 남의 나라 땅을 빼앗음.
- [侵入 침입] 침범하여 들어감.
- [來侵 내침] 침노(侵擄)하여 들어옴.

3급

侮 업신여길 모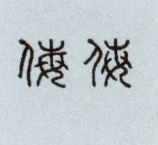

업신여길, 조롱할. 약 侮
insult, despise

亻변에 每(탐낼 매:음부)의 합침. 탐욕이 많은(每 p.232) 사람(亻)을 '업신여긴다'는 뜻으로 된 자 形.
【참고】자식을 탐내어(每) 많이 낳고 제대로 키우지 못해, 남(亻)들로부터 '업신여김'을 당한다는 설도 있음.

- [侮辱 모욕] 깔보고 욕보임.
- [受侮 수모] 모욕을 당함.

3급

侯 제후 후

제후, 과녁, 벼슬 이름, 아름다울. 본 矦
marquis, target

본자는 矦. 勹(←人)과 厂(과녁 세운 언덕 엄)에 矢의 합침. 사람(勹)이 화살(矢)을 쏠 때의 '과녁(厂)'을 뜻한 자 會. 무술 시합에서 활을 쏘아 과녁을 잘 맞힌 자에게 벼슬을 봉한 데서 '제후'의 뜻으로도 쓰이게 되었다 轉.

- [侯爵 후작] 오등 작위 중 둘째.
- [王侯 왕후] 임금과 제후(諸侯).
- [列侯 열후] 제후.

7급

便 편할 편 / 똥오줌 변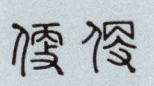

편할, 소식 편/ 말 잘할, 문득, 똥오줌 변.
convenient, comfortable

亻변에 更(고칠 경)의 합침. 사람(亻)이 불편한 데를 고쳐서(更 p.210) '편하게 한다'는 뜻으로 된 자 會.

- [便宜 편의] 편리(便利)하고 마땅함.
- [簡便 간편] 간단하고 편리함.
- [小便 소변] 오줌.

4급II

係 맬 계

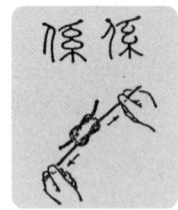

맬, 이을, 연결할, 맞이을, 당길. 통系
tie, concern, pull up

亻변에 系(맬 계:음부)의 합침. 사람(亻)이 일의 관계를 맺는다(系 p.298)하여 '잇다'의 뜻이 된 자 形.

- [係員 계원] 부서에 딸려 일 보는 사람.
  [關係 관계] 둘 이상이 서로 걸림.
  [人事係 인사계] 인사(人事) 관계를 맡은 부서.

3급

俊 준걸 준

준걸, 준수할, 뛰어날, 높을.
eminent, handsome

亻변에 夋(갈 준:음부)의 합침. 걸음새(夋)가 늠름한 사람(亻)을 가리켜 '뛰어나다'·'준수(俊秀)하다'의 뜻이 된 자 形.
【참고】夋은 정중하게(允=진실로 윤) 천천히 걷는 걸음걸이(夊)를 나타냄.

- [俊傑 준걸] 재주와 슬기가 뛰어난 사람.
  [俊才 준재] 뛰어난 재주.
  [英俊 영준] 영민하고 준수함.

3급II

促 재촉할 촉

재촉할, 촉박할, 다가올, 핍박할.
hasten, hurried, oppress

亻변에 足(발 족:음부)의 합침. 사람(亻)이 발(足)을 동동 구르며 일을 '재촉한다'는 뜻으로 된 자 形.

- [促急 촉급] 기한이 가까이 와서 몹시 급함.
  [促進 촉진] 일이 빨리 되게 함.
  [督促 독촉] 약속을 이행하도록 서두름.

4급II

俗 풍속 속

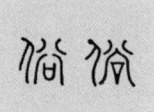

풍속, 버릇, 습관, 세상, 평범할, 속될.
custom, habit, worldly

亻변에 谷(골짜기 곡:음부)의 합침. 사람(亻)들이 한 골짜기(谷)에 모여 살며 같은 습관을 이루는 데서 '풍속(風俗)'의 뜻이 된 자 形.

- [俗談 속담] 세상에 돌아다니는 격언.
  [俗物 속물] 교양이 부족하고 야비한 사람.
  [民俗 민속] 민간의 풍속.

4급II

保 지킬 보

보전할, 도울, 보호할, 맡을, 기를.
keep, protect, nourish

亻변에 呆(어리석을 매)의 합침. 呆는 철없는 애를 포대기에 싼 모양. 어른(亻)이 어린애(呆)를 업고 있는 모양에서 '기르다'·'보호(保護)하다'의 뜻이 된 자 會.
【참고】呆는 孚(기를 부)의 변형으로 음부라는 설도 있음.

- [保健 보건] 건강을 보전(保全)함.
  [保育 보육] 어린아이를 보호, 교육함.
  [擔保 담보] 맡아 보관(保管)함.

人 부

信 믿을 신 — 6급

믿을, 참될, 밝힐, 맡길, 소식, 미쁠.
believe, faith

亻변에 言(말씀 언)의 합침. 사람(亻)의 말(言)은 마음의 소리라는 데서 '참되다'·'믿다'의 뜻이 된 자 會.

- [信賴 신뢰] 믿고 의뢰함.
  [信用 신용] 약속의 실행을 믿음.
  [通信 통신] 소식을 전함.

俱 함께 구 — 3급

함께, 다, 동반할, 모두, 갖출. 통具

together, all, accompany

亻변에 具(갖출 구:음부)의 합침. 사람들(亻)이 모두(具 p.73) 모였다는 데서 '다'·'함께'의 뜻이 된 자 會形.

- [俱沒 구몰] 부모가 다 별세함.
  [俱存 구존] 부모가 다 살아 계심.
  [俱現 구현] 내용이 모두 드러남.

修 닦을 수 — 4급II

 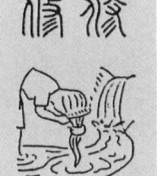

닦을, 익힐, 꾸밀, 다스릴, 엮을. 통脩

clean up, cultivate

攸(멀 유:음부)와 彡(터럭 삼)의 어울림. 멀리(攸) 흐르는 물에 머리털(彡)을 감아 곱게 꾸미듯이 마음을 '닦는다'는 뜻으로 된 자. 또는, 멀리(攸) 흐르는 물결같이 치렁치렁한 머리채(彡)를 장식한다 하여 '꾸미다'의 뜻이 된 자 形.
【참고】攸는 사람(亻)이 지팡이(攵)를 짚고 건너는 물(丨←川)이 '멀리 흐름'을 나타냄.

- [修身 수신] 몸을 닦아 행실을 바로 함.
  [修學 수학] 학업을 닦음.
  [補修 보수] 낡은 곳을 깁고 고침.

倉 곳집 창 — 3급II

 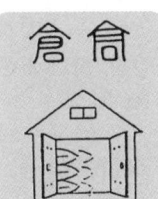

곳집, 갑자기, 당황할, 초상날, 슬퍼할.

cornhouse

식량(亼←食)을 넣어 두는 '곳집' 입구(口)의 모양을 나타내어 된 자 象會. 곳집에 곡식이 다 떨어져 어쩔 줄 모른다는 데서 '당황하다'의 뜻으로도 쓰인다 轉.

- [倉庫 창고] 곳집.
  [倉卒 창졸] 급작스러움.
  [穀倉 곡창] 곡식이 많이 생산되는 지방.

個 낱 개 — 4급II

낱, 치우칠, 개수, 주검. 통箇·个

one, individual

亻변에 固(굳을 고:음부)의 합침. 사람(亻)이 죽어 굳어진(固 p.107) '주검'을 뜻한 자인데, 주검을 물건처럼 하나, 둘 센다는 데서 '개수(個數)'의 뜻으로 쓰이게 되었다 形.

- [個性 개성] 개인이나 개체(個體)의 특징.
  [個人 개인] 사회를 구성하는 낱낱의 사람.
  [別個 별개] 다른 한 낱.

3급II

倒
넘어질 도

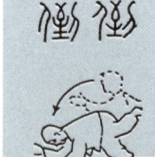

거꾸러질, 뒤집어질, 거스를, 웃을.
prostrate, knock down

亻변에 到(이를 도:음부)의 합침. 사람(亻)이 땅에 곤두박질하며 '넘어져(到 p.79)' '거꾸러진다' 는 뜻으로 된 자 會形.

- [倒立 도립] 거꾸로 섬. 곤두섬.
- [壓倒 압도] 뛰어나서 남을 능가함.
- [卒倒 졸도] 갑자기 넘어짐.

5급

倍
곱 배

곱, 갑절, 겸할, 더욱 배／ 배반할, 떨어질 패.
double, combine, increase

亻변에 㕻(가를 부:음부)의 합침. 사람(亻)이 물건을 가를(㕻) 때마다 그 개수가 '갑절'이 된다는 뜻으로 된 자. 또는, 사람(亻)들이 말다툼 끝에 패가 갈라진다(㕻 p.382 部) 하여 '배반하다'의 뜻으로도 쓰인다 形.

- [倍加 배가] 갑절이 되게 보탬.
- [倍增 배증] 갑절로 늚.
- [數倍 수배] 여러 곱절.

3급II

借
빌릴 차/적

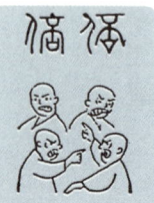

빌, 빚, 도울, 허락할, 가령. 통 藉
borrow, debt

亻변에 昔(오랠 석:음부)의 합침. 오래(昔 p.204) 사귄 사람(亻)끼리 힘을 '빌며' 서로 '돕는다' 는 뜻으로 된 자. 본디는, 백성(亻)이 나라 땅을 오래도록(昔) 경작한다는 데서 '빌다'의 뜻이 된 자 形.

- [借款 차관] 국제 간에 맺는 대차 관계.
- [借用 차용] 꾸어 씀.
- [貸借 대차] 뀌어 줌과 꾸어 옴.

3급

倣
본뜰 방

본뜰, 본받을, 모방할. 통 仿
copy, follow, imitate

亻변에 放(놓을 방:음부)의 합침. 자기의 본성은 버리고(放 p.196) 남(亻)을 '본뜬다' 는 뜻으로 된 자 形.

- [倣似 방사] 비슷함.
- [模倣 모방] 다른 것을 본뜨거나 본받음.
- [依倣 의방] 흉내 냄.

4급

候
기후 후

날씨, 바람, 살필, 계절, 징조, 망볼.
weather, expect, time

亻변에 矦(과녁 후:음부)의 합침. 사람(亻)이 활을 쏠 때 과녁(矦 p.59 侯)을 '살핀다' 는 뜻으로 된 자. 나아가, 그 과녁을 맞히고자 한다는 데서 '바라다'의 뜻으로도 쓰인다 會形.

- [候補 후보] 어떤 지위에 나아갈 사람.
- [氣候 기후] 날씨.
- [問候 문후] 편지로 안부를 물음.

人 부

3급II 値 값 치

값, 만날, 당할, 가질. 통直
price, meet, hold

亻변에 直(곧을 직:음부)의 합침. 사람(亻)이 마음을 곧게(直 p.276) 가지면 사람다운 '값' 이 있다는 뜻에서, 나아가 '값어치' 의 뜻이 된 자 形.

- [價値 가치] 값. 값어치.
- [近似値 근사치] 어떤 참값에 가까운 값.
- [數値 수치] 계산하여 나온 수의 값.

3급II 倫 인륜 륜

인륜(人倫), 차례, 떳떳할, 무리, 조리.
moral, right, fair

亻변에 侖(뭉치 륜:음부)의 합침. 인간(亻)이 한데 뭉쳐(侖 p.350 論) 살아갈 때 지켜야 할 질서. 즉, '떳떳한 도리' 를 뜻하여 된 자 會形.

- [倫理 윤리] 도덕의 모범된 원리.
- [絶倫 절륜] 보통보다 아주 뛰어남.
- [悖倫 패륜] 인륜에 어그러짐.

4급II 假 거짓 가

거짓, 빌, 잠시, 꾸밀, 용서할. 약 仮
false, borrow

亻변에 叚(거짓 가:음부)의 합침. 바르지 못한(叚) 사람(亻)은 모든 일을 '거짓되게' 꾸민다 는 뜻으로 된 자 會形.
【참고】叚는 양손(⺕←爫)에 연장(阝→石)을 든 모양. 연장만 있는 사람은 밭을 '빌려야' 한다는 뜻이었으나, 빌린 것은 가짜라 하여 '거짓' 의 뜻이 됨.

- [假面 가면] 탈. 거짓으로 꾸민 표면.
- [假飾 가식] 언행을 거짓 꾸밈.
- [眞假 진가] 참됨과 거짓.

5급 停 머무를 정

머무를, 정지할, 늦어질, 더부룩할.
cease, stay, stop

亻변에 亭(정자 정:음부)의 합침. 길 가던 사람(亻)이 정자(亭)에 들어 머무르듯이 가던 길을 멈춘다 하여 '정지(停止)하다' 의 뜻이 된 자 會形.
【참고】亭은 사람(丁)이나 역마가 잠시 쉬는 높다란(亠←高=높을 고) 집을 뜻함.

- [停留 정류] 가다가 머무름.
- [停電 정전] 오던 전기가 끊어짐.
- [調停 조정] 분쟁을 화해시켜 그치게 함.

3급II 偏 치우칠 편

치우칠, 편협할, 곁, 변, 무리. 통 篇
inclined to one side

亻변에 扁(작을 편:음부)의 합침. 사람(亻)이 마음을 외곬으로 작게(扁 p.295 篇) 쓴다는 데서 '편협(偏狹)하다' 의 뜻이 된 자 形.

- [偏見 편견] 한쪽으로 치우친 생각.
- [不偏 불편] 어느 한쪽에만 치우치지 않음.

5급
偉 클 위

클, 거룩할, 기특할, 훌륭할, 성할.
great, admirable, notable

亻변에 韋(어긋날 위:음부)의 합침. 보통 사람과는 다르게(韋 p.403) 부드럽게 보이는 사람(亻)은 마음이 너그럽고 원만하다 하여 '거룩하다'의 뜻이 된 자. 거룩하다 하여 '크다'·'훌륭하다'의 뜻으로도 쓰인다 ㊗.

- [偉業 위업] 위대(偉大)한 사업.
- [偉人 위인] 뛰어나고 훌륭한 사람.
- [英偉 영위] 영걸스럽고 위대함.

5급
健 굳셀 건

굳셀, 병 없을, 건장할 건/ 탐할 건.
stout, strong, be fond of

亻변에 建(세울 건:음부)의 합침. 몸의 자세가 바르게 서(建 p.156) 있는 사람(亻)은 '굳세고' '건강(健康)하다'는 뜻으로 된 자 ㊗.

- [健忘 건망] 사물을 잘 잊어버림.
- [健全 건전] 건실(健實)하고 온전함.
- [保健 보건] 건강을 보전함.

3급Ⅱ
側 곁 측

곁, 기울어질, 배반할, 가까울, 홀로.
side, inclined

亻변에 則(법칙 칙:음부)의 합침. 사람(亻)이 재물을 나눌 때 원칙(則 p.80)에서 어긋나 한쪽으로 치우침을 가리켜 '기울어지다'의 뜻이 된 자 ㊗.

- [側近 측근] 곁의 가까운 곳.
- [側面 측면] 좌우의 겉 표면.
- [兩側 양측] 이쪽과 저쪽.

3급Ⅱ
偶 짝 우

짝, 배필, 뜻밖에, 허수아비. ㊌耦·遇
couple, happen, idol

亻변에 禺(원숭이 우:음부)의 합침. 원숭이(禺)가 사람(亻)의 모습을 닮았듯이 비슷하게 만든 '허수아비'를 뜻하여 된 자. 그 허수아비를 사람의 주검과 함께 묻은 데서 '짝'의 뜻으로 쓰이게 되었다 ㊗.
【참고】 禺는 田(←甶 = 귀신 머리 불)과 禸(발자국 유)를 합쳐 '원숭이'의 모습을 나타냄.

- [偶發 우발] 일이 우연(偶然)히 일어남.
- [偶像 우상] 종교 등의 대상이 되는 형상.
- [配偶 배우] 부부의 알맞은 짝. 배필.

3급
傍 곁 방

곁, 가까울, 의지할 방/ 마지못할 팽. ㊌旁
side, near, depend on

亻변에 旁(곁 방:음부)의 합침. 이웃(旁) 사람(亻)끼리 서로 '의지하고' '가까이한다'는 뜻으로 된 자 ㊗.
【참고】 旁의 본자는 㫄. 두(二) 척의 배(方 p.201)를 함께 묶은(勹=쌀 포) 모양에서 '너르다' 또는 그 '곁'의 뜻이 됨.

- [傍系 방계] 직계에서 갈라져 나온 계통.
- [傍聽 방청] 회의, 토론, 방송, 공판 따위에 참석하여 들음.
- [近傍 근방] 가까운 곳. 곁.

人 부

4급II

備

갖출 비

갖출, 이룰, 준비할, 족할, 방비할.
prepare, complete, ready

亻변에 葡(갖출 비:음부)의 합침. 葡는 화살을 넣어 두는 통의 모양. 무사(亻)가 화살을 항상 통에 '갖추어(葡) 둔다' 는 뜻으로 된 자 形.

- [備置 비치] 갖추어 둠. 준비(準備)해 둠.
  [備品 비품] 갖추어 두는 물건.
  [完備 완비] 완전히 갖춤.

4급

傑

뛰어날 걸

뛰어날, 호걸, 준걸(俊傑), 빼어날.
hero, eminent, excellent

亻변에 桀(빼어날 걸:음부)의 합침. 많은 사람(亻) 중에서 빼어났다(桀) 하여 '호걸(豪傑)' 의 뜻이 된 자 形.
【참고】桀은 나무(木)에 올라 두 발을 어긋 딛고(舛=어길 천) 서서 '잘난 체함' 을 뜻함.

- [傑作 걸작] 썩 잘 지은 작품.
  [女傑 여걸] 호걸스러운 여자. 여장부.
  [英傑 영걸] 재기와 기상이 걸출(傑出)함.

3급II

催

재촉할 최

재촉할, 촉구할, 핍박할, 일어날, 열.
urge, hasten, press

亻변에 崔(산 높을 최:음부)의 합침. 사람(亻)을 높은 산(崔)에 빨리 오르라고 '재촉한다' 는 뜻으로 된 자. 나아가, 윗사람이 아랫사람에게 '촉구한다' 는 뜻으로도 쓰인다 形.
【참고】崔는 새(隹=새 추)도 날아 넘지 못할 정도의 산(山)이라 하여 '높다' 의 뜻.

- [催告 최고] 재촉하는 뜻의 통지.
  [催眠 최면] 정신이 반수면 같이 된 상태.
  [開催 개최] 모임을 주최하여 엶.

3급

傲

거만할 오

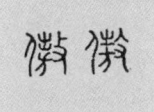

거만할, 업신여길, 놀, 즐길. 통 慠

despise, haughty

亻변에 敖(희롱하며 놀 오:음부)의 합침. 사람(亻)을 희롱한다(敖)는 데서 '업신여기다' 의 뜻이 된 자 會形.
【참고】敖는 나돌아다니며(士←出=날 출) '놀아난다(放=놓을 방)' 는 뜻으로 된 자.

- [傲氣 오기] 남에게 지기 싫어하는 마음.
  [傲慢 오만] 태도가 거만함.
  [傲然 오연] 거만한 태도.

5급

傳

전할 전

전할, 줄, 펼, 책, 이을, 역말. 약 伝

transmit, give, send

亻변에 專(오로지 전:음부)의 합침. 專은 손(寸)에 든 실패(叀)의 모양. 실패(叀)가 떨어지며 실이 풀릴 때처럼 빨리 달려가는 역말을 탄 사람(亻)에 의하여 소식이 멀리 전달되었던 데서 '전하다' 의 뜻이 된 자 形.

- [傳達 전달] 전하여 이르게 함.
  [傳說 전설] 예전부터 전해 오는 이야기.
  [宣傳 선전] 어떤 일을 퍼뜨려 이해시킴.

3급II

債
빚 채

빚, 빚질, 빌, 빌릴. 통責
debt, borrow

亻변에 責(책임 책:음부)의 합침. 남(亻)에게 갚아야 할 책임(責 p.359)이 있는 '빚'을 뜻하여 된 자 會形.

- [債務 채무] 빚을 갚아야 할 의무.
- [負債 부채] 진 빚. 빚을 짐.
- [私債 사채] 개인이 사사로이 진 빚.

3급

僅
겨우 근

겨우, 적을, 거의, 남을. 통菫
scarcely, few, almost

亻변에 菫(진흙 근:음부)의 합침. 사람(亻)이 진흙길(菫 p.85 勤)을 간신히 걸어간다 하여 '겨우'의 뜻이 된 자 形.

- [僅可 근가] 겨우 쓸 만함. 쏠쏠함.
- [僅少 근소] 아주 적음.
- [僅僅 근근] 겨우.

4급

傷
다칠 상

다칠, 상할, 아플, 근심할, 해칠. 통戕
injure, wound, distress

亻변에 𥏠(상처 입을 상:음부)의 합침. 사람(亻)이 몸을 '다친다(𥏠)'는 뜻으로 된 자. 나아가, '마음이 상한다[傷心]'는 뜻으로도 쓰인다 會形.

【참고】 𥏠은 햇빛(旦) 펄럭이던 깃발(勿 p.86)이 적(𠂉←人)에게 짓밟혀 '찢김'.

- [傷處 상처] 다친 자리.
- [感傷 감상] 느끼어 마음 아파함.
- [負傷 부상] 몸에 상처를 입음.

4급

傾
기울 경

기울어질, 무너질, 잠깐, 섞을, 위태할.
incline, overturn

亻변에 頃(머리 비뚤어질 경:음부)의 합침. 사람(亻)의 머리가 한쪽으로 비뚤어진(頃 p.405) 모양을 나타내어 '기울어지다'의 뜻이 된 자 會形.

- [傾斜 경사] 비스듬히 기울어짐.
- [傾向 경향] 마음 또는 형세가 한쪽으로 쏠림.
- [右傾 우경] 우익으로 기울어짐.

3급II

像
모양 상

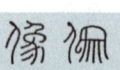
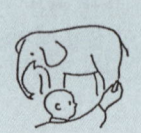

모양, 꼴, 같을, 닮을, 모뜰. 통象
figure, resemble

亻변에 象(코끼리 상:음부)의 합침. 사람(亻)이 그려 놓은 코끼리(象 p.356)의 '모양'을 나타낸 자. 그것이 실물과 '닮았다'는 뜻으로도 쓰인다 會形.

【참고】 코끼리가 없었던 양자강 이북에서는 그림으로만 볼 수 있었던 데서 된 자임.

- [像形 상형] 모양을 본뜸.
- [肖像 초상] 사람의 화상 또는 조상(彫像).
- [現像 현상] 사진의 영상(映像)을 나타냄.

人 부

2급
僚
동료 료

벗, 벼슬아치, 동관, 예쁠, 희롱할.
official, companion

亻변에 尞(밝을 료:음부)의 합침. 횃불을 밝혀(尞) 놓고 노는 '벗(亻)'을 뜻하여 된 자 形.
【참고】尞는 삼가(脊→愼) 하늘에 제사 지내는 불(小→火)이 '밝다'는 뜻.

● [僚官 요관] 낮은 벼슬아치.
　[同僚 동료] 같이 일 보는 사람.

3급II
僧
중 승

중, 승려. 약 僧

monk, priest

亻변에 曾(거듭 증:음부)의 합침. 사람(亻)들이 모여서(曾 p.210) 도를 닦고 쌓음을 뜻하는 산스크리트 Samgha(僧伽)의 두음(頭音)을 빌려 '승려(僧侶)'를 뜻하게 된 자 形假.

● [僧軍 승군] 승려로 조직된 군대.
　[僧服 승복] 중의 옷.
　[高僧 고승] 학덕이 높은 승려.

3급II
僞
거짓 위

거짓, 속일, 가짜 위/ 사투리 와. 약 偽

false, feign

亻변에 爲(할 위:음부)의 합침. 원숭이가 사람(亻)의 흉내를 내지만(爲 p.258) 참뜻은 없이 하는 짓이라 하여 '거짓'의 뜻이 된 자 會形.
【참고】본디 爲와 僞는 같은 자였음.

● [僞善 위선] 겉으로만 착한 체함.
　[僞造 위조] 거짓으로 만듦.
　[虛僞 허위] 없는 사실을 거짓으로 꾸밈.

5급
價
값 가

값, 가치. 약 価

price, value

亻변에 賈(앉은 장사 고:음부)의 합침. 사람(亻)이 점포(賈)에서 물품을 사고팔 때의 가격을 가리켜 '값'의 뜻이 된 자 會形.
【참고】賈는 價의 본자로, 상품(貝)을 늘어놓은(襾=덮을 아) 곳, 즉 '가게'를 뜻함.

● [價格 가격] 값. 재물 교환의 비례.
　[減價 감가] 값을 감함.
　[物價 물가] 상품의 시장 값.

4급
儀
거동 의

거동, 모양, 법도. 헤아릴, 잴. 약 仪

manners, appearance, rule

亻변에 義(옳을 의:음부)의 합침. 사람(亻)의 의리(義 p.311)를 지키는 행동, 즉 '법도'나 '거동'을 뜻한 자 會形.

● [儀式 의식] 행사의 법식.
　[禮儀 예의] 예절과 의용(儀容).
　[威儀 위의] 위엄이 있는 의용.

4급

검소할 검

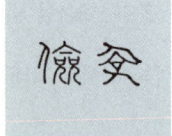

검소할, 흉년 들, 다할, 적을. **약** 倹
frugal, sparing

亻변에 僉(여러 첨:음부)의 합침. 여러(스 p.97 合) 사람들(从=두 사람 종)의 칭송(吅=부르짖을 현)을 받을 수 있을 만큼 사람(亻)이 '검소(儉素)하다' 는 뜻으로 된 자 會形.

- [儉朴 검박] 검소하고 절박함.
- [儉約 검약] 절약하여 낭비하지 아니함.
- [勤儉 근검] 부지런하고 검소함.

5급

억(數字) 억

억, 편안할, 많을, 이바지할, 헤아릴.
hundred million

亻변에 意(뜻 의:음부)의 합침. 사람(亻)의 일이 뜻(意 p.172)대로 되어 마음이 '편안하다' 는 뜻. 편안함을 바라는 마음은 한이 없다 하여 큰 수효의 하나인 '억' 의 뜻으로도 쓰인다 形.

- [億萬 억만] 아주 많은 수효.
- [億兆蒼生 억조창생] 수많은 백성.
- [巨億 거억] 대단히 많은 수효.

4급

儒
선비 유

선비, 유교, 광대, 난쟁이, 약할.
scholar, mild

亻변에 需(구할 수:음부)의 합침. 빗물이 만물을 적시듯이(需 p.401) 덕으로써 가르침을 베푸는 사람(亻), 즉 '선비' 를 뜻하여 된 자. 나아가, '유교(儒敎)' 의 뜻으로도 쓰인다 形.

- [儒生 유생] 유도(儒道)를 닦는 선비.
- [儒學 유학] 유교를 연구하는 학문.
- [大儒 대유] 학식이 많은 선비.

3급II

갚을 상

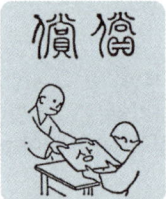

갚을, 보답할, 값, 대가, 속죄할.
repay, reward, price

亻변에 賞(상줄 상:음부)의 합침. 공로가 있는 사람(亻)에게 상(賞 p.362)을 주어 '보답한다' 는 뜻으로 된 자. 또는, 꾸어 준 사람에게 빚돈을 '갚는다' 는 뜻으로도 쓰인다 形.

- [償還 상환] 갚거나 돌려줌.
- [無償 무상] 보상(補償)이 없음.
- [賠償 배상] 손해를 물어 줌.

4급

넉넉할 우

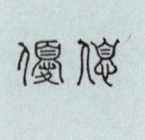

넉넉할, 온화할, 뛰어날, 배우.
enough, excellent, player

亻변에 憂(근심 우:음부)의 합침. 남을 걱정해(憂 p.176) 주는 사람(亻)은 도량이 크다 하여 '넉넉하다' 의 뜻이 된 자. 또는, 근심(憂) 있는 사람(亻)이 기뻐하도록 익살을 떠는 '배우(俳優)' 의 뜻으로 된 자 形.

- [優秀 우수] 여럿 가운데 아주 뛰어남.
- [優越 우월] 뛰어남.
- [聲優 성우] 라디오 방송극에 딸린 배우.

人・儿 부

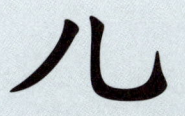
儿
걸어가는 사람 인

걸어가는 사람 인/ 어진사람 궤.
walking man

걸어가는 '사람'의 다리 모양을 본뜬 자 象.

5급

元
으뜸 원
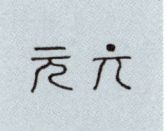

으뜸, 두목, 클, 어질, 머리, 처음.
first, chief, beginning

① 二(←㆒=위 상)과 儿(:음부)의 합침. 사람(儿)의 윗부분(二)에 있는 '머리'를 뜻하여 된 자. 머리라는 데서 '으뜸'의 뜻으로도 쓰인다 會形.
② 一과 兀(우뚝할 올:음부)의 합침. 첫째(一)며 으뜸(兀)을 뜻한 자 會形.

● [元氣 원기] 본디 타고난 기운과 정력.
　[元首 원수] 한 나라를 대표하는 사람.
　[紀元 기원] 연대 계산의 기초가 되는 해.

8급

兄
형 형

맏, 언니, 어른 형/ 하물며 황. 통 況

elder brother, senior

① 口(입 구)에 儿의 합침. 아우를 타이르고(口) 지도하는 사람(儿)이라는 데서 '형'의 뜻이 된 자 會.
② 사람(儿)이 말한(口) 위에 더욱 말한다 하여 '하물며'의 뜻이 된 자 會.

● [兄嫂 형수] 형의 아내.
　[兄弟 형제] 형과 아우.
　[學兄 학형] 학우를 서로 높이는 말.

5급

充
채울 충

채울, 가득 찰, 막을, 자랄, 아름다울.
fill, satisfy, beautiful

厶(아기 나올 돌)과 儿의 합침. 어린애(厶 p.316 育)가 걸을(儿) 수 있도록 '자란다'는 뜻으로 된 자. 충실하게 자랐다는 데서 '가득 차다'의 뜻으로도 쓰인다 會.

● [充滿 충만] 가득하게 참. 완전한 상태.
　[補充 보충] 보태어 채움.
　[擴充 확충] 넓히어 충실(充實)하게 함.

3급Ⅱ

兆
억조 조
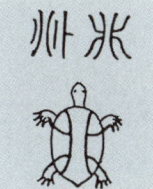

조짐, 점괘, 조, 많을, 백성, 무덤.
omen, billion, people

점치기 위하여 태운 거북의 등 껍데기 모양을 본뜬 자. 그 모양이 좋고 나쁨에서 길흉을 가린다 하여 '조짐(兆朕)'의 뜻이 된 자. 또는, 그 등 껍데기에 금이 수없이 많이 나 있다 하여 큰 수효인 '조'의 뜻으로도 쓰인다 象.

● [兆域 조역] 무덤이 있는 지역.
　[吉兆 길조] 좋은 징조(徵兆).
　[億兆 억조] 억과 조.

| 8급 |  |  | **먼저, 처음, 앞, 끝, 이를, 선조(先祖).**
former, beginning |

先
먼저 선

⼟(←之=갈 지)와 儿의 합침. 사람(儿)이 앞서 간다(⼟ p.45 之)는 데서 '앞'·'먼저'의 뜻이 된 자 會.

- [先覺者 선각자] 남달리 앞서 깨달은 사람.
- [先生 선생] 스승. 남을 높여 부르는 말.
- [于先 우선] 무엇보다도 먼저.

6급

光
빛 광

빛, 빛날, 색, 비칠, 기운, 위엄, 클.
light, illuminate

⺌(←火=불 화)와 儿의 합침. 사람(儿)이 치켜든 횃불(⺌)이 밝게 비치는 모양에서 '빛나다'의 뜻이 된 자 會.

- [光景 광경] 당시의 형편과 모양.
- [光彩 광채] 찬란한 빛. 뛰어난 모양.
- [榮光 영광] 영화롭고 빛남.

3급 Ⅱ

克
이길 극

이길, 능할, 멜, 마음 누를, 승벽.
conquer, competent, bear

古(예 고:음부)와 儿의 합침. 어깨에 무거운 짐을 메고 오랫동안(古) 견뎌 내는 사람(儿)의 모양에서 '이기다'·'메다'의 뜻이 된 자 會形.

【참고】 古는 어깨에 높이 멨다는 뜻에서 高(높을 고)의 획줄임이라는 설도 있음.

- [克己 극기] 제 욕심을 이성적 의지로 눌러 이김.
- [克服 극복] 곤란을 이겨 냄.
- [超克 초극] 난관을 극복함.

3급 Ⅱ

免
면할 면

 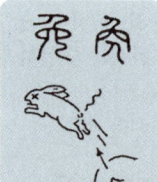

면할, 벗을, 피할, 허락할 면/ 해산할 문.
avoid, escape, permit

① 여자 엉덩이를 가리키는 '⺕'과 儿의 합침. 아기가 엉덩이(⺕) 밑 다리(儿) 사이로부터 벗어나 어머니가 고통을 '면하였다'는 뜻으로 된 자 象會.
② 兔(토끼 토)에서 꼬리를 가리키는 '丶'이 없는 자로, 덫에 걸린 토끼가 꼬리만 잘리고 죽음을 '면하였다'는 뜻으로 된 자 會.

- [免除 면제] 책임과 의무를 지우지 않음.
- [減免 감면] 아주 면하거나 가볍게 해 줌.
- [罷免 파면] 직무를 면제시킴.

3급 Ⅱ

兔
토끼 토

토끼. 俗 兎
rabbit

토끼가 꼬리(丶)를 내밀고 앉은 모양을 본뜬 자 象.

- [兔缺 토결] 언청이.
- [兔月 토월] 달의 별칭.
- [兔皮 토피] 토끼 가죽.

儿·入부

5급

 兒
아이 아

아이, 아들 아/ 어릴, 성 예. 약 児
child, son, young

정수리의 숫구멍(臼)이 아직 굳지 않고 머리통만 크게 보이는 어린 '아이(儿)'의 모양을 본뜬 자 象.
【참고】臼는 위가 굳지 않은 '숫구멍'의 형상.

- [兒童 아동] 어린아이. 학동.
- [兒名 아명] 아이 때에 부르는 이름.
- [小兒 소아] 어린아이.

7급

入
들 입

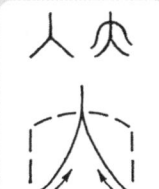

들, 넣을, 빠질, 들일, 빼앗을, 받을.
enter, put in, receive

두 선이 합해진 위의 뾰족한 부분이 어떤 물체 속으로 들어갈 때, 갈라진 아랫부분도 뒤따라 '듦'을 가리킨 자 指.

- [入門書 입문서] 초학자를 위한 책.
- [入學 입학] 학교에 들어감.
- [記入 기입] 적어 넣음.

7급

 內
안 내

안, 속, 마음, 아내 내/ 들일 납/ 여관 나.
inside, inner

冂(빌 경)과 入의 어울림. 빈(冂) 속으로 들어간다(入)하여 '안'의 뜻이 된 자 會.

- [內服 내복] 속옷. '내복약'의 준말.
- [內容 내용] 사물의 속내 또는 실속.
- [室內 실내] 방 안.

7급

 全
온전 전

온전할, 갖출, 모두, 보전할, 순전할.
perfect, complete, whole

入과 王(玉=구슬 옥의 본자)의 합침. 좋은 축에 드는(入) 흠집 없는 구슬(王)이라 하여 '온전(穩全)하다', '순전(純全)하다'의 뜻이 된 자 會.

- [全國 전국] 한 나라의 전체(全體).
- [全部 전부] 온통.
- [安全 안전] 편안하고 온전함.

4급Ⅱ

 兩
두 량

둘, 수레 량/ 돈, 무게 냥. 약 両 통 輛
two, pair, coin, weight

一과 㒳(兩의 옛자)의 합침. 㒳은 칸막이를 한 양쪽 칸에 물건이 하나씩 들어 있는 모양으로, 한(一) '쌍' 또는 '둘'의 뜻으로 쓰인다 會.

- [兩斷 양단] 하나를 둘로 끊음.
- [兩親 양친] 아버지와 어머니.
- [斤兩 근량] 물건의 무게.

8급  여덟 팔	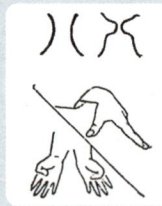	**여덟, 나눌, 흩어질, 등질.** 通 捌 eight, divide 두 손의 손가락을 네 개씩 펴 서로 '등지게' 한 모양에서 '여덟' 을 가리킨 자. 또는, 왼쪽(丿)과 오른쪽(乀)으로 각각 갈라짐을 가리켜 '나누다' 의 뜻이 된 자 指. ● [八難 팔난] 여덟 가지의 재난. [八方 팔방] 사방(四方)과 사우(四隅). [二八靑春 이팔청춘] 열여섯 살 전후.
6급  공평할 공		**공정할, 바를, 관청, 한가지, 귀인.** public, right 八에 厶(私=사사 사의 본자)의 합침. 사사로움(厶 p.93)과 등진다(八)는 데서 '공정(公正)하다' 의 뜻이 된 자 會. ● [公開 공개] 일반에게 개방함. [公約 공약] 사회에 대해 지킬 약속. [貴公 귀공] 상대의 존칭.
8급  여섯 륙	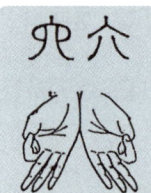	**여섯, 여섯 번, 나라 이름.** 通 陸 six, sixth ① 두 손의 손가락을 세 개씩 펴 서로 맞댄 모양에서 '여섯' 을 가리킨 자 指. ② 亠(←入=들 입)과 八(여덟 팔)의 합침. 六은 八의 안에 든다 하여 入을 얹어서 된 자 會. [전자 참조] ● [六法 육법] 여섯 가지의 기본 법률. [六旬 육순] 육십 세. [雙六 쌍륙] 오락물의 하나.
3급  어조사 혜		**어조사, 말 멈출, 노래 후렴, 감탄사.** particle of pause 八과 丂(숨막힐 고)의 합침. 입김이 퍼져(八) 나가다가 일단 멈춰짐(丂 p.48 于)을 나타내어 '말 멈추다' 의 뜻이 된 자. 나아가, 입김이 멈췄다가 퍼지듯이 말을 멈추는 듯하다가 말소리를 높일 때의 '어조사' 로 널리 쓰인다 會. ● [兮呀 혜하] 애처로운 노래 소리. [極兮 극혜] 다하고 나니…. [樂兮 낙혜] 즐거움이여.
6급  한가지 공	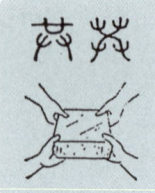	**한가지, 함께, 모두, 모을, 향할.** 通 供 altogether, whole 廿(스물 입)과 𾀔(←廾=손 맞잡을 공)의 합침. 廿은 十(열 십)을 두 개 모아 많다는 뜻. 많은(廿) 사람이 손을 '모아' 받든다(𾀔) 하여 '함께' 의 뜻이 된 자 會. ● [共同 공동] 여럿이 일을 같이 함. [共生 공생] 공동 운명 아래 같이 삶. [公共 공공] 여러 사람이 힘을 함께 함.

八부

5급

병사 병

군사, 무기, 전쟁, 도적, 재난, 무찌를.
soldier, weapon, war

斤(도끼 근)과 ⼘(←廾=손 맞잡을 공)의 합침. 도끼(斤)를 두 손으로 붙잡은(⼘) 모양에서 '병기(兵器)'를 뜻하게 된 자. 나아가, 병기를 든 '군사'의 뜻으로 널리 쓰인다 會.

- [兵亂 병란] 나라 안에 일어나는 난리.
 [兵力 병력] 군대와 병기의 수 및 세력.
 [將兵 장병] 장수와 군사. 장교와 사병.

5급

갖출 구

갖출, 갖을, 가질, 그릇, 필요할. 통 俱
prepare, whole

目(←貝=조개 패)과 ⼘(←廾=손 맞잡을 공)의 합침. 두 손(⼘)에 돈(目)을 '가지고' 있는 모양의 자. 그 돈으로 물건을 골고루 사서 '갖춘다'는 뜻으로 널리 쓰인다 會.

- [具備 구비] 고루 다 갖춤.
 [具色 구색] 여러 가지 물건을 고루 갖춤.
 [家具 가구] 살림살이에 쓰이는 기구.

3급 Ⅱ

그 기

그, 그것, 키, 토, 어조사. 통 居
it, that

丗(키 기)와 ⼘(←丌=책상 기:음부)의 합침. 丗는 키의 모양. 상(⼘) 위에 항상 두는 '키(丗)'를 가리켜 된 자. 건조한 곳에 늘 있는 그것으로 통하게 되자, 지시대명사인 '그'라는 뜻으로 쓰이게 되었다 會.
【참고】 其가 어조사로 쓰이게 되자, '키'는 대(竹)로 만든다 하여 箕로 쓰이게 되었음.

- [其實 기실] 그 실상. 사실상으로.
 [其他 기타] 그 밖.
 [各其 각기] 각각 저마다.

5급

법 전

법, 맡을, 책, 전당 잡힐, 도덕, 본보기.
rule, to be in charge of

册(책 책)과 ⼘(←丌=책상 기)의 합침. 책상(⼘) 위에 꽂힌 '책(册)'을 뜻하여 된 자. 성인들의 언행을 적은 '경전(經典)'의 뜻으로도 쓰인다 會.

- [典據 전거] 옛일의 근거 또는 내력.
 [典型 전형] 모범이나 본보기.
 [字典 자전] 한자를 일정하게 편집한 책.

3급 Ⅱ

겸할 겸

겸할, 아우를, 둘 얻을, 모을, 붙을.
combine, connect

禾(벼 화) 둘과 ⼘(손 우)의 어울림. 볏대 둘(禾·禾)을 겹쳐 잡고(⼘) 있는 데서 '모으다'·'겸하다'의 뜻이 된 자 會.

- [兼備 겸비] 아울러 갖춤.
 [兼用 겸용] 둘 이상의 사물에 함께 씀.
 [兩兼 양겸] 양쪽을 겸함.

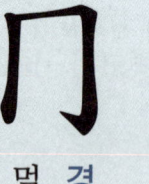
멀, 빌, 들 밖, 성곽, 먼 지경.
distant, empty, border

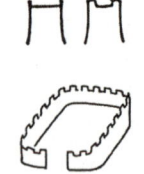
'멀리' 둘러싸고 있는 국경선의 '성곽'을 나타낸 자. 또는, 글자 안이 빈 모양에서 '비다'의 뜻으로도 쓰인다 (象).

멀 경

4급

책, 병부, 세울, 꾀, 문서. (통)册 (통)柵
book, list

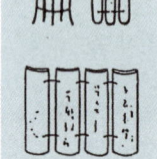
대쪽에다 글을 써서 가죽으로 엮어 매었던 '책'의 모양을 본뜬 자 (象).

- [册封 책봉] 왕세자·후 등 작위를 봉함.
  [册床 책상] 책을 올려놓는 기구.
  [書册 서책] 서적. 책.

책 책

5급

두 번, 거듭, 다시, 두 개.
twice, repeated, again

一과 冉(←冓=재목 어긋 쌓을 구)의 합침. 쌓은(冉 p.352 講) 위에 더(一) 쌓는다는 데서 '거듭'·'두 번'의 뜻이 된 자 (會).

- [再考 재고] 다시 생각함.
  [再起 재기] 다시 일어남.
  [重再 중재] 거듭.

두 재

3급

무릅쓸, 가릴, 거짓 모/ 범할 묵. (속)冐
cover, risk, offend

冃(어린이 수건 모:음부)와 目(눈 목)의 합침. 술래잡기할 때처럼 수건(冃)으로 눈(目)을 '가린다'는 뜻으로 된 자. 눈을 가리고 나아가듯 한다 하여 '무릅쓰다'의 뜻으로 두루 쓰인다 (會形).

- [冒險 모험] 위험을 무릅씀.
  [陵冒 능모] 침범함.

무릅쓸 모

덮을. (통)冪
cover

一자의 양끝이 아래로 드리워진 것이 마치 보자기로 물건을 덮은 것 같다 하여 '덮다'의 뜻이 된 자 (象).

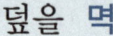
덮을 멱

3급 II

冠
갓 관

갓, 갓 쓸, 볏, 우두머리, 어른 될, 관.
hat, head, cap

冖에 元(으뜸 원)과 寸(법도 촌)의 합침. 법도(寸)에 맞추어 사람 머리(元 p.69)에 쓰는(冖) '관' 또는 '갓' 을 뜻한 자 會.

- [冠帶 관디←관대] 갓과 띠. 관리의 제복.
  [弱冠 약관] 남자가 스무 살이 된 때.
  [衣冠 의관] 옷과 갓. 정장의 비유.

3급

冥
어두울 명

어두울, 밤, 어리석을, 바다, 저승. 통 溟
dark, stupid

冖에 日과 六의 합침. 해(日)가 서녘에 숨어들어(六 p.72) 가려져서(冖) '어둡다' 는 뜻으로 된 자. 또는, 십六日부터 달이 그늘(冖)에 들어가 그믐을 전후한 六日 간은 달빛이 없어 '어둡다' 는 뜻으로 된 자 會.

- [冥福 명복] 죽은 뒤의 행복.
  [冥府 명부] 저승. 冥界의 관부.
  [冥想 명상] 고요히 눈 감고 깊이 생각함.

冫
얼음 빙

얼음, 얼, 문 두드리는 소리. 통 冰
ice, freeze

'얼음' 의 결 또는 고드름 모양을 본뜬 자. 氷의 본자이기도 하다 象.

7급

冬
겨울 동

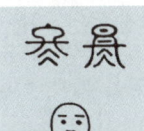

겨울, 겨울 지낼.
winter

夂(뒤져 올 치)와 冫의 합침. 사철 중에서 맨 뒤에 오는(夂) 절기로서 얼음이 어는(冫) '겨울' 을 뜻하여 된 자 會.

- [冬服 동복] 겨울에 입는 옷.
  [嚴冬 엄동] 매우 추운 겨울.
  [越冬 월동] 겨울을 넘김.

5급

冷
찰 랭

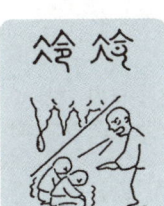

찰, 추울, 맑을, 쓸쓸할, 식을, 스밀.
cold, chilly

冫변에 令(명령 령:음부)의 합침. 명령(令 p.53)은 얼음(冫)과 같이 '차고' '쌀쌀하다' 는 뜻으로 된 자 形.

- [冷待 냉대] 쌀쌀하게 대접함. 푸대접.
  [冷水 냉수] 차가운 물.
  [寒冷 한랭] 춥고 참. 몹시 추움.

3급 II

凍
얼 동

꽁꽁 얼, 얼음, 추울.
freeze, ice, cold

冫변에 東(꿸 동:음부)의 합침. 물건의 속까지 꿰뚫어(東 p.215) 꽁꽁 얼어붙는(冫) 심한 '추위'를 뜻하여 된 자 形.

- [凍結 동결] 얼어붙음.
  [凍傷 동상] 추위에 얼어서 피부가 상함.
  [冷凍 냉동] 냉각시켜서 얼림.

3급

凝
엉길 응

엉길, 찰, 정할, 굳힐, 이룰, 엄할.
congeal, settled, solid

冫변에 疑(머뭇거릴 의:음부)의 합침. 얼어서(冫) 잘 떨어지지 않는다(疑 p.271)는 데서 '엉기다'·'굳어지다'의 뜻이 된 자 形.

- [凝結 응결] 엉기어 맺힘.
  [凝固 응고] 엉기어 굳어짐.

几
안석 궤

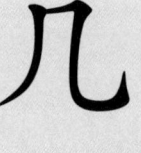

안석, 기댈 상, 책상, 진중할. 통 机
desk, side-table

사람이 '기대앉는 상' 모양을 본뜬 자. '책상' 따위의 뜻으로 두루 쓰인다 象.

- [几案 궤안] 의자나 안석 따위의 통칭.
  [書几 서궤] 책을 얹어 두는 상.

3급 II

凡
무릇 범

무릇, 대강, 범상(凡常)할, 다, 천할.
common, generally

① 几(안석 궤)와 丶(점 주)의 합침. 几는 흩어진 물건을 뭉치는 틀, '丶'은 뭉쳐지는 물건. 흩어진 물건(丶)을 틀(几)에 넣어 하나로 뭉뚱그린다는 데서 '대강' 또는 '무릇'의 뜻이 된 자 會.
② 바람을 안고 있는 돛 모양을 본떠, 바람과 돛이 하나로 뭉뚱그려졌다는 데서 '대강'의 뜻이 된 자 象.

- [凡人 범인] 보통의 사람.
  [凡俗 범속] 평범(平凡)하고 속된 습성.
  [非凡 비범] 보통이 아님. 뛰어남.

凵
입 벌릴 감

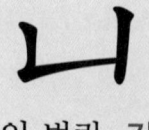

입 벌릴, 위 터진 그릇.
open the mouth, bowl

물건을 담을 수 있도록 '위가 터진 그릇'의 모양을 본뜬 자. 그 모양에서 '입 벌린다'는 뜻으로도 쓰인다 象.

5급

흉할 흉

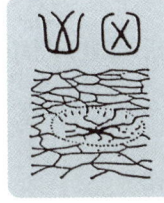

흉할, 흉악할, 재앙, 요사할. ⑧ 兇
evil, unlucky

凵과 乂(교차할 오)의 합침. 땅이 움푹 꺼지고(凵) 금이 간(乂) 모양이 '흉악한', '재앙' 임을 가리킨 자 指. [p.394 陷]

- [凶年 흉년] 농작물이 잘 되지 아니한 해.
  [凶夢 흉몽] 불길한 꿈.
  [陰凶 음흉] 음침하고 흉악(凶惡)함.

7급

날 출

날, 나갈, 태어날, 물리칠 출/ 내보낼 추.
come out, go out, expel

① 屮(싹날 철)과 凵의 합침. 싹(屮)이 흙 위로 터(凵) 나온 모양을 본떠 '나다'의 뜻이 된 자 象. [p.71 內]
② 발(止) 자국(凵)의 모양을 본떠 '나가다'의 뜻이 된 자 象.

- [出生 출생] 세상에 태어남. 출산(出産).
  [脫出 탈출] 몸을 빼서 도망함.
  [出斂 추렴] 돈을 얼마씩 내어 거둠.

3급 II

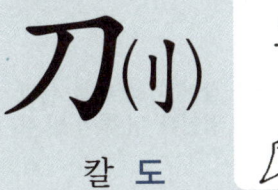
칼 도

칼, 자를, 병장기, 위엄, 돈 이름[刀布].
knife, sword, coin

'칼'의 모양을 본뜬 자. 그 쓰임에서 '자르다'·'베다'·'나누다' 등의 뜻으로, 그 속성에서 '위엄'의 뜻으로도 쓰입니다 象.
【참고】刂는 세워진 칼의 모양임.

- [刀圭界 도규계] 의사의 사회.
  [刀泉 도천] 칼 모양으로 만든 옛날 돈.
  [短刀 단도] 아주 짧은 칼.

6급

나눌 분

나눌, 분별할, 분수, 몫, 찢을 분/ 푼 푼.
divide, distinguish

八(나눌 팔)과 刀의 합침. 칼(刀)로 물건을 '나눈다(八 p.72)'는 뜻으로 된 자. 칼로 쪼개듯이 사리를 가린다 하여 '분별(分別)하다'의 뜻으로도 쓰입니다 會.

- [分離 분리] 서로 따로 떨어짐.
  [分割 분할] 쪼개어 나눔.
  [半分 반분] 절반으로 나눔.

5급

끊을 절
온통 체

끊을, 간절(懇切)할 절/ 온통 체. ㉠ 切
cut, carve, earnest, all

七(일곱 칠:음부)과 刀의 합침. 칼(刀)질을 여러 번(七)하여 '자른다'는 뜻으로 된 자. 나아가, 모두 자른다는 데서 '온통'의 뜻으로도 쓰입니다 形.

- [切斷 절단] 끊어 자름.
  [親切 친절] 매우 정답고 고맙게 함.
  [一切 일체] 온갖 것.

3급 II

刊
새길 간

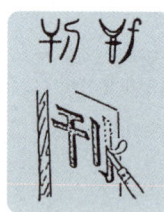

새길, 깎을, 벨, 나무 쪼갤, 책 펴낼.
carve, publish

干(방패 간:음부)에 刂의 합침. 방패(干)처럼 편편한 널빤지에 글자를 새겨(刂) '책을 박아 낸다' 는 뜻으로 된 자 形.
【참고】 刋(끊을 천)은 오류를 삭제한다는 뜻.

- [刊行 간행] 서적을 인쇄하여 발행함.
  [旣刊 기간] 전에 이미 간행함.
  [創刊 창간] 신문・잡지 등을 처음 간행함.

4급

刑
형벌 형

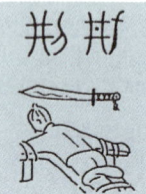

형벌, 본받을, 본보기, 꼴, 모범, 법률.
punish, model, law

형틀 모양인 开(←井=우물틀 정:음부)과 刂의 합침. 죄인을 우물틀 같은 형틀(开)에 매고 칼(刂)로 위엄을 보인다 하여 '형벌(刑罰)' 의 뜻이 된 자 形. 형틀을 죄인의 거푸집으로 비겨 '본보기(꼴)' 의 뜻으로도 쓰인다 轉.

- [刑事 형사] 형법(刑法) 적용의 사건.
  [減刑 감형] 형벌을 덜.
  [處刑 처형] 형벌을 줌.

4급 II

列
벌일 렬

벌일, 베풀, 펼, 항렬, 나눌.
arrange, classify

歹(뼈 앙상할 알:음부)에 刂의 합침. 짐승을 잡아서 칼(刂)로 살과 뼈를 발라 내어(歹 p.229) 늘어놓는다 하여 '벌이다' 의 뜻이 된 자 會形.

- [列車 열차] 객・화차를 단 기차.
  [序列 서열] 순서를 따라 늘어섬.
  [行列 행렬] 줄지어 감.

5급

初
처음 초

처음, 비롯할, 옛, 근본, 이전, 맨 앞.
first, beginning, origin

衤(←衣=옷 의)와 刀의 합침. 천을 잘라(刀) 마름질하는 것은 옷(衤)을 만드는 첫일이라는 데서 '처음' 의 뜻이 된 자 會.

- [初面 초면] 처음으로 대하여 봄.
  [初版 초판] 서적의 제 1판.
  [始初 시초] 맨 처음.

4급

判
판단할 판

판단할, 나눌, 쪼갤, 한쪽, 맡을. 통 牉
judge, divide

半(반 반:음부)에 刂의 합침. 물건을 절반(半 p.88)으로 자르듯이 (刂) 일이나 시비를 분명히 한다는 데서 '판단(判斷)하다' 의 뜻이 된 자 會形.

- [判明 판명] 똑똑하게 드러남.
  [談判 담판] 서로 의논해서 판단함.
  [審判 심판] 선악・우열을 판단함.

別

6급

다를 별
나눌

다를, 나눌, 분별할, 이별할, 따로. ㈜別
divide, distinguish

另(←丹=가를 과)에 刂의 합침. 뼈와 살을 칼(刂)로 갈라(另) 구별한다 하여 '나누다'의 뜻이 된 자 會.
【참고】另는 冎(p.412 骨)와 같은 자로, 뼈(冎)와 살(月)이 '나누어짐'을 뜻함.

- [別世 별세] 세상을 떠남.
- [別食 별식] 늘 먹는 것이 아닌 음식.
- [作別 작별] 서로 이별함.

利

6급

이할 리

이로울, 날카로울, 날랠, 이자(利子).
beneficial, sharp, profit

禾(벼 화)에 刂의 합침. 刂는 끝이 날카로운 보습. 보습(刂) 등의 연장으로 밭을 갈아 농사(禾)를 지으니 '편리(便利)하고' '이롭다'는 뜻으로 된 자 會.

- [利得 이득] 이익을 얻음. 또는 그 이익.
- [利益 이익] 유익하고 도움이 됨.
- [金利 금리] 꾼 돈에 대한 이자.

到

5급

이를 도

이를, 닿을, 오게 할, 속일, 주밀할.
reach, attend to

至(이를 지)에 刂(칼 도 :음부)의 합침. 칼(刂)을 지니고 위험한 곳을 무사히 지나 '이르렀다(至)'는 뜻으로 된 자 形.

- [到達 도달] 정한 곳에 다다름.
- [到處 도처] 이르는 곳. 가는 곳마다.
- [周到 주도] 주의가 두루 미쳐 빈틈없음.

制

4급 II

절제할 제

절제할, 지을, 마를, 법, 단속할, 모양.
make, cut, restrain, law

制에 刂의 합침. 制는 未(아닐 미 p.213)의 변형으로 크게 자란 나무. 잘 자란 나무(制)를 베어(刂) 재목으로 쓰기 위해 '마름질한다'는 뜻으로 된 자 會.

- [制度 제도] 나라의 법도. 제정된 규칙.
- [制約 제약] 사물의 성립에 필요한 규정.
- [抑制 억제] 억눌러서 제어(制御)함.

刷

3급 II

인쇄할 쇄

인쇄, 긁을, 고칠, 닦을, 솔질할.
print, rub, brush

刷(←㕞=닦을 설)에 刂의 합침. 목판에 글을 새기고(刂) 닦아(刷) '인쇄(印刷)한다'는 뜻으로 된 자 形.
【참고】㕞은 사람(尸←戶)이 엎드려 걸레(巾=수건 건)를 쥐고(又) '닦는다'는 뜻.

- [刷新 쇄신] 나쁜 폐단이나 묵은 것을 버리고 새롭게 함.
- [掃刷 소쇄] 쓸고 닦아 소제함.
- [縮刷 축쇄] 원형을 줄여 박아 냄.

4급

책 권

문서, 어음쪽, 계약서, 언약할.
papers, ticket, bond

夬(움켜쥘 권)과 刀의 합침. 약속 내용을 글이나 그림으로 새겨(刀) 두 쪽으로 나눠 하나씩 가졌다가(夬 p.91 卷) 그 두 쪽을 맞추어 증거 삼았던 데서 '계약'의 뜻이 된 자. 약속을 기록해 둔다 하여 '문서'의 뜻으로도 쓰인다 形.
【참고】 券(수고로울 권)은 힘(力)이 부치어 몸이 구부러진다(夬)는 뜻으로 된 별자임.

- [券契 권계] 어음.
  [入場券 입장권] 입장에 필요로 하는 표.
  [證券 증권] 사법상 재산권을 표시한 증서.

3급 II

찌를 자/척

찌를, 가시, 바늘 자·척/ 찌를 척.
sting, thorn, stab

朿(가시 차:음부)에 刂의 합침. 가시(朿)나 칼(刂)로 '찌른다'는 뜻으로 된 자 會形.
【참고】 朿는 '가시'에 싸인(一) 나무(木)의 모양을 본뜬 자.

- [刺客 자객] 사람을 몰래 죽이는 사람.
  [亂刺 난자] 아무 데나 마구 찌름.
  [刺殺 척살] 칼 따위로 찔러 죽임.

4급

새길 각

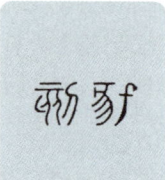

새길, 몹시, 시각, 돼지 발자국, 각박할.
engrave, oppressive

亥(돼지 해:음부)에 刂의 합침. 땅에 새긴(刂) 듯이 난 '돼지(亥 p.50) 발자국'을 뜻하여 된 자. 또는, 물시계에 새겨진(刂) 눈금을 돼지 갈비뼈와 비슷하게 본 데서 亥를 음부로 합쳐 '새기다'의 뜻이 되고, 나아가 '시각(時刻)'을 뜻하게 된 자 形.

- [刻苦 각고] 대단히 애씀.
  [彫刻 조각] 형체를 새김.
  [遲刻 지각] 정해진 시각에 늦게 나옴.

3급 II

깎을 삭

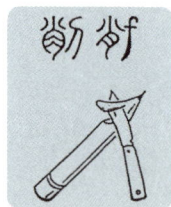

깎을, 빼앗을, 지근거릴, 침노할, 약할, 지근거릴.
pare, rob

肖(작을 초:음부)와 刂의 합침. 칼(刂)로 조금씩(肖 p.316) '깎음'을 뜻한 자 形.

- [削減 삭감] 깎아서 줄임.
  [削除 삭제] 깎아 없앰.
  [添削 첨삭] 문장을 더하고 줄임.

5급

법칙 칙

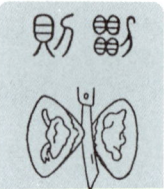

법칙, 본받을, 나눌, 조목 칙/ 곧 즉.
law, namely, immediately

貝(조개 패)에 刂의 합침. 조개(貝)를 칼(刂)로 쪼개듯이 공평하게 '나눈다'는 뜻으로 된 자. 나아가, 재물을 일정한 원칙에 의해 나눈다 하여 '법칙(法則)'의 뜻으로도 쓰인다 會.

- [則效 칙효] 본받음.
  [規則 규칙] 지키기로 약속한 법칙.
  [然則 연즉] 그러한즉.

刀 부

7급

앞 전

앞, 일찍이, 가지런히 할, 인도할.
former, early

歬(←歬=앞 전:음부)과 刂의 합침. 歬만으로도 배를 탄 사람은 멈추어(止) 있어도 그 배(舟)가 움직여 전진하게 된다 하여 '앞'을 뜻하게 된 자인데, 후에 물건의 앞(歬)을 잘라(刂) '가지런히 한다'는 데서 刂를 덧붙이게 되었다 ㉠.

● [前文 전문] 앞에 쓴 글.
  [前方 전방] 중심의 앞쪽. 제일선.
  [生前 생전] 살아 있는 동안.

3급 II

굳셀 강

굳셀, 억셀, 바야흐로, 굳을, 건장할.
strong, hard

岡(산등성이 강:음부)과 刂의 합침. 산등성이(岡) 같은 것도 자를 만한 칼(刂)이라 하여 '굳세다'의 뜻이 된 자 ㉠.

● [剛健 강건] 마음이 굳세고 뜻이 건전함.
  [剛直 강직] 굳세고 곧음.
  [內剛 내강] 속(마음)이 굳음.

4급 II

버금 부

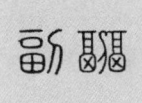

버금, 다음, 알맞을, 찢을 부/ 쪼갤 복.
second, assistant, split

畐(찰 복:음부)에 刂의 합침. 畐은 술병에 술이 찬 모양. 술(畐)을 나누어(刂) 지신(地神)에게 제사한다 하여 '쪼개다'의 뜻이 된 자 ㉠. 지신에게 제사함은 종묘 제사에 다음 가는 일이라 하여 '버금'의 뜻으로도 쓰인다 ㉡.

● [副業 부업] 본업 외에 가지는 직업.
  [副題 부제] 서적이나 글의 부표제.
  [正副 정부] 주장과 버금.

3급 II

벨 할

벨, 나눌, 저밀, 찢을, 할, 해로울.
cut, carve, divide

害(해할 해:음부)에 刂의 합침. 칼(刂)로 베어 해친다(害 p.132)는 데서 '베다'의 뜻이 된 자 ㉠.

● [割腹 할복] 칼로 배를 가름.
  [割引 할인] 일정한 값에서 얼마를 덜.
  [分割 분할] 나누어 쪼갬.

4급 II

비롯할 창

비로소, 시작할, 다칠, 아플, 징계할.
begin, wound

倉(곳집 창:음부)과 刂의 합침. 곳집(倉 p.61)을 지으려고 재목을 깎고(刂) 다듬는다는 데서 '시작하다'의 뜻이 된 자. 곳집을 짓다가 '다친다'는 뜻으로도 쓰인다 ㉠.
【참고】본자는 刅. 칼(刀)에 상처가 남(ㄨ).

● [創意 창의] 새로 생각해 낸 의견.
  [創作 창작] 처음으로 만들어 내는 일.
  [草創 초창] 사업의 시초.

3급 II

劃 그을 획

그을, 계획할, 송곳칼. 통畫 약划
carve, plan, drill-knife

畫(그을 획:음부)과 刂의 합침. 논밭의 경계를 그어(畫 p.270) 나눈다(刂)하여 '긋다'의 뜻이 된 자. 논밭에 경계지을 것을 미리 생각한다는 데서 '계획하다'의 뜻으로도 쓰인다 會形.
【참고】畫을 '그을 획'으로 쓸 때에는 劃과 통함.

- [劃然 획연] 명확히 구별된 모양. 분명함.
- [劃一 획일] 모두 한결같이 함.
- [區劃 구획] 경계를 갈라 정함.

4급

劇 심할 극

심할, 어려울, 연극, 아플. 본劇 약剧
severe, difficult

① 豦(원숭이 거:음부)와 刂의 합침. 豦은 범이나 멧돼지를 곧잘 놀려대는 '원숭이'의 일종. 원숭이(豦)가 까불다가 '심히 다쳤다(刂)'는 뜻으로 된 자 形.
② 본자는 勮. 虍(←虎=범 호)와 豕(돼지 시)에 力의 합침. 범(虍)과 멧돼지(豕)가 힘(力)을 다해 싸우는 모양이 '극적(劇的)'이란 뜻으로 된 자. 물고 뜯고 싸우다가 상처남을 가리켜 力이 刂로 바뀌었다 形.

- [劇藥 극약] 성질이 극렬(劇烈)한 약.
- [悲劇 비극] 슬픈 결말의 극.
- [慘劇 참극] 참혹한 사건.

3급 II

劍 칼 검

칼, 칼로 찌를, 칼 쓰는 법. 통劎 약剑
dagger, stab with sword

僉(여러 첨:음부)에 刂의 합침. 여럿(僉 p.68 儉)이 모인 곳에 나아갈 때 호신용으로 지니는 무기(刂), 곧 '검'을 뜻한 자 形.
【참고】금문자에 의하면, 僉은 칼날이 모여 끝이 뾰족한 상형이기도 함.

- [劍術 검술] 칼 쓰는 기술.
- [帶劍 대검] 칼을 참. 소총 끝에 꽂는 칼.
- [長劍 장검] 긴 칼.

7급

力 힘 력

힘, 힘쓸, 육체, 부지런할, 덕, 위엄.
strength, strong

힘쓸 때 팔이나 어깨죽지에 나타나는 '힘살' 모양을 본뜬 자 象.

- [力道 역도] 역기(力器)로 하는 운동.
- [權力 권력] 복종을 강요하는 힘.
- [能力 능력] 일을 감당해 내는 힘.

5급

加 더할 가

더할, 업신여길, 붙일, 미칠, 더욱.
add, disgrace

力과 口(입 구)의 합침. 힘써(力) 일을 돕고 말(口)을 곁들인다 하여 '더하다'의 뜻이 된 자 會.

- [加工 가공] 인공적으로 처리하여 새로운 제품을 만듦.
- [加重 가중] 더 무거워짐.
- [參加 참가] 모임이나 단체에 나감.

刀・力 부

6급

功
공 공

이바지할, 일할, 공로, 이용할. 통公
merit, achievement

工(장인 공:음부)과 力의 합침. 뼈가 휘도록 힘(力)껏 일하여(工) 이루어진 결과, 즉 '공로(功勞)'를 뜻하여 된 자 形.

- [功名 공명] 공적(功績)을 세운 명예.
  [功臣 공신] 나라에 공로가 있는 신하.
  [成功 성공] 목적을 이룸.

3급

劣
못할 렬

용렬할, 못날, 적을, 서투를, 더러울.
silly, inferior to

少(적을 소)와 力의 합침. 힘(力)이 너무 적어(少 p.138) 제 앞도 가리지 못한다는 데서 '못나다'・'용렬(庸劣)하다'의 뜻이 된 자 會.

- [劣等 열등] 낮은 등급. 등급이 낮음.
  [低劣 저열] 정도가 낮고 용렬함.
  [拙劣 졸렬] 옹졸하고 비열(卑劣)함.

4급 II

助
도울 조

도울, 유익할, 세금, 자뢰할. 통鋤
aid, useful

且(또 차:음부)와 力의 합침. 힘(力)을 더해(且 p.42) '돕는다'는 뜻으로 된 자 形.

- [助力 조력] 남의 일을 도와 줌.
  [助長 조장] 힘을 도와 더 자라게 함.
  [援助 원조] 도와 줌.

4급 II

努
힘쓸 노

힘쓸, 힘 들일.
exert, strive

奴(종 노:음부)와 力의 합침. 노예(奴 p.121)처럼 '힘들여(力)' 일한다는 뜻으로 된 자 形.

- [努力 노력] 힘을 들이어 애씀.
  [努肉 노육] 궂은살.
  [用努 용노] 힘을 씀.

6급

勇
날랠 용

 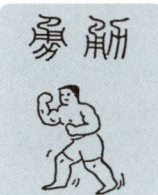

날랠, 용맹(勇猛)할, 억셀, 용감할.
bold, brave, courageous

甬(물 솟을 용:음부)과 力의 합침. 힘(力)이 용솟음(甬)쳐서 행동이 '날래고' '용감(勇敢)하다'는 뜻으로 된 자 形.
【참고】甬은 본디 꽃봉오리가 부풀어 오르는 모양. 그 모양에서 '물 솟아 오름'을 뜻함.

- [勇斷 용단] 용감하게 결단함.
  [勇士 용사] 용기(勇氣) 있는 사나이.
  [義勇 의용] 충의와 용기

4급

勉
힘쓸 면

힘쓸, 부지런할, 강인할, 장려할.
strive, diligent, constrain

免(면할 면:음부)과 力의 합침. 아기를 빨리 낳아 고통을 면(免 p.70)하려고 '힘쓴다(力)' 는 뜻으로 된 자 形.

- [勉學 면학] 힘써 공부함. 배움에 힘씀.
- [勸勉 권면] 타일러서 힘쓰게 함.
- [勤勉 근면] 부지런히 힘씀.

7급

動
움직일 동

움직일, 지을, 감응, 나올, 흔들릴.
move, shake

重(무거울 중:음부)과 力의 합침. 무거운(重 p.385) 것을 힘들여 (力) '움직인다' 는 뜻으로 된 자 形.

- [動物 동물] 길짐승, 날짐승, 물짐승 따위를 통틀어 이르는 말.
- [發動 발동] 움직이기 시작함.
- [移動 이동] 옮겨 움직임.

4급 II

務
힘쓸 무

힘쓸, 일, 마음먹을 무/ 업신여길 모. 통 侮
strive, business

敄(힘쓸 무:음부)와 力의 합침. 힘든(力) 일을 더욱 '힘써(敄)' 한다는 뜻으로 된 자 會形.
【참고】敄는 창(矛=창 모)으로 찌르고 후려침(攵=칠 복)을 나타내어 '힘쓴다' 는 뜻.

- [務望 무망] 애써 바람.
- [激務 격무] 몹시 바쁘고 힘든 일.
- [職務 직무] 직업상의 사무(事務).

6급

勝
이길 승

이길, 나을, 경치 좋을, 가질, 믿을.
win, beautiful view

① 朕(틈 짐:음부)과 力의 어울림. 배(月←舟=배 주)의 틈새에서 솟아오르는 물을 팔을 구부려(关 p.91 卷) 힘써(力) 막아냈다 하여 '이기다' 의 뜻이 된 자 形.
② 배(月)의 틈을 힘써(劵=수고로울 권) 막아 '이겼다' 는 뜻으로 된 자 會.

- [勝利 승리] 겨루어 이김.
- [名勝 명승] 경치 좋기로 이름남.
- [必勝 필승] 반드시 이김.

5급

勞
일할 로

일할, 수고로울, 가쁠, 위로할. 약 労
toil, annoy

熒(←熒밝을 형:음부)과 力의 합침. 불(熒 p.223 榮)을 밤새도록 켜 놓고 힘써(力) 일한다는 데서 '수고롭다' 의 뜻이 된 자. 수고하는 것을 보고 '위로(慰勞)한다' 는 뜻으로도 쓰인다 形.

- [勞困 노곤] 고단함. 아주 피곤함.
- [勞動 노동] 정신이나 힘을 써서 일함.
- [疲勞 피로] 신경과 근육이 지침.

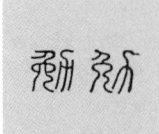

力 부

| 3급 |  모을 뽑을 모 |  | 모을, 뽑을, 구할, 부를, 고용 살.
collect, summon, employ
莫(저물 모:음부)와 力의 합침. 일하기 전날 저녁(莫 p.328)에 일할 사람을 힘써(力) 구한다는 데서 '모으다'의 뜻이 된 자 形.
● [募集 모집] 사람이나 사물을 뽑아 모음.
 [公募 공모] 널리 공개하여 모집함.
 [應募 응모] 모집에 응함. |

| 4급 II |  형세 세 |  | 형세, 권세, 기세, 기회, 위엄, 불알.
authority, power
埶(심을 예:음부)와 力의 합침. 공들여 심은(埶) 초목이 힘차게(力) 자라나는 '기세(氣勢)'를 뜻하여 된 자 會形.
【참고】埶는 坴(언덕 륙)과 丸(←丮=잡을 극)의 합침. 구덩이에 초목을 잡아(丸) 세우고 흙을 높이 북돋워(坴) '심는다'는 뜻.
● [勢道 세도] 정치상의 권세를 장악함.
 [去勢 거세] 세력(勢力)을 제거함.
 [威勢 위세] 위엄이 있는 기세. |

| 4급 | 勤 부지런할 근 |  | 부지런할, 도타울, 수고할, 일볼. 약 勤
diligent, laborious
堇(노란 진흙 근:음부)과 力의 합침. 진흙(堇)밭은 가물을 잘 타고 잡초가 많아 한층 더 힘(力)을 들여 일하게 된다는 데서 '부지런하다' 또는 '수고하다'의 뜻이 된 자 形.
【참고】堇은 黃(←黃=누를 황)의 획 줄임과 土(흙 토)를 합쳐 노란 진흙을 뜻함.
● [勤務 근무] 직무에 종사함.
 [勤續 근속] 여러 해 계속하여 근무함.
 [通勤 통근] 근무처에 집무하러 다님. |

| 3급 II |  힘쓸 려 |  | 힘쓸, 권면할, 가다듬을, 할. 약 励
encourage, incite, urge
厲(권할 려:음부)와 力의 합침. 힘써(力) 일하도록 권한다(厲) 하여 '권면하다'의 뜻이 된 자 形.
【참고】厲는 벌(萬=벌 만)이 집(厂)에서 일하듯 부지런하라고 '권한다'는 뜻.
● [勵行 여행] 힘써 실행함. 장려함.
 [激勵 격려] 힘 있게 장려(獎勵)함.
 [督勵 독려] 감독하여 장려함. |

| 4급 |  권할 권 |  | 권할, 도울, 가르칠, 힘껏 할. 약 勧
exhort, persuade, teach
雚(황새 관:음부)과 力의 합침. 황새(雚)는 사람에게 감화를 주는 새라 하여 그 새처럼 착한 일을 힘껏(力) 하도록 '권한다'는 뜻으로 된 자 形.
【참고】雚은 황새(隹=새 추)의 대가리와 부리(艹=뿔 개) 및 두 눈(吅)을 본뜬 자.
● [勸誘 권유] 권하여 하도록 함.
 [勸奬 권장] 권하여 힘쓰게 함.
 [强勸 강권] 억지로 권함. |

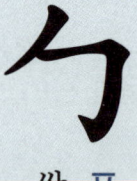
쌀 포

쌀[包], 굽을.
wrap

사람이 몸을 '구부려' 두 팔로 무엇을 에워싸 품고 있는 모양을 본떠 '싸다'의 뜻이 된 자 象.

3급 II

말(禁) 물

말, 없을, 깃발, 급할 물 / 먼지떨이 몰.
forbid, without

옛날에 '급한' 일이 일어났을 때 썼던 '깃발' 모양을 본뜬 자. 그 깃발의 빛깔에 따라 '…은 말라' 등의 신호를 나타낸 데서 '말다'의 뜻이 되었다 象.
【참고】기의 빛깔로 '급하다', '…은 하지 마라' 등을 나타냈음.

- [勿驚 물경] '놀라지 말라'는 뜻의 말.
- [勿論 물론] 말할 것도 없음.
- [勿勿 물물] 창황한 모양.

4급 II

쌀 포

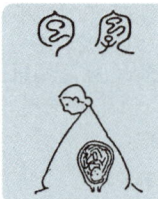

쌀, 꾸릴, 용납할, 숨길, 더부룩할.
wrap, pack, conceal

勹와 巳(뱀 사)의 어울림. 巳(p.146)는 모태에서 자라나는 태아의 모양. 어머니 뱃속에 태아(巳)가 싸여(勹) 있는 모양을 본떠 '싸다'의 뜻이 된 자 象.

- [包圍 포위] 빙 둘러 에워쌈.
- [包裝 포장] 물건을 싸서 꾸림.
- [小包 소포] 우편의 한 종류.

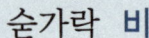

숟가락, 술, 비수, 거꾸러질, 구부릴.
spoon, dagger

① 밥을 뜨거나 고기를 베는 도구를 본떠 '숟가락'이나 '비수(匕首)'를 뜻하게 된 자 象.
② 匕는 人자의 반대형으로, 사람이 '거꾸러지거나' 허리가 '고부라진' 모양에서 '변화하다'의 뜻이 된 자 象.

- [匕箸 비저] 숟가락과 젓가락.
- [匕鬯 비창] 종묘의 제사 그릇.

5급

될 화

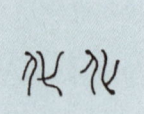

될, 변화할, 교화할, 죽을, 동냥할. 俗化
transform, influence

亻(사람 인)변에 匕(化의 옛자:음부)의 합침. 사람(亻)이 거꾸러져(匕) '죽다', 또는 사람(亻)이 교화(化)되어 '변화(變化)하였다'는 뜻으로 된 자 會形.

- [化學 화학] 자연 과학의 한 부문.
- [感化 감화] 영향을 받아 착하게 됨.
- [美化 미화] 아름답게 만듦.

8급

북녘 북
달아날 배

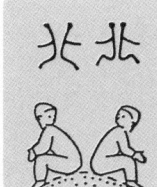

북녘, 뒤 북/ 패할, 나눌, 배반할 배.
north, defeat, betray

두 사람이 서로 등을 맞댄 모양을 본떠, 서로 등져 '배반(背反)하다'의 뜻이 된 자. 나아가, 사람들이 집을 남향으로 지었던 데서 남녘과 등진 '북녘'의 뜻으로 두루 쓰인다 象會.

- [北極 북극] 지구 북쪽 끝의 지방.
- [北方 북방] 북쪽 지방.
- [敗北 패배] 싸움에 짐. 져서 도망함.

상자 방

상자, 모진 그릇, 여물통, 홈통.
box, square basket

통나무를 파서 만든 '여물통' 따위의 옆 모양, 또는 네모진 '상자'의 옆 모양을 본떠 '모진 그릇'을 뜻한 자 象.

감출 혜

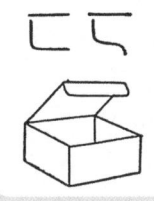

감출, 덮을.
conceal, cover

덮음을 나타내는 一 밑에 감춤을 나타내는 ㄴ(隱=숨을 은의 옛자)을 받쳐 위를 덮어 '감추다'의 뜻이 된 자 會.

3급

짝 필

짝, 둘, 한 마리, 필 필 통疋/ 집오리 목.
pair, couple, mate

匸(감출 혜) 안에 八(나눌 팔:음부)을 넣음. 천을 ∞처럼 양쪽을 갈라(八) 말아서 의장에 넣어(匸) 둠을 나타내어 천의 길이의 단위인 '필'을 뜻한 자. 또한, 양쪽으로 똑같이 말린 모양에서 '짝'의 뜻으로도 쓰인다 會形.

- [匹夫 필부] 신분이 낮은 한 사내.
- [匹敵 필적] 어슷비슷하여 견줄 만함.
- [配匹 배필] 짝.

6급

구분할 구

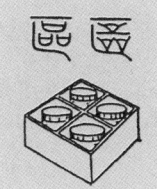

감출, 나눌, 작은 방 구/ 지경 우. 약区
divide, section

匸(감출 혜) 안에 品(물건 품)을 넣음. 많은 물건(品 p.102)을 나누어 '감추어(匸)' 두는 여러 개의 '작은 칸'을 뜻한 자. 후에, 행정상으로 지역을 여러 부분으로 나눈 단위인 '구역(區域)'의 뜻으로 두루 쓰이게 되었다 會.

- [區分 구분] 구별(區別)하여 나눔.
- [區脫 우탈] 초소에 척후용으로 판 땅굴.
- [學區 학구] 교육 행정상 나눠진 지역.

8급
十
열 십

열, 열 배, 완전할, 네거리. 통什·拾
ten, complete

一의 한가운데를 |로 내리그은 자. 수는 '一'에서 시작하여 열에서 한 계단이 끝남을 가리키는 '|'을 덧걸어 '열'을 나타낸 자. 또는, 다섯 손가락씩 있는 두 손을 엇걸어 '열'을 가리킨 자 指.

- [十方 시방] 상하와 팔방. 천하.
  [十進法 십진법] 수의 단위가 열마다 오르는 법.
  [赤十字 적십자] 붉은 十자 표장.

7급
千
일천 천

일천, 천 번, 많을, 길[路], 성. 통阡·仟
thousand, numerous

丁(←人:음부)과 一의 어울림. 사람(丁) 몸으로 천 단위를 나타냈던 데서 丁에 一을 가로질러 '일천'을 뜻한 자 形.
【참고】二千은 千, 三千은 千, 四千은 千.

- [千古 천고] 썩 먼 옛적. 영구한 세월.
  [千金 천금] 많은 돈의 비유.
  [數千 수천] 몇 천이나 되는 많은 수.

7급
午
낮 오

낮, 남쪽, 거역할, 말[馬], 오월, 엇걸릴.
noon, horse(7th of 12stems)

① 음기가 땅거죽 위로 솟아 나오는 꼴인 '𠂉'과 양기와 엇걸림을 나타낸 十의 합침. 음기와 양기가 교차되어 엇걸리는 때인 '한낮'을 가리킨 자 指.
② 午는 원래 杵(공이 저)의 본자. 절구질을 하다가 절굿공이를 세워, 그 해 그림자로 점심때를 알았던 데서 시간의 단위인 '한낮'을 가리킨 자 指.
【참고】해시계의 바늘을 절굿공이에 비유한 자.

- [午前 오전] 정오(正午) 이전.
  [午後 오후] 한낮 이후.
  [端午 단오] 음력 오월 초닷샛날. 重午.

6급
半
반 반

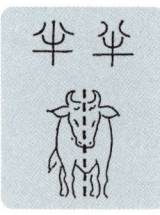

절반, 조각, 가운데, 조금, 덜 될.
half, piece, middle

八(나눌 팔)과 牛(소 우)의 어울림. 물건(牛 p.259 物)을 둘로 같게 나눈다(八)는 데서 '절반'의 뜻이 된 자 會. [p.43 件]

- [半減 반감] 절반(折半)이 줆.
  [半徑 반경] 원이나 구의 반지름.
  [過半 과반] 반이 넘음. 半數 이상.

3급 II
卑
낮을 비

낮을, 천할, 작을, 하여금. 통俾
low, humble, small

甶(←甲=술 푸는 그릇 모양)과 十(←𠂇=왼손 좌)의 합침. 술 푸는 그릇(甶)의 자루를 잡고(十) 있는 모양의 글자로, 술바가지는 술통에 대해 지저분하다는 데서 '천하다'·'낮다'의 뜻이 된 자 會.
【참고】卑에 대해, 술통[樽]은 존귀하다 하여 尊(높을 존)을 '술통'의 뜻으로 통용함.

- [卑劣 비열] 비굴(卑屈)하고 용렬함.
  [卑賤 비천] 지위나 신분이 낮음.
  [野卑 야비] 교양 없고 속되고 천함.

5급

마칠 졸

마칠, 군사, 별안간, 죽을 졸/ 다할 줄.
soldier, die, finish

① 㚘(←衣=옷 의)와 아 十의 어울림. 열(十) 명씩 대오를 지은 같은 복장(㚘)을 한 군사, 즉 '병졸(兵卒)'을 뜻한 자. 병졸은 싸우다가 잘 죽는다 하여 '끝마치다'·'죽다'의 뜻으로도 쓰인다 會.
② 衣와 一(←丿=삐침 별)의 어울림. 一은 낮은 계급의 표지. 가장 낮은 계급(一)의 복장(衣)을 한 '병졸'을 뜻한 자 會.

● [卒倒 졸도] 갑자기 정신을 잃고 쓰러짐.
　[卒業 졸업] 소정의 학업 과정을 마침.
　[驛卒 역졸] 역에 딸린 심부름꾼.

5급

높을 탁

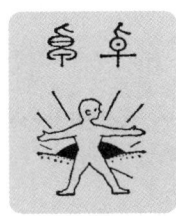

높을, 뛰어날, 설, 우뚝할, 책상.
lofty, surpass, desk

卜(←匕←比=두 사람 비)와 早(이를 조)의 합침. 사람들(卜)이 떠오르는 아침 해(早 p.203)처럼 우러러본다는 데서 '뛰어나다'·'높다'의 뜻이 된 자 會.

● [卓越 탁월] 월등히 뛰어남.
　[圓卓 원탁] 둥근 탁자(卓子).

4급 II

협
화할 협

화할, 화합할, 도울, 맞을, 복종할, 힘 합할.
harmonize, combine

十과 劦(힘 합할 협:음부)의 합침. 여러(十) 사람이 힘을 합한다(劦) 하여 '화하다'·'돕다'의 뜻이 된 자 會形.
【참고】劦은 力 셋을 합쳐 '힘 합하다'의 뜻.

● [協同 협동] 마음을 같이하고 힘을 합함.
　[協力 협력] 힘을 모아 같이 노력함.
　[妥協 타협] 서로 좋도록 협의(協議)함.

8급

남녘 남

남녘, 앞, 남쪽에 갈, 금, 절할, 성.
south, fore

冂(←㞢:무성할 발)과 𢆉(점점 심해질 임:음부)의 어울림. 초목은 '남쪽'으로 갈수록(𢆉) 무성해짐(冂)을 나타내어 '남녘'의 뜻이 된 자 形.
【참고】㞢은 나무(木)가 '무성히' 벋은 모양의 글자이고, 𢆉은 入을 거꾸로 놓은 丫와 二를 합쳐 두(二) 경계선을 뚫고(丫) '넘는다'는 뜻으로 됨.

● [南風 남풍] 마파람. 남쪽에서 부는 바람.
　[南向 남향] 남쪽으로 향함.
　[湖南 호남] 전라 남북도 지방.

4급 II

넓을 박

넓을, 많을, 통할, 클, 노름, 학문 있을.
wide, extensive, gamble

十과 尃(펼 부:음부)의 합침. 여러(十) 방면에 널리(尃) '통한다', 나아가 학식이 '많다'는 뜻으로 된 자 會形.
【참고】尃는 법도(寸 p.136)에 맞게 가르쳐 크게(甫=클 보) '펼침'을 뜻함.

● [博士 박사] 학술이 깊은 사람에게 주는 학위.
　[博愛 박애] 모든 사람을 평등하게 사랑함.
　[該博 해박] 학문이 넓고 널리 앎.

3급

卜
점 복

점, 점칠, 줄, 가릴, 짐바리, 기대할.
divine, foretell

'점치기' 위해 거북의 등껍데기를 태울 때에 나타난 가로세로의 금을 본뜬 자. 그 금을 보고 길흉을 판단한 데서 '점'의 뜻이 된 자 象. [p.69 兆]

- [卜地 복지] 살 곳을 고름.
  [卜債 복채] 점친 값으로 내주는 돈.
  [問卜 문복] 점쟁이에게 길흉을 물음.

4급

占
점칠
점령할 점

 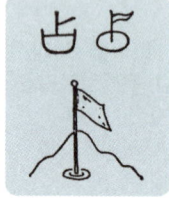

점칠, 점령할, 날씨, 볼, 가질, 있을.
divine, occupy

① 卜과 口(입 구)의 합침. 입(口)으로 중얼거리며 사람의 길흉을 '점친다(卜)'는 뜻으로 된 자 會.
② 땅(口)을 차지하기 위하여 표지판이나 깃대(卜)를 꽂는다는 데서 '점령(占領)하다'의 뜻이 된 자 會.

- [占術 점술] 점치는 술법.
  [占有 점유] 차지하여 자기의 소유로 함.
  [獨占 독점] 독차지. 자기만의 이익을 봄.

卩(㔾)
병부 절

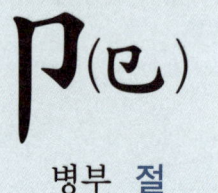 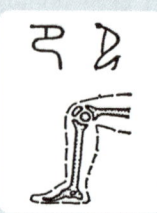

병부, 무릎 마디.(節의 옛자).
tally, joint, knee

구부러진 '무릎의 마디' 모양을 본뜬 자. 節(마디 절)의 옛자 象. 글자를 새긴 것을 쪼개어 그 한 조각을 외지에 나가는 관리에게 주었다가 신분 확인을 위해 맞춰 볼 때 무릎 마디처럼 들어맞는다 하여 '병부(兵符)'의 뜻으로도 쓰인다 轉. [p.293 符]

- [符卩 부절] 외지의 관리가 가졌던 부신.

3급

卯
토끼 묘

토끼, 밝아 올, 무성할, 문 열, 이월. 본 丣
rabbit(4th of 12 stems)

두 짝문을 활짝 여는 2월에 초목이 싹터 점점 '무성함'을 나타내어 된 자 象.

- [卯飯 묘반] 아침밥.
  [卯時 묘시] 오전 5～7시까지의 사이.
  [卯酒 묘주] 아침 6시에 마시는 해장술.

4급 II

印
도장 인

도장, 찍을, 물을, 박을 인/ 끝[國] 끝.
seal, stamp

臼(←爪=손톱 조)에 卩의 합침. 무릎(卩) 꿇고 앉아서 손(臼)으로 도장을 누르는 모양을 나타내어 '도장' 또는 그것을 '찍는다'는 뜻이 된 자 會.

- [印刷 인쇄] 글이나 그림 등을 박아 냄.
  [印章 인장] 도장. 인발.
  [檢印 검인] 검사하고 찍는 도장.

4급

危
위태할 위

위태할, 무너질, 높을, 기울, 병 더칠.
dangerous, break

𠂈(우러러볼 첨)과 㔾(卩)의 합침. 절벽(厂) 위에 있는 사람(㇇←人)이 쭈그려(㔾) 앉아 두려워 쩔쩔매는 모양에서 '위태(危殆)하다'의 뜻이 된 자 會.
【참고】 𠂈은 언덕(厂=언덕 엄) 위의 사람(㇇←人)을 '쳐다본다'는 뜻으로 됨.

- [危急 위급] 위태하고 급함.
- [危險 위험] 위태롭고 험함.
- [安危 안위] 안전하고 위태로움.

3급

却
물리칠 각

물리칠, 물러날, 도리어, 사양할. 본 卻

去(갈 거:음부)와 卩의 합침. 무릎(卩)을 구부리고 뒷걸음쳐 간다(去 p.93)하여 '물러나다'의 뜻이 된 자 會形.

- [却下 각하] 소송·원서 등을 물리침.
- [忘却 망각] 잊어버림.
- [退却 퇴각] 물러감. 패하여 후퇴함.

4급

卵
알 란

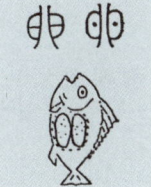

알, 물고기 알, 기를, 클, 불알. 본 卵

'물고기의 두 개의 알주머니' 모양을 본떠 널리 '알'을 뜻하게 된 자 象.

- [卵生 난생] 알을 낳아 새끼를 까는 일.
- [鷄卵 계란] '달걀'의 한자어.
- [産卵 산란] 알을 낳음.

4급

卷
책 권

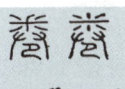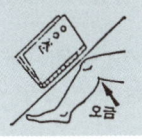

책, 오금, 굽을, 말, 두를, 정성.
book, squat, roll up

𢍏(구부릴 권:음부)과 㔾의 합침. 다리가 안쪽으로 구부러지는(𢍏) 무릎의 관절(㔾)을 가리켜 '오금'의 뜻이 된 자. 또는, 대쪽에 글을 써서 무릎 관절(㔾)이 구부러지듯이(𢍏) 엮어맨 '책'을 뜻하여 된 자 形.
【참고】 𢍏의 본자는 𢍏. 사람(丿←人)이 밥(米)을 두 손(廾)에 '굽혀 움켜쥠'을 뜻함.

- [卷數 권수] 책의 수효.
- [席卷 석권] 자리를 말듯 세력을 크게 폄.
- [壓卷 압권] 책 가운데서 가장 잘 된 대목.

3급 II

卽
곧 즉

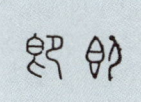

곧, 이제, 가까울, 나아갈, 다만. 약 即
immediately, approach

皀(밥 고소할 흡)과 卩(:음부)의 합침. 구수한(皀) 냄새가 나는 밥상에 무릎을 구부리고(卩) 앉자마자 먹는다는 데서 '곧'의 뜻이 된 자 形.
【참고】 皀은 흰(白)밥을 숟가락(匕=숟가락 비)으로 뜰 때 냄새가 '고소하다'는 뜻.

- [卽決 즉결] 즉시 처결함.
- [卽死 즉사] 그 자리에서 곧 죽음.
- [卽位 즉위] 임금의 자리에 오름.

| 3급 卿 벼슬 경 | 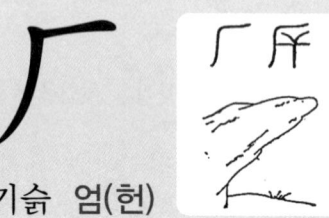 | **벼슬, 밝힐, 향할, 귀할, 자네, 귀공.**
clear, noble man
卯(←𠨍=마주 대할 경:음부) 안에 皀(밥 고소할 흡)을 넣음. 국록을 먹는(皀 p.91 卽) 관리가 마주앉아(卯 p.90) 정사를 의논하여 '밝힌다', 또는 그 '벼슬아치'를 뜻하여 된 자 ㊋.
【참고】卯은 두 사람이 무릎을 맞댄 모양.
● [卿士 경사] 대신.
　[卿相 경상] 재상. 대신.
　[公卿 공경] 3공과 9경 등의 고관. |

| 厂 기슭 엄(한) |   | **기슭, 굴바위, 바위집, 언덕.**
cliff
산기슭에 바위가 비어져 나온 모양을 본떠 '굴바위' 또는 '언덕'을 뜻한 자 ㊊. |

| 3급 厄 액 액 |  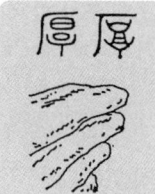 | **재앙, 옹이, 혹.** ㊌危
calamity, wen
厂(기슭 엄:음부)과 㔾(마디 절)의 합침. 바위턱(厂)같이 나무 마디(㔾)에 생긴 '옹이'를 뜻하여 된 자. 옹이에 마디라 하여 '재앙'의 뜻으로 널리 쓰인다 ㊋.
● [厄運 액운] 액을 당할 운수.
　[困厄 곤액] 곤란과 재앙.
　[災厄 재액] 재앙과 액운(厄運). |

| 4급 厚 두터울 후 |   | **두터울, 무거울, 클, 많을, 친절할.**
thick, generous, numerous
厂과 㫗(厚의 본자:음부)의 합침. 바위(厂)가 겹쳐(㫗) '두텁다'는 뜻으로 된 자 ㊉㊋.
【참고】㫗는 어린애(子)를 수건(日←冃=머리 수건 모)으로 '두텁게' 싼다는 뜻. 또는, 제사 음식을 쌓은 것이 '두터운' 모양.
● [厚待 후대] 두터운 대접.
　[厚意 후의] 후하게 생각해 주는 마음.
　[溫厚 온후] 성질이 온화하고 덕이 있음. |

| 5급 原 언덕 원 | | **언덕, 근본, 거듭, 들, 벌판.** ㊌源
origin, repeated, field
厂과 泉(샘 천)의 합침. 바위(厂) 밑에서 솟아나는 샘(泉 p.238)이 물줄기의 '근본'이 됨을 뜻한 자 ㊉. 샘물은 강을 향하여 벌판을 흘러간다는 데서 '들'의 뜻으로도 쓰인다 ㊍.
● [原稿 원고] 글이나 그림. 원안(原案).
　[原因 원인] 사실의 근본이 되는 까닭.
　[平原 평원] 평탄한 들판. |

3급

厥
그 궐

그, 짧을, 절할, 바위 팔, 상기할.
he, she, it

厂과 欮(숨가쁠 궐:음부)의 합침. 바위(厂)를 '파느라고' 숨이 가빠서(欮) '짧게' 쉼을 나타낸 자. 숨이 가쁠 때 문장을 가볍게 끊는 어조사인 '그'의 뜻으로도 쓰인다 形.
【참고】 欮은 숨결(欠=하품 흠)이 거슬리어(屰=거스를 역) '헐떡거리는' 모양.

● [厥女 궐녀] 그 여자.
　 [厥尾 궐미] 짧은 꼬리.
　 [厥後 궐후] 그 이후.

ム
사사로울 사

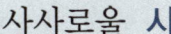

사사로울, 나, (私의 옛자) 사/ 모 통 某
self, private

팔꿈치를 구부려 물건을 자기 쪽으로 감싸 내 것으로 한다는 데서 '사사롭다'의 뜻이 된 자. 나아가, '나'를 가리키기도 한다 指.
[p.72 公]

5급

去
갈 거

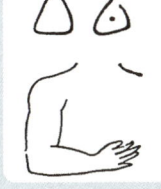

갈, 버릴, 덜, 감출, 덮을, 내쫓을.
leave, throw away

土(←大=사람, 밥그릇 뚜껑)와 厶(밥그릇 거:음부)의 합침. 사람(土)이 밥그릇(厶)을 버리고 '간다' 는 뜻으로 된 자 形. 또는, 밥을 먹고 빈 그릇(厶)에 뚜껑(土)을 '덮은' 모양을 본뜬 자 象.

● [去就 거취] 일신의 진퇴.
　 [過去 과거] 이미 지나간 때.
　 [撤去 철거] 걷어 치워 버림.

5급

參
참여할 참

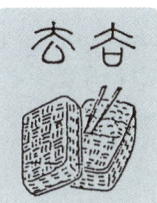

참여할, 더불, 뵐, 별 이름 참/ 석 삼. 약 参
take part in, three

① 厽(←晶=빛날 정)과 㐱(머리 검을 진:음부)의 합침. 厽(晶 p.205 星)은 별 '셋' 이 빛남을 가리킴. 머리(㐱) 위 창공에서 빛나는(厽) '세 개' 의 별(삼형제별)이 오리온자리에 '참여(參與)하고' 있음을 나타낸 자 形.
② 머리(㐱)에 비녀를 꽂고 여러 장식품(厽=비녀 끝 장식 류)을 갖추어 의식에 '참가(參加)한다' 는 뜻으로 된 자 形.
【참고】 厽는 별빛처럼 반짝이는 비녀의 장식, 㐱은 사람(人)의 검은 머리카락(彡).

● [參見 참견] 참여하고 관계함. 간섭함.
　 [參席 참석] 자리에 참여함.
　 [持參 지참] 무엇을 가지고 가서 참석함.

3급

又
또 우

또, 다시, 오른손, 용서할. 통 크
again, right hand, also

'오른손'의 세 손가락을 펴든 모양을 본뜬 자. 오른손은 자주 쓰인다는 데서 '또'·'다시'의 뜻으로 널리 쓰인다 象.

● [又賴 우뢰] 의뢰받은 자가 또 의뢰함.
　 [又況 우황] 하물며, 더군다나.
　 [不又 불우] 또다시 하지 않음.

3급 II

及
미칠 급

 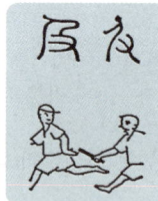

미칠, 찰, 더불, 잡을, 및, 때 올, 와, 및.
reach, come up to, connect

人과 又의 어울림. 앞사람(人)을 뒤따라 잡을(又) 수 있다는 데서 '미치다'의 뜻이 된 자 會.

- [及第 급제] 과거나 시험에 합격됨.
  [普及 보급] 세상에 널리 퍼지게 함.
  [言及 언급] 어떤 문제에 대해서 말함.

6급

反
돌이킬 반

 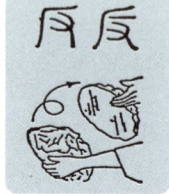

돌이킬, 엎을, 반대할 반/ 뒤칠 번. 통翻
turn over, upset, oppose

厂(바위 엄)과 又의 어울림. 넓적한 돌(厂)을 손(又)으로 뒤집었다 엎었다 한다 하여 '뒤치다'·'돌이키다'의 뜻이 된 자 會.

- [反對 반대] 사물이 아주 맞서 다름.
  [反復 반복] 같은 일을 되풀이함.
  [相反 상반] 서로 반대됨.

5급

友
벗 우

 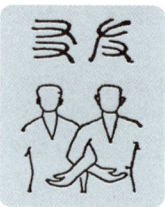

벗, 우애(友愛), 친할, 친구, 합할.
friend, friendly

ナ(왼손 좌)와 又의 어울림. 뜻이 맞아 손(ナ)에 손(又)을 잡고 서로 돕는다 하여 '벗' 또는 '친하다'의 뜻이 된 자 會.

- [友邦 우방] 서로 우호적인 관계를 맺고 있는 나라.
  [友情 우정] 벗 사이의 정의.
  [學友 학우] 함께 공부하는 벗.

4급 II

取
가질 취

 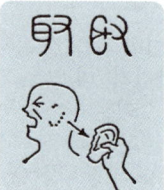

가질, 거둘, 취할, 빼앗을, 장가들.
take, receive

耳(귀 이)와 又의 합침. 옛날, 전쟁에서 적을 죽인 표시로 그 귀(耳)를 손(又)으로 잘라 온 데서 '거두다'·'가지다'의 뜻이 된 자 會.

- [取扱 취급] 다룸. 처리함.
  [取材 취재] 작품이나 기사의 재료를 얻음.
  [爭取 쟁취] 싸워서 빼앗아 가짐.

4급

叔
아재비 숙

 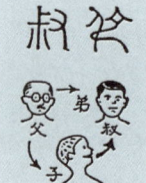

아재비, 아자비, 아저씨, 숙부, 어릴, 콩, 주울.
uncle, junior

尗(콩 숙:음부)과 又의 합침. 손(又)으로 솎아 '줍는' 어린 '콩(尗)싹'을 뜻하여 된 자 形. 콩싹(尗→叔→菽=콩 숙)은 어리다는 데서 음이 통하는 小의 뜻을 빌려 아버지보다 어린 '아자비[叔父]'의 뜻으로 쓰이게 되었다 假.
【참고】尗은 작은(小) 콩싹이 땅 위(上)로 나온 모양임.

- [叔姪 숙질] 아저씨와 조카.
  [堂叔 당숙] 오촌 아저씨.
  [外叔 외숙] 외삼촌. 어머니의 남자 형제.

4급 II

 受 받을 수

받을, 입을, 얻을, 담을, 이을.
receive, accept, get

爪(손톱 조)와 ㄧ에 又의 어울림. 爪는 주는 손, ㄧ(←舟=잔대 주: 음부)는 술잔, 又는 받는 손. 위에서 주는 술잔을 아래에서 '받는다'는 뜻으로 된 자 形.

- [受賞 수상] 상을 받음.
  [受信 수신] 우편 등의 통신을 받음.
  [引受 인수] 물건이나 권리를 넘겨 받음.

3급

 叛 배반할 반

배반할, 달아날, 나뉠. 통畔
betray, escape, separate

半(절반 반:음부)과 反(반대할 반)의 합침. 반(半 p.88)으로 나누어져 서로 반대한다(反)는 데서 '나뉘다', 나아가 '배반(背叛)하다'의 뜻이 된 자 會形.

- [叛亂 반란] 배반하여 난리를 일으킴.
  [叛逆 반역] 나라와 겨레를 모역함.
  [謀叛 모반] 반역을 꾀함.

7급

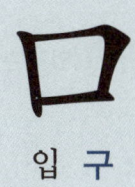 口 입 구

입, 인구, 어귀, 구멍, 실마리, 말할.
mouth, entrance, talk

사람의 '입' 모양을 본뜬 자. 입의 기능에서 '말하다', 그 모양에서 '어귀'의 뜻으로도 쓰인다 象.

- [口味 구미] 입맛.
  [口傳 구전] 입으로 전함. 말로 전함.
  [入口 입구] 들어가는 어귀.

6급

 古 예 고

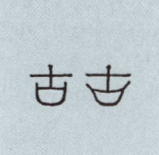

예, 선조, 오랠, 하늘, 비롯할. 통故
ancient, old

十(열 십)과 口의 합침. 여러 대(十:十代)에 걸쳐 입(口)으로 전해 오는 것은 이미 오래 된 것이라 하여 '예'의 뜻이 된 자 會.
또는, '오래' 된 해골 모양을 본뜬 자 象.

- [古代 고대] 옛날. 옛적.
  [古典 고전] 옛날의 의식이나 법식 또는 책.
  [太古 태고] 아주 오랜 옛날.

3급

 只 다만 지

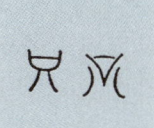

다만, 뿐, 말 그칠, 어조사.
only, merely, close the mouth

口와 八(나눌 팔)의 합침. 입(口)에서 나오는 말소리가 흩어져(八 p.72) '말이 그쳐짐'을 뜻한 자. 말을 그친다는 데서 '뿐'·'다만'의 뜻으로도 쓰인다 會.

- [只管 지관] 오직 이것뿐.
  [只今 지금] 이제.
  [但只 단지] 다만. 오직 그것뿐.

4급 II

 句
글귀 구

글귀, 굽을, 거리낄, 당길.
sentence, phrase, squat

① 口와 勹(←丩=얽힐 구:음부)의 합침. 말할 때 입김(口)이 얽힌(勹) 듯이 '구부러짐'을 가리켜 된 자. 말이 얽혀 된 '글귀'의 뜻으로도 쓰인다 會形.
② 물체(口←O)를 줄로 에워싸듯 얽어매어(勹) '당긴다'는 뜻으로 된 자 會.

● [句節 구절] 한 도막의 글이나 말.
　[句讀 구두] 글 읽기 좋게 찍은 부호.
　[絶句 절구] 한시체(漢詩體)의 하나.

3급

 叫
부르짖을 규

부르짖을, 울, 헌칠할, 이치에 안 맞을.
exclaim, cry

口와 丩(얽힐 구:음부)의 합침. 목을 꼬며(丩) 입(口)을 크게 벌려 '부르짖음'을 뜻하여 된 자 形.
【참고】丩는 덩굴이 '얽힌' 모양. 후에, 糸를 덧붙인 糾(얽힐 규)가 그 뜻으로 쓰임.

● [叫喚 규환] 큰 소리로 부르짖음.
　[叫彈 규탄] 잘못을 꼬집어 말함.
　[絶叫 절규] 힘을 다하여 외침.

3급

 召
부를 소

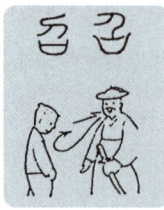

부를, 청할, 과부 소/ 대추, 높을 조.
call, summon

刀(칼 도:음부)와 口의 합침. 윗사람이 칼날(刀)같이 위엄 있는 말(口)로 '부른다'는 뜻으로 된 자 形. [p.186 招]

● [召集 소집] 불러서 모음.
　[召喚 소환] 관청에서 오라고 부름.
　[應召 응소] 소집(召集)에 응함.

5급

 史
사기 사

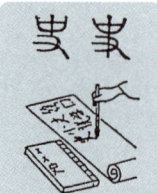

사기(史記), 역사, 사관(史官), 빛날.
history, brilliant

① 中(가운데 중)과 又(오른손 우)의 어울림. 中은 바름을 나타냄. 손(又)에 붓을 들어 사실을 바르게(中) '기록하는 사람' 또는 그 기록인 '역사(歷史)'를 뜻하여 된 자 會.
② 붓대를 세워 들고 문서를 기록하는 모양을 본떠 '사기'를 뜻하게 된 자 象.

● [史料 사료] 역사 연구에 필요한 자료.
　[史學 사학] 역사를 연구하는 학문.
　[靑史 청사] 역사 기록.

5급

 可
옳을 가

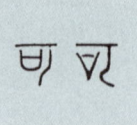

옳을, 허락할, 가히, 착할 가/ 아내 극.
right, allow, may, good

丁(←己=옳을 가:음부)와 口의 합침. 己는 丂(숨막힐 고 p.48 于)의 반대형. 웃을 때 숨이 막히지 않고(丁) 목구멍(口)으로 나오듯이 거침없이 '허락한다'는 뜻으로 된 자. 쾌히 허락한다는 데서 '옳다'의 뜻으로도 쓰인다 會形.

● [可觀 가관] 볼 만함. 꼴답지 않음.
　[可能 가능] 될 수 있음.
　[許可 허가] 법률상 허락하는 일.

口 부

7급 — 右 오를/오른 우

오른쪽, 높일, 강할, 도울, 곁, 위.
right, respect, assist

ナ(←又:음부)와 口의 어울림. 말(口)과 함께 곧 움직여 돕는 손(ナ p.94 友)은 '오른쪽' 손이라는 뜻으로 된 자. 손(ナ)과 말(口)이 서로 협조를 잘 한다 하여 '돕다'의 뜻으로도 쓰인다 會形.

- [右列 우열] 오른쪽의 열.
  [右側 우측] 오른쪽.
  [左右 좌우] 왼쪽과 오른쪽.

3급 II — 司 맡을 사

맡을, 벼슬, 엿볼, 차지할, 마을.
manage, official

ㄱ(←司:음부)와 口의 합침.
① ㄱ(←ㅅ→人)는 허리를 구부린 신하의 모양, 口는 명령 또는 의견. 신하(ㄱ)가 임금으로부터 명령(口)을 받고 의견을 품하며 일을 '맡아 본다'는 뜻으로 된 자 形.
② 后(왕후 후)의 반대 모양으로, 밖에서 임금을 돕는 '벼슬아치[外官]'를 가리킨 자 指.

- [司令官 사령관] 군대의 지휘를 맡은 장.
  [司會 사회] 모임의 진행을 맡아 봄.
  [上司 상사] 위 등급의 관청이나 사람.

6급 — 各 각각 각

각각, 따로따로, 제각기, 이를.
each, every

夂(뒤에 올 치)와 口(:음부)의 합침. 앞에 온 사람의 말(口)과 뒤에 온(夂) 사람의 말이 다르다 하여 '각각(各各)'의 뜻이 된 자 會形.

- [各樣 각양] 여러 가지 모양.
  [各自 각자] 제각기. 각각의 자신.
  [各種 각종] 각가지. 여러 종류.

6급 — 合 합할 합

합할, 같을, 짝 합/ 부를 갑/ 홉 홉[國].
to combine, pair

① 亼(모을 집:음부)과 口의 합침. 말(口)이 하나로 모였다(亼)는 데서 '합하다'의 뜻이 된 자 會形.
② 아가리(口)에 뚜껑(亼)이 꼭 맞은 모양에서 한 '짝'의 뜻이 된 자 象.
【참고】亼은 세 방향 또는 양쪽(ㅅ)에서 한(一) 곳으로 '모여 합쳐진' 모양.

- [合法 합법] 법령 또는 법식에 맞음.
  [合意 합의] 서로 의사가 맞음.
  [會合 회합] 여럿이 모이어 합함.

5급 — 吉 길할 길

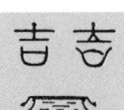
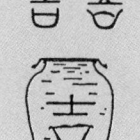

길할, 좋을, 복, 즐거울, 착할, 이할.
lucky, joyful, good

士와 口의 합침.
① 선비(士)의 말(口)은 참되고 좋다는 데서 '길하다'·'착하다'의 뜻이 된 자 會.
② 그릇의 아가리(口)까지 음식물이 차 뚜껑(士 p.93 去)을 덮은 모양을 나타내어, 내용이 꼭 차서 '좋다'는 뜻이 된 자 象.

- [吉運 길운] 좋은 운수.
  [吉日 길일] 좋은 날.
  [不吉 불길] 재수나 운수가 좋지 않음.

7급

한가지 동

한가지, 같을, 모을, 화할, 무리.
same, assemble, group

冃(겹쳐 덮을 모)와 口의 합침. 사람들의 의견(口)이 겹쳐졌다(冃)하여 '같다'의 뜻이 된 자 會.
【참고】冃는 한(一) 겹 씌운 위에 다시 덮어씌운다(冂←↩ = 덮을 멱)는 뜻으로 됨.

- [同席 동석] 자리를 같이함.
  [同時 동시] 같은 때, 같은 시각.
  [合同 합동] 여럿이 모여 하나를 이룸.

7급

이름 명

이름, 명(수), 공, 글, 말뿐, 이름 지을.
name, fame

夕(저녁 석)과 口의 합침. 어두운 밤(夕)에는 보이지 않아 구별 짓기 위해 외쳐(口) 부르는 '이름'을 뜻한 자 會.

- [名門 명문] 유명(有名)한 문벌.
  [名稱 명칭] 부르는 이름.
  [假名 가명] 실제의 자기 이름이 아닌 이름.

3급 II

벼슬아치
관리 리

벼슬아치, 관리, 아전, 관원(官員).
officer

一(한 일)과 史(사기 사:음부)의 어울림. 한결같은(一) 마음으로 공정하게 정사를 하고 문서를 기록하는(史 p.96) 사람인 '관리(官吏)'를 뜻하여 된 자 會形.

- [吏道 이도] 관리로서의 행할 도리.
  [稅吏 세리] 세무 행정에 종사하는 관리.
  [汚吏 오리] 청렴하지 못한 관리.

3급 II

토할 토

토할, 펼, 게울, 나올, 말낼.
spit, vomit, disclose

口와 土(흙 토:음부)의 합침. 싹이 땅(土)에서 터 나오듯이 음식물이 입(口)에서 '토해져 나옴'을 뜻하여 된 자 形.

- [吐血 토혈] 질환으로 피를 토하는 일.
  [嘔吐 구토] 먹은 것을 입 밖으로 게움.
  [實吐 실토] 사실대로 말함.

6급

향할 향

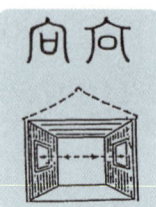

향할, 접때, 기울어질, 앞설, 북쪽 창.
directed, facing towards

집(宀←↩)의 '북쪽 창(口)'을 본뜬 자인데, 북쪽 창은 남쪽 창과 마주 바라보고 있다 하여 '향하다'의 뜻이 되었다 象會.

- [向上 향상] 차차 낫게 됨.
  [向學 향학] 학문에 뜻을 두고 나아감.
  [傾向 경향] 마음이나 형세가 쏠림.

3급

吟
읊을 음

읊을, 끙끙거릴, 탄식할 음/ 입 다물 금.
recite, moan, close the mouth

口와 今(이제 금:음부)의 합침. 신음 소리(口)를 길게(今 p.51) 내며 '탄식한다' 는 뜻으로 된 자. 소리를 길게 낸다는 데서 시가(詩歌) 따위를 '읊는다' 는 뜻으로도 쓰인다 形.

- [吟味 음미] 읊으면서 감상함. 뜻을 맛봄.
  [吟詠 음영] 시부를 읊음.
  [呻吟 신음] 괴로워 끙끙거림.

4급

君
임금 군

임금, 남편, 군자(君子), 그대, 임.
king, husband, gentlemen

尹(다스릴 윤)과 口의 합침. 백성들을 다스리기(尹) 위해 명령(口)을 내리는 '임금' 을 뜻한 자 會.
【참고】尹은 손(⺕←又=오른손 우)에 막대기(丿)를 쥐고 백성을 '다스림' 을 뜻함.

- [君臣 군신] 임금과 신하.
  [郞君 낭군] 자기의 남편을 일컫는 말.
  [諸君 제군] 여러분(손아랫사람에게).

4급

 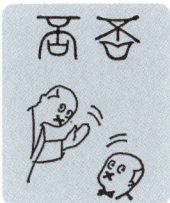

否
아닐 부

아닐, 틀릴, 없을 부/ 막힐, 더러울 비.
not, refuse, empty

不(아니 불:음부)과 口의 합침. 아니(不 p.42)라고 말한다(口)는 데서 '아니다'·'틀리다' 의 뜻이 된 자 會形.

- [否定 부정] 아니라고 함.
  [眞否 진부] 참됨과 그렇지 않음.
  [否塞 비색] 운수가 막힘.

3급 II

 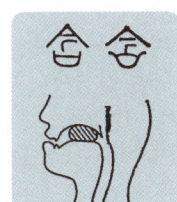

含
머금을 함

머금을, 넣을, 용납할, 품을, 참을.
hold in the mouth, include

今(이제 금:음부)과 口의 합침. 금방(今 p.51) 입(口) 안에 무엇을 넣었다 하여 '머금다' 의 뜻이 된 자 形.

- [含量 함량] 들어 있는 분량.
  [含有 함유] 어떤 성분이 포함되어 있음.
  [包含 포함] 속에 들어 있음.

3급 II

吹
불 취

불, 숨 내쉴, 바람, 관악, 충동질할.
blow, breathe, incite

口와 欠(하품 흠)의 합침. 입(口)을 벌리고 입김(欠)을 내뿜는다는 데서 '불다'·'숨 내쉬다' 의 뜻이 된 자 會.

- [吹入 취입] 불어넣음.
  [吹奏 취주] 관악기를 입으로 불어 연주함.
  [鼓吹 고취] 사상 등을 열렬히 주장함.

4급 II

 마실 흡

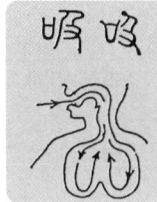

마실, 숨 들이쉴, 빨, 구름 떠다닐.
breathe, inhale

口와 及(미칠 급:음부)의 합침. 입(口)으로 들이쉬는 숨이 폐까지 미친다(及 p.94) 하여 '마시다' 의 뜻이 된 자 形.

- [吸收 흡수] 빨아들임.
  [吸煙 흡연] 담배를 피움.
  [呼吸 호흡] 날숨과 들숨.

3급

 나 오

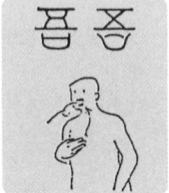

나, 아들, 웅얼거릴 오/ 친하지 않을 어.
I, murmur

五(다섯 오:음부)와 口의 합침. 한 손(五=다섯 손가락)으로 자기를 가리키며 말한다(口)는 데서 '나' 또는 '웅얼거리다' 의 뜻이 된 자 形.

- [吾等 오등] 우리들.
  [吾人 오인] 나. 우리 인류.
  [忘吾 망오] 깊이 사색함.

5급

 고할 고

고할, 알릴, 여쭐, 가르칠 고/ 청할, 뵐 곡.
announce, report

牛(소 우)와 口의 합침. 소(牛)를 잡아 제물로 바쳐 놓고 신에게 '고한다(口)' 는 데서 '알리다' 의 뜻이 된 자 會.

- [告白 고백] 숨김없이 사실대로 말함.
  [報告 보고] 일의 내용·결과를 알려 바침.
  [出必告 출필곡] 외출 때 부모님께 아룀.

4급

 두루 주

두루, 둘레, 주밀(周密)할, 구원할.
all round, secret

用(쓸 용)과 口의 어울림. 말할(口)때 마음을 고루 쓴다(用)는 데서 '주밀하다' 또는 '두루' 의 뜻이 된 자 會.

- [周到 주도] 주의가 두루 미쳐 빈틈없음.
  [周圍 주위] 어떤 지점의 바깥 둘레.
  [圓周 원주] 원의 둘레.

4급 II

 맛 미

맛, 맛볼, 기분, 의의, 뜻.
taste, mood

口와 未(아닐 미:음부)의 합침. 입(口)으로 익지 않은(未 P.213) 과일을 먹어 본다 하여 '맛' 의 뜻이 된 자 會形.

- [味覺 미각] 맛을 느껴 아는 감각.
  [妙味 묘미] 묘한 취미(趣味). 묘한 맛.
  [意味 의미] 말이나 글이 지닌 뜻.

口부

4급 II

呼
부를 호

부를, 숨 내쉴, 슬퍼할, 부르짖을.
call, exhale

口와 乎(어조사 호:음부)의 합침. 부를 때에 입김(口)이 나가게 된다는 데서 乎(p.45)를 음부로 합쳐 '부르다'의 뜻이 된 자 會形.

- [呼價 호가] 값을 부름.
  [呼出 호출] 불러 냄. 소환.
  [歡呼 환호] 기뻐서 부르짖음.

7급

命
목숨 명

목숨, 시킬, 명령할, 운수, 도(道).
life, command

令(명령 령)과 口의 어울림. 말(口)로써 명령(令 p.53)을 내려 일을 '시킨다'는 뜻으로 된 자. 또는, 하늘의 명령에 의해 받은 '목숨'의 뜻으로도 쓰인다 會形.

- [命題 명제] 판단을 말로 표현하는 것. 제목.
  [復命 복명] 일을 마치고 돌아와 아룀.
  [生命 생명] 목숨. 사물의 유지 기한.

6급

和
화할 화

화목할, 순할, 알맞을, 고를, 곡조.
mild, harmony, fit

禾(벼 화:음부)와 口의 합침. 곡식(禾)을 지어 여럿이 같이 먹으니(口) '화목(和睦)하다'는 뜻으로 된 자 形.

- [和親 화친] 서로 의좋게 지냄.
  [和解 화해] 다툼을 서로 그치고 풂.
  [平和 평화] 평온하고 화목함.

3급 II

哀
슬플 애

슬플, 서러워할, 불쌍할, 사랑할.
sad, pity

口와 衣(옷 의)의 어울림. 옷깃(衣)으로 입(口)을 가리고 애닯게 운다는 데서 '슬프다'의 뜻이 된 자 形.

- [哀乞 애걸] 슬프게 하소연하여 빎.
  [哀痛 애통] 몹시 슬퍼함.
  [悲哀 비애] 슬픔과 설움.

3급

咸
다 함

 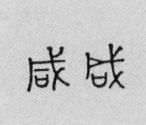

다, 같을, 골고루, 찰 함/ 덜 감. 통減
all, same

戌(때려 부술 술)과 口의 어울림. 여럿이 고함치고(口) 몽땅 때려 부쉈다(戌 p.179)는 데서 '다'의 뜻이 된 자 會. [p.173 感]

- [咸氏 함씨] 남의 조카의 존칭
  [咸集 함집] 모두 모임.
  [咸興差使 함흥차사] 한번 가면 소식 없음.

5급

물건 품

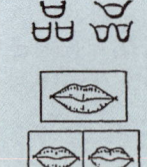

물건, 뭇, 종류, 품수, 평할. 약 品
article, kind, conduct

口 셋을 균형 있게 모은 자. '뭇' 사람의 '말(口)과 의견(吅=부르짖을 현)' 을 나타낸 자. 나아가, 여러 사람의 말이 좋은 물품이라고 평한 데서 '물건' 의 뜻으로 쓰이게 되었다 會.

- [品目 품목] 물품의 종류를 알리는 이름.
- [品種 품종] 물품(物品)의 종류.
- [賞品 상품] 상으로 주는 물품.

3급

어조사 재

어조사, 비로소, 답다, 그런가. 통 㦲

particle(beginning to speak)

口와 𢦏(쪼갤 재:음부)의 합침. 침묵을 깨고 말문(口)을 열었다(𢦏 p.219 栽)는 데서 '비로소' 의 뜻이 된 자. 말(口)을 중간에 끊었다가(𢦏) 계속할 때의 '어조사' 로도 쓰인다 形.

- [哉生魄 재생백] 달의 검은 데가 처음 생김.
- [也哉 야재] 그러하도다.
- [快哉 쾌재] 뜻대로 잘 돼 만족히 여김.

3급 II

밝을 철

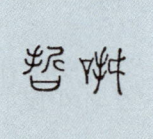

밝을, 슬기로울, 슬기로운 이. 통 喆
clear, wise, learned

折(결단할 절:음부)과 口의 합침. 사리의 옳고 그름을 결단하여(折 p.184) 말한다(口)는 데서 '밝다' 또는 '슬기롭다' 의 뜻이 된 자 形.

- [哲理 철리] 현묘한 이치.
- [哲學 철학] 인생 원리를 탐구하는 학문.
- [明哲 명철] 총명하여 사리에 밝음.

3급 II

울 곡

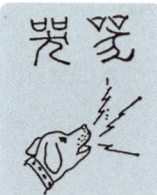

소리내어 울, 곡할, 곡례(哭禮).
wail, cry

吅(부르짖을 현)과 犬(개 견)의 합침. 개(犬)가 낑낑거리며 내는 소리같이 슬피 부르짖는다(吅 p.104 單)는 데서 '소리내어 울다' 의 뜻이 된 자 會. [p. 238 泣]

- [哭聲 곡성] 애곡(哀哭)하는 소리.
- [痛哭 통곡] 소리내어 슬피 욺.
- [號哭 호곡] 소리내어 슬피 우는 울음.

4급 II

인원 원

인원, 관원, 둥글, 수효 원/ 더할, 이를 운.
number of person, circle

口와 貝(조개 패)의 합침. 口는 ○의 변형으로서 圓(둥글 원)의 옛자, 貝는 옛날의 화폐. 둥근(口) 돈(貝)을 세는 '관원(官員)', 또는 돈을 받고 일하는 '인원' 의 뜻으로 된 자 會.

- [員數 원수] 인원(人員)의 수효.
- [滿員 만원] 정한 인원이 다 참.
- [要員 요원] 중요한 위치에 있는 사람.

口 부

3급 II

唐 당나라 당황할 **당**

당나라, 황당할, 큰소리칠, 갑자기.
loud, suddenly

庚(←庚=굳셀 경:음부)과 口의 합침. 굳센(庚 p.152 庚) 체하고 떠벌린다는(口) 데서 '큰소리치다'·'황당(荒唐)하다'의 뜻이 된 자 形.

● [唐突 당돌] 올차고 다부짐.
　[唐手 당수] 태권.
　[唐材 당재] 중국에서 나는 약재.

3급

唯 오직 **유**

오직, 짧은 대답 유 통惟/ **비록 수.** 통雖
only, answer shortly

口와 隹(새 추:음부)의 합침. 새(隹)가 외마디소리(口)를 지르듯이 '짧게 대답한다'는 뜻으로 된 자 形.

● [唯物論 유물론] 우주의 실재는 물질뿐이라는 설.
　[唯一 유일] 오직 하나.
　[應唯 응유] 대답.

5급

唱 부를 **창**

부를, 노래할, 가곡, 인도할, 먼저 할.
sing, conduct, lead

口와 昌(창성할 창:음부)의 합침. 풍성한(昌 p.204) 소리로 '노래 부른다(口)'는 뜻으로 된 자. 노래 부르듯 듣기 좋은 말로 '인도한다'는 뜻으로도 쓰인다 形.

● [唱歌 창가] 곡조를 맞추어 노래를 부름.
　[先唱 선창] 맨 먼저 주창(主唱)함.
　[合唱 합창] 여럿이 혼성으로 노래 부름.

3급 II

啓 열 **계**

열, 가르칠, 인도할, 떠날, 여쭐.
open, enlighten

启(열 계:음부)와 攵(칠 복)의 어울림. 마음의 문(戶=지게문 호)을 열도록 타이르고(口) 채찍질한다(攵)는 데서 '가르치다'·'인도하다'의 뜻이 된 자 會形.

● [啓蒙 계몽] 몽매한 이를 깨우침.
　[啓發 계발] 슬기와 재능을 열어 줌.
　[謹啓 근계] 삼가 아룀.

5급

商 장사 **상**

장사, 헤아릴, 곱, 짐작할, 쇳소리.
trade, commerce

丌(←章=밝을 장:음부)과 冏(밝을 경)의 어울림. 冏은 창에 불빛이 '밝게' 비춰지는 모양. 사리를 밝게(丌·冏) '헤아린다'는 뜻으로 된 자. 또는 冏은 높은(冂) 곳(口)의 모양. 고지대(冏)에 살며 행상하던 상(商)나라 유민이 셈에 밝았던(丌) 데서 '장사'의 뜻으로도 쓰인다 會形.

● [商量 상량] 헤아려 생각함.
　[商品 상품] 팔고 사는 물건.
　[協商 협상] 서로 좋도록 상의함.

7급	問 물을 문		물을, 방문(訪問)할, 고할, 분부할. ask, call on, command 門(문 문:음부) 안에 口의 합침. 문(門)에 들어서면서 안부 말(口)을 한다 하여 '묻다' 의 뜻이 된 자. 나아가, 일을 '묻는다' 는 뜻으로도 쓰인다 形. ● [問安 문안] 웃어른에게 안부를 여쭘. 　[問題 문제] 답을 얻으려고 낸 제목. 　[顧問 고문] 의견을 물음. 그 직책의 사람.
5급	善 착할 선	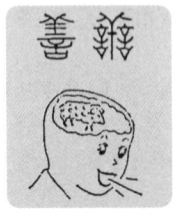	착할, 좋을, 길할, 옳게 여길, 잘 할. good, find 羊(양 양)과 㗊(←誩=다투어 말할 경)의 합침. 양(羊)과 같이 온순하고 어진 사람은 두말 할(㗊) 것 없이 '착하다' 는 뜻으로 된 자 會. ● [善良 선량] 착하고 어짊. 　[善意 선의] 착한 마음. 또는 호의. 　[改善 개선] 잘못을 고쳐 잘 되게 함.
4급	 기쁠 희	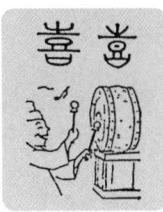	기쁠, 즐거울, 좋아할, 경사. 속약 㐂 glad, pleasure 壴(악기 세울 주)와 口의 합침. 북 치고(壴 p.420 鼓) 노래하니(口) '즐겁고' '기쁘다' 는 뜻이 된 자 會. ● [喜劇 희극] 사람을 웃기는 연극. 　[喜捨 희사] 기꺼이 재물을 기부하는 일. 　[歡喜 환희] 매우 즐거움.
3급Ⅱ	 잃을 상		잃을, 상사, 죽을, 복 입을, 언짢을. mourning, die, lose ① 원자형은 㗉. 夶(→哭=울 곡)에 㐅(망할 망:음부)의 어울림. 사람이 죽어(㐅 p.49 亡) 슬피 운다(哭 p.102)는 데서 '상사(喪事)' 를 뜻하게 된 자 會形. ② 울고(吅=부르짖을 훤) 있는 상제의 두건(亠)과 상옷(夊←衣)의 모양에서 '복 입다' 의 뜻이 된 자 會. ● [喪家 상가] 초상(初喪)난 집. 　[喪失 상실] 잃어버림. 　[國喪 국상] 임금의 상사(喪事).
4급Ⅱ	 홑 단	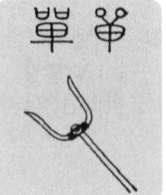	홑, 다할, 외로울 단/ 되 임금 선. 약 单 single, alone, only ① 吅(부르짖을 훤:음부)과 甲(←車=수레 거)의 합침. 삐걱거리며 (吅) 돌아가는 수레바퀴(甲)가 떨어져 나가지 않도록 굴대에 하나로 묶은 모양에서 '홑' 의 뜻이 된 자 形. ② 吅은 가닥진 모양, 甲는 하나로 묶인 모양. 끝이 두 가닥지게 (吅) 하나로 묶인(甲) 창의 모양에서 '홑' 의 뜻이 된 자 象. ● [單獨 단독] 단지 한 사람. 혼자. 　[單語 단어] 언어의 최소 단위(單位). 　[名單 명단] 성명을 적은 표.

3급

嗚
슬플 오

탄식할, 오호라, 애닯을, 노래 이름.
an exclamation of regret, alas

口와 烏(까마귀 오:음부)의 합침. 까마귀(烏 p.253)의 흉한 울음 소리(口)처럼 처절하게 '탄식한다'는 뜻으로 된 자 形.

- [嗚咽 오열] 목이 메어 욺.
  [嗚呼 오호] 탄식의 소리.
  [噫嗚 희오] 탄식함.

3급

嘗
맛볼 상

맛볼, 시험할, 일찍, 가을 제사. 통 甞
taste, test, formerly

尙(높을 상:음부)과 旨(맛 지)의 합침. 음식을 높이(尙 p.138) 들고 '맛본다(旨)'는 뜻으로 된 자. 일을 겪어 실제로 맛본다 하여 '시험하다'의 뜻으로도 쓰인다 形.

- [嘗膽 상담] 원수를 잊지 않기 위해 쓸개를 맛봄. 와신상담(臥薪嘗膽)
  [嘗試 상시] 시험하여 봄.
  [未嘗不 미상불] 아닌 게 아니라.

4급 II

器
그릇 기

그릇, 도량, 재능, 쓰일, 인재.
bowl, vessel, capacity

品(뭇 입 즙)과 犬(개 견)의 어울림. 品은 여러 사람의 입(口)과 그릇의 모양. 개고기(犬)를 담아 여럿(品)이 나누어 먹던 '그릇'을 뜻하여 된 자 會. 나아가, 사람을 그릇에 비유하여 '도량'·'재능'의 뜻으로도 쓰인다 轉.

- [器具 기구] 그릇·세간·연장들의 통칭.
  [大器 대기] 크게 될 사람의 됨됨이.
  [食器 식기] 밥을 담아 먹는 그릇.

4급

嚴
엄할 엄

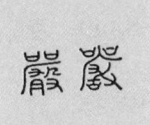

엄할, 높을, 공경할, 씩씩할. 약 厳·严
severe, majestic, bold

吅(부르짖을 훤)과 厰(산 험할 엄:음부)의 합침. 험산(厰)에 우뚝 솟은 바위 같은 위엄으로 호령한다(吅)는 데서 '엄하다'의 뜻이 된 자 形.
【참고】厰은 厂(바위 엄)과 敢(무릅쓸 감)을 합쳐 '산이 험함'을 뜻함.

- [嚴格 엄격] 언행이 엄숙(嚴肅)함.
  [嚴冬 엄동] 몹시 추운 겨울.
  [尊嚴 존엄] 높고 엄숙함.

囗
에울 위

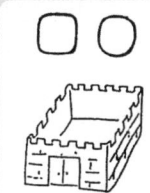

에울, 圓·圍의 옛자 위/ 國의 옛자 국.
enclose, circle

① 사방을 '둘러싼' 모양을 나타낸 자로, 圍(에울 위)의 본자 象.
② 일정한 '경계' 안의 '지역'을 본뜬 자로, 國(나라 국)의 옛자 象.

8급	 넉 사	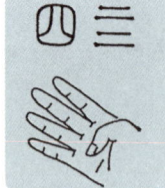	넉, 네, 사방(四方), 네 번. 통肆 four, fourth ①二와 二의 합침, 또는 네 손가락의 모양에서 '넷' 의 뜻을 나타낸 자指. ②나라의 경계(囗)를 동서남북으로 나눈(八) 데서 '넷' 을 가리킨 자指. ● [四角 사각] 네모. 　[四面 사면] 사방. 모든 주위. 　[朝三暮四 조삼모사] 꾀로 사람을 농락함.
3급	 가둘 수		가둘, 갇힐, 묶일, 죄수(罪囚), 포로. confine, imprison 囗 안에 人(사람 인)을 넣음. 사람(人)을 에워싼(囗) 데서 '가두다' 의 뜻이 된 자會. ● [囚人 수인] 옥에 갇힌 사람. 　[死刑囚 사형수] 사형 판결을 받은 죄수. 　[脫獄囚 탈옥수] 감옥을 도망한 죄수.
5급	 인할 인		인할, 의지할, 이을, 인연(因緣). cause, rely upon 囗 안에 大(큰 대)를 넣음. 囗는 담장의 모양, 大는 사람(p.117). 사람(大)이 담(囗)을 치고 삶을 나타내어 '의지하다' · '인하다' 의 뜻이 된 자會. ● [因果 인과] 원인과 결과. 　[因襲 인습] 예전대로 좇아서 행함. 　[原因 원인] 일이 말미암아 되는 근본.
4급 II	 돌아올 회	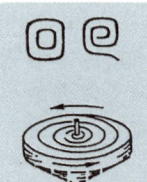	돌아올, 돌, 둘레, 피할, 말릴, 횟수. return, revolve 물건이 빙빙 '돌거나' 둘둘 '말리는' 모양을 본뜬 자象. ● [回答 회답] 물음에 대답함. 　[回轉 회전] 빙빙 돌아서 구르는 일. 　[旋回 선회] 둘레로 빙빙 돌아감.
4급	 곤할 곤	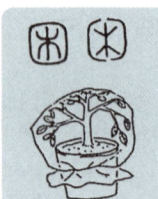	곤할, 지칠, 괴로울, 근심할, 게으를. tired, painful, distress 囗 안에 木(나무 목)을 넣음. 사방이 둘러싸인(囗) 좁은 곳에 나무(木)가 갇혀서 자라지 못한다는 데서 '곤하다' · '괴롭다' 의 뜻이 된 자會. ● [困境 곤경] 곤란한 경우. 어려운 지경. 　[困難 곤란] 어려움. 　[勞困 노곤] 고달프고 고단함.

5급

굳을 고

굳을, 막힐, 단단할, 고집(固執)할.
firm, solid, stubborn

口 안에 古(예 고:음부)를 넣음. 口는 둘러싼 성벽. 오래(古)된 성벽(口)은 '굳고' '단단하다'는 뜻으로 된 자 形.

- [固守 고수] 굳게 지킴.
  [固定 고정] 한 곳에 붙박여 있음.
  [堅固 견고] 굳고 튼튼함.

8급

나라 국

나라, 나라 세울, 고향. 약 国 본 口

country, nation

口 안에 或(혹시 혹)을 넣음. 或자는 인구(口=입 구)와 창(戈) 및 땅(一)의 합침. 국경선(口)에 적이 침입하지 않을까 하여 무기(戈)를 들고 국민(口)과 국토(一)를 지킴을 나타내어 '나라'의 뜻이 된 자 會.
【참고】口·或(p.180) 만으로도 나라를 뜻함.

- [國民 국민] 국적을 가진 국가의 구성원.
  [國營 국영] 국가(國家)에서 경영함.
  [祖國 조국] 조상 때부터 살던 나라.

4급

에워쌀 위

에울, 둘레, 둘릴, 아름, 지킬. 약 囲

circumference, surround, defend

口 안에 韋(두를 위:음부)를 넣음. 口는 둘러싼 성. 병사가 둘러싸고(韋 p.403) 있는 성(口)의 둘레를 뜻한 자 會形.

- [圍繞 위요] 싸고둠.
  [範圍 범위] 한정한 둘레의 언저리.
  [包圍 포위] 언저리를 에워쌈.

6급

동산 원

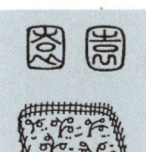

동산, 뜰, 구역, 절, 능, 울타리.
garden, fence

口 안에 袁(옷 치렁거릴 원:음부)을 넣음. 열매가 많이 열려 치렁거리는(袁 p.379 遠) 과일나무들이 울타리에 둘러싸여(口) 있는 '동산'을 뜻하여 된 자 形.

- [園藝 원예] 채소·화초를 심어 가꾸는 일.
  [公園 공원] 공중이 쉬도록 된 유원지.
  [庭園 정원] 집 안에 있는 뜰.

4급 II

둥글 원

둥글, 화폐 단위, 새알, 뚜렷할. 약 円

circle, measure of money

口 안에 員(둥글 원:음부)을 넣음. 둘레(口)가 '둥글다(員 p.102)'는 뜻으로 된 자. 옛날의 돈은 둥글었던 데서 '화폐의 단위'로도 쓰인다 形.

- [圓滿 원만] 모난 데가 없이 둥글둥글함.
  [圓周 원주] 원의 둘레.
  [半圓 반원] 원의 절반.

6급

그림 도

그림, 그릴, 지도, 꾀할, 다스릴. 약 図
map, picture, plot

囗 안에 啚(어려울 비)의 합침. 어려운(啚) 나라(囗 p.107 國) 일을 '꾀한다'는 뜻으로 된 자. 그 나라를 다스리기 위해 경계를 지어 그리는 '지도(地圖)', 또는 그 지도를 그린다 하여 '그림'의 뜻으로도 쓰이게 되었다 會.
【참고】啚는 곡식을 창고(靣=곳집 름)에 감춰(囗=에울 위) 놓아 나오기가 '어렵다'는 뜻.

● [圖書 도서] 책. 서적.
　[圖示 도시] 그림으로 그리어 보임.
　[圖解 도해] 그림을 넣어 풀이함. 그 책.
　[意圖 의도] 장차 하려고 하는 계획.

5급

둥글 단

둥글, 모일, 덩어리질, 빙빙 돌. 약 団
circle, mass, party

囗 안에 專(오로지 전:음부)을 넣음. 오로지(專 p.137) 한 이념으로 뭉쳤다(囗)는 데서 '덩어리지다'·'모이다'의 뜻이 된 자 形.

● [團結 단결] 여러 사람이 결합함.
　[團束 단속] 규칙, 법을 지키도록 통제함.
　[集團 집단] 한 군데로 모인 떼.

8급

흙 토

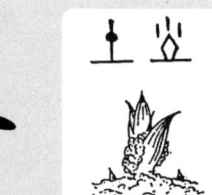

흙, 땅, 곳, 나라, 살, 잴 토/ 뿌리 두.
soil, earth, ground

싹(十)이 돋아나는 '흙(一)' 또는 싹이 나올 때의 지층을 본떠 '땅'을 뜻한 자 象.
【참고】二는 지층, ㅣ은 초목의 싹을 가리킴.

● [土産 토산] 그 토지의 산물.
　[土地 토지] 땅. 흙. 논밭. 집터.
　[國土 국토] 나라의 영토(領土).

6급

있을 재

있을, 차지할, 살, 곳, 존재할, 살필.
exist, live

才(←才=재주 재:음부)에 土의 어울림. 새싹(才 p.182 才)이 흙(土) 위로 나와 '있다'는 뜻. 나아가, 천지간에 만물이 '존재(存在)함'을 뜻한다 形. [p.127 存]

● [在學 재학] 학교에 재적(在籍)함.
　[健在 건재] 탈 없이 잘 있음.

7급

따 지

땅, 뭍, 곳, 아래, 지위(地位), 바탕.
earth, land, place, position

土와 也(입겻 야:음부)의 합침. 굴곡진 지형(土)의 생김새를 큰 뱀이 서리고 있는 것 같이 본 데서 也(p.46)를 음부로 합쳐 '땅'을 뜻하게 된 자 會形.

● [地帶 지대] 한정된 일정한 구역.
　[處地 처지] 처하여 있는 사정이나 형편.

4급

고를 균

고를, 평평할, 반듯할, 두루. 약 匀
equalize, balance

土와 匀(고를 균:음부)의 합침. 흙(土)을 고르게(匀) 폄을 가리켜 '평평하다'·'고르다'의 뜻이 된 자 會形.
【참고】匀은 물건(勹=물건 쌀 포)을 이등분(二)하여 '고르게' 한다는 뜻.

- [均等 균등] 고르고 차별이 없음.
 [均一 균일] 한결같이 고름.
 [平均 평균] 많고 적음이 없이 고름.

3급 II

앉을 좌

앉을, 지킬, 자리, 대질, 죄입을. 통 座
sit, ward, seat

土와 人(사람 인)둘의 어울림. 땅(土) 위에 두 사람(人·人)이 마주 '앉은' 모양을 나타내어 그 뜻이 된 자 會.

- [坐席 좌석] 앉은 자리.
 [坐視 좌시] 참견하지 않고 보기만 함.
 [連坐 연좌] 잇달아 앉음.

3급

따 곤

땅, 순할, 괘 이름, 계집, 황후.
earth as contrasted with heaven

土와 申(펼 신:음부)의 합침. 만물을 길러 자라게(申 p.267) 하는 '땅(土)'을 뜻한 자. 땅은 하늘을 좇는다 하여 '순하다'의 뜻으로도 쓰인다 會形.

- [坤方 곤방] 방위의 하나(남서쪽).
 [坤殿 곤전] 왕비.
 [乾坤 건곤] 하늘과 땅.

3급 II

드리울 수

드리울, 변방, 끼칠, 거의. 통 陲·埵
hang, nearly

본자는 𠂹로, 꽃잎이나 나뭇잎이 길게 '드리워진' 모양을 본뜬 자 象.
후에 土를 어울러, 길게 뻗친(𠂹) 국토(土)의 '변방'을 뜻하게 되었다 會.

- [垂直 수직] 선이 똑바로 드리움. 그 선.
 [懸垂幕 현수막] 내리드리운 막.

4급 II

재 성

재, 성, 성 쌓을, 도읍, 보루.
castle, city

土와 成(이룰 성:음부)의 합침. 국토를 방위하려고 흙(土)으로 쌓아 이룬(成 p.179) '성'을 뜻한 자 會形.

- [城門 성문] 성의 출입문.
 [城壁 성벽] 성의 담벼락.
 [干城 간성] 나라를 지키는 군대의 비유.

3급

埋
묻을 매

묻을, 묻힐, 감출.
bury, conceal

土와 里(마을 리:음부)의 합침. 마을(里) 근처에 흙구덩이(土)를 파고 주검을 '묻는다' 는 뜻으로 된 자. 묻어서 안 보이게 한다는 데서 '감추다' 의 뜻으로도 쓰인다 形.

- [埋沒 매몰] 파묻음. 파묻힘.
- [埋伏 매복] 몰래 숨음.
- [暗埋 암매] 몰래 묻어 감춤.

4급

域
지경 역

지경, 범위, 나라, 구역, 경계 지을, 곳.
boundary, region

土와 或(혹시 혹)의 합침.
① 혹시(或 p.171) 적이 침입하지 않을까 우려되는 국경 땅(土), 즉 '지경' 을 뜻한 자 會.
② 사람(口)들이 무기(戈)를 들고 지키는 일정한(一) 땅(土)인 '나라' 나 '구역(區域)' 을 뜻한 자 會.

- [域中 역중] 지역(地域)의 안.
- [聖域 성역] 신성한 장소.
- [異域 이역] 제 고장이 아닌 딴 곳.

3급 II

執
잡을 집

잡을, 가질, 지킬, 벗, 두려워할, 막을.
hold, possess, keep

幸(←㚔=놀랠 녑:음부)과 丸(←丮=잡을 극)의 합침. 세상을 놀랠(幸)이만큼 큰 죄를 저지른 사람을 '붙잡는다(丸)' 는 뜻으로 된 자 會形. [p.111 報]
【참고】㚔은 죄가 심히(羊=심해질 임) 커서(大) 놀라게 함, 丮은 죄인(卩←人)의 손에 수갑 따위를 채워 묶음(丰).

- [執務 집무] 사무를 손에 잡음.
- [執行 집행] 일을 잡아 행함.
- [固執 고집] 제 의견을 굳게 내세워 우김.

3급 II

培
북돋울 배

북돋울, 가꿀, 더할 배/ 작은 언덕 부.
earth up, nourish, add

土와 咅(가를 부:음부)의 합침. 초목 밑동의 흙(土)을 파고 갈라(咅 p.382 部) 긁어 올린다는 데서 '북돋우다', 또는 '가꾸다' 의 뜻이 된 자 形.

- [培植 배식] 초목을 북돋우어 심음.
- [培養 배양] 북돋우어 기름.
- [栽培 재배] 초목을 심어서 기름.

5급

基
터 기

터, 바탕, 근본, 자리잡을, 업, 비롯할.
base, foundation

其(그 기:음부)와 土의 합침. 삼태기(其 p.73)로 흙(土)을 날라 돋운 '집터' 를 뜻한 자 會形.

- [基金 기금] 어떤 목적하에 준비하는 자금.
- [基礎 기초] 사물의 밑바탕.
- [開基 개기] 터를 닦기 시작함.

堂
6급 집 당

집, 마루, 대청, 친족, 당당할, 성할.
house, reception room

尙(높일 상:음부)과 土의 합침. 흙(土)을 돋우어 높직이(尙 p.138) 지은 큰 '집'을 뜻한 자 形.

- [堂姪 당질] 사촌 형제의 아들.
  [講堂 강당] 강의나 의식 때 쓰는 큰 방.
  [食堂 식당] 음식을 먹는 집, 또는 방.

堅
4급 굳을 견

굳을, 굳셀, 강할, 반드시, 갑주.
hard, firm, strong

臤(굳을 간:음부)과 土의 합침. 땅(土)이 단단하다(臤 p.362 賢)는 데서 '굳다'·'굳세다'의 뜻이 된 자 會形.

- [堅固 견고] 굳고 튼튼함.
  [堅實 견실] 튼튼하고 충실함.
  [中堅 중견] 단체 등의 중심 되는 사람.

堤
3급 둑 제

둑, 방죽, 막을, 이랑. 통隄

dike, embank

土와 是(곧을 시:음부)의 합침. 숟가락(是←匙=숟가락 시)으로 밥 뜨듯이 흙(土)을 떠 옮겨 쌓은 '방죽'을 뜻한 자 形.

- [堤塘 제당] 제방.
  [堤防 제방] 둑. 방죽.
  [防波堤 방파제] 파도를 막으려 쌓은 둑.

報
4급Ⅱ 갚을 알릴 보

갚을, 알릴, 대답할, 형, 치붙을. 통赴

reward, reply, report

幸(←幸=놀랠 녑)과 𠬝(다스릴 복)의 합침. 사람들을 놀랠(幸 p.110 執)만큼 큰 죄를 지은 자에게 그 죄에 상당하게 벌주어 다스린다(𠬝) 하여 '갚다'의 뜻이 된 자 會.

【참고】 𠬝은 손(又)으로 절도(卩=節) 있게 일을 하여 '다스린다'는 뜻으로 됨.

- [報告 보고] 일의 내용을 알리어 바침.
  [報道 보도] 일어난 일을 알려 줌.
  [急報 급보] 급한 보고.

場
7급 마당 장

마당, 곳, 밭, 구획, 때. 속塲

yard, place, ground

土와 昜(빛날 양:음부)의 합침. 햇볕(昜 p.395 陽)이 잘 드는 넓은 땅(土), 곧 '마당'을 뜻하여 된 자 形.

- [場內 장내] 어떠한 처소의 안.
  [場所 장소] 곳. 처소. 자리. 좌석.
  [入場 입장] 장내로 들어감.

3급 II

塔
탑 탑

탑, 절, 층집.
pagoda, temple, tower

土와 荅(좀콩 답:음부)의 합침. 콩꼬투리(荅)를 세운 것 같이 흙(土)이나 돌로 쌓아 올린 '층집'을 뜻하여 된 자 形. 후에, 산스크리트 stūpa의 음과 뜻을 빌려 '탑'의 뜻으로 쓰이게 되었다 假.
【참고】荅은 낱알들이 간마다 따로 있으나 전체로는 함께(合) 있는 '좀콩(艹)'을 뜻함.

- [塔婆 탑파] 탑의 총칭.
  [石塔 석탑] 돌탑.
  [砲塔 포탑] 포 주위를 갑철로 둘러싼 벽.

3급

塊
흙덩이 괴

흙덩이, 덩어리, 덩이, 나, 홀로, 가슴 뭉클할.
clod, lump, alone

土와 鬼(귀신 귀:음부)의 합침. 괴상한(鬼) 모양의 '흙덩이(土)'를 뜻한 자인데, 후에 물건의 '덩이'의 뜻으로도 쓰이게 되었다. 덩이는 따로따로 있다 하여 '홀로'의 뜻으로도 쓰인다 形.

- [塊石 괴석] 돌멩이.
  [塊炭 괴탄] 덩이로 된 석탄.
  [金塊 금괴] 금덩이.

3급

塗
칠할 도

칠할, 진흙, 바를, 지울, 길, 더럽힐.
mud, paint, smear

涂(개천 도:음부)와 土의 합침. 개천(涂) 바닥의 '진흙(土)'을 뜻한 자. 개천(涂)의 진흙(土) 따위로 벽을 '바르거나' '칠한다'는 뜻으로도 쓰인다 形.
【참고】涂는 넘쳐(余=남을 여) 흐르는 '개천물(氵)'을 뜻함.

- [塗料 도료] 거죽에 바르는 재료.
  [塗裝 도장] 도료를 칠하거나 발라 꾸밈.

3급 II

 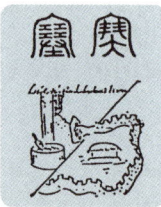

塞
변방 새
막힐 색

변방, 요새, 주사위 새/ 막을, 채울 색.
frontier, fort, block

寒(틈 하:음부)와 土의 합침. 바람벽의 틈(寒 p.134 寒)을 흙(土)으로 '막는다'는 뜻으로 된 자. 나아가, 국경을 막는다 하여 '요새(要塞)'·'변방'의 뜻으로도 쓰인다 形.

- [塞翁之馬 새옹지마] 인생의 길흉이 무상함.
  [塞淵 색연] 생각이 깊고 성실함.
  [閉塞 폐색] 닫아 막음.

4급

墓
무덤 묘

무덤, 묘지(墓地).
tomb, grave

莫(저물 모:음부)와 土의 합침. 지는 해가 지평선 풀숲에 가려져(莫 p.328) 보이지 않듯이 시체를 흙(土)으로 덮은 '무덤'을 뜻하여 된 자 形.

- [墓碑 묘비] 산소 앞에 세우는 비석.
  [墓所 묘소] 무덤이 있는 곳.
  [省墓 성묘] 조상의 산소를 살펴봄.

4급Ⅱ

지경 경

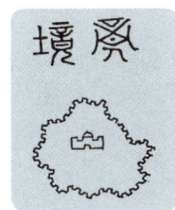

지경(地境), 경계, 곳, 형편, 마칠.
boundary, circumstance

土와 竟(끝날 경:음부)의 합침. 국토(土)의 끝(竟 p.292), 즉 '경계(境界)'를 뜻하여 된 자 會形.

● [境遇 경우] 부닥친 형편이나 사정.
　[國境 국경] 나라의 경계.
　[心境 심경] 마음의 경지.

3급Ⅱ

먹 묵

먹, 먹줄, 그을음, 어두울, 탐할. 약 墨
black ink, smoking

黑(검을 흑:음부)과 土의 합침. 검은(黑 p.418) 그을음을 진흙(土)처럼 이겨 만든 '먹'을 뜻하여 된 자 會形.
【참고】 먹은 본디 검은(黑) 토석(土)을 썼음.

● [墨畵 묵화] 먹으로 그린 그림.
　[白墨 백묵] 분필.
　[筆墨 필묵] 붓과 먹.

4급Ⅱ

더할 증

더할, 점점, 많을, 거듭. 통 層 약 增
increase, gradually, repeated

土와 曾(거듭 증:음부)의 합침. 흙(土)을 거듭(曾 p.210) 쌓는다는 데서 '더하다'의 뜻이 된 자 形.

● [增加 증가] 더해져서 많아짐.
　[增産 증산] 생산량을 늘림.
　[急增 급증] 급작스럽게 늚.

3급

墮
떨어질 타

떨어질, 잃을 타/ 무너뜨릴 휴. 약 堕 통 惰
fall down, be destroyed

隋(떨어질 타:음부)와 土의 합침. 흙(土)이 무너져 '떨어진다(隋 p.397 隨)'는 뜻으로 된 자 會形.

● [墮落 타락] 나쁜 데에 빠져 떨어짐.
　[墮淚 타루] 눈물을 흘림.
　[墮胎 타태] 인공적으로 유산시킴.

3급

무덤 분

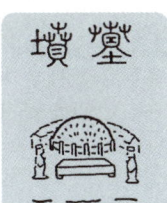

무덤, 언덕, 둑, 책, 클, 부풀, 걸찰.
grave like mound

土와 賁(클 분:음부)의 합침. 흙(土)을 높이 쌓아올려 크게(賁 p.177 憤) 만든 '무덤'을 뜻하여 된 자 形.

● [墳墓 분묘] 무덤.
　[古墳 고분] 옛적 무덤.
　[封墳 봉분] 흙을 쌓아올려 무덤을 만듦.

4급 II

壁
벽 벽

바람벽, 담, 낭떠러지, 진, 별 이름.
wall, cliff

辟(물리칠 벽:음부)과 土의 합침. 추위나 적을 막기(辟 p.380 避) 위해 흙(土)·돌로 쌓은 '벽' 또는 '담' 을 뜻한 자 會形.

- [壁報 벽보] 벽에 붙여 널리 알리는 글.
  [壁紙 벽지] 벽을 도배하는 종이.
  [絶壁 절벽] 급한 낭떠러지.

3급

墻
담 장

담, 경계, 감옥, 관 옆널. 동 牆
wall, boundary

土와 嗇(아낄 색:음부)의 합침. 곡식을 광에 넣고 아끼기(嗇) 위해 흙(土)으로 '담' 을 쌓는다는 뜻으로 된 자. 널조각(爿)으로 둘러칠 경우에는 牆을 쓴다 形.
【참고】嗇은 곡식을 광(亩=광 름)에 들여(來)놓기만 하고 내놓지 않는다 하여 '아끼다' 의 뜻.

- [墻內 장내] 담 안.
  [墻壁 장벽] 담과 벽.
  [短墻 단장] 나지막한 담.

5급

壇
단 단

제터, 제단, 장소, 단, 범위.
altar, place, extent

土와 亶(클 단:음부)의 합침. 여럿이 제사 지낼 수 있도록 흙(土)으로 높고 크게(亶 p.225 檀) 쌓아 만든 '제단(祭壇)' 을 뜻하여 된 자 形.

- [壇上 단상] 단의 위.
  [文壇 문단] 문학인들의 사회.
  [演壇 연단] 강연할 때에 서는 자리.

4급 II

壓
누를 압

누를, 짤, 엎어질, 진정할, 죽일. 약 圧
press, squeeze, repress

厭(누를 엽:음부)과 土의 합침. 땅(土)위에 놓고 '누른다(厭)' 는 뜻. 위에서 누른다 하여 '짜다' 의 뜻으로도 쓰인다 形.
【참고】厭은 개(犬)고기(月←肉)를 많이 먹어(日) 배가 불러서[猒=배 부를 염] 가슴이 바위(厂)에 '눌린' 것 같다는 뜻.

- [壓力 압력] 누르는 힘.
  [壓制 압제] 압박하고 억제함.
  [鎭壓 진압] 위엄으로 진정시켜 억누름.

3급 II

壞
무너질 괴

무너질, 무너뜨릴 괴/ 무너질 회. 약 坏
destroy, ruin

土와 褱(가릴 회:음부)의 합침. 토굴(土)이 '무너질' 때 흙이 굴 앞을 가림을 나타내어 褱를 음부로 합쳐 된 자 形.
【참고】褱 는 눈(罒←目)물(氺←水)을 옷자락(衣)으로 닦을 때 앞이 '가려짐' 을 뜻함.

- [壞滅 괴멸] 무너뜨려 멸망시킴.
  [崩壞 붕괴] 허물어져 무너짐.
  [破壞 파괴] 깨뜨려 헐어버림.

土·士 部

3급II 壤 흙덩이 양

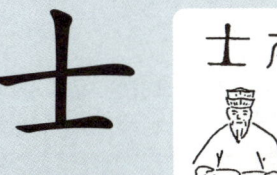

고운 흙, 땅, 상할, 풍족할. 약 壌
soil, rich soil

土와 襄(도울 양:음부)의 합침. 곡식을 가꾸는 데에 도움(襄 p.355 讓)이 되는 '고운 흙(土)'을 뜻하여 된 자 形.

- [壤土 양토] 경작하기에 알맞은 땅.
  [土壤 토양] 곡물이 생장할 수 있는 흙.
  [天壤 천양] 엄청난 차이의 비유.

5급 士 선비 사

선비, 사내, 일, 벼슬, 살필, 군사. 통 仕
scholar, officer

① 十과 一의 합침. 하나(一)를 들으면 열(十)을 아는 사람이라 하여 '선비'의 뜻이 된 자. 선비는 관리로 출세한 데서 '벼슬'의 뜻으로도 쓰인다 會.
② 본자는 '⊥'. 남성의 성기 모양을 본떠 '사내'를 뜻한 자 象.

- [士氣 사기] 정의와 싸움에 대한 기세.
  [士兵 사병] 하사관 이하의 군인.
  [壯士 장사] 기개와 체질이 썩 굳센 사람.

3급II 壬 북방 임

북방, 짊어질, 간사할, 클. 통 任·妊
north(9th of stems)

丁(사람 인)에 一과 一의 어울림. 여자(丁)가 아이(一자형 참조)를 배고 땅(一)에 선 모양이 짐진 것 같다 하여 '짊어지다'의 뜻이 된 자 象會.
【참고】 별자인 壬(곧을 정)은 사람(丿←人)이 땅(土)에 '곧바로' 섰음을 뜻함.

- [壬方 임방] 24방위의 하나.
  [壬人 임인] 간사한 사람.
  [壬日 임일] 일진이 임(壬)인 날.

4급 壯 장할 장

장할, 굳셀, 젊을, 씩씩할, 성할. 약 壮
brave, vigorous, strengthen

爿(조각널 장:음부)과 士의 합침. 爿은 무기의 생김새를 나타냄. 무기(爿)를 들고 적을 상대로 하여 싸울 수 있는 남자(士)를 가리켜 '씩씩하다'·'굳세다'의 뜻이 된 자 形.

- [壯觀 장관] 굉장하고 볼 만한 광경.
  [壯年 장년] 기운이 한창인 나이.
  [雄壯 웅장] 으리으리하게 크고 굉장함.

3급II 壽 목숨 수

목숨, 나이, 장수할, 축복할. 약 壽·寿
longevity, age

士(←老=늙을 로)와 𠷎(𠷎의 옛자:음부)의 합침. 노인(士)이 될 때까지 오래도록 산다(𠷎)는 데서 '장수(長壽)하다'의 뜻이 된 자 形.
【참고】 전자 모양은 오래 사는 동안 파란 곡절이 많았음을 연상시킴.

- [壽命 수명] 타고난 목숨.
  [壽宴 수연] 장수를 축하하는 잔치.
  [萬壽無疆 만수무강] 한없이 목숨이 깊.

夂
뒤져 올 치

뒤져 올, 뒤에 이를.(終의 옛자)
follow, trail

발을 가리키는 止(그칠 지)를 거꾸로 한 모양의 글자로, 머뭇거려서(止) '뒤져옴'을 가리킨 자 指.
【참고】 各(p.97)자의 윗부분 夂는 이 뜻임.

夊
천천히 걸을 쇠

천천히 걸을, 편히 걸을.
walk slowly

두 다리를 가리키는 ク(←人)과 발을 끄는 모양인 ㇏(끌 불)의 합침. 발(ク)을 끌면서(㇏) '천천히 걷는다' 또는 '편히 걸어감'을 가리킨 자 指.

7급

夏
여름 하

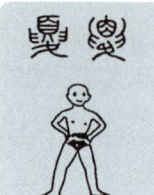

여름, 클, 나라, 오색.
summer

頁(←頁=머리 혈)과 夂의 합침. 더워서 머리(頁)와 몸통 및 다리(夂)를 드러낸 모양에서 '여름'을 뜻하게 된 자 會.
【참고】 옛자 昰는, 태양(日)이 바로(正) 내리쬐는 때인 '여름'을 뜻하여 됨.

- [夏服 하복] 여름철에 입는 옷.
- [夏至 하지] 24절기 중 열째(양력으로 6월 21일 22일 경).
- [盛夏 성하] 한여름.

7급

夕
저녁 석

저녁, 저물, 밤, 기울 석/ 한 움큼 사.
evening, dusk

저무는 하늘에 희게 뜬 반달 모양을 본떠 '저녁'을 가리킨 자 象指.

- [夕刊 석간] 저녁 때에 발행하는 신문.
- [夕陽 석양] 저녁 나절의 해.
- [朝夕 조석] 아침과 저녁.

8급

外
바깥 외

바깥, 다를, 제할, 멀리할, 잃을, 버릴.
outside, remote

夕과 卜(점 복)의 합침. 점(卜)은 아침에 치는 것이 원칙인데, 저녁(夕)에 치는 것은 관례에 벗어난다 하여 '밖'을 뜻하게 된 자. 밖이라는 데서 '멀리하다'의 뜻으로도 쓰인다 會.

- [外家 외가] 어머니의 친정.
- [外務 외무] 외교(外交)에 관한 사무.
- [野外 야외] 시가지에서 떨어진 들.

6급

 많을 다

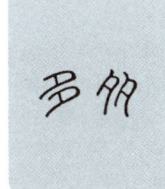

많을, 뛰어날, 다만, 과할, 넓을.
numerous, many, much

夕 둘의 합침. 어젯밤(夕)과 오늘 및 내일밤(夕)이 거듭되어 날짜가 '많아진다'는 뜻으로 된 자會.

- [多少 다소] 분량이나 정도의 많음과 적음.
  [多福 다복] 복이 많음.
  [許多 허다] 몹시 많음. 수두룩함.

6급

 밤 야

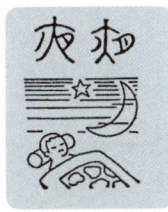

밤, 쉴, 캄캄할, 광중 야/ 고을 액.
night, rest, dark

亻(←亦=또 역:음부)과 夕(←夕)의 합침. 해가 져(夕) 또(亻 p.50 亦) '밤'이 온다는 뜻으로 된 자. 밤에는 생물이 잔다 하여 '쉬다'의 뜻으로도 쓰인다形.

- [夜警 야경] 야간(夜間)의 경계.
  [夜勤 야근] 밤에 근무함.
  [前夜 전야] 전날 밤. 어젯밤.

3급 II

 꿈 몽

꿈, 희미할, 어두울, 상상할, 환상.
dream, faint, imagination

𦬂(←瞢=눈 어둘 몽:음부)과 夕의 합침. 저녁(夕)에 눈을 감고(𦬂) 잘 때 환상으로 보이는 '꿈'을 뜻하여 된 자會形.
【참고】瞢은 눈병이 나(艹=눈병날 말) 눈이 어찔어찔하다(旬=눈 아찔할 순)는 뜻.

- [夢想 몽상] 꿈 속의 생각.
  [夢兆 몽조] 꿈자리·꿈에 나타난 사실.
  [吉夢 길몽] 길한 꿈.

8급

 큰 대

큰, 위대할, 사람 대/ 극할 다/ 태. 통太
great, excessive

어른이 양팔을 벌리고 서 있는 모습이 '큼'을 가리킨 자. 사람의 존재는 큰 것이라 하여 '위대(偉大)하다'의 뜻으로도 쓰인다指.

- [大量 대량] 많은 분량. 큰 도량.
  [大地 대지] 넓은 대자연 속의 큰 땅.
  [強大 강대] 병력이 강하고 강토가 넓음.

7급

 하늘 천

하늘, 자연, 진리, 하느님, 임금, 운명.
heaven, natural

① 一과 大의 합침. 사람(大)의 머리 위에 있는 허공(一), 곧 '하늘'을 뜻한 자會.
② 二(→上)과 人의 어울림. 높은(二) 인격(人)신인 '하느님'을 뜻한 자會.

- [天國 천국] 하늘의 나라. 천당(天堂).
  [天下 천하] 온 세상. 온 나라.
  [昇天 승천] 하늘로 올라감.

7급

夫
지아비 부

지아비, 사내, 스승, 저, 어조사.
man, husband

① 一이 大의 위를 묶은 자. 여기서 一은 상투에 꽂은 동곳. 상투를 튼(一) 사람(大)은 장가든 사내라 하여 '지아비'의 뜻이 되었다 會.
② 大가 一(허공 p.117 天)을 꿰뚫은 자. 덕행이 하늘(一)을 꿰뚫은 사람(大)이라 하여 '스승'의 뜻이 된 자 會.

- [夫子 부자] 만인의 스승이 될 만한 사람.
- [夫婦 부부] 남편과 아내.
- [丈夫 장부] 장성한 남자.

6급

太
클 태

클, 심할, 처음, 콩[國]. 통 大·泰
great, excessive

크다는 뜻의 大에 '丶'을 더하여 참으로 '큼'을 가리킨 자. 참으로 크다는 데서 '심하다'의 뜻으로도 쓰인다 指.
【참고】 우리 나라에서는 곡식 중에 알이 큰 '콩'의 뜻으로도 쓰임.

- [太古 태고] 오랜 옛날.
- [太不足 태부족] 많이 모자람.
- [太甚 태심] 매우 심함.

3급 II

央
가운데 앙

 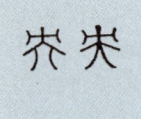

가운데, 반분(半分), 다할, 밝을, 멀, 넓을.
middle, center, half

冂(경계 경)과 大의 어울림. 경계선(冂) 안 한가운데에 사람(大)이 서 있는 모양에서 '가운데'의 뜻이 된 자 會.

- [央求 앙구] 구함.
- [央央 앙앙] 넓은 모양.
- [中央 중앙] 한가운데.

6급

失
잃을 실

잃을, 그르칠, 허물, 틀릴, 잊을.
lose, miss, fault

龵(←手=손 수)와 丶(←乙=굽을 을:음부)의 어울림. 손(手)에서 물건이 곡선(丶)을 지으며 떨어졌다는 데서 '잃다' 또는 '허물'의 뜻이 된 자 形.

- [失機 실기] 기회를 잃음.
- [失手 실수] 잘못하여 그르침.
- [過失 과실] 잘못함. 허물.

3급

夷
오랑캐 이

 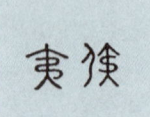

동쪽 오랑캐, 무리, 멸할, 깎을, 상할.
barbarous tribes on the east

大와 弓(활 궁)의 어울림. 항상 활(弓)을 가지고 다니는 중국의 '동쪽 오랑캐(大←人)'를 뜻하여 된 자 會.

- [夷界 이계] 오랑캐의 땅.
- [夷俗 이속] 오랑캐의 풍속.
- [東夷 동이] 동쪽 오랑캐.

大 부

4급

奇
기특할 기

기이할, 이상할, 홀수, 불우할, 숨길.
strange, single, secret

大와 可(옳을 가:음부)의 합침. 특별히 커서(大) 가히(可 p.96) 진귀하다고 할 만하다는 데서 '기이(奇異)하다'의 뜻이 된 자. 기이한 것은 세상에 그 '짝이 없다[奇數]'는 데서 '불우하다'의 뜻으로도 쓰인다 會形.

● [奇妙 기묘] 기이하고 묘함.
　[奇蹟 기적] 기이한 일.
　[新奇 신기] 새롭고 기이함.

3급

奈
어찌 내/나

 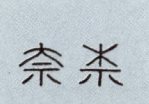

어찌, 어조사, 능금나무.
how

본자는 柰. 木(나무 목)과 示(보일 시:음부)의 합침. 제사(示 p.282)에 쓸 큰 과일이 여는 '능금나무(木)'를 뜻하여 된 자. 그 과일이 크다 하여 후에 木이 大자로 바뀐 奈로 쓰이게 되었다 形. 제사에 쓸 과일을 귀히 여겨, 그것을 어떻게 구했을까? 한 데서 '어찌'라는 어조사로 쓰이게 되었다 轉.

● [奈落 나락] 지옥. naraka의 음역.
　[奈何 내하] 어떠함.

5급

奉
받들 봉

 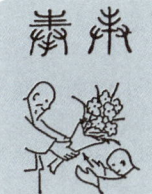

받들, 드릴, 봉양(奉養)할, 녹. 통俸
serve, offer, support

丰(무성할 봉:음부)에 廾(두손 받들 공)과 ㄠ(←手=손 수)의 어울림. 꽃 같은 것(丰)을 두 손(廾)으로 '받들어(ㄠ)' '드린다'는 뜻으로 된 자 會形.
【참고】丰은 초목이 무성한 모양을 본뜬 자.

● [奉仕 봉사] 남을 위하여 노력함.
　[奉職 봉직] 공무에 종사함.
　[信奉 신봉] 믿고 받듦.

3급 II

奔
달릴 분

달릴, 달아날, 도망할, 바쁠, 야합할.
run away, hasten

大와 卉(많을 훼)의 합침. 손을 무수히(卉) 허우적거리며 달려가는 사람(大)을 나타내어 '달아나다'의 뜻이 된 자 會.
【참고】卉는 싹(十←屮)을 내는 모든 풀(卄←艸)을 뜻하여 '많다'의 뜻.

● [奔放 분방] 절제 없이 제 멋대로 함.
　[奔走 분주] 바쁘게 애씀.
　[狂奔 광분] 미친 듯이 날뜀.

3급 II

奏
아뢸 주

아뢸, 상소할, 천거할, 연주할, 곡조.
report, perform

屮(←艸=싹날 철)에 廾(받들 공)과 天(←夲=나아갈 토)의 어울림. 풀싹이 날(屮)때 하늘을 향하듯이 두 손을 받쳐 잡고(廾) 높은 이에게 나아가(天←夲) '아뢴다'는 뜻으로 된 자. 높은 사람을 위해 풍악을 아뢴 데서 '연주(演奏)하다'의 뜻으로도 쓰인다 會.
【참고】夲은, 열(十) 사람(大)이 하늘에 제사드리러 '나아간다'는 뜻인 '夲'에서 온 자.

● [奏效 주효] 효력을 나타냄.
　[協奏 협주] 여러 악기를 함께 연주함.

3급II

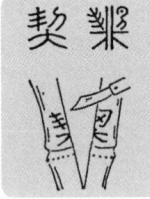

契
맺을 계

맺을, 계약, 문서 계/ 거란 거/ 성 설.
join, contract

㓞(새길 갈:음부)과 大의 합침. 대쪽에 증거의 표지로 새긴(㓞) 것을 쪼개어 한 쪽씩 가져서 큰(大) 약속을 '맺음'을 가리켜 '계약(契約)'의 뜻이 된 자 會形.
【참고】㓞은 풀줄기처럼 이리저리(丰=풀 어지러이 날 개) '새긴다(刀)'는 뜻.

- [契機 계기] 일을 일으키는 기회나 근거.
- [契印 계인] 두 장의 지면에 걸친 날인.
- [默契 묵계] 드러내지 않고 의사를 합함.

3급

奚
어찌 해

어찌, 큰 배, 종 해/ 어느 곳 혜.
why, how

爫(←系=이을 계:음부)와 大의 합침. 털이 잇달아(爫) 엉켜 붙은 새의 '배가 크게(大)' 보임을 뜻한 자 形. 털이 엉켜 붙어 크게 보일 따름인 배를 왜 큰 배라 했을까 한 데서 '어찌'라는 의문사로 널리 쓰이게 되었다 轉.

- [奚若 해약] 어찌. 여하(如何).
- [奚如 해여] 어찌.
- [小奚 소해] 어린 종.

4급

獎
장려할 장

권면할, 칭찬할, 도울, 개 튀길. 약 奨
exhort, praise, assist

① 將(장수 장:음부)과 大의 합침. 장차(將 p.137) 크게(大) 되라고 '돕고', '권면한다'는 뜻으로 된 자 形.
② 본자는 獎. 용맹한 장수(將)같이 개(犬=개 견)를 날쌔도록 훈련시킨다는 데서 '개 튀기다'의 뜻이 된 자 形.

- [獎勵 장려] 칭찬하고 권하여 힘쓰게 함.
- [獎學 장학] 학문을 장려함.
- [勸獎 권장] 권면하고 장려함.

3급II

奪
빼앗을 탈

빼앗을, 잃을, 갈, 깎을, 좁은 길.
snatch, lose, cut out

奞(날개칠 순)과 寸(손 촌)의 합침. 손(寸)에 있던 새가 날개치며(奞) 날아가 버렸다는 데서 '잃다' 또는 '빼앗기다'의 뜻이 된 자 會.
【참고】奞은 새(隹)가 크게(大) '날개를 치는' 모양임.

- [奪取 탈취] 빼앗아 가짐.
- [收奪 수탈] 빼앗아들임.
- [掠奪 약탈] 폭력을 써서 억지로 빼앗음.

3급II

奮
떨칠 분

떨칠, 드날릴, 일어날, 성낼, 뽐낼.
vigorous, rouse, rise

奞(날개칠 순)과 田(밭 전)의 합침. 새가 크게 날개치며(奞 p.120 奪) 밭(田)에서 날아 오르려는 모양에서 '떨치다'·'드날리다'의 뜻이 된 자 會.

- [奮發 분발] 마음과 힘을 돋우어 일으킴.
- [奮鬪 분투] 힘을 다하여 싸움.
- [興奮 흥분] 감정이 벌컥 일어나 동함.

女 계집 녀 (8급)

계집, 딸, 처녀, 아낙네, 너. 통汝
woman, lady

'여자'가 모로 꿇어앉은 모습을 본뜬 자 象.

- [女傑 여걸] 여자 호걸.
- [女性 여성] 여자. 여자의 성질.
- [淑女 숙녀] 교양과 품격을 갖춘 여자.

奴 종 노 (3급Ⅱ)

종, 남을 천시해 일컬을, 놈, 포로.
slave, prisoner

女와 又(손 우)의 합침. 죄를 지어 손(又)으로 고된 일을 하는 여자(女)를 가리킨 자인데, 후에 '종'의 뜻으로 두루 쓰이게 되었다 會.
【참고】전쟁에서 사로잡아(又) 온 여자(女)를 '종'으로 삼은 데서 연유된 자이기도 함.

- [奴隸 노예] 자유 없이 부려지는 사람.
- [奴主 노주] 종과 상전.
- [守錢奴 수전노] 돈만 아는 구두쇠.

妃 왕비 비 (3급Ⅱ)

왕비, 짝 비/ 짝 배. 통配
queen, consort, couple

女와 己(몸 기:음부)의 합침. 여자(女)가 남자 몸(己)과 어울렸다 하여 '짝'의 뜻이 된 자인데, 임금의 짝인 '왕비(王妃)'의 뜻으로 널리 쓰인다 會形.

- [妃嬪 비빈] 비와 빈.
- [貴妃 귀비] 비빈이나 궁녀의 한 칭호.
- [大妃 대비] 선왕의 후비(后妃).

如 같을 여 (4급Ⅱ)

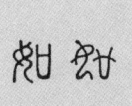

같을, 무리, 만일, 갈, 좇을, 미칠.
same, alike

女와 口(입 구)의 합침. 여자(女)는 삼종지도(三從之道)에 따라 부모·남편·자식의 말(口)을 자기 뜻과 '같이한다'는 뜻으로 된 자. 나아가, '좇는다'는 뜻으로도 쓰인다 會.

- [如意 여의] 뜻과 같이 됨.
- [如一 여일] 처음에서 끝까지 한결같음.
- [缺如 결여] 부족함.

妄 망령될 망 (3급Ⅱ)

망령될, 거짓, 허망(虛妄)할, 속일.
irrational, reckless, feign

亡(없을 망:음부)과 女의 합침. 여자(女)가 정신 없이(亡 p.49) 군다는 데서 '망령(妄靈)되다'의 뜻이 된 자 形.

- [妄動 망동] 분별 없이 함부로 행동함.
- [妄想 망상] 망령된 생각.
- [妖妄 요망] 요사하고 망령됨.

4급 II

好
좋을 호

좋을, 친할, 사랑할, 심할, 사귈.
good, friendly, love

女와 子(아들 자)의 합침. 여자(女)가 아기(子)를 안고 '좋아한다' 는 뜻으로 된 자. 또는, 여자(女)와 남자(子)가 서로 '사랑한다' 는 뜻으로 된 자 會.

- [好感 호감] 좋은 감정.
  [友好 우호] 개인이나 나라 사이가 좋음.
  [絶好 절호] 더없이 좋음.

4급

妙
묘할 묘

묘할, 예쁠, 젊을, 간들거릴, 정밀할.
mysterious, young

女와 少(젊을 소)의 합침. 날씬한 젊은(少 p.138) 여자(女)가 맵시 있다 하여 '예쁘다' 의 뜻이 된 자 會.

- [妙技 묘기] 교묘한 기술과 재주.
  [妙案 묘안] 기묘(奇妙)한 고안.
  [巧妙 교묘] 솜씨나 슬기가 공교롭고 묘함.

4급

妨
방해할 방

방해할, 헤살놓을, 거리낄, 해로울.
hinder, prevent, injure

女와 方(모 방:음부)의 합침. 여자(女)가 한쪽 모서리(方)에서 떠들어대어 일을 헤살놓는다 하여 일을 '방해(妨害)하다' 의 뜻이 된 자. 나아가, '해롭다' 는 뜻으로도 쓰인다 形.

- [妨碍 방애] 헤살놓아 막음. 妨害.
  [妨止 방지] 헤살놓아 못 하게 함.
  [無妨 무방] 해로울 것이 없음. 괜찮음.

3급

妥
온당할 타

타협할, 편안할, 떨어질. 통 墮
compromise, comfortable

爪(손톱 조)와 女의 합침. 남자가 손(爪)으로 여자(女)를 어루만져 마음을 '편안히 해 준다' 는 뜻으로 된 자. 어루만진다 하여 '타협(妥協)하다' 의 뜻으로도 쓰인다 會.

- [妥結 타결] 서로 원만히 맺음.
  [妥當 타당] 사리에 마땅함.
  [妥議 타의] 서로 타협적으로 의논함.

4급

姉
손윗누이 자

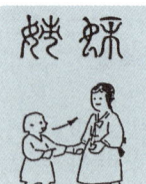

손윗누이, 맏누이. 본 姊 통 姐
elder sister

女와 市(←宋=무성할 발)의 합침. 여형제(女) 중에서 성숙하게 자란(市) '맏누이' 의 뜻으로 된 자 會. 姊자는, 女와 朿(쌔←宋그칠 자:음부)의 합침. 여형제(女) 중에서 성장이 끝난(朿) '맏누이' 를 뜻하여 된 자 形.
【참고】宋은 초목의 움(屮)이 터 나옴(八)이 왕성함, 朿는 宋에 一을 그어 뿌리로부터의 양분이 막혀 자람이 '그침' 을 뜻함.

- [姉夫 자부] 손윗누이의 남편.
  [姉兄 자형] 손윗누이의 남편.
  [長姉 장자] 맏누이.

3급

첩 첩

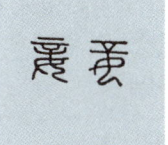

첩, 적은 집, 나(여자의 겸칭), 하녀.
concubine, servant girl

立(←辛=죄 건)과 女의 합침. 죄지은(立) 여자(女)를 데려와 '하녀'로 삼은 데서 된 자 會. 후에, 하녀처럼 신분이 낮은 '첩'의 뜻으로 널리 쓰이게 되었다 轉.

- [妾出 첩출] 첩이 낳은 아들.
- [妻妾 처첩] 본 아내와 첩.
- [蓄妾 축첩] 첩을 둠.

4급

누이 매

손아랫누이, 계집애, 괘 이름.
younger sister, girl

女와 未(아닐 미:음부)의 합침. 누이(女) 중에서 아직 철이 나지 않은(未) '아랫누이'를 뜻하여 된 자 形.

- [妹夫 매부] 누이의 남편.
- [妹弟 매제] 손아랫누이의 남편.
- [姉妹 자매] 여자끼리의 언니와 아우.

3급 II

아내 처

아내, 시집보낼.
wife, marry off

屮(풀잎 날 철:음부)에 크(손 우)와 女의 어울림. 屮은 풀로 된 비. 가정에서 비(屮)를 들고 (크) 소제하는 여자(女)를 가리켜 '아내'의 뜻이 된 자 會形.
【참고】 서민(庶民)의 아내의 경우 妻를 썼음.

- [妻子 처자] 아내와 자식.
- [妻弟 처제] 아내의 여동생.
- [良妻 양처] 착하고 어진 아내.

6급

비로소 시

비로소, 처음, 시작할, 바야흐로.
initial, begin, start

女와 台(기를 이:음부)의 합침. 여자(女)의 뱃속에서 아기를 기름(台)은 생명체의 '처음'이라는 뜻으로 된 자 形.
【참고】 台는 빙긋이 웃는(口) 표정으로 첫 아기를 뱀(厶)을 나타내어 '기르다'의 뜻.

- [始作 시작] 새로이 무엇을 개시함.
- [始初 시초] 맨 처음. 애초.
- [開始 개시] 처음으로 시작함.

7급

성 성

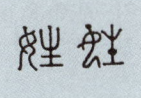

성씨, 일가, 자손, 아이 낳을, 백성.
surname, people

女와 生(날 생:음부)의 합침. 여자(女)가 '아이 낳는다(生)'는 뜻으로 된 자. 또는 어머니(女)의 성이나 아이를 낳은(生) 지명을 좇아 '성씨(姓氏)'를 삼았던 데서 그 뜻이 된 자 會形.

- [姓名 성명] 성과 이름.
- [同姓 동성] 같은 성.
- [百姓 백성] 국민의 예스러운 말.

3급II

시어미 고

시어미, 고모, 시누이, 아직, 잠시.
mother-in-law

女와 古(예 고:음부)의 합침. 시집온 지가 오래된(古 p.95) 남편의 어머니(女)인 '시어머니'를 뜻하여 된 자 形.

- [姑婦 고부] 시어머니와 며느리.
  [姑息 고식] 당장의 편안만 취함.
  [姑從 고종] 고모의 아들이나 딸.

4급

맡길 위

맡길, 맡을, 끝, 버릴, 쌓을, 벼 숙일.
be appointed, depute

禾(벼 화:음부)와 女의 합침. 여자(女)가 벼 이삭(禾)같이 고개 숙이고 몸을 남편에게 '맡긴다'는 뜻으로 된 자 會形.

- [委員 위원] 일의 처리를 위임받은 사람.
  [委任 위임] 일처리를 위탁(委託)함. 맡김.
  [分委 분위] 분과 위원회의 준말.

3급

혼인 인

혼인할, 시집갈, 아내, 사윗집, 인연.
marriage, bride(wife)

女와 因(인할 인:음부)의 합침. 딸(女)로 인하여(因) 맺어진 '사윗집'을 뜻하여 된 자. 또는, 여자(女)가 남자에게 의지하여(因 p.106) 살려고 시집간다는 데서 '혼인(婚姻)하다'의 뜻이 된 자 會形.

- [姻族 인족] 인척.
  [姻戚 인척] 외가와 처가에 딸린 겨레붙이.
  [結姻 결인] 연분을 맺음.

3급

 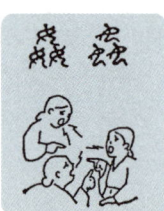

간음할 간

간음할, 간사할, 거짓, 도적. 通 奸

cunning, adultery

女 셋의 합침. 여자들이 모이면 의롭지 못한 짓을 한다 하여 '간사(姦邪)하다'의 뜻이 된 자 會.

- [姦通 간통] 남녀 사이의 불의의 밀통.
  [姦夫 간부] 간통한 사내.
  [强姦 강간] 강제로 간음(姦淫)함.

4급

모양 자

모습, 맵시, 성품, 아름다울. 通 資

manner, style, character

次(차례 차:음부)와 女의 합침. 차례(次 p.226)로 늘어 앉은 여자(女)들의 '모습' 또는 '맵시'를 뜻하여 된 자 形.

- [姿勢 자세] 몸가짐과 태도.
  [姿態 자태] 모양과 태도 또는 맵시.
  [容姿 용자] 얼굴의 모양과 자태.

姪 조카 질

3급

조카, 조카딸, 처질(妻姪). ㈔侄
niece

女와 至(이를 지:음부)의 합침. 옛날에 귀족이 시집갈 때 데리고 갔던(至 p.321) '조카딸(女)' 을 뜻하여 된 자 形.
【참고】 후세에는 여자종을 데리고 갔음.

- [姪女 질녀] 조카딸.
  [姪孫 질손] 조카의 아들. 從孫.
  [叔姪 숙질] 아저씨와 조카.

威 위엄 위

4급

위엄, 두려울, 거동, 시어미, 세력.
dignity, mother-in-low

戌(←戊=큰 도끼 월:음부)과 女의 어울림. 집안에서 가장 위엄(戌←戊) 있는 '시어미(女)'를 뜻한 자인데, 시어미의 뜻보다 '위엄' 의 뜻으로 널리 쓰인다 形.
【참고】 戌은 戈와 丨(창 궐)의 합침. 의식을 행할 때 위엄을 내기 위해 썼던 '큰 도끼'.

- [威信 위신] 위엄과 신의.
  [威容 위용] 위엄 있는 모습.
  [權威 권위] 권력과 위세(威勢).

娘 계집 낭(냥)

3급Ⅱ

아가씨, 각시, 딸, 어미, 황후.
girl

女와 良(착할 량:음부)의 합침. 착한(良 p.325) 소녀(女)를 대접하여 부를 때의 '아가씨' 의 뜻으로 된 자 形.

- [娘家 낭가] 외갓집.
  [娘子 낭자] 소녀. 아가씨.
  [娘娘 낭낭] 황후.

娛 즐길 오

3급

즐거워할, 즐거울, 기쁠.
rejoice, pleasure, glad

女와 吳(큰소리칠 오:음부)의 합침. 여자(女)가 고개를 갸우뚱거리며(矢←仄=기울 측 p.44 丸) 큰 소리(口)로 화제를 이끌어 '즐겁게 한다' 는 뜻으로 된 자 形.

- [娛樂 오락] 재미있게 노는 일.
  [遊娛 유오] 즐거이 놂.
  [歡娛 환오] 즐거움.

婚 혼인할 혼

4급

혼인할, 처가, 장가들, 사돈.
marry

女와 昏(저물 혼:음부)의 합침. 옛날, 신부(女)를 저물녘(昏)에 맞이하여 결혼식을 올렸던 데서 '혼인(婚姻)하다' 의 뜻이 된 자 會形.
【참고】 1. 昏은 해(日)가 지평선 아래로(氏←氐=밑 저) 내려갔다 하여 '저물다' 의 뜻.
2. 오늘날 혼인식 때 낮에도 촛불을 켬은 옛날 풍습에 유래함.

- [婚談 혼담] 혼처를 정하려고 오가는 말.
  [約婚 약혼] 혼인을 약속함.
  [結婚 결혼] 혼인의 관계를 맺음.

3급II

婢 계집종 비

계집종, 하녀, 소첩(여자 겸칭).
female slave, maid-servant

女와 卑(낮을 비:음부)의 합침. 신분이 낮은(卑 p.88) 천한 여자(女)를 가리켜 '계집종'의 뜻이 된 자 會形.

- [婢僕 비복] 계집종과 사내종.
  [婢子 비자] 여자의 자기 겸칭. 계집종.
  [官婢 관비] 관청의 여자종.

4급II

婦 며느리 부

며느리, 아내, 지어미, 예쁠, 암컷.
wife, woman

女와 帚(비 추)의 합침. 여자(女)가 시집을 가면 청소함(帚)을 그 처음으로 삼은 데서 '아내' 또는 '며느리'의 뜻이 된 자 會.
【참고】1. 帚는 손(⺕)에 비나 걸레(巾)를 싸잡고(一) 청소함을 나타낸 자. 2. 선비의 아내인 경우 婦를 씀. [p.123 妻]

- [婦德 부덕] 부녀가 지켜야 할 덕의.
  [婦人 부인] 남의 아내가 된 여자. 婦女.
  [主婦 주부] 한 집안의 주인의 아내.

3급II

媒 중매 매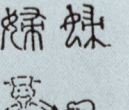

중매할, 탐낼, 술빚을, 술밑, 어두울.
go-between, covet

女와 某(아무 모:음부)의 합침. 아가씨(女)를 탐내어 아무개(某)에게 시집가도록 인연맺어 준다는 데서 '중매(仲媒)하다'의 뜻이 된 자. 또는, 여자(女)가 임신 초기에 신 매실(某 p.217)을 먹고자 한다는 데서 '탐내다'의 뜻으로도 쓰인다 形.

- [媒介 매개] 관계를 맺게 해 줌.
  [媒婆 매파] 혼인을 중매하는 노파.
  [觸媒 촉매] 반응을 촉진시키는 것.

3급

嫌 싫어할 혐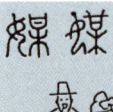

의심할, 싫어할, 혐의(嫌疑)할. 통慊
doubt, dislike, suspect

女와 兼(겸할 겸:음부)의 합침. 두 마음을 겸해(兼 p.73) 가진 여자(女)를 '의심하고' '싫어한다'는 뜻으로 된 자 形.

- [嫌惡 혐오] 싫어하고 미워함.
  [怨嫌 원혐] 원망하고 미워함.

7급

子 아들 자

아들, 씨, 첫째 지지(쥐), 자네, 어른.
son, 1st of the 12 stems(rat)

양팔을 벌린 '어린아이(아들)'의 모양을 본뜬 자 象.

- [子孫 자손] 아들과 손자.
  [子息 자식] 아들과 딸의 통칭.
  [男子 남자] 사나이.

女·子 부

4급

구멍 공

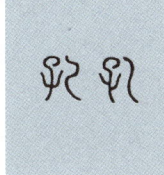

구멍, 매우, 통할, 빌, 깊을, 성.
hole, surname

① 子와 乚(제비 을)의 합침. 제비(乚)가 날아들면 아들(子)을 낳을 징조라는 데서 '통하다' 의 뜻이 된 자 會.
② 乚은 어린애가 매달림을 가리킴. 어린애(子)가 탯줄 또는 젖꼭지에 매달린(乚) 모양을 나타내어 '산도' 또는 젖꼭지의 '구멍' 을 뜻한 자 會.

● [孔子 공자] 유교의 비조.
　[孔雀 공작] 꿩과에 속하는 새.
　[眼孔 안공] 눈구멍.

7급

글자 자

글자, 낳을, 시집보낼, 기를, 젖 먹일.
character(letter)

宀(움집 면)과 子(아들 자:음부)의 합침. 집(宀)에서 아들(子)을 '낳는다' 는 뜻으로 된 자. 아들이 태어나 집안 식구가 늘듯이, 기본자 또는 부수자를 바탕으로 체계지어져 늘어난 '글자' 의 뜻으로 널리 쓰인다 會形.

● [字句 자구] 글자와 글귀.
　[字源 자원] 문자(文字)가 구상된 근원.
　[活字 활자] 활판 인쇄에 쓰는 자형(字型).

4급

있을 존

있을, 보존할, 살필, 물을, 위문할.
exsit, preserve

才(←才=재주 재:음부)와 子의 합침. 새싹(才 p.182) 같은 어린 자식(子)이 잘 '있는지' 를 '살핀다' 는 뜻으로 된 자 會形. [p.108 在]

● [存亡 존망] 생존과 멸망. 존몰(存沒).
　[存續 존속] 그대로 계속하여 있음.
　[生存 생존] 살아 있음.

7급

효도 효

효도, 상복 입을.
filial piety

耂(←老=늙을 로)와 子의 합침. 늙은(耂) 부모를 아들(子)이 업고 있는 모양을 나타낸 자로, 부모를 잘 섬기어 '효도(孝道)한다' 는 뜻이다 會.

● [孝誠 효성] 부모를 섬기는 정성.
　[孝女 효녀] 효행(孝行)이 있는 딸.
　[不孝 불효] 효도를 하지 않음.

4급

계절 계

철, 끝, 막내, 어릴, 말세, 성. 통 期
junior, season

禾(벼 화:음부)와 子의 합침. 모든 곡식(禾)의 싹(子)이 '어림' 을 뜻하여 된 자 會形. 곡식이 자라나는 때를 기준으로 한해를 구분했던 데서 '철' 의 뜻으로도 쓰인다 轉.
【참고】 季의 禾는 稚(어릴 치)의 획 줄임.

● [季氏 계씨] 남의 아우를 높여 부르는 말.
　[季節 계절] 자연 현상에 의한 철의 구분.
　[春季 춘계] 봄철.

3급 II			맏, 첫, 우두머리, 클, 힘쓸 맹/ 맹랑할 망.

孟 맏 맹

eldest, first

子와 皿(그릇 명:음부)의 합침. 큰 그릇(皿)에 목욕시키고 있는 '첫 아들(子)'을 뜻하여 된 자 形.

● [孟春 맹춘] 첫봄(음력 1월).
　[孔孟 공맹] 공자와 맹자(孟子).
　[孟浪 맹랑] 허망함. 허투루 볼 수 없음.

4급

孤 외로울 고

외로울, 나, 부모 없을, 저버릴, 우뚝할.

solitary, fatherless

子와 瓜(오이 과:음부)의 합침. 오이의 덩굴이 먼저 마르고 열매(瓜)만 홀로 남듯이 부모를 일찍 여읜 아이(子)의 '외로움'을 비유적으로 나타낸 자 形.

【참고】瓜는 덩굴에 달린 '오이'의 모양을 본뜸.

● [孤獨 고독] 외로움.
　[孤立 고립] 외롭게 섬. 외따로 있음.
　[託孤 탁고] 어린아이의 뒷일을 부탁함.

6급

孫 손자 손

손자, 겸손할, 순할, 움돋을. 통 遜

grandchild, modest

子와 系(이을 계)의 합침. 혈통적으로 아들(子)의 대를 잇는(系) '손자(孫子)'를 뜻하여 된 자 會.

【참고】系는 실(糸)이 매인(丿) 모양에서 '잇다'의 뜻.

● [孫女 손녀] 자녀의 딸.
　[外孫 외손] 딸이 낳은 자식.
　[子孫 자손] 아들이나 손자. 또는 후손.

3급

孰 누구 숙

누구, 익을, 어느, 살필. 통 熟

who, which

享(제사지낼 향)과 丸(←丮=잡을 극)의 합침. 제사(享 p.50)지낼 때 고기를 잡고(丸 p.110 埶) 굽는다는 데서 '익히다'·'살피다'의 뜻이 된 자 會. 구운 이가 누구일까? 하고 의문을 나타낸 데서 '누구'의 뜻으로도 쓰인다 轉.

● [孰成 숙성] 곡식이 익음. 熟成.
　[孰誰 숙수] 누구.
　[孰若 숙약] 비교 의문사의 하나.

8급

學 배울 학

배울, 깨칠, 학문(學問), 공부할. 약 学

learn, study

臼(양손 잡을 국:음부)에 爻(본받을 효)·冖(덮을 멱)과 子(아들 자)의 어울림. 사리에 어두운(冖) 아이들(子)이 양손에 책을 잡고(臼) 스승의 가르침을 본받으며(爻) '배운다'는 뜻으로 된 자 會形.

【참고】臼은 두 손으로 마주 잡는 모양. 冖은 본디 宀으로, 공부하는 '집'을 뜻함.

● [學友 학우] 같이 공부하는 벗.
　[學者 학자] 학문(學問)을 연구하는 사람.
　[入學 입학] 학교에 들어감.

宀

宀
집 면

집, 움집, 토막, 덮을, 갓머리.
hut, cover

'움집'의 위를 '덮어씌운' 모양을 본뜬 자 象.

5급

宅
집 택/댁

집, 살 자리, 정할, 묘.
house, dwell, seat

宀과 乇(맡길 탁:음부)의 합침. 사람이 의지하고(乇) 사는 '집(宀)'을 뜻한 자 形.
【참고】 乇은 '고개 숙인' 이삭의 모양으로, 이삭이 줄기에 '의지함'을 나타냄.

● [宅內 댁내] 남의 집안의 존칭.
  [宅地 택지] 집터.
  [住宅 주택] 사람이 사는 집.

4급Ⅱ

守
지킬 수

지킬, 보살필, 기다릴, 원. 통狩

keep, protect

宀과 寸(법도 촌)의 합침. 관청집(宀)에서 법도(寸 p.136)에 따라 국민을 '보살피고', '지킴'을 뜻한 자 會.

● [守備 수비] 힘써 지키어 방비함.
  [守護 수호] 지키어 보호함.
  [嚴守 엄수] 어기지 않고 꼭 지킴.

3급Ⅱ

宇
집 우

집, 공간, 도량[器宇], 기슭, 끝[眉宇].
universe, space

宀과 于(말할 우:음부)의 합침. 말할(于 p.48) 때의 입김처럼 유동하는 대기로 이루어진 하늘을 지붕(宀)에 비겨 '우주'의 뜻이 된 자 形. [p.130 宙]

● [宇宙 우주] 공간과 시간의 모두.
  [氣宇 기우] 기개와 도량.
  [守宇 수우] 국경을 지킴. 또는 국경.

7급

安
편안 안

편안할, 자리잡을, 어찌, 값쌀, 고요할.
peaceful, settle

宀과 女의 합침. 집(宀)에 있는 여자(女)는 '편안(便安)하다'는 뜻으로 된 자. 또는 집(宀) 안에서 여자(女)가 일을 잘 돌보아 가내가 '편안하다'는 뜻으로 된 자 會.

● [安心 안심] 걱정 없이 마음을 편히 가짐.
  [安全 안전] 편안하고 온전함.
  [不安 불안] 마음이 뒤숭숭함.

5급

완전할 완

완전할, 끝날, 튼튼할, 지킬, 꾸밀.
complete, finish, strong

宀과 元(으뜸 원:음부)의 합침. 담을 우뚝하게(元 p.69) 쌓고 지붕(宀)을 해 씌운다는 데서 '완전(完全)하다'의 뜻이 된 자. 또는, 집(宀) 주위에 담을 우뚝(元) 쌓아 튼튼히 한다는 데서 '완전하다'의 뜻이 된 자 形.

- [完備 완비] 빠짐없이 완전히 구비함.
- [完成 완성] 죄다 이룸.
- [未完 미완] 끝을 다 맺지 못함.

4급 II

벼슬 관

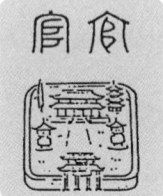

벼슬, 기관, 일, 맡을, 본받을, 부릴.
official, sense

宀과 㠯(←𠂤=쌓일 퇴)의 합침. 백성을 다스리기 위해 많은 계층(㠯)의 사람들이 일하는 집(宀)이라는 데서 '관청(官廳)'을 뜻하게 된 자. 관청에서 일하는 '벼슬아치'의 뜻으로도 쓰인다 會.
【참고】㠯는 관청을 둘러싼 담을 뜻하기도 함.

- [官能 관능] 생물체의 기관의 기능.
- [官吏 관리] 벼슬아치.
- [長官 장관] 국무를 보는 각 부의 장.

3급

마땅 의

마땅할, 옳을, 일할, 유순할, 화목할.
ought to, suitable, harmonize

宀과 且(쌓을 저)의 합침. 집(宀)에서 음식을 많이 쌓아 놓고(且 p.42) 제사를 지냄은 '마땅하다'는 뜻으로 된 자 會.

- [宜當 의당] 마땅히. 으레.
- [時宜 시의] 시기에 적합함.
- [便宜 편의] 형편이 좋음.

4급 II

마루 종

마루, 으뜸, 밑, 높을, 교파, 겨레.
main, honor, kindred

宀과 示(보일 시)의 합침. 示는 제사 지냄. 조상의 제사(示)를 지내는 집(宀), 곧 '사당'이나 '종묘(宗廟)'를 뜻한 자. 종가나 종묘는 겨레의 으뜸되는 데라 하여 '마루' 또는 '높다'의 뜻으로도 쓰인다 會.

- [宗敎 종교] 신불을 신앙하는 일.
- [改宗 개종] 믿던 종교를 바꾸어 믿음.
- [祖宗 조종] 조상.

3급 II

집 주

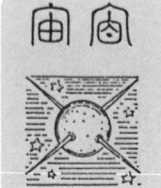

집, 하늘, 때, 무한의 시간.
universe, eternity

宀과 由(말미암을 유:음부)의 합침. 천체가 매달린(由 p.267)듯한 공간을 지붕(宀)에 비겨 '하늘'을 뜻하게 된 자. 무한의 공간인 宇(p.129)에 대하여 '무한의 시간'을 뜻하기도 한다 會形.

- [宇宙 우주] 천지 사방과 고금.
- [宙水 주수] 점토층에 괸 지하수.
- [宙合 주합] 우주와 합일된 경지.

宀 부

6급

정할 정

정할, 그칠, 편안할, 마칠, 고요할.
settle, cease

宀과 疋(←正=바를 정:음부)의 합침. 집(宀)에서 바른(疋) 자세로 앉음을 가리켜 자리 '정하다'의 뜻이 된 자 會形.

- [定價 정가] 일정하게 매긴 값.
  [選定 선정] 가려 뽑아서 정함.
  [安定 안정] 안전하게 자리잡음.

5급

손 객

손, 나그네, 붙일, 지날, 사람.
guest, stranger

宀과 各(각각 각:음부)의 합침. 집(宀)에서 제각기(各 p.97) 찾아온 사람, 즉 '손님'을 뜻하여 된 자 形.

- [客觀 객관] 제삼자의 입장에서 사물을 보거나 생각함.
  [客室 객실] 손님을 접대하는 방.
  [旅客 여객] 나그네. 길손.

4급

베풀 선

베풀, 펼, 밝힐, 통할, 보일, 흩을.
declare, proclaim

宀과 亘(펼 선:음부)의 합침. 임금이 조서를 내려 정사를 펴는(亘) '선정전(宣政殿)'을 뜻한 자인데, 선정전에서 정사를 편다는 데서 '베풀다'의 뜻으로 쓰이게 되었다 形.

【참고】亘은 위(一) 아래(_)로 말이 돌게(日←回)하여 일을 '편다'는 뜻.

- [宣言 선언] 방침이나 결의를 공표함.
  [宣傳 선전] 어떠한 주의나 주장을 퍼뜨림.
  [宣布 선포] 널리 펴 알림.

8급

집 실

방, 집, 아내, 토굴, 뫼구덩이, 칼집.
house, room, wife

宀과 至(이를 지:음부)의 합침. 집(宀)에서 사람이 머무르는(至 p.321) 곳, 즉 '방'을 뜻한 자. 주로 집 안에만 있는 '아내'의 뜻으로도 쓰인다 會形.

【참고】屋·臺 등에서의 至는 사람의 머무름.

- [室內 실내] 방의 안.
  [敎室 교실] 수업에 쓰이는 방.
  [後室 후실] 후처의 존칭.

3급

재상 재

재상, 으뜸, 다스릴, 잡을, 주관할.
prime minister, govern

宀과 辛(←䇂=허물 죄→罪:음부)의 합침. 관청집(宀)에서 죄인(辛 p.370)을 '다스린다'는 뜻. 나아가, 정사를 다스리는 '재상(宰相)'의 뜻으로도 쓰인다 會形.

- [宰人 재인] 벼슬 이름. 또는 백정.
  [主宰 주재] 주장하여 처리함.

4급 II

집 궁

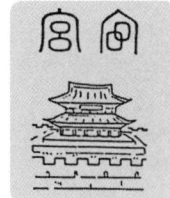

집, 궁궐, 종묘, 불알 썩일, 담, 몸.
house, palace

宀과 呂(←躬=몸 궁:음부)의 합침. 사람이 몸(呂) 담아 있는 '집(宀)'을 뜻하여 된 자인데, 진시황 때부터 '궁궐(宮闕)'의 뜻으로 널리 쓰이게 되었다 形.
【참고】 呂는 척추뼈의 연결처럼 여러 개의 방이 잇닿은 모양을 나타내기도 함.

- [宮女 궁녀] 궁중(宮中)에서 일보는 여관(女官).
  [宮殿 궁전] 임금이 사는 집.
  [迷宮 미궁] 한번 들면 나올 수 없는 곳.

3급 II

잔치 연

잔치, 잔치할, 즐길, 편안할. 통 燕
feast, enjoy

宀과 妟(편안할 안:음부)의 합침. 집(宀)에서 '편히(妟) 지냄'을 뜻한 자. 나아가, '즐기다' 또는 '잔치하다'의 뜻으로도 쓰인다 會形.
【참고】 妟은 晏과 같은 자. 좋은 날씨(日)에 집(宀)에서 여자(女)가 '편안히' 지냄.

- [宴會 연회] 여럿이 모여 베푸는 잔치.
  [酒宴 주연] 술잔치.
  [祝宴 축연] 축하나 축복하는 잔치.

5급

해할 해

해칠, 죽일, 시기할 해/ 어찌 할. 통 曷
harm, destroy, kill, envy

宀에 丰(풀 어지러이 날 개:음부)와 口(입 구)의 어울림. 집(宀)에 들어앉아 어지러이(丰) 사람을 헐뜯는 말(口)을 한다는 데서 '해치다'의 뜻이 된 자 會形.
【참고】 丰는 풀(彡)이 길(丨)을 덮어 어지러움.

- [害毒 해독] 해와 독.
  [妨害 방해] 남의 일에 헤살을 놓음.
  [傷害 상해] 상처를 내어 해를 입힘.

7급

집 가

집, 남편, 집안, 일족, 살, 학파.
house, husband, household

宀과 豕(돼지 시)의 합침. 돼지(豕)를 한 지붕(宀) 밑에서 키우는 '오막살이 집'을 뜻하여 된 자. 나아가, 집에 '산다'는 뜻으로도 쓰인다 會. [p.129 宅]

- [家産 가산] 한 집안의 재산.
  [家屋 가옥] 사람이 사는 집.
  [農家 농가] 농사짓는 사람의 집.

4급 II

얼굴 용

얼굴, 담을, 쌀, 모양, 조용할, 놓을.
admit, appearance

宀과 谷(골 곡[욕]:음부)의 합침. 집(宀)이 골짜기(谷) 같이 넓어 많은 물건을 넣을 수 있다 하여 '담다'의 뜻이 된 자 會形. 나아가, 온갖 표정이 담기는 '얼굴'의 뜻으로도 쓰인다 轉.

- [容量 용량] 물건이 담기는 분량.
  [容恕 용서] 잘못을 면하여 줌.
  [内容 내용] 사물의 속내.

3급II

寂
고요할 적

고요할, 쓸쓸할, 적막(寂寞)할.
silent, lonely

宀과 叔(어릴 숙:음부)의 합침. 집(宀)에 있던 어린애(叔 p.94)가 없어서 '적막하고', '쓸쓸함'을 뜻한 자 形.

- [寂寂 적적] 외롭고 쓸쓸함.
  [靜寂 정적] 고요함.
  [閑寂 한적] 한가하고 고요함.

5급

宿
잘 숙
별자리 수

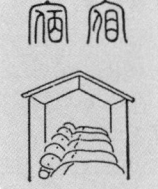

잘, 드샐, 머무를, 쉴, 번, 지킬 숙/ 별 수.
sleep, lodge

宀에 亻과 百(일백 백:음부)의 합침. 집(宀)에서 많은(百) 사람(亻)이 '쉰다'는 뜻으로 된 자. 나아가, '자다'의 뜻으로도 쓰인다 會形.

- [宿命 숙명] 날 때부터 이미 정해진 운명.
  [宿所 숙소] 머물러 묵는 곳.
  [下宿 하숙] 객지에서 일정한 집에 숙박함.

3급

寅
범(虎) 인
동방

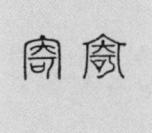

범(셋째 지지), 동쪽, 공경할, 나아갈.
respect, tiger(3rd of stems)

① 宀에 ㅗ(←大)와 臼(양손 마주 잡을 국)의 어울림. 집(宀)에서 어른(大)을 두 손(臼)으로 부축하여 모시고 있는 모양에서 '공경하다'의 뜻이 된 자 會.
② 굽은 화살을 펴서 잘 나가게 한다 하여 '나아가다'의 뜻이 된 자. 나아가, 햇살이 화살처럼 뻗쳐 나오는 '동쪽'의 뜻으로도 쓰인다 象.

- [寅念 인념] 삼가 생각함.
  [寅月 인월] 음력 정월의 별칭.
  [同寅 동인] 신하가 모두 공경함.

4급

寄
부칠 기

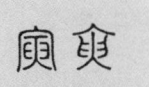

부칠, 붙어 살, 부탁할, 맡길, 줄.
to lodge at, request

宀과 奇(때 못 만날 기:음부)의 합침. 때를 못 만나(奇 p.119) 불우한 사람이 남의 집(宀)에 몸을 의탁한다 하여 '붙어 살다'의 뜻이 된 자 形.

- [寄宿 기숙] 남의 집에 몸 붙여 있음.
  [寄港 기항] 항해 중의 배가 항구에 들름.
  [投寄 투기] 남에게 물건을 부침.

4급II

密
빽빽할 밀

빽빽할, 가만할, 비밀, 깊을, 친밀할.
densely, secret, friendly

宓(빽빽할 밀:음부)과 山(메 산)의 합침. 나무가 빽빽한(宓) 산(山) 속에서 드러나지 않게 일한다는 데서 '비밀(秘密)' 또는 '가만하다'의 뜻이 된 자 形.
【참고】宓은 지붕(宀) 밑 대들보에 건축 연월일을 쓴 표지판(必 p.164) 위에 걸쳐진 서까래가 '빽빽함'을 나타낸 자.

- [密林 밀림] 빽빽하게 들어선 수풀.
  [密語 밀어] 비밀스러운 이야기.
  [緊密 긴밀] 바싹 들러붙어 빈틈이 없음.

富 부자 부 (4급II)

부자, 부유할, 많을, 넉넉할, 충실할. ㉿冨
rich, enrich

宀과 畐(찰 복:음부)의 합침. 畐은 술이 가득 찬 술병의 모양. 병에 술이 가득 차 있듯이 집(宀)에 재물이 많다 하여 '부자(富者)'의 뜻이 된 자 會形.

- [富強 부강] 나라가 부유(富裕)하고 강함.
- [富貴 부귀] 재산이 많고 지위가 높음.
- [豊富 풍부] 넉넉하고 많음.

寒 찰 한 (5급)

찰, 떨릴, 얼, 가난할, 천할, 쓸쓸할.
cold, shiver, poor

① 宀에 茻(풀숲 망)·人·冫(얼음 빙)의 어울림. 사람(人)이 움집(宀)에서 풀더미(茻)로 몸을 감싸 추위(冫)를 막는 모양(전자 참조)에서 '춥다'·'차다'의 뜻이 된 자 會.
② 寋(틈 하:음부)와 冫(얼음 빙)의 합침. 움집에 틈(寋)이 많아 새어드는 바람에 얼어붙는다(冫) 하여 '춥다'·'얼다'의 뜻이 된 자 形.

- [寒氣 한기] 추운 기운.
- [寒心 한심] 딱하고 언짢아 기막힘.
- [酷寒 혹한] 몹시 독한 추위.

寢 잘 침 (4급)

잘, 쉴, 방, 침실, 병날, 사당집. ㉭寝
sleep, rest, bedroom

宀에 爿(조각널 장)과 㩴(=帚=비 추:음부)의 어울림. 집(宀)에서 침대(爿)를 쓸고(㩴) '잔다'는 뜻으로 된 자. 그 '침실(寢室)'의 뜻으로도 쓰인다 會形.

- [寢具 침구] 이부자리와 베개, 잠옷 따위.
- [寢食 침식] 잠자는 일과 먹는 일.
- [就寢 취침] 잠자리에 듦.

察 살필 찰 (4급II)

살필, 깨끗할, 알, 상고할, 밝힐.
search, clearly, know

宀과 祭(제사 제:음부)의 합침. 집(宀)에서 제사(祭 p.284) 음식을 정성껏 '살핀다'는 뜻으로 된 자 會形.

- [察知 찰지] 샅샅이 살펴 앎.
- [考察 고찰] 상고하여 살펴봄.
- [視察 시찰] 다니며 실지 사정을 살펴봄.

寡 적을 과 (3급II)

적을, 드물, 과부, 나(임금).
little, widow

宀과 㝒(←頒=나눌 반)의 합침. 집(宀)안 재물을 사람(頁=머리 혈)들이 나누어(分=나눌 분) 가지니 '적다'의 뜻이 된 자. 또는, 집(宀) 주인(頁)인 남편과 헤어진(分) '과부(寡婦)'를 뜻하기도 한다 會.

- [寡默 과묵] 침착하고 말이 적음.
- [寡聞 과문] 견문이 적음.
- [弱寡 약과] 얼마 안 됨.

3급II

편안 녕

편안할, 차라리, 어찌, 문안할. 속寧
peaceful, rather than

宀에 心(마음 심)·皿(그릇 명)·丁(성할 정:음부)의 어울림. 집(宀)에 먹을 것이 그릇(皿)에 가득 차 마음(心)이 안정되고 기력이 왕성하다(丁 p.41)는 데서 '편안하다'의 뜻이 된 자. 이러한 뜻에서, '어찌 편안하지 않겠느냐'는 가정 부사로도 쓰인다 會形.

● [寧日 영일] 편안한 나날.
　[康寧 강녕] 몸과 마음이 편안함.
　[安寧 안녕] 탈 없이 무사함.

5급

열매 실

열매, 찰, 성실할, 물건, 사실. 약実
a ripe fruit, honest

宀과 貫(꿸 관)의 합침. 본디는 집(宀) 안에 돈꿰미(貫)가 가득 찼음'을 나타낸 자인데, 후에 잘 여문 '열매'를 뜻하여 쓰이게 되었다 會.
【참고】貫은 돈(貝)을 '꿴(毌=꿸 관)' 을 뜻함.

● [實情 실정] 있는 그대로의 정황.
　[實驗 실험] 실제(實際)로 시험함.
　[充實 충실] 실속이 있고 여묾.

3급II

너그러울 관

너그러울, 놓을, 넓을, 용서할.
liberal, wide, forgiving

宀과 莧(산양뿔 관:음부)의 합침. 양의 긴 뿔(莧)같이 큰 관을 쓰고 다녀도 거추장스럽지 않게 지은 집(宀)이 '넓다'·'너그럽다'의 뜻으로도 쓰인다 會形.
【참고】莧은 양뿔(丷←艹=양뿔 개)·눈(目)·다리(儿)·꼬리(丶)의 합침.

● [寬大 관대] 마음이 너그럽고 큼.
　[寬容 관용] 너그럽게 받아들여 용서함.
　[寬厚 관후] 너그럽고 후함.

3급II

살필 심

살필, 알아낼, 묶을, 참으로, 과연.
examine, truly

宀과 番(차례 번)의 합침. 덮여(宀) 가려진 발자국을 차례차례(番 p.269)로 분별해 낸다는 데서 '살피다'·'알아내다'의 뜻이 된 자. 본자는 宷. 덮여(宀) 가려진 것을 분별해(釆=분별할 변 p.384) 낸다 하여 '알아내다'의 뜻이 된 자 會.

● [審査 심사] 자세히 조사함.
　[審議 심의] 심사하고 의논함.
　[再審 재심] 두 번째로 심리(審理)함.

5급

베낄 사

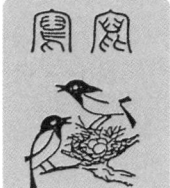

베낄, 쓸, 모뜰, 그릴, 쏟을. 약写
copy, write, draw

宀과 舃(까치·빛날 석:음부)의 합침. 까치(舃)가 둥우리(宀) 주위를 옮아 앉듯이 글을 '베껴 옮기거나' 그림을 '그림'을 뜻하여 된 자 形.
【참고】舃은 배가 희고 등이 검은 까치[鵲=까치 작]를 본떠, 그 깃이 '빛남'을 뜻함.

● [寫本 사본] 문서나 책을 베낀 부본.
　[寫眞 사진] 사진기로 찍은 형상.
　[描寫 묘사] 사물을 있는 그대로 그려 냄.

4급Ⅱ	寶 보배 보		보배, 돈, 옥새, 귀할. ㉕寳 ㉣宝
			treasure, coin, valuable
			宀에 王(玉=구슬 옥)·缶(장군 부:음부)와 貝(조개 패)의 어울림. 缶는 귀중품을 담은 질그릇. 집(宀) 안의 큰 그릇(缶)에 담긴 구슬(王)이나 재물(貝)을 가리켜 '보배'의 뜻이 된 자 會形.
			● [寶石 보석] 장식에 쓰는 아름다운 보배.
			  [家寶 가보] 한 집안의 보배(←寶貝).
			  [國寶 국보] 나라에서 보배로 지정한 것.

8급	寸 마디 촌		마디, 치, 손, 헤아릴, 규칙, 법도.
			length, rule
			寸(←又=손 우)와 丶의 어울림. 손목(寸)에서 맥박(丶)이 뛰는 데까지의 사이, 또는 손가락(寸)의 한 '마디(丶)'가 '한치'가 됨을 나타낸 자. 한 치는 길이를 헤아리는 기준이 된다는 데서 '규칙' 또는 '법도'의 뜻으로도 쓰인다 指.
			● [寸數 촌수] 친족 간의 멀고 가까운 관계.
			  [寸志 촌지] 작은 뜻(증정물의 겸칭).
			  [尺寸 척촌] 자와 치.

4급Ⅱ	寺 절 사	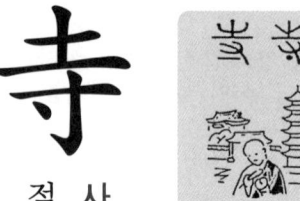	절, 마을[官署] 사/ 관청, 내시 시.
			temple, office
			土(←之=갈 지:음부)와 寸의 합침. 일정한 규칙(寸)에 의해 일해 가는(土) '관청'을 뜻한 자. 중국에 불교가 처음 들어왔을 때 관청 건물을 빌려 불법을 폈던 데서 '절'을 뜻하게 되었다 形.
			● [寺院 사원] 절이나 성당이나 수도원.
			  [佛寺 불사] 절.
			  [寺人 시인] 내시. 환관.

3급Ⅱ	封 봉할 봉		봉할, 무덤, 흙더미, 지경, 골, 북돋울.
			seal, mound
			㞢(之=갈 지의 본자)와 土(흙 토)에 寸의 어울림. 제후에게 영토(土)를 주어 그 지방에 가서(㞢) 다스리게(寸) 한 데서 '봉하다'의 뜻이 된 자 會.
			【참고】㞢는 경계선(一)을 나타내기 위하여 심은 나무(屮)를 가리키기도 함.
			● [封建 봉건] 제후를 봉하여 나라를 세움.
			  [封印 봉인] 봉한 자리에 인장을 찍음.
			  [密封 밀봉] 단단히 봉함.

4급	射 쏠 사		쏠, 맞힐 사/ 관명 야/ 싫을, 음률 이름 역.
			shoot, hit
			원자형은 躲. 身(몸 신)과 矢(화살 시)의 합침. 화살(矢)이 몸을 떠난다 하여 '쏘다'의 뜻이 된 자. 활을 쏘는 데는 엄격한 규칙이 있다 하여 矢가 寸(법도 촌)으로 바뀌었다 會.
			【참고】寸은 활을 쏘는 손을 뜻하기도 함.
			● [射擊 사격] 총을 쏘아 목적물을 공격함.
			  [射倖 사행] 우연한 이익을 얻고자 함.
			  [發射 발사] 총포나 활을 내쏨.

將

4급II

거느릴, 장수, 장차, 클, 가질. 약將
general, future, lead

爿(←醬=간장 장:음부)과 寸의 합침. 널판(爿)에 고기(月←肉)를 벌여 놓고 법도(寸)에 의해 제사를 지내며 많은 씨족을 '거느린다' 는 뜻으로 된 자. 거느린다는 데서 '장수(將帥)'의 뜻으로도 쓰인다 形.
【참고】醬은 나무(爿) 통에 고기(月)를 넣고 손(寸)으로 술(酉=酒)처럼 담근 '간장'.

- [將校 장교] 소위 이상의 무관.
- [將次 장차] 차차. 앞으로.
- [大將 대장] 한 무리의 우두머리.

장수 장

專

4급

오로지, 저대로 할, 주로 할. 약专
only, devote to, specially

叀(물레 전:음부)과 寸의 합침. 실을 잣는 물레바퀴(叀 p.171 惠)는 규칙적으로(寸) 한쪽으로만 돌아간다는 데서 '오로지' 의 뜻이 된 자 形.

- [專念 전념] 오로지 그 일에만 마음을 씀.
- [專屬 전속] 한곳에만 속함.
- [專用 전용] 혼자서만 씀. 오로지 씀.

오로지 전

尋

3급

찾을, 물을, 쓸, 보통, 이을, 여덟 자.
search for, ask for

크(→左=왼 좌)·크(→右=오른 우)와 寸의 합침. 좌우(左·右) 양팔을 편 길이(8척)를 표준 삼아 사물의 길이를 헤아려(寸) 일의 실마리를 '찾는다' 는 뜻으로 된 자 會.

- [尋訪 심방] 찾음. 방문함.
- [尋常 심상] 대수롭지 않음.
- [推尋 추심] 찾아서 가져옴.

찾을 심

尊

4급II

높을, 공경할, 어른 존/ 술통 준. 통樽
noble, respect, bottle

酋(술 익을 추)와 寸의 합침. 술잔(酋)을 손(寸)에 정중히 들고 제상 또는 윗사람에게 바치는 모양에서 '높이다'·'공경하다'의 뜻이 된 자 會.
【참고】酋는 술(酉←酒=술 주)이 괴어 넘친다(八=나눌 팔)하여 '술 익다'의 뜻.

- [尊嚴 존엄] 존귀하고 엄숙함.
- [尊重 존중] 높이고 중히 여김.
- [自尊 자존] 스스로 자기를 높임.

높을 존

對

6급

대답할, 마주 볼, 짝, 당할. 약対
answer, opposite to

①丵(무성할 착)과 一에 寸의 어울림. 많은 사람이 촘촘히(丵) 자리(一)에 마주 앉아 규칙(寸)에 따라 묻고 '대답(對答)한다' 는 뜻으로 된 자 會.
②종을 매달기 위해 '마주 세운' 대(丵 p.222 業)를 손(寸)으로 붙잡고 있는 모양을 본뜬 자 象.
【참고】丵은 풀이 무더기로 나서 '성한' 모양.

- [對談 대담] 서로 마주 보고 말함.
- [對立 대립] 마주 대하여 섬.
- [相對 상대] 서로 대면함. 마주 겨룸.

대할 대

4급 II

導
인도할 도

인도할, 이끌, 열어 줄, 통할, 가르칠.
guide, lead, awake

道(길 도:음부)와 寸의 합침. 길(道 p.378)을 손(寸)으로 가리켜 준다 하여 '인도하다'· '이끌다'의 뜻이 된 자 會形.

- [導入 도입] 끌어들임.
- [先導 선도] 앞에 서서 인도(引導)함.
- [指導 지도] 가리키어 이끎.

8급

小
작을 소

작을, 잘, 약할, 짧을, 첩, 천할.
small, short, mean

① 점(丶) 셋으로 물건의 '작은' 모양을 나타낸 자 象.
② 八(나눌 팔)과 丨의 합침. 땅을 헤치고(八) 나오는 자잘한 풀싹(丨)의 모양에서 '작다'의 뜻 會.
【참고】小의 丨이 해서체에서 亅로 바뀜.

- [小康 소강] 소란하던 세상이 좀 안정됨.
- [小說 소설] 문학 형식의 하나.
- [縮小 축소] 줄이어 작게 함.

7급

少
적을 소

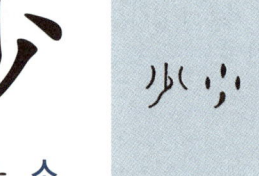

적을, 젊을, 잠깐, 버금, 멸시할.
young, little, slighting

小와 丿(끊을 요:음부)의 합침. 물체의 일부가 끊어져서(丿) '작아짐(小)'을 뜻한 자. 나아가, 나이가 적다 하여 '젊다'는 뜻으로도 쓰인다 形.

- [少年 소년] 어린 사내아이.
- [少壯 소장] 젊고 의기가 왕성함.
- [減少 감소] 줄어서 적어짐.

3급

尖
뾰족할 첨

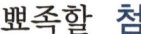

뾰족할, 날카로울, 작을, 끝.
pointed, sharp, slight

小와 大(큰 대)의 합침. 아래는 크고(大) 위 끝은 작다(小)는 데서 '뾰족하다'· '날카롭다'의 뜻이 된 자 會.

- [尖端 첨단] 사조나 유행에 앞장서는 일.
- [尖形 첨형] 끝이 뾰족한 형체.
- [銳尖 예첨] 날카롭고 뾰족함.

3급 II

尙
오히려 상

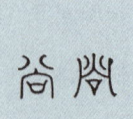

오히려, 높일, 짝지을, 일찍, 바랄.
ascend, add, yet

八(나눌 팔)과 向(향할 향:음부)의 어울림. 창문(向 p.98)을 열 때 빠져 나가는(八) 공기가 위로 올라간다는 데서 '높이다'의 뜻이 된 자 形. 창문은 주로 두 짝인 데서 '짝짓다'의 뜻으로도 쓰인다 轉.

- [尙古 상고] 옛적의 문물을 숭상(崇尙)함.
- [尙今 상금] 지금까지.
- [高尙 고상] 지조가 높고 몸가짐이 맑음.

寸·小·尢·尸 부

尢(兀) 절름발이 왕

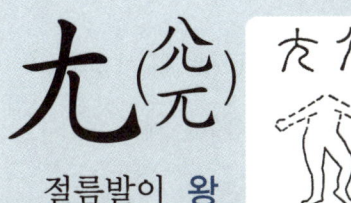

절름발이, 한 발 굽을, 곱사.
lame, crookback

'한쪽 정강이가 굽은 사람'의 모양을 본뜬 자. 곧, 大(사람 대)의 한 획을 구부려 한 발이 굽은 '절름발이'를 뜻한다 象.

3급 尤 더욱 우

더욱, 가장, 탓할, 허물, 나무랄. 본 㤢
more, blame

ナ(←又=손 우)와 乙(←乙)의 어울림. 손(ナ p.94 友)에 쥐었던 물건을 떨어뜨려(乙 p.118 失) '허물'이 되었다는 뜻으로 된 자. 그 허물을 지나치게 탓한다 하여 '더욱'의 뜻으로도 쓰인다 會指.

- [尤極 우극] 더욱.
  [尤甚 우심] 더욱 심함.
  [怨尤 원우] 원망하고 꾸짖음.

4급 就 나아갈 취

나아갈, 이룰, 좇을, 높을, 마칠, 곧.
accomplish, approach

京(서울 경)과 尤(더욱 우:음부)의 합침. 궁성(京 p.51) 터를 더욱(尤) 높게 쌓아 '나간다', 또는 그 성을 다 쌓았다는 데서 '이루다'의 뜻이 된 자 會形.

- [就職 취직] 직업을 얻음. 취업(就業).
  [就學 취학] 학교에 들어가서 공부를 함.
  [成就 성취] 일을 목적대로 이룸.

尸 주검 시

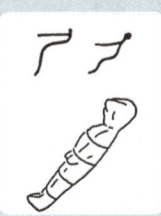

주검, 시동, 주관할, 베풀, 지붕, 진칠.
corpse

① 人의 변형으로, 사람이 쓰러진 모양을 본떠 '주검'을 뜻한 자 象.
② 宀의 변형으로, 집을 덮고 있는 윗부분의 모양을 본떠 '지붕' 또는 '집'을 뜻한 자 象.

- [尸位 시위] 시동(尸童)을 앉히는 자리.
  [尸祝 시축] 신주와 제문.

3급Ⅱ 尺 자 척

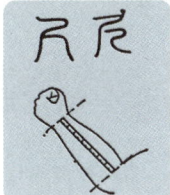

자, 법, 팔꿈치 맥까지 길이, 가까울.
measure(length), rule

尸와 ㄴ(←乙=굽을 을)의 어울림. 尸는 팔을, 乙은 팔이 구부러짐을 나타냄. 손목(尸)에서 팔꿈치(乙)까지의 길이를 한 '자'로 했음을 가리킨 자 指. [p.136 寸]

- [尺度 척도] 계량의 표준.
  [曲尺 곡척] 곱자.
  [三尺童子 삼척동자] 석 자 키의 아이.

5급

 판국

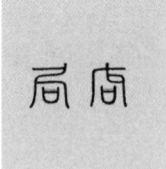

판, 부분, 관청, 방, 굽힐, 시절.
department, bureau, office

① 月(←尺=자 척)에 口(입 구)의 어울림. 자(尺)로 재듯이 말(口)로 한계를 나눈 '부분'을 뜻한 자 會.
② 몸(尸)이 위축되어 굽이진다(句=굽을 구:음부)는 데서 '굽히다'의 뜻이 된 자 會形.

● [局限 국한] 어떤 국부(局部)에만 한정함.
  [結局 결국] 일의 끝장.
  [局面 국면] 일이 있는 경우의 장면.

3급Ⅱ

 꼬리 미

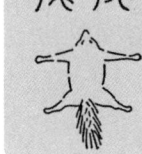

꼬리, 끝, 뒤, 흘레할, 희미할, 마리.
tail, end, behind

尸와 毛(털 모)의 합침. 몸(尸)의 뒤꽁무니에 털(毛)이 난 '꼬리'를 뜻한 자 會.
【참고】 옛날에, 사람(尸)의 꽁무니에 장식으로 달았던 털(毛)을 뜻하여 되었다고도 함.

● [尾行 미행] 몰래 뒤를 따름.
  [交尾 교미] 흘레. 동물의 교접.
  [大尾 대미] 맨 끝.

4급

 살 거

살, 있을, 앉을, 곳 거/ 어조사 기.
dwell, to be exist

尸와 古(예 고:음부)의 합침. 尸는 누운 사람 또는 집. 사람이 집(尸)에 오랫동안(古 p.95) 머물러 '산다'는 뜻으로 된 자 形.

● [居喪 거상] 부모상을 당하고 있음.
  [居住 거주] 일정한 곳에 머물러 삶.
  [別居 별거] 나누어 살아감. 따로 삶.

4급

 굽힐 굴

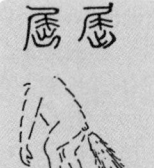

굽을, 굴복할, 움푹 팰, 줄일, 짧을.
crouch, submit, hollow

① 尸(←尾=꼬리 미)와 出(날 출:음부)의 합침. 꼬리(尸)가 빠져 나가(出) '움푹 팬다'는 뜻으로 된 자 會形.
② 죄인(尸)의 불알을 까내니(出) '굴복(屈服)한다'는 뜻으로 된 자 會形.

● [屈曲 굴곡] 이리저리 굽어 꺾임.
  [屈折 굴절] 꺾여 휘어짐.
  [卑屈 비굴] 비겁하여 용기가 없음.

5급

 집 옥

집, 지붕, 그칠, 도마, 수레 덮개.
house, roof, chopping, board

尸와 至(이를 지)의 합침. 尸는 지붕 또는 누운 사람을 가리킴. 사람(尸)이 머물러(至 p.321) 살 수 있는 '집'을 뜻하여 된 자 會. [p.131 室]

● [屋上 옥상] 지붕 위.
  [屋外 옥외] 집 밖. 한데.
  [家屋 가옥] 사람이 사는 집.

尸 부

5급 — 展 펼 전

펼, 늘일, 진실할, 적을, 구를, 살필.
spread, open, enlarge

尸와 㞒(←㐆=비단옷 전:음부)의 합침. 尸는 사람이 누운 모양. 비단옷(㐆)을 벗고 누워(尸) 팔다리를 '편다'는 뜻으로 된 자 形.
【참고】㐆은 장인(工·工)들이 무늬를 놓아 만든(工·工) '비단옷(衣)'을 나타냄.

- [展開 전개] 열려서 벌어짐.
  [展示 전시] 책·편지 등을 펴서 보임.
  [發展 발전] 일이 잘 되어 널리 피어남.

3급 — 屛 병풍 병

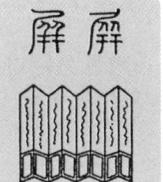

병풍, 덮을, 울타리, 물리칠, 앞가림.
screen, reject

尸와 幷(합할 병:음부)의 합침. 나무틀에 종이나 천을 합쳐(幷) 발라 바람을 막는(尸) '병풍(屛風)'을 뜻한 자. 나아가, '울타리'의 뜻으로도 쓰인다 形.
【참고】幷은 두 사람(〃←从)이 나란히(幵=편편할 견) 선 모양에서 '아우르다'·'합치다'의 뜻.

- [屛居 병거] 물리쳐 버림.
  [屛蔽 병폐] 막아서 가림.
  [畫屛 화병] 그림을 그린 병풍

3급 — 屢 여러 루

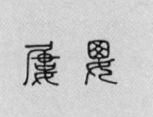

여러, 자주, 번잡할, 빠를. 속 屡
frequent, repeatedly

尸와 婁(어리석을 루:음부)의 합침. 어리석은(婁 p.198 數) 사람(尸←人)이 번번이 뒤퉁스럽게 군다는 데서 '자주'·'여러 번'의 뜻이 된 자 會形.

- [屢代 누대] 여러 대.
  [屢次 누차] 여러 차례.
  [屢報 누보] 여러 번 알림.

4급 — 層 층(層階) 층

층, 겹, 거듭, 층층대. 약 层 통 會
layer, fold

尸와 曾(거듭 증:음부)의 합침. 집(尸) 위에 집을 거듭(曾 p.210) 짓는다는 데서 '층' 또는 '겹치다'의 뜻이 된 자 形.
【참고】尸는 厂과 마찬가지로 지붕을 가리킴.

- [層階 층계] 위층에 올라갈 수 있는 설비.
  [斷層 단층] 지각 변동의 한 현상.
  [高層 고층] 겹쳐서 높은 층을 이룸.

3급Ⅱ — 履 밟을 리

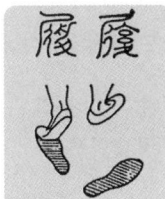

밟을, 신, 신을, 복록, 행할.
shoes, step

원자형은 屨. 尸에 彳(자축거릴 척)·舟(배 주)·夊(걸을 쇠)의 어울림. 尸는 사람, 舟는 그 모양에서 신을 나타냄. 사람(尸)이 신(舟) 신고 걷는다(彳·夊) 하여 '신' 또는 '밟다'의 뜻이 된 자 會.
【참고】본자의 아랫부분이 復(다시 부 p.162)로 바뀜은, 갔던 길을 되돌아 '다시' 온다는 데서 연유함.

- [履歷 이력] 거쳐 온 학업·직업 등의 내력.
  [履行 이행] 실제로 행함.
  [木履 목리] 나막신.

4급

 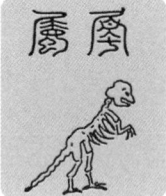

붙일 속

붙일, 무리, 좇을 속/ 이을, 부탁할 촉. 약)属
group, belong to

尾(←尾=꼬리 미)와 蜀(벌레 촉:음부)의 합침. 짐승이나 벌레(蜀 p.262 獨)의 꼬리(尾)가 등뼈에 이어졌다는 데서 '붙다'의 뜻이 된 자. 벌레들은 모여 산다 하여 '무리'의 뜻으로도 쓰인다 형).

- [屬國 속국] 다른 나라에 매여 있는 나라.
- [附屬 부속] 주되는 것에 딸려 붙음.
- [屬望 촉망] 잘 되기를 바라고 기대함.

 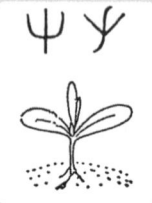

싹날 철

싹날, 떡잎 날 철/ 艸의 옛 자 초.
sprouting, plants

초목의 '떡잎이 싹터 나온' 모양을 본뜬 자 象).
【참고】ㅣ은 줄기, ㄴ은 좌우로 뻗은 잎 또는 가지.

- [屮昧 철매] 사물의 혼돈 상태.
- [屮茅 철모] 풀과 띠가 무성한 시골.

3급

진칠 둔

모일, 진칠, 언덕 둔/ 어려울, 두꺼울 준.
collect, be quartered

屮(싹)과 一의 어울림. 싹(屮)이 힘들게 땅(一)을 뚫고 나오는 모양에서 '어렵다'의 뜻이 된 자 會). 그 싹이 포기져 나오는 모양에서 '모이다'·'둔치다'의 뜻으로도 쓰인다 轉).

- [屯險 준험] 살아가는 데에 고난이 많음.
- [駐屯 주둔] 군대가 머무름.

8급

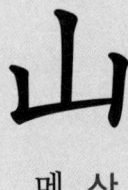 

메 산

메(산의 총칭), 절, 무덤, 분묘.
mountain

우뚝우뚝 솟은 산봉우리를 본떠 '산'을 뜻한 자 象).

- [山水 산수] 산과 물. 경치.
- [山積 산적] 물건이 산더미처럼 많이 쌓임.
- [鑛山 광산] 광물을 캐는 산.

3급II

언덕 안

언덕, 낭떠러지, 기운찰, 나타낼.
beach, shore, cliff

屵(벼랑 알)과 干(찌를 간:음부)의 합침. 벼랑(屵)이 파이고 깎여(干) 된 '낭떠러지'를 뜻한 자 會形).
【참고】屵은 산(山)기슭의 바위(厂) '벼랑'.

- [岸壁 안벽] 벽같이 깎아지른 듯한 언덕.
- [岸邊 안변] 언덕의 가.
- [沿岸 연안] 강·호수·바닷가를 따른 일대.

3급

큰산 악

큰 산, 아내의 부모, 벼슬 이름. 통嶽
mountain, wife's parent

丘(언덕 구)와 山의 합침. 산(山) 위에 또 언덕(丘 p.43)처럼 산이 있음을 나타내어 높고 '큰 산'을 뜻하게 된 자 會.

- [岳母 악모] 장모.
  [岳父 악부] 장인.
  [山岳 산악] 크고 작은 모든 산.

3급II

봉우리 봉

산봉우리, 메. 통峰
the peak of a mountain

山에 夅(만날 봉:음부)의 합침. 산마루(山)가 엇갈려 마주(夅 p.375 逢) 선 '봉우리'를 뜻한 자 形.

- [峯頭 봉두] 산꼭대기.
  [絶峯 절봉] 아주 험한 산봉우리.
  [高峯 고봉] 높은 산봉우리.

5급

섬 도

섬(嶋・嶹로도 씀).
island

鳥(←鳥=새 조:음부)와 山의 합침. 날아가던 새(鳥)가 바다 가운데의 산(山)에 앉은 모양에서 '섬'을 뜻하게 된 자 形.

- [島嶼 도서] 크고 작은 여러 섬들.
  [孤島 고도] 육지에서 멀리 떨어진 외딴섬.
  [半島 반도] 뭍과 이어져 바다로 내민 땅.

3급

무너질 붕

산 무너질, 황제 죽을, 부서질.
landslip, death of emperor

山과 朋(큰 조개 붕:음부)의 합침. 조개더미(朋 p.212)가 뭉그러지듯이 '산(山)이 무너져' 내림을 뜻한 자. 나아가, 황제의 죽음을 산악이 무너지는 것에 비유하여 '붕어(崩御)하다'의 뜻으로도 쓰인다 形.

- [崩壞 붕괴] 허물어져 무너짐.
  [崩落 붕락] 허물어져 떨어짐.
  [雪崩 설붕] 눈사태가 남.

4급

높을 숭

높을, 높일, 공경할, 모을, 마칠, 채울.
lofty, respect

山과 宗(높을 종:음부)의 합침. 산(山)이 크고 '높음(宗 p.130)'을 뜻한 자. 크고 높은 것은 우러러보인다는 데서 '공경하다'의 뜻으로도 쓰인다 形.

- [崇高 숭고] 뜻이 드높고 존엄함.
  [崇拜 숭배] 우러러 공경함.
  [尊崇 존숭] 존경하고 숭배함.

| 3급II | 嶺 고개 령 |  | 고개, 재, 봉우리, 산길. 통領
divide, peak
山과 領(거느릴 령:음부)의 합침. 산등성이(山)를 거느린(領 p.406) 듯이 우뚝 솟은 '봉우리'를 뜻한 자. 봉우리에서 고개가 생긴다 하여 '재'의 뜻으로도 쓰인다 形.
● [嶺南 영남] 경상도.
　[嶺上 영상] 산봉우리 위. 영마루.
　[雪嶺 설령] 눈이 쌓인 산마루. 銀嶺. |

| 3급II | 巖 바위 암 |  | 바위, 험할, 산굴 암/ 높을 엄. 통岩
rock, steep, cave, lofty
山과 嚴(굳셀 엄:음부)의 합침. 山(山)에 굳센(嚴 p.105) 모습으로 버티고 있는 '바위'를 뜻하여 된 자 形.
● [巖盤 암반] 너르고 반반하게 깔린 반석.
　[巖石 암석] 바위.
　[層巖 층암] 여러 층을 이루고 있는 바위. |

| 7급 | 川(巛) 내 천 | 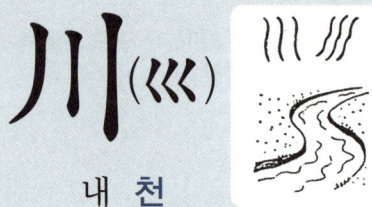 | 내[河川], 굴. 본巛
river, stream
물이 흐르는 모양을 본떠 '내'를 뜻한 자 象.
● [川邊 천변] 냇가.
　[山川 산천] 산과 내. 자연을 일컫는 말.
　[名山大川 명산대천] 이름난 산과 큰 내. |

| 5급 | 州 고을 주 | 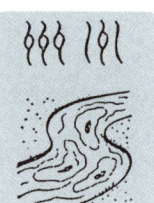 | 고을, 마을, 모일, 나라, 주, 섬. 통洲
region, district, island
川 사이사이에 ㆍㆍㆍ의 어울림. 흐르는 내(川) 가운데 솟은 '땅(ㆍㆍㆍ)'을 뜻하여 된 자. 후에, 시내를 경계로 행정상의 구역을 정했던 데서 '고을'의 뜻으로 널리 쓰이게 되었다 會.
● [州郡 주군] 주와 군. 지방.
　[州倉 주창] 주에 있는 곡식 창고.
　[雄州 웅주] 땅이 넓고 물산이 많은 고을. |

| 3급II | 巡 돌(廻) 순행할 순 | 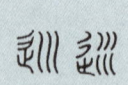 | 돌, 순행할, 두루 돌아다닐, 물러날.
patrol, cruise
辶(←辵=쉬엄쉬엄 갈 착)과 巛(川의 본자:음부)의 합침. 물(巛)이 돌아서 흘러가듯이 '두루 돌아다님(辶)'을 뜻한 자 會形.
● [巡察 순찰] 순행(巡行)하며 사정을 살핌.
　[巡視 순시] 돌아다니며 시찰함.
　[夜巡 야순] 밤에 순라(巡邏)를 돎. |

工 장인 공 <small>7급</small>

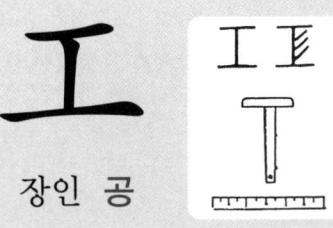

장인, 공교(工巧)할, 만들, 일, 벼슬.
workman, skill, make

무엇을 만들 때 사용하는 자 또는 파는 공구의 모양을 본떠 '만들다'의 뜻이 된 자. 그 도구를 사용하여 일을 하는 '장인'을 가리키기도 한다 指.

- [工業 공업] 공장에서의 기계 생산업.
- [工場 공장] 노동자가 생산하는 시설.
- [職工 직공] 공장에서 일하는 노동자.

左 왼 좌 <small>7급</small>

왼, 도울, 낮을, 증거할, 멀리할.
left side, assist, inferior

ナ(ナ=왼손 좌)와 工의 합침. 목수가 왼손(ナ)에 자막대(工 p.145)를 들고 일하는 것을 가리켜 '왼쪽'의 뜻이 된 자. 손은 서로 도움이 된다 하여 '돕다'의 뜻으로도 쓰인다 會.

- [左傾 좌경] 좌익(左翼)으로 기울어짐.
- [左側 좌측] 왼쪽.
- [證左 증좌] 상고될 만한 증거.

巧 공교할 교 <small>3급Ⅱ</small>

 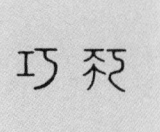

교묘할, 잘 할, 재주, 예쁠, 꾸밀.
skillful, artful

工과 丂(巧자:음부)의 합침. 재치 있게(丂) 만들었다(工) 하여 '교묘(巧妙)하다'의 뜻이 된 자 形.
【참고】丂는 그 자형에서 '교묘함'을 나타냄.

- [巧言 교언] 번드르르하게 꾸미는 말.
- [精巧 정교] 정밀하고 교묘함.
- [技巧 기교] 솜씨가 기이하고 교묘함.

巨 클 거 <small>4급</small>

 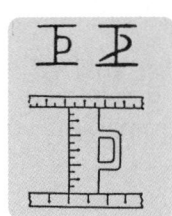

클, 많을, 억, 어찌. 통 鉅
great, large, numerous

가운데에 손잡이가 달린 커다란 자막대기의 모양을 본떠 '크다'의 뜻이 된 자 象.

- [巨大 거대] 굉장히 큼.
- [巨額 거액] 많은 액수의 돈.
- [巨物 거물] 세력·명망 등이 뛰어난 자.

差 다를 차 <small>4급</small>

다를, 어긋날, 견줄 차／어긋날, 구분 지을 치.
to err, compare, differ from

垂(←秝=드리워질 수)와 左(왼 좌:음부)의 합침. 이삭이 좌(左)우로 길고 짧게 나와 드리워져(垂) 있다 하여 '어긋나다'의 뜻이 된 자 會.

- [差度 차도] 병이 조금씩 나아가는 일.
- [差別 차별] 차등(差等)이 있게 구별함.
- [參差 참치] 들쭉날쭉 가지런하지 않음.

5급

己
몸 기

몸, 저, 실마리, 천간, 마련할. 통紀
body, self, 6th of 10 stems

① 사람의 척추 마디 모양을 가리켜 '몸' 또는 '자기(自己)'를 뜻한 자 指.
② 실 끝이 꼬부라진 모양을 본떠 일의 '실마리' 가 '마련됨'을 뜻한 자 象.

- [利己 이기] 자기 한 몸의 이익만 차림.
- [克己 극기] 사욕을 이지로 눌러 이김.
- [己物 기물] 자기의 물건.

3급Ⅱ

已
이미 이

이미, 그칠, 말, 따름, 나을, 써.
already, finished

① 본자는 보습 모양을 나타내는 㠯(以)로서, 밭갈이가 '이미' '끝났음'을 뜻한 자 象指.
② 止·矣(말 끝날 의)와 음이 통하는 데서 그 뜻을 빌려 '그치다'의 뜻 假.

- [已來 이래] 그 뒤로. 그러한 뒤로.
- [已往 이왕] 이제보다 이전.
- [而已 이이] 뿐. 그만큼.

3급

巳
뱀 사

뱀(여섯째 지지), 사월, 남동쪽.
snake(6th of 12 stems), April

아지랑이가 아른거리는 '사월'에 구불구불 기어가는 '뱀', 또는 모태에서 자라나는 아이 모양을 본뜬 자 象.

- [巳時 사시] 오전 9~11시.
- [巳初 사초] 사시의 첫 시각(오전 9시경).
- [上巳 상사] 삼짇날(음 3월 3일).

3급

巷
거리 항

거리, 골목, 마을, 복도, 내시.
street, alley

共(한가지 공)과 巳(←邑=고을 읍)의 합침. 여럿이 같이(共 p.72) 사용하는 마을(巳)의 '거리'를 뜻한 자 會.
【참고】 본자인 巷의 㔾(무릎 마디 절)은 거리를 걸어 다니는 사람의 다리를 나타냄.

- [巷間 항간] 보통 민중들 사이.
- [巷說 항설] 세상의 풍설.
- [陋巷 누항] 좁고 더러운 거리.

1급

巾
수건 건

수건, 헝겊, 건, 덮을.
towel, loin-cloth

'수건(手巾)'을 몸에 걸친 모양을 본뜬 자. 수건의 쓰임새에 따라 '건' 또는 '덮다' 등의 뜻으로 두루 쓰인다 象.
【참고】 冂은 드리워진 천, ㅣ은 사람의 몸뚱이.

- [巾卷 건권] 두건(頭巾)과 책(양반).
- [宕巾 탕건] 갓 아래에 받쳐 쓰는 관.

7급

저자 시

저자, 값, 흥정할, 장사, 집 많을, 동네.
market, prosperous

① ㅗ(←之=갈 지:음부)와 巾의 합침. 巾은 옛적에 앞만 가리던 옷. 시장에 갈 때 옷(巾)을 입고 감(ㅗ)을 가리켜 '저자'를 뜻하게 된 자 會形.
② 일정한 장소(冂=빌 경)에 사람들이 가서(ㅗ←之) 이르러(丨←ㄟ=끌 불) 물건을 '흥정한다'는 뜻으로 된 자 會形.

- [市場 시장] 물건을 사고파는 곳.
  [都市 도시] 시가지를 이룬 도회지.
  [成市 성시] 시장(市場)을 이룸. 많은 때.

4급II

베/펼 포
보시 보

베, 피륙, 펼, 벌일, 베풀, 돈.
cloth, publish

원자형은 㑓. 父(아비 부:음부)와 巾의 합침. 아비(父)가 자식을 잘 되라고 때리듯이 천(巾)을 방망이질해서 잘 다듬은 '베'를 뜻하여 된 자. 또는, 그 베처럼 좍 '편다'는 뜻으로도 쓰인다 形.
【참고】손(𠂇=왼손 좌)으로 천(巾)을 '편다'는 뜻에서 오늘날의 자형이 됨.

- [布敎 포교] 종교를 널리 폄.
  [布木 포목] 베와 무명.
  [公布 공포] 일반에게 널리 알림.

4급II

바랄 희

바랄, 드물, 성길, 적을. 통稀
wish, scarce, few

爻(사귈 효)와 巾의 어울림. 爻는 실이 서로 엇걸려 된 무늬를 가리킴. 곧, 무늬(爻)와 수가 놓인 천(巾)은 흔하지 않아 누구나 탐내고 '바란다'는 뜻으로 된 자 會.

- [希求 희구] 무엇을 바라고 요구함.
  [希望 희망] 이루거나 얻길 바람.
  [希少 희소] 드묾. 또는 성김.

4급

임금 제

임금, 제왕, 하느님[上帝].
emperor, king

① '제왕'이 면류관을 쓰고 곤룡포를 입고 띠를 맨 모양을 본뜬 자 象.
② 丄(上의 옛자)과 朿(가시 차:음부)의 어울림. 朿은 나무(木)가 가시에 싸인(冂) 모양에서 위엄을 가리킴. 덕과 위엄(朿)이 하늘(·p.41 上)과 합치되는 사람이라는 뜻에서 '제왕(帝王)'을 가리킨 자 形.

- [帝國 제국] 황제가 통치하는 나라.
  [帝政 제정] 황제가 베푸는 정치.
  [皇帝 황제] 제국의 군주의 존칭.

3급II

장수 수

장수, 주장할 수/ 거느릴, 좇을 솔. 약帅
marshal, lead on

𠂤(堆=쌓일 퇴의 본자)와 巾의 합침. 𠂤는 쌓인 듯이 많이 모인 병사의 무리, 巾은 천으로 된 깃발. 깃발(巾)을 높이 달고 많은(𠂤) 군사를 거느리는 '장수(將帥)'를 뜻하여 된 자 會. [p.148 師]
【참고】𠂤는 쌓아올린 지휘대를 가리키기도 함.

- [元帥 원수] 군인의 가장 높은 계급.
  [統帥 통수] 일체를 통할하여 거느림.
  [帥先 솔선=率先] 먼저 나섬.

4급II

師 스승 사

스승, 어른, 본받을, 서울, 군사. 약 师
teacher, imitate, soldier

𠂤(堆=쌓일 퇴의 본자)와 帀(두를 잡)의 합침. 쌓인 듯이 많이 모여(𠂤 p.130 官) 둘러(帀)선 '군사'를 뜻하여 된 자. 많이 모여 둘러선 제자들을 가르치는 '스승'의 뜻으로 널리 쓰인다 會.
【참고】帀은 㞢(→之=갈 지)가 거꾸로 된 자로, 둘레를 돌아 제자리에 옴을 나타내어 '두르다'의 뜻이 됨.

- [師團 사단] 군대 편성의 한 단위.
  [師表 사표] 학덕이 남의 모범이 될 만함.
  [敎師 교사] 학술 등을 가르치는 스승.

6급

席 자리 석

자리, 펼, 깔, 걷을, 인할, 베풀.
mat, seat

庐(←庶=무리 서:음부)와 巾의 합침. 巾은 천 따위로 된 깔개. 뭇 사람(庐)이 앉는 '깔개(巾)'를 뜻하여 된 자 形.
【참고】庶는 집(广) 뜰에 불(灬←火)을 피우고 여럿(廿=스물 입)이 모인 '무리'의 뜻.

- [席上 석상] 여럿이 모인 자리.
  [缺席 결석] 출석(出席)하지 않음.
  [卽席 즉석] 그 자리. 또는 곧장 만듦.

4급

帳 장막 장

장막, 휘장, 치부책, 장부. 통 張
curtain, account book

巾과 長(길 장:음부)의 합침. 추위나 햇볕을 막기 위해 길게(長) 피륙(巾)을 이어 둘러친 '휘장(揮帳)'이나 '장막'을 뜻하여 된 자. 장막 안에 금품 거래 관계를 기록한 것[簿]을 두었던 풍습에서 '장부(帳簿)'의 뜻으로도 쓰인다 形.

- [帳中 장중] 장막(帳幕)의 안.
  [記帳 기장] 장부를 기록함.
  [臺帳 대장] 기록의 토대가 되는 원부.

4급II

 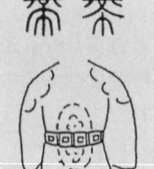

常 떳떳할 상

떳떳할, 항상, 일찍, 보통. 통 裳·嘗
always, fair, common

尙(높을 상:음부)과 巾의 합침. 사람은 고상하게(尙 p.138) 늘 옷(巾)을 입고 있다 하여 '항상(恒常)'의 뜻이 된 자. 또, 옷을 입음은 예법에 맞는다 하여 '떳떳하다'의 뜻으로도 쓰인다 形.

- [常例 상례] 보통의 사례.
  [常識 상식] 일반적인 지식 및 판단력.
  [正常 정상] 바르고 떳떳함.

4급II

帶 띠 대

띠, 찰, 데릴, 둘레, 가질, 쪽. 약 带
belt, carry to, around

卌와 帀(긴 옷 장)의 합침. 卌는 허리띠의 장식, 帀은 巾이 겹쳐진 모양. 긴 옷을 겹쳐(帀) 입은 위에 패물 따위로 장식하여(卌) 매는 '띠'를 본뜬 자 象.

- [帶同 대동] 데리고 함께 감.
  [連帶 연대] 두 사람 이상이 책임을 짐.
  [革帶 혁대] 가죽띠.

巾・干 부

3급
幅
폭 폭

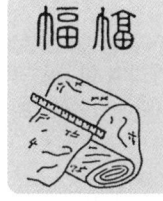

폭, 나비, 가득 찰 폭/ 행전 핍/ 복건 복.
width

巾과 畐(나비·가득 찰 복:음부)의 합침. 천(巾)의 양쪽 사이의 나비(畐)를 가리켜 '폭'의 뜻이 된 자. 천(巾)이 줄어든 데가 없이 찼다(畐 p.134 富)는 데서 '가득 차다'의 뜻으로도 쓰인다 形.

- [幅廣 폭광] 한 폭이 될 만한 너비.
- [大幅的 대폭적] 썩 많이.
- [全幅 전폭] 정한 범위의 전체. 온 너비.

3급II
幕
장막 막

장막, 덮을, 가릴, 장군. 통 幎 통 莫

tent, curtain

莫(저물 막:음부)과 巾의 합침. 莫(p.328)은 해가 질 때 초목에 가려짐을 나타냄. 천(巾)으로 위를 덮어 볕을 가리는(莫) '장막(帳幕)'을 뜻하여 된 자 形.

- [幕舍 막사] 천막 따위로 지은 집.
- [幕下 막하] 대장의 휘하.
- [天幕 천막] 비·햇볕 등을 가리는 장막.

3급
幣
화폐 폐

폐백, 비단, 재물, 재화, 돈.
money of silk, money

敝(옷 해질 폐:음부)와 巾의 합침. 천(巾)을 돈으로 썼을 때 그 천(巾)이 해짐(敝 p.156 弊)을 나타내어 해지기 쉬운 '화폐(貨幣)'의 뜻이 된 자. 돈처럼 통용되고 예물로 쓰는 비단인 '폐백(幣帛)'의 뜻으로도 쓰인다 形.

- [幣制 폐제] 화폐 제도.
- [造幣 조폐] 화폐를 만듦.
- [紙幣 지폐] 종이에 인쇄하여 만든 화폐.

4급
干
방패 간(설)

방패, 범할, 막을, 천간, 간여할.
shield, offend, defensive

① 위가 가닥진 '방패'의 모양을 본뜬 자. 방패로 창이나 화살을 '막는다'는 뜻으로도 쓰인다 象.
② 방패(一)를 창이 뚫음(Y←人)을 가리켜 '범하다'의 뜻이 된 자 指.

- [干涉 간섭] 남의 일에 참견함.
- [干拓 간척] 바다를 막아 육지를 만듦.
- [若干 약간] 얼마 안 됨.

7급
平
평평할 평

평평할, 다스릴, 화할 평/ 편편할 편.
level, peaceful

① 물 위에 뜬 부평초의 모양을 본떠 수면이 '평평함'을 나타낸 자 象.
② 于(말할 우)와 八(나눌 팔)의 합침. 말할(于 p.48) 때 입김이 고루 퍼짐(八)을 나타내어 마음이 '화하고' '평안(平安)함'을 뜻한 자 會.

- [平等 평등] 차별이 없음. 동등함.
- [平野 평야] 편편한 들.
- [水平 수평] 수면같이 평평(平平)함.

8급

年
해 년

해, 시대, 나이, 나아갈.
year, age

① 본자는 秂. 禾(벼 화)와 千(일천 천:음부)이 합침. 많은(千) 곡식(禾)들이 자라 익는 기간을 가리켜 한 '해'의 뜻이 된 자 形.
② 사람(⺧←人)이 해를 넘김다(ヰ=걸을 과)는 데서 '나이'의 뜻이 된 자 形.

- [年老 연로] 나이가 많아서 늙음.
  [年初 연초] 새해 초승.
  [來年 내년] 올해의 다음 해.

6급

幸
다행 행

다행, 바랄, 거둥, 괼[寵]. 통倖
fortunate, to hope for

원자형은 㚔. 夭(일찍 죽을 요)와 屰(거스를 역)의 합침. 일찍 죽지(夭) 않았음(屰 p.373 逆)을 가리켜 '다행(多幸)'의 뜻이 된 자 會.
【참고】 1. 夭는 사람(大)이 죽어 머리(丿)가 떨구어진 모양.
2. 죄인(辛 p.370)의 머리(亠=머리 부분 두)가 붙어 있음은 '다행'이라는 뜻에서 오늘날의 자형으로 바뀜.

- [幸福 행복] 만족감을 느끼는 상태.
  [幸運兒 행운아] 좋은 운수를 만난 사람.
  [行幸 행행] 임금이 궁궐 밖으로 거둥함.

3급Ⅱ

幹
줄기 간

줄기, 몸뚱이, 등뼈, 재능, 맡을. 통榦
trunk, body

원자형은 榦. 倝(해 돋을 간:음부)과 木의 어울림. 햇볕(倝 p.47 乾)이 가려지지 않을 정도의 높이로 담을 쌓을 때 중심 기둥을 나무(木)로 양옆에 세웠던 데서 '줄기'의 뜻이 된 자. 담은 집의 방패 구실을 한다는 데서 木이 干으로 바뀌었다 形.

- [幹部 간부] 단체의 수뇌부 임원.
  [幹線 간선] 도로·전신 등의 중요한 선.
  [才幹 재간] 재주와 기능.

幺
작을 요

작을, 어릴. 통幼
small, tender

① 아기가 갓 태어날 때의 모양을 본떠 '작다'·'어리다'의 뜻을 나타낸 자 象.
② 糸(실 사)가 반 동강으로 잘린 자형에서 실보다 더 가늘고 '작다'는 뜻으로 된 자 象.

- [幺弱 요약] 나이가 어리고 약함.
  [微幺 미요] 가냘프고 작음.

3급Ⅱ

幼
어릴 유

어릴, 어린이, 사랑할 유 / 깊을 요. 통幺
young, child

幺(작을 요:음부)와 力의 합침. 힘(力)이 약한(幺) '어린이'를 뜻하여 된 자 會形.

- [幼年 유년] 어린 나이.
  [幼稚園 유치원] 어린아이를 보육하는 곳.
  [老幼 노유] 늙은이와 어린이.

3급 II

그윽할 유

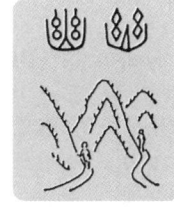

그윽할, 숨을, 가둘, 어두울, 조용할.
gloomy, retired

山(메 산) 안에 幺(작을 유:음부)의 어울림. 작고 가냘픈(幺) 것이 산(山)에 들어 '숨음'을 나타낸 자. 그 숨겨진 주위가 '그윽하다'는 뜻으로도 쓰인다 會形.

- [幽靈 유령] 죽은 사람의 혼령.
  [幽明 유명] 내세와 현세. 저승과 이승.
  [幽閉 유폐] 깊숙이 가두어 둠.

3급

몇 기

몇, 얼마, 거의, 위태할, 살필, 베틀.
somewhat, how much

① 機(베틀 기)의 본자. 幺(작을 유)에 人(사람 인)과 戈(창 과)의 어울림. 가는 실(幺)을 '베틀(戈)'에 걸어 놓고 사람(人)이 앉은 모양을 본뜬 자 象會. 그 베틀에 걸린 실올이 '몇' 이냐고 물은 데서 '얼마'의 뜻으로도 쓰인다 轉.
② 幺와 戍(막을 수)의 어울림. 적은(幺) 병력으로 적을 막는다(戍)는 데서 '위태하다'의 뜻이 된 자. 적다는 데서 '얼마'·'거의'의 뜻으로도 쓰이게 되었다 會.
【참고】 戍는 사람(人)이 창(戈)을 들고 적의 침략을 '막는다'는 뜻.

- [幾何 기하] 얼마. 幾何學의 준말.
  [幾個 기개] 몇 개.
  [幾(機)微 기미] 일의 야릇한 기틀. 김새.

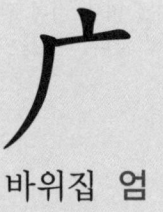
바위집 엄

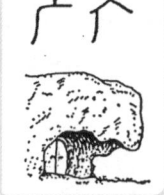

바위집, 마룻대, 돌집, 집.
stone house

① 언덕이나 바위를 지붕 삼아 지은 '바위집'의 모양을 본뜬 자 象.
② 굴바위(厂)에 마룻대(丶=표할 주)를 걸쳐 지은 '집'을 뜻한 자 會.
【참고】 厂은 지붕이 없는 굴집이고, 广은 지붕(丶)이 있는 집임.

4급 II

상(牀) 상

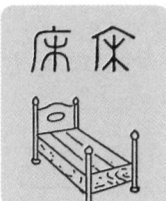

평상, 마루, 걸상. 본 牀
couch

广과 木(나무 목)의 합침. 집(广) 안에 있는 나무(木) 침대, 곧 '평상(平床)'을 뜻하여 된 자 會.
【참고】 본자 牀은 나무(木) 조각(爿=조각널 장:음부)으로 만든 '평상'이란 뜻.

- [床石 상석] 무덤 앞의 제물 차리는 돌상.
  [冊床 책상] 책을 보기 위하여 놓은 상.
  [寢床 침상] 누울 수 있게 된 평상.

5급

차례 서

차례, 담, 실마리, 학교. 통 敍
order, wall

广과 予(취할 여:음부)의 합침. 집(广)의 안채와 사랑채의 구별을 취하기(予) 위해 '차례로' 쌓은 '담'을 뜻하여 된 자 形.
【참고】 予는 베짤 때 북을 좌우 손에 번갈아 주고받는다 하여 '취하다'의 뜻이 됨.

- [序論 서론] 본론의 머리말이 되는 글.
  [序幕 서막] 일의 처음 시작.
  [順序 순서] 정해진 차례. 倫序.

4급

底
밑 저

밑, 살, 그칠 저/ 이룰, 정할, 이를 지.
bottom(underneath of rock)

广과 氐(낮을 저:음부)의 합침. 바위집(广) 아래의 낮은(氐 p.56 低) 곳을 가리켜 '밑' 을 뜻한 자 會形. 또는, 바위(广 p.151) 밑(一)에 사람(氏)이 머물러 '산다' 는 뜻으로 된 자 會.

- [底力 저력] 속에 간직한 끈기 있는 힘.
- [底意 저의] 속으로 생각하고 있는 의도.
- [徹底 철저] 속 깊이까지 투철함.

4급 II

府
마을 관청 부

곳집, 관청, 고을, 죽은 조상. 통 俯 · 腑
storehouse, office

广과 付(줄 부:음부)의 합침. 백성들한테서 거둔 세금과 주고받은 (付 p.52) 문서를 보관하는 '곳집(广)' 을 뜻하여 된 자. 후에, 그 곳집이 있는 '관청' 의 뜻으로 널리 쓰이게 되었다 形.

- [府庫 부고] 곳집.
- [府君 부군] 망부나 바깥 조상을 이르는 존칭.
- [政府 정부] 통치권을 행사하는 기관.

3급

庚
별 경

곡식, 굳셀, 가을, 일곱째 천간, 고칠.
corn, 7th of 10 stems

广과 丮(←癶←午=절굿공이 오)의 합침. 움집(广)에서 절굿공이(丮)로 '곡식' 을 찧는 모양을 본뜬 자. 그 절굿공이를 바꿔 쥐며 찧는 곡식이 갈마든다는 데서 '고치다' 의 뜻으로도 쓰인다. 본디는 여문 곡식을 찧는 모양에서 '가을' 을 뜻하였다 象.

- [庚伏 경복] 삼복을 이름.
- [同庚 동경] 동갑. 같은 나이.

5급

店
가게 점

가게, 주막. 통 坫
shop, inn

广과 占(차지할 점:음부)의 합침. 집(广)의 한쪽을 터 상품을 차려 놓은(占) '가게' 를 뜻하여 된 자 形.
【참고】 占은 땅(口)에 푯말(卜)을 꽂고 '차지한다' 는 뜻.

- [店員 점원] 가게에서 일을 보는 고용인.
- [書店 서점] 책 파는 가게.
- [商店 상점] 상품을 파는 가게의 총칭.

6급

度
법도 도
헤아릴 탁

법도, 잴, 도수, 국량 도/ 헤아릴 탁.
degree, measure

庶(←庶=무리 서:음부)와 又의 합침. 물건을 여러 사람(庶 p.148 席)의 손(又)으로 '헤아려' 정한다 하여 '재다' 의 뜻이 된 자. 여러 사람이 헤아린 것은 기준이 된다 하여 '법도(法度)' 의 뜻으로도 쓰인다 形. [p.148 席]
【참고】 고대의 길이 단위는 손을 기준으로 삼았음.
[p.136 寸, p.139 尺, p.42 丈]

- [度數 도수] 각도 · 온도 · 광도 등의 크기.
- [角度 각도] 두 직선의 벌어진 정도.
- [忖度 촌탁] 남의 마음을 미루어서 헤아림.

座 자리 좌 4급

자리, 지위, 위치. 통坐
seat, position

广과 坐(앉을 좌:음부)의 합침. 집(广) 안에 몸을 붙이고 앉는(坐 p.109) '자리'를 뜻하여 된 자. 신분에 따라 앉는 자리가 달랐던 데서 '지위'의 뜻으로도 쓰인다 會形.

- [座談 좌담] 서로 앉아서 하는 이야기.
- [座席 좌석] 앉는 자리.
- [上座 상좌] 윗자리.

庫 곳집 고 4급

곳집, 창고.
storehouse

广과 車(수레 거)의 합침. 전차(車)를 넣어 두던 '곳집(广)'을 뜻하여 된 자. 후에, 일반적인 '창고(倉庫)'의 뜻으로 쓰이게 되었다 會.

- [庫房 고방] '광'의 원말.
- [金庫 금고] 귀중품을 넣어 두는 철궤.
- [書庫 서고] 책을 넣어 두는 곳집.

庭 뜰 정 6급

뜰, 집안, 곧을, 곳, 조정. 통廷
ground, home, straight

广과 廷(조정 정:음부)의 합침. 원래는 벽이 없이 지붕(广)만 덮인 조정(廷)의 작은 '뜰'을 뜻하여 된 자. 백성들이 사는 '집뜰'의 뜻으로도 쓰이게 되었다 會形.

【참고】 廷은 궁정에 걸어 나아가(廴) 곧게(壬) 서서 정사를 논의하던 '조정'. 壬(정)은 사람(丿←人)이 땅(土)에 '곧바로 섬'.

- [庭球 정구] 운동 경기의 하나. 테니스.
- [庭園 정원] 집 안에 있는 뜰과 화초밭.
- [家庭 가정] 가족으로서의 집안.

庸 떳떳할 용 3급

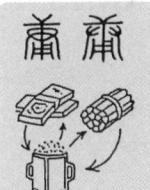

떳떳할, 쓸, 중용, 어리석을. 통鏞
use, harmony

① 庚(←庚・고칠 경)과 用(쓸 용:음부)의 어울림. 곡식(庚)은 물건을 바꿔 쓰는(用) 데에 중간 구실을 한다는 데서 '중용(中庸)'의 뜻이 된 자 會形.
② 잘못을 고쳐(庚) 바로잡는 데에 힘쓴다(用)는 데서 '떳떳하다'의 뜻이 된 자 會形.

- [庸劣 용렬] 못나고 어리석음.
- [登庸 등용] 인재를 골라 뽑음. 登用.
- [凡庸 범용] 평범하고 용렬함.

庶 여러 서 3급

여러, 뭇, 무리, 백성, 서자(庶子).
all, multitude, people

广과 炗(←炗=빛 광)의 합침. 집(广) 뜰에 불(灬)을 피워 놓고 모인 여럿(廿=스물 입)을 가리켜 '무리'의 뜻이 된 자 會.

- [庶務 서무] 여러 가지 잡다한 사무.
- [庶民 서민] 중류 이하의 평민.
- [庶出 서출] 첩의 소생.

4급 II

편안 강

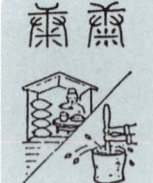

편안할, 즐거울, 화할, 풍년들, 헛될.
peaceful life in plenty

庚(곡식 경:음부)과 米(쌀 미)의 어울림. 절구에 겉곡식을 찧어서 (庚 p.152) 나온 쌀(米)을 다시 찧어 속겨를 벗겨 내고 먹을 만큼 '풍년들다'의 뜻으로 된 자. 풍년이 드니 '편안하다'는 뜻으로도 쓰인다 形.

- [康寧 강녕] 건강하고 편안함.
- [健康 건강] 튼튼하고 병이 없음.
- [安康 안강] 평안하고 건강함. 탈이 없음.

3급 II

사랑채
행랑 랑

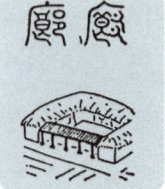

곁채, 행랑(行廊), 묘당, 복도.
outhouse, corridor

广과 郎(사내 랑:음부)의 합침. 사내들(郎 p.382)이 거처하는 별채(广)를 가리켜 '곁채'의 뜻이 된 자 形.

- [廊下 낭하] 복도. 행랑.
- [畫廊 화랑] 그림을 전시하는 방.
- [回廊 회랑] 양옥의 가에 둘러댄 마루.

3급

청렴할 렴

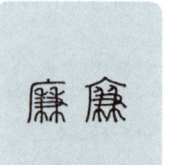

청렴할, 값쌀, 검소할, 구석, 맑을.
cheap, modest, corner

广과 兼(아우를 겸:음부)의 합침. 벽과 기둥이 아울려(兼 p.73) 있는 집(广)의 '구석'을 뜻하여 된 자 形. 나아가, 구석진 곳은 가격이 낮다는 데서 '값싸다'의 뜻으로도 쓰인다 轉.

- [廉價 염가] 싼값.
- [廉恥 염치] 청렴(淸廉)하여 수치를 앎.
- [低廉 저렴] 값이 쌈.

5급

넓을 광

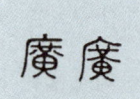

넓을, 클, 넓이, 퍼질. 약 広 통 曠
wide, broad, extend

广과 黃(누를 황:음부)의 합침. 누른(黃 p.418) 땅같이 너른 집(广)이라 하여 '넓다'의 뜻이 된 자 形.

- [廣告 광고] 신문·방송 등으로 널리 알림.
- [廣大 광대] 넓고 큼.
- [幅廣 폭광] 한 폭의 너비.

3급

사당 묘

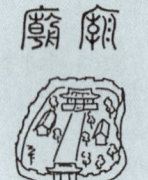

사당, 묘당, 대청, 빈궁, 모양.
shrine

广과 朝(조정 조:음부)의 합침. 조정(朝 p.213)의 역대 제왕의 위패를 안치한 집(广), 즉 '묘당(廟堂)'을 뜻하여 된 자. 나아가, 일반인의 '사당'의 뜻으로도 쓰인다 會形.

- [廟主 묘주] 사당에 모신 신주.
- [廟號 묘호] 임금의 시호.
- [宗廟 종묘] 제왕들의 위패를 모시는 집.

3급

廢
폐할
버릴 폐

폐할, 내칠, 집 쓸릴, 떨어질. 약廃
abolish, abandon, ruined

广과 發(쏠 발:음부)의 합침. 쏘아진 화살(發 p.273)이 버려져 있듯이 오랫동안 방치된 집(广)이 쏠려서 버려둔다는 데서 '폐하다' 의 뜻이 된 자 形.

- [廢物 폐물] 못 쓰게 된 물건. 폐품(廢品).
  [改廢 개폐] 고치거나 폐지(廢止)를 함.
  [荒廢 황폐] 버려두어 거칠고 못 쓰게 됨.

4급

廳
관청 청

관청, 대청(大廳), 집. 약庁
office, hall of mansion

广과 聽(들을 청:음부)의 합침. 여러 사람의 의견을 들어(聽 p.315) 나라를 다스리는 일을 하는 큰 집(广), 곧 '관청(官廳)' 을 뜻하여 된 자 會形.

- [廳舍 청사] 관청의 집.
  [市廳 시청] 시의 행정을 맡아 보는 집.
  [支廳 지청] 본청(本廳)의 하위 관청.

廴
길게 걸을 인

길게 걸을, 당길, 멀리 갈, 끌.
move on, walking

길을 갈(彳) 때에 뒷발이 끌어당겨지며(ㄴ=끌 불) '길게 걸음' 을 가리킨 자. 발을 끌면서 '멀리 간다' 는 뜻으로도 쓰인다 指.
【참고】彳(자축거릴 척)의 변형이기도 함.

3급 II

廷
조정 정

조정, 법정, 관청, 바를, 공평할, 곧을.
court, justice, straight

壬(곧을 정:음부)과 廴의 합침. 궁성의 긴 뜰을 걸어 나아가(廴) 곧게(壬) 늘어서서 정사를 논의하던 '조정(朝廷)' 을 뜻한 자 形.

- [廷吏 정리] 법정에서 일보는 관리.
  [宮廷 궁정] 대궐 안.
  [法廷 법정] 송사를 심리, 판결하는 곳.

4급

延
늘일 연

늘일, 끌, 드릴, 벋을, 맞을, 미칠.
delay, lengthen, extend

丿(←厂=끌 예:음부)와 廴(걸을 천)의 합침. 발을 끌며(丿) 걷는(廴) 모양에서 '늘이다', '벋다' 의 뜻이 된 자 會形.
【참고】廴은 발(止=발 지)을 끌며(廴) 천천히 '걷는다' 는 뜻으로 됨.

- [延期 연기] 기한을 물려서 늘임.
  [延長 연장] 늘이어 길게 함.
  [遲延 지연] 지체되고 천연(遷延)됨.

5급

세울 건

세울, 설, 둘, 이룩할, 심을. 통鍵
establish, build

聿(붓 율)과 廴의 합침. 붓(聿)으로 글씨를 써내릴(廴) 때의 모양에서 '세우다'의 뜻이 된 자. 또는, 국법을 붓(聿)으로 써서 멀리(廴) 변방까지 알려 기강을 '세운다'는 뜻으로 된 자會.

- [建設 건설] 새로 만들어 세움.
  [建築 건축] 집·성·다리 같은 것을 세움.
  [再建 재건] 무너진 것을 다시 세움.

廾
손 맞잡을 공

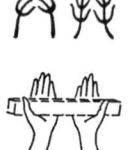

손 맞잡을, 받쳐들, 팔짱 낄.
hands joined

두 손(廾)으로 마주잡아 받들어 올리는 모양을 본떠 '손 맞잡다'·'받쳐들다'의 뜻이 된 자象.

3급Ⅱ

弄
희롱할 롱

희롱할, 업신여길, 놀, 즐길, 구경할.
trifle with, play with

王(←玉=구슬 옥)과 廾의 합침. 구슬(王)을 두 손에 받쳐 들고(廾) 노는 모양에서 '희롱(戱弄)하다'의 뜻이 된 자會.

- [弄奸 농간] 남을 속이려는 간사한 짓.
  [弄談 농담] 실없이 하는 장난말.
  [愚弄 우롱] 어리석게 만들어 놀림.

3급Ⅱ

弊
폐단
해질 폐

폐단, 해질, 무너질, 결단할, 곤할.
abuse, be worn out

敝(옷 해질 폐:음부)와 廾의 합침. 옷이 해진(敝) 곳을 두 손(廾)으로 맞잡아 맴을 나타내어 '해지다'의 뜻이 된 자會形.
【참고】敝는 㡀(찢어질 폐)와 攵(칠 복)의 합침. 㡀는 천(巾)이 찢긴 (㸚) 모양.

- [弊習 폐습] 폐해가 많은 풍습. 나쁜 풍습.
  [弊害 폐해] 폐단(弊端)과 손해.
  [語弊 어폐] 남의 오해를 받기 쉬운 말.

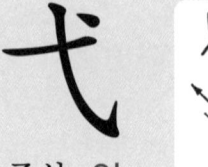
주살 익

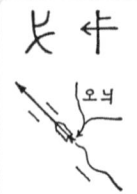

주살, 풋말, 취할, 홰, 뜰, 검을, 빼앗을.
dart, take, stake

표지를 '풋말'에 댄 모양, 또는 화살의 오늬에 줄을 매어 쏘는 '주살'을 본뜬 자象.

- [弋射 익사] 주살로 새를 쏘아 잡음.
  [遊弋 유익] 군함이 바다 위를 떠돌아다님.

式

6급

법, 제도, 의식, 본, 쓸, 경례할.
regulation, ceremony, fashion

弋(주살 익: 음부)과 工(장인 공)의 합침. 목공이 기구를 만들 때 자(工)로 재어 먹물로 표(弋)를 하고 '법식(法式)'에 맞게 한다는 뜻으로 된 자. 법식에 맞추어 거행하는 '의식(儀式)'의 뜻으로도 쓰인다 形.

법 식

- [式場 식장] 식(式)을 행하는 곳.
  [定式 정식] 규정에 의한 정당한 방법.
  [形式 형식] 겉모습. 격식(格式).

弓

3급 II

활, 땅 재는 자, 여덟 자, 여섯 자.
bow, measure

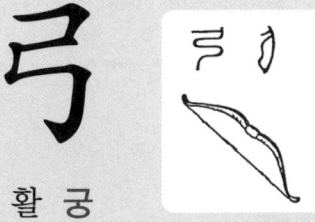

'활'의 모양을 본뜬 자 象. 땅을 잴 때의 활의 길이(一弓=8자)를 기준 삼은 데서 '땅을 재는 자'의 뜻으로도 쓰인다 轉.

활 궁

- [弓師 궁사] 활을 만드는 사람.
  [弓術 궁술] 활 쏘는 기술.
  [大弓 대궁] 큰활.

弔

3급

조상할, 위문할, 서러울 조/ 이를 적. 俗 吊
condole, console, mourn

│(←人)과 弓의 어울림. 옛날 장례는 풀로만 시체를 덮었기 때문에, 이를 파먹으려는 짐승을 조상간 사람(│)이 활(弓)을 쏘아 쫓고 문상한 데서 '조상(弔喪)하다'의 뜻이 된 자 會.
【참고】吊는 건(巾)을 쓰고 곡한다(口)는 뜻에서 이루어진 속자.

조상할 조

- [弔旗 조기] 조의(弔意)를 표한 기.
  [敬弔 경조] 조객(弔客)이 삼가 조상함.
  [弔橋 적교] 언덕 사이에 줄로 매단 다리.

引

4급 II

이끌, 당길, 인도(引導)할, 활 당길.
pull, lead, guide

弓과 │(셈대 세울 곤:음부)의 합침. 활(弓)시위에 화살(│)을 메겨 '끌어' '당긴다'는 뜻으로 된 자 會形.

끌 인

- [引道 인도] 지도함. 길을 안내함.
  [引力 인력] 물체가 서로 당기는 힘.
  [誘引 유인] 꾀어 냄.

弘

3급

클, 크게 할, 넓을, 활 소리.
great, enlarge, expand

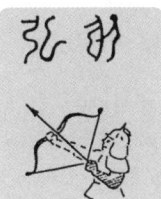

弓과 厶(←左=팔뚝 굉:음부)의 합침. 팔을 굽혀(厶) 활(弓)시위를 당김이 '크다'는 뜻으로 된 자. 그 활을 쏠 때의 '소리'를 뜻하기도 한다 形.

클 홍

- [弘報 홍보] 널리 알림.
  [弘益 홍익] 크게 이익되게 함.
  [寬弘 관홍] 마음이 너그럽고 큼.

| 8급 | 弟 아우 제 |  | **아우, 제자(弟子), 공경할, 순할, 차례.**
younger brother
막대(丫=가닥날 아)에 가죽끈(弓←韋=가죽 위)을 차례로 내리감은 (丿=삐침 별) 모양에서, 형제(兄弟)의 순서에서 아래를 나타내는 '아우'의 뜻이 된 자 ㉠㉡.
● [弟嫂 제수] 동생의 아내.
  [師弟 사제] 스승과 제자.
  [子弟 자제] 남의 아들에 대한 존칭. |

| 6급 | 弱 약할 약 |  | **약할, 어릴, 부릴, 패할, 죽을.**
weak, tender, dead
새끼 새의 두 날개가 처뜨려진 모양을 본떠 '약하다'·'어리다'의 뜻이 된 자 ㉠.
【참고】彐(얽혀 휠 규)는 활등(弓) 같은 날갯죽지의 털(彡)이 '얽힌' 모양.
● [弱者 약자] 약한 사람.
  [弱質 약질] 약한 체질. 또 그러한 사람.
  [軟弱 연약] 가냘프고 약함. |

| 4급 | 張 베풀 장 |  | **베풀, 벌릴, 차릴, 당길, 자랑할, 고칠.**
display, expand, praise
弓과 長(길 장:음부)의 합침. 활(弓)시위를 길게(長) '잡아당긴다'·'벌린다'는 뜻으로 된 자. 벌린다는 데서 '베풀다'의 뜻으로도 쓰인다 ㉠.
● [張力 장력] 물체가 서로 켕기는 힘.
  [緊張 긴장] 마음을 단단히 조심함.
  [主張 주장] 자기의 의견을 내세움. |

| 6급 | 強 강할 강 |  | **강할, 굳셀, 바구미, 뻣뻣할. 동强**
solid, strong, stiff
弘(클 홍:음부)과 虫(벌레 충)의 어울림. 본디는 쌀을 파먹는 '바구미(虫)'를 뜻하여 된 자인데, 바구미는 몸체가 작으나 단단하며, 쌀에 대한 피해가 크다(弘)하여 '굳세다'의 뜻으로 쓰이게 되었다 ㉠. 또는 국경(囗)을 지킬 때 쓴 센 활(弓)의 뜻이 있는 (弜=彊=굳셀 강)과 음이 같은 데서 그 뜻을 빌려 '굳세다'의 뜻이 된 자 ㉡.
【참고】彊은 활(弓)로 국경(畺=지경 강)을 지킨다는 데서 발전, '강하다'의 뜻이 됨.
● [強硬 강경] 굳세게 버티어 굽힘이 없음.
  [強奪 강탈] 억지로 빼앗음.
  [富強 부강] 나라가 부하고 강함. |

| 4급 |  彈 탄알 탄 | 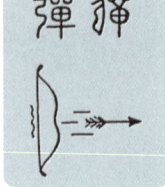 | **탄알, 퉁길, 칠, 탄핵(彈劾)할. 약弹**
spring, bullet
弓과 單(홀로 단:음부)의 합침. 화살이 활(弓)시위를 퉁기며 홀로(單 p.104) 날아가듯이 탄알이 '퉁겨져' 나간다는 뜻으로 된 자 ㉠.
● [彈力 탄력] 용수철처럼 튀기는 힘.
  [糾彈 규탄] 잘못을 꼬집어 내어 탄핵함.
  [爆彈 폭탄] 폭발력 있는 병기의 하나. |

크(彑) 돼지 머리 **계**	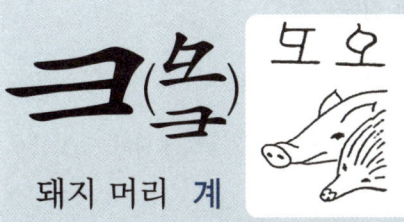	**돼지 대가리, 고슴도치 대가리.** pig's head '돼지 대가리' 또는 '고슴도치 대가리'의 모양을 본뜬 자 (象).
彡 터럭 **삼**		**터럭, 긴 머리, 털 그릴, 빛날, 무늬.** feather, hair 보기 좋게 자라난 '머리털' 모양을 본뜬 자. 털로 만든 붓으로 색칠한다 하여 '그리다'의 뜻으로 널리 쓰인다 (象).
6급  모양 **형**	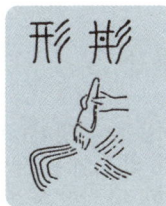	**형상, 꼴, 얼굴, 형세, 형체, 나타낼.** figure, circumstance 开(←井=우물 정:음부)과 彡(털 그릴 삼)의 합침. 우물틀(井 p.49)처럼 털(彡)붓으로 가로 세로 그린 '형상(形狀·形相)' 또는 '꼴'을 뜻하여 된 자 (形). ● [形態 형태] 사물의 생김새. 　[形便 형편] 일의 모양이나 형세(形勢). 　[人形 인형] 사람의 모양으로 된 장난감.
3급 II  채색 **채**		**채색, 무늬, 빛날, 빛, 노름.** 통采 painting color, brilliant 采(채색할 채:음부)와 彡의 합침. 털(彡)붓으로 여러 가지 빛깔을 아름답게 채색한(采) '무늬'를 뜻하여 된 자 (形). 【참고】采는 손(爪)으로 나무(木)에 단청한다는 데서 '채색하다'의 뜻. ● [彩色 채색] 여러 가지 고운 빛깔. 　[光彩 광채] 눈부신 빛. 찬란한 빛. 　[文彩 문채] 문장의 광채(光彩).
3급 II  그림자 **영**	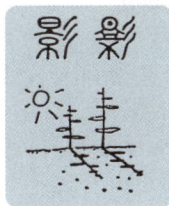	**그림자, 빛, 모습, 초상, 형상.** 통景 shadow 景(빛 경:음부)과 彡의 합침. 햇살(景 p.207)에 의해 아롱진(彡) '그림자'를 뜻하여 된 자. 털붓으로 그린 '형상'을 뜻하여 쓰이기도 한다 (會形). ● [影像 영상] 광선에 의하여 비치는 형상. 　[影響 영향] 다른 사물에 미치는 결과. 　[幻影 환영] 곡두. 감정 등의 착오.

彳
자축거릴 척

자축거릴, 조금씩 걸을, 왼발 걸음.
limp, to step a little way

허벅다리(丿), 정강이(丿), 발(丨)이 연결된 자. 조금씩 걷는 다리 모양을 본떠 '자축거리다' 의 뜻이 된 자 .
【참고】 彳은 왼쪽, 亍은 오른쪽 걸음을 뜻한 자로, 行(다닐 행)자를 구성함. [⇒亍]

● [彳亍 척촉] 자축거림.

3급II

役
부릴 역

부릴, 일, 부역, 국경 지킬, 싸움.
employ, serve, work

彳과 殳(창 수)의 합침. 창(殳)을 들고 국경을 순행하며(彳) '지킨다' 는 뜻으로 된 자. 장정을 뽑아 국경을 지키러 보낸다 하여 '부리다' · '부역(賦役)시키다' 의 뜻으로도 쓰인다 .

● [役軍 역군] 공사터에서 삯일 하는 사람.
[役事 역사] 토목이나 건축 등의 공사.
[兵役 병역] 군무에 종사하는 일.

4급II

往
갈 왕

갈, 예, 이따금, 후, 향할. 통 徃
go, formerly, frequently

彳과 主(←㞢=풀 무성할 황:음부)의 합침. 초목의 싹이 성히 나와 (㞢) 뻗어 간다(彳)하여 '가다' 의 뜻이 된 자 .
【참고】 㞢은 초목(屮)이 왕성히(王) 자란 모양.

● [往復 왕복] 감과 돌아옴.
[旣往 기왕] 이전. 이미. 벌써.
[來往 내왕] 오고 감.

3급II

彼
저 피

저, 저이, 저쪽, 저것, 더할.
he, they, it

彳과 皮(가죽 피:음부)의 합침. 벗겨낸 가죽(皮)처럼 떨어져 나간 (彳) 사람을 가리켜 '저이' 또는 '저쪽' 의 뜻이 된 자 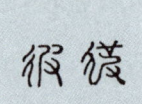.

● [彼我 피아] 그와 나. 저편과 이편. 彼此.
[彼岸 피안] 저쪽. 고뇌가 없는 곳.
[知彼知己 지피지기] 적과 나를 잘 앎.

3급II

征
칠 정

칠, 갈, 찾을, 세 받을, 축, 취할.
attack, go, to levy taxes

彳과 正(바를 정:음부)의 합침. 정의(正 p.228)를 위하여 적을 '치러' 간다(彳)는 뜻으로 된 자 .

● [征伐 정벌] 죄 있는 무리를 군사로 침.
[征服 정복] 토벌하여 복종시킴.
[遠征 원정] 먼 데 가서 침.

待 기다릴 대 (6급)

기다릴, 대접(待接)할, 용서할, 막을.
wait for, treat

彳과 寺(관청 시:음부)의 합침. 관청(寺 p.136)에 일 보러 가 서성거리며(彳) '기다린다'는 뜻으로 된 자 形.

- [待機 대기] 기회를 기다림.
- [期待 기대] 어느 때로 기약하여 바람.
- [優待 우대] 특별히 잘 대우(待遇)함.

律 법칙 률 (4급Ⅱ)

법률, 절제할, 저울질할, 지을, 풍류.
law, regulate

彳과 聿(붓 율:음부)의 합침. 사람이 지켜 가야(彳)할 바를 붓(聿)으로 쓴 '법률(法律)'을 뜻한 자 會形. [p.156 建]

- [律動 율동] 음률적인 운동. 곡조.
- [規律 규율] 법규의 본보기.
- [音律 음률] 소리. 음악의 가락.

後 뒤 후 (7급)

뒤, 뒤질, 늦을, 아들, 지날. 통后
back, afterwards

彳에 幺(작을 요)와 夂(천천히 걸을 쇠)의 어울림. 걸음(彳)을 조금씩(幺) 걸으니(夂) '늦고' '뒤진다'는 뜻으로 된 자 會.

- [後方 후방] 중심의 뒤쪽.
- [背後 배후] 등의 뒤. 뒤편.
- [最後 최후] 맨 뒤끝. 맨 마지막.

徐 천천할 서 (3급Ⅱ)

천천히 갈, 더딜, 한가할, 찬찬할.
slowly, tardy, leisure

彳과 余(남을 여:음부)의 합침. 정자에서 여유(余 p.57) 있게 쉬어 가며 길을 간다(彳) 하여 '천천히 가다'의 뜻이 된 자 形.
【참고】余는 외기둥으로 세운 정자의 전망이 넓다는 데서 '여유'의 뜻이 됨.

- [徐來 서래] 천천히 옴. 조용히 옴.
- [徐行 서행] 천천히 감.
- [徐徐 서서] 거동이 찬찬한 모양.

徑 지름길/길 경 (3급Ⅱ)

지름길, 빠를, 곧을, 지날, 방법. 약径
by-way, rapidly, method

彳과 巠(물줄기 경:음부)의 합침. 물줄기(巠 p.303 經)를 가로질러 곧바로 가는(彳) '지름길'을 뜻하여 된 자 會形.

- [徑路 경로] 지름길.
- [半徑 반경] 원이나 구의 반지름.
- [捷徑 첩경] 빠른 방법. 일의 쉬운 방법.

4급

徒
무리 도

무리, 걸어다닐, 헛될, 다만, 제자.
crowd, to go on foot

彳에 土(흙 토:음부)와 止(그칠 지)의 어울림. 땅(土) 위를 발(止)로 '걸어다닌다(彳)' 는 뜻으로 된 자. 걸어다니는 많은 사람들을 가리켜 '무리' 의 뜻으로도 쓰인다 形.

- [徒黨 도당] 떼를 지은 무리.
  [徒步 도보] 탈것을 타지 않고 걸어서 감.
  [學徒 학도] 학업을 닦는 사람. 학생.

4급 II

得
얻을 득

얻을, 탐할, 취할, 잡을, 만족할.
obtain, want, satisfactory

彳에 티(←貝=조개 패)와 寸이 어울림. 돈(貝)을 구하러 다니다가 (彳) 손(寸)에 쥐었다 하여 '얻다' 의 뜻이 된 자 會.
【참고】옛자인 㝵은 돈(티←貝)을 손(寸)에 쥠을 나타냄.

- [得達 득달] 목적지에 도달함.
  [得失 득실] 얻음과 잃음.
  [利得 이득] 이익의 소득(所得).

3급 II

御
거느릴 어

거느릴, 모실, 부릴, 구종, 임금.
attend, manage, imperial

彳과 卸(짐 부릴 사:음부)의 합침. 길을 가다가(彳) 어른을 쉬게(卸) 한다는 데서 '모시다' 의 뜻이 된 자 會形.
【참고】卸는 점심때(午) 길을 멈추고(止) 다리(卩)를 쉬기 위해 '짐을 부림' 을 뜻함.

- [御命 어명] 임금의 명령.
  [御用 어용] 임금이나, 정부에서 씀.
  [制御 제어] 상대편을 억눌러서 제 마음대로 다룸.

4급

從
좇을 종

좇을, 따를, 말 들을, 조용할. 약 从

follow, obey

辶(←辵=쉬엄쉬엄 갈 착)과 从(두 사람 종:음부)의 어울림. 从은 두 사람이 나란히 가는 모양. 한 사람이 다른 사람(从)의 뒤를 따라간다(辵)는 데서 '좇다' · '따르다' 의 뜻이 된 자 會形.

- [從軍 종군] 군대를 따라 전지로 감.
  [從來 종래] 지금까지 지나온 그대로.
  [服從 복종] 명령대로 좇음.

4급 II

復
회복할 복
다시 부

회복할, 거듭, 돌아올 복/ 다시, 또 부.
repeat, return, reply

彳과 复(돌아갈 복:음부)의 합침. 갔던(彳) 길을 다시 돌아온다(复)는 데서 '거듭하다' 의 뜻이 된 자 會形.
【참고】复은 사람(宀←人)이 갔던 길을 되돌아 걸을(夊) 때 엇걸린 발자국(日:전자 참조)을 나타내어 '돌아가다' 의 뜻.

- [復習 복습] 배운 것을 되풀이하여 익힘.
  [復興 부흥] 번영하게 다시 일으킴.
  [回復 회복] 이전의 상태로 다시 만듦.

3급

循
돌 순

돌, 좇을, 차례, 돌아다닐, 의지할.
turn round, rely on

彳과 盾(방패 순:음부)의 합침. 적을 방비하기 위해 방패(盾)를 들고 순회한다(彳)는 데서 '돌다'의 뜻이 된 자. 방패(盾)를 돌리며 (彳) 몸을 막는다 하여 '의지하다'의 뜻으로도 쓰인다 形.

- [循例 순례] 관례를 좇음.
  [循守 순수] 규칙·명령 등을 좇아 지킴.
  [惡循環 악순환] 나쁜 순환으로 자꾸 돎.

3급II

微
작을 미

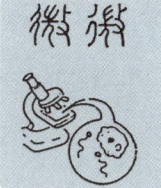

작을, 숨을, 아닐, 어렴풋할. 속 微
slight, conceal

彳과 敚(자잘할 미:음부)의 합침. 움직이는(彳) 모습이 작아(敚) 어렴풋하다는 데서 '작다' 또는 '없다'의 뜻이 된 자 形.
【참고】 敚는 가느다란 끄트머리(⺍←卝=끝 단)를 치니(攵=칠 복) 더욱 '잘다'는 뜻.

- [微官末職 미관말직] 보잘것없는 벼슬.
  [微笑 미소] 소리 없이 웃음.
  [輕微 경미] 가볍고도 극히 조금.

3급II

徹
통할 철

통할, 뚫을, 다스릴, 버릴, 벗겨질.
drill, through, penetrate

彳에 育(기를 육)과 攵(칠 복)의 합침. 어려서 자축거리(彳) 때부터 잘 기르기(育 p.316) 위해 회초리(攵)를 들고 지도하면 사리에 '통한다'는 뜻으로 된 자. 통한다는 데서 '뚫다'의 뜻으로도 쓰인다 會.

- [徹夜 철야] 밤을 세움.
  [貫徹 관철] 어려움을 뚫고 목적에 이름.
  [透徹 투철] 사리가 밝고 확실함.

5급

德
큰 덕

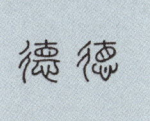

큰, 덕, 은혜, 가르침. 동 悳 약 徳
virtue, goodness, favour

彳과 悳(←惪=큰 덕:음부)의 합침. 행동(彳)이 올바르며 인격과 뜻이 드높고 큼(悳 p.315 聽)을 가리켜 '덕'의 뜻이 된 자 形.

- [德望 덕망] 덕이 높고 인망이 있음.
  [美德 미덕] 아름답고 갸륵한 덕행(德行).
  [厚德 후덕] 두터운 덕과 행실.

3급II

徵
부를 징

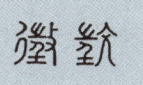

부를, 이룰, 조짐, 효험 징/ 음률 치. 약 徵
call, accomplish, effect

微(←微=숨을 미)와 壬(착할 임)의 어울림. 숨어(微 p.163 微) 살아도 행실이 바르고 착하여(壬) 인품이 뛰어나면 나라에서 '부른다'는 뜻으로 된 자 會.

- [徵兵 징병] 군사로 불러냄.
  [徵收 징수] 조세·돈·곡식·물품을 거둠.
  [特徵 특징] 특히 눈에 띄는 표적.

7급

心(忄,小) 마음 심

마음, 생각, 염통, 가운데, 알맹이.
heart, mind

마음은 '심장(心臟)'에서 우러나온다 하여 그의 모양을 본떠 '마음'의 뜻으로 널리 쓰인다 (象).

- [心情 심정] 마음과 정. 마음의 정황.
- [決心 결심] 어떻게 하기로 마음을 굳게 정함.
- [銘心 명심] 마음에 새겨 둠.

5급

必 반드시 필

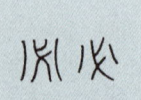

반드시, 꼭, 그러할, 살필, 오로지.
certainly, necessarily

① 弋(푯말 익)과 八(나눌 팔:음부)의 어울림. 땅을 나눌(八) 때 경계 짓는 기준으로 푯말(弋)을 꼭 세운다는 데서 '반드시'의 뜻이 된 자 (會形).
② 마음(心)에 말뚝(弋)을 치듯이 결심하고 '꼭' 한다는 뜻으로 된 자 (會形).

- [必勝 필승] 반드시 이김.
- [期必 기필] 반드시 그리 됨을 기약함.
- [何必 하필] 어찌 반드시. 무슨 필요에서.

3급

忙 바쁠 망

바쁠, 일 많을, 빠를, 애탈, 초조할.
busy, in haste, anxious

忄(心)변에 亡(잃을 망:음부)의 합침. 심장(忄)이 곤두서서 정신을 잃을(亡) 만큼 '바쁘다'는 뜻으로 된 자 (形).
【참고】 忘자는 마음 자체를 잃어버림을 뜻함.

- [忙事 망사] 바쁜 일.
- [多忙 다망] 일이 많아서 매우 바쁨.
- [奔忙 분망] 몹시 바쁨.

3급II

忍 참을 인

참을, 잔인할, 강잉할, 차마 못 할.
endure, cruel

刃(칼날 인:음부)과 心의 합침. 칼날(刃)이 심장(心)을 찌르는 듯한 고통을 견뎌낸다는 데서 '참다'의 뜻이 된 자 (形).
【참고】 刃은 '칼(刀)날(丶)'을 가리킨 자.

- [忍耐 인내] 참고 견딤.
- [忍從 인종] 참고 복종함.
- [殘忍 잔인] 인정이 없고 몹시 모짊.

4급II

志 뜻 지

뜻, 뜻할, 기록할, 맞출, 원할. (통)誌
determination, will, record

士(←之=갈 지:음부)와 心의 합침. 마음(心)이 움직여 가는(士 p.136 寺) 바를 가리켜 '뜻'이라 일컫게 된 자 (會形).
【참고】 본자인 恁의 之가 士자로 바뀜은 선비의 의지(心)를 나타낸 데 연유함.

- [志望 지망] 뜻하여 바람.
- [志操 지조] 꿋꿋한 뜻과 바른 조행.
- [立志 입지] 뜻을 세움.

心 부

3급

忘
잊을 망

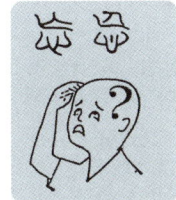

잊을, 깜짝할, 없앨, 기억 못 할.
forget

亡(없을 망:음부)과 心의 합침. 마음(心)에서 없어져(亡 p.49) 버렸다는 데서 '잊다'의 뜻이 된 자 形.

- [忘却 망각] 잊어버림. 기억에서 사라짐.
  [忘失 망실] 잃어버림.
  [備忘 비망] 잊었을 때를 위한 마련.

3급

忌
꺼릴 기

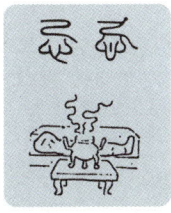

꺼릴, 삼갈, 미워할, 제삿날, 어조사.
avoid, abstain, envy

己(몸 기:음부)와 心의 합침. 마음(心)을 얽어매는(己 p.299 紀) 것을 '꺼린다'·'미워한다'는 뜻으로 된 자 形. 또는, 몸(己)과 마음(心)을 삼가 제사지낸다는 데서 '삼가다'의 뜻이 된 자 形.

- [忌中 기중] 초상이 난 동안.
  [猜忌 시기] 샘하여 미워함.
  [禁忌 금기] 금하고 꺼림.

4급 II

快
쾌할 쾌

쾌할, 기꺼울, 시원할, 빠를, 가할.
cheerful, frank, rapid

忄변에 夬(터놓을 쾌:음부)의 합침. 마음(忄)이 활짝 트였다(夬 p.236 決)는 데서 '시원하다'의 뜻이 된 자 形.

- [快樂 쾌락] 기분이 좋고 즐거움.
  [輕快 경쾌] 가뜬하고 유쾌함.
  [痛快 통쾌] 불만이 풀려 시원스러움.

4급 II

忠
충성 충

충성, 곧을, 진심, 성심, 공변될, 공평.
loyalty, faithful

中(가운데 중:음부)과 心의 합침. 마음(心) 속(中)에서 우러나는 진정을 나타내어 '성심' 또는 '충성(忠誠)'을 뜻하게 된 자 會形.

- [忠告 충고] 남의 잘못을 경계해 줌.
  [忠臣 충신] 나라에 충성을 다하는 신하.
  [誠忠 성충] 참마음에서 우러나는 정성.

3급 II

忽
갑자기 홀

문득, 가벼이 여길, 다할, 잊을, 올.
suddenly, slight, forget

勿(깃발 물:음부)과 心의 합침. 휘날리는 깃발(勿 p.86)처럼 마음이 뒤흔들려 '잊었다'가 '갑자기' 생각난다(心)는 데서 '문득'의 뜻이 된 자 形.

- [忽視 홀시] 대수롭지 않게 슬쩍 보아 넘김.
  [忽然 홀연] 문득. 느닷없이.
  [疏忽 소홀] 대수롭지 않고 예사임.

5급

念
생각 념

생각할, 부를, 읽을, 욀, 짧은 시간.
thought, consider

今(이제 금:음부)과 心의 합침. 오늘(今 p.51)에 이르기까지 잊지 않고 마음(心)으로 '생각한다'는 뜻으로 된 자 形.

- [念頭 염두] 생각의 시초. 마음 속.
- [斷念 단념] 생각을 아주 끊어 버림.
- [雜念 잡념] 이것저것 대중없는 생각.

4급 II

怒
성낼 노

성낼, 짜증낼, 뽐낼, 세찰, 곤두설.
anger, proud

奴(종 노:음부)와 心의 합침. 학대 받는 노예(奴)의 얼굴에 노여운 마음이(心) 나타남을 가리켜 '성내다'의 뜻이 된 자. 그 성난 행동을 가리켜 '세차다'의 뜻으로도 쓰인다 形.
【참고】奴는 손(又)일을 하는 여자(女) '종'.

- [怒氣 노기] 성이 난 얼굴빛.
- [激怒 격노] 격렬하게 성냄.
- [憤怒 분노] 분하여 몹시 성냄.

5급

思
생각 사

생각할, 그리워할, 원할, 의사(意思).
think, yearn, thought

田(←囟=숫구멍 신)과 心의 합침. 사람이 마음(心)먹은 바를 두뇌(田)로 '생각한다'는 뜻으로 된 자 會.

- [思考 사고] 생각하고 궁리함.
- [思慕 사모] 생각하고 그리워함.
- [相思 상사] 남녀끼리 서로 생각함.

3급

怠
게으를 태

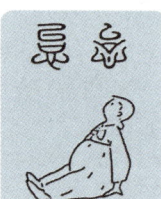

게으를, 업신여길, 거만할, 느릴.
idle, despise, lazy

台(늙을 태, 기를 이:음부)와 心의 합침. 늙어서 아이를 가지니(台 p.123 始) 힘이 부쳐 마음(心)이 '게을러진다'는 뜻으로 된 자 形.

- [怠慢 태만] 게으르고 느림.
- [怠業 태업] 노동 쟁의 수단의 하나.
- [倦怠 권태] 게으름이나 싫증이 나는 상태.

4급

怨
원망할 원

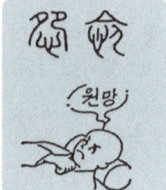

원망할, 원한, 원수, 분낼.
regret, enemy, angry

夗(누워 뒹굴 원:음부)과 心의 합침. 잠자리에서까지도 뒤척거리며 (夗) 언짢게 생각한다(心)는 데서 '원망(怨望)하다'의 뜻이 된 자 形.
【참고】夗은 밤(夕)에 다리(㔾)를 구부리고 '뒹군다'는 뜻.

- [怨讐 원수] 원한의 대상이 되는 사람.
- [怨恨 원한] 원통하고 한됨.
- [宿怨 숙원] 오래된 원망.

心 부

6급

급할 급
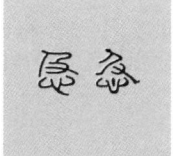

급할, 빠를, 좁을, 재촉할, 군색할.
rapid, urgent

刍(←及=미칠 급:음부)과 心의 합침. 빨리 뒤쫓으려고(刍 p.94 及) 서두르는 마음(心)이라는 데서 '급하다'·'재촉하다'의 뜻이 된 자 形.

- [急變 급변] 갑자기 일어난 변고.
- [急行 급행] 빨리 감.
- [緊急 긴급] 일이 긴하고도 급함.

5급
性
성품 성

성품, 바탕, 마음, 목숨, 성, 색욕.
nature, quality, sex

忄변에 生(날 생:음부)의 합침. 사람이 날(生) 때부터 타고난 마음(忄), 곧 '성품(性品)'을 뜻하여 된 자 會形.

- [性格 성격] 개인의 특유한 성질(性質).
- [性味 성미] 성질과 취미. 마음결.
- [男性 남성] 성(性)의 측면에서 남자를 이르는 말.

3급 II

괴이할 괴

괴이할, 기이할, 의심할, 괴물(怪物).
strange, doubtful

忄변에 圣(힘쓸 골:음부)의 합침. 힘써(圣) 해도 마음(忄)먹은 대로 되지 않는다는 데서 '괴이(怪異)하다'·'의심하다'의 뜻이 된 자 形.
【참고】 圣은 손(又←手)으로 땅(土)을 개간한다는 데서 '힘쓰다'의 뜻이 됨.

- [怪常 괴상] 보통과 달리 괴이하고 이상함.
- [怪疾 괴질] 병명을 알 수 없는 질병.
- [奇怪 기괴] 기이하고 괴상함.

3급 II

항상 항

항상, 늘, 떳떳할 항/ 두루 긍. 본恆
constantly, rightly

忄변에 亘(←亙=뻗칠 긍:음부)의 합침. 마음(忄)이 끊임없이 뻗친다(亘) 하여 '항상(恒常)'의 뜻이 된 자 形.
【참고】 亙은 두(二) 언덕 사이를 배(月←舟)가 끊임없이 다닌다 하여 '뻗치다'의 뜻.

- [恒久 항구] 변하지 않고 오래감.
- [恒用 항용] 늘. 보통. 늘 써서 예사일.
- [恒時 항시] 늘. 언제나.

4급 II

한할 한

한할, 뉘우칠, 한, 유감으로 여길.
hate, regret, pity

忄변에 艮(그칠 간:음부)의 합침. 마음(忄)에 상처가 머물러(艮 p.324) 있다 하여 '한하다'·'뉘우치다'의 뜻이 된 자 形.

- [恨歎 한탄] 한스러워 탄식함.
- [餘恨 여한] 풀지 못하고 남은 원한.
- [怨恨 원한] 원통하고 한이 되는 생각.

3급

방자할 자

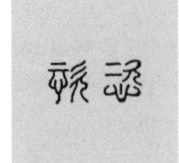

방자할, 멋대로 할, 경솔할, 유약할.
licentious

次(버금 차:음부)와 心의 합침. 본 마음씨(心)에서 벗어난 다음(次 p.226)의 행동이라 하여 '방자(放恣)하다'의 뜻이 된 자 形.

- [恣意 자의] 방자한 마음.
- [恣行 자행] 제 멋대로 함.
- [強恣 강자] 힘이 세고 방자함.

3급II

두려울 공

두려울, 겁낼, 염려할, 아마, 의심낼.
dreadful, doubtful

巩(안을 공:음부)과 心의 합침. 무서운 마음(心)이 들어 두 손을 가슴에 안음(巩)을 나타내어 '두렵다'의 뜻이 된 자 形.
【참고】巩은 목공(工=장인 공)이 손으로 물건을 '안음(丮←丮=잡을 극)'을 나타냄.

- [恐喝 공갈] 무섭게 으르고 위협함.
- [恐怖 공포] 무서움과 두려움.
- [可恐 가공] 두려워할 만함.

3급II

부끄러울 치

부끄러울, 부끄럼, 욕될, 욕볼. 속 耻
shame, disgraced, humiliation

耳(귀 이:음부)와 心의 합침. 양심(心)에 찔리는 말을 듣고(耳) '부끄럽다'는 뜻으로 된 자. 또는, 귓볼(耳)이 붉어지는 마음(心)이라 하여 '부끄럼'을 뜻하게 된 자 形.

- [恥辱 치욕] 수치와 모욕.
- [國恥 국치] 나라의 수치.
- [羞恥 수치] 부끄러움.

3급II

용서할 서

용서할, 동정할, 어질, 헤아릴.
forgive, to show mercy

如(같을 여:음부)와 心의 합침. 자기와 같이(如 p.121) 다른 사람을 너그러이 받아들이는 마음씨(心)를 가리켜 '용서(容恕)하다'의 뜻이 된 자 會形.

- [恕諒 서량] 용서하고 양해함.
- [恕直 서직] 동정심이 깊고 정직함.
- [忠恕 충서] 충직하고 어짊.

4급II

은혜 은

은혜, 신세, 덕택, 사사, 정, 사랑할.
favor, kindness, love

因(말미암을 인:음부)과 心의 합침. 마음껏(心) 도와 줌으로 말미암은(因) '은혜(恩惠)'를 뜻하여 된 자 形.

- [恩師 은사] 은혜가 깊은 스승.
- [恩人 은인] 은혜를 베풀어 준 사람.
- [報恩 보은] 은혜를 갚음.

心 부

3급 II

 공손할 공

공손할, 공경(恭敬)할, 받들. 통共
polite, respectful

共(모을 공:음부)과 小(心)의 합침. 두손 모아(共 p.72) 공경하는 마음(小)을 나타낸 데서 '공손(恭遜)하다 · 받들다'의 뜻이 된 자 形.

- [恭待 공대] 높임말을 함.
  [恭賀 공하] 삼가 축하함.
  [不恭 불공] 공손스럽지 못함.

4급 II

 쉴 식

쉴, 숨쉴, 그칠, 자식(子息), 이자.
breathe, rest

自(鼻=코 비의 본자)와 心의 합침. 심장(心)을 싸고 있는 폐가 코(自)로 '숨쉼'을 뜻한 자 會. 숨결을 느리게 한다는 데서 '쉬다[休息]'의 뜻으로도 쓰인다 轉.

- [息災 식재] 재액을 없앰.
  [姑息的 고식적] 임시 방편밖에 안 되는.
  [利息 이식] 정기적으로 계산되는 이자.

3급 II

 기쁠 열

기쁠, 즐거울, 복종할. 통說
delightful, please, obey

忄변에 兌(바꿀·기쁠 태:음부)의 합침. 마음(忄)이 즐거워 '기쁘다(兌 p.349 說)'는 뜻으로 된 자 會形.

- [悅樂 열락] 기뻐하고 즐거워함.
  [法悅 법열] 진리에 사무칠 때의 기쁨.
  [喜悅 희열] 기쁨과 즐거움.

3급 II

 뉘우칠 회

뉘우칠, 실패할, 한할, 고칠. 약 悔
repent, fail, regret

忄변에 每(탐낼 매:음부)의 합침. 탐욕스러운(每 p.232) 마음(忄)에 대해 가책을 느낀다는 데서 '뉘우치다 · 한하다'의 뜻이 된 자 形.

- [悔改 회개] 뉘우치고 고침.
  [悔悟 회오] 잘못을 뉘우치고 깨달음.
  [後悔 후회] 잘못을 깨닫고 뉘우침.

3급 II

 깨달을 오

깨달을, 깰, 슬기로울, 깨우칠. 통寤
understand, awake

忄변에 吾(웅얼거릴 오:음부)의 합침. 생각하는(忄) 바를 웅얼거리는(吾 p.100) 사이에 '깨닫는다'는 뜻으로 된 자 形.

- [悟性 오성] 사물을 이해하는 천성.
  [覺悟 각오] 일을 깨달아 미리 작정함.
  [會悟 회오] 무엇을 알아서 깨달음.

5급

患
근심 환

근심할, 병, 앓을, 괴로울, 재앙.
be troubled, illness

串(꼬챙이 관:음부)과 心의 합침. 꼬챙이(串)에 찔린 듯이 마음(心)이 고통스럽다는 데서 '근심하다'의 뜻이 된 자 形.
【참고】串은 동전(呂)을 꿴(丨) '꼬챙이'로서, 두 입술을 꽉 다묾을 연상시킴.

- [患者 환자] 병을 앓는 사람.
  [病患 병환] '병'의 높임말.
  [憂患 우환] 근심이나 걱정이 되는 일.

3급II

悠
멀 유

멀, 한가할, 생각할, 아득할, 근심.
distant, thought, anxious

攸(멀 유:음부)와 心의 합침. 마음씀(心)을 여유 있게 '멀리(攸 p.48 修)' 둔다는 데서 '한가하다'의 뜻이 된 자 形.

- [悠久 유구] 연대가 아득히 오래됨.
  [悠然 유연] 침착하여 서둘지 않는 모양.
  [悠悠 유유] 마음과 태도에 여유가 있음.

5급

情
뜻 정

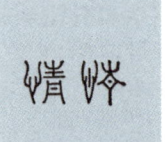

뜻, 사랑, 마음 속, 멋, 욕망, 실상.
emotion, affection

忄변에 靑(푸를 청:음부)의 합침. 靑은 푸른 하늘같이 맑고 깨끗함. 마음(心) 속에서 우러나는 참되고 깨끗한(靑) '사랑' 또는 '정'을 뜻한 자 形.

- [情勢 정세] 사정과 형세. 일이 되는 형편.
  [情熱 정열] 정이 불같이 일어나는 기운.
  [純情 순정] 참되고 맑아 순수한 사랑.

3급II

惜
아낄 석

아낄, 중히 여길, 가엾을, 사랑할.
spare, pity

忄변에 昔(옛 석:음부)의 합침. 마음(忄) 속으로 오래오래(昔 p.204) 알뜰히 여긴다는 데서 '아끼다'·'사랑하다'의 뜻이 된 자 形.

- [惜愍 석민] 애석히 여겨 슬퍼함.
  [惜別 석별] 이별을 섭섭히 여김.
  [哀惜 애석] 슬프고 아깝게 여김.

3급

惟
생각할 유

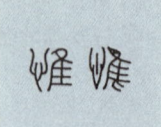

생각할, 오직, 꾀, 어조사. 통 唯

plan, plot, only

忄변에 隹(새 추:음부)의 합침. 새(隹)처럼 얕은 '생각(忄)을 한다'는 뜻으로 된 자. 얕은 생각이라 하여 '꾀', 또는 생각을 한 곳으로만 한다는 데서 '오직'의 뜻으로도 쓰인다 形.

- [惟獨 유독] 많은 가운데 홀로.
  [惟一 유일] 오직 하나.
  [思惟 사유] 생각함.

心 부

5급

악할 악
미워할 오

모질, 나쁠 악 / 미워할, 감탄사 오. 약惡
wicked, wrong, hate

亞(곱사등이 아:음부)와 心의 합침. 亞는 등이 굽고 보기 흉함을 나타냄. 흉하게(亞) 일그러진 마음(心)을 가리켜 '나쁘다'의 뜻이 된 자 會形. 나아가, 나쁜 것을 싫어한다는 데서 '미워하다[嫌惡]'의 뜻으로도 쓰인다 轉.

- [惡人 악인] 악독(惡毒)한 사람.
- [醜惡 추악] 더럽고 못됨.
- [惡寒 오한] 몸이 오슬오슬 추운 증세.

4급Ⅱ

슬플 비

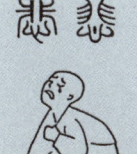

슬플, 염려할, 그리워할, 한심할.
mourn, yearn, pitiful

非(아닐 비:음부)와 心의 합침. 마음(心)이 아파 좋지 않다(非 p.402)는 데서 '슬프다'의 뜻이 된 자 形.

- [悲觀 비관] 세상을 괴로운 것으로 봄.
- [悲劇 비극] 슬픈 결말의 연극.
- [喜悲 희비] 기쁨과 슬픔.

3급Ⅱ

미혹할 혹

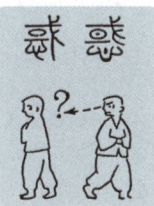

미혹할, 의심낼, 현란할, 헤맬. 통或
deceive, doubt, splendour

或(의심낼 혹:음부)과 心의 합침. 마음(心)에 의심(或 p.180)이 나서 헷갈린다 하여 '미혹(迷惑)하다'의 뜻이 된 자 形.

- [惑星 혹성] 떠돌이 별.
- [誘惑 유혹] 꾀어서 어지럽힘.
- [疑惑 의혹] 의심하여 분별하지 못함.

4급Ⅱ

은혜 혜

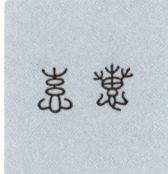

은혜, 덕택, 어질, 순할, 줄. 약恵
favor, gracious, bestow

叀(삼갈 전)과 心의 합침. 언행을 삼가고(叀) 어진 마음(心)을 베푼다는 데서 '은혜(恩惠)'의 뜻이 된 자 會.
【참고】叀은 본디 '물레'를 본뜬 자. 물레를 조심스럽게 다룬다 하여 '삼가다'의 뜻. 물레는 문익점의 아들 '문래(文來)'에서 유래.

- [惠澤 혜택] 은혜와 덕택.
- [慈惠 자혜] 인자하게 사랑하는 은혜.
- [天惠 천혜] 천연적인 혜택.

3급

번뇌할 뇌(노)

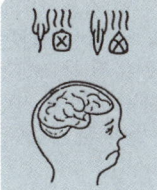

번뇌할, 괴로워할, 고달플. 약悩
vex, be annoyed

忄변에 甾(머리 뇌:음부)의 합침. 마음(忄)과 머리(甾 p.319 腦)가 시달려 괴롭다 하여 '고달프다'·'번뇌(煩惱)하다'의 뜻이 된 자 會形.

- [惱殺 뇌쇄] 몹시 괴롭힘. 매혹시킴.
- [苦惱 고뇌] 괴로워함.
- [心惱 심뇌] 마음 속에 일어나는 괴로움.

4급II 想 생각 상		생각, 생각할, 뜻할, 추측할, 희망할. thought, willed, hope 相(서로 상:음부)과 心의 합침. 서로 맞바라보듯이(相 p.276) 마음(心) 속으로 상대방을 '생각한다'는 뜻으로 된 자 形. ● [想像 상상] 미루어 생각함. [聯想 연상] 하나의 생각이 다른 생각을 불러일으키는 심리 작용. [理想 이상] 이성에 의한 최선의 상태.
3급II  愁 근심 수		근심, 염려할, 괴로워할, 탄식할. anxiety, annoy, mourn 秋(가을 추:음부)와 心의 합침. 초목이 가을(秋 p.286)에 시들 듯이 걱정스러운 생각(心)에 시달린다는 데서 '근심하다'의 뜻이 된 자 形. ● [愁心 수심] 근심하는 마음. [哀愁 애수] 슬픈 시름. [鄕愁 향수] 고향을 그리워하는 마음.
3급  愈 나을 유		나을, 어질, 더욱, 심할, 병 나을. more, surpass 兪(거룻배 유:음부)와 心의 합침. 좋은 마음(心)이 얼굴에 실린(兪) 표정이 '어질어' 보인다는 뜻으로 된 자. 마음(心)이 보인다는 뜻으로 된 자. 마음(心)이 쌓이고 쌓였다(兪)는 데서 '더욱'의 뜻으로도 쓰인다 形. 【참고】여기서의 兪는 물(巜)을 건너려고 나무를 모아(스=모을 집) 만든 거룻배(月←舟)에 물건을 '싣는다'는 뜻. ● [愈往愈甚 유왕유심] 갈수록 더욱 심함. [愈愚 유우] 어리석음을 고침. [愈愈 유유] 더욱더.
6급  意 뜻 의		뜻, 의미(意味), 생각, 형세. 통抑 meaning, opinion, will 音(소리 음)과 心의 합침. 말소리(音)로써 알 수 있는 마음(心)먹은 바, 즉 '뜻[意志]'을 가리켜 된 자 會. ● [意見 의견] 마음 속의 느낀 바 생각. [意外 의외] 뜻밖. 생각 밖. [衆意 중의] 뭇 사람의 의향(意向).
6급  愛 사랑 애		사랑, 은혜, 친할, 괼, 아낄. 약愛 love, be fond of ① 㤅(친할 애:음부)와 夊(천천히 걸을 쇠)의 합침. 아기를 손(爫)으로 에워싸(冖) 안고 어루만질 때 귀여워하는 마음이(心) 따라감(夊)을 나타내어 '사랑하다'의 뜻이 된 자 會形. ② 원자형은 㤅. 목이 메도록(旡=목맬 기) 많이 먹이려는 사랑의 마음(心)을 가리켜 '은혜'의 뜻이 된 자 會. ● [愛撫 애무] 사랑하여 어루만짐. [愛情 애정] 사랑하는 마음. [戀愛 연애] 남녀간에 사랑하는 일.

心 부

3급II 愚 어리석을 우

어리석을, 고지식할, 어두울, 업신여길.
foolish, honest

禺(원숭이 우:음부)와 心의 합침. 사고력(心)이 원숭이(禺 p.64 偶) 정도라는 데서 '어리석다'의 뜻이 된 자 會形.

- [愚鈍 우둔] 어리석고 둔함.
  [愚昧 우매] 사리에 어두움.
  [愚直 우직] 어리석고 고지식함.

6급 感 느낄 감

느낄, 감동할, 깨달을, 한할, 찌를.
feel, exciting

① 戊(때려 부술 술)에 口(입 구)와 心의 어울림. 다 때려 부술(戊) 듯이 질러대는 함성(口)이 가슴(心)을 찌른다 하여 '감동(感動)하다'의 뜻이 된 자 會.
② 咸(다 함:음부)과 心의 합침. 다(咸)같이 마음(心)으로 '느낀다'는 뜻으로 된 자 形.
【참고】感은 여럿이 고함(口)치며 함께 때려부순다(戊 p.179)는 데서 '다'의 뜻.

- [感激 감격] 몹시 고맙게 느낌
  [感情 감정] 사물에 느껴 일어나는 심정.
  [實感 실감] 실제로 겪는 듯한 산 느낌.

3급 愧 부끄러울 괴

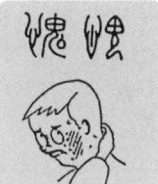

부끄러워할.
ashamed

忄변에 鬼(귀신 귀:음부)의 합침. 마음(忄)에 가책받아 얼굴이 악귀(鬼)같이 달아오른다는 데서 '부끄러워하다(忄)'의 뜻이 된 자 形. [p.174 慚]

- [愧心 괴심] 부끄러워하는 마음.
  [愧恨 괴한] 수치를 당하고 원한을 품음.
  [慚愧 참괴] 안팎으로 부끄러움.

3급II 愼 삼갈 신

삼갈, 정성, 고요할, 생각할. 약 慎
take care of, attention

忄변에 眞(참 진:음부)의 합침. 조심스러운 마음(忄)으로 언행을 진지하게(眞 p.277) 가진다 하여 '삼가다'의 뜻이 된 자 會形.

- [愼密 신밀] 퍽 삼가고 은밀함.
  [愼重 신중] 삼가고 조심함.
  [勤愼 근신] 언행을 삼가고 조심함.

3급II 慈 사랑 자

사랑할, 착할, 어질, 불쌍할, 어머니.
affection, merciful

玆(불을 자:음부)와 心의 합침. 자식의 몸을 불리려고(玆) 맛있는 것을 먹이려는 어머니의 마음(心)을 가리켜 '사랑하다'의 뜻이 된 자 形.
【참고】玆는 초목(艹)의 실(玆←絲) 같은 싹이 자라 우거지면서 '불어남'을 뜻함.

- [慈悲 자비] 사랑하고 불쌍히 여김.
  [慈愛 자애] 아랫사람에게 향한 도타운 사랑.
  [仁慈 인자] 어질고 자애스러움.

4급II

態 모습 태

모습, 모양, 태도, 상태, 꼴, 뜻.
manner, figure, attitude

能(능할 능)과 心의 합침. 마음(心)의 움직임(能 p.318)에 따라 나타나는 '태도(態度)'를 뜻한 자 會.

- [態勢 태세] 상태(狀態)와 형세.
- [嬌態 교태] 예쁘고도 아양스러운 태도.
- [姿態 자태] 고운 맵시와 태도.

3급II

慕 그릴 모

사모할, 생각할, 그리워할, 모뜰.
think of, affectionately

莫(저물 모:음부)와 ⼩(心)의 합침. 날이 저물(莫 p.328) 때에 그립고 아쉬운 마음(⼩)이 일어난다 하여 '사모(思慕)하다'·'생각하다'의 뜻이 된 자 形.

- [慕情 모정] 사모하는 정.
- [戀慕 연모] 이성끼리 서로 그리워함.
- [追慕 추모] 죽은 사람을 그리워함.

3급

 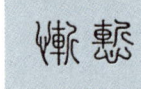

慚 부끄러울 참

부끄러워할, 부끄러움. ⓧ慙
ashamed, to feel mortified

忄변에 斬(벨 참:음부)의 합침. 심장(心)을 베듯이(斬 p.209 暫) 쓰라리게(忄) '부끄러워함'을 뜻한 자 形. [p.173 愧]

- [慚愧 참괴] 안팎으로 부끄러워함.
- [慚汗 참한] 부끄러워 땀이 남.
- [無慚 무참] 말할 수 없이 부끄러움.

4급II

慶 경사 경

경사, 착할, 칭찬할, 하례할 경/ 복 강.
blessing, congratulate

严(←鹿=사슴 록)에 心과 夊(천천히 걸을 쇠)의 어울림. '경사(慶事)'에 사슴(严)을 가지고 가서(夊) 진심(心)으로 '하례한다'는 뜻으로 된 자 會.

- [慶祝 경축] 기꺼운 일을 축하함.
- [國慶日 국경일] 국가의 경사스러운 날.
- [餘慶 여강] 적선으로 그 자손이 받는 복.

3급

 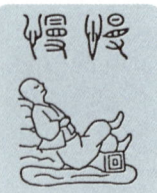

慢 거만할 만

거만할, 게으를, 느릴, 방자할.
haughty, lazy, slowly

忄변에 曼(퍼질 만:음부)의 합침. 마음(忄)이 퍼진(曼) 상태라 하여 '게으르다'·'느리다'의 뜻이 된 자. 나아가, 게으른 사람이 허세를 부린다 하여 '거만(倨慢)하다'의 뜻으로도 쓰인다 形.
【참고】 曼자는 무리하게(冒←冃=무릅쓸 모) 잡아(又) '늘인다'는 뜻.

- [慢性 만성] 버릇 되어 고치기 힘든 성질.
- [自慢 자만] 스스로 거만하게 자랑함.
- [怠慢 태만] 게으르고 느림.

心 부

3급II

慧
슬기로울 혜

슬기, 총명할, 지혜, 밝을. 통惠
wit, clear, intelligent

彗(비 혜:음부)와 心의 합침. 비(彗)로 쓴 듯이 티끌 하나 없는 마음(心)에서 '지혜(智慧)'가 우러남을 나타낸 자 形.
【참고】彗는 손(ㅋ←手)에 든 '비(丰)'.

- [慧命 혜명] 법성(法性)을 유지하는 지혜.
  [慧眼 혜안] 사물을 밝게 보는 눈.
  [聰慧 총혜] 총기와 슬기.

3급

慘
참혹할 참

참혹할, 슬플, 애쓸 참/ 근심할 침. 약惨
sad, cruel, anxious

① 忄변에 參(참여할 참:음부)의 합침. 마음(忄)에 궂은 일만 끼어 들어(參 p.93) '슬프다'·'참혹(慘酷)하다'는 뜻으로 된 자 形.
② 慘과 憯은 같이 쓰인 자. 마음(忄)이 슬플 때 한숨을 몰아 내쉰다(朁 p.250 潛)는 데서 憯의 뜻을 빌려 '참혹하다'의 뜻이 된 자 假.

- [慘憺 참담] 괴롭고 슬픈 모양.
  [慘狀 참상] 참혹한 상태.
  [悲慘 비참] 볼 수 없을 정도로 끔찍함.

3급

慨
슬퍼할 개

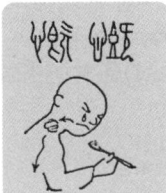

슬플, 분할, 강개할. 통愾 속약慨
mournfully

忄변에 旣(먹을 기:음부)의 합침. 마음(忄)이 아파 밥이 적게 먹힐(旣 p.202)정도로 '슬프다'는 뜻으로 된 자 形.

- [慨歎 개탄] 의분이 복받쳐 탄식함.
  [感慨 감개] 마음 속 깊이 느낌.
  [憤慨 분개] 매우 분하게 여겨 개탄함.

4급

慮
생각할 려

생각, 염려할, 깃발, 의심할, 꾀할.
consider, be anxious

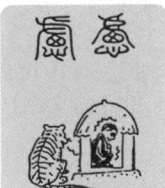

盧(범 문채 로:음부)와 心의 합침. 범(盧)을 두렵게 생각한(心) 데서 '염려(念慮)하다'의 뜻이 된 자 形.
【참고】虍(범 문채 호)와 思(생각 사)의 합침이기도 함.

- [慮外 여외] 뜻밖.
  [考慮 고려] 생각하여 봄.
  [憂慮 우려] 근심과 걱정.

3급II

慣
익숙할 관

익숙할, 버릇, 익을. 통貫·串
habit, accustome

忄변에 貫(꿸 관:음부)의 합침. 마음(忄)이 꿴(貫 p.359)듯이 틔어 일에 '익숙하다'는 뜻으로 된 자. 나아가, 습성이 마음(忄)에 배었다(貫) 하여 '버릇'의 뜻으로도 쓰인다 形.

- [慣例 관례] 습관이 된 전례.
  [慣用 관용] 늘 씀. 습관이 되어 사용함.
  [習慣 습관] 버릇.

3급II

욕심 욕

욕심, 탐낼, 하고자 할. 통欲
lust, desire

欲(하고자 할 욕:음부)과 心의 합침. 지나치게 하고자 하는(欲 p.227) 마음(心)이라 하여 '욕심(慾心)'의 뜻이 된 자 會形.

- [慾望 욕망] 하고자 하는 마음.
  [慾情 욕정] 충동으로 일어나는 욕심.
  [貪慾 탐욕] 사물을 탐하는 욕심.

3급II

근심 우

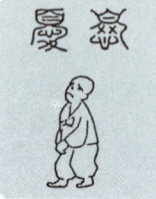

근심할, 걱정할, 병, 욕될, 그윽할.
anxiety, mournful

㥑(憂의 본자:음부)와 夊(천천히 걸을 쇠)의 합침. 머리(頁=머리 혈)에 수심(心)이 가득 차 발걸음(夊)이 무거운 모양에서 '근심하다'의 뜻이 된 자 會形.

- [憂慮 우려] 근심과 걱정.
  [憂患 우환] 근심 걱정되는 일. 질병.
  [内憂 내우] 나라 안의 걱정.

4급

위로할 위

위로할, 유쾌할, 알은체할. 통尉
console, delight

尉(편안하게 할 위:음부)와 心의 합침. 마음(心)을 편안히(尉) 가지도록 한다 하여 '위로(慰勞)하다'의 뜻이 된 자 形.
【참고】尉는 불(小←火)에 손(寸)을 쬘 때처럼 어진(㞋=仁) 마음으로 달래어 '편안히 한다'는 뜻.

- [慰問 위문] 찾아가서 위로함.
  [慰撫 위무] 위로하고 어루만짐.
  [安慰 안위] 마음이 편해지도록 위로함.

3급II

미울 증

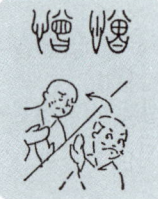

미워할, 미움받을, 미움. 속약憎
dislike, hate

忄변에 曾(거듭 증:음부)의 합침. 성난 마음(忄)이 거듭 쌓였다(曾 p.210)는 데서 '미워하다'의 뜻이 된 자 形.

- [憎惡 증오] 몹시 미워함.
  [可憎 가증] 얄미움.
  [愛憎 애증] 사랑함과 미워함.

3급

불쌍히여길 련

불쌍할, 가련할, 가엾을, 사랑할.
pity, compassionate

忄변에 粦(도깨비 불 린:음부)의 합침. 도깨비 불(粦 p.397 隣)이 펀뜻 나타나듯이 불쌍히 여기는 마음(忄)이 일어남을 가리켜 '가엾이 여기다'의 뜻이 된 자 形.

- [憐憫 연민] 불쌍하고 가련(可憐)함.
  [憐情 연정] 가련하게 여기는 마음.
  [哀憐 애련] 가엾고 애처로움.

心 부

憲 (법 헌) — 4급

법, 관리, 밝힐, 표준될, 기뻐할.
law, official, standard

害(←害해할 해:음부)에 罒(目=눈 목)과 心의 어울림. 해(害)를 입을까 봐 눈(罒)을 돌려 살피고 마음(心)을 '밝힌다' 는 뜻으로 된 자. 밝힌다는 데서 법규의 총체이며 기준이 되는 '헌법(憲法)' 의 뜻으로도 쓰인다 形.

- [憲章 헌장] 규칙의 총칭 및 그것의 모임.
- [官憲 관헌] 관리. 또는 관청의 규칙.
- [立憲 입헌] 헌법을 세움.

憫 (민망할 민) — 3급

불쌍히 여길, 딱할, 근심할, 잠잠할.
grieve, pity

忄변에 閔(민망할 민:음부)의 합침. 마음(忄) 속으로 민망히(閔) 여긴다는 데서 '근심하다'·'불쌍히 여기다' 의 뜻이 된 자 形.
【참고】閔은 문간(門)에 들어선 조객의 조사문(文)을 듣기가 '민망하다' 는 뜻.

- [憫憫 민망] 답답하고 딱해 걱정스러움.
- [憫恤 민휼] 불쌍하게 여겨 구휼함.
- [憐憫 연민] 불쌍하고 가련함.

憤 (분할 분) — 4급
 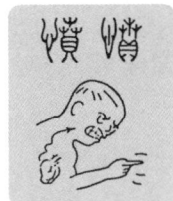

분할, 결낼, 성낼. 통 賁·忿
anger

忄변에 賁(클 분:음부)의 합침. 언짢은 일로 마음(忄)이 크게(賁) 부어오름을 나타내어 '성내다' 의 뜻이 된 자 形.
【참고】賁은 卉(많을 훼)와 貝(조개 패)의 합침으로, 조개무지가 '큼' 을 나타냄.

- [憤怒 분노=忿怒] 분하여 성냄.
- [憤敗 분패] 이길 수 있는 것을 분하게 짐.
- [悲憤 비분] 슬프고 분함.

懇 (간절할 간) — 3급 II

간절할, 정성, 친절할, 믿을.
earnestness, entreat

豤(정성스러울 간:음부)과 心의 합침. 정성스러운(豤) 마음(心)이라는 데서 '간절(懇切)하다' 의 뜻이 된 자 形.
【참고】豤은 맹수(豸)가 먹이에 대해 눈독(艮 p.324)을 들인다 하여 '정성스럽다' 의 뜻.

- [懇曲 간곡] 간절하고 곡진함.
- [懇談 간담] 정답게 이야기함.
- [衷懇 충간] 충심으로 하는 간청(懇請).

憶 (생각할 억) — 3급 II

생각할, 생각, 기억, 기억할.
remember

忄변에 意(뜻 의:음부)의 합침. 마음(忄) 속에 간직한 뜻(意 p.172)의 작용을 가리켜 '기억(記憶)' 의 뜻이 된 자 形.

- [憶念 억념] 단단히 기억하여 잊지 않음.
- [舊憶 구억] 옛 기억.
- [追憶 추억] 지난 일을 돌이켜 생각함.

4급 II

 응할 응

응할, 응당(應當), 꼭, 승낙할. 약 応
correspond, permit

雁(매 응:음부)과 心의 합침. 매(雁)가 꿩을 잡아 자기 주인의 마음(心)에 따른다는 데서 '응하다'의 뜻이 된 자 形.
【참고】 雁(䧹=매 응)은 바위집(广)에서 사람(亻)이 매(隹)를 안고 있는 모양임.

- [應急 응급] 급한 대로 우선 처리함.
  [應接 응접] 맞이하여 접대함.
  [呼應 호응] 서로 기맥이 상통함.

3급

 징계할 징

징계할, 징계. 속·약 懲
punish, admonition

徵(부를 징:음부)과 心의 합침. 불러서(徵 p.163) 뉘우치도록(心) 벌 준다는 데서 '징계(懲戒)하다'의 뜻이 된 자 形.

- [懲罰 징벌] 장래를 경계하기 위해 벌줌.
  [懲役 징역] 죄인을 가두고 노동을 시킴.
  [膺懲 응징] 잘못을 고치도록 징계함.

3급 II

 달(繫) 현

달, 매달, 걸, 멀, 동떨어질, 빚. 통 縣
hang, suspend, distant

縣(매달 현:음부)과 心의 합침. 모든 일은 마음(心)에 달렸다(縣 p.306)는 데서 '걸다'·'매달다'의 뜻이 된 자 會·形.

- [懸隔 현격] 썩 동떨어짐.
  [懸賞 현상] 상을 걺.
  [倒懸 도현] 거꾸로 매닮(민생고가 심함).

3급 II

 품을 회

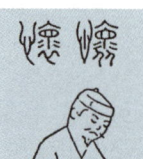

품을, 생각할, 위로할, 가질. 약 懐
hold in mind, think of

忄변에 褱(가릴 회:음부)의 합침. 눈을 내리감고(褱 p.114 壞) 생각(忄)에 잠긴다는 데서 '품다'의 뜻이 된 자 形.

- [懷古 회고] 옛일을 돌이켜 생각함.
  [懷抱 회포] 품은 생각.
  [述懷 술회] 마음먹은 것을 말함.

3급

 두려워할 구

두려울, 근심할, 조심할, 놀랄. 통 瞿
fear, careful

忄변에 瞿(놀랄 구:음부)의 합침. 뜻밖의 일로 가슴(忄)이 놀란다(瞿)는 데서 '두렵다'·'근심하다'의 뜻이 된 자 形.
【참고】 瞿는 '놀란' 새(隹=새 추)가 두 눈을 두리번거리는(明=두리번거릴 구) 모양.

- [懼然 구연] 두려워하는 모양.
  [危懼 위구] 두려움. 두려워함.
  [疑懼 의구] 의심하고 두려워함.

心・戈 부

3급II

戀
그리워할
그릴 련

그리워할, 사모할, 생각. 약恋
hanker after, be fond of

戀(말 잇달 련:음부)과 心의 합침. 말이 잇달아(戀 p.354 變) 그치지 아니 하듯이 정이 잇단 마음(心)을 나타내어 '사모하다'의 뜻이 된 자 形.

- [戀慕 연모] 사랑하여 그리워함.
- [戀情 연정] 이성을 그리며 사모하는 마음.
- [悲戀 비련] 끝이 슬프게 끝나는 연애.

2급

戈
창 과

창, 전쟁.
spear, battle.

날부분에 가지가 있는 '창'의 모양을 본뜬 자. 창은 싸움에 쓰이는 무기라는 데서 '전쟁'의 뜻으로도 쓰인다 象.

- [戈劍 과검] 창과 칼.
- [戈鋒 과봉] 창의 끝.
- [兵戈 병과] 군사에 쓰는 창(전쟁에 비유).

3급

戊
천간 무

다섯째 천간, 무성할.
5th of 10 stems, flourish.

초목이 '무성한' 모양을 본뜬 자 象. 십간의 다섯째 자로 쓰이게 되자, 후에 초목이 무성함을 나타내기 위하여 ++를 덧얹은 茂(p.327)로 그 뜻을 대신하게 되었다 轉.
【참고】 청년의 굳센 갈비뼈 모양을 본뜬 자라는 설도 있음.

- [戊夜 무야] 5경(오전 3~5시).
- [戊辰 무진] 육십 갑자의 다섯째.
- [靑戊 청무] 푸르게 성함.

3급

戌
개 술

개(열 한째 지지), 구월, 때려 부술.
dog(11th of 12 stems)

① 戊(무성할 무)와 一(한 일:음부)의 합침. 무성한 초목이 더 자라지 않음을 나타내어 戊 안에 一을 넣어 나무순이 막히는 '구월'을 뜻한 자. 구월은 12지에서 개달에 해당하는 데서 '개'의 뜻으로도 쓰인다 會形.
② 도끼(戌) 모양을 본떠 '때려 부수다'의 뜻이 된 자 象.
【참고】 戊・戎・戌(p.125 威)과는 별자임.

- [戌時 술시] 오후 7~9시.
- [戌月 술월] 음력 구월(九月).
- [屈戌 굴술] 굴복시킴.

6급

成
이룰 성

이룰, 될, 우거질, 거듭, 마칠, 화목할.
complete, finish

戊(무성할 무)와 丁(장정 정:음부)의 어울림. 무성한(戊 p.179) 나무처럼 혈기 왕성한 장정(丁 p.41)이 일을 목적대로 '이룬다'는 뜻으로 된 자. 또는, 큰 나무(戊)에 작은 못(丁)을 쳐 잇대어 집을 세웠다는 데서 '이루다'의 뜻이 된 자 會形.

- [成功 성공] 목적을 이룸. 공을 이룸.
- [成果 성과] 일이 이루어진 결과.
- [達成 달성] 뜻한 바나 목적한 바를 이룸.

3급II	我 나 아		나, 나의, 우리, 이쪽, 고집 쓸. I, we, insist on 手(←手=손 수)와 戈의 어울림. 손(手)에 창(戈)을 들고 자기를 방어함을 나타내어 '나'의 뜻이 된 자 會. ● [我軍 아군] 우리 편 군사. 　[我執 아집] 소아(小我)에 집착하는 고집. 　[自我 자아] 자기 인식의 주관.
4급	戒 경계할 계		경계할, 지킬, 타이를, 고할. 통誡·界 guard, watch, warn 戈와 廾(손 맞잡을 공)의 어울림. 두 손(廾)으로 무기(戈)를 든 모양에서 적을 '경계(警戒)한다'는 뜻이 된 자 會. ● [戒嚴 계엄] 사변 등에 군대로 관할함. 　[破戒 파계] 계율을 깨뜨려 지키지 않음. 　[訓戒 훈계] 타일러 경계함.
4급	或 혹 혹		혹, 의심낼, 괴이할, 있을, 또. 통惑 perhaps, doubtful, also 戈에 口(입 구)와 땅을 가리키는 一의 어울림. 적이 침입하지나 않을까 의심되어 무기(戈)를 들고 국민(口)과 국토(一)를 지킨다 하여 '혹'의 뜻이 된 자 會. 【참고】或자는 '나라'의 뜻도 있음. [p.107 國] ● [或說 혹설] 어떤 사람의 말 또는 학설. 　[或時 혹시] 어떠한 때. 　[間或 간혹] 간간이 어쩌다가.
3급II	戚 친척 척		친척, 겨레, 도끼, 슬플, 근심할. 통慼·慽 relatives, hatchet 戉(도끼 월)과 尗(작을 숙:음부)의 합침. 춤출 때 들던 작은(尗 p.94 叔) '도끼(戉 p.125 戊)'를 뜻하여 된 자 形. 제전에서 춤출 때 일가들이 모인다는 데서 음이 통하는 族(겨레 족)의 뜻을 빌려 '친척(親戚)'의 뜻으로 쓰이게 되었다 假. ● [戚分 척분] 친척이 되는 관계. 　[干戚 간척] 전쟁에 쓰이는 병기. 干戈. 　[外戚 외척] 외가의 친척.
6급	戰 싸움 전		싸울, 무서워 떨, 경쟁할. 약戦·战 battle, tremble, contest 單(홑 단:음부)과 戈의 합침. 單(p.104)이나 戈는 모두 무기. 무기(單)와 무기(戈)를 서로 맞부딪친다 하여 '싸우다'의 뜻이 된 자 形. ● [戰慄 전율] 몹시 두려워 몸이 떨림. 　[戰爭 전쟁] 국가 간의 투쟁 행위. 　[休戰 휴전] 전쟁을 얼마간 쉼.

3급II **戲** 놀이 희		**희롱할 희/ 서러울 호/ 대장기 휘.** ⓒ戯 amusement, sorrowful 虛(옛 그릇 희:음부)와 戈의 합침. 범(虍=범 문채 호)의 탈을 쓴 사람이 제전(豆 p.355)에서 창(戈)을 들고 춤을 추며 익살떤다 하여 '희롱(戱弄)하다'의 뜻이 된 자 形. 또는, 嬉(희롱할 희)와 음이 같은 데서 그 뜻을 빌려 쓰이게 된 자 假. ● [戱曲 희곡] 연극의 각본. [遊戱 유희] 즐겁게 놂. [作戱 작희] 남의 일을 방해함.
4급II **戶** 집 호	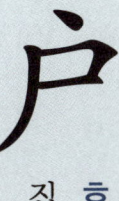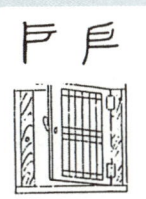	**집, 지게문, 출입구, 지킬, 머무를.** door(one side), house 외짝 '문(지게문)'의 모양을 본뜬 자. 지게문을 닫아건 모양에서 '막다'의 뜻으로도 쓰인다 象. [p.390 門] ● [戶籍 호적] 호수와 식구에 대한 기록. [每戶 매호] 집집마다. [門戶 문호] 집으로 드나드는 문.
4급II **房** 방 방		**방, 곁방, 거처, 제기, 전동(화살 넣는 통), 송이.** room, dwelling bunch 戶와 方(모 방:음부)의 합침. 집(戶)의 한쪽(方)에 있는 '방'을 뜻하여 된 자 形. ● [房貰 방세] 방을 빌려 쓰는 세. [冷房 냉방] 찬 방. 시원하게 설비한 방. [茶房 다방] 찻집.
7급 **所** 바 소	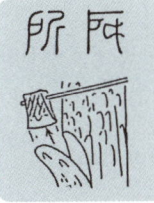	**바, 것, 곳, 가질, 연고, 쯤, 얼마.** place, possess, connected 戶(집 호:음부)와 斤(도끼 근)의 합침. 외짝문(戶)이 열린 것처럼 도끼(斤)에 비스듬히 찍힌 자국을 가리켜 '곳'의 뜻이 된 자 形. 또는, 음이 통하는 데서 處(곳 처)의 뜻을 빌려 쓰이는 자 假. ● [所聞 소문] 전하여 들리는 말. [所以 소이] 일의 까닭. [場所 장소] 곳. 처소.
7급 **手**(扌) 손 수	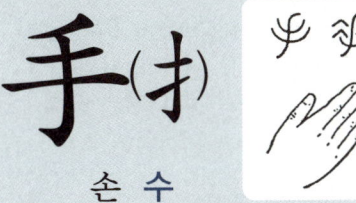	**손, 손수 할, 쥘, 잡을, 칠.** hand, hold '손'의 모양을 본뜬 자 象. 【참고】𠂇(왼손 좌)·又(오른손 우)도 손을 뜻함. [p.211 有] ● [手段 수단] 일에 대한 꾀와 솜씨. [手足 수족] 손과 발. 부리는 사람. [選手 선수] 뛰어난 데가 있어 뽑힌 사람.

6급

才

재주 재

재주, 능할, 싹, 바탕, 겨우, 재단할.
talent, ability

'싹' 이 돋아나는 모양을 본떠, 그것이 장차 크게 자랄 '바탕' 이 된다는 뜻으로 된 자 ⓢ. 초목(丨)의 싹(丿)이 땅(一)을 뚫고 자라나듯이 사람의 능력도 발전함을 가리켜 '재주' 의 뜻이 된 자 ⓘ.

- [才能 재능] 재주와 능력.
  [才致 재치] 눈치 빠른 재주.
  [天才 천재] 날 때부터 갖춘 뛰어난 재주.

5급

打

칠 타

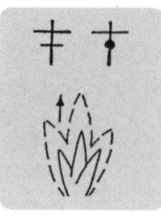

칠, 및, 관사, 다스(dozen).
strike, beat

扌변에 丁(못 정:음부)의 합침. 손(扌)으로 못(丁 p.41)을 쳐서 박는 것을 가리켜 '치다' 의 뜻이 된 자 ⓕ.

- [打擊 타격] 때려 침.
  [打撲傷 타박상] 맞거나 부딪쳐 생긴 상처.
  [强打 강타] 세게 침.

3급

托

맡길 탁

맡길, 밀칠, 차반, 떡국. ⓢ 拓·飥
push away

扌변에 乇(풀잎 탁:음부)의 합침. 풀잎(乇 p.129 宅)을 따서(扌) '떡에 밀어 넣는다' 는 뜻으로 된 자. 나아가 '밀치다' 의 뜻으로도 쓰인다 ⓕ.

- [托鉢 탁발] 중이 수행 중 동냥 다니는 일.
  [托生 탁생] 남에게 의탁하여 살아감.
  [花托 화탁] 꽃받침. 花床.

3급Ⅱ

扶

도울 부

도울, 붙들, 곁, 호위할, 어리광할.
aid, hold, protect

扌변에 夫(지아비 부:음부)의 합침. 지아비(夫 p.118)를 붙들어(扌) 주며 '돕는다' 는 뜻으로 된 자 ⓕ.

- [扶養 부양] 생활을 돕거나 기름.
  [扶助 부조] 돈이나 물건을 보내 도움.
  [扶持 부지] 버티어 나감.

4급

批

비평할 비

비평할, 때릴, 칠, 굴릴, 깎을 비/ 칠 별.
criticise, slap

扌변에 比(비교할 비:음부)의 합침. 옳고 그름을 비교하여(比) 그릇된 것을 손(扌)으로 '친다' 는 뜻으로 된 자 ⓕ. 나아가, 남의 잘잘못을 친다 하여 '비평(批評)하다' 의 뜻으로도 쓰인다 ⓣ.

- [批難 비난] 과실을 힐책함. 非難.
  [批判 비판] 비평하여 판단함.
  [批准 비준] 조약의 최종 확인 행위.

手 부

3급

抄
뽑을 초

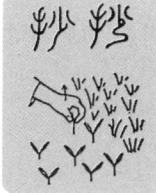

뽑을, 베낄, 번역할, 노략질할. 통鈔
copy, select, transcribe

扌변에 少(적을 소:음부)의 합침. 손(扌)으로 조금(少 p.138)씩 가려 '뽑는다'는 뜻으로 된 자. 나아가, 글의 일부분을 '베낀다'는 뜻으로도 쓰인다 形.

- [抄本 초본] 추려 베낀 문서.
  [詩抄 시초] 시를 뽑아 적음.
  [雜抄 잡초] 여러 가지 것을 추려 씀.

4급

投
던질 투

던질, 줄, 버릴, 의탁할 투 / 머무를 두.
throw, deliver, depend on

扌변에 殳(창 수:음부)의 합침. 손(扌)으로 창(殳)을 '던진다'는 뜻으로 된 자 形.

- [投機 투기] 기회를 타 이익을 보려는 짓.
  [投資 투자] 영리 목적으로 밑천을 댐.
  [暴投 폭투] 난폭하게 내던짐.

3급

把
잡을 파

잡을, 쥘, 줌, 자루, 묶음, 발(길이).
hold, bundle

扌변에 巴(뱀 파:음부)의 합침. 뱀(巴)이 막대기를 친친 감은 것같이 여러 손가락(扌)으로 물건을 '잡음'을 뜻한 자 形.

- [把守 파수] 경계하여 지킴.
  [把握 파악] 잡아 쥠. 이해함.

4급Ⅱ

承
이을 승

이을, 받들, 도울, 받을, 차례. 통丞
inherit, support

㇆(←卩=병부 절)·手·廾(두 손 공)의 어울림. 병부(㇆)를 두 손(廾)으로 받든(手) 모양에서 왕명을 '이어' '받들어' 정사를 '돕는다'는 뜻이 된 자 會.

- [承諾 승낙] 청을 들어 줌.
  [承服 승복] 이해하고 좇음. 죄를 고백함.
  [繼承 계승] 뒤를 이어받음.

3급Ⅱ

抑
누를 억

누를, 억울할, 덜릴, 삼갈, 그칠.
repress, regret, stop

扌변에 卬(띠=누를 억:음부)의 합침. 손(扌)으로 '누른다(卬)'는 뜻으로 된 자. 눌린다는 데서 '억울(抑鬱)하다'의 뜻으로도 쓰인다 會形.

【참고】卬(띠의 반대형)은 무릎을 꿇고 '내리누른다'는 뜻.

- [抑留 억류] 억지로 머무르게 함.
  [抑壓 억압] 힘으로 억누름.
  [抑制 억제] 눌러서 제어함.

4급
抗
겨룰 항

겨룰, 막을, 들, 높을. 통 亢
resist, lift, oppose

扌변에 亢(높을 항:음부)의 합침. 서로 손(扌)을 높이(亢 p.324 航) 들어 '막는다' 는 뜻으로 된 자 形.

- [抗議 항의] 반대의 뜻을 주장함.
  [對抗 대항] 서로 맞서서 대적함.
  [反抗 반항] 순종하지 아니하고 저항함.

5급
技
재주 기

재주, 능통할, 술법, 공교할. 통 伎
talent, ability, skill

扌변에 支(가를 지:음부)의 합침. 갈라진(支) 여러 손가락(扌)으로 말미암아 손에 '재주' 가 있다는 뜻으로 된 자 形.

- [技術 기술] 꾀 있게 다루는 솜씨.
  [競技 경기] 재주의 낫고 못함을 비교함.
  [特技 특기] 특수한 기능.

4급
折
꺾을 절

꺾을, 굽힐, 휠, 알맞을 절/ 천천할 제.
break, bend

扌변에 斤(도끼 근)의 합침. 도끼(斤)를 들고(扌) 나뭇가지를 찍는다 하여 '꺾다' 의 뜻이 된 자 會.
【참고】折의 扌는 본디 屮(풀 초)의 변형임.

- [折半 절반] 하나를 반씩 둘로 나눔.
  [夭折 요절] 나이 젊어서 죽음.
  [挫折 좌절] 마음과 기운이 꺾임.

3급
抱
안을 포

안을, 품을, 아름, 낄, 가슴.
hug, embrace

扌변에 包(쌀 포:음부)의 합침. 두 팔(扌)로 에워싼다(包)는 데서 '안다'·'품다' 의 뜻이 된 자 會形.
【참고】包는 모체 속에 아기(巳 p.146)가 싸여(勹) 있는 모양에서 '싸다' 의 뜻.

- [抱負 포부] 마음에 품은 계획이나 희망.
  [抱擁 포옹] 품에 껴안음.
  [懷抱 회포] 마음에 품은 생각.

3급 II
抵
막을(抗) 저

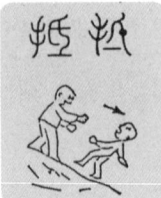

막을, 밀칠, 당할, 닥뜨릴, 다다를.
dash out, reach, resist

扌변에 氐(낮을 저:음부)의 합침. 덤벼 오는 사람을 손(扌)으로 낮은(氐 p.56 低) 쪽을 향해 '밀친다' 는 뜻으로 된 자 形.

- [抵觸 저촉] 서로 닥뜨림. 침범하여 걸림.
  [抵抗 저항] 버티어 대적함.
  [大抵 대저] 대체로 보아서. 무릇.

3급

누를 **압**

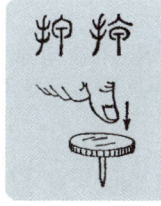

누를, 관리할, 잡아들일 압/ 단속할 갑.
press down

扌변에 甲(갑옷 갑:음부)의 합침. 돋아나는 싹(甲 p.267)을 흙이 덮어 내리누르듯이 손(扌)으로 밀어 '누른다' 는 뜻으로 된 자 形.

- [押送 압송] 죄인을 잡아 보냄.
  [差押 차압] 강제 압류(押留)를 집행함.

3급

뽑을 **추**

뽑을, 뺄, 거둘, 당길, 싹틀. 通 紬
select, pull up

扌변에 由(말미암을 유:음부)의 합침. 용수(由 p.267)를 술독에 넣어 눌러 잡고(扌) 술을 떠내듯이 '뽑아 낸다' 는 뜻으로 된 자 形.

- [抽象 추상] 여러 관념 중 한 관념을 뽑음.
  [抽籤 추첨] 제비를 뽑음.
  [抽出 추출] 빼냄. 뽑아 냄.

3급II

떨칠 **불**

떨칠, 털, 먼지떨이 불 약 払/ **도울 필.**
shake off, brush away

扌변에 弗(버릴 불:음부)의 합침. 손(扌)으로 먼지 같은 것을 '털어 버린다(弗)' 는 뜻으로 된 자 形.

- [拂拭 불식] 말끔히 씻어 없앰. 털고 훔침.
  [拂下 불하] 관(官)에서 일반에게 팔아넘김.
  [支拂 지불] 돈을 내줌.

4급

막을 **거**

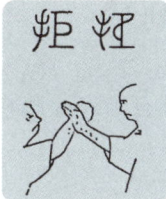

막을, 맞설, 다닥칠, 물리칠. 通 距
oppose, resist, refuse

扌변에 巨(클 거:음부)의 합침. 덤벼드는 자에게 손(扌)을 크게(巨 p.145) 휘둘러 '맞선다' 는 뜻으로 된 자. 맞선다는 데서 '막아' '물리친다' 는 뜻으로도 쓰인다 形.

- [拒逆 거역] 명령을 항거하여 거스름.
  [拒絶 거절] 물리쳐 떼어 버림.
  [抗拒 항거] 맞서서 겨룸.

4급

칠 **박**

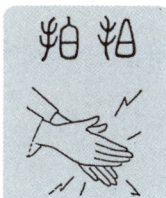

칠, 장단, 박자, 손뼉칠, 어깻죽지.
tap, tune, rhythm

扌변에 白(←百=일백 백:음부)의 합침. 손뼉(扌)을 많이(白←百) '침' 을 뜻하여 된 자. 손뼉을 쳐서 장단을 잡는다 하여 '박자(拍子)' 의 뜻으로도 쓰인다 形.

- [拍手 박수] 손뼉침.
  [拍掌大笑 박장대소] 손뼉치며 껄껄 웃음.
  [拍車 박차] 말탈 때 신 뒤축에 붙인 쇠.

3급 II

拓 넓힐 척

개척할, 주울, 열, 물리칠 **척**/ 박을, 밀 **탁**.
cultivate, gather, improve

扌변에 石(돌 석:음부)의 합침. 거친 땅에서 손(扌)으로 돌(石)을 '주워 내고' '개척(開拓)한다'는 뜻으로 된 자 形.

- [拓植 척식] 개척함과 식민.
  [拓本 탁본] 금석문 등을 종이에 박아 냄.
  [干拓 간척] 바다를 막아 육지화하는 일.

3급 II

拔 뽑을 발

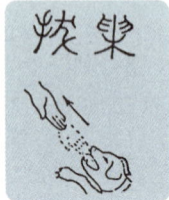

뺄, 빼어날, 가릴 **발**/ 성할 **패**. 속약 抜
pluck, pick up, pull

扌변에 犮(개 달아날 발:음부)의 합침. 개가 달아날(犮) 때 발을 퉁기듯이 손(扌)을 홱 '뺀다'는 뜻으로 된 자 會形.
【참고】犮은 개(犬=개 견)가 달아날 때 발이 비치적거리며 끄는 (丿←厂=끌 예) 모양.

- [拔擢 발탁] 사람을 뽑아 올려 씀.
  [奇拔 기발] 기묘할 정도로 우수함.
  [選拔 선발] 골라서 뽑음.

3급 II

拘 잡을 구

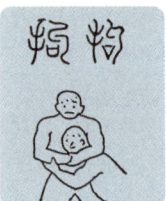

잡을, 껴안을, 거리낄, 취할, 굽을.
hinder, apprehend, hug

扌변에 句(굽을 구:음부)의 합침. 손(扌)을 구부려(句 p.96) '잡는다'는 뜻으로 된 자. 구부려 잡는다는 데서 '껴안다'의 뜻으로도 쓰인다 會形.

- [拘禁 구금] 죄인을 잡아 자유를 얽맴.
  [拘束 구속] 자유를 속박함.
  [不拘 불구] 거리끼지 않음.

3급

拙 졸할 졸

졸할, 옹졸할, 못날, 무딜, 나(겸칭).
clumsy, unskill, stupid

扌변에 出(날 출:음부)의 합침. 솜씨(扌)가 들쭉날쭉(出 p.77)하다는 데서 '못하다'·'못나다'의 뜻이 된 자 形.

- [拙劣 졸렬] 용렬하고 서투름.
  [拙速 졸속] 서투르면서 빠름.
  [壅拙 옹졸] 성질이 옹하고 생각이 좁음.

4급

招 부를 초

불러 올, 손짓할, 손들 **초**/ 걸, 들 **교**.
beckon, call, invite

扌변에 召(부를 소:음부)의 합침. 윗사람이 아랫사람을 '손(扌)짓하여 부른다(召)'는 뜻으로 된 자 會形.
【참고】召는 위엄(刀)어린 말(口)로 '부름'.

- [招待 초대] 불러서 대접함.
  [招請 초청] 청하여 부름.
  [問招 문초] 죄인을 심문함.

手 部

4급II
拜
절 배

절할, 공경할, 굴복할, 벼슬 줄. 󰀁拜
bow to, honor

手자 둘을 합한 𢬃(두 손 공)과 丅(→下=아래 하)의 어울림. 두 손(𢬃)을 마주잡고 고개 숙임(丅)을 나타내어 '절하다'·'공경하다'의 뜻이 된 자 󰀂.

● [拜禮 배례] 절하는 예. 절을 함.
　[崇拜 숭배] 높이어 우러러 공경함.
　[參拜 참배] 신이나 부처에게 배례함.

3급II
拳
주먹 권

주먹, 힘, 근심할, 부지런할, 정성.
fist, strength

𡗗(←𢍏=구부릴 권:음부)과 手의 합침. 손가락(手)을 고부려(𡗗 p.91 卷) 쥔 '주먹'을 뜻한 자 󰀂󰀃.

● [拳銃 권총] 지니기 편리하게 된 짧은 총.
　[拳鬪 권투] 주먹으로 치고 막는 운동.
　[鐵拳 철권] 쇠뭉치같이 굳센 주먹.

3급II
拾
주울 습
열 십

주울, 거둘, 팔찌 습/ 열 십. 󰀄十·什
gather, ten

扌변에 合(합할 합:음부)의 합침. 흩어진 것을 손(扌)으로 모아(合 p.97) '줍는다'는 뜻으로 된 자 󰀃. 열 손가락을 모아 줍는다는 데서 음이 같은 十의 뜻을 빌려 十의 갖은자로도 쓰인다 󰀅.

● [拾得 습득] 물건을 주움.
　[收拾 수습] 어수선한 일을 주워 정돈함.

4급
持
가질 지

가질, 잡을, 쥘, 견딜, 지킬, 물지게.
hold, catch, support

扌변에 寺(관청 시:음부)의 합침. 관청(寺 p.136)에서 일을 '장악한다(扌)'는 뜻으로 된 자. 후에, 관청(寺)에서 내린 공문서를 받아 간직한다(扌)하여 '가지다'의 뜻으로도 쓰인다 󰀃.

● [持參 지참] 물건을 가지고 참석함.
　[所持 소지] 가진 바. 가진 물건.
　[支持 지지] 찬동하여 힘써 뒷받침함.

3급
挑
돋울 도

돋울, 꾈, 뛸, 집적거릴 도/ 후빌 조.
instigate, provoke

① 扌변에 兆(징조·백성 조:음부)의 합침. 좋은 징조(兆 p.69)를 믿고 손(扌)을 댄다는 데서 '집적거리다'의 뜻이 된 자 󰀃.
② 백성(兆)을 생트집 잡아 끌어낸다(扌)는 데서 '후비다'의 뜻이 된 자 󰀃.

● [挑發 도발] 집적거려 말썽을 일으킴.
　[挑戰 도전] 싸움을 걺.
　[挑出 도출] 시비를 일으켜 싸움을 돋움.

4급 II

指
가리킬 지

가리킬, 손가락, 아름다울, 뜻. 통旨
finger, point

扌변에 旨(맛 지:음부)의 합침. 음식 맛(旨)을 보는 '손가락(扌)'을 뜻하여 된 자. 손가락으로 무엇을 지적한다는 데서 '가리키다'의 뜻으로도 쓰인다 形.
【참고】旨는 숟가락(匕)으로 음식을 '맛본다(日→甘=맛 감)'는 뜻임.

- [指導 지도] 가르치고 이끎.
- [指示 지시] 꼭 지적(指摘)하여 시킴.
- [屈指 굴지] 손가락을 꼽아 헤아림.

3급 II

捕
잡을 포

잡을, 사로잡을.
apprehend, arrest

扌변에 甫(아무개 보:음부)의 합침. 죄짓고 도망친 놈(甫 p.339 補)을 손(扌)으로 '잡는다'는 뜻으로 된 자 形.

- [捕虜 포로] 사로잡은 적군.
- [捕縛 포박] 잡아서 묶음.
- [逮捕 체포] 죄인을 쫓아가서 붙듦.

3급

捉
잡을 착

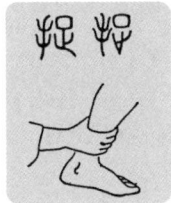

잡을, 사로잡을, 낄, 쥘, 수자리 살.
seize, apprehend

扌변에 足(발 족:음부)의 합침. 발목(足)을 붙잡는다(扌)는 데서 '사로잡다'의 뜻이 된 자 形.

- [捉去 착거] 붙잡아 감.
- [推捉 추착] 죄인을 찾아서 잡음.
- [捕捉 포착] 꼭 붙잡음.

3급 II

振
떨칠 진

떨칠, 흔들릴, 성할, 들, 구원할. 통賑
stimulate, shake, relieve

扌변에 辰(별 진:음부)의 합침. 전갈자리별(辰 p.371)이 하늘 복판에 나타나는 여름은 농사의 일손(扌)이 많아지고 만물이 번성한다는 데서 '떨치다'의 뜻이 된 자 形.

- [振動 진동] 흔들리어 움직임.
- [振作 진작] 떨쳐 일어남. 떨쳐 일으킴.
- [不振 부진] 떨치어 일어나지 못함.

4급 II

掃
쓸(掃除) 소

쓸, 쓸어 없앨, 칠할, 상투. 통埽
sweep, clear away

扌변에 帚(비 추:음부)의 합침. 비(帚 p.126 婦)를 들고(扌) '쓴다'는 뜻의 자 會形.

- [掃除 소제] 깨끗이 쓸고 닦음.
- [掃蕩 소탕] 쓸어 없애 버림.
- [清掃 청소] 깨끗이 소제함.

3급

捨
버릴 사

버릴, 놓을, 베풀, 줄. 통 舍
forsake, release, bestow

扌변에 숨(버릴 사:음부)의 합침. 쥐었던 것을 '버린다(舍)'는 뜻으로 된 자 形
【참고】 숨는 '집'을 본뜬 자인데, 그 집을 손질 안 하고 그냥 둔다 하여 '버리다'의 뜻.

- [捨身 사신] 이상을 위해 몸을 바침.
- [取捨 취사] 취하고 버림.
- [喜捨 희사] 자기 재물을 기꺼이 내놓음.

4급 II

授
줄 수

줄, 부칠, 가르칠, 전할.
give, teach, transmit

扌변에 受(받을 수:음부)의 합침. 손(扌)으로 물건을 내밀어 받게(受 p.95) 한다는 데서 '주다'의 뜻이 된 자. 물건뿐만 아니라, 지식을 전해 준다는 데서 '가르치다'의 뜻으로도 쓰인다 會形.

- [授受 수수] 주는 일과 받는 일.
- [敎授 교수] 대학에서 학생을 가르치는 이.
- [傳授 전수] 차례로 전하여 줌.

3급 II

排
밀칠 배

밀어 낼, 물리칠, 떠밀, 늘어설, 벌일.
expel, push, arrange

扌변에 非(아닐 비:음부)의 합침. 非(p.402)는 새가 양 날개를 펼친 모양. 새가 날개를 펴서(非) 적을 대항하는 것과 같이 손(扌)을 벌려 '밀어내다'·'물리치다'의 뜻으로 된 자 形.

- [排斥 배척] 물리쳐 내뜨림.
- [排他 배타] 남을 배척함.
- [按排 안배] 알맞게 잘 배치(排置)함.

4급

採
캘 채

캘, 딸, 취할, 가려낼, 나무꾼. 통 采
pick, choose, pluck

扌변에 采(캘 채)의 합침. 손(扌)으로 나뭇잎을 따거나 풀뿌리를 '캔다(采)'는 뜻으로 된 자 會.
【참고】 采만으로도 손톱(爫)으로 나뭇잎(木)을 따거나 풀뿌리를 '캔다'는 뜻임.

- [採掘 채굴] 땅 속에 있는 물건을 캐냄.
- [採用 채용] 사람을 뽑아 씀.
- [伐採 벌채] 나무를 벰.

4급

探
찾을 탐

찾을, 더듬을, 시험할, 구할, 방문할.
find out, search out

扌변에 罙(깊을 심)의 합침. 깊은(罙 p.244 深) 굴 속에 들어가 더듬어(扌) 물건을 '찾는다'는 뜻으로 된 자 形.

- [探究 탐구] 필요한 것을 조사하여 찾아내거나 얻어냄.
- [探勝 탐승] 경치 좋은 곳을 찾아다님.
- [偵探 정탐] 몰래 살펴 알아냄.

3급 II

掌
손바닥 장

손바닥, 맡을, 고달플.
palm, manage

尙(높을 상:음부)과 手의 합침. 높이(尙 p.138) 든 '손바닥(手)'을 뜻하여 된 자인데, 손을 들어 일을 지휘한다는 데서 '맡아 보다'의 뜻으로도 쓰인다 形.

- [掌握 장악] 손에 쥠.
  [分掌 분장] 일을 한 부분씩 맡음.
  [車掌 차장] 버스 등에서 일하는 사람.

3급

掛
걸 괘

걸, 걸릴, 달, 달아 둘. 통 挂
hang, suspend

扌변에 卦(점괘 괘:음부)의 합침. 점칠(卦) 때 산가지를 손가락(扌) 사이에 끼우는 것 같이 물건을 '걺'을 뜻한 자 形.
【참고】 卦는 제후가 영토(圭=영토 규)를 다스리려고 '점(卜)침'을 뜻함.

- [掛念 괘념] 마음에 두고 잊지 않음.
  [掛圖 괘도] 걸고 보는 그림이나 도표.
  [掛鐘時計 괘종시계] 걸어 두고 보는 시계.

3급

掠
노략질할 략

노략질할, 휙 채갈 략/ 빼앗을 량. 통 略
rob, plunder

扌변에 京(서울 경:음부)의 합침. 서울(京 p.51)에 침입하여 재물을 빼앗아 간다(扌)는 데서 '노략(擄掠)질하다'의 뜻이 된 자 形.

- [掠盜 약도] 노략질함, 강탈함.
  [掠奪 약탈] 폭력으로 무리하게 빼앗음.
  [暴掠 폭략] 사납게 노략질함.

4급 II

接
이을 접

이을, 사귈, 가까울, 가질, 모을.
connect, meet, near

扌변에 妾(첩 첩:음부)의 합침. 하녀나 첩(妾)이 주인을 위해 손님을 안내(扌)하며 '사귄다'는 뜻으로 된 자 形.
【참고】 妾은 죄지은(立←辛) 여자(女)로 삼은 '하녀나 첩'의 뜻.

- [接見 접견] 맞이하여 직접 대하여 봄.
  [接續 접속] 맞대어 이음.
  [直接 직접] 바로 연락되는 관계.

4급

推
밀 추

밀, 옮길, 파문을, 천거할 추/ 밀 퇴.
remove, push, recommend

扌변에 隹(새 추:음부)의 합침. 새(隹)가 날개 치며 적을 밀어 내듯이 손(扌)으로 '밀친다'는 뜻으로 된 자 形.

- [推進 추진] 밀어 나아가게 함.
  [類推 유추] 다른 사물로 미루어 짐작함.
  [推敲 퇴고] 시문의 자구를 고침.

手 部

4급II

提 끌 제

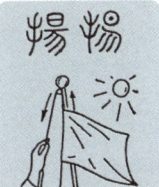

끌, 들, 당길, 젓가락 제/ 떼지어 날 시.
lift, pull up

扌변에 是(바를 시:음부)의 합침. 손(扌)으로 물건을 곧바로(是 p.205) '끌어' 올려 '든다' 는 뜻으로 된 자. 形

- [提供 제공] 갖다 바침. 바치어 이바지함.
 [提示 제시] 드러내어 보임.
 [前提 전제] 어떤 사물을 먼저 내세움.

3급II

揚 날릴 양

드날릴, 나타날, 오를, 필, 칭찬할.
publish abroad, praise

扌변에 昜(빛날 양:음부)의 합침. 손(扌)으로 올리는 깃발이 떠오르는 햇빛(昜)을 받으며 펄럭인다 하여 '드날리다' 또는 '오르다' 의 뜻이 된 자. 會形.
【참고】昜은 아침(旦 p.203) 햇빛에 깃발(勿 p.86)이 '빛나는' 모양.

- [揚名 양명] 이름을 떨침.
 [止揚 지양] 더 높은 단계로 오르기 위해 어떤 것을 하지 않음.
 [讚揚 찬양] 아름다움을 일컬어 드러냄.

4급

揮 휘두를 휘

휘두를, 떨칠, 지휘할, 물뿌릴.
spread out, shake, direct

扌변에 軍(군사 군:음부)의 합침. 손(扌)을 휘둘러 군대(軍 p.367)를 '지휘(指揮)한다' 는 뜻으로 된 자. 形.

- [揮發 휘발] 액체가 기화하는 작용.
 [揮毫 휘호] 붓을 휘둘러 글씨 따위를 씀.
 [發揮 발휘] 실력 등을 떨쳐서 드러냄.

3급II

換 바꿀 환

바꿀, 갈릴, 고칠, 교역할, 방자할.
change, exchange

扌변에 奐(클 환:음부)의 합침. 큰(奐) 것으로 '바꿔' 잡는다(扌)는 뜻. 작은 것을 크게 '고친다' 는 뜻으로도 쓰인다 形.
【참고】奐은 여자의 엉덩이(肏=엉덩이 모양)가 큼(大←廾=들 공)을 뜻하여 변형된 자.

- [換算 환산] 다른 단위로 고쳐 계산함.
 [交換 교환] 서로 바꿈.
 [轉換 전환] 이리저리 바꾸거나 바뀜.

4급

援 도울 원

도울, 구원할, 끌어당길, 뺄, 잡을.
relieve, help, pull up

扌변에 爰(당길 원:음부)의 합침. 손(扌)으로 '끌어당긴다(爰 p.208 暖)' 는 뜻으로 된 자. 이끌어 준다는 데서 '돕다'·'구원(救援)하다' 의 뜻으로 널리 쓰인다 會形.

- [援助 원조] 도와줌.
 [聲援 성원] 소리쳐 기세를 올려 줌.
 [支援 지원] 지지하여 도움.

| 3급 | 搖 흔들 요 |  | 흔들, 움직일, 회오리바람 불. 약 揺
shake, vibrate, move

扌변에 䍃(질그릇 요:음부)의 합침. 손(扌)으로 질그릇(䍃 p.352 謠)을 두드릴 때 소리나며 '흔들림' 을 뜻하여 된 자 形.

● [搖籃 요람] 어린애를 태우는 바구니.
[搖鈴 요령] 불사(佛事)에 쓰는 종 모양의 기구.
[動搖 동요] 움직여 흔들림. |

| 3급 |  搜 찾을 수 |  | 찾을, 더듬을 수/ 어지러울 소. 약 捜
find, grope, disturbed

扌변에 叟(←蒐=늙은이 수:음부)의 합침. 叜는 집(宀)화로에서 불씨(火)를 손(又←手)으로 찾는 '늙은이'. 늙은이(叟)가 손(扌)으로 불씨를 '찾는다' 는 뜻으로 된 자 形.

● [搜査 수사] 찾아 조사함.
[搜索 수색] 강제로 더듬어 찾음. |

| 4급 | 損 덜 손 | 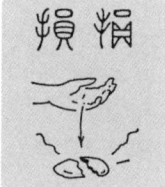 | 덜, 잃을, 상할, 깨어질, 삼갈.
decrease, lose, wound

扌변에 員(둥글 원:음부)의 합침. 員(p.102)은 둥근 동전. 물건을 손(扌)으로 망가뜨려 돈(員)이 축났다는 데서 '덜다' 의 뜻이 된 자 形.

● [損害 손해] 이익을 잃음.
[缺損 결손] 축이 나거나 손해가 남.
[破損 파손] 깨어져 못 쓰게 됨. |

| 3급 | 携 이끌 휴 |  | 가질, 들, 떠날, 떨어질, 연할.
take with, hold

扌변에 雋(두견새 휴:음부)의 합침. 새(隹)를 끈에 매어(乃) 잡고(扌) 있는 모양에서 '가지다' 의 뜻이 된 자 形.
【참고】 1. 乃는 새 발을 맨 끈이 늘어진 모양.
2. 雋의 본자는 崔에 冏(밝힐 경)을 받침.

● [携帶 휴대] 몸에 지님.
[携手同歸 휴수동귀] 행동을 함께 함.
[提携 제휴] 서로 붙들어 도움. |

| 3급II |  摘 딸(手收) 적 |  | 딸, 들출, 돋구어 낼, 움직일. 통 適
pluck, point out

扌변에 啇(밑동 적:음부)의 합침. 손(扌)으로 밑동(啇 p.379 適)을 잡아 '들추어낸다' 는 뜻으로 된 자 形.

● [摘發 적발] 들추어 냄.
[摘要 적요] 요점을 따서 적음.
[指摘 지적] 사물을 꼭 집어서 가리킴. |

手 부

| 3급 | 播 뿌릴 파 |  | 뿌릴, 심을, 펄, 버릴, 달아날, 헤칠.
sow, scatter, spread
扌변에 番(차례 번:음부)의 합침. 손(扌)으로 씨앗을 차례차례(番 p.269) 뿌리며 밟아간다는 데서 '심다'의 뜻이 된 자 形.
● [播種 파종] 씨앗을 뿌림.
　[播遷 파천] 임금이 도성을 떠나 피란함.
　[傳播 전파] 널리 전하여 퍼뜨림. |

| 4급 |  擇 가릴 택 | 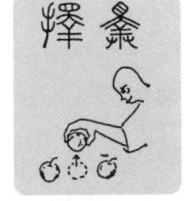 | 가릴, 뽑을, 고를, 차별할. 약 択
choose, select, distinction
扌변에 睪(엿볼 역:음부)의 합침. 좋은 물건을 보고(睪) 손(扌)으로 가려 고른다는 데서 '뽑다'의 뜻이 된 자 形.
【참고】睪은 죄인(幸 p.110 執)을 잡으려고 '엿본다(罒←目)'는 뜻.
● [擇一 택일] 여럿 가운데서 하나를 고름.
　[擇日 택일] 좋은 날짜를 고름.
　[選擇 선택] 골라서 뽑음. |

| 3급 | 擁 낄 옹 |  | 안을, 품을, 막을, 가질, 가릴. 통 雍
hug, embrace, protect
扌변에 雍(화할 옹:음부)의 합침. 서로 뜻이 화합하여(雍) 팔(扌)로 껴 '안는다'는 뜻으로 된 자 形.
【참고】雍은 雝의 잘못으로, 새(隹)의 울음 소리가 '조화로움(邕=화할 옹)'을 뜻한 자. 邕은 실개천(巛←川)이 곱게 흐르는 마을(邑) 풍경이 '화해롭다'는 뜻.
● [擁護 옹호] 두둔하고 편들어 지킴.
　[抱擁 포옹] 품에 껴안음. |

| 4급 |  擊 칠 격 |  | 칠, 두드릴, 눈 마주칠, 죽일. 약 撃·毃
attack, beat, kill
毄(칠 격:음부)과 手의 합침. 손(手)에 무기를 들고 '친다(毄)'는 뜻으로 된 자 會形.
【참고】毄은 전차를 굴려(軎←軎=굴대 끝 세) 부딪으며 창(殳)으로 '친다'는 뜻.
● [擊退 격퇴] 적을 쳐서 물리침.
　[電擊 전격] 번개처럼 갑자기 들이침.
　[追擊 추격] 뒤쫓아서 냅다 침. |

| 5급 |  操 잡을 조 |  | 잡을, 지조, 부릴, 가락, 풍치.
constancy, hold, manage
扌변에 喿(떠들썩할 소:음부)의 합침. 떠들썩한(喿) 것을 안정시켜 '마음을 잡는다(扌)'는 뜻으로 된 자. 마음을 잡는다는 데서 '지조(志操)'의 뜻으로 두루 쓰이게 되었다 形.
【참고】喿자는 나무(木)에 앉은 많은 새들이 '지저귄다(口·口·口)'는 뜻.
● [操心 조심] 마음을 삼감.
　[操縱 조종] 마음대로 다루어 부림.
　[節操 절조] 절개와 지조. 굳은 지조. |

4급 II

擔
멜 담

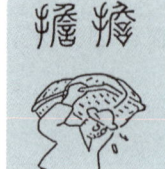

멜, 짐, 맡을, 무엇. 약 担
bear, load, support

扌변에 詹(살필 첨:음부)의 합침. 잘 살피어(詹) 손(扌)으로 '둘러멘다'는 뜻으로 된 자. 둘러멘다는 데서 '맡다'의 뜻으로도 쓰인다 形.
【참고】詹은 벼랑 위의 사람을 쳐다보고(厃=볼 점) 분별하도록(八) 말(言)한다는 데서 '살피다'의 뜻.

- [擔保 담보] 빚 대신 물건 등을 맡아 둠.
- [擔任 담임] 책임지고 맡아 봄. 그 사람.
- [負擔 부담] 어떤 의무나 책임을 짐.

4급

據
근거 거

의지할, 기댈, 누를, 짚을. 약 拠
rely on, lean on, use a stick

扌변에 豦(원숭이 거:음부)의 합침. 원숭이(豦 p.82 劇)가 나무를 잡고(扌) 매달리듯이 늙은이가 지팡이를 짚고 몸을 '의지한다'는 뜻으로 된 자 形.

- [據點 거점] 활동의 근거(根據)가 되는 곳.
- [依據 의거] 의지함.
- [證據 증거] 사실 증명의 근거.

5급

擧
들 거

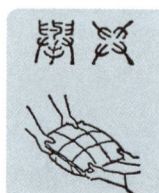

들, 일으킬, 움직일, 날, 온통. 약 挙
lift, raise

與(더불 여:음부)와 手의 합침. 여럿이 함께(與 p.322) 손(手) 모아 물건을 '든다'는 뜻으로 된 자 會形.

- [擧動 거동] 움직이는 태도.
- [擧手 거수] 손을 위로 듦.
- [選擧 선거] 대표를 골라 뽑는 일.

3급

擴
넓힐 확(곽)

늘릴, 찰 확(곽)/ 채울 광. 약 拡
enlarge, expand, fill

扌변에 廣(넓을 광:음부)의 합침. 손(扌)으로 넓힌다(廣 p.154)는 데서 '늘리다'의 뜻이 된 자 會形.

- [擴大 확대] 늘리어 크게 함.
- [擴聲器 확성기] 소리를 크게 하는 기계.
- [擴張 확장] 범위 또는 세력을 늘림.

3급

攝
다스릴
잡을 섭

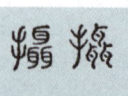

몰아잡을, 끌, 기를 섭/ 고요할 녑. 약 摂
hold, draw, control, quiet

扌변에 聶(소곤거릴 섭:음부)의 합침. 귓속말로 소곤거리며(聶) 손(扌)으로 '끌어잡는다'는 뜻으로 된 자 會形.
【참고】聶은 귀(耳)에 귀(耳)를 댄 귀엣(耳)말.

- [攝取 섭취] 영양분을 취함.
- [包攝 포섭] 자기편에 가담시킴.

4급II

지탱할, 가지, 나뉠, 헤아릴. 동肢·枝
withstand, prop

十(←个=댓가지 개)와 又(손 우)의 합침. '댓가지(十)'를 손(又)에 쥔 모양. 댓가지로 무엇을 버틴다 하여 '지탱(支撑)하다'의 뜻으로 널리 쓰인다 會.
【참고】技·枝·肢 등은 支를 몸으로 한 자임.

- [支局 지국] 본사에서 갈라져 나간 곳.
- [支給 지급] 물건이나 돈을 치러 줌.
- [收支 수지] 수입과 지출.

지탱할 지

攴(攵)

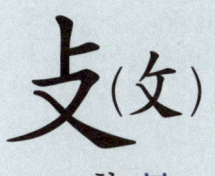 

칠, 똑똑 두드릴.
tap, rap

卜(점 복:음부)과 又(손 우)의 합침. 점칠(卜) 때의 산가지와도 같은 회초리를 들고(又) '똑똑 두드리다' 또는 '치다'의 뜻으로 된 자 形.

칠 복

4급II

거둘, 모을, 쉴, 떨칠, 잡을. 약収
gather, collect, get

丩(얽힐 구:음부)와 攵의 합침. 죄인을 쳐서(攵) 줄로 얽어(丩) '잡는다'는 뜻으로 된 자. 후에, 이삭에 얽힌(丩) 낟알을 쳐서(攵) 떨구어 그 열매를 '거둔다'는 뜻으로 널리 쓰이게 되었다 形.
【참고】丩는 덩굴이 '얽힌' 모양.

- [收監 수감] 감방에 가두어 감금함.
- [收拾 수습] 흩어진 것을 주워 모음.
- [沒收 몰수] 장물 따위를 빼앗아들임.

거둘 수

5급

 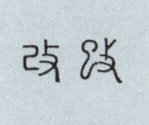

고칠, 거듭할, 바로잡을, 새롭게 할.
correct, reform, improve

己(몸 기:음부)와 攵의 합침. 스스로 자기(己) 잘못을 쳐서(攵) '바로잡는다'는 뜻으로 된 자인데, 널리 '고치다'의 뜻으로 쓰인다 形.

- [改良 개량] 나쁜 점을 고쳐 좋게 함.
- [改議 개의] 고쳐 다시 의논함.
- [變改 변개] 바꾸고 변화시켜 고침.

고칠 개

4급

칠, 다스릴, 갈, 익힐, 지을, 굳을.
attack, govern

工(장인 공:음부)과 攵의 합침. 손에 기구(工)를 들고 적을 '쳐서 (攵) 다스린다'는 뜻으로 된 자 形.

- [攻擊 공격] 나아가 적을 침.
- [攻駁 공박] 따지고 캐어 윽박지름.
- [專攻 전공] 전문적으로 하는 연구.

칠 공

6급

放 놓을 방

놓을, 내칠, 본받을, 넓힐, 쫓을. 통倣
loosen, liberate, expel

方(방위 방:음부)과 攵의 합침. 회초리로 쳐서(攵) 다른 곳(方)으로 '내쫓는다' 는 뜻으로 된 자 形.

- [放牧 방목] 가축을 놓아 기름.
  [放學 방학] 학기가 끝난 뒤 쉬는 일.
  [追放 추방] 쫓아냄.

4급 II

政 정사(政事) 정

정사, 바로잡을, 다스릴, 조세. 통征
political, rule, govern

正(바를 정:음부)과 攵의 합침. 편달하여(攵) 바르게(正 p.228) 이끈다는 데서 '바로잡다' 의 뜻이 된 자. 나아가, 나라를 다스려(攵) 백성을 바르게(正) 이끈다 하여 '정사(政事)' 의 뜻으로도 쓰인다 會形.

- [政見 정견] 정치상의 의견이나 식견.
  [政治 정치] 나라를 다스리는 일.
  [善政 선정] 훌륭히 잘 다스리는 정치.

4급 II

故 연고 고

연고, 까닭, 예, 죽을, 친구, 일.
reason, ancient, cause

古(예 고:음부)와 攵의 합침. 옛날(古 p.95)일을 들추어(攵) 그 까닭을 캐어본다는 데서 '연고(緣故)' 의 뜻이 된 자 形.

- [故意 고의] 일부러나 억지로 함.
  [故鄕 고향] 태어나 자란 고장.
  [無故 무고] 탈이 없음.

5급

效 본받을 효

본받을, 힘쓸, 공, 배울, 보람. 속効
imitate, strive, effect

交(사귈 교:음부)와 攵의 합침. 착한 사람과 사귀도록(交 p.50) 타일러(攵) 좋은 점을 '본받게' 한다는 뜻으로 된 자 形.

- [效果 효과] 보람. 좋은 결과.
  [效力 효력] 일의 좋은 보람. 효험(效驗).
  [實效 실효] 실제의 효과.

3급

敏 민첩할 민

민첩할, 빠를, 총명할, 힘쓸. 약敏
prompt, nimble, clever

每(매양 매:음부)와 攵의 합침. 많은 회초리로 자주(每 p.232) 때려(攵) 자식을 '민첩(敏捷)하게' 기른다는 뜻으로 된 자 形.

- [敏感 민감] 감각이 날카롭고 빠름.
  [敏活 민활] 날쌔고 활발함.
  [銳敏 예민] 무엇인가 느끼고 판단하는 능력이 뛰어남.

攵 부

8급

가르칠 교

가르칠, 본받을, 학문, 종교, 법령. ㈜敎
instruct, teach, religion

孝(인도할 교:음부)와 攵의 합침. 손에 회초리(攵)를 들어 인도하고 (孝) 훈계한다 하여 '가르치다'의 뜻이 된 자 會形.
【참고】孝는 아이(子)에게 좋은 일을 본받게(爻=본받을 효) '인도한다'는 뜻.

- [敎鍊 교련] 군사 훈련, 단련시킴.
- [敎養 교양] 학식을 배워 닦은 수양.
- [敎育 교육] 가르쳐 기름. 지식을 줌.

3급

펼 서

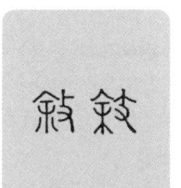

차례, 베풀, 지위, 줄, 쓸, 지을. ㈜叙
order, arrange, write

余(남을 여:음부)와 攵의 합침. 벼슬아치들이 지시(攵)에 따라 별당(余 p.57)에 지위의 순위를 좇아 늘어선 '차례'를 뜻하여 된 자 形.

- [敍事文 서사문] 객관적으로 묘사한 글.
- [敍述 서술] 차례에 따라 말함.
- [追敍 추서] 추모하여 관위를 수여함.

5급

구원할 구

구원할, 건질, 도울, 두둔할, 그칠.
relieve, save, assist

求(구할 구:음부)와 攵의 합침. 역경에서 도와 주기를 바라는(求 p.234) 사람을 이끌어(攵) 준다는 데서 '구원(救援)하다'의 뜻이 된 자 形.

- [救助 구조] 어려운 사람을 구원함.
- [救護 구호] 구제(救濟)하여 보호함.
- [匡救 광구] 바로잡아 건져 줌.

5급

敗
패할 패

패할, 무너질, 깨어질, 헐, 썩을.
defeat, be broken, spoil

貝(조개 패:음부)와 攵의 합침. 물건(貝)이 부딪쳐서(攵) '깨어지거나' '헐어진다'는 뜻으로 된 자. 나아가, 물건이 깨어지듯이 적과 싸워 '패한다'는 뜻으로도 쓰인다 會形.

- [敗北 패배] 싸움에 져 달아남.
- [腐敗 부패] 썩어서 못 쓰게 됨.
- [失敗 실패] 목적과 반대로 헛일이 됨.

4급

감히
구태여 감

감히, 구태여, 용감할, 날랠, 범할.
dare, bold

옛자는 𢽤으로, 𠬪(떨어질 표)와 古(예 고:음부)의 어울림. 𠬪는 주는 손(爪)과 받는 손(又). 송구함을 무릅쓰고 나이 많은(古 p.95) 어른 앞에 나아가 두 손(𠬪)으로 받는다는 데서 '감히' 또는 '용감(勇敢)하다'의 뜻이 된 자 形.

- [敢行 감행] 과감하게 행함. 무릅쓰고 함.
- [果敢 과감] 과단성 있고 용감함.
- [焉敢 언감] 어찌 감히.

| 3급 |

敦
도타울 돈

도타울, 힘쓸, 성낼 돈/ 쪼을, 다스릴 퇴.
esteem, strive, generous

享(제사지낼 향)와 攵의 합침. 제사지낼(享 p.50) 때 성심껏 지휘한다(攵) 하여 '도탑다'의 뜻이 된 자 會.
【참고】 享은 본디 亯(드릴 향) 밑에 羊을 받친, '양고기 드릴 순'(:음부)의 획 줄임.

- [敦篤 돈독] 심덕이 두터움. 敦厚(돈후).
- [敦睦 돈목] 정이 두텁고 화목함.
- [敦化門 돈화문] 창덕궁의 정문.

| 4급 |

散
흩을 산

흩어질, 펼, 헤어질, 없어질, 방출할.
scatter, distribute

月(←肉=고기 육)과 散(←㪔=조각날 산:음부)의 어울림. 㪔의 林(삼실 파)는 삼의 섬유, 月(肉)은 삼의 속대. 삼대(月)에서 벗겨지는 껍질이 갈라지면서(㪔) '흩어진다'는 뜻으로 된 자 會形.

- [散亂 산란] 정신이 어수선함.
- [分散 분산] 갈라져서 이리저리 흩어짐.
- [解散 해산] 모인 사람이 헤어져 흩어짐.

| 5급 |

敬
공경 경

공경할, 삼갈, 엄숙할, 경계할.
respect, carefully

苟(진실할 구:음부)와 攵의 합침. 마음을 참되게(苟) 가지고자 스스로 채찍질한다(攵)는 데서 '삼가다'의 뜻이 된 자. 삼간다는 데서 '공경(恭敬)하다'의 뜻으로도 쓰인다 形.
【참고】 苟는 양(艹=양뿔 개)이 무릎 구부리고(句) 앉은 모양에서 '진실함'을 나타냄.

- [敬語 경어] 공경의 뜻으로 하는 말.
- [敬意 경의] 공경하는 마음.
- [尊敬 존경] 높여 공경함.

| 4급 II |

敵
대적할 적

대적할, 원수, 겨룰, 대항할, 무리.
oppose, resist, enemy

啇(밑동 적:음부)와 攵의 합침. 적의 근거지(啇 p.379 適를 친다(攵)는 데서 '대적(對敵)하다'의 뜻이 된 자 形.

- [敵軍 적군] 적의 군사.
- [敵對 적대] 적으로 맞서서 버팀.
- [強敵 강적] 강한 적수(敵手).

| 7급 |

數
셈 수

셈할, 몇, 운수, 이치 수/ 자주 삭. 약 数
count, fate, often

婁(어리석을 루:음부)와 攵의 합침. 어리석은 여자(婁)가 물건을 톡톡 치면서(攵) 하나, 둘 '센다'는 뜻으로 된 자 形.
【참고】 婁는 속(中)에 든 것이 없는(毋=없을 무→田) '어리석은' 여자(女)라는 뜻.

- [數量 수량] 수효와 분량.
- [數學 수학] 수·양·공간을 연구하는 학문.
- [算數 산수] 기초적인 셈법.

4급

整 가지런할 정

가지런히 할, 온전할, 신칙할.
set in order, adjust, entire

束(묶을 속)과 攵에 正(바를 정:음부)의 합침. 흩어진 것을 묶고(束 p.215) 앞뒤를 쳐서(攵) 바르게(正) 한다는 데서 '가지런히 하다'의 뜻이 된 자 會形.

- [整頓 정돈] 가지런히 바로잡음.
  [整理 정리] 가지런히 바로잡아 다스림.
  [調整 조정] 골라서 알맞도록 정돈함.

7급

文 글월 문

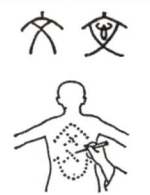

글월, 빛날, 아롱질, 문채, 꾸밀. 통 紋
composition, letter

문자 제작 초기에 획을 이리저리 그어 된 '글자'의 모양을 본떠 된 자. 본디는 사람 몸에 그린 문신 모양을 본떠 '무늬'의 뜻으로 된 자 象.
【참고】 蚊·紊·紋·閔 등은 文을 몸으로 한 자임.

- [文書 문서] 상고할 글발이나 장부.
  [文章 문장] 글월.
  [漢文 한문] 한자로 된 문장.

4급 II

斗 말 두

말, 구기, 험준할, 좁을, 글씨.
measure(bushel=18ℓ)

용량을 되는 그릇의 하나인 '말'의 모양을 본뜬 자 象.

- [斗落 두락] 마지기.
  [斗量 두량] 곡식을 되어 헤아림.
  [泰斗 태두] 태산과 북두칠성. 그 방면에서 권위 있는 사람.

5급

料 헤아릴 료

헤아릴, 다스릴, 말질할, 대금, 셀.
reckon, manage

米(쌀 미)와 斗의 합침. 쌀(米)을 '말질한다(斗)'는 뜻으로 된 자인데, 널리 '헤아린다'는 뜻으로 쓰인다 會.

- [料金 요금] 수수료(手數料)로 주는 돈.
  [無料 무료] 요금을 받지 않음.
  [原料 원료] 물건을 만드는 재료(材料).

3급 II

斜 비낄 사

비낄, 기울, 흩어질, 잡아당길 사/ 골 야.
decline, scatter

余(남을 여:음부)와 斗의 합침. 곡식을 될 때 말(斗)에 차고 남은(余 p.57) 부분이 엇비슷하게 흘러내림을 가리켜 '기울다'·'흩어지다'의 뜻이 된 자 形.

- [斜線 사선] 비스듬하게 그은 줄.
  [斜陽 사양] 저녁때에 비껴 비치는 햇빛.
  [傾斜 경사] 비스듬히 한쪽으로 기욺.

3급 **斤** 근(무게단위) 날(刃) 근		무게, 도끼, 날, 나무 쪼갤, 밝게 살필. weight(600g), hatchet '도끼' 모양을 본뜬 자 ㊳. 도끼날을 저울 추로 사용했던 데서 그 음을 빌려 무게의 단위인 '근' 의 뜻으로도 쓰인다 ㊵. ● [斤量 근량] 무게. 　[斤數 근수] 근 단위의 저울 무게. 　[斧斤 부근] 큰 도끼와 작은 도끼.
3급 **斥** 물리칠 척	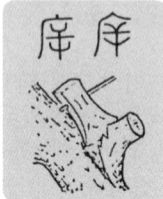	내칠, 쫓을, 넓힐, 엿볼, 망군, 가리킬. reject, expel, extend ① 斤과 、(찍을 주)의 어울림. 도끼(斤)로 찍어서(、) '내친다' 는 뜻으로 된 자 ㊳. ② 본자는 㡿. 집 안(广=집 엄) 어른에게 거역한(屰=거스를 역) 자를 '쫓아낸다' 는 뜻으로 된 자 ㊳. ● [斥和 척화] 화의를 물리침. 　[斥候兵 척후병] 적정을 엿보는 병사. 　[排斥 배척] 물리쳐 내뜨림.
3급 **斯** 이 사		이, 쪼갤, 찍을, 어조사 사/ 천할 시. this, split, lop 其(키 기:음부)와 斤의 합침. 키(其 p.73)를 만들려고 나무를 도끼(斤)로 찍고 켠다 하여 '쪼개다' 의 뜻이 된 자 ㊳. 후에, 왼쪽 부분 其에 동화되어 '어조사' 로 널리 쓰이게 되었다 ㊵. ● [斯界 사계] 그 사회. 그 전문 방면. 　[如斯 여사] 이와 같음. 　[瓦斯 와사] 가스.
6급 **新** 새 신		새, 새로울, 고울, 친할, 땔나무. ⓚ 薪 new, fresh 辛(매울 신:음부)과 木(나무 목)에 斤의 합침. 도끼(斤)로 나무(木)를 자른(辛 p.370) 자리에 돋아난 싹을 가리켜 '새롭다' 의 뜻이 된 자 ㊳. 【참고】 본디는 땔나무(薪=땔나무 신)의 뜻임. ● [新鮮 신선] 새롭고 산뜻함. 생생함. 　[新設 신설] 새로 베풂. 　[淸新 청신] 깨끗하고 새로움. 산뜻함.
4급Ⅱ **斷** 끊을 단	 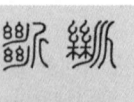 	끊을, 결단할, 나눌, 한결같을. ⓐ 断 cut off, decide 㡭(이을 계)와 斤의 합침. 여러 겹으로 이어진(㡭) 실을 도끼(斤)로 '끊는다' 는 뜻으로 된 자. 일을 딱 끊어 처리한다는 데서 '결단(決斷)하다' 의 뜻으로도 쓰인다 ㊳. 【참고】 㡭는 작은(幺=작을 요) 실끝들을 모아(亡=숨길 은) '잇는다' 는 뜻. ● [斷交 단교] 교제를 끊고 사귀지 않음. 　[斷絶 단절] 관계를 끊음. 　[判斷 판단] 사물에 대한 생각의 결정.

7급		모, 방위, 바야흐로, 방법, 떳떳할, 성 square, direction, method
方 모 방		① 두 척의 배를 나란히 붙인 모양을 본떠, 그 주위가 네모져 보인 데서, '모나다'의 뜻이 된 자. 또한, 뱃머리는 목적지를 가리킨다 하여 '방향(方向)'을 뜻하기도 한다 象. ② 쟁기 모양을 본떠, 보습이 나아가는 '방향'을 나타내어 된 자 象. 【참고】方의 亠는 쟁기를, 刀(刀)는 보습 날. ● [方今 방금] 바로. 이제. 　[方法 방법] 목적을 이루기 위한 수단. 　[處方 처방] 약재를 배합하는 방법.

3급 於
어조사 어
탄식할 오

어조사, 에, 갈, 살 어/ 감탄사 오.
particle(in, on, by, to)

까마귀가 나는 모양을 본떠, 까마귀가 '까옥' 하고 우는 소리가 마치 감탄할 때의 '아' 하는 소리와 비슷한 데서 그 '어조사'로 널리 쓰인다 象.

● [於是乎 어시호] 이에 있어서. 이제야.
　[於焉間 어언간] 어느덧.
　[甚至於 심지어] 심하게는.

4급Ⅱ 施
베풀 시

베풀, 쓸, 펼, 줄 시/ 난 체할, 옮길 이.
arrange, give, spread

㫃(깃발 언)과 也(입겻 야:음부)의 어울림. 깃발(㫃 p.202 族)이 펄럭이며 말렸다가(也 p.46) 펼쳐진다는 데서 '펴다'의 뜻이 된 자. 기를 꽂고 어떤 일을 '베푼다'는 뜻으로도 쓰인다 形.
【참고】也는 깃발이 펄럭거릴 때에 기폭이 말렸다폈다 하며 뱀같이 구불거리는 모양.

● [施設 시설] 베풀어 설비함.
　[施政 시정] 정치를 시행(施行)함.
　[實施 실시] 실제로 시행함.

5급 旅
나그네 려

나그네, 군사, 차례, 무리, 베풀.
traveler, troops

㫃(깃발 언)과 氏(←从=따를 종)의 어울림. 군기(㫃 p.202 族)를 따르는 많은 사람(氏)을 가리켜 '무리'의 뜻이 된 자. 군사는 자주 이동한다는 데서 '여행(旅行)하다'의 뜻이 되고, 나아가 '나그네'를 뜻하게 되었다 會.
【참고】氏(从)은 두 사람 이상을 나타내는 자로, '많음'을 뜻함.

● [旅館 여관] 나그네를 묵게 하는 집.
　[旅程 여정] 여행하는 노정.
　[行旅 행려] 나그네가 되어 다님.

3급Ⅱ 旋
돌(廻) 선

돌, 돌이킬, 구를, 빠를, 주선할. 통 還
return, revolve, ready

㫃(깃발 언)과 疋(발 소)의 어울림. 장수가 지시하는 깃발(㫃 p.202 族)에 따라 군사들이 발걸음(疋)을 옮겨 '돈다'는 뜻으로 된 자. 나아가, 싸움터에서 '돌아온다'는 뜻으로도 쓰인다 會.

● [旋風 선풍] 회오리바람. 돌발적인 사건.
　[旋回 선회] 빙빙 돎.
　[周旋 주선] 일이 잘 되도록 마련함.

6급

族
겨레 족

겨레, 일가, 무리, 모일 족/ 풍류 주.
tribe, relative, family

㫃(깃발 언)과 矢(화살 시)의 어울림. 한 깃발(㫃) 아래 같은 핏줄의 무리가 유사시에 화살(矢)을 가지고 '모임'을 뜻하여 된 자. 나아가, 그 '겨레'의 뜻으로도 쓰인다 會.
【참고】㫃은 사람(人)이 갈 방향(方)을 지시하는 '깃발'의 모양.

- [族譜 족보] 씨족(氏族)의 계보.
  [族屬 족속] 같은 종문의 겨레붙이.
  [民族 민족] 인류의 종족(種族).

7급

旗
기 기

기, 대장기, 군사 이름, 표지, 표할.
flag, sign

㫃(깃발 언)과 其(그 기:음부)의 어울림. 싸움할 때에 지휘하기 위하여 높이 올린 '대장기(㫃 p.202 族)'를 뜻한 자인데, 모든 '기'를 일컫게 되었다 形.
【참고】其는 기폭의 주름이나 그림의 모양.

- [旗手 기수] 기를 드는 사람.
  [旗幟 기치] 기의 표지. 군중에서 쓰는 기.
  [國旗 국기] 나라를 상징하는 기.

无(旡)
없을 무

없을 ('역경'과 '노자'에서) (無의 옛자).
not, without

① 만물 생성의 '처음'을 의미하는 元(p.69)의 아랫부분 兀(우뚝할 올)의 왼쪽 획(丿)이 치뚫어 허공(一)까지 뻗치어 통하니 그 이상은 '없다'는 뜻으로 된 자 指.
② 旡는 欠(하품 흠)의 반대형으로서(전자 참조), 숨길이 거슬러 '목이 멤'을 가리킨 자 指.

3급

旣
이미 기

이미, 다할, 적게 먹을, 끝날. 약 既
already, finish

皀(밥 고소할 흡)과 旡(목멜 기:음부)의 합침. 고소한 밥(皀 p.91 卽)을 목이 멜(旡)만큼 먹어 치웠다 하여 '다하다'·'끝나다', '이미'의 뜻이 된 자 形.

- [旣決 기결] 이미 결정함.
  [旣成 기성] 이미 이루어짐.
  [旣存 기존] 이미 존재함.

8급

日
날 일

날, 해, 날짜, 낮, 하루, 접때, 먼저.
day, sun, daily

해의 모양을 본떠, '해' 또는 해가 뜨고 지는 '하루'의 뜻으로 쓰인다 象.
【참고】口은 해의 윤곽을, 一은 한결같아 영원 불변함을 나타냄.

- [日課 일과] 날마다 하는 일.
  [日記 일기] 날마다 생긴 일을 적는 기록.
  [平日 평일] 평상의 나날.

旦

3급II

아침 **단**

아침, 일찍, 밝을, 새벽, 밤샐, 간측할.
morning, dawn, brightly

日과 一의 합침. 해(日)가 지평선(一) 위쪽으로 떠오른다 하여 '밝다' 또는 '아침'의 뜻이 된 자 會.

- [旦夕 단석] 아침과 저녁.
  [旦朝 단조] 아침.
  [元旦 원단] 설날 아침.

早

4급II

이를 **조**

이를, 일찍, 새벽, 먼저, 서두를.
early morning, beforehand

日과 十(←甲=껍질 갑)의 합침. 싹이 껍질(十)에서 터 나오듯이 해(日)가 동쪽 지평선에 떠오름을 나타내어 '이른 아침'을 뜻하게 된 자 會.
【참고】 十은 甲(p.267)의 생략형으로, 십간(十干)의 첫째로서 동쪽에 해당하며, 햇살의 모양을 나타내기도 함.

- [早朝 조조] 이른 아침.
  [早退 조퇴] 정각 이전에 물러감.
  [尙早 상조] 때가 아직 이름.

旬

3급II

열흘 **순**

열흘, 열 번, 고를, 두루 할, 꽉 찰.
ten days

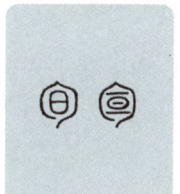

勹(쌀 포)와 日의 합침. 십간(天干=甲~癸)을 한 단위로 묶어(勹) 날(日)수 계산의 기준으로 삼았던 데서 '열흘'의 뜻이 된 자 會.

- [旬刊 순간] 10일마다 발행하는 간행물.
  [旬年 순년] 십 년.
  [下旬 하순] 21일부터 말일까지의 동안.

旱

3급

가물 **한**

가물, 물 없을.
dry weather, rainless

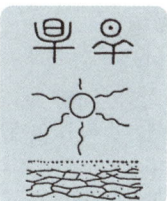

日과 干(찌를 간:음부)의 합침. 햇살(日)에 쬐어 땅이 창에 찢긴(干) 듯이 금이 가도록 비가 안 온다 하여 '가물'의 뜻이 된 자 形.

- [旱害 한해] 가물로 입은 피해.
  [旱災 한재] 가물로 생기는 재앙.
  [大旱 대한] 크게 가물.

明

6급

밝을 **명**

밝을, 깨끗할, 말, 깨달을, 낮, 분별할.
bright, clear, understand

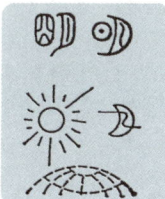

① 日과 月(달 월)의 합침. 해(日)는 낮에, 달(月)은 밤에 각각 빛을 내니 '밝다'의 뜻이 된 자 會.
② 원자형은 朙. 창(囧=창 창)에 비치는 달(月)빛이 '밝다'는 뜻으로 된 자 會.

- [明白 명백] 아주 분명(分明)함.
  [公明 공명] 사사로움이 없이 명백함.
  [說明 설명] 말하여 밝힘.

4급

易
바꿀 역
쉬울 이

바꿀, 변할, 도마뱀 역/ 쉬울, 다스릴 이.
change, easy

① 머리(日)와 몸뚱이(ㄱ)에서 광채(彡)가 나는 '도마뱀'을 나타내어 된 자 象. 도마뱀의 빛깔(勿 p.86)이 햇빛(日)에 잘 변한다는 데서 '바꾸다'·'변하다'의 뜻으로도 쓰인다 轉.
② 日 밑에 月(→勿)의 합침. 양기(日)와 음기(月)가 서로 교착되는 현상을 나타내어 '바뀌다'의 뜻이 된 자 會.

- [貿易 무역] 바꿈질. 교역(交易).
  [安易 안이] 근심이 없고 편안함.
  [平易 평이] 까다롭지 않고 쉬움.

3급 II

昇
오를 승

 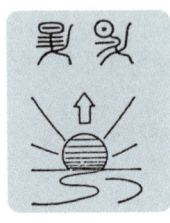

해 돋을, 오를, 올릴, 풍년들. 통 升
rise the sun, ascend

日과 升(오를 승:음부)의 합침. 아침 해(日)가 떠오름(升)을 가리켜 '해 돋다'의 뜻이 된 자 形.

- [昇格 승격] 어느 표준까지 격이 오름.
  [昇進 승진] 지위가 오름.
  [上昇 상승] 위로 올라감.

3급 II

昌
창성할 창

창성할, 햇빛, 착할, 나타날, 마땅할.
prosper, good, appear

日과 曰(가로되 왈)의 합침. 해(日)같이 공명정대하게 말한다(曰)는 데서 '착하다'의 뜻이 된 자. 착하니 '창성(昌盛)한다'는 뜻으로도 쓰인다 會.

- [昌平 창평] 나라가 평화함.
  [繁昌 번창] 번화하고 창성함.
  [隆昌 융창] 기운차고 성하게 일어남.

3급

昏
어두울 혼

 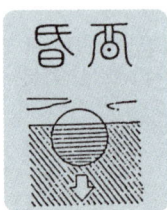

저물, 혼미할, 장가들. 통 昬 본 昏
dusk, twilight, dull, stupid

氏(←氐=낮을 저)와 日의 합침. 저녁 해(日)가 지평선 아래로(氏 p.56 低) 짐을 나타내어 '저물다'의 뜻이 된 자 會.

- [昏睡 혼수] 정신 없이 잠듦.
  [昏迷 혼미] 사리에 어둡고 흐리멍덩함.
  [黃昏 황혼] 해가 지고 어둑어둑한 때.

3급

昔
예 석

예, 오랠, 고기 말릴, 비롯할, 밤.
ancient, long time

丗(←灬=고기 찢어 쌓을 육)과 日의 합침. 햇볕(日)에 말린 고기를 쌓아(丗) 둔 지가 오래다는 데서 '옛'의 뜻이 된 자 會.

- [昔日 석일] 옛적. 옛날.
  [今昔 금석] 지금과 옛적.
  [宿昔 숙석] 멀지 않은 옛날.

日 부

4급Ⅱ

星 별 성

별, 희뜩희뜩할, 천문, 흩어질, 세월.
star, spark

日(←晶=밝을 정)과 生(날 생:음부)의 합침. 반짝반짝 밝은(日) 빛을 내는(生) '별' 을 뜻하여 된 자. 또는, 햇빛(日)같이 빛을 내는 (生) '별' 을 뜻하여 된 자 ⑱.
【참고】晶은 여러 개의 별이 반짝임을 뜻함.

- [星霜 성상] 일 년 동안의 세월.
  [星座 성좌] 88개의 별자리들.
  [彗星 혜성] 살별. 뛰어남의 비유.

4급

映 비칠 영

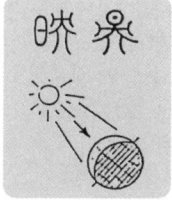

비칠, 밝을, 빛날, 미시. 통暎
reflect, bright

日과 央(가운데 앙:음부)의 합침. 태양(日)이 하늘 가운데(央 p.118)에서 '밝게' '비친다' 는 뜻으로 된 자 ⑱.

- [映寫 영사] 영화나 환등을 상영(上映)함.
  [映畫 영화] 연예의 한 갈래.
  [反映 반영] 반사하여 되비침.

3급

昭 밝을 소

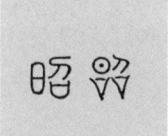

밝을, 세월 소/ 나타날, 깰 조. 통炤·照
bright, clear

日과 召(부를 소:음부)의 합침. 해(日)가 떠오를 때 모든 물체가 불려(召 p.96) 나오듯이 환히 나타나는 데서 '밝다' 의 뜻이 된 자 ⑱.

- [昭明 소명] 밝음. 환함.
  [昭詳 소상] 분명하고 자상함.
  [昭著 소저] 뚜렷하게 나타남. 현저함.

6급

昨 어제 작

어제, 엊그제, 옛.
yesterday, last day

日과 乍(잠깐 사:음부)의 합침. 해(日)가 잠깐(乍 p.57 作) 사이에 지나가버린 '어제' 라는 뜻으로 된 자 ⑱.

- [昨年 작년] 지난해.
  [昨夜 작야] 어젯밤.
  [再昨日 재작일] 그저께.

4급Ⅱ

是 이(斯) 옳을 시

이, 이것, 바를, 곧을, 옳을, 대저.
this, correct, right

日과 疋(바를 아)의 합침. 해(日)같이 광명정대(疋→正)하다는 데서 '바르다' · '옳다' 의 뜻이 된 자. 옳다는 데서 '이' 의 뜻으로도 쓰인다 ⑳.

- [是認 시인] 옳다고 인정함.
  [是正 시정] 잘못된 것을 바로잡음.
  [國是 국시] 나라의 올바른 근본 방침.

7급

春
봄 춘

봄, 세월, 남녀의 정사, 화할, 술 이름.
spring(season), joyful

艸(풀 초)와 屯(둔칠 둔)의 어울림인 芚밑에 日의 합침. 屯은 떡잎이 움트는 모양. 햇볕(日)을 받아 풀(艸)싹이 움터(屯) 나오는 '봄'을 뜻하여 된 자 會.

- [春風 춘풍] 봄바람.
  [晩春 만춘] 늦은 봄.
  [靑春 청춘] 젊은 나이. 봄철.

7급

時
때 시

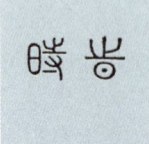

때, 철, 엿볼, 가끔, 이. 약 时
time, season, hour

日과 寺(관청 시:음부)의 합침. 寺는 土(←之=갈 지)와 규칙을 뜻하는 寸의 합침[p.136 寺]. 해(日)가 규칙적(寸)으로 돌아가(土←之) 이뤄지는 '때' 또는 '사철'을 뜻한 자 形.

- [時局 시국] 당면한 국내 및 국제 정세.
  [時代 시대] 역사적 구분의 하나.
  [卽時 즉시] 즉각. 바로 그 시간(時間).

6급

晝
낮 주

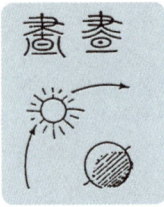

낮, 한낮, 대낮, 땅 이름. 약 昼
day time, midday

聿(←畫=그을 획)과 日의 어울림. 해(日)가 동쪽에서 떠 서쪽으로 지는 과정의 선(聿)을 나타내어 '낮'의 뜻이 된 자 會.

- [晝間 주간] 낮. 낮 동안.
  [白晝 백주] 밝은 대낮.
  [晝食 주식] 점심밥.

3급

晨
새벽 신

새벽, 아침 아뢸, 샛별.
daybreak, morning

① 日과 辰(별 진:음부)의 합침. 햇빛(日)에 눌려 별빛(辰)이 사라지는 때인 '새벽'을 뜻하여 된 자 會形. [p.371 農]
② 日(←臼 두 손 맞잡을 국)과 辰(:음부)의 합침. 사람이 손(臼)을 움직여(辰 p.371) 일하기 시작하는 '새벽'을 뜻하여 된 자 會形.

- [晨明 신명] 새벽.
  [晨省 신성] 새벽에 부모의 안부를 살핌.
  [早晨 조신] 이른 새벽.

3급 II

晚
늦을 만

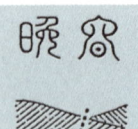

저물, 해질, 늦을, 저녁, 끝날, 뒤질.
to get dark, late, evening

日과 免(면할 면:음부)의 합침. 해(日)가 서산에 떨어져(免 p.70) '저물'다는 뜻으로 된 자. 저물다는 데서 '늦다'의 뜻으로도 쓰인다 形.

- [晚年 만년] 늙바탕. 늙은 나이.
  [大器晚成 대기만성] 큰 그릇은 늦게 이뤄짐.
  [早晚 조만] 이름과 늦음.

日 부

普 넓을 보 (4급)

넓을, 두루, 클, 침침할. 본 普
universal, general, gloomy

並(←竝=나란할 병:음부)과 日의 합침. 평평히(並 p.291 竝) 퍼진 구름장에 햇빛(日)이 가려져 '침침한' 범위가 '넓다'는 뜻으로 된 자 會形.

- [普及 보급] 세상에 널리 퍼지게 함.
- [普通 보통] 널리 일반에게 통함.
- [弘普 홍보] 크고 너름.

智 슬기/지혜 지 (4급)

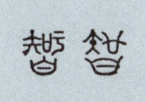

슬기, 지혜, 앎, 사리에 밝을. 통 知
wisdom, sagacious

① 知(알 지)와 日(←白)의 합침. 사리를 밝게(日) 안다(知 p.279) 하여 '슬기롭다' · '지혜롭다'의 뜻이 된 자 會.
② 본자는 䜓. 말(丂 p.48 于)을 명백하게(白) 할 만큼 잘 안다(知)는 데서 '지혜(智慧)'의 뜻이 된 자 會.

- [智謀 지모] 슬기 있는 꾀.
- [奸智 간지] 간사한 지혜.
- [機智 기지] 재치 있게 변동하는 슬기.

晴 갤 청 (3급)

갤, 맑은 날씨. 통 暒 본 姓
to become fine, clear sky

日과 靑(푸를 청:음부)의 합침. 해(日)가 푸른(靑) 하늘에 드러난다 하여 '개다'의 뜻이 된 자 會形.

- [晴明 청명] 하늘이 개 맑음.
- [晴天 청천] 맑게 갠 하늘.
- [快晴 쾌청] 하늘이 시원스럽게 갬.

景 볕 경 (5급)

볕, 빛, 경치, 밝을 경/ 그림자 영. 통 影
sunshine, bright

日과 京(서울 경:음부)의 합침. 해(日)가 궁전(京 p.51) 위에 높이 떠서 비친다는 데서 '밝다'의 뜻이 된 자. 또는 햇빛(日)에 비춰진 궁전(京)이 볼 만하다 하여 '경치(景致)'의 뜻으로도 쓰인다 形.

- [景慕 경모] 덕을 사모하여 우러러 봄.
- [光景 광경] 형편과 모양.
- [風景 풍경] 경치.

暇 겨를/틈 가 (4급)

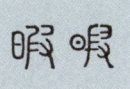

겨를, 한가할.
leisure, relaxation, free

日과 叚(빌 가:음부)의 합침. 휴일(日)을 얻어(叚 p.63 假) '겨를'이 있다는 뜻으로 된 자. 또는, 빌려(叚) 온 연장이 나빠 일을 못 하는 날(日)은 '한가하다'는 뜻으로 된 자 形.

- [暇日 가일] 한가(閑暇)한 날.
- [餘暇 여가] 쉬게 되는 틈. 겨를.
- [休暇 휴가] 일정한 기간을 쉬는 겨를.

3급

暑
더울 서

더울, 더위, 열기, 여름철.
hot, heat, summer season

日과 者(놈 자:음부)의 합침. 햇볕(日)이 타오르는 장작(者 p.312)불처럼 뜨겁게 쬔다 하여 '덥다'의 뜻이 된 자 形.

- [暑熱 서열] 삶는 듯한 더위.
- [暴暑 폭서] 몹시 심한 더위.
- [避暑 피서] 더위를 피함.

4급 II

暖
따뜻할 난

따뜻할, 더울 난/ 부드러울 훤. 통 煖
warm(by sun), hot

日과 爰(느즈러질 원:음부)의 합침. 햇볕(日)이 내리쬐어 어깻죽지가 축 느즈러질(爰) 정도로 '따뜻함'을 뜻한 자 形.
【참고】爰은 손(爫)으로 물건(干)을 잡아(又) 당겨 '느즈러뜨린다'는 뜻.

- [暖流 난류] 온도가 높은 해류.
- [暖房 난방] 뜨뜻하게 해 놓은 방.
- [寒暖 한난] 찬 기운과 따뜻한 기운.

4급 II

暗
어두울 암

어두울, 숨을, 밤, 욀, 몰래 할. 통 闇
dark, hide, secret

日과 音(소리 음:음부)의 합침. 해(日)가 져서 보이지는 않고 소리(音 p.404)만 들리는 '어둠'을 뜻하여 된 자 形.

- [暗誦 암송] 책을 보지 않고 글을 욈.
- [暗黑 암흑] 어둡고 캄캄함. 비참함.
- [明暗 명암] 밝음과 어둠.

3급

暢
화창할 창

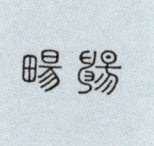

화창할, 통할, 펼, 자랄, 찰, 사무칠.
expanding, delightful

申(펼 신)과 昜(빛날 양:음부)의 합침. 햇살이 퍼져(申 p.267) 빛난다(昜 p.395 陽)는 데서 '화창(和暢)하다'·'통하다'의 뜻이 된 자 形.

- [暢達 창달] 거침없이 발달함.
- [暢快 창쾌] 마음이 썩 시원함.
- [流暢 유창] 흐르는 듯이 말을 잘함.

4급 II

暴
사나울 폭
모질 포

사나울, 드러낼, 나타낼, 쬘 폭/ 모질 포.
cruel, expose

① 日과 屮(←出=낼 추)·八(←廾=두 손 공)·氺(←米)의 어울림. 쌀(氺)을 두 손(八)으로 내놓고 (屮) 햇볕(日)에 말린다는 데서 '쬐다'·'드러내다'의 뜻이 된 자 會.
② 사슴(鹿)을 구워(火)먹고 남은 고기를 볕(日)에 쬐어 말리는 모양이 모질어 보인다는 데서 '사납다'의 뜻이 된 자 會.

- [暴露 폭로] 나쁜 일 등이 드러남.
- [暴行 폭행] 난폭(亂暴)한 행동.
- [橫暴 횡포] 몹시 포악(暴惡)함.

3급

暮
저물 모

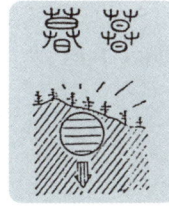

저물, 해질, 늦을, 밤, 더딜. 본莫
dusk, late, evening

日과 莫(저물 모:음부)의 합침. 莫(p.328)만으로도 해(日)가 지평선 풀숲(茻=풀숲 우거질 망)에 묻혀 가려진다 하여 '저묾'을 뜻했는데 '말다'의 뜻으로 쓰이게 되자, 莫 밑에 日을 받쳐서 '저물다'의 뜻으로 쓰이게 되었다 會形.

- [暮改 모개] 아침의 일을 저녁에 고침.
- [暮景 모경] 저녁때의 경치. 늙바탕.
- [歲暮 세모] 한 해가 저물어 가는 때.

3급II

暫
잠깐 잠

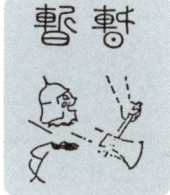

잠깐, 얼른, 갑자기, 마칠.
moment, suddenly, shortly

斬(벨 참:음부)과 日의 합침. 싹둑 베는(斬) 듯한 극히 짧은 시간(日)이란 데서 '잠깐'·'갑자기'의 뜻이 된 자 形.
【참고】斬은 죄인을 수레(車)로 찢거나 도끼(斤)로 '벤다'는 뜻으로 됨.

- [暫時 잠시] 조금 동안.
- [暫間 잠간] 잠깐.
- [暫定 잠정] 임시로 정함.

3급

曉
새벽 효

새벽, 밝을, 깨달을, 타이를. 약 暁

dawn, light, understand

日과 堯(높을 요:음부)의 합침. 해(日)가 높이(堯 p.256 燒) 떠오르려는 '밝을녘', 즉 '새벽'을 뜻하여 된 자 會.

- [曉星 효성] 샛별. 많지 않음의 비유.
- [曉月 효월] 새벽달.
- [通曉 통효] 환히 깨달아서 앎.

3급II

曆
책력 력

책력, 셀, 세월. 본 厤 약 曆 통 歷

calender, calculate, time

厤(셀 력:음부)과 日의 합침. 계절과 날(日)수를 셈해서(厤 p.229 歷) 적은 '책력(册曆)'을 뜻하여 된 자 會形.

- [曆書 역서] 책력. 역학(曆學) 책.
- [西曆 서력] 서양의 책력.
- [陽曆 양력] 태양력(太陽曆)의 준말.

5급

曜
빛날 요

빛날, 빛, 해 비칠, 요일(曜日).
brilliant, week

日과 翟(꿩깃 적:음부)의 합침. 꿩의 깃(翟 p.252 濯)이 햇살(日)에 아름답게 '빛남'을 뜻하여 된 자 形.

- [曜曜 요요] 빛나는 모양.
- [七曜日 칠요일] 일요일부터 토요일까지.
- [晃曜 황요] 황홀히 빛남.

3급

日 가로 왈

 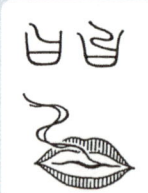

가로되, 말할, 에, 의. 왈가닥[國].
say, speak

口(입 구) 안에 一을 넣음. 一은 乙(굽을 을)의 변형으로 입김이 구불구불 나가는 모양. 입(口)에서 입김(一)이 나가면서 '말'이 됨을 가리킨 자 指.

- [日可日否 왈가왈부] 옳거니 그러거니 함.
  [日字 왈자] 왈패.
  [日牌 왈패] 언행이 수선스러운 사람.

5급

曲 굽을 곡

굽을, 까닭, 곡조, 가락, 누에발.
bent, crooked, tune, song

광주리 따위를 대나 싸리로 구부려 만든 모양을 본떠 '굽다'의 뜻이 된 자. 음정이 높고 낮게 굴곡지는 데서 '곡조(曲調)'의 뜻으로도 쓰인다 象.

- [曲折 곡절] 구부러져 꺾임. 자세한 사정.
  [屈曲 굴곡] 위아래·좌우로 꺾이고 굽음.
  [樂曲 악곡] 음악의 곡조.

4급

更 고칠 경 / 다시 갱

고칠, 지날, 경점(更點)할 경 / 다시 갱.
amend, pass over, again

원자형은 叓. 丙(밝을 병:음부)과 攵(두드릴 복)의 합침. 밝게(丙 p.43) 지도 편달해서 攵 '고쳐 준다'는 뜻으로 된 자. 또는, 순라군이 치는(攵) 북과 징 소리는 밝아(丙) 오는 새 날을 가리킨다는 데서 '고치다' 또는 '다시'의 뜻이 된 자 形.

- [更生 갱생] 죽을 지경에서 다시 살아남.
  [更正 경정] 바르게 고침.
  [變更 변경] 바꾸어 고침.

6급

書 글 서

글, 글씨, 책, 장부, 적을, 편지.
letter, book, write

① 聿(붓 율)과 曰의 합침. 사람의 입(曰)으로 전해 오던 것을 붓(聿)으로 적은 '글'이나 '책'을 뜻한 자 會.
② 曰은 이것저것 가리키는 者(:음부)의 획 줄임. 붓(聿)으로 이것저것(曰←者 p.330 著) 적은 '글'의 뜻 形.

- [書類 서류] 무엇을 적은 문서(文書).
  [書信 서신] 편지. 글로 전하는 소식.
  [讀書 독서] 책을 읽음.

3급 II

曾 일찍 증

 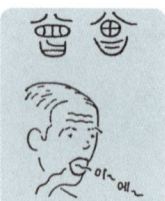

일찍, 이에, 거듭 증 통增 / 층 층. 통層
already, past

① 八(나눌 팔)과 囟(창 창:음부)에 曰의 합침. 말할(曰) 때 창(囟) 같은 입에서 김이 연속적으로 퍼져(八) 나감을 나타내어 말을 잇는 어조사인 '이에' 또는 '일찍이'의 뜻이 된 자 會形.
② 솥(曰)에 얹은 시루(囟)에서 김이 나가는(八) 모양으로서, 솥과 시루가 겹친 데서 '거듭'의 뜻이 된 자 象.

- [曾孫 증손] 아들의 손자.
  [曾祖 증조] 할아버지의 아버지.
  [孫曾 손증] 손자와 증손자.

日・月 부

5급 最 가장 최

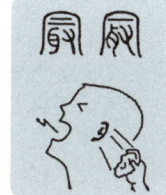

가장, 극진할, 잘할, 우뚝할, 넉넉할.
most, extremely, enough

曰(머리수건 모)와 取(취할 취)의 합침. 曰는 冒(무릅쓸 모)의 본자. 위험을 무릅쓰고(曰) 적의 귀를 잘라(取 p.94) 오는 것은 모험 중에서도 제일 큰 모험이란 데서 '가장' 의 뜻이 된 자 會.

- [最高 최고] 가장 높음. 제일임.
- [最上 최상] 맨 위.
- [功最 공최] 공이 첫째 감.

3급 替 바꿀 체

바꿀, 대신, 폐할, 쇠퇴할, 갈마들.
change, decay, substitute

夫(사내 부) 둘과 曰의 합침. 두 사람(㚒=나란히 갈 반)이 번갈아 말한다(曰)는 데서 '바뀌다' 의 뜻이 된 자. 또는, 두 사람 중에 한 사람은 일을 안 한다 하여 '폐하다' 의 뜻으로도 쓰인다 會.

- [替換 체환] 갈아 바꿈.
- [交替 교체] 서로 번갈아듦. 교대.
- [代替 대체] 다른 것으로 바꿈.

6급 會 모일 회

모을, 맞출, 조회할, 회계(會計). 약 会
meet, assemble

① 亼(모을 집)과 曾(←曾=거듭 증)의 합침. 모으고(亼 p.97 습) 더(曾) '모은다' 는 뜻으로 된 자 會.
② 사람의 얼굴에 눈·귀·코·입 따위가 '모인' 것을 본떠 된 자 象會.

- [會員 회원] 회의 구성원.
- [會議 회의] 여럿이 모여 의논함.
- [集會 집회] 여럿이 모임.

8급 月 달 월

달, 한 달, 세월(歲月), 다달이.
moon, month

'초승달' 을 본뜬 자 象.
【참고】月(달 월)은 달의 한쪽에 검은 부분이 있는 표시로 건너 긋는 획이 한쪽에만 붙고 오른쪽이 틈. 月(肉)은 근육이 뼈의 양쪽에 붙었음을 나타내어 건너 긋는 획이 양쪽에 다 붙음. 月(舟)는 가운데에 두 점을 찍어 배의 돛과 노를 나타냄.

- [月光 월광] 달빛.
- [月給 월급] 다달이 받는 급료.
- [半月 반월] 반달. 속 손톱의 별칭.

7급 有 있을 유

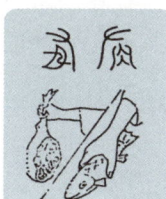

있을, 가질, 친할, 얻을 유/ 또 우. 통 又
exist, have, friendly

① 𠂇(←又=손 우:음부)와 月의 합침. 달(月)도 해처럼 빛을 가지고(又←手) '있다' 는 뜻으로 된 자 形.
② 손(𠂇←又)에 고기(月←肉)를 '가지고 있다' 는 뜻으로 된 자 會.

- [有利 유리] 이로움이 있음.
- [有名 유명] 이름남.
- [特有 특유] 그것만이 특히 가지고 있음.

3급

朋
벗 붕

벗, 떼, 패물, 둘, 쌍, 쌍조개.
friend, party, pair

① 조개(月←貝=조개 패)를 두 줄로 엮어 나란히 한 패물 모양을 나타내어 서로 다정스레 지내는 '벗' 을 뜻하게 된 자 象.
② 붕새(鵬)가 날면 뭇 새들이 뒤따라 난다는 데서 그 두 날개를 본떠 '벗' 을 뜻하게 된 자 象.
【참고】朋 의 月은 새의 날개(月)에 깃(=)이 비스듬히 붙은 모양임 [月·月(肉)·月(舟)와는 별자].

- [朋黨 붕당] 끼리끼리 모인 패.
  [朋友 붕우] 친구.
  [舊朋 구붕] 다정한 옛 벗.

6급

服
옷 복

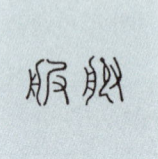

옷, 다스릴, 좇을, 복종할, 잡을, 먹을.
clothes, follow, submit

月(←舟=배 주)와 皮(다스릴 복:음부)의 합침. 배(月)에서 선장의 다스림(皮 p.111 報)에 따른다 하여 '좇다'·'복종(服從)하다' 의 뜻이 된 자. 또는, 몸(月←肉)을 다스리기(皮) 위하여 약을 '먹거나', '옷' 을 입는다는 뜻으로도 쓰인다 會形.

- [服役 복역] 징역을 치름.
  [服用 복용] 약을 먹음.
  [衣服 의복] 옷.

3급

朔
초하루 삭

초하루, 처음, 초승, 북방, 정삭(正朔).
first day of a month

屰(거스를 역:음부)과 月의 합침. 그믐달이 거꾸로(屰 p.373 逆) 선 모양으로 불어나는 '초승달(月)' 을 가리켜 '초하루' 의 뜻이 된 자 形.

- [朔望 삭망] 초하루와 보름.
  [朔月貰 삭월세] 집세로 다달이 내는 돈. 표준어는 '사글세'.
  [朔風 삭풍] 북풍.

5급

朗
밝을 랑

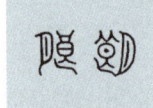

밝을, 명랑할, 환할, 맑을. 본 朖
bright, cheerful, clear

良(착할 량: 음부)과 月의 합침. 착한(良 p.325) 사람의 마음은 맑은 달(月)빛 같이 환하다는 데서 '밝다'·'명랑(明朗)하다' 의 뜻이 된 자 形.

- [朗讀 낭독] 소리내어 읽음.
  [朗誦 낭송] 소리를 높여 글을 욈.
  [淸朗 청랑] 맑고 명랑함.

5급

望
바랄 망

바랄, 우러러볼, 기다릴, 보름.
hope, expect

亡(없을 망:음부)과 月에 壬(우뚝설 정)의 합침. 우두커니 서서(壬) 달(月)을 바라보며 멀리 떠나간(亡) 사람이 돌아오기를 '바란다' 는 뜻으로 된 자 會形.
【참고】亡과 朢(보름 망:음부)의 합침이라는 설도 있음. 보름의 뜻으로는 朢이 본자임.

- [望鄕 망향] 고향을 그리어 바라봄.
  [待望 대망] 기다리고 바람.
  [希望 희망] 어떤 일을 이루고자 바람.

期 기약할 기 — 5급

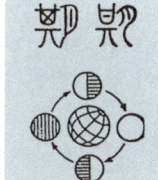

기약할, 돌, 바랄, 모일, 때, 기간.
promise, hope, expect, term

其(그 기:음부)와 月의 합침. 달(月)이 해와 정면으로 만나 보름달이 되는 그(其 p.73) 때를 가리켜 '돌' 또는 '기간(期間)'의 뜻이 된 자 形.

- [期待 기대] 때를 기약(期約)하여 기다림.
  [期限 기한] 미리 기약하여 놓은 때.
  [學期 학기] 한 학년을 나눈 수업기간.

朝 아침 조 — 6급

 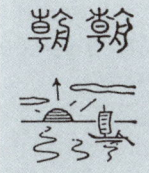

아침, 이를, 조정, 뵐, 찾을, 흘러들.
morning, imperial court

倝(←𠦝=해 돋을 간)과 月(←舟=배 주:음부)의 합침.
① 배(月)가 뜬 바다에 해가 떠오르는(倝 p.47 乾) 이른 '아침'을 뜻하여 된 자. 나아가, 이른 아침에 신하들이 어전 회의를 연 데서 '조정(朝廷)'의 뜻으로도 쓰인다 形.
② 해가 돋을(倝) 때 서녘 하늘에 조각배(月) 같은 달이 보임을 나타내어 '아침'이 뜻이 된 자 形.

- [朝夕 조석] 아침저녁.
  [朝刊 조간] 아침에 발행하는 신문.
  [入朝 입조] 조정에 들어감.

木 나무 목 — 8급

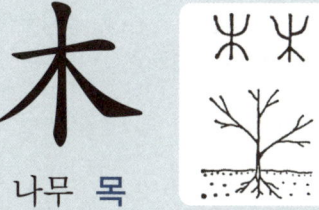

나무, 질박할, 무명 목/ 모과(木瓜) 모.
tree, wood

땅에 뿌리(丿)를 내리고 뻗어 자라나는(屮=싹날 철) '나무' 모양을 본뜬 자 象.

- [木工 목공] 목수(木手).
  [木石 목석] 나무와 돌. 감정이 둔한 사람.
  [植木 식목] 나무를 심음.

未 아닐 미 — 4급II

아닐, 못 할, 무성할, 여덟째 지지(양).
not, yet, 8th of 12 stems(sheep)

木 꼭대기 중간에 一을 그어, 나무(木) 가지(一)가 '무성함'을 뜻한 자. 무성하게 자라고 있는 나무의 과실은 아직 덜 익었다 하여 '아니'라는 뜻으로도 쓰인다 指.

- [未來 미래] 아직 오지 않은 때.
  [未定 미정] 아직 결정하지 못함.
  [己未 기미] 60갑자의 56번째.

末 끝 말 — 5급

 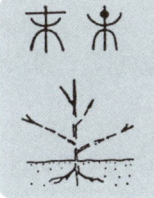

끝, 마칠, 덜, 낮을, 이마, 없을.
end, decrease, low

① 木 위에 一을 길게 그어, 나무의 '끝'을 가리킨 자 指.
② 木 위에 亠(머리 두)를 얹어, 나무(木) 순의 위(亠) 끝을 가리킨 자 會.

- [末席 말석] 맨 끝 자리. 지위의 맨 끝.
  [末職 말직] 끝자리의 보잘것없는 벼슬.
  [終末 종말] 끝판. 나중의 끝.

6급

근본 본

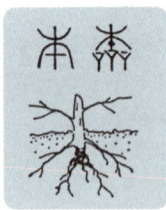

근본, 밑, 뿌리, 바탕, 밑천, 이, 책.
origin, root, essentiality

木 아래에 ―(←丅→下)을 그어 나무의 '밑뿌리'를 가리킨 자. 뿌리라는 데서 '근본(根本)'의 뜻이 되고, 학문의 근본인 '책'의 뜻으로도 쓰인다 指.

- [本分 본분] 사람마다 갖추고 있는 분수.
  [本性 본성] 본디의 성질.
  [讀本 독본] 글을 읽어서 익히기 위한 책.

6급

성(姓) 박

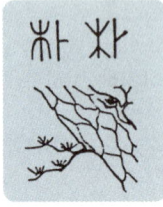

성, 순박할, 등걸, 나무 껍질. 통 樸
sincere, stump, bark of a tree, a family name

木과 卜(줄 복:음부)의 합침. 거북 껍데기처럼 투박하게 줄진(卜) '나무(木) 껍질'을 뜻한 자. 나무 껍질은 자연 그대로라 하여 '순박(淳朴)하다'의 뜻으로도 쓰인다 形.

- [朴野 박야] 꾸밈없이 촌스러움.
  [素朴 소박] 꾸밈없이 생긴 그대로임.
  [質朴 질박] 꾸밀 데가 없이 수수함.

4급

붉을 주

붉을, 연지, 난쟁이. 통 侏
red, dwarf

未(무성할 미)의 왼쪽에 丿을 덧붙인 자. 늘 푸른(未) 소나무 등속의 고갱이나(丿) 관솔이 '붉음'을 가리킨 자 指.

- [朱丹 주단] 곱고도 붉은 빛깔.
  [朱紅 주홍] 홍색과 주황색의 중간 빛.
  [印朱 인주] 도장 찍는 재료.

6급

오얏
성(姓) 리

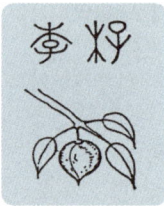

오얏, 천거할, 행장, 역말, 다스릴.
plum, baggage, a family name

木과 子(아들 자:음부)의 합침. 나무(木)에 진귀한 열매(子)가 여는 '오얏나무'를 뜻하여 된 자 形.

- [李下之冠 이하지관] 혐의 받기 쉬운 일.
  [桃李 도리] 복숭아와 오얏. 또는 그 꽃.
  [行李 행리] 여행의 장구.

5급

재목 재

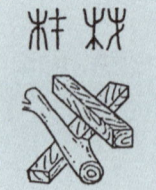

재목, 감, 재주, 쓸, 자품. 통 才·財
timber, material stuff

木과 才(바탕 재:음부)의 합침. 집 지을 때에 바탕(才 p.182)이 되는 나무(木)를 뜻하여 널리 '재목(材木)'·'재료(材料)'의 뜻이 된 자 形.

- [材器 재기] 사람의 쓸모 있는 바탕.
  [敎材 교재] 교수하는 데에 쓰이는 재료.
  [取材 취재] 기사나 작품의 재료를 취함.

5급
束
묶을 속

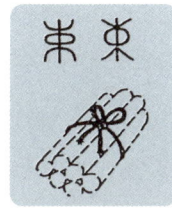

묶을, 동일, 맬, 약속할, 단속할, 뭇.
bind, promise

木과 囗(에울 위)의 어울림. 나무(木)를 줄로 감아(囗) '묶는다' 는 뜻으로 된 자 會.

- [束手 속수] 팔짱 끼고 아무것도 안 함.
  [結束 결속] 한 덩이가 되게 묶음.
  [約束 약속] 장래 일을 언약하여 정함.

7급
村
마을 촌

마을, 시골, 동네, 밭집.
village, country

木과 寸(법도 촌:음부)의 합침. 나무(木) 숲을 의지하여 질서(寸 p.136) 있게 모여 사는 '마을' 을 뜻하여 된 자 形.

- [村落 촌락] 시골의 마을.
  [江村 강촌] 강가의 마을.
  [農村 농촌] 농민이 사는 마을.

5급
板
널 판

널조각, 뒤칠, 홀, 글, 책, 딱따기. 통版
board, plank

木과 反(뒤집을 반:음부)의 합침. 통나무(木)를 아래위로 뒤집어(反 p.94) 가며 켜낸 '널조각' 을 뜻한 자 形.

- [板本 판본] 목판으로 인쇄한 책.
  [板子 판자] 널빤지.
  [黑板 흑판] 칠판.

3급
杯
잔 배

잔, 대접, 국바리. 통盃
cup, glass

木과 不(아니 불:음부)의 합침. 나무(木)로 만든 표주박(不←朩) 같은 '술잔' 을 뜻하여 된 자 形.
【참고】불은, '시경(詩經) 상례편' 에서 꽃받침(잔대)의 뜻으로 쓰이는 예가 있음.

- [杯酒 배주] 잔에 따른 술.
  [乾杯 건배] 잔을 비움.
  [一杯 일배] 한 잔.

8급
東
동녘 동

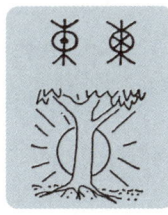

동녘, 동녘으로 갈, 오른쪽, 봄, 꿸.
east, right

木과 日의 어울림. 해(日)가 떠오를 때 나무(木)에 '꿰뚫린' 듯이 보임을 나타내어 '동쪽' 을 뜻하게 된 자 會.
【참고】東의 옛자[전자 참조]는 자루를 묶고 그 중간을 막대기로 '꿰뚫은' 모양임.

- [東方 동방] 동쪽.
  [東洋 동양] 유라시아 대륙의 동쪽 부분.
  [海東 해동] 우리 나라의 옛 이름.

4급

소나무 송

솔, 향풀, 강 이름.
pine tree

木과 公(공변될 공:음부)의 합침. 재목(木)으로 널리(公 p.72) 쓰이는 '소나무'를 뜻한 자 形.
【참고】솔은 나무(木) 중 기상이 높다는 데서 公을 음부로 합쳤다는 설도 있음.

- [松林 송림] 소나무 숲.
  [松板 송판] 소나무로 켠 널빤지.
  [靑松 청송] 푸른 솔.

7급

수풀 림

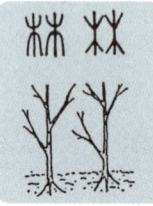

수풀, 빽빽할, 더부룩할, 들, 많을.
forest, dense, bushy

木이 둘 나란히 선 모양. 나무가 많이 늘어선 '수풀'을 뜻하게 된 자 會.

- [林野 임야] 나무가 무성한 들.
  [林業 임업] 산림을 경영하는 사업.
  [山林 산림] 산과 숲.

3급

쪼갤 석

쪼갤, 가를, 나눌, 팰, 무지개.
split, analyze, divide

木과 斤(도끼 근)의 합침. 나무(木)를 도끼(斤)로 '쪼갠다'는 뜻에서 된 자 會.

- [析別 석별] 이별.
  [析出 석출] 분석해 냄.
  [分析 분석] 쪽쪽이 나누어 가름.

3급

베개 침

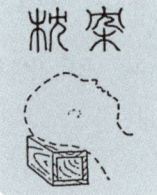

베개, 벨, 수레 뒷나무, 임할, 말뚝.
pillow, pile

木과 冘(머뭇거릴 임:음부)의 합침. 나무(木)로 만들어 머리를 받쳐 머무르게(冘) 하는 '베개'를 뜻하여 된 자 形.
【참고】冘은 사람(儿)이 경계선(ㅡ←冂)에서 '머뭇거림'을 나타냄.

- [枕木 침목] 물건 밑을 괴는 나무.
  [枕上 침상] 베갯머리. 머리맡.
  [枕席 침석] 베개와 자리.

6급

실과 과

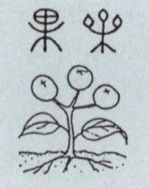

열매, 맺을, 결단할, 날랠, 과연, 결과.
fruit, determined

나무(木)에 열린 과일(田←凵) 모양을 본떠 '열매[實果]'를 뜻한 자. 꽃이 피면 열매를 맺는다 하여 '결과(結果)'의 뜻으로도 쓰인다 象.
[菓 : '과자'라는 뜻].

- [果斷 과단] 과감(果敢)하게 결단함.
  [果然 과연] 진실로 그러함.
  [效果 효과] 효력이 나타나는 결과.

木 부

3급II

枝 가지 지

가지, 흩어질, 버틸, 손마디. 통 支
branch, to prop

木과 支(갈려날 지:음부)의 합침. 나무(木) 줄기에서 갈려 나간(支 p.195) '가지'를 뜻하여 된 자 會形.

- [枝葉 지엽] 가지와 잎. 중요하지 않은 부차적인 부분.
  [幹枝 간지] 줄기와 가지.
  [連枝 연지] 잇닿은 가지들.

3급

枯 마를 고

마를, 마른 나무, 말릴, 야윌.
dried wood, withered, decayed

木과 古(예 고:음부)의 합침. 오래(古)된 나무(木)가 죽어 '말랐다'는 뜻으로 된 자. 또는, 나무(木)가 껍질이 벗겨져 흰 뼈(古 p.95)처럼 앙상함을 나타내어 '마른 나무'의 뜻이 된 자 會形.

- [枯渴 고갈] 물이 바짝 마름.
  [枯葉 고엽] 마른 잎.
  [榮枯 영고] 번영과 쇠망.

3급II

架 시렁 가

시렁, 건너지를, 횃대, 사닥다리, 넘을.
shelf, ladder

加(더할 가:음부)와 木의 합침. 나무(木)를 덧걸쳐(加 p.82) 맨 '시렁'을 뜻한 자. 시렁의 모양에서 '건너지르다'의 뜻으로도 쓰인다 會形.

- [架橋 가교] 다리를 놓음.
  [架設 가설] 건너질러 설치하는 일.
  [書架 서가] 책을 꽂거나 얹어 두는 시렁.

3급

某 아무 모

아무 모／ 실[酸], 매화(梅의 옛자) 매.
certain person

甘(달 감)과 木의 합침. 매화나무(木) 열매를 입에 머금고(甘) 있는 모양에서 '시다'의 뜻이 된 자 會. 임신부가 매실을 먹고 싶어하기 전에는 임신한 줄을 몰랐던 것처럼, 인사를 하기 전에는 누군지를 모르는 사람을 가리켜 '아무'의 뜻으로 쓰이게 되었다 轉.
【참고】 단맛은 신맛의 근원이라는 데서 甘을 합쳐 매화나무(木)를 뜻했다고도 함.

- [某種 모종] 어떤 종류.
  [某處 모처] 아무 곳. 어떠한 곳.
  [誰某 수모] 아무개.

5급

査 조사할 사

조사할, 캐물을, 사돈, 뗏목. 통 楂
inspect, examine, raft

木과 且(또 차:음부)의 합침. 且(p.42)는 물건이 포개진 모양으로, 겹겹으로 된 나이테를 가리킴. 나무(木)의 나이테(且)를 세어 몇 년 자란 것인지를 '조사(調査)한다'는 뜻으로 된 자 形. 또는, 察(살필 찰)의 음과 통하는 데서 그 뜻을 빌려 '살피다'의 뜻으로 쓰이는 자 假.

- [査定 사정] 조사하여 결정함.
  [査察 사찰] 동태(動態) 따위를 조사하여 살핌.
  [內査 내사] 몰래 조사함.

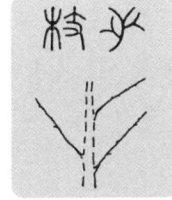

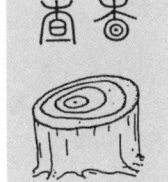

3급 II

柔
부드러울 유

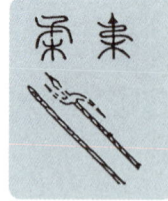

부드러울, 순할, 복종할, 연약할.
tender, soft, feeble

矛(창 모:음부)와 木의 합침. 창끝(矛)처럼 뾰족이 돋아난 나무눈(木)이 '연약하다'는 뜻으로 된 자. 또는, 창(矛 p.279) 자루는 탄력성이 있는 나무(木)로 만들었던 데서 '부드럽다'의 뜻이 된 자 形.

- [柔順 유순] 성질이 부드럽고 온순함.
  [柔弱 유약] 부드럽고 약함.
  [溫柔 온유] 온화하고 유순함.

3급 II

柱
기둥 주

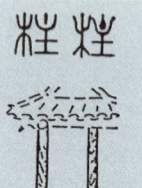

기둥, 괼, 버틸, 받칠, 찌를. 통 拄
pillar, prop, support

木과 主(주인 주:음부)의 합침. 지붕을 떠받치는 데에 주(主 p.44)되는 나무(木)인 '기둥'을 뜻하여 된 자 形.

- [柱石 주석] 기둥과 주추.
  [電柱 전주] 전봇대.
  [支柱 지주] 무엇을 버티는 기둥.

4급

柳
버들 류

버들, 별 이름, 수레 이름.
willow

木과 卯(무성할 묘:음부)의 합침. 가지와 나뭇잎이 무성히(卯 p.90) 늘어진 '버드나무(木)'를 뜻하여 된 자 形.

- [柳態 유태] 버들가지 같은 고운 맵시.
  [細柳 세류] 가지가 가늘고 긴 버들.
  [花柳 화류] 꽃과 버들. 기생이나 유곽.

3급 II

染
물들 염

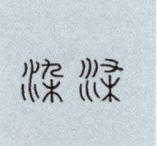

물들일, 꼭두서니, 훌부들할, 물 젖을.
dye, wet

① 氵(水=물 수)와 九(아홉 구)에 木의 합침. 꼭두서니나 치자나무(木) 즙(氵) 따위에 천을 여러 번(九) 담가 빛깔을 '물들인다'는 뜻으로 된 자 會.
② 氵변에 枽(←朵=가지 늘어질 타:음부)의 합침. 나뭇가지(枽)에 널어 말리는 '물(氵)들인' 천을 나타낸 자 形.

- [染料 염료] 물감. 염색에 쓰이는 재료.
  [染色 염색] 물을 들임.
  [感染 감염] 병 따위가 다른 데에 옮음.

3급 II

栗
밤 률

밤나무, 무서울, 엄할, 여물, 추울.
chestnut, fearful

襾(←卤=열매 매달릴 유:음부)와 木의 합침. 가시 돋고 벌어진 송이가 매달린(襾) '밤나무(木)'를 뜻한 자 會形. 그 송이에 찔릴까 봐 '무서워 떤다'는 뜻으로도 쓰인다 轉.

- [栗烈 율렬] 덜덜 떨리도록 추움.
  [栗栗 율률] 놀라는 모양.
  [生栗 생률] 잔치 등에 깎아 놓는 날밤.

木 부

8급

校 학교 교

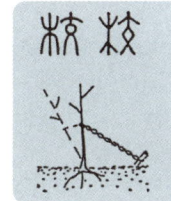

학교, 바로잡을, 교정할, 틀, 군관.
school, correct

木과 交(엇걸 교:음부)의 합침. 구부러진 나무(木)를 엇걸어(交 p.50) 매어 '바로잡는다'는 뜻. 글자의 잘못을 바로잡는다는 데서 '교정(校正)하다', 사람을 올바르게 인도하는 곳이라 하여 '학교(學校)'의 뜻으로도 쓰인다 會形.

- [校服 교복] 학교의 제복.
  [復校 복교] 정·휴학했다가 다시 등교함.
  [初校 초교] 인쇄물의 첫 교정.

4급

核 씨 핵

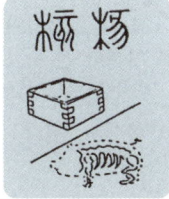

씨, 알맹이, 상자, 자세할, 엄할 핵 / 씨 홀.
seed, nucleus

① 木과 亥(돼지 해:음부)의 합침. 나무(木)로 돼지 뼈대(亥 p.50)의 짜임새처럼 엇걸어 만든 '상자'를 뜻한 자. 껍질에 싸인 '씨앗'이 상자 안에 담긴 물건과 흡사하다 하여 '알맹이'의 뜻으로 널리 쓰인다 形.
② 복숭아나무(木)의 씨앗이 살속의 뼈(亥)처럼 싸였다는 데서 '알맹이'의 뜻 形.

- [核心 핵심] 사물의 중심 되는 부분.
  [結核 결핵] 결핵균에 의해 생기는 전염병.
  [原子核 원자핵] 원자 구조의 중심체.

3급Ⅱ

株 그루 주

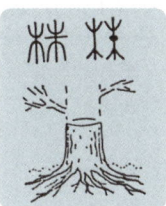

그루, 그루터기, 뿌리, 줄기, 주식.
trunk of a tree, root

木과 朱(나무 줄기 주:음부)의 합침. 나무(木)의 바탕(朱 p.214)을 이루는 '뿌리'나 '그루터기'를 뜻하여 된 자. 나아가, 자본의 바탕이 되는 '주식(柱式)'의 뜻으로도 쓰인다 形.

- [株券 주권] 주식의 증권.
  [株主 주주] 주권을 가지고 있는 사람.
  [根株 근주] 나무 뿌리와 그루터기.

3급Ⅱ

栽 심을 재

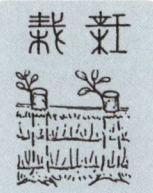

심을, 토담틀, 묘목, 북돋을.
plant, sapling

𢦏(해할 재:음부)와 木의 합침. 나무(木)를 잘라(𢦏) 만든 '토담틀'을 뜻한 자. 토담을 칠 때 생나무(木)를 잘라(𢦏) 세운 것이 뿌리를 내려 살게 된 데서 '심다'의 뜻으로 쓰이게 되었다 形.
【참고】𢦏는 초목의 싹(十←才 p.182)을 창칼(戈) 따위로 '자르거나' '쪼갬'을 뜻함.

- [栽培 재배] 초목을 심어 가꿈
  [栽植 재식] 초목이나 농작물을 심음.
  [盆栽 분재] 화초 등을 화분에 심어 가꿈.

6급

根 뿌리 근

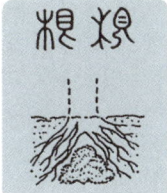

뿌리, 밑동, 근본(根本), 시작할.
root of plants, origin

木과 艮(그칠 간:음부)의 합침. 나무(木)의 아래 끝에 그쳐진(艮 p.324) '뿌리'를 뜻하여 된 자 形.

- [根據 근거] 사물의 근본 되는 토대.
  [根源 근원] 사물이 생겨나는 본바탕.
  [草根 초근] 풀의 뿌리.

3급II
桂
계수나무 계

계수(桂樹)나무.
laurel

木과 圭(홀 규:음부)의 합침. 벼슬아치가 조정에 나아갈 때에 휴대하는 홀(圭)과도 같이 보약에는 꼭 쓰이는 '계수나무(木)'를 뜻한 자 形.

- [桂秋 계추] 음력 8월의 이명.
- [桂皮 계피] 계수나무 껍질(한약재).
- [月桂冠 월계관] 고대 그리스에서 우승자에게 씌워주던 관.

5급
格
격식 격

격식, 이를, 나무 자라 뻗을 격／그칠 각.
reach, correct, formality

木과 各(각각 각:음부)의 합침. 나무(木) 가지가 각각(各 p.97) '자라 뻗음'을 나타내어 된 자 形. 그 나무 가지가 제멋대로 뻗은 것처럼 보이나 근본 원칙은 하나에 '이른다'는 뜻. 또한, 일정한 형식에 따라 뻗는다 하여 '격식(格式)'의 뜻으로도 쓰인다 轉.

- [格言 격언] 교훈적인 짧은 말 토막.
- [價格 가격] 값. 재물 교환의 화폐적 표현.
- [品格 품격] 사람의 자품(됨됨이).

3급II
桃
복숭아 도

복숭아, 앵도(櫻桃), 대나무 이름.
peach

木과 兆(점괘 조:음부)의 합침. 점(兆 p.69)을 치고 나서 사기(邪氣)를 쫓았던 '복숭아나무(木)'를 뜻하여 된 자 形.
【참고】兆는 복숭아씨가 두 쪽으로 이뤄지고 금이 많음을 가리키기도 함.

- [桃源 도원] 선경. 별천지의 비유.
- [桃花 도화] 복숭아꽃.
- [紅桃 홍도] 붉은 잎의 복숭아나무.

5급
案
책상 안

책상, 생각할, 고안, 어루만질. 통 按
table, consider

安(편안 안:음부)과 木의 합침. 편안하게(安 p.129) 앉아 책을 볼 수 있도록 나무(木)로 만든 '책상'을 뜻한 자. 책상에 앉아 생각한다 하여 '고안(考案)'의 뜻으로도 쓰인다 會形.

- [案件 안건] 문서에 적은 사건이나 계획.
- [案內 안내] 인도하여 일러 줌.
- [起案 기안] 문안(文案)을 기초함.

3급II
桑
뽕나무 상

뽕나무, 뽕 심을, 뽕 딸, 동쪽[扶桑].
mulberry-tree

叒(뽕나무 약)과 木의 합침. 叒은 뽕잎 또는 뽕 따는 손의 모양. 누에먹이로서 잎을 따는(叒) '뽕나무(木)'를 뜻하여 된 자 象會.
【참고】뽕나무는 해 뜨는 곳의 바닷속에 있다는 전설상의 신목(神木)이라고도 함.

- [桑田 상전] 뽕나무밭.
- [農桑 농상] 농사일과 누에치는 일.
- [蠶桑 잠상] 누에와 뽕.

木 部

3급II

들보 량

대들보, 나무다리, 팔팔 뛸, 굳셀.
beam, bridge, leap

氵(水)와 刅(상처 창:음부)에 木의 합침. 나무(木)를 잘라(刅 p.81 創) 물(氵) 위에 놓은 '다리'를 뜻하여 된 자. 후에, 그 나무와도 같은 긴 '대들보'를 뜻하여 두루 쓰이게 되었다 會形.

- [梁材 양재] 들보가 될 수 있는 큰 재목.
- [橋梁 교량] 다리.
- [棟梁 동량] 큰 인물의 비유.

3급

배 리

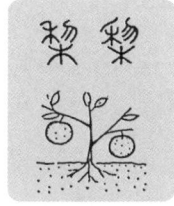

배나무, 벌레 이름. 본 梨
pear tree

利(이로울 리)와 木의 합침. 약재로 쓰이는 등 이로움(利 p.79)이 많은 '배나 배나무(木)'를 뜻하여 된 자 形.
【참고】배는 고기 먹고 체한 데, 이뇨제, 갈증해소제 등의 약재로 쓰임.

- [梨雪 이설] 배꽃의 별명.
- [梨花 이화] 배꽃.
- [桃梨 도리] 복숭아와 배.

3급II

매화 매

매화나무, 갈매나무, 낯 칙칙할. 약 梅
plum tree

木과 每(탐낼 매:음부)의 합침. 탐낼(每 p.232) 만큼 아름다운 꽃이 피는 나무(木)인 '매화'를 뜻한 자 形. [p.217 某]
【참고】여기서의 每는 꽃송이가 탐스럽게 달린 모양을 가리킴.

- [梅實 매실] 매화(梅花)나무의 열매.
- [梅香 매향] 매화꽃의 향기.
- [雪梅 설매] 눈 속에 핀 매화.

4급

가지 조

곁가지, 줄, 조리, 조목, 법규, 길. 약 条
branch, regular, article

攸(대롱거릴 유:음부)와 木의 합침. 바람에 흔들리는(攸 p.61 修) 나무(木)의 '곁가지'를 뜻한 자. 가지의 뻗어 나가는 것이 질서 있다는 데서 '조리(條理)'의 뜻으로도 쓰인다 形.

- [條件 조건] 약속할 때 붙이는 제한.
- [條文 조문] 조목(條目)으로 나열한 글.
- [信條 신조] 꼭 믿고 있는 일.

3급II

기계 계

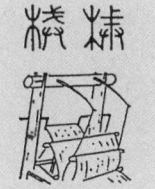

기계, 기구, 틀, 형구, 벌줄, 무기.
machinery, implement, fetter

木과 戒(징계할 계:음부)의 합침. 죄인을 벌줄(戒 p.180) 때에 쓰던 나무(木)로 짠 '형틀'을 뜻하여 된 자. 후에 기구의 총칭으로써 '기계(器械)'의 뜻으로 쓰이게 되었다 形.

- [機械 기계] 원동력을 이용한 생산 장치.
- [兵械 병계] 병기.
- [手械 수계] 수갑.

3급

棄 버릴 기

버릴, 잃을, 잊어버릴.
forsake, abandon, lose

𠫓(아이 거꾸로 나올 돌)과 𠦒(삼태기 필)에 八(←廾=두 손 받들 공)의 어울림. 키우지 못할 자식(𠫓 p.316 育)을 삼태기(𠦒)에 담아 들고(八) 내던진다는 데서 '쓰레기처럼 버리다' 의 뜻이 된 자 會.

- [棄却 기각] 버리고 쓰지 아니함.
- [棄權 기권] 권리를 행사하지 아니함.
- [遺棄 유기] 버려 두고 돌보지 않음.

3급Ⅱ

森 수풀 삼

나무 빽빽할, 심을, 성할, 많을.
forest, plant

林(수풀 림) 위에 木의 합침. 숲(林)에 나무(木)가 들어찬 모양에서 '빽빽하다' 의 뜻이 된 자 會.

- [森羅萬象 삼라만상] 우주 일체의 현상.
- [森林 삼림] 나무숲.
- [森嚴 삼엄] 무서울 만큼 매우 엄숙함.

7급

植 심을 식

심을, 세울, 식물 식/ 감독, 둘 치. 通置

plant, plants and trees

木과 直(곧을 직:음부)의 합침. 나무(木)를 곧추(直 p.276) 세워 '심는다' 는 뜻으로 된 자 會形.

- [植木 식목] 나무를 심음.
- [植物 식물] 생물 중 초목의 총칭.
- [移植 이식] 옮기어 심음.

3급

楊 버들 양

냇버들, 사시나무, 왕버들, 회양나무.
willow, box-wood

木과 昜(볕 양:음부)의 합침. 봄볕(昜 p.395 陽) 아지랑이와도 같이 가지가 한들거리는 나무(木), 즉 '사시나무' 또는 '냇버들' 을 뜻하여 된 자 形.

- [楊柳 양류] 버드나무.
- [白楊 백양] 황철나무. 사시나무.
- [垂楊 수양] 땅에 닿도록 늘어진 버들.

6급

業 업 업

일, 처음, 종 다는 널, 조각, 씩씩할.
work, business

① '종을 거는 장식널' 모양을 본뜬 자. 그 악기틀 따위에 무늬 새기는 것을 일삼은 데서 '직업(職業)' 의 뜻으로 쓰인다 象.
② 丵(풀 성할 착)과 木의 합침. 종 위에 머리건처럼 질러 대는 나무(木)에 풀이 무성히(丵 p.137 對) 난 것처럼 장식한 '조각널' 을 뜻하여 된 자 會.

- [業務 업무] 맡아서 하는 일.
- [事業 사업] 경제적인 활동.
- [廢業 폐업] 영업(營業)을 그만둠.

木 부

3급II

楓
단풍 풍

단풍나무, 신나무.
the maple tree.

木과 風(바람 풍: 음부)의 합침. 손바닥 모양의 잎에 잎자루가 길어 잔바람(風)에도 잘 흔들리는 나무(木)인 '단풍나무'를 뜻하여 된 자 會形.

- [楓林 풍림] 단풍나무 수풀.
  [楓葉 풍엽] 단풍나무의 잎.
  [楓嶽 풍악] 금강산의 가을 이름.

4급II

極
다할
지극할 극

다할, 지극할, 대마루, 빠를, 끝, 멀.
extremely, exhaust

木과 亟(빠를 극:음부)의 합침. 크고 긴 '대마루(木)'를 올리는 작업은 정성을 들여 빨리(亟) 해야 한다는 데서 '지극(至極)하다'의 뜻이 된 자 形.
【참고】亟은 하늘(一)과 땅(一)이 준 기회를 놓치지 않으려고 사람(人)이 말(口)과 손(又←手)의 움직임을 '빨리' 한다는 뜻.

- [極端 극단] 한쪽으로 아주 치우침.
  [窮極 궁극] 극도(極度)에 달함. 마지막.
  [北極 북극] 지구의 북쪽 끝.

4급II

榮
영화 영

영화, 오동나무, 성할, 피. 약栄
glory, honor, flourish

熒(←熒=빛날 형:음부)과 木의 합침. 꽃이 크고 빛나는(熒) '오동나무(木)'를 뜻한 자. 그 모양에서 '영화(榮華)롭다'·'번영(繁榮)하다'의 뜻으로 쓰인다 形.
【참고】熒은 집(一)의 안팎을 많은 등불(火)이 밝게(炏=불 성할 개) 비추는 모양, 또는 오동나무꽃이 '초롱불' 같음을 나타냄.

- [榮譽 영예] 영광(榮光)스러운 명예.
  [榮轉 영전] 전보다 더 좋은 자리와 지위로 옮김.
  [虛榮 허영] 실속 없는 겉치레.

4급

構
얽을 구

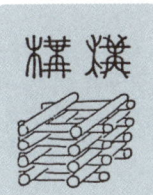

얽을, 맺을, 이룰, 이을, 모일.
unite, implicate, complete

木과 冓(어긋매껴 쌓을 구:음부)의 합침. 나무(木)를 가로세로 엇걸어 쌓아올린다(冓) 하여 '얽다'·'맺다'의 뜻이 된 자 會形.
【참고】冓는 나무를 井자형으로 거듭(再) 쌓은 모양.

- [構成 구성] 얽어 만듦.
  [構築 구축] 얽어 만들어 쌓아올림.
  [機構 기구] 얽어 잡은 꾸밈새.

4급

樣
모양 양

모양, 본, 무늬 양/ 도토리 상. 약様
form, shape, style, acorn

木과 羕(근원 긴 물 양:음부)의 합침. 수분(羕)이 많은 데서 자라고, 또 물에 잘 썩지 않는 '도토리나무(木)'를 뜻한 자 形. 후에, 음이 같은(樣 모양 양)의 뜻을 빌려 '모양(模樣)' 또는 '양식(樣式)'의 뜻으로 쓰이게 되었다 假.
【참고】羕은 양(羊)의 창자처럼 고불고불 '길게 흐르는 물(永 p.234)'을 나타냄.

- [樣相 양상] 모양이나 생김새.
  [各樣 각양] 갖가지의 모양.
  [多樣 다양] 갖가지 모양 또는 양식.

3급II

槩
대개 개

대개, 평미레, 풍치, 절개. 동槩 약概
generally, strickle

木과 旣(목에 차게 먹을 기:음부)의 합침. 말에 쌓인(旣 p.202) 곡식을 밀어 내는 나무(木), 즉 '평미레'를 뜻한 자. 평미레로 밀어낸 면은 대체로 평평하다 하여 '대개(大槩)'의 뜻으로 쓰인다. 평미레는 곧고 단단하다는 데서 '절개(節槩)'의 뜻으로도 쓰인다 形.

- [槩觀 개관] 대충대충 살펴봄.
- [槩論 개론] 내용을 추린 개요의 글.
- [景槩 경개] 자연의 아름다운 모습.

4급

標
표할 표

표할, 표지, 기, 나무 끝, 적을, 쓸.
sign, signal, flag

木과 票(표 표:음부)의 합침. 나무(木) '표지(票 p.284)'를 뜻하여 된 자 形. 表(나타낼 표)와 음이 같은 데서 그 뜻을 빌려 '표하다'의 뜻으로도 쓰인다 假.

- [標的 표적] 목적으로 삼는 사물.
- [標準 표준] 규범이 되는 준칙.
- [目標 목표] 목적 삼는 곳.

3급II

樓
다락 루

다락, 망루, 문, 봉우리, 모일. 약楼
tower, upper floor, castle

木과 婁(거듭 루:음부)의 합침. 여자가 머리에 짐을 포개 인(婁) 모양같이 나무(木)로 층지어 세운 '다락집'을 뜻하여 된 자 形. [p.198 數]
【참고】婁는 여자(女)가 짐(冓)을 포개인 모양에서 '거듭', '고달프다'의 뜻이 됨.

- [樓閣 누각] 높이 지은 다락집.
- [望樓 망루] 망을 보는 높은 대.
- [鐘樓 종루] 종을 달아 놓는 누각.

6급

樂
노래 악
즐거울 락
좋아할 요

노래 악/ 즐거울 락/ 좋아할 요. 약楽
music, happy, joyful

丝와 木의 합침. 丝의 白은 북통, 絲는 북을 맨 줄. 북(丝)을 나무 받침대(木) 위에 올려놓은 모양을 본뜬 자로, 북은 악기(樂器)의 대표격이었던 데서 '음악(音樂)'의 뜻으로 쓰인다 象. 음악을 들으면 마음이 기쁘다는 데서 '즐겁다'·'좋아하다'의 뜻으로도 쓰인다 轉.

- [樂觀 낙관] 인생이나 사물을 밝고 희망적인 것으로 봄.
- [快樂 쾌락] 기분이 좋아서 즐거움.
- [樂山樂水 요산요수] 산수가 좋아 즐김.

4급

模
본뜰 모

본뜰, 본, 모호할, 법, 모범. 동摹
mold, model, pattern

木과 莫(꾀할 막:음부)의 합침. 같은 물건을 여러 개 만들기를 꾀하여(莫 p.328) 나무(木)로 깎아 만든 '본' 또는 '거푸집'을 뜻하여 된 자. 본이란 데서 '모범(模範)'의 뜻으로도 쓰인다 形.
【참고】莫은 거푸집 속이 '컴컴함'을 나타내기도 함.

- [模倣 모방] 흉내를 냄. 본뜸. 模依.
- [模型 모형] 본보기. 그림본.
- [規模 규모] 본보기. 짜임새. 모범.

木 부

6급 樹 나무 수

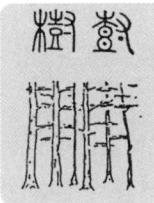

나무, 세울, 심을, 설, 담, 막을.
tree, plant, build

木과 尌(세울 주:음부)의 합침. 나무(木)를 세워(尌) '심다'의 뜻으로 된 자. 큰 나무가 '서 있다'는 뜻으로도 쓰인다 ㊙.
【참고】 尌는 북(壴=악기 세울 주)을 잡아(寸) '세움'을 나타냄.

- [樹立 수립] 사업이나 공을 세움.
  [街路樹 가로수] 길거리에 심은 나무.
  [植樹 식수] 나무를 심음.

5급 橋 다리 교

다리, 강할, 줄 늘여 잴, 교목.
bridge, strong

木과 喬(큰키나무 교:음부)의 합침. 큰키나무(喬)로 걸쳐 놓은 나무(木) '다리'를 뜻하여 된 자 ㊙.
【참고】 喬는 높게(高←高=높을 고) 자라 위가 구부러진(夭=구부릴 요) '나무'의 뜻.

- [橋梁 교량] 크고 작은 모든 다리.
  [陸橋 육교] 구름다리.
  [鐵橋 철교] 철재로 놓은 다리.

4급 機 틀 기

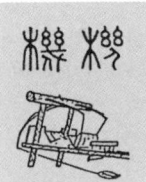

베틀, 기계, 고동, 기틀, 기회. ㊗幾
loom, machine, opportunity

木과 幾(베틀 기:음부)의 합침. 본디는 幾(p.151)가 '베틀'의 뜻이었는데 '얼마'의 뜻으로 쓰이게 되자, 그 재료인 木을 幾와 합쳐 '베틀'을 뜻하게 된 자. 나아가, '기계(機械)'의 뜻으로 쓰이게 되었다 ㊙㊕. 사물의 계기가 되는 기틀, 즉 '고동'의 뜻으로도 쓰인다 ㊝.

- [機能 기능] 작용. 기관의 활동 능력.
  [機會 기회] 어떤 일을 하는 데 적절한 시기나 경우.
  [動機 동기] 의사 또는 행동 결정의 원인.

3급II 橫 가로 횡

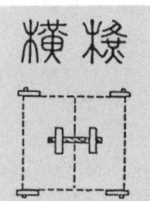

가로, 옆, 비낄, 빗장. ㊞橫 ㊗衡
width, crosswise, cross-bar

木과 黃(누를 황:음부)의 합침. 나무(木)로 된 누른(黃) 빛깔의 대문 '빗장'을 뜻하여 된 자. 빗장의 건너지르는 구실에서 '가로'의 뜻으로 널리 쓰인다 ㊙.

- [橫斷 횡단] 가로 끊어 지나감.
  [橫暴 횡포] 제멋대로 굴며 몹시 난폭함.
  [縱橫 종횡] 가로와 세로.

4급II 檀 박달나무 단

박달나무, 향나무.
sandalwood

木과 亶(클 단:음부)의 합침. 크고(亶) 단단한 '박달나무(木)'를 뜻한 자 ㊙. 우리 나라 시조가 박달나무 아래에서 태어났다는 신화에서 '단군(檀君)'이라는 말에 쓰인다 ㊝.
【참고】 亶은 창고(㐭=곳집 름)의 곡식이 햇빛(旦 p.56 但)에 돋보여 '크다'의 뜻.

- [檀口 단구] 미인의 입술을 비유한 말.
  [檀紀 단기] 단군 기원의 준말.
  [白檀 백단] 향나무의 한 종류.

4급 II

檢
검사할 검

검사할, 봉할, 교정할, 검속할. 약 検
inspect, envelope

木과 僉(여러 첨:음부)의 합침. 나무(木) 상자 속에 든 물건을 여럿이(僉 p.412 驗) 보지 못하도록 '봉한다'는 뜻으로 된 자. 그 봉인을 조사한다는 데서 '검사(檢査)하다'의 뜻으로도 쓰인다 形.

● [檢屍 검시] 변사체를 검증(檢證)함.
　[檢討 검토] 어떤 사실이나 내용을 분석하여 따짐.
　[點檢 점검] 낱낱이 검사함.

3급 II

欄
난간 란

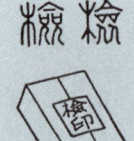

난간, 테두리, 난, 외양간. 약 欄 통 闌
railing, enclosure

木과 闌(난간 란:음부)의 합침. 나무(木)로 가장자리를 둘러친 '난간(闌)'을 뜻하여 된 자 形.
【참고】闌은 문(門)의 안팎을 갈라(柬=분별할 간 p.305 練) 놓은 '난간'을 뜻함.

● [欄邊 난변] 난간(欄干) 주변. 난간 근처.
　[欄外 난외] 줄을 그어 놓은 부분의 바깥.
　[空欄 공란] 지면에 글자가 없이 비워 둔 칸이나 줄.

4급 II

權
권세 권

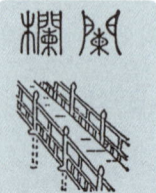

권세, 평평할, 모사할, 저울질. 약 権
authourity, weight

① 木과 雚(황새 관:음부)의 합침. 황새가 두 눈을 두리번거리며 먹이를 찾듯이 저울대(木) 눈을 살핀다 하여 雚을 음부로 합쳐 '저울질하다'의 뜻이 된 자 形.
② 權은 '황화목(黃華木)'을 뜻하여 되었는데, 음이 통하는 懸(달 현)의 뜻을 빌려 '저울에 단다'는 뜻으로 쓰인다 假. 저울대는 무게를 지배한다 하여 '권세'의 뜻으로도 쓰인다 轉.
【참고】황화목으로 저울대를 만들어 물건을 달았던 데서 懸의 뜻을 빌린 것으로 생각됨.

● [權利 권리] 권세(權勢)와 이익.
　[權限 권한] 직권(職權)을 행하는 범위.
　[執權 집권] 정권(政權)을 잡음.

欠
하품 흠

하품할, 모자랄, 기지개켤, 이지러질.
yawn, lacking, deficient

사람이 입을 벌리고 '하품하는' 모양을 본뜬 자 象.[p.99 吹]
【참고】 ㄍ(←气=증기 기)와 人의 합침.

● [欠缺 흠결] 수효에서 부족함.
　[伸欠 신흠] 기지개와 하품.

4급 II

次
버금 차

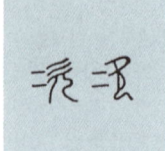

버금, 다음, 집, 차례, 행차, 번, 위치.
secondary, next, order

二(두 번째 이:음부)와 欠의 합침. 하품하는(欠) 사람은 피곤하여 정진하지 못하므로 다음(二) '차례(次例)'라는 뜻으로 된 자 會形.

● [次官 차관] 장관의 보조 기관.
　[順次 순차] 돌아오는 차례.
　[漸次 점차] 조금씩 차차(次次).

木 · 欠 부

3급 II

欲 하고자 할 욕

하고자 할, 바랄, 장차, 탐낼. 통慾
desire, wish, necessary

谷(골 곡:음부)과 欠의 합침. 골짜기(谷 p.355)같이 입을 쩍 벌려(欠) 먹고 싶어하는 마음이라는 데서 '탐하다'·'하고자 하다'의 뜻이 된 자 形.

- [欲望 욕망] 하고자 간절히 바람.
  [欲情 욕정] 충동으로 일어나는 욕심.
  [意欲 의욕] 하고자 하는 마음.

3급

欺 속일 기

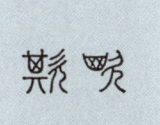

속일, 거짓말할, 망령될, 업신여길.
cheat, deceive

其(그 기:음부)와 欠의 합침. 하품하듯이(欠) 그것(其 p.73) 저것하는 말은 실속이 없다 하여 '거짓말하다'·'속이다'의 뜻이 된 자 形.

- [欺弄 기롱] 속이어 농락함.
  [欺瞞 기만] 남을 속임.
  [詐欺 사기] 꾀로 남을 속임.

7급

歌 노래 가

노래, 장단 맞출, 읊조릴, 새 소리.
song, sing

哥(노래할 가의 옛자:음부)와 欠의 합침. 크게 입을 벌려(欠) '노래한다(哥)'는 뜻 形.
【참고】 哥는 옳다(可)고 말할 때처럼 입을 계속 벌린다(可 p.96) 하여 '노래하다'의 뜻.

- [歌曲 가곡] 노래의 가락. 노래.
  [歌詞 가사] 노래의 내용이 되는 글.
  [牧歌 목가] 전원 생활을 주제로 한 시가.

4급

歎 탄식할 탄

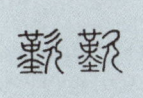

탄식할, 한숨, 감탄할, 화답할. 통嘆
moan, sigh, lament

莫(←難=어려울 난:음부)과 欠의 합침. 어려운(莫 p.399 難) 일을 당해 입을 벌려(欠) '탄식(歎息)한다'는 뜻으로 된 자. 입을 딱 벌린다는 데서 '감탄하다'의 뜻으로도 쓰인다 形.

- [歎服 탄복] 감탄(感歎)하여 심복함.
  [歎願 탄원] 몹시 도와 주기를 바람.
  [恨歎 한탄] 원망 또는 뉘우침의 탄식.

4급

歡 기쁠 환

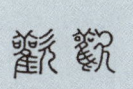

기꺼울, 좋아할, 즐길, 친할. 약歓
glad, joyful, cheerful

雚(황새 관:음부)과 欠의 합침. 황새(雚 p.85 觀)가 먹이를 찾아 냈을 때 소리내며 기뻐하듯이 크게 입을 벌려(欠) '기뻐한다'는 뜻으로 된 자 形.

- [歡待 환대] 환영(歡迎)하여 대접함.
  [歡聲 환성] 기뻐하는 소리.
  [歡喜 환희] 매우 기뻐함. 또는 그 기쁨.

5급

止

그칠 **지**

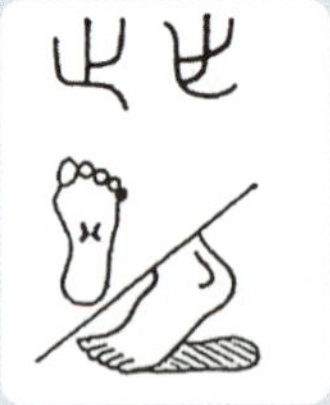

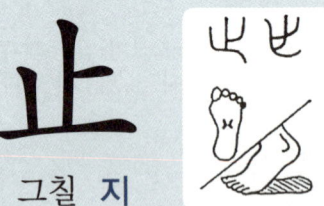

그칠, 말, 이를, 막을, 머무를, 쉴.

cease, stop, rest

① 사람이 딛고 선 발목 아래 모양을 본떠 '머무르다'·'그치다'의 뜻이 된 자 ㊮.

② 발가락같이 싹(止=屮)의 뿌리가 땅(一)에 박고 있음을 가리켜 '멈추다'의 뜻이 된 자 ㊯.

- [止血 지혈] 흐르는 피를 그치게 함.
  [禁止 금지] 금하여 못 하게 함.
  [中止 중지] 일을 중도에서 그만둠.

7급

正

바를 **정**

바를, 과녁, 떳떳할, 마땅할, 본, 첫.

right

① 一과 止의 합침. 사람이 두 발(止)을 한데(一) 모아 곧바로 서 있다는 데서 '바르다'의 뜻이 된 자 ㊪.

② 자형상 一로 불의한 일을 막으니(止) '바르다'는 뜻으로 된 자 ㊪.

- [正義 정의] 올바른 도리. 바른 의의.
  [正直 정직] 마음이 바르고 곧음.
  [眞正 진정] 참되고 올바름. 거짓 없음.

3급II

此

이 **차**

이, 이에, 이것, 그칠.

this, these, stop

止와 匕(구부릴 비)의 합침. 사람이 구부리고(匕) 서서 머무름(止)을 가리켜 '그치다', 나아가 그 그친 곳을 가리켜 '이곳'이라는 뜻이 된 자 ㊪.

- [此時 차시] 이때.
  [此後 차후] 이 다음. 이 뒤.
  [彼此 피차] 저것과 이것.

4급II

步

걸음 **보**

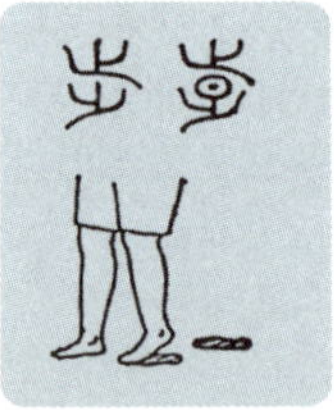

걸을, 두 발짝, 운수, 하나[獨步].

walk, steps

止와 少(←㐲=밟을 달)의 합침. 사람이 두 발(止)로 땅을 밟고(少) 가는 모양에서 '걷다'의 뜻이 된 자 ㊪.

- [步道 보도] 사람이 걸어다니는 길(=人道).
  [步行 보행] 걸어감.
  [徒步 도보] 탈것을 안 타고 걸어감.

4급II

武

호반 **무**

호반, 굳셀, 군사, 날랠, 이을, 자취.

military, courageous, brave

弋(←戈=창 과)와 止의 합침. 창(弋)을 들고 난리를 방지할(止) 목적으로 이뤄진 '호반' 또는 '군사'를 뜻하여 된 자 ㊪.

- [武器 무기] 전쟁에 쓰이는 기구.
  [武斷 무단] 무력(武力)으로 일을 처리함.
  [文武 문무] 문식(文識)과 무략(武略).

止 · 歹 부

5급

해 세

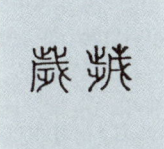

해, 나이, 새해, 때, 풍년들, 절후.
year, age, season

步(걸을 보)와 戌(때려 부술 술:음부)의 어울림. 유목민들이 이동하다가(步) 겨울이 되어 한곳에 머물러 추위와 적과 싸우며(戌 p.179) 눈이 녹을 때까지 기다리다 보니 해가 바뀐 데서 '한 해'의 뜻이 된 자 形.

- [歲拜 세배] 정초에 웃어른에게 하는 인사.
- [歲月 세월] 흘러가는 시간. 광음.
- [年歲 연세] '나이'의 높임말.

5급

지날 력

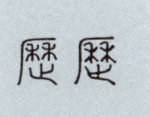

지낼, 겪을, 전할, 엇걸, 다닐. 약 歴
to pass through, experience

厤(세월 력:음부)과 止의 합침. 긴 세월(厤)에 걸쳐 발자취(止)를 남긴다는 데서 '지내다' 또는 '전하다'의 뜻이 된 자 形.
【참고】厤은 논두렁(厂)을 치고 벼를 심어(秝=벼 드물 력) 가꾸는 데는 '세월'이 걸린다는 뜻.

- [歷代 역대] 지내 내려온 여러 대.
- [歷史 역사] 인간 사회의 발전 과정.
- [學歷 학력] 공부한 이력(履歷).

4급

歸
돌아갈 귀

돌아갈, 보낼, 시집갈 귀/ 먹일 궤. 약 帰 · 敀
return, send

𠂤(쌓일 퇴:음부) · 止 · 帚(←婦=지어미 부)의 어울림. 친가에 여러(𠂤 p.130 官) 해 머물렀던(止) 여자(帚 p.126 婦)가 '시집으로 돌아간다'는 뜻으로 된 자 形.

- [歸家 귀가] 집으로 돌아감.
- [歸結 귀결] 종결. 끝을 맺음.
- [復歸 복귀] 본디의 곳으로 돌아감.

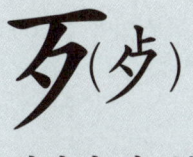
살발린 뼈 알

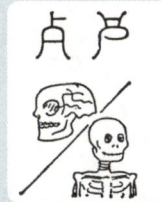

살발린 뼈, 위험할 알/ 몹쓸 대. 본 歺
haggard, thin, bad, skeleton

'살을 발라 낸 뼈'의 모양을 본뜬 자 象指. 그 잔악한 모양에서 '몹쓸'의 뜻으로도 쓰인다 轉.

- [歹意 대의] 악의. 나쁜 뜻.
- [歹人 대인] 악인. 악당.

6급

죽을 사

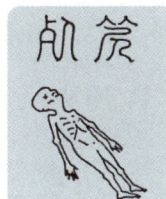

죽을, 죽음, 끊일, 마칠, 다할, 위태할.
death, die, finish, dangerous

歹과 匕(죽을 화)의 합침. 사람이 죽어(匕) 뼈(歹)만 남았다 하여 '죽음'의 뜻이 된 자 會.
【참고】匕는 人의 반대형으로, 사람이 거꾸러짐(죽음)을 나타냄.

- [死亡 사망] 사람이 죽음.
- [死後 사후] 죽은 뒤.
- [情死 정사] 연인끼리 함께 자살함.

3급

 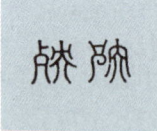

殃
재앙 앙

재앙, 해칠, 허물, 천벌 내릴. 동 秧
calamity, misfortune

歹과 央(가운데 앙:음부)의 합침. 죽음(歹)이 몸 가운데(央 p.118)인 명치에 다다랐다는 데서 '재앙(災殃)'의 뜻이 된 자 形.

- [殃禍 앙화] 죄의 앙갚음으로 받는 재앙.
- [天殃 천앙] 하늘이 내린 재앙.
- [殃及子孫 앙급자손] 앙화가 자손에게 미침.

3급 II

殆
거의 태

위태로울, 자못, 가까이할, 비롯할.
dangerous, nearly

歹과 台(늙을 태:음부)의 합침.
① 사욕(厶 p.93)이 따른 말(口)에는 재앙(歹)이 따른다 하여 '위태롭다'의 뜻이 된 자 形.
② 탯집에서 자라는(台=기를 이 p.123 始) 아기는 낙태의 위험(歹)이 있다 하여 '위태롭다'의 뜻이 된 자 會.

- [殆無 태무] 거의 없음.
- [殆半 태반] 거의 절반.
- [殆哉 태재] 몹시 위태(危殆)로움.

3급 II

殊
다를 수

다를, 죽을, 상할, 벨, 지날, 뛰어날.
distinguish, kill, die

歹과 朱(붉을 주:음부)의 합침. 목뼈(歹)를 베어 붉은(朱 p.214) 피가 흐름을 나타내어 '죽다'의 뜻이 된 자. 베어진 목이 달라 보인다는 데서 '다르다'의 뜻으로도 쓰인다 形.

- [殊常 수상] 예사롭지 않고 이상함.
- [殊勳 수훈] 뛰어나게 큰 공훈.
- [特殊 특수] 보통과 다름.

3급

 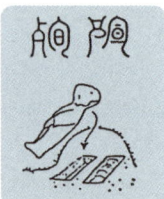

殉
따라 죽을 순

따라 죽을, 구할, 좇을, 바칠, 경영할.
die for some person, follow

歹과 旬(열흘 순:음부)의 합침. 죽은(歹) 사람의 뒤를 이어 열흘(旬 p.203) 안에 '따라 죽는다[殉死]'는 뜻으로 된 자 形.

- [殉敎 순교] 종교에 목숨을 바침.
- [殉國 순국] 나라에 목숨을 바침.
- [殉職 순직] 직무 중에 목숨을 잃음.

4급

 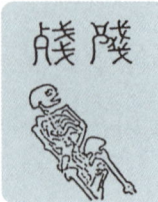

殘
남을 잔

남을, 쇠잔할, 해칠, 잔인할. 약 残
decline, injure, cruel

歹과 戔(상할 잔:음부)의 합침. 창(戈·戈)에 찔려 뼈(歹)가 드러난 형상에서 '잔인(殘忍)하다'·'쇠잔하다'의 뜻이 된 자. 또는, 뼈(歹)를 으스러뜨려(戔 p.388 錢) '해친다'는 뜻으로도 쓰인다 形.

- [殘金 잔금] 남은 돈.
- [殘留 잔류] 남아서 처져 있음.
- [敗殘兵 패잔병] 패하여 쇠잔한 병사.

殳

殳 칠 수

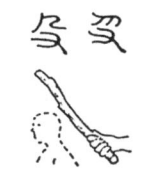

칠, 몽둥이, 날 없는 창, 구부릴.
beat, spear without edge

几(←几=몽둥이 수:음부)와 又의 합침. 구부정한 몽둥이(几)를 손(又)에 들고 '친다'는 뜻으로 된 자. 몽둥이는 금속날이 없다는 데서 '날 없는 창'의 뜻으로도 쓰인다 形.

4급

段 층계 단

층, 조각, 가릴, 고를, 구분, 차례.
part, piece, distinguish, stair

𠂆(←耑=끝 단:음부)과 殳의 합침. 막대기 끝(𠂆 p.292 端)으로 물건을 칠(殳)때 '조각나며' '층진다'는 뜻의 자 形.

● [段階 단계] 층계·순서·차례에 의한 과정.
[手段 수단] 일해 나가는 꾀와 솜씨.
[一段落 일단락] 일의 한 계단이 끝남.

4급 II

殺 죽일 살 / 빠를 쇄

죽일, 어수선할, 없앨 살 / 감할, 빠를 쇄.
kill, decrease

𣪠(죽일 찰:음부)과 殳의 합침. 𣪠 자만으로도 나무(木)를 찍고(丶) 베어(乂=풀 벨 예) '죽인다'는 뜻이었는데, 쳐서 죽인다 하여 殳가 합쳐졌다 會形.

● [殺人 살인] 사람을 죽임.
[暗殺 암살] 사람을 남몰래 죽임.
[相殺 상쇄] 양쪽의 셈이 비겨 떨어짐.

3급 II

殿 전각 전

대궐, 큰 집, 진정할, 뒤, 끙끙거릴.
palace, mansion

① 展(←屍=궁둥이 둔:음부)과 殳의 합침. 볼기(展)를 맞을(殳) 때 '끙끙거림'을 뜻하여 된 자 會形.
② 모두(共=한가지 공) 엎드려(尸) 무릎을 구부리는(殳) 곳이라는 데서 진시황 이후로는 '대궐'의 뜻으로 쓰이게 되었다 會.
【참고】殳는 구부러지는 정강이 모양이기도 함.

● [殿堂 전당] 크고 화려한 집.
[宮殿 궁전] 대궐.

3급

毀 헐 훼

헐, 무너질, 이갈, 야윌, 비방할.
ruin, be destroyed, defame

臼(확 구)와 土(흙 토)에 殳의 합침. 진흙(土)이나 돌로 만든 절구통(臼)에 쌀을 찧을(殳) 때 절구통이 이지러진다는 데서 '헐다'의 뜻이 된 자. 남의 인격을 헌다 하여 '비방하다'의 뜻으로도 쓰인다 會.
【참고】본자는 臼에 米를 받치고 殳의 합침임.

● [毀謗 훼방] 남을 헐뜯어 비방함.
[毀損 훼손] 깨뜨려 못 쓰게 함.
[破毀 파훼] 깨뜨려 헐어 버림.

1급

말 무

말(止), 없을, 말게 할 무 통無/ 관 모.
cease, to do not, without

一과 女(계집 녀)의 어울림. 여자(女)가 못된 짓을 하나(一)도 '못 하게 함'을 나타내어 '말다'·'없다'의 뜻이 된 자. 또는, 여자(女)를 함부로 범하지 '못하게 함'을 나타내어 一을 가로질러 된 자 指.
[전자 참조]

● [毋寧 무녕] 편한 날이 없음.
　[毋論 무론] 말할 것도 없음. 勿論.

8급

어미 모

어미, 암컷, 모체, 장모(丈母).
mother, female

女(계집 녀) 안에 丶丶을 찍은 자. 丶丶은 좌우의 유방. 아이를 젖(丶丶) 먹여 기르는 '어머니(女)'를 가리킨 자 指.

● [母校 모교] 자기가 졸업한 학교.
　[母親 모친] 어머니.
　[賢母 현모] 어질고 사리에 밝은 어머니.

7급

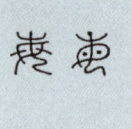
매양 매

매양, 늘, 각각, 우거질, 탐할. 약 毎
each, every, always

龶(=싹날 철)과 母(어미 모:음부)의 합침. 풀싹(龶)이 포기(母)에서 잇달아 나온다 하여 '매양(每樣)' 또는 '우거지다'의 뜻이 된 자. 풀싹이 소담스럽다는 데서 '탐내다'의 뜻으로도 쓰인다 形.

● [每年 매년] 해마다.
　[每日 매일] 날마다.
　[每回 매회] 번번이. 한 회마다.

4급 II

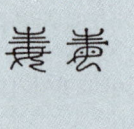
독 독

독할, 해할, 해로울, 미워할, 한할.
poison, injure, be pained

艸(풀 초)와 毐(음란할 애:음부)의 합침. 사람을 음란하게(毐)하여 해치는 풀(艸)이라는 데서 '독'의 뜻이 된 자 會形.
【참고】毒은 선비(士)가 행실에 절조가 없다(毋) 하여 '음란하다'의 뜻.

● [毒感 독감] 아주 독한 유행성 감기.
　[毒舌 독설] 남을 해치는 몹쓸 말.
　[害毒 해독] 해와 독.

5급
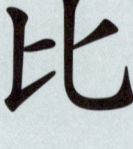
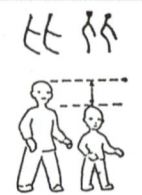
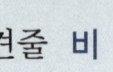
견줄 비

견줄, 고를, 비례, 나란할 비/ 차례 필.
compare, side by side, order

두 사람이 '나란히' 섰는 모양을 본뜬 자로, 두 사람을 '견주어' 본다는 뜻으로도 쓰인다 象.
【참고】1. 从(좇을 종)의 반대형의 글자로, 서로 붙좇지 않고 '겨룬다'는 뜻이기도 함. 2. 妣(죽은 어미 비)·批(칠 비), 皆 등은 比의 음 또는 뜻을 취해 된 자임.

● [比較 비교] 견주어 봄.
　[比等 비등] 서로 어슷비슷함.
　[對比 대비] 서로 맞대어 비교함.

4급II 毛 터럭 모

터럭, 풀, 짐승, 퇴할, 나이, 약간.
hair, feather

짐승의 꼬리 '털' 또는 새의 깃 '털'을 본뜬 자 象.

- [毛髮 모발] 몸털과 머리털.
- [毛皮 모피] 털이 붙은 짐승의 가죽.
- [羊毛 양모] 양의 털.

3급 毫 터럭 호

 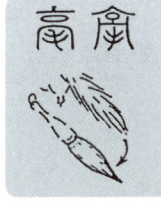

긴 털, 잔털, 붓, 가늘, 조금.
long soft hair, fine

亠(←高=높을 고:음부)와 毛의 합침. 등에 높고(亠) '길게 난 털(毛)'을 뜻하여 된 자. 후에, 그 털로 만들어진 '붓'을 뜻하기도 한다 形.

- [毫末 호말] 터럭 끝(썩 작은 사물).
- [秋毫 추호] 가을 털(썩 작음의 비유).
- [揮毫 휘호] 글씨·그림 등을 씀.

4급 氏 각시 성씨(姓氏) 씨

 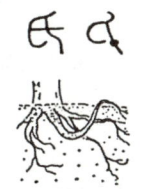

각시, 성씨, 뿌리 씨/ 땅 이름 지.
family name, Mr.

땅 속에서 뻗어나가던 '뿌리'가 지상에 비어져 나온 모양, 또는 언덕이 무너져 내린 모양을 본뜬 자 象. 사람의 '씨족(氏族)'이 나무 뿌리처럼 뻗거나, 언덕에서 흩어진 돌처럼 여러 갈래로 번져 나간 것에 비기어 '성씨(姓氏)'의 뜻으로 널리 쓰인다 轉. [p.125 婚]

- [氏名 씨명] 성명(姓名).
- [氏譜 씨보] 씨족의 계보. 족보.
- [伯氏 백씨] 남의 맏형을 일컫는 말.

8급 民 백성 민

 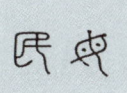

백성, 뭇 사람, 평민(平民).
people, citizen, mankind

民(←母)와 一의 어울림. 여인(民)이 낳은 모든 사람을 가리켜(一) '백성'을 뜻하게 된 자 指.
【참고】民는 몸을 구부려 젖 먹이는 모양, 一은 사람을 가리킴. [p.41 三]

- [民生 민생] 백성의 생활. 또는 백성.
- [民心 민심] 백성의 마음. 민정(民情).
- [國民 국민] 한 국가의 구성원.

气 기운 기

기운, 구름 기운 기/ 구할, 빌 걸. 통 乞
cloudy, vapour

공중에 떠오르는 수증기 모양을 본떠 '구름 기운'을 뜻한 자 象. 구걸하는 사람의 약한 입김을 나타내어 그 한 획을 줄인 乞(구할 걸 p.46)과 같은 뜻으로도 쓰인다 假. [p.236 汽]

7급

기운 기

기운, 기후, 숨, 생기, 공기. 약气
weather, climate, air

气(기운 기:음부)와 米(쌀 미)의 합침. 밥(米) 지을 때 나는 '증기(气)'를 뜻하여 된 자. 증기는 구름과 비가 된다 하여 널리 '기후(氣候)'의 뜻으로 쓰인다 形.

- [氣力 기력] 일할 수 있는 힘.
  [氣分 기분] 한동안 지속되는 감정 상태.
  [空氣 공기] 지구를 싸고 있는 기체(氣體).

8급

물 수

물, 강, 평평할, 고를, 국물, 물 길을.
water, horizontal, level

'물'의 흐름을 본뜬 자 象.

- [水力 수력] 물의 힘.
  [水源 수원] 물이 나오는 근원.
  [香水 향수] 향기를 내는 화장품.

5급

얼음 빙

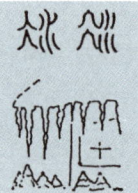

얼음, 얼, 식힐. 본 冰
ice, freeze

원자형은 冰. 冫(얼음 빙:음부)과 水의 합침. 물(水)이 얼어붙었다(冫 p.75) 하여 '얼음'의 뜻이 된 자 會形.

- [氷上 빙상] 얼음의 위.
  [氷水 빙수] 얼음물. 청량 음료의 하나.
  [解氷 해빙] 얼음이 풀림. 긴장이 풀림.

6급

길 영

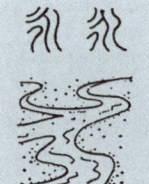

길, 길이, 오랠, 멀, 깊을.
long, eternal, distant

여러 갈래의 물줄기가 합쳐져 멀리 흘러감을 나타내어 '길다'·'오래다'의 뜻이 된 자 指.

- [永久 영구] 길고 오램.
  [永眠 영면] 길이 눈 감음(죽음의 비유).
  [悠永 유영] 멀고 오램.

4급 II

구할 구

구할, 빌, 찾을, 탐낼, 짝, 바랄.
beg, seek, require

'모피로 만든 덧옷' 모양을 본뜬 자. 모피옷은 누구나 입고자 한다는 데서 '구하다'·'탐내다'의 뜻이 되었다 象.

- [求職 구직] 직업을 구함.
  [求婚 구혼] 혼처를 구함.
  [要求 요구] 필요하여 달라고 청함.

3급II

汗
땀 한

땀, 물 질펀할, 단청 환할, 오랑캐.
sweat

氵변에 干(범할 간:음부)의 합침. 살갗을 뚫고(干 p.149) 나오는 '땀(氵)'을 뜻하여 된 자 形.

- [汗蒸 한증] 땀을 내는 민간 요법.
  [不汗黨 불한당] 떼 지어 다니는 나쁜 패.
  [虛汗 허한] 원기 부실로 나는 땀.

7급

江
강 강

 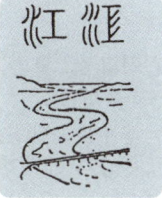

강, 물, 큰 내, 물 길을, 양자강.
river, water, river course

氵변에 工(만들 공:음부)의 합침. 본디는 중국에서 제일 크게 굽이치는(工) '양자강(氵揚子江)'을 뜻한 자인데, '강'의 뜻으로 두루 쓰이게 되었다 形.

【참고】 여기서의 工은 흐르는 물에 의해 만들어진 강을 나타내어 음부로 합침.

- [江邊 강변] 강가. 물가.
  [江山 강산] 강과 산. 나라의 강토.
  [渡江 도강] 강을 건넘. 도하(渡河).

3급

汚
더러울 오

더러울, 웅덩이, 굽을 오/ 술 구덩이 와.
dirty, puddle

氵변에 丂(←于=말할 우:음부)의 합침. 웅덩이에 괸 물(氵)에서 썩은 김이 오름을 나타내어 于(p.48)를 음부로 합쳐 '더럽다'의 뜻이 된 자 形.

- [汚名 오명] 더러워진 이름. 나쁜 평판.
  [汚物 오물] 더러운 물건.
  [汚染 오염] 더럽힘. 또는 더러워짐.

3급

汝
너 여

너, 물 이름, 고을 이름. 동女
you, name of river

氵변에 女(계집 녀:음부)의 합침. 회수(淮水) 상류의 삼각주를 싸고 흐르는 강(氵)의 모양이 女자형과 비슷한 데서 이를 음부로 합쳐 '강 이름[汝水]'이 된 자 形. 후에, 女의 옛 뜻을 빌려 '너'의 뜻으로 통용하게 되었다 假.

- [汝等 여등] 너희들.
  [汝矣島 여의도] 한강의 삼각주.
  [爾汝 이여] 너희들. 당신들.

3급II

池
못 지

못, 해자, 섞바꿔날 지/ 물 이름 타.
pool

氵변에 也(입겻 야:음부)의 합침. 뱀(也 p.46)이 살기 알맞게 물(氵)이 괸 '못'을 뜻하여 된 자. 또는, 뱀(也)이 기어가듯이 언저리가 구불구불한 곳에 '괸 물(氵)'을 가리켜 된 자 形.

- [池蓮 지련] 못에 심은 연.
  [電池 전지] 전류를 얻는 화학적 장치.
  [天池 천지] 백두산 꼭대기에 있는 못.

5급

決
결단할 결

결단할, 끊을, 이별할, 물꼬 틀. 통訣
determine, cut off

氵변에 夬(터놓을 쾌:음부)의 합침. 물꼬(氵)를 터놓는다(夬)는 데서 '끊다'의 뜻이 된 자. 나아가, '결단하다'의 뜻으로도 쓰인다 會形.
【참고】'夬(←𡕒)'는 손(又)으로 활시위를 벌려 틈냄(ㅛ=시위 벌어진 모양)을 나타냄.

- [決勝 결승] 최후의 승부를 결정함.
- [可決 가결] 의안을 옳다고 결정함.
- [解決 해결] 얽힌 일을 풀어서 처리함.

5급

汽
물끓는김 기

물 끓는 기운, 김, 증기 기 / 거의 흘. 통汔
vapour, steam, nearly

氵변에 气(구름 기운 기:음부)의 합침. 물(氵)이 끓어 구름(气 p.233)처럼 피어오르는 '수증기'를 뜻한 자 形.

- [汽船 기선] 증기 작용으로 다니는 배.
- [汽車 기차] 증기 작용으로 다니는 차.

3급Ⅱ

沈
잠길 침
성(姓) 심

잠길, 장마 물, 진흙 침 통沉 **/ 성, 즙 심.**
sink, water of rainy season

氵변에 尤(머뭇거릴 임:음부)의 합침. 물(氵)에 가라앉을락말락함(尤 p.216 枕)을 가리켜 '잠기다'의 뜻이 된 자 形.

- [沈沒 침몰] 물에 빠져서 가라앉음.
- [沈滯 침체] 잘 진전되지 아니함.
- [擊沈 격침] 적의 배를 쳐서 가라앉힘.

3급Ⅱ

沒
빠질 몰

빠질, 없을, 다할, 숨질. 속没 통歿
indulge, sink, be gone, die

氵변에 𠬛(빠질 몰:음부)의 합침. '물(氵)에 빠져듦(𠬛)'을 뜻한 자. 빠져서 '없어진다'는 뜻으로도 쓰인다 會形.
【참고】𠬛은 손(又)에서 물건을 놓쳐 소용돌이치며(冖←回) '빠져들어감'을 뜻함.

- [沒收 몰수] 관청에서 재화를 앗아들임.
- [出沒 출몰] 나타났다 숨었다 함.
- [沈沒 침몰] 물에 빠져서 잠김.

3급Ⅱ

沙
모래 사

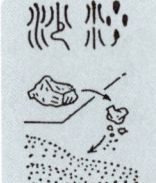

모래, 물가, 모래 일어날, 일. 통砂
sand, beach, desert

氵변에 少(적을 소:음부)의 합침. 물(氵)에 흘러내릴 만큼 자잘하게(少) 부서진 '모래'를 뜻하여 된 자 會形.
【참고】砂는 돌(石)이 잘게(少) 부서짐을 뜻함.

- [沙汰 사태] 언덕이나 산비탈이 무너짐.
- [沙漠 사막] 초목이 없이 모래만 깔린 들.
- [流沙 유사] 물에 밀려 흐르는 모래.

水 部

5급

河
물 하

물, 내, 황하, 은하수(銀河水), 복통.
river, stream

氵변에 可(옳을 가:음부)의 합침. 본디는 '황하(氵;黃河)'를 뜻하여 된 자인데, 후에 하구(可 p.96)가 큰 '내'의 통칭으로 쓰이게 되었다 形.
【참고】 可는 구불굴불한(丁) 강 모양과 그 하구(口)를 나타내어 음부로 합침.

- [河口 하구] 바다로 들어가는 강의 어귀.
  [河川 하천] 강과 내.
  [運河 운하] 뭍을 파서 강같이 만든 곳.

6급

油
기름 유

 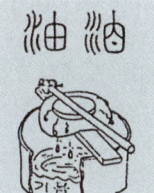

기름, 공손할, 왕성할, 물 이름.
oil

氵변에 由(지날 유:음부)의 합침. 용수 같은 여과 장치를 거쳐(由 p.267) 나온 액체(氵), 즉 '기름'을 뜻하여 된 자 形.
【참고】 본디는 중국 호북성에 있는 강인 '유수(油水)'를 뜻함.

- [油田 유전] 석유가 매장된 곳.
  [油紙 유지] 기름 먹인 종이.
  [石油 석유] 여러 탄화수소의 혼합물.

4급 II

治
다스릴 치

 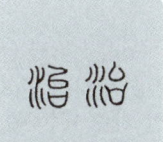

다스릴, 병 고칠, 비교할, 다듬을.
govern, cure

氵변에 台(기를 이:음부)의 합침. 황하의 범람하는 물(氵)을 잘 다룸(台 p.123 始)이 정사의 기본이었던 데서 '다스리다'의 뜻이 된 자 形.

- [治療 치료] 병을 다스리어 낫게 함.
  [治安 치안] 잘 다스려 편안하게 함.
  [自治 자치] 제 일을 스스로 처리함.

3급 II

沿
물 따라갈
따를 연

물 따라 내려갈, 따를, 좇을, 인할.
coast, follow

氵변에 㕣(산속 늪 연:음부)의 합침. 㕣은 골짜기가 둘러빠져 (口) 물이 질펀하게(八 p.72) 괸 늪을 나타냄. 물(氵)이 늪(㕣)과 언덕을 '따라 흘러간다'는 뜻으로 된 자 形.

- [沿邊 연변] 강·도로 등에 인접한 지역.
  [沿岸 연안] 강물이나 바닷가의 일대.
  [沿革 연혁] 변천되어 온 내력.

4급

況
상황 황

 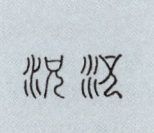

상황, 하물며, 비유할, 형편, 불어날. 㴱況
moreover, compare

氵변에 兄(맏 형:음부)의 합침. 물(氵)이 크게(兄 p.69) '불어난다'는 뜻으로 된 자 形. 또는, 兄(하물며 황)과 음이 같은 데서 그 뜻을 빌려 '하물며'의 뜻으로도 쓰인다 假.

- [況且 황차] 하물며.
  [近況 근황] 요즈음의 형편.
  [盛況 성황] 성대한 상황(狀況).

3급

 머무를 배 댈 박

머무를, 배 댈, 얕을, 그칠, 고요할.
anchor, stay, quiet

氵변에 白(흰 백:음부)의 합침. 물(氵)이 깊지 않아 투명하게(白) 보인다는 데서 '얕다'의 뜻이 된 자. 그 얕은 물에 배가 머무른다는 데서 '배 대다[碇泊]'의 뜻으로도 쓰인다 形.

- [泊如 박여] 마음이 조용하고 욕심 없음.
  [宿泊 숙박] 여관에 유숙함.
  [外泊 외박] 바깥의 딴 데서 잠.

4급

  샘 천

샘, 저승, 돈[泉布], 폭포수.
spring(well)

땅 속 또는 바위 틈에서 물이 솟아나 내를 이루는 모양을 본떠 물의 근원인 '샘'을 뜻하게 된 자 象.
【참고】 샘물(水)은 깨끗하다(白)는 뜻에서 오늘날의 자형이 이루어짐.

- [泉路 천로] 저승으로 가는 길.
  [溫泉 온천] 지열로 데워져 나오는 물.
  [黃泉 황천] 저승.

5급

 법 법

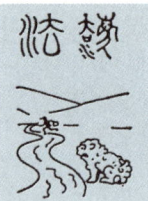

법, 본받을, 방법(方法), 형상, 떳떳할.
law, method, pattern

氵변에 去(버릴 거)의 합침. 수면(氵)과도 같이 만민 앞에 공평하고 악을 제거하는(去 p.93) '법'을 뜻하여 된 자 會.
【참고】 본자는 灋. 죄인을 잘 가려 내는 해태(廌 p.332 薦)가 강변(氵)으로 도망치는(去) 자를 지켜봄을 나타냄.

- [法律 법률] 국민이 지켜야 할 법.
  [法治 법치] 법률에 의하여 나라를 다스림.
  [文法 문법] 문장 구성의 법칙(法則).

3급

 울 읍

소리 없이 울, 눈물, 부글부글 끓을.
weep, tear

氵변에 立(설 립:음부)의 합침. 서서(立 p.291) 남몰래 눈물(氵)을 흘림을 나타내어 '소리 없이 울다'의 뜻이 된 자 形.

- [泣訴 읍소] 눈물로써 하소연함.
  [泣血 읍혈] 몹시 슬피 욺.
  [感泣 감읍] 감격하여 욺.

4급 II

 물결 파

물결, 물 젖을, 눈의 광채, 달빛.
wave, ripple

氵변에 皮(가죽 피:음부)의 합침. 물(氵)이, 움직임으로 말미암아 그 겉면(皮)에 생기는, '물결'을 뜻하여 된 자 形.

- [波動 파동] 물결이 움직임. 거센 변동.
  [音波 음파] 소리의 파동.
  [電波 전파] 전기·전자의 파동.

3급Ⅱ

泥
진흙 니

진흙, 물 더러워질, 흙손, 야드르르할.
mud, plaster, soft

氵변에 尼(그칠 닐:음부)의 합침. 정지되어(尼) 괸 물(氵)에 가라앉은 더러운 '진흙'을 뜻하여 된 자 形.
【참고】尼은 사람(尸 p.139)이 구부리고(匕 p.86) 죽음을 나타내어 '그치다'의 뜻.

- [泥溝 이구] 흙탕물이 흐르는 도랑.
  [泥金 이금] 금박을 아교에 갠 것.
  [拘泥 구니] 거리낌. 얽어맴.

3급Ⅱ

泰
클 태

클, 통할, 심할, 술통, 편안할. 통 太

great, excessive, peaceful

ҟ(←大=큰 대:음부)와 ҳ(←廾=양손 공)에 氺(水)의 어울림. 두 손(廾)으로 막아내기에는 너무 큰(大) 물(氺)이라는 데서 '크다'·'심하다'의 뜻이 된 자 形.

- [泰然 태연] 기색이 변함 없이 대범함.
  [泰平 태평] 두루 썩 평안함.
  [安泰 안태] 편안하고 태평함.

6급

注
부을 주

물 댈, 흐를, 부을, 뜻둘, 주낼. 통 註

to water, infuse, pour

氵변에 主(주인 주:음부)의 합침. 물(氵)을 주류(主 p.44)에서 끌어 '댄다'는 뜻으로 된 자. 물(氵) 대듯이 주 되는(主) 문장에 설명을 곁들이는 '주'의 뜻으로도 쓰인다 形.

- [注射 주사] 액체를 생물체에 주입함.
  [注入 주입] 쏟아 넣음.
  [傾注 경주] 한 곳으로 오로지 부음.

3급

泳
헤엄칠 영

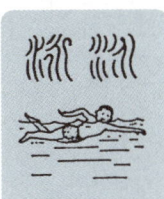

헤엄칠, 무자맥질할.
swim, dive

氵변에 永(길 영:음부)의 합침. 물(氵) 속에서 몸을 길게(永 p.234) 펴고 떠다닌다는 데서 '헤엄치다'의 뜻이 된 자 形.

- [背泳 배영] 등헤엄.
  [水泳 수영] 헤엄.
  [游泳 유영] 물 속에서 헤엄치며 놂.

6급

洋
큰 바다 양

큰 바다, 넓은 모양, 큰 물결, 서양.
ocean, wave, vast

氵변에 羊(양 양:음부)의 합침. 물결(氵)이 양(羊) 떼의 움직임처럼 크게 이는 '큰 바다'를 뜻하여 된 자 形.
【참고】瀁(물이 길 양)의 발전된 자라고도 함.

- [洋服 양복] 서양(西洋)식 의복.
  [洋裝 양장] 옷차림이나 머리 모양을 서양식으로 꾸밈.
  [南洋 남양] 남태평양(南太平洋)의 지역.

5급

洗
씻을 세

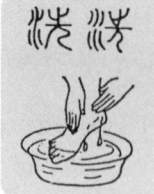

씻을, 세숫대야 세/ 조촐할, 발 씻을 선.
wash, basin

氵변에 先(먼저 선:음부)의 합침. 대얏물(氵)에 손보다 발을 먼저 (先 p.70) 넣고 '씻는다' 는 뜻으로 된 자 形.

- [洗鍊 세련] 지식·기술 등이 익숙함.
  [洗面 세면] 낯을 씻음.
  [水洗 수세] 물로 깨끗이 씻음.

7급

洞
골 동
밝을 통

마을, 깊을, 빌, 빨리 흐를 동/ 밝을 통.
village, deep, see through

氵변에 同(같을 동:음부)의 합침. 물(氵)이 있는 곳에 사람들이 같이(同 p.98) 모여 사는 '마을[洞里]' 을 뜻하여 된 자 形.
【참고】同은 '동굴(洞窟)'의 모양이기도 함.

- [洞口 동구] 동네 어귀.
  [洞察 통찰] 전체를 환하게 살핌.
  [洞燭 통촉] 아랫사람의 사정을 깊이 살핌.

3급Ⅱ

洪
넓을 홍

넓을, 클, 큰물, 성(姓). 통鴻·澤
vast, deluge, flood

氵변에 共(한가지 공:음부)의 합침. 물(氵)이 한 군데(共 p.72)로 모여 많이 흐르는 '큰물' 을 뜻하여 된 자 形.

- [洪福 홍복] 큰 행복.
  [洪水 홍수] 큰물. 사물이 많아 넘침.
  [洪恩 홍은] 큰 은혜.

3급Ⅱ

洲
물가 주

물가, 섬, 모래톱, 뭍(육대주). 통州
island, between river

氵변에 州(섬 주:음부)의 합침. 州(p.144)만으로도 '섬' 을 뜻했는데 고을의 뜻으로 쓰이게 되자, 氵변을 덧붙여 물에 둘러싸였음을 강조하여 된 자. 나아가, 바다에 둘러싸인 '뭍[六大洲]' 을 뜻하여 쓰이게 되었다 會形.

- [洲島 주도] 섬.
  [歐洲 구주] 유럽.
  [美洲 미주] 아메리카.

7급

活
살 활

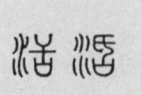

살, 생기 있을 활/ 물 콸콸 흐를 괄.
living, active

氵변에 舌(혀 설:음부)의 합침. 힘껏 혀(舌)를 내밀듯이 물(氵)이 확 터져 콸콸 흐른다는 데서 '생기 있다'·'살다' 의 뜻이 된 자 形.
【참고】舌은 나무 뿌리(氏)가 굴의 입구(口)를 막듯이 앞을 '막음' 을 뜻하는 昏에서 옴.

- [活潑 활발] 생기가 있음.
  [活用 활용] 잘 이용함.
  [生活 생활] 살아서 활동(活動)함.

派

4급

갈래 파

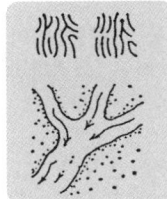

물 갈래, 보낼, 갈릴, 파벌(派閥), 나눌.
branch of river, send, divide

氵변에 瓜(흐를 비:음부)의 합침. 물(氵)이 갈라져 흐름(瓜)을 가리켜 '물 갈래' 또는 '갈리다'의 뜻이 된 자 會形.
【참고】瓜는 永(길 영)의 반대형의 글자로, 물이 '갈라져 흐름'을 뜻함.

- [派遣 파견] 일정한 임무를 주어 사람을 보냄.
- [派生 파생] 근본에서 갈려 나가 생김.
- [分派 분파] 하나가 여러 갈래로 나뉨.

流

5급

流
흐를 류

흐를, 번져 나갈, 구할, 갈래.
flow, spread, class

氵변에 㐬(거꾸로 떠내려갈 돌)의 합침. 㐬은 어린애가 거꾸로 나올(云=아이 나올 돌) 때 모래집물(ㄍㄧ=川)이 '흐름'을 뜻한 자로, 후에 氵를 덧붙여 두루 '흐르다'의 뜻으로 쓰이게 되었다 會.
【참고】㐬(돌)은 㐬(깃발 류)와는 별자임.

- [流域 유역] 강물이 흐르는 언저리.
- [流行 유행] 일시적으로 퍼지는 현상.
- [交流 교류] 서로 뒤섞여 흐름.

浦

3급Ⅱ

浦
개(水邊) 포

물가, 갯가, 개.
bay, coast

氵변에 甫(클 보:음부)의 합침. 민물과 바닷물(氵)이 드나드는 큰(甫 p.339 補) 포구, 즉 '갯가'를 뜻하여 된 자 形.

- [浦口 포구] 배가 드나드는 개의 어귀.
- [曲浦 곡포] 후미. 휘어서 굽은 곳.
- [合浦 합포] 갯물이 만나지는 곳.

海

7급

海
바다 해

바다, 세계, 많을, 넓을. 약 海
sea, vast, numerous

氵변에 每(각각 매:음부)의 합침. 여러 갈래(每 p.232)의 물(氵)줄기가 모여들어 이루어진 '바다'를 뜻하여 된 자 形.
【참고】여기서 每는 晦(어둘 회)의 획 줄임으로, 깊은 바다의 침침한 빛을 뜻하기도 함.

- [海岸 해안] 바닷가의 언덕.
- [苦海 고해] 고뇌가 많은 이 세상.
- [深海 심해] 깊은 바다.

浮

3급Ⅱ

뜰 부

뜰, 넘칠, 찌, 지날, 가벼울, 앞설.
float, overflow

氵변에 孚(기를 부:음부)의 합침. 새가 알을 품은(孚) 모양처럼 물(氵)에 몸이 반쯤 잠긴 모양을 나타내어 '뜨다'의 뜻이 된 자 會形.
【참고】孚는 손(爪)으로 아이(子)를 기르거나, 새가 발(爪)로 알(子)을 굴려 깜을 뜻함.

- [浮動 부동] 고정되지 않고 움직임.
- [浮力 부력] 물체가 뜨게 되는 힘.
- [輕浮 경부] 경솔하고 무게가 없음.

3급 II

浩
넓을 호

넓을, 넓고 클, 질펀할, 넉넉할.
an expanse of water, great

氵변에 告(고할 고:음부)의 합침. 큰물(氵)이 넘쳐흘러 하늘과 맞닿아 말하는(告 p.100) 듯하다 하여 '질펀하다'・'넓고 크다'의 뜻이 된 자 形.

- [浩劫 호겁] 몹시 큰 재난.
  [浩然 호연] 마음이 넓고 뜻이 큰 모양.
  [浩蕩 호탕] 뜻이 분방한 모양. 썩 넓음.

3급 II

浪
물결 랑

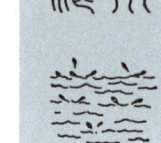

물결, 방랑할, 물 흐를, 맹랑(孟浪)할.
wave, vagabond

氵변에 良(아름다울 량:음부)의 합침. 깨끗하고 아름다운(良 p.325) '물결(氵)'을 뜻하여 된 자 形.

- [浪費 낭비] 재물을 함부로 씀.
  [流浪 유랑] 목적 없이 떠돌아다님.
  [波浪 파랑] 작은 물결과 큰 물결.

5급

浴
목욕할 욕

목욕할, 깨끗이 할, 입을.
bathe, wash

氵변에 谷(골 곡:음부)의 합침. 골짜기(谷)에서 흐르는 물(氵)에 '목욕(沐浴)한다'는 뜻으로 된 자 會形.

- [浴室 욕실] 목욕 설비가 있는 방.
  [土浴 토욕] 닭・말이 흙에 몸을 비빔.
  [海水浴 해수욕] 바닷물에 목욕함.

3급 II

浸
잠길 침

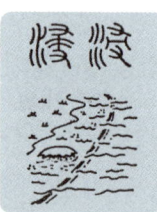

잠길, 적실, 불릴, 빠질, 스며들.
wet, immerse, soak

氵변에 㑴(←侵=침범할 침:음부)의 합침. 물(氵)이 점점 스며들어서(㑴 p.59 侵) '잠기다'・'적시다'의 뜻으로 된 자 形.

- [浸水 침수] 물에 잠김.
  [浸蝕 침식] 물이 지반을 깎는 작용.
  [浸透 침투] 스며서 속속들이 들어감.

6급

消
사라질 소

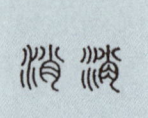

사라질, 다할, 꺼질, 풀릴, 해질.
exhaust, melt, go out

氵변에 肖(작을 초:음부)의 합침. 물(氵)이 줄어들어(肖) 없어진다는 데서 '사라지다'・'다하다'의 뜻이 된 자 形.
【참고】肖는 살(月←肉=살 육)이 말라 '작아짐(小)'을 나타냄.

- [消滅 소멸] 사라져 없어짐.
  [消火 소화] 불을 끔.
  [取消 취소] 예정된 일을 없애버림.

水 部

3급

涉
건널 섭

건널, 거칠, 경과할, 다닐, 교섭할.
wade, concern, negotiate

氵변에 步(걸을 보)의 합침. 물(氵)길을 걸어(步 p.228) '건너다' 는 뜻으로 된 자. 물을 건너 사람을 사귄다 하여 '교섭(交涉)하다' 의 뜻으로도 쓰인다 會.

- [涉獵 섭렵] 여러 가지 책을 널리 읽음.
  [涉外 섭외] 외부와 연락·교섭하는 일.
  [干涉 간섭] 남의 일에 무리하게 참견함.

3급

淚
눈물 루

눈물, 울. 속약 涙
tear, weep

氵변에 戾(허물 려:음부)의 합침. 잘못(戾)을 뉘우치고 흘리는 '눈물(氵)' 을 뜻하여 된 자 形.
【참고】戾는 문(戶) 밑으로 개(犬)처럼 기어 들어갔다 하여 '허물' 의 뜻이 됨.

- [淚痕 누흔] 눈물 흔적.
  [感淚 감루] 감격해서 흘리는 눈물.
  [落淚 낙루] 눈물을 떨어뜨림.

4급 II

液
진 액

진, 즙, 액체, 물, 불릴, 헤칠 액/ 담글 석.
liquid, juice, fluid

氵변에 夜(밤 야: 음부)의 합침. 생물체의 피막 속에 가려진 침침한(夜 p.117) 부분에서 나오는 '진(氵)' 또는 '액체(液體)' 를 뜻하여 된 자 形.

- [液化 액화] 액체로 변하는 현상.
  [溶液 용액] 물질이 녹은 액체.

3급

涯
물가 애

물가, 언덕, 끝, 물 애/ 다할 아. 통 厓
shore, bank, limit

氵변에 厓(언덕 애:음부)의 합침. 흐르는 물(氵)에 패어 벼랑진 '언덕(厓)' 또는 그 밑의 '물가' 를 뜻하여 된 자 形.
【참고】厓는 낭떨어지(厂)의 단층에 흙(土·土)이 켜가 진 모양임.

- [涯岸 애안] 물가.
  [生涯 생애] 일생. 사는 동안.
  [天涯 천애] 하늘 끝(멀거나 외로움).

3급 II

涼
서늘할 량

서늘할, 얇을, 도울, 미쁠. 속凉 통諒
cool, assist

氵변에 京(높을 경:음부)의 합침. 물(氵)가의 높은(京 p.51) 언덕은 신선하다는 데서 '서늘하다' 의 뜻이 된 자 形.

- [涼風 양풍] 서늘한 바람.
  [納涼 납량] 더위를 피해 바람을 씸.
  [淸涼 청량] 맑고 서늘함.

3급II

淨
깨끗할 정

 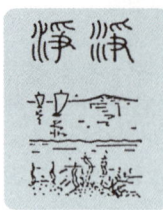

깨끗할, 조촐할, 맑을, 악역. 얔 浄
clean, pure

氵변에 爭(분별할 쟁:음부)의 합침. 물(氵)의 속까지 분별해(爭 p.257) 볼 수 있을 만큼 맑다 하여 '깨끗하다'의 뜻이 된 자 形.

- [淨書 정서] 초 잡은 글씨를 새로 씀.
  [淨化 정화] 깨끗하게 함.
  [淸淨 청정] 썩 맑고 깨끗함.

3급II

淡
맑을 담

 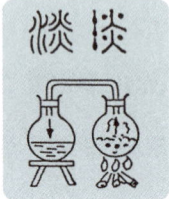

물 맑을, 맛없을, 싱거울, 묽을, 질펀할.
pure water, tasteless

氵변에 炎(불꽃 염:음부)의 합침. 불(炎 p.253)에 끓인 물(氵) 같이 '맑다'는 뜻으로 된 자. 그 맑은 물은 심심하다 하여 '맛없다'의 뜻으로도 쓰인다 形.

- [淡泊 담박] 무욕으로 마음이 깨끗함.
  [淡水 담수] 짠맛이 없는 맑은 물.
  [冷淡 냉담] 태도나 마음이 쌀쌀함.

3급II

淑
맑을 숙

 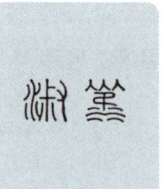

맑을, 착할, 사모할, 잘할. 통 俶
clear, virtuous, yearn for

氵변에 叔(콩 숙:음부)의 합침. 콩(叔 p.94)은 깨끗한 물(氵)에서 싹 튼다 하여 '맑다'의 뜻이 된 자 形.

- [淑女 숙녀] 교양과 품격을 갖춘 여자.
  [貞淑 정숙] 여자의 행실이 깨끗함.
  [私淑 사숙] 직접 가르침을 받지는 않았으나 그 사람을 본받아 학문을 닦음.

4급

混
섞을 혼

섞을, 섞일, 덩어리질 혼/ 오랑캐 곤.
mix, blend

氵변에 昆(같을 곤:음부)의 합침. 맑고 흐린 물(氵)이 같은(昆) 곳으로 흐른다는 데서 '뒤섞이다'의 뜻이 된 자 會形.
【참고】 昆은 햇빛(日)이 만물을 고루(比) 비춘다는 데서 '같다'의 뜻이 됨.

- [混食 혼식] 밥에 잡곡을 섞어 먹음.
  [混合 혼합] 뒤섞여 한데 합침.
  [大混雜 대혼잡] 크게 혼잡(混雜)함.

4급II

深
깊을 심

 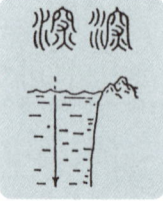

깊을, 심할, 으슥할, 멀, 감출, 잴.
profound, deep, mysterious

氵변에 罙(←突=深의 옛자:음부)의 합침. 물(氵)이 '깊다(罙)'는 뜻으로 된 자 形.
【참고】 突은 불(火)을 켜 들고 들어갈(一) 만큼 굴(穴)이 '깊다'는 뜻.

- [深山 심산] 깊은 산.
  [深夜 심야] 한밤중.
  [水深 수심] 물의 깊이.

水 부

3급Ⅱ

음란할 음

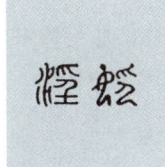

음란할, 방탕할, 넘칠, 과할, 담글.
profligate, obscene, overflow

① 氵변에 圣(가까이할 임:음부)의 합침. 남녀가 가까이하여(圣) 물 짓(氵)거리를 한다는 데서 '음란(淫亂)하다'의 뜻이 된 자 形.
② 본자는 婬. 여자(女)의 손(爪)이 남자에게 뻗쳐 애를 밴다(壬 p.115)하여 '음란(淫亂)하다'의 뜻이 된 자 會.
【참고】 圣은 애를 밸(壬는 애밸 임) 정도로 손(爪)을 잡는다 하여 '가까이하다'의 뜻.

- [淫談 음담] 색에 관한 음탕한 이야기.
- [淫蕩 음탕] 행동을 음란하게 함.
- [荒淫 황음] 함부로 음탕한 짓을 함.

3급Ⅱ

얕을 천

얕을, 엷을, 고루할, 견문 좁을. 약 浅
shallow, light, superficial

氵변에 戔(상할 잔:음부)의 합침. 물(氵) 속에 지팡이 자국(戔)이 보일 정도라 하여 '얕다'의 뜻이 된 자 形.

- [淺見 천견] 얕은 생각이나 또는 소견.
- [淺薄 천박] 생각·학문 등이 얕음.
- [深淺 심천] 깊음과 얕음.

6급

맑을 청

맑을, 깨끗할, 고요할, 염치 있을.
fresh, clear, clean, pure

氵변에 靑(푸를 청:음부)의 합침. 물(氵)이 푸르다(靑)는 데서 '맑다'·'깨끗하다'의 뜻이 된 자 會形.

- [淸淨 청정] 맑고 깨끗함.
- [淸廉 청렴] 마음이 깨끗하고 욕심이 없음.
- [血淸 혈청] 피의 맑은 액.

3급

더할 첨

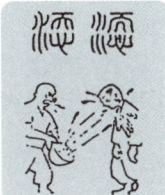

더할, 보탤, 안주.
increase, add, side-dish

氵변에 忝(욕될 첨:음부)의 합침. 욕보인(忝)데다 또 물(氵)까지 끼얹는다는 데서 '더하다'의 뜻이 된 자 形.
【참고】 忝은 하늘(天)에 대해 부끄럽다(㣺←心)는 데서 '욕되다'의 뜻이 됨.

- [添加 첨가] 더 넣음. 덧붙임.
- [添附 첨부] 첨가하여 붙임.
- [別添 별첨] 별도로 더함.

3급

목마를 갈

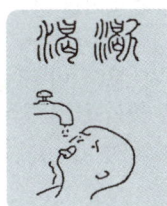

목마를, 급할 갈/ 물 잦을 걸. 약 渇
thirsty, water dried up

氵변에 曷(그칠 갈:음부)의 합침. 수분(氵)이 말라 그쳐졌다(曷)는 데서 '목마르다'의 뜻이 된 자 形.
【참고】 曷은 뱃속이 비어(𠃓=亡) 구부정해진 사람(勹←人)의 구걸하는 말(曰)이 기운 없다는 데서 '그치다'의 뜻.

- [渴望 갈망] 목마른 듯이 몹시 바람.
- [枯渴 고갈] 바짝 마름. 돈이 귀해짐.
- [解渴 해갈] 갈증을 풂.

4급II

항구 항

항구, 뱃길, 물 갈라질. 본巷
ship's course, harbor

氵변에 巷(거리 항:음부)의 합침. 물(氵)의 길(巷 p.146), 즉 '뱃길'이나 배가 머무르는 '항구(港口)'를 뜻한 자 形.

- [港灣 항만] 항구 설비를 통틀어 일컬음.
  [空港 공항] 항공기가 뜨고 나는 곳.
  [軍港 군항] 군사 설비가 있는 항만.

3급II

건널 도

건널, 건넬, 통할, 나루.
ford, cross, ferry

氵변에 度(잴 도:음부)의 합침. 물(氵)이 깊어 한 발 한 발 헤아리며(度 p.152) '건너감'을 뜻한 자 形.

- [渡江 도강] 강을 건넘.
  [不渡 부도] 수표 등의 돈 지불이 막힘.
  [讓渡 양도] 남에게 넘겨 줌.

4급II

 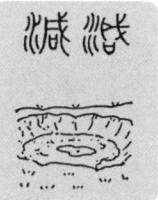

덜 감

덜, 감할, 무지러질, 가벼울, 모자랄.
diminish, decrease

氵변에 咸(다 함:음부)의 합침. 물(氵)이 줄어 다(咸 p.101) 되어 간다는 데서 '덜다' 또는 '모자라다'의 뜻이 된 자 形.

- [減少 감소] 줄어 적어짐.
  [減員 감원] 인원을 줄임.
  [削減 삭감] 깎아서 줄임.

5급

湖

호수 호

호수(湖水), 큰못, 물.
lake, large lake

氵변에 胡(멱줄띠 호:음부)의 합침. 胡는 소의 아래턱이 늙은(古) 듯이 우글쭈글하게 늘어진 살(月←肉)을 가리킴. 들쭉날쭉한 '호수(氵)'의 가장자리를 우글쭈글한 소의 멱줄띠에 비겨 胡를 음부로 합쳐 된 자 形.

- [湖畔 호반] 못의 언저리.
  [湖邊 호변] 호숫가.
  [江湖 강호] 강과 호수. 세상의 비유.

3급II

 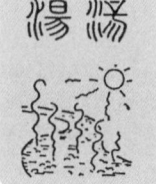

끓을 탕

끓을, 끓일, 씻을 탕 통蕩 / 출렁거릴 상.
boil, scald

氵변에 昜(볕 양:음부)의 합침. 물(氵)이 햇볕(昜 p.395 陽)을 받아 부글거린다는 데서 '끓다'의 뜻이 된 자 會形.

- [湯藥 탕약] 달여서 먹는 한약.
  [熱湯 열탕] 끓는 국이나 물.
  [雜湯 잡탕] 여러 가지가 뒤섞인 것.

4급 II

測
헤아릴 측

헤아릴, 측량할, 깊을, 날카로울, 맑을.
survey, measure

氵변에 則(법칙 칙:음부)의 합침. 물(氵)의 넓이나 깊이를 일정한 법칙(則 p.80)에 의해 잰다는 데서 '측량(測量)하다'의 뜻이 된 자 形.

- [測定 측정] 헤아리거나 재어서 정함.
  [觀測 관측] 사물을 살펴 헤아림.
  [臆測 억측] 이유와 근거가 없는 추측.

4급

源
근원 원

근원, 샘, 계속할. 통原

source, spring

氵변에 原(근원 원:음부)의 합침. 물(氵)이 흘러내리는 샘 줄기의 근본(原 p.92)을 가리켜 '근원(根源)'의 뜻이 된 자 會形.

- [源泉 원천] 사물의 근원. 물의 근원.
  [起源 기원] 사물이 생긴 근원.
  [字源 자원] 문자가 구성된 근원.

3급 II

溪
시내 계

시내, 활 이름. 통谿 속약 渓

stream

氵변에 奚(큰 배 해:음부)의 합침. 배가 큰(奚 p.416 鷄) 오리 따위가 노니는 '시내(氵)'를 뜻하여 된 자 形.

- [溪谷 계곡] 물이 흐르는 산골짜기.
  [溪流 계류] 산골짜기에서 흐르는 물.
  [碧溪 벽계] 푸른 시내.

4급 II

準
준할 준

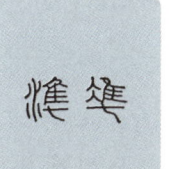

표준, 평평할, 고를 준/ 콧마루 절. 통准

level, equalize, rule

氵변에 隼(새매 준:음부)의 합침. 새매(隼)가 날 때 수면(氵)과 평행하게 난다는 데서 '평평하다'의 뜻이 된 자. 나아가, '표준(標準)'의 뜻이 된 자 形.
【참고】 隼은 새매(隹=새 추)가 수평으로 날쌔게(十←卂=빠를 신) 낢을 나타냄.

- [準備 준비] 미리 마련하여 갖춤.
  [基準 기준] 기본이 되는 표준.
  [水準 수준] 사물의 표준. 수준기(水準器).

6급

溫
따뜻할 온

따뜻할, 데울, 익힐, 부드러울. 속 温

warm, heat, mild

氵변에 昷(온화할 온:음부)의 합침. 물(氵)을 따뜻한(昷) 마음으로 준다 하여 '온화(溫和)하다'의 뜻이 된 자. 속자인 温은 그릇(皿)의 물(氵)이 햇볕(日)에 '따뜻해진다'는 뜻으로 된 자 形.
【참고】 昷은 죄수(囚=가둘 수)에게 음식을 그릇(皿) 가득 담아 주는 '온화한' 마음.

- [溫室 온실] 난방 설비를 한 방.
  [溫情 온정] 따뜻한 정. 정다운 마음.
  [體溫 체온] 몸의 온도.

3급II

滅 꺼질 멸할 멸

없어질, 다할, 불꺼질, 끊을, 빠뜨릴.
exterminate, destroy

氵변에 威(불꺼질 멸:음부)의 합침. 물(氵)에 불이 꺼져(威) '없어진다'는 뜻으로 된 자 會形.
【참고】威은 불(火)을 꺼뜨림(戌=부술 술).

- [滅亡 멸망] 망하여 없어짐.
- [滅種 멸종] 한 종류가 모두 없어짐.
- [全滅 전멸] 죄다 없어짐.

3급II

滯 막힐 체

막힐, 엉길, 샐, 머무를, 폐할. 약 滞
obstruct, congeal, stay

氵변에 帶(띠 대:음부)의 합침. 흐르는 물(氵)이 띠(帶 p.148)처럼 가로질린 장애물에 '막혔다'는 뜻으로 된 자 形.

- [滯留 체류] 한 곳에서 머무름.
- [沈滯 침체] 기세를 떨치지 못함.

4급II

滿 찰 만

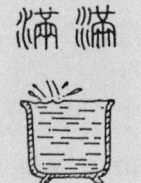

찰, 가득할, 넘칠, 교만할. 약 満
full, filled

氵변에 㒼(평평할 만:음부)의 합침. 그릇에 물(氵)이 그득 담겨 평평하다(㒼)는 데서 '가득 차다'의 뜻이 된 자 形.
【참고】㒼은 많은(卄=스물 입) 물건이 나란히(网←兩=두 량) 있는 모양.

- [滿期 만기] 정한 기한이 참.
- [滿員 만원] 정원이 다 참.
- [圓滿 원만] 둥글둥글하여 부족이 없음.

3급

滴 물방울 적

물방울, 스며 내릴, 물댈.
water-drop, drip

氵변에 啇(실과 꼭지 적:음부)의 합침. 과실같이 매달렸다가(啇 p.379 適) 떨어지는 '물(氵)방울'을 뜻하여 된 자 形.

- [滴瀝 적력] 물방울이 떨어짐.
- [滴定 적정] 용량 분석의 한 방법.
- [餘滴 여적] 쓰고 남은 먹물.

3급

漂 떠다닐 표

떠다닐, 으스스할, 빨래할, 바랠, 능가할.
float, coldish, whiten

氵변에 票(쪽지 표:음부)의 합침. 표(票 p.284)가 나게 물(氵) 위를 '떠다닌다'는 뜻으로 된 자 形. [p.224 標]

- [漂流 표류] 물에 떠서 흘러감.
- [漂白 표백] 바래서 희게 함.
- [浮漂 부표] 물 위를 떠돌아다님.

水 부

3급 II

漆
옻 칠

옻칠할, 옻나무, 검을 칠/ 전심할 철. ㉔柒
paint lacquer, black

氵변에 桼(옻나무 칠:음부)의 합침. 옻나무(桼) 진(氵)으로 '옻칠한다' 는 뜻으로 된 자 會形.
【참고】桼은 옻나무(木)에서 흘러내리는(人) 진(氺←水)을 나타냄.

- [漆器 칠기] 옻칠한 그릇.
  [漆夜 칠야] 매우 캄캄한 밤.
  [乾漆 건칠] 옻진을 말려 만든 약제.

7급

漢
한수
한나라 한

한수, 한나라, 사나이, 놈, 은하수.
Han river, name of country

氵변에 堇(진흙 근:음부)의 합침. 진흙(堇 p.85 勤)이 많은 양자강(揚子江) 상류인 '한수(氵; 漢水)'를 뜻하여 된 자로, 이 지역을 중심으로 세워졌던 '한나라' 의 이름으로 널리 쓰인다 形.

- [漢文 한문] 한자로만 쓰인 문장이나 문학.
  [漢方 한방] 중국에서 정하여 온 의술.
  [漢字 한자] 중국의 글자.

3급 II

漏
샐 루

샐, 뚫을, 물시계, 구멍, 잃어버릴.
leak, drill, hole

氵변에 屚(집 샐 루:음부)의 합침. 물(氵)이 새어(屚) 나가는 분량으로 시간을 쟀던 '물시계' 를 뜻하여 된 자. 후에, 집(尸 p.139)에 빗(雨)물(氵)이 '샌다' 는 뜻으로 쓰이게 되었다 會形.

- [漏落 누락] 기입되어야 할 것이 기록에서 빠짐.
  [漏電 누전] 전기가 새어 흐름.
  [漏泄 누설] 비밀이 새게 함.

5급

漁
고기 잡을 어

고기 잡을, 낚을, 낚시터, 탐낼.
to fish, fishing place

氵변에 魚(고기 어:음부)의 합침. '물(氵) 고기(魚)를 잡는다' 는 뜻으로 된 자 會形.

- [漁船 어선] 고기잡이하는 배.
  [漁業 어업] 고기잡이하는 업.
  [豊漁 풍어] 물고기가 풍부하게 잡힘.

3급

漫
흩어질 만

질펀할, 물러 터질, 아득할, 부질없을.
vast, boundless

氵변에 曼(퍼질 만:음부)의 합침. 물(氵)이 '흘러 퍼진다(曼 p.174 慢)' 는 데서 '질펀하다' 의 뜻이 된 자 形.

- [漫畫 만화] 우의적 회화의 총칭.
  [浪漫 낭만] 정서적, 이상적인 상태.
  [散漫 산만] 어수선히 흩어져 퍼져 있음.

4급 II

演 펼 연

펼, 넓을, 넓힐, 익힐, 행할, 흐를.
expand, extensive, practice

氵변에 寅(동방 인:음부)의 합침. 물(氵)이 아침 햇살(寅 p.133)이 퍼지듯이 '널리 흐름'을 나타낸 자 形. 나아가, 생각한 바를 물 흐르듯이 말로 '펴서' '넓힌다' 는 뜻으로 널리 쓰인다 轉.

- [演說 연설] 대중 앞에서 의견을 말함.
  [演習 연습] 배워 연구, 토의하며 익힘.
  [講演 강연] 강의하거나 공중에게 얘기함.

3급 II

漸 점점 점

차차, 번질, 물들 점/ 높을 참. 통 蘄
gradually, soak, moisten

氵변에 斬(벨 참:음부)의 합침. 조수(氵)가 밀려들 때 해안선을 조금씩 깎아(斬 p.209 暫) 나간다는 데서 '차차' 또는 '번지다' 의 뜻이 된 자 形.

- [漸進 점진] 차차 나아짐.
  [漸次 점차] 차례대로 차차. 점점.
  [東漸 동점] 차차 동쪽으로 옮김.

3급 II

漠 넓을 막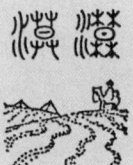

아득할, 사막, 멀, 맑을, 고요할. 통 寞
desert, vast, distant, quiet

氵변에 莫(없을 막:음부)의 합침. 물(氵)이 없는(莫 p.328) '사막(沙漠)'을 뜻하여 된 자. 사막은 허허벌판 같다는 데서 '아득하다' 의 뜻으로도 쓰인다 形.

- [漠漠 막막] 아주 넓어 끝없는 모양.
  [漠然 막연] 분명하지 않고 아득함.
  [荒漠 황막] 거칠고 한없이 넓음.

3급 II

潛 잠길 잠

잠길, 자맥질할, 감출, 몰래, 숨을. 속 潜
sink in, dive, conceal

氵변에 朁(입김 낼 참:음부)의 합침. 물(氵)에서 자맥질할 때 입김을 내뿜고(朁) 다시 들어간다는 데서 '잠기다' 의 뜻이 된 자 形.
【참고】朁은 입(曰)에서 가늘게(兓=날카로울 참) 나가는 '입김' 의 뜻.

- [潛伏 잠복] 숨어 엎드림.
  [潛水 잠수] 물 속에 잠겨둠.
  [沈潛 침잠] 성질이 가라앉음.

3급 II

潤 불을 윤

불을, 젖을, 윤택할, 더할, 이득.
increase, wet, enrich

氵변에 閏(윤달 윤:음부)의 합침. 빗물이 갇혀(閏 p.391) 못물(氵)이 '붇기만 한다' 는 뜻으로 된 자 形.

- [潤氣 윤기] 반질반질하고 매끄러운 기운.
  [潤文 윤문] 원고를 윤택하게 보완함.
  [利潤 이윤] 장사하여 남은 이익.

水 부

4급II 潔 깨끗할 결

깨끗할, 맑을, 정결(淨潔)할, 조촐할.
clean, pure, clear

氵변에 絜(삼 한 오리 결:음부)의 합침. 물(氵)에 하얗게 빤 삼실(絜)이 '깨끗하다'는 뜻으로 된 자 形.
【참고】絜은 많은 삼(丰)을 베어(刀) 가른 가는 실(糸)을 뜻함.

- [潔白 결백] 깨끗하고 흼.
  [純潔 순결] 아주 조촐하며 깨끗함.
  [淸潔 청결] 맑고 깨끗함.

4급 潮 밀물 조수 조

밀물, 조수, 나타날, 꼴뚜기.
tide, flood

氵변에 朝(아침 조:음부)의 합침. 해(卓←𠦝=해 돋을 간)와 달(月)의 인력에 의하여 드나드는 '조수(氵: 潮水)'를 뜻하여 된 자 會形. 또는, 본자는 淖로, 해 돋을(卓) 무렵에 들어오는 '조수(氵)'를 뜻하여 된 자 會.

- [潮流 조류] 조수에 의한 바닷물의 운동.
  [滿潮 만조] 꽉 차게 들어온 밀물.
  [思潮 사조] 시대나 사회의 사상 경향.

3급II 澤 못 택

못, 진펄, 기름, 윤택할, 덕택. 약 沢
pool, swamp, enrich

氵변에 睪(엿볼 역:음부)의 합침. 물(氵)이 여기저기 희뜩희뜩 보이는(睪 p.193 擇) '진펄'을 뜻하여 된 자. 진펄의 물이 반짝거린다는 데서 '윤택(潤澤)하다'의 뜻으로도 쓰인다 形.

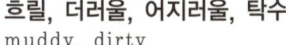

- [澤雨 택우] 만물을 윤택하게 하는 비.
  [光澤 광택] 번들번들한 빛. 번쩍임.
  [惠澤 혜택] 은혜와 덕택(德澤).

3급 濁 흐릴 탁

흐릴, 더러울, 어지러울, 탁수.
muddy, dirty

氵변에 蜀(땅 이름 촉:음부)의 합침. 본디는 중국 촉(蜀) 땅의 '강(氵) 이름[濁水]'이었는데, 그 강물이 흙탕물인 데서 '흐리다'의 뜻으로 쓰이게 되었다 形.
【참고】蜀은 해바라기벌레(p.256 燭)를 뜻했는데, 이 벌레가 많은 지명으로도 쓰임.

- [濁流 탁류] 흘러가는 흙탕물.
  [濁酒 탁주] 막걸리.
  [混濁 혼탁] 깨끗하지 못하고 흐림.

4급 激 격할 격

부딪칠, 급할, 찌를, 심할, 맑은 소리.
dash, rapid, violent

氵변에 敫(칠 약:음부)의 합침. 파도(氵)가 서로 '부딪침(敫)'을 뜻하여 된 자 形.
【참고】敫은 햇살(白)이 퍼져(放) 물체를 쬔다는 데서 '부딪치다'의 뜻이 됨.

- [激動 격동] 급격(急激)하게 움직임.
  [激流 격류] 세차게 흐르는 물.
  [感激 감격] 느껴 마음이 몹시 움직임.

3급II

濕
젖을 습

젖을, 축축할, 근심할. 약湿 본溼
moist, wet, anxious

氵변에 㬎(누에고치 현)의 합침. 누에고치(㬎 p.408 顯는 물(氵)에 잘 '젖는다'는 뜻으로 된 자 會. 본자는 溼. 물(氵)에 실(㚸←絲:음부)이 젖듯이 땅(土)이 '젖는다'는 뜻으로 된 자 形.

- [濕氣 습기] 축축한 기운.
  [濕度 습도] 공기 중의 습기의 정도.
  [乾濕 건습] 마름과 축축함.

3급

濫
넘칠 람

넘칠, 지나칠, 외람될, 함부로 람/ 샘 함.
overflow, go to excess

氵변에 監(살필 감:음부)의 합침. 목욕통(皿=그릇 명)에 드러누우니(臥=누울 와 p.321) 물(氵)이 '넘친다(一)'는 뜻으로 된 자 形. 나아가, 사람이 제 분수에 넘치는 짓을 한다 하여 '외람(猥濫)되다'의 뜻으로도 쓰인다 轉. [p.275 監]

- [濫伐 남벌] 나무를 함부로 벰.
  [濫用 남용] 함부로 씀.
  [氾濫 범람] 물이 넘쳐 흐름.

3급

濯
씻을 탁

씻을, 빨래할, 적실, 클, 빛날, 놀.
wash, cleanse, bright

氵변에 翟(꿩깃 적:음부)의 합침. 옷을 물(氵)에 빨아 건져낼 때 꿩 깃처럼 빛나는 것 같다 하여 '빨래하다'·'씻다'의 뜻이 된 자 形.
【참고】 翟은 꿩(隹)의 아름다운 깃(羽)의 뜻.

- [濯磨 탁마] 씻어서 윤이 나게 함.
  [洗濯 세탁] 빨래.

4급II

濟
건널 제

건널, 구제할, 정할, 그칠. 약済 통齊
cross a stream, relieve

氵변에 齊(가지런할 제:음부)의 합침. 물(氵)을 여럿이 같이(齊) '건너간다'는 뜻으로 된 자. 나아가, 물을 건너다 빠진 사람을 건진다 하여 '구제(救濟)하다'의 뜻으로도 쓰인다 形.

- [濟世 제세] 세상을 잘 다스림.
  [經濟 경제] 재화를 획득, 이용하는 활동.
  [共濟 공제] 힘을 합하여 서로 도움.
  [辨濟 변제] 빚을 갚음.

8급

火(灬)
불 화

불, 불 지를, 급할, 화날, 빛날.
fire, burn, rapid, light

타오르는 '불꽃'의 모양을 본뜬 자 象.

- [火力 화력] 불의 힘. 총포.
  [火災 화재] 불로 인한 재난.
  [點火 점화] 불을 댕김.

水・火 부

4급

재 회

재, 재로 될, 활기 없을, 석회. ㈜灰
ashes, become to ashes

ナ(←又=손 우)와 火의 합침. 손(ナ)으로 만질 수 있는, 불(火)이 다 타고 남은, '재'를 뜻하여 된 자 會.

- [灰色 회색] 잿빛.
- [灰燼 회신] 불탄 나머지 재.
- [生灰 생회] 산화칼슘.

5급

재앙 재

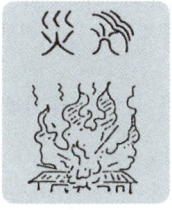

재앙, 천벌, 재액(災厄), 화난, 횡액.
calamity, affliction

巛(川=내 천의 본자)와 火의 합침. 수재(巛)·화재(火) 등으로 인한 모든 '재앙(災殃)'을 뜻하여 된 자 會.

- [災難 재난] 뜻밖에 일어난 불행한 일.
- [災害 재해] 재앙으로 인해 받은 피해.
- [旱災 한재] 가뭄으로 생기는 재앙.

3급 II

불꽃 염

불꽃, 불 붙일, 더울, 탈 염 / 아름다울 담.
flame, burning, hot

火 둘의 합침. 불길(火)과 불꽃(火)이 층짐을 나타내어 '불꽃'을 뜻하게 된 자 會.

- [炎症 염증] 몸의 한 부분이 붓는 증상.
- [炎天 염천] 몹시 더운 날씨.
- [暴炎 폭염] 혹독하게 사나운 더위.

5급

숯 탄

숯, 석탄, 불똥, 탄소(炭素), 볶일.
char, coal, carbon

屵(언덕 안[알]:음부)과 火의 합침. 산 둔덕(屵)에서 나무를 구워(火) 만든 '숯'을 뜻하여 된 자. 숯과 비슷한 '석탄(石炭)'의 뜻으로도 쓰인다 形.
【참고】屵은 언덕(厂) 위에 산(山)을 나타내어 '높은 언덕'을 뜻함.

- [炭鑛 탄광] 석탄을 파내는 광산.
- [塗炭 도탄] 몹시 곤궁함의 비유.
- [煉炭 연탄] 가루탄을 반죽하여 만든 연료.

3급 II

까마귀 오

까마귀, 검을, 어찌, 탄식할. ㉰嗚
crow, black, ah!, alas!

'까마귀'의 모양을 본뜬 자. 까마귀는 '검은색'의 몸에 검은 눈을 가져 구별이 잘 안 되는 데서 鳥에서 눈을 가리키는 一을 뺐다 象.
[어조사 뜻은 p.201 於]

- [烏鷄 오계] 털이 온통 새까만 닭.
- [烏銅 오동] 검은빛이 나는 구리.
- [金烏 금오] 태양의 별칭.

4급

매울 렬

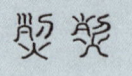

매울, 사나울, 빛날, 불사를. 통列
fierce, violent, shining

列(벌일 렬:음부)과 灬(火)의 합침. 불길(灬)이 여러 갈래로 퍼져(列 p.78) 붙어 나감을 가리켜 '사납다'·'맵다' 의 뜻이 된 자 形.

- [烈女 열녀] 정조를 굳게 지키는 여자.
- [烈士 열사] 절의가 굳센 선비.
- [激烈 격렬] 심히 맹렬(猛烈)함.

3급

어찌 언

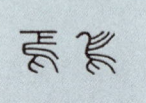

어찌, 의심쩍을, 이에, 어조사, 어디.
how, why

중국의 회수(淮水)에 있는 '노랑까마귀' 의 모양을 본뜬 자 象. 그 새의 울음소리를 시늉하여 의문을 나타내는 '어조사' 로 쓰이게 되었다 假. [p.201 於]

- [焉敢生心 언감생심] 감히 그런 마음을 품을 수 없음.
- [於焉間 어언간] 어느덧.
- [終焉 종언] 세상을 마침. 끝장이 남.

7급

그럴 연

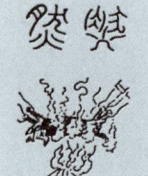

그러할, 불사를, 그러나, 원숭이. 통燃
certainly, burn, but

肰(개고기 연:음부)과 灬(火)의 합침. 개(肰)를 잡을 때 털을 불(灬)에 그슬렸던 데서 '불사르다' 의 뜻이 된 자. 개(肰)를 불에 그슬러(灬) 먹음은 당연하다 하여 '그러하다' 의 뜻으로도 쓰인다 形. 【참고】 肰은 '개(犬) 고기(夕←肉)' 를 뜻함.

- [然後 연후] 그런 뒤.
- [果然 과연] 알고 보니 정말.
- [自然 자연] 저절로. 천연(天然) 그대로.

5급

없을 무

없을, 아닐, 말, 빌, 무성할. 통毋
none, no, give up, empty

원자형은 㒳. 사람(亠)이 두 손에 한삼(卌)을 끼거나 나뭇가지(林)를 들고 춤추는 모양이 성황해 보인 데서 '무성하다[橆]' 의 뜻이 된 자 象. 그 춤이 멈춰지면 무성하던 분위기가 없어지는 데서 亡(없을 무)의 뜻을 빌려 '없다' 로 쓰이게 되었다. 무성하던 숲이 불에 타 없어졌다는 뜻에서 원자형의 받침 林이 灬(火)로 바뀌었다 假.

- [無事 무사] 아무 일이 없음.
- [無敵 무적] 겨룰 만한 적이 없음.
- [虛無 허무] 사물이 덧없음.

4급II

연기 연

연기, 내, 담배 연 통烟/ **안개, 김 인.**
smoke

火와 垔(막을 인:음부)의 합침. 垔은 흙으로 주위를 막은 아궁이의 모양. 아궁이(垔)에서 불(火)이 탈 때에 나는 '연기(煙氣)' 를 뜻하여 된 자 形.

- [煙筒 연통] 양철로 만든 굴뚝.
- [禁煙 금연] 담배를 피우지 못하게 함.
- [無煙炭 무연탄] 연기가 안 나는 석탄.

火 부

3급II 照 비칠 조

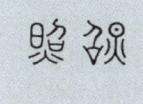

비칠, 빛날, 거울, 대조(對照)할. 통炤
shine, light on, contrast

昭(밝을 소:음부)과 灬(火)의 합침. 불빛(灬)이 밝다(昭 p.205)는 데서 '비치다'·'빛나다'의 뜻이 된 자 會形.

- [照明 조명] 밝게 비추어서 밝힘.
- [落照 낙조] 지는 햇빛.
- [參照 참조] 참고로 맞대어 봄.

3급 煩 번거로울 번

 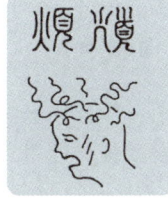

번거로울, 번열증, 수고로울, 민망할.
annoy, vex, trouble

火와 머리 頁(머리 혈)의 합침. 일이 어수선하여 머리(頁)에 열(火)이 난다는 데서 '번거롭다'의 뜻이 된 자 會.

- [煩悶 번민] 마음이 번거로워 답답함.
- [煩雜 번잡] 번거롭고 혼잡함.
- [除煩 제번] 번다한 인사말을 덜.

3급II 熟 익을 숙

익을, 삶을, 성숙할, 자세할, 풍년들.
boil, to cook, ripe

孰(익을 숙:음부)과 灬(火)의 합침. 불(灬)에 '익는다(孰 p.128)'는 뜻으로 된 자. 나아가, 열매가 '익다', 사람이 '성숙(成熟)하다'의 뜻으로 쓰인다 會形.

- [熟達 숙달] 익숙하여 통달함.
- [熟練 숙련] 연습을 많이 하여 익힘.
- [爛熟 난숙] 무르익음. 충분히 발달함.

5급 熱 더울 열

더울, 뜨거울, 더위, 열심할, 흥분할.
heat, hot, ardent

埶(←勢=형세 세:음부)와 灬(火)의 합침. 불길(灬)이 세차서(埶) '덥고' '뜨겁다'는 뜻으로 된 자 會形. 세찬 불길처럼 마음을 쏟는다 하여 '열심(熱心)하다'의 뜻으로 쓰인다 轉.
【참고】埶는 본시 '성 위의 담 예'자.

- [熱狂 열광] 미친 듯이 열중함.
- [熱中 열중] 정신을 집중시킴.
- [加熱 가열] 물체에 열을 줌.

4급 燃 탈 연

 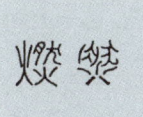

불탈, 태울, 연등절(燃燈節). 통然
burn, set on fire

火와 然(불사를 연:음부)의 합침. 불(火)을 사른다(然 p.254)는 데서 '태우다'의 뜻이 된 자 會形.
【참고】然이 '그러하다'로 뜻이 바뀌자, 火를 더한 燃으로 그 뜻을 대신하게 됨.

- [燃料 연료] 열 이용을 위해 불 때는 재료.
- [燃燒 연소] 불에 타는 현상.
- [內燃 내연] 속에서 불이 타는 일.

3급II

燒
사를 소

불사를, 불붙을, 불놓을, 등불. 약 烧
burn, set on fire

火와 堯(높을 요:음부)의 합침. 불(火)꽃이 높이(堯) 오른다는 데서 '불사르다'・'불붙다'의 뜻이 된 자 形.
【참고】 堯는 흙이 쌓이고 쌓여(垚=높을 요) 우뚝해진다(兀=우뚝할 올) 하여 '높다'의 뜻이 되었다.

- [燒酒 소주] 증류하여 만든 술의 하나.
- [燃燒 연소] 불에 탐.
- [全燒 전소] 전부 타 버림.

4급II

燈
등 등

등, 등잔, 등불, 불도(佛道). 통 鐙 약 灯
lamp, lantern

火와 登(오를 등:음부)의 합침. 불(火)을 켜서 높은 데 올려(登 p.273) 놓아 비추게 하는 '등잔'을 뜻한 자 形.

- [燈火 등화] 등불. 등잔불.
- [電燈 전등] 전기 장치의 등불.
- [街路燈 가로등] 길거리에 단 전등.

3급II

燕
제비 연

제비, 편안할, 쉴, 잔치, 나라. 통 讌・宴
swallow, feast

'제비'가 양 날개(北)와 꽁지(灬←火)를 바람벽에 붙이고 새끼에게 먹이(甘)를 먹이는 모양을 본뜬 자 象. 제비 새끼들이 먹이를 먹으려고 재재거리는 모양에서 음이 같은 宴(p.132)의 뜻을 빌려 '잔치'의 뜻으로도 쓰인다 假.

- [燕居 연거] 한가하게 집에서 지냄.
- [燕尾服 연미복] 제비 꼬리 모양이 있는 남자용 예복의 하나.
- [文學燕 문학연] 문학 발표 등의 잔치.

3급

燥
마를 조

마를, 녹일, 재미없을, 물기 없을.
dry, scorched

火와 喿(새 떼지어 울 소:음부)의 합침. 새 떼가 지저귀는 소리(喿 p.193 操)같이 불똥을 튀기며 타는 불(火)에 쬐어 '말린다'는 뜻으로 된 자 形.

- [燥渴 조갈] 목이 타듯이 마름.
- [乾燥 건조] 습기나 물기가 없어짐.
- [焦燥 초조] 몹시 안타깝게 애태움.

3급

燭
촛불 촉

촛불, 밝을, 비칠, 등불. 약 烛
candle-light, bright

火와 蜀(벌레 촉:음부)의 합침. 불꽃(火)이 벌레(蜀)처럼 넘실거리는 '촛불'을 뜻하여 된 자 形.
【참고】 蜀은 눈(罒←目)이 크고 구불거리는(勹=굽을 구) 해바라기 벌레(虫)를 뜻함.

- [燭光 촉광] 광도의 단위.
- [燭淚 촉루] 촛농.
- [華燭 화촉] 혼례 때 켜는 촛불.

4급

營 경영할 영

경영할, 지을, 진영, 다스릴. 약營
camp, build, manage

炊(←熒=빛날 형:음부)과 宮(←宮=집 궁)의 합침. 화려한(炊) 집(宮)을 '짓는다'는 뜻으로 된 자. 집 짓는 데는 규모와 계획을 세운다는 데서 '경영(經營)하다'의 뜻으로도 쓰인다 形.

- [營業 영업] 영리(營利) 목적의 사업.
- [公營 공영] 공공 기관에서의 경영.
- [運營 운영] 일을 경영하여 나감.

4급

爆 불 터질 폭

불 터질, 폭발할 폭/ 지질, 사를, 말릴 박.
explode, pop, scorch, burn

火와 暴(사나울 포:음부)의 합침. 불(火)이 날며 사납게(暴 p.208) 터진다는 데서 '폭발(爆發)하다'의 뜻이 된 자 形.

- [爆彈 폭탄] 파괴 목적의 병기.
- [爆破 폭파] 폭발시키어 부숨.
- [自爆 자폭] 자기가 지닌 폭발물을 스스로 터뜨림.

3급 II

爐 화로 로

화로, 되약볕. 통鑪 약炉
brazier, stove

火와 盧(큰 밥그릇 로:음부)의 합침. 큰 그릇(盧)에 불(火)을 담아 썼던 '화로(火爐)'를 뜻하여 된 자 形.
【참고】盧는 범(虍)의 발 같은 다리가 있는 질그릇(田←㞢=질그릇 치)을 뜻하는 膚(밥그릇 로)에 皿을 받쳐 '큰 밥그릇'을 뜻함.

- [爐邊 노변] 화롯가.
- [風爐 풍로] 바람 구멍이 있는 화로.
- [香爐 향로] 향을 피우는 화로.

1급

爪(爫) 손톱 조

손(발)톱, 긁어당길, 긁을, 할퀼.
nail, claw

물건을 '긁어당기'는 '손톱' 모양을 본뜬 자. 손(발)톱으로 '할퀸다'는 뜻으로도 쓰인다 象.

- [爪牙 조아] 손톱과 어금니. 매우 쓸모있는 사람이나 물건.
- [匿爪 익조] 야심을 드러내지 않음.

5급

爭 다툴 쟁

 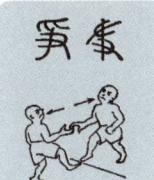

다툴, 싸울, 분별할 쟁/ 간할 쟁. 약争
quarrel, struggle

爫에 彐(又=손 우)와 亅(←亅=끌 예)의 어울림. 서로 손(爫)과 손(彐)으로 끌어(亅)당기며 '다툰다'는 뜻으로 된 자. 다툰 끝에 사리가 밝혀진다 하여 '분별하다'의 뜻으로도 쓰인다 會.

- [爭議 쟁의] 서로들 의견을 내세워 다툼.
- [爭奪 쟁탈] 다투어 빼앗음.
- [戰爭 전쟁] 병력에 의한 싸움.

4급 II

할, 될, 위할, 하여금, 삼을. ㈱ 為
to do, for, on account of

① 원숭이(爲=상형)가 앞발톱(爫=손톱 조)으로 머리를 긁고 있는 모양을 본뜬 자. 원숭이는 앞발을 손같이 쓸 수 있다는 데서 '하다'의 뜻으로 쓰이게 되었다 象.
② 爫와 爲(←象=코끼리 상)의 합침. 코끼리(爲)는 코를 손(爫)같이 자유자재로 쓸 수 있다는 데서 '하다'·'되다'의 뜻이 되었다 會.

- [爲政 위정] 정치를 행하는 일.
  [爲主 위주] 주장으로 삼음.
  [人爲 인위] 사람의 힘으로 이뤄지는 일.

3급

벼슬, 봉할, 술잔, 참새. ㈜爵 ㈱㸑 ㈜雀
dignity, official rank

'참새(舊←雀=참새 작)' 모양의 '술잔(鬯←䰟=울창술 창)'을 잡고 (寸) 신전에 나아가 제사 지내는 모양을 본뜬 자. 그 제사를 지내는 '고급 관리'의 뜻으로도 쓰인다 象會.

- [爵位 작위] 벼슬과 지위. 관작(官爵).
  [公爵 공작] 다섯 등급으로 나눈 귀족의 작위 중 첫째.
  [襲爵 습작] 작위를 물려받음.

8급

아비, 늙으신네 부/ 남자의 미칭 보.
father

손에 회초리를 들고 있는 모양을 본떠, 아이들을 가르치고 이끌어 가는 '아버지'를 뜻하게 된 자 象.
【참고】또는, 불(丿 ←火)을 관리하던 (乂=크) 어른, 즉 '아비'의 뜻.

- [父母 부모] 아버지와 어머니.
  [叔父 숙부] 아버지의 형제.
  [學父兄 학부형] 학생의 보호자.

1급

 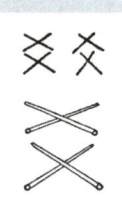

사귈, 수효, 본받을, 변할, 괘 이름.
associate with, number

점칠 때에 엇걸린 산가지가 나타내는 '수효(數爻)'를 가리킨 자. 서로 엇걸린 모양에서 '사귀다'의 뜻으로도 쓰인다 指.

- [爻周 효주] 글자를 爻자 모양으로 지움.
  [卦爻 괘효] 역괘(易卦)의 여섯 획.

조각널, 무기.
split, left side of tree

통나무를 쪼갠 것 중 왼쪽 것의 모양을 본떠 '조각널'을 뜻한 자. 그 모양에서 '무기'의 뜻으로도 쓰인다 象.
【참고】 牀·將·狀 등의 변을 이룸.

조각널 장

片

3급 II

조각 편

조각, 쪼갤, 화판, 꽃잎, 한쪽.
split, right side of tree

통나무를 쪼갠 것 중 오른쪽 것의 모양을 본떠 '조각' 또는 '쪼개다'의 뜻이 된 자. 그 중의 '한 쪽'을 뜻하기도 한다 象.

- [片肉 편육] 얇게 썰어 놓은 수육.
  [斷片 단편] 여럿으로 끊어진 조각.
  [破片 파편] 깨어진 조각.

版

3급 II

판목 판

판자, 조각, 쪽, 호적, 인쇄할. 통板
plank, board, print

片과 反(뒤칠 반:음부)의 합침. 뒤쳤다(反 p.94) 엎었다하며 켜낸 널조각(片), 곧 '판자'를 뜻하여 된 자. 그 판목에 글자를 새겨 책을 박아낸다 하여 '인쇄하다'의 뜻으로도 쓰인다 形.

- [版權 판권] 저작물의 인쇄, 발행의 권리.
  [版圖 판도] 국가가 통치하고 있는 영토.
  [出版 출판] 서적 따위를 인쇄하여 냄.

牙

3급 II

어금니 아

어금니, 대장기, 코끼리 엄니, 북틀.
molar, a back tooth, ivory

'어금니'의 모양을 본뜬 자. '코끼리의 엄니'로 깃발 끝을 장식했던 '대장기'의 뜻으로도 쓰인다 象.
【참고】雅(맑을 아)·芽(싹 아) 등의 변 또는 몸을 이룸.

- [牙城 아성] 중요한 근거지의 비유.
  [象牙 상아] 코끼리의 어금니.
  [齒牙 치아] '이'의 높임말.

牛

5급

소 우

소, 일, 별 이름.
ox, cow

'소' 머리의 두 뿔과 머리·어깨·꼬리 등을 본뜬 자 象.

- [牛痘 우두] 천연두 예방약.
  [牛乳 우유] 소의 젖.
  [農牛 농우] 농사용의 소.

物

7급

물건 물

물건, 만물(萬物), 일, 얼룩소, 헤아릴.
thing, article

牛와 勿(깃발 물:음부)의 합침. 깃발(勿 p.86)이 휘날릴 때 잡히는 주름처럼 줄무늬가 있는 '얼룩소(牛)'를 뜻하여 된 자. 소(牛)는 체구가 커서 농가의 재물 중 대표적인 것이라 하여 '물건(物件)'의 뜻으로도 쓰이게 되었다 形.
【참고】勿은 소의 갈빗대의 모양이기도 함.

- [物價 물가] 물건의 값.
  [物色 물색] 일할 만한 사람을 찾음.
  [事物 사물] 일과 물건.

4급II

칠(養) 목

칠, 기를, 맡을, 다스릴, 살필, 모란.
tend, nourish, pasture

牛와 攵(칠 복:음부)의 합침. 소(牛)를 먹이 있는 곳으로 회초리(攵)로 몰고 간다는 데서 동물을 '기르다'·'치다' 의 뜻이 된 자 會形.

- [牧場 목장] 가축을 놓아 기르는 곳.
  [牧畜 목축] 마소 따위를 기름.
  [遊牧 유목] 초원을 따라 마소 등을 기름.

6급

特

특별할 특

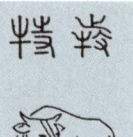

특별할, 수소, 수컷, 홀로, 다만.
specially, ox, alone

牛와 寺(관청 시[지]:음부)의 합침. 관청(寺 p.136)의 종우(牛)는 몸이 크고 힘이 세어 일반 소와 다르다 하여 '특별(特別)하다' 의 뜻이 된 자 形. 수소는 싸움질을 잘 하여 따로 둔 데서 獨(홀로 독 p.262)의 음과 뜻을 빌려 '홀로' 의 뜻으로도 쓰인다 假.
【참고】 '특' 이라는 음은 관청(寺)의 종우의 발굽 소리가 유달리 '툭툭' 난 데서 됨.

- [特色 특색] 보통보다 다른 점.
  [特徵 특징] 특별히 눈에 띄는 점.
  [奇特 기특] 기이하고 특별함. 신통함.

3급

牽

끌 견

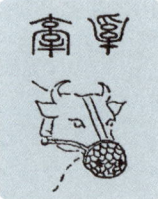

끌, 빠를, 거리낄, 뱃줄, 희생, 연할.
pull, drag, connect

玄(검을 현:음부)·冖(덮을 멱)에 牛의 합침. 소(牛)에 코뚜레를 끼우고 망(玄=冖·幺)을 씌워(冖) '끈다' 는 뜻으로 된 자 形.

- [牽牛織女 견우직녀] 별의 이름.
  [牽制 견제] 자유롭게 행동하지 못하게 억누름.

4급

犬(犭)

개 견

개, 큰 개.
dog

앞발을 들고 짖어대는 '개' 의 모양을 본뜬 자 象.

- [犬齒 견치] 송곳니.
  [猛犬 맹견] 사나운 개.
  [軍犬 군견] 군용개.

4급

犯

범할 범

범할, 침노할, 다닥칠, 죄, 참람할.
offend, invade, criminal

犭변에 㔾(←卩=테두리 함:음부)의 합침. 개(犭)가 사람의 바짓가랑이(㔾←卩) 속의 다리를 물려고 덤벼든다는 데서 '범하다' 의 뜻이 된 자 會形.

- [犯人 범인] 죄를 범한 사람.
  [犯罪 범죄] 죄를 지음.
  [防犯 방범] 범죄가 생기지 않도록 막음.

狀

4급II

문서 형상 장 상

문서, 모양, 편지, 베풀 장/ 상[國]. 약 状
form, shape, document

爿(조각널 장:음부)과 犬의 합침. 널빤지(爿)로 된 대문 옆에 개(犬)가 서 있는 '모양[形狀]'을 나타내어 된 자 形.

- [狀元 장원] 수석 급제함.
  [슈狀 영장] 명령의 뜻을 적은 문서.
  [狀況 상황] 일의 형편.

狂

3급II

미칠 광

미칠, 경망할, 정신 잃을, 뜻 클, 사나울.
crazy, overbearing, cruel

犭변에 王(임금 왕:음부)의 합침. 개(犭)가 폭군처럼 날뜀을 나타내어 '미치다'의 뜻이 된 자 形.
【참고】 여기서의 王은 丰(풀 무성할 황)의 획 줄임. 초목(丬)이 왕성히(王) 자란 모양.

- [狂症 광증] 미친 증세.
  [發狂 발광] 미친 증세가 일어남.

狗

3급

개 구

개, 강아지.
dog, little dog

犭변에 句(굽을 구:음부)의 합침. 몸을 구부리고(句 p.96) 짖는 '개(犭)'를 나타내어 된 자 形.

- [狗盜 구도] 좀도둑.
  [走狗 주구] 달리는 개. 앞잡이.
  [海狗 해구] 바닷개. 물개. 강치.

猛

3급II

사나울 맹

사나울, 모질, 날랠, 엄할, 굳셀.
fierce, violent, brave

犭변에 孟(힘쓸 맹:음부)의 합침. 힘세고(孟) '사나운 개(犭)'를 뜻한 자인데, 널리 '사납다'의 뜻으로 쓰인다 形.
【참고】 여기서 孟은 맏아들이 '힘세다'는 뜻.

- [猛攻擊 맹공격] 맹렬한 공격.
  [猛烈 맹렬] 기세가 사납고 세참.
  [勇猛 용맹] 날래고 사나움.

猶

3급II

오히려 유

오히려, 같을, 망설일 유/ 움직일 요.
still, even, same, timid

犭변에 酋(괴수 추:음부)의 합침. 짐승(犭)처럼 미개 생활을 하는 무리의 괴수(酋)가 뜻을 선뜻 결정짓지 못한다는 데서 '망설이다'의 뜻이 된 자. 망설이다가 말을 돌림을 가리켜 '오히려'의 뜻으로 널리 쓰인다 形.
【참고】 酋(p.137 尊)는 잘 익은 술로 제사드리는 우두머리, 즉 '괴수'를 뜻함.

- [猶豫 유예] 일이나 날짜를 미룸.
  [猶子 유자] 조카.
  [相猶 상유] 상이 같음.

3급II

獄
옥(囚舍) 옥

옥, 감옥, 우리, 판결, 법, 죄, 송사.
prison, judgement

犭변에 言(말씀 언)과 犬의 합침. 개(犭)와 개(犬)가 싸우듯이 두 사람이 다투는(言) 것을 재판하여 벌주는 '감옥(監獄)'을 뜻한 자 會.
【참고】 본디는 㹜(개 마주 짖을 은)과 言이 어울려 된 獄임.

- [獄中 옥중] 옥의 속. 옥에 갇힌 동안.
  [疑獄 의옥] 복잡하여 의혹이 많은 사건.
  [地獄 지옥] 죄지은 이가 사후(死後)에 간다는 곳.

5급

獨
홀로 독

홀로, 외로울, 혼자 할, 독짐승. 약 独
alone, single, solitary

犭변에 蜀(큰 닭 촉:음부)의 합침. 개(犭)와 큰 닭(蜀)은 잘 맞서 싸우므로 함께 못 있고 따로 있다 하여 '홀로' 또는 '외롭다'의 뜻이 된 자. 또는, 개와 개는 잘 싸우므로 따로 있다는 데서 '홀로'의 뜻이 된 자 形. [p.310 群]
【참고】 蜀은 눈(罒←目)을 휘둥그레 뜨고 목을 구부려(勹=굽을 구) 벌레(虫)를 잡아먹으려는 '큰 닭'을 뜻함.

- [獨立 독립] 혼자 힘으로 섬.
  [獨學 독학] 스승 없이 혼자 공부함.
  [孤獨 고독] 외로움.

3급II

獲
얻을 획

얻을, 노비, 종 획/ 더럽힐, 실심할 확.
get, obtain, slave

犭변에 蒦(헤아릴 약:음부)의 합침. 쏘아 떨어뜨린 새를 개(犭)가 잃어버리지 않고 잘 헤아려(蒦 p.354 護) 물어다 주었다는 데서 '얻다'의 뜻이 된 자 形.

- [獲得 획득] 손에 넣음.
  [漁獲 어획] 수산물을 잡거나 뜸.
  [捕獲 포획] 사로잡음. 짐승 등을 잡음.

2급

獵
사냥 렵

사냥할, 찾을, 어긋날, 휘날릴. 약 猟
hunt, search

犭변에 巤(목갈기 렵:음부)의 합침. 개(犭)가 짐승의 목갈기(巤)를 물어 잡는다는 데서 '사냥하다'의 뜻이 된 자 形.
【참고】 巤은 목덜미(甾=머리 뇌)에 긴 털이 있는 동물(鼠←鼠 p.420).

- [獵奇 엽기] 기이한 사물을 쫓아다님.
  [狩獵 수렵] 사냥.

3급II

獸
짐승 수

짐승, 길짐승, 포, 말린 고기. 약 獣
beast, wild animal

嘼(기르는 짐승 휴:음부)와 犬의 합침. 집에서 개(犬)와 같이 기르는 '짐승(嘼)'을 뜻하여 된 자인데, 후에 모든 '짐승'을 뜻하게 되었다 會形.
【참고】 嘼는 두 귀(吅)·대가리(田←凶=숫구멍)·발(口←肉)을 나타내어 '짐승'의 뜻.

- [獸心 수심] 짐승과 같은 마음.
  [獸醫 수의] 가축의 병을 치료하는 의사.
  [野獸 야수] 야생의 짐승.

犬・玄・玉 부

3급Ⅱ

獻
드릴 헌

드릴, 바칠, 개 헌/ 술단지 사. 약 献
offer, present

鬳(솥 권:음부)과 犬의 합침. 옛날 종묘 제사에 개(犬)를 잡아 솥(鬳)에 삶아 드렸던 데서 '바치다'의 뜻이 된 자 會形.
【참고】鬳은 범(虍)의 발 같은 다리가 있는 솥(鬲 p.414)의 일종임.

- [獻金 헌금] 돈을 바침. 또는 그 돈.
  [獻身 헌신] 몸을 바쳐 전력을 다함.
  [文獻 문헌] 문물 전기의 기록.

3급Ⅱ

玄
검을 현

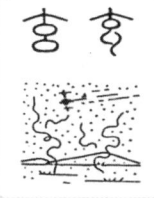

검을, 아득할, 고요할, 가물거릴.
black, silent, mysterious

亠(위 두)와 幺(작을 요)의 합침. 가는 실의 위(亠)끝이 작게(幺) 보여 '가물거린다'는 뜻으로 된 자. 또는, 작은(幺) 것이 공기에 가려져(亠) '검게' 보임을 나타낸 자. 나아가, '아득하다'의 뜻으로도 쓰인다 象會.

- [玄關 현관] 집 어귀에 있는 문간. 관문.
  [玄米 현미] 껍질만 벗기고 쓿지 않은 쌀.
  [幽玄 유현] 깊고 그윽하여 알기 어려움.

3급

兹
이 자

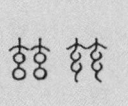

이, 이에, 흐릴 자/ 검을 현. 통 玄
this, here

玄에 玄을 합쳐, 빛깔이 '검고(玄·玄)' '흐리다'는 뜻으로 된 자 會. 후에, 茲(이 자)와 자형이 비슷하고 음이 같은 데서 그 뜻을 빌려 '이'의 뜻으로 쓰이게 되었다 假.
【참고】茲는 연약한(幺) 싹(艹)이 자란 부분을 가리켜 이것이라고 한 데서 '이'의 뜻을 나타냄.

- [兹之永歎 자지영탄] 이에 길게 탄식함.
  [水兹 수자] 물을 흐리게 휘저어림.

3급Ⅱ

率
거느릴 솔
비율 률

거느릴 솔/ 비율 률/ 새그물 수. 약 牵
command, rate

위(亠)와 아래(十) 및 가운데(㸒=실그물 모양) 부분으로 이루어진 '새그물' 모양을 본뜬 자 象. 그물에 걸린 새처럼 휘하에 들어온 부하를 '거느린다'는 뜻으로도 쓰인다. 또한, 그물에 새가 걸리면 그물코의 모양이 같은 유형으로 변형된다 하여 '비율(比率)'의 뜻으로도 쓰인다 轉.

- [率直 솔직] 꾸밈 없고 정직함.
  [統率 통솔] 온통 몰아서 거느림.
  [能率 능률] 일을 해내는 비율.

4급Ⅱ

玉(王)
구슬 옥

구슬, 옥, 사랑할, 이룰. 본 王
bead, love

'구슬' 세 개(三)를 끈으로 꿴(丨) 모양을 본뜬 자 象. 후에, 王(임금 왕)과의 혼동을 피하기 위해 '丶'을 덧붙여 '옥'의 뜻으로만 쓰이게 되었다 轉.

- [玉稿 옥고] 남의 원고에의 경칭.
  [玉碎 옥쇄] 명예롭게 깨끗이 죽음.
  [白玉 백옥] 흰 옥.

8급

王
임금 왕

임금, 왕, 으뜸, 클, 어른, 왕성할.
king, ruler, grand

│이 三을 꿴 모양의 자. 三은 천(天)·지(地)·인(人) 셋을 상징함. 덕(德)이 이 세(三) 가지와 합치된(│) 사람이라야 '임금'이 될 수 있음을 가리킨 자 指.

- [王冠 왕관] 임금이 쓰는 관.
- [王道 왕도] 임금이 행해야 할 길.
- [聖王 성왕] 어질고 탁월한 임금.

4급

珍
보배 진

보배, 서옥, 진기할, 희귀할, 맛좋을.
precious, rare, delicate

王(구슬 옥)변에 㐱(검은 머리 진:음부)의 합침. 무늬가 머릿결(㐱 p.93 參)같이 고운 구슬(王)은 '진기(珍奇)한 보배'라는 뜻으로 된 자 形.

- [珍貴 진귀] 보배처럼 귀중함.
- [珍味 진미] 썩 좋은 맛. 또는 그런 음식.
- [時珍 시진] 때가 좋음.

6급

班
나눌 반

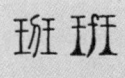

나눌, 줄지어 설, 나눌, 차례, 같을. 통 般
divide, class

玨(쌍옥 각)과 刂(←刀=칼 도)의 어울림. 구슬을 둘(玨)로 쪼개어(刂) 후일의 증거로 한쪽을 관리에게 주었던 데서 '나누다'의 뜻이 된 자 會. 그 구슬의 종류로 관리의 지위를 구별지었던 데서 '차례'의 뜻으로도 쓰인다 轉.

- [班長 반장] 반의 책임자.
- [研究班 연구반] 특별 연구 활동반.
- [兩班 양반] 문관 또는 무관이 될 수 있던 계층.

3급 II

珠
구슬 주

구슬, 진주(眞珠), 눈동자.
bead, pearl, eye-ball

王(구슬 옥)변에 朱(붉을 주:음부)의 합침. 빛깔이 붉은(朱 p.214) 구슬(王)을 뜻하여 된 자인데, 일반적으로 구형의 '구슬'을 일컫게 되었다 形.

- [珠算 주산] 주판(珠板)으로 하는 셈.
- [念珠 염주] 염불할 때 쓰는 물건.

6급

球
공 구

공, 둥글, 아름다운 옥, 지구(地球).
sphere, ball

王(구슬 옥)변에 求(구할 구:음부)의 합침. 옥(王)을 구하여(求 p.234) 갈고 닦은 것이 '아름답다'는 뜻으로 된 자. 나아가, 그 옥이 '둥글다'는 뜻으로도 쓰인다 形.

- [球技 구기] 공으로 하는 경기.
- [排球 배구] 손으로 공을 치는 경기.
- [電球 전구] 전기를 통해 빛을 내는 기구.

6급

現 나타날 현

나타날, 보일, 옥빛, 지금, 당장. 통見
appear, show, exhibit

王(구슬 옥)변에 見(나타날 현:음부)의 합침. 옥돌(王)을 갈고 닦으면 아름다운 빛깔이 난다(見)는 데서 '나타나다'의 뜻이 된 자 形.

- [現金 현금] 지금 그 자리에 있는 돈.
  [現在 현재] 지금 나타나 있는 때.
  [實現 실현] 실제로 나타남.

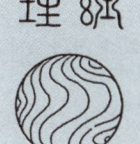

6급

理 다스릴 리

다스릴, 바를, 무늬 낼, 도리(道理), 이치.
manage, regulate, reason

王(구슬 옥)변에 里(마을 리:음부)의 합침. 里는 밭(田)에 이랑(土)이 있듯이 옥에 있는 결을 가리킴. 구슬(王)의 무늬(里)가 잘 나도록 간다는 데서 '다스리다'의 뜻이 된 자. 구슬의 무늬는 조리가 있다 하여 '이치(理致)'의 뜻으로도 쓰인다 形.

- [理髮 이발] 머리털을 깎음.
  [理由 이유] 까닭. 사유.
  [原理 원리] 사물 성립의 기본 원칙.

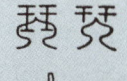
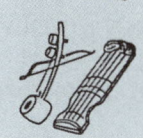

3급 II

琴 거문고 금

거문고.
the Korean guitar

'거문고' 모양을 본뜬 자 象.
【참고】珏(쌍옥 각)은 옥으로 만들어진 기러기발, 人은 거문고 줄, ㅋ은 거문고의 틀 모양.

- [琴瑟 금슬(실)] 거문고와 비파(부부의 정).
  [提琴 제금] 바이올린.
  [彈琴 탄금] 가야금을 탐.

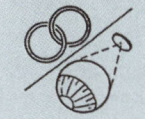

4급

環 고리 환

옥고리, 둘레, 둘릴, 두를, 도리옥.
ring, surrounding, encompass

王(구슬 옥)변에 睘(눈 휘둥그럴 경:음부)의 합침. 눈망울과 눈동자(睘 p.380 還)같이 외곽과 안이 둥근 '옥고리(王)'를 뜻한 자. 그 '둘레'의 뜻으로 널리 쓰인다 形.

- [環境 환경] 주위의 사물과 정황.
  [環視 환시] 뭇 사람이 둘러서서 봄.
  [指環 지환] 가락지.

2급

瓜 오이 과

오이, 참외, 모과(木瓜), 수박.
cucumber, melon

덩굴(厂)에 고부랑한 열매(厶)가 달린 모양을 본떠 '오이'나 '참외'를 뜻한 자 象.
【참고】弧(나무활 호), 瓣(꽃잎 판) 등은 瓜의 음 또는 뜻을 취하여 된 자임.

- [瓜年 과년] 시집갈 때가 된 나이.
  [瓜滿 과만] 벼슬의 임기가 참.
  [西瓜 서과] 수박.

3급 II

瓦
기와 와

기와, 질그릇, 방전(紡塼), 그램.
tile

진흙으로 만든 '기와' 모양을 본뜬 자. '질그릇'의 뜻으로도 쓰인다 象.
【참고】 瓶(물장군 병)·瓷(오지그릇 자)는 瓦의 뜻을 취한 자임.

- [瓦當 와당] 기와의 마구리.
- [瓦解 와해] 산산조각이 남.
- [靑瓦 청와] 푸른 기와.

4급

甘
달 감

달, 맛, 마음 상쾌할, 싫을, 느슨할.
sweet, taste

입안(廿→口)의 혀끝(一)으로 '단맛'을 가려 냄을 가리킨 자. 또는 입(口)에 머금고(一) '맛봄'을 가리킨 자 指. 너무 달아 '싫다'는 뜻으로도 쓰인다 轉.
【참고】 혀끝은 단맛을, 혀의 좌우는 신맛을, 혀의 안쪽은 쓴맛을 가려 냄.

- [甘味 감미] 단맛.
- [甘言 감언] 달콤한 맛.
- [酸甘 산감] 새큼하고 닮.

3급 II

甚
심할 심

심할, 심히, 몹시, 더욱, 무엇.
extremely, very, too, more

甘과 匹(짝 필)의 합침. 한 쌍(匹 p.87)의 남녀가 달콤한 사랑을 속삭이며 맛있는(甘) 음식을 먹으니 인생의 즐거움이 더할 나위 없다는 데서 '몹시' 또는 '심하다'의 뜻이 된 자 會.

- [甚大 심대] 대단히 큼.
- [甚深 심심] 대단히 깊음.
- [極甚 극심] 몹시 지독함. 극히 심함.

8급

生
날 생

날, 낳을, 날것, 살, 설, 자랄, 목숨.
birth, produce, live

싹(屮=싹날 철)이 땅(土)을 뚫고 나오는 모양을 본떠 '나다'·'살다'의 뜻이 된 자 象.

- [生命 생명] 목숨. 사물 유지의 기한.
- [生母 생모] 자기를 낳은 어머니.
- [發生 발생] 생겨남.

5급

産
낳을 산

낳을, 생산할, 업, 자산(資産), 난 곳.
bear, produce

产(←彦=선비 언:음부)과 生의 어울림. 본디는 남자 아이(产)를 '낳는다(生)'는 뜻으로 된 자. 나아가, 물건을 만들어 낸다 하여 '생산(生産)하다'의 뜻으로도 쓰인다 形.

- [産物 산물] 그 지방에서 생산되는 물건.
- [産出 산출] 산물이 나옴.
- [國産 국산] 제 나라에서 생산되는 것.

6급

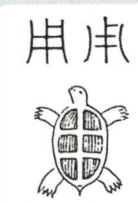

用
쓸 용

쓸, 써, 베풀, 시행할, 작용, 도구.
use, employ

① 卜(점 복)과 中(맞힐 중)의 어울림. 점(卜)을 쳐 보아 맞으면(中 p.43) 그 일을 힘써 '시행한다'는 뜻으로 된 자인데, 매사에 점을 이용했다는 데서 '쓰다'의 뜻으로 널리 쓰인다會.
② 가축을 기르는 우리(柵=울 채) 모양을 본떠 '베풀'의 뜻이 된 자象.
【참고】勇·痛, 周(두루 주)·庸(떳떳할 용) 등은 用의 음 또는 뜻을 취해 된 자임.

- [用途 용도] 쓰이는 곳.
  [用務 용무] 볼일. 필요한 임무.
  [使用 사용] 쓰거나 부림.

4급Ⅱ

田
밭 전

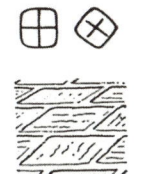

밭, 사냥할, 연잎 동글동글할. 통畋
farming land

밭과 밭 사이에 사방으로 난 둑의 모양을 본떠 '밭'을 뜻하게 된 자象.

- [田園 전원] 논밭과 동산. 시골. 교외.
  [鹽田 염전] 소금을 만드는 밭.
  [油田 유전] 석유를 산출하는 곳.

6급

由
말미암을 유

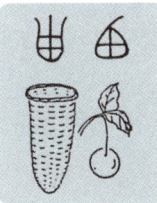

말미암을, 까닭, 지날, 쓸, 행할, 움.
cause, reason, sprouts

① 열매가 꼭지로 '말미암아' 매달린 모양에서 그 뜻이 된 자. 또는, 술 따위를 거를 때 사용하는 용수(由←㔿) 모양에서 '쓰다'의 뜻을 된 자象.
② 씨알(田=⊗)에서 싹(丨)이 돋는 모양을 본떠 '움'의 뜻이 된 자. 움은 열매의 인(因)이 되는 데서 '말미암다'의 뜻으로 쓰이게 되었다象.
【참고】㔿(용수 치)와 由는 자형이 비슷한 데서 혼동된 것으로 보임.

- [由來 유래] 사물의 내력.
  [經由 경유] 거치어 지나감.
  [事由 사유] 일의 까닭.

4급

甲
갑옷 갑

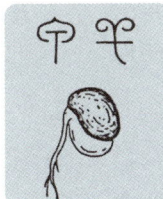

갑옷, 첫째 천간, 동녘, 껍질, 법령.
armour, 1st of 10 stems, shell

싹이 '껍질'을 뒤집어쓰고 땅 위로 돋아나는 모양을 본뜬 자. 겉껍질 모양을 '갑옷'에 비겨 그 뜻으로 두루 쓰인다象. 또는, 갓 생겨난 싹이라는 데서 10간의 '첫째'로도 쓰인다轉.

- [甲族 갑족] 지체가 높은 집안.
  [鐵甲 철갑] 쇠붙이로 씌운 겉 덮개.
  [回甲 회갑] 61살이 되는 해.

4급Ⅱ

申
납(猿) 신

납(아홉째 지지), 펼, 기지개켤, 말할.
spread, stretch, say

양손(臼=양손 국)을 허리(丨)에 대고 몸을 펴 '기지개켜는' 모양. 또는 번갯불이 '퍼지는' 모양을 가리켜 된 자. 나아가, 생각한 것을 펴서 '말한다'는 뜻으로도 쓰인다指.

- [申告 신고] 보고하는 일.
  [申請 신청] 신고하여 청구함.
  [上申 상신] 어떤 의견을 윗사람에게 여쭘.

7급

男
사내 남

사내, 젊은이, 아들, 남작(男爵).
man, son

田과 力의 합침. 밭(田)에 나가 힘써(力) 일하는 '사나이[男子]'를 뜻하여 된 자 會.

- [男兒 남아] 사내아이.
  [男裝 남장] 여자가 남자처럼 차림.
  [生男 생남] 아들을 낳음.

6급

界
지경 계

지경, 갈피, 범위, 세계(世界).
boundary, territory, world

田과 介(낄 개:음부)의 합침. 밭(田)과 밭 사이(介 p.52)의 갈피를 가리켜 '지경'이나 '범위'를 뜻하게 된 자 會形.

- [界標 계표] 경계(境界)에 세운 표지.
  [業界 업계] 같은 산업에 종사하는 사람의 사회.
  [限界 한계] 사물의 정해진 범위.

3급

畓
논 답

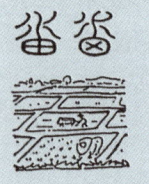

논.
farming land of water(Korean letter)

水(물 수)와 田의 합침. 물(水)이 있는 밭(田). 곧 '논'을 뜻하여 된 자 會.

- [田畓 전답] 밭과 논.
  [沃畓 옥답] 지질이 좋아 기름진 논.
  [天水畓 천수답] 빗물에 의해서만 벼를 심어 재배할 수 있는 논.

3급

畏
두려워할 외

겁낼, 두려워할, 놀랄, 꺼릴.
be afraid of, wonder, timid

① 田(←甶=귀신 머리 불)과 𠬝(←化=변할 화)의 합침. 죽은 사람의 머리(田)나 늙어 변해(𠬝) 가는 현상은 다 '두려워한다'는 뜻으로 된 자 會.
② 𠬝의 옛자는 爪(범 발톱 조)로, 귀신(田←甶)이나 범의 발톱(爪)은 모두 '두려움'이 된다는 뜻으로 된 자 會.

- [畏敬 외경] 어려워하고 공경함.
  [畏友 외우] 존경하는 벗.
  [畏兄 외형] 친구를 대접해서 부르는 말.

3급 II

畜
짐승 축

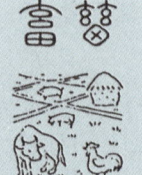

짐승, 기를, 가축, 쌓을 축/ 기를 휴(육).
domestic animal, heap up

玄(←玆=불을 자)와 田의 합침. 밭(田)에서 농작물이 잘 되어 가산이 불어(玄)나서 '쌓아진다'는 뜻으로 된 자. 후에, 가산을 늘리기 위하여 가축을 '기른다'의 뜻으로 쓰이게 되었다 會.
【참고】'쌓다'의 뜻으로는 蓄(p.331)을 씀.

- [畜産 축산] 가축에 관한 생산.
  [畜生 축생] 가축. 또는 짐승들.
  [牧畜 목축] 마소 따위를 놓아 기름.

田 부

4급II

留 머무를 류

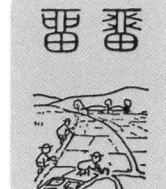

머무를, 오랠, 막힐, 기다릴. 얙 㽞
stay, stop, stagnate

원자형은 畱. 丣(문닫을 류:음부)와 田의 합침. 농사짓기 위하여 집의 문을 닫아 걸고(丣) 멀리 떨어진 밭(田)에 나가 '오래' '머무른다' 는 뜻으로 된 자. 머무른다는 데서 '기다리다' 의 뜻으로도 쓰인다 形.
【참고】卯(무성할 묘)는 위가 열렸는데, 丣는 卯의 위가 막힌 꼴로 '닫다' 의 뜻이 됨.

- [留意 유의] 마음에 둠.
  [留任 유임] 어떤 자리에 계속 머무름.
  [保留 보류] 뒤로 미루어 둠.

3급II

畢 마칠 필

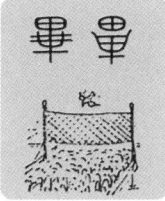

마칠, 다할, 다, 그물, 편지.
finish, complete, net

田과 󰎩(키 필:음부)의 합침. 󰎩은 키 엮음새처럼 엮어 높이 세운 그물의 모양. 밭(田) 곡식을 해치는 새를 잡기 위해 그물(󰎩)치는 일이 완료되었다 하여 '마치다' 의 뜻이 된 자 會.

- [畢竟 필경] 마침내. 결국.
  [畢生 필생] 한 평생 동안.
  [未畢 미필] 아직 끝내지 못함.

4급

略 간략할 략 약할

간략할, 대략, 꾀, 돌, 빼앗을. 동 畧
outline, abridge

田과 各(각 각:음부)의 합침. 발걸음으로 제각기(各 p.97) 밭(田)의 경계를 대충 정한 데서 '대략(大略)' 의 뜻이 된 자 形. 대략 정한 밭의 경계를 이웃 밭 임자가 침입한다 하여 '빼앗다[劫略]' 의 뜻으로도 쓰인다 轉.

- [略圖 약도] 대충 그린 그림이나 도면.
  [略歷 약력] 간단하게 적은 이력.
  [槪略 개략] 추리고 줄인 요약.

4급

異 다를 이

다를, 기이할, 괴이할, 나눌. 본 異
different, strange

① 탈을 쓴 모양을 본뜬 자. 탈을 써서 얼굴이 달리 보인다 하여 '다르다' 또는 '기이(奇異)하다' 의 뜻이 된 자 象.
② 畀(줄 비) 안에 廾(손 맞잡을 공)의 어울림. 주려고(畀) 물건을 두 손(廾)으로 '나눈다' 는 뜻으로 된 자 會.

- [異國 이국] 딴 나라. 풍속이 다른 나라.
  [異常 이상] 보통과 다름. 보통이 아님.
  [相異 상이] 서로 다름.

6급

番 차례 번

차례, 횟수, 번들 번/ 갈릴 반/ 날랠 파.
order, times

釆(발자국 변:음부)과 田의 합침. 땅(田)에 나타난 짐승의 발자국(釆), 또는 밭(田)에 씨앗을 뿌리고 지나간 농부의 발자국(釆 p.384)이 순차적으로 난 모양을 본떠 '차례' 의 뜻이 된 자 象會形.

- [番地 번지] 땅을 일정한 기준에 따라 나누어서 매긴 번호.
  [番號 번호] 차례를 나타내는 호수.
  [當番 당번] 어떤 일을 책임지고 돌보는 차례가 됨.

6급

畫
그림 화
그을 획(劃)

그림 화/ 그을, 꾀할, 글씨 획. 약 画 통 劃
to line, draw, picture

聿(붓 율)·田·一의 어울림. 붓(聿)으로 도면에 밭(田)의 경계(一)를 '긋는다'는 뜻으로 된 자. 붓으로 선을 긋는다는 데서 '그림 그리다'의 뜻으로도 쓰인다 會.

- [畫家 화가] 그림을 그리는 것이 전문인 사람.
- [畫壇 화단] 화가의 사회.
- [畫策 획책] 계책을 세움. 책략을 꾸밈.

5급

當
마땅 당

마땅할, 당할, 맞을, 전당할. 약 当
ought, suitable, fitting

尙(짝지을 상:음부)과 田의 합침. 밭(田)이 서로 비슷하여(尙 p.138) 맞바꾸기에 '마땅하다'는 뜻으로 된 자 形.

- [當然 당연] 마땅히 그러함.
- [相當 상당] 알맞음. 정도에 가까움.
- [該當 해당] 무엇에 관계되는 바로 그것.

3급II

畿
경기 기

경기, 서울, 문지방, 뜰, 지경.
districts around the capital

𢆶(←幾=가까울 기:음부)와 田의 합침. 서울을 중심으로 가까이 (幾 p.151 幾) 있는 주위의 땅(田)을 가리켜 '경기(京畿)'의 뜻이 된 자 會形.

- [畿內 기내] 서울 부근.
- [畿湖 기호] 한국 서쪽 중앙부의 일컬음.
- [近畿 근기] 서울에서 가까운 지방.

1급

疋
발 소

 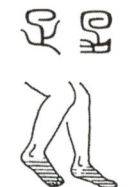

발 소/ 짝, 끝, 필 필 통 匹 **/ 바를 아.**
foot, pair

발목에서 발끝까지의 모양을 본떠 '발'을 뜻한 자. 발은 둘이라는 데서 '짝'의 뜻으로도 쓰인다 象. [p.365 足]

- [疋緞 필단] 필로 된 비단.
- [疋木 필목] 필로 된 무명 따위.

3급II

疏
소통할 소

성길, 뚫릴, 상소(上疏), 주낼. 통 疎
rare, coarse, petition

疋(:음부)와 㐬(떠내려갈 돌)의 합침. 아기가 발(疋)로 모래집을 뚫고 집물에 떠내려가(㐬 p.241 流)듯이 나옴을 가리켜 '뚫리다'의 뜻이 된 자. 모래집물이 간격을 두고 나온다는 데서 '성기다'의 뜻으로도 쓰인다 會形.

- [疏通 소통] 막힘없이 통함.
- [註疏 주소] 본문에 대한 풀이.

田·疒·疒 부

4급

疑
의심할 의

의심할, 그럴듯할 의/ 정할 응/ 설 을.
doubt, suspect

吴(←䇜=정해지지 않을 의:음부)·マ(←子)·正(←止)의 어울림. 어린애(マ)가 뜻을 정하지(正) 못해 망설인다(吴)는 데서 '의심(疑心)하다'의 뜻이 된 자 形.
【참고】吴는 화살(矢)이 고부라져(匕) 표적을 '맞힐지 못 맞힐지 모르겠다'는 뜻.

● [疑問 의문] 의심스러운 점이나 문제.
　[疑惑 의혹] 의심하여 분별하기 어려움.
　[質疑 질의] 의문을 물어서 밝힘.

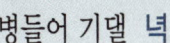

疒
병들어 기댈 녁

병, 병들어 기댈.
disease

사람이 병상에서 팔을 늘어뜨리고 기댄 모양을 본떠 '병듦'을 가리킨 자 象指.

3급Ⅱ

疫
전염병 역

전염할, 돌림병, 열병, 염병, 역귀.
infect, plague

疒과 殳(날 없는 창 수)의 합침. 창(殳)을 들고 적이 쳐들어오듯이 병균(疒)이 들어와 '전염한다'는 뜻으로 된 자 會.
【참고】殳(←役=부릴 역)은 음부도 됨.

● [疫痢 역리] 악성 이질.
　[免疫 면역] 병균에 저항력이 생김.
　[防疫 방역] 전염병을 미리 막음.

3급Ⅱ

疾
병 질

병, 괴로울, 투기할, 빠를, 힘쓸, 몹쓸.
disease, quick

疒과 矢(화살 시:음부)의 합침. 병(疒) 증세의 퍼짐이 화살(矢)같이 '빠르다'는 뜻으로 된 자. 또는, 병(疒)이 화살(矢)에 맞은 듯이 '급하다'는 뜻으로도 쓰인다 會形. [p.272 病]

● [疾病 질병] 모든 병.
　[疾風 질풍] 빠르게 부는 바람.
　[痼疾 고질] 고치기 어려운 병.

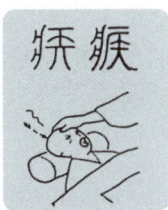

4급

疲
피곤할 피

피곤(疲困)할, 고달플, 나른할, 야윌.
tired, weary, exhausted

疒과 皮(가죽 피:음부)의 합침. 살갗(皮)에 병색(疒)이 날 만큼 지친다 하여 '피곤하다'·'야위다'의 뜻이 된 자 形.

● [疲勞 피로] 지쳐서 몹시 나른함.
　[疲困 피곤] 지쳐 고달픈 상태.
　[疲弊 피폐] 지치고 쇠약해짐.

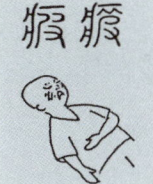

6급

병 병

병들, 앓을, 괴로울, 근심할, 곤할.
get ill, disease, painful

疒과 丙(밝을 병:음부)의 합침. 불을 밝혀(丙 p.43) 밤새워 간호해야 할 정도로 앓는 '병(疒)'을 뜻한 자. 병들어 아프다는 데서 '괴롭다'·'근심하다'의 뜻으로도 쓰인다 會形.

- [病席 병석] 앓아 누운 자리.
  [病院 병원] 환자를 치료하는 곳.
  [問病 문병] 앓는 사람을 찾아 위로함.

3급Ⅱ

증세 증

병, 증세. 通證
symptom of disease

疒과 正(바를 정:음부)의 합침. 어떤 병(疒)인지를 바로(正) 알아 낸 '병의 증세(病症勢)'를 뜻하여 된 자 會形.

- [症候 증후] 병을 앓을 때 나타나는 여러 가지 상태나 모양.
  [厭症 염증] 싫증. 반갑지 않음.
  [痛症 통증] 아픈 증세.

4급

아플 통

아플, 상할, 다칠, 심할, 몹시, 병.
painful, wounded, severely

疒과 甬(물 솟아 오를 용:음부)의 합침. 甬(p.83 勇)은 꽃봉오리가 부풀어 올라 막 피려는 모양. 병든 곳(疒)이 꽃봉오리같이 부풀어 올라(甬) 심히 '아프다'는 뜻으로 된 자 形.

- [痛哭 통곡] 소리내어 슬피 욺.
  [痛切 통절] 뼈에 사무치게 간절함.
  [苦痛 고통] 몸, 마음의 괴로움과 아픔.

걸을 발

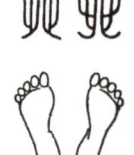

걸을, 갈, 등질.
walk, back to back

ㄗ(←止의 반대형)와 ㄴ(←止)의 합침. 두 발(ㄗ·ㄴ)을 벌리고 걸어가려는 모양에서 '걷다', 또는 두 발이 반대편으로 된 모양에서 '등지다'의 뜻이 된 자 象會.

3급

북방
천간 계

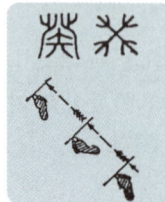

북방, 열째 천간, 헤아릴.
last of 10 stems(north)

癶과 天(←矢=화살 시)의 합침. 발걸음(癶) 또는 화살(天←矢)로 길이를 재어 '헤아림'을 나타낸 자 指.

- [癸方 계방] 북쪽.
  [癸丑 계축] 육십갑자의 쉰째.
  [天癸 천계] 월경(月經).

7급  오를 등		오를, 나아갈, 높을, 탈, 이룰, 익을. climb up, advance, ride 癶과 豆(콩 두:음부)의 합침. 豆는 그 자형에서 발판을 나타냄. 발판(豆)을 밟고(癶) 높은 데에 '오른다' 또는 '나아간다'는 뜻으로 된 자 會形. ● [登校 등교] 학교에 출석함. 　[登山 등산] 산에 오름. 　[豊登 풍등] 농사지은 것이 썩 잘 됨.
6급  필 발	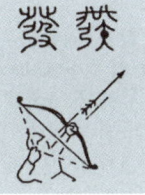	쏠, 떠날, 필, 열, 흩어질. 약 発 issue, shoot, start 癹(발로 풀 뭉갤 발:음부)과 弓(활 궁)의 어울림. 두 발로 풀을 뭉개듯이 힘있게 딛고(癹) 서서 활(弓)을 '쏜다'는 뜻으로 된 자. 화살이 나간다 하여 '떠나가다'의 뜻으로 두루 쓰인다 形. 【참고】癹은 발(癶)로 풀을 뭉개(殳=칠 수)듯이 힘있게 선다는 뜻. ● [發刊 발간] 인쇄하여 세상에 내놓음. 　[發表 발표] 세상에 널리 드러냄. 　[出發 출발] 길을 떠나감.
8급  흰 백		흰, 밝을, 말할, 깨끗할 백/ 땅 이름 배. white, clear ① 日에 빛을 가리키는 'ノ'을 더한 자. 해(日)의 빛(ノ)이 '희다'를 가리킨 자 指. 또는, 잣알 모양을 본떠 '희다'의 뜻이 된 자 象會. ② 自(코 비 p.321)의 획 줄임으로, 입(日)김(ノ)을 내며 '말한다'는 뜻 假. 【참고】東은 靑, 西는 白, 南은 赤, 北은 黑, 中은 黃을 나타냄. ● [白髮 백발] 하얗게 센 머리털. 　[潔白 결백] 더럽힘이 없이 깨끗하고 흼. 　[告白 고백] 숨김없이 사실대로 말함.
7급  일백 백	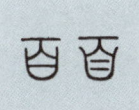	일백, 많을 백/ 힘쓸, 길잡이 맥. hundred 一과 白(말할 백)의 합침. 하나(一)에서 '일백'까지 세면 크게 외쳐(白) 일단락지은 데서 그 뜻이 된 자 會. ● [百姓 백성] 일반 국민들. 　[百出 백출] 여러 가지로 많이 나옴. 　[凡百 범백] 온갖 사물.
5급  과녁 적	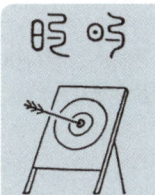	과녁, 밝을, 어조사, 표준, 의, 것. target, bright ① 白과 勺(작을 작:음부)의 합침. 흰(白) 동그라미(勺)를 가리켜(一) '과녁'을 뜻하게 된 자 形. ② 본자는 旳. 태양(日)은 작게(勺) 보이나 그 빛이 '밝음'을 나타낸 자 形. ● [的中 적중] 목표에 들어맞음. 　[目的 목적] 일을 이루려는 목표. 　[標的 표적] 목표로 삼는 물건.

3급

皆

다(總) 개

다, 모두, 고를, 한가지, 같을. 통偕
all, whole, all together

比(견줄 비)와 白(말할 백)의 합침. 比는 나란히 선 사람. 많은 사람(比)이 다 같이 찬성하여 말한다(白) 하여 '다'·'모두'의 뜻이 된 자 會.

- [皆勤 개근] 하루도 안 빠지고 출석함.
- [皆濟 개제] 빌렸던 돈이나 물건을 다 갚음.
- [擧皆 거개] 거의 모두.

3급 II

皇

임금/황제 황

황제, 클, 바를, 비롯할 황/ 엄숙할 왕.
emperor, great

① 白과 王(임금 왕:음부)의 합침. 임금(王)보다 높은 이가 쓴 관 모양(白)을 가리켜 '황제(皇帝)'의 뜻을 나타낸 자 會形.
② 白은 自의 획 줄임으로, 사람이 태어날 때 코부터(自 p.321) 나온다 하여 '비롯하다'의 뜻이 된 자인데, 후에 王 위에 白(自)을 얹어 王의 조종인 '황제'를 뜻하게 되었다 會.

- [皇室 황실] 황제의 집안.
- [皇帝 황제] 왕이나 제후를 거느리는 임금.
- [敎皇 교황] 카톨릭교의 최고 지배자.

3급 II

皮

가죽 피

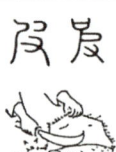

가죽, 껍질, 거죽, 과녁, 벗길.
fur, bark, skin

짐승의 가죽을 손(又 p.93)으로 벗겨 내는(丨) 모양을 본떠, 털 있는 '날가죽'을 뜻한 자. 나아가, 나무 '껍질' 또는 물체의 '거죽'을 뜻한다 象會.

【참고】 1. 彼·波·破는 皮를 몸으로 함.
2. 革은 털을 뽑고 기름을 빼지 않은 가죽, 韋는 잘 다루어진 가죽.

- [皮膚 피부] 살갗.
- [皮相 피상] 겉모양. 겉만 보고 판단함.
- [表皮 표피] 동식물의 겉껍질.

1급

皿

그릇 명

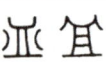

그릇, 사발, 그릇 뚜껑.
vessel

위가 넓고 받침이 있는 쟁반 모양을 본떠 '그릇'을 뜻한 자 象.

- [器皿 기명] 온갖 그릇.
- [大皿 대명] 큼직한 그릇.

4급 II

益

더할 익

더할, 나아갈, 넉넉할, 많을, 넘칠.
increase, advance, overflow

모로 누운 水(물 수)와 皿의 합침. 그릇(皿)에 물(水)을 '더한다'는 뜻으로 된 자. 가득 찬 그릇(皿)에 물(水)을 부으니 '넘친다'는 뜻으로도 쓰인다 會.

- [益鳥 익조] 이로움을 주는 새.
- [公益 공익] 사회·공중의 이익(利益).
- [有益 유익] 이익이 있음.

4급

盜
도둑 도

도둑, 도적(盜賊), 도둑질, 훔칠. ❀盗
robber, steal

次(침 연)과 皿의 합침. 그릇(皿)에 담긴 음식을 보고 침(次)을 흘리다 몰래 집어 먹는다는 데서 '도둑'의 뜻이 된 자 會.
【참고】次은 입을 헤벌리고(欠) 침(氵)을 흘린다 하여 욕심을 나타냄.

- [盜伐 도벌] 남의 나무를 몰래 벰.
  [盜用 도용] 남의 명의나 물건을 몰래 씀.
  [强盜 강도] 폭행으로 재물을 뺏는 도둑.

4급Ⅱ

盛
성할 성

 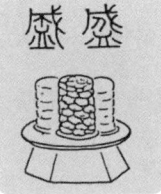

성할, 많을, 길, 담을, 이룰, 성대할.
flourishing, abundant

成(거듭 성:음부)과 皿의 합침. 제사지낼 때 음식을 그릇(皿)에 여러 겹(成 p.179) 포개 담은 모양에서 '많다'·'성대(盛大)하다'의 뜻이 된 자 形.

- [盛裝 성장] 옷을 화려하게 차림.
  [盛行 성행] 매우 성하게 유행함.
  [繁盛 번성] 한참 성하게 늘어나 퍼짐.

3급Ⅱ

盟
맹세 맹

맹세할, 미쁠, 믿을, 땅 이름.
swear, vow, believe

明(밝을 명)과 皿(그릇 명:음부)의 합침. 희생의 피를 그릇(皿←血)에 부어 마시며 천지신명에게 명백하게(明 p.203) 약속했던 데서 '맹세(盟誓)하다'의 뜻이 된 자 會形.

- [盟約 맹약] 맹세하여 굳게 맺은 약속.
  [盟主 맹주] 맹약을 맺은 자의 우두머리.
  [同盟 동맹] 각자의 이익이나 목적을 위해 동일하게 행동하기로 맹세한 조직체.

4급

盡
다할 진

다할, 마칠, 모두, 극진할. ❀尽
exhaust, finish, all, entirely

聿(깜부기불 진:음부)과 皿의 합침. 화로(皿)의 깜부기불(聿)이 꺼져감을 가리켜 '다하다'의 뜻이 된 자 會形.
【참고】聿은 부젓가락을 쥐고(聿=손 놀릴 섭) 불씨(灬)를 찾는 데서 '깜부기불'의 뜻.

- [盡力 진력] 있는 힘을 다함. 수고함.
  [極盡 극진] 마음과 힘을 다함.
  [賣盡 매진] 죄다 팔림.

4급Ⅱ

監
볼 감

볼, 살필, 거느릴, 감독할, 거울. ❀鑑
oversee, look, supervise

臥(누울 와)와 皿(血=피 혈)의 어울림. 엎드려(臥 p.321) 선지(血)가 잘 엉기는지를 '살펴본다'는 뜻으로 된 자. 또는, 그릇(皿)에 물(一)을 담고 엎드려(臥) 얼굴을 '살펴본다'는 뜻으로 된 자 會.
【참고】본디, 血(←衉=선짓국 감)은 음부임.

- [監査 감사] 감독(監督)하고 검사함.
  [監察 감찰] 감시(監視)하여 살핌.
  [校監 교감] 교무를 감독하는 교원.

3급Ⅱ

盤 소반 반

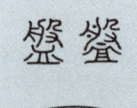

소반, 대야, 목욕통, 큰 돌, 칼코등이(칼자루에 감은 테).
tray, basin

般(옮길 반:음부)과 皿의 합침. 음식을 담아 옮기는(般 p.324) 넓적한 그릇(皿), 즉 '소반(小盤)'을 뜻하여 된 자 形.

- [盤石 반석] 넓고 편편한 큰 돌.
- [基盤 기반] 기초가 될 지반(地盤).
- [音盤 음반] 전축에 걸어 소리를 들을 수 있게 만든 판.

6급

目(罒) 눈 목

눈, 볼, 제목, 지금, 종요로울.
eye, see

눈의 흰자위와 검은자위로 이뤄진 '눈' 모양을 본뜬 자. 그 기능에서 '보다'의 뜻으로도 쓰인다 象.
【참고】본자는 罒. 쓰기 편하게 '目'으로 씀.

- [目擊 목격] 눈으로 직접 봄.
- [目次 목차] 책 내용의 차례.
- [頭目 두목] 여러 사람 중 우두머리.

3급Ⅱ

盲 소경/눈멀 맹

 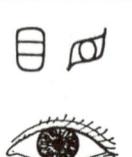

소경, 청맹과니, 어두울, 몽매할.
blind, dark, stupid

亡(없어질 망:음부)과 目의 합침. 눈동자(目)가 없다(亡 p.49)는 데서 '소경'의 뜻이 된 자. 소경은 보지 못한다 하여 '어둡다'의 뜻으로도 쓰인다 會形.

- [盲目的 맹목적] 분별없이 하는 행동.
- [盲人 맹인] 장님. 눈먼 사람.
- [色盲 색맹] 색 분간이 불완전한 시력.

7급

直 곧을 직

곧을, 바를, 당할, 다만 직/ 값 치. 통値
honest, straight

十·目·乚(隱=숨을 은의 옛자)의 어울림. 여럿(十)이 보면(目) 숨김(乚)없이 볼 수 있다는 데서 '바르다'·'곧다'의 뜻이 된 자 會.

- [直營 직영] 직접 경영함. 직접적인 영업.
- [直後 직후] 어떤 일이 있고 난 바로 다음.
- [正直 정직] 마음이 바르고 곧음.

5급

相 서로 상

 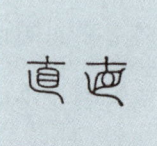

서로, 바탕, 볼, 상볼, 모양, 정승.
mutual, looking

木(나무 목)과 目의 합침. 나무(木)에 올라 멀리 '바라볼(目)' 때 저쪽에서도 마주 바라본다 하여 '서로'의 뜻이 된 자 會.

- [相對 상대] 서로 대면함. 마주 겨룸.
- [相逢 상봉] 서로 만남.
- [觀相 관상] 사람의 상을 보는 일.

4급

看
볼 간

볼, 지킬, 감시할, 뵐, 대접할.
see, watch

手(손 수)와 目의 어울림. 손(𠂇←手)을 눈(目) 위에 얹어 햇빛을 가리고 멀리 '내다보다'는 뜻으로 된 자. 보고 감시하며 '지킨다'는 뜻으로도 쓰인다 會.

- [看破 간파] 속내를 환하게 알아 냄.
  [看護 간호] 병상자를 돌봄.
  [登看 등간] 높은 데 올라서 봄.

3급

眉
눈썹 미

눈썹, 가, 둘레, 언저리.
eyebrow

⺁(눈썹털 미)와 目을 합쳐 '눈썹'을 뜻한 자 象會.

- [眉間 미간] 두 눈썹의 사이.
  [白眉 백미] 여럿 중에서 가장 뛰어남.
  [愁眉 수미] 수심에 찬 눈썹에의 비유.

6급

省
살필 성
덜 생

살필, 볼, 관청 성/ 줄일, 덜, 아낄 생.
warn, watch

① 少(적을 소:음부)과 目의 합침. 적은(少 p.138) 것까지도 자세히 본다(目)는 데서 '살피다'의 뜻이 된 자 會形.
② 屮(싹날 철)과 眉(←眉)의 합침. 풀싹(屮)처럼 가늘고 작은 것을 잘 보려고 눈썹(眉)을 모아 좁힌다는 데서 '줄이다'의 뜻이 된 자 會.

- [省察 성찰] 반성하고 살펴봄.
  [反省 반성] 스스로 돌이켜 살핌.
  [省略 생략] 간단하게 덜어서 줄임.

4급II

眞
참 진

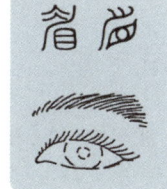

참, 진실할, 정신, 하늘, 근본. 속약 真
truth, reality

匕(化=변화 화의 옛자)·目·乚(隱=숨을 은의 옛자)·八의 어울림. 八(丿丨)은 탈것의 모양. 도를 닦아 신선이 되어(匕) 보이지(目) 않게 (乚) 구름을 타고(八) '하늘'로 올라감을 나타낸 자. 도를 닦아 진리(眞理)를 깨쳤다 하여 '참되다'의 뜻으로 널리 쓰이게 되었다 會.

- [眞實 진실] 거짓이 없고 참됨.
  [眞情 진정] 거짓이 없어 애틋한 마음.
  [純眞 순진] 마음이 꾸밈 없고 참됨.

3급II

眠
잘 면

잘, 졸, 지각 없을, 어지러울. 본 瞑·瞋
doze, sleep

① 目과 民(백성 민:음부)의 합침. 사람(民 p.233)이 눈(目)을 감고 '잠잔다'는 뜻으로 된 자 形.
② 본자는 瞑. 눈(目)이 흐려지는(冥=어둘 명 p.75) 상태를 가리켜 '졸다'의 뜻이 된 자 會.

- [眠食 면식] 잠자는 일과 먹는 일.
  [冬眠 동면] 겨울에 활동을 멈추고 잠.
  [安眠 안면] 편안히 잠자는 일.

4급 II

眼
눈 안

눈, 볼, 눈매, 요점, 고동, 과실 이름.
eye, see

目과 艮(그칠 간:음부)의 합침. 눈알(目)이 일정한 한도(艮) 내에서만 돌아감을 나타내어 '눈'을 뜻하게 된 자 形.
【참고】艮(p.324)은 눈알을 돌렸다가 제자리로 돌아가 '그침'을 뜻함.

- [眼光 안광] 눈의 광채.
  [眼藥 안약] 눈병을 고치는 약제.
  [肉眼 육안] 맨눈.

5급

着
붙을 착

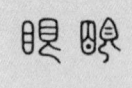

붙을, 도착할, 옷 입을, 나타날. 본 著
put in, reach, wear

䒑(羊=양 양)과 目의 합침. 양(羊)은 의좋게 맞바라보며(目) 떼를 이룬다 하여 '붙다'의 뜻이 된 자 會. [p.330 著]

- [着席 착석] 자리에 앉음.
  [着用 착용] 격식에 맞추어 입음.
  [先着 선착] 먼저 도착함.

3급

睡
졸음 수

졸음, 졸, 잠잘.
doze, nod, sleep

目과 垂(드리울 수:음부)의 합침. 앉은 채 눈까풀(目)을 내리드리우고(垂) 몸을 숙인 모양에서 '졸다'의 뜻이 된 자 會形.
【참고】垂는 꽃이나 잎이 아래로 드리운 모양.

- [睡眠 수면] 자는 일. 잠.
  [午睡 오수] 낮잠.
  [昏睡 혼수] 정신없이 잠이 듦.

3급 II

睦
화목할 목

화목할, 친할, 눈매 고울, 공경할.
harmonious, friendly, affable

目과 坴(언덕 륙:음부)의 합침. 정다워하는 눈시울(目)이 언덕짐(坴 p.395 陸)을 나타내어 '화목하다'의 뜻이 된 자 形.

- [睦友 목우] 형제가 화목(和睦)함.
  [睦族 목족] 화목한 집안.
  [親睦 친목] 친밀하고 화목함.

4급 II

督
감독할 독

감독할, 살필, 재촉할, 권할, 거느릴
oversee, supervise

叔(어릴 숙:음부)과 目의 합침. 어린(叔 p.94) 사람을 잘 보살핀다(目)는 데서 '살피다'·'감독하다'의 뜻이 된 자 形.

- [督勵 독려] 감독(監督)하고 장려함.
  [督促 독촉] 몹시 재촉함.
  [提督 제독] 함대의 사령관.

3급II

瞬 눈 깜짝일 순

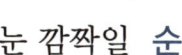

눈 깜짝일, 잠깐. 통瞤(p.133 寅)
wink, in a moment

目과 舜(무궁화 순:음부)의 합침. 무궁화꽃(舜)이 잠깐 피었다가 곧 지듯이 '눈(目) 깜짝할' 사이를 뜻하여 된 자 形.
【참고】舜의 '⺈←匚'은 불꽃(炎)처럼 붉은 화심이 화판에 싸인 (冂) 모양, 舛(어길 천)은 꽃가지가 갈라져 붙음을 나타냄.

- [瞬間 순간] 눈 깜짝할 동안.
  [瞬息間 순식간] 극히 짧은 동안.
  [一瞬 일순] 눈 한 번 깜짝일 동안.

2급

矛 창 모

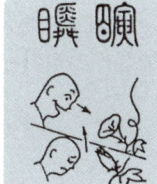

세모진 창.
lance

뾰족한 쇠를 긴 자루 끝에 박은 '세모진 창' 의 모양을 본뜬 자 象.
【참고】柔·茅(띠 모) 등은 矛의 음 또는 뜻을 취해 된 자임.

- [矛盾 모순] 앞뒤가 맞지 않음.
  [矛叉 모차] 세모창.
  [蛇矛 사모] 창의 한 가지.

3급

矢 화살 시

화살, 곧을, 베풀, 맹세, 똥. 통屎
arrow, straight

'화살' 의 모양을 본떠 된 자 象.
그 모양에서 '곧다' 의 뜻으로도 쓰인다 轉.

- [矢心 시심] 마음 속으로 맹세함.
  [馬矢 마시] 말똥.
  [嚆矢 효시] 일의 맨 처음의 비유.

3급

矣 어조사 의

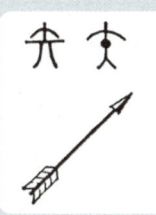

어조사, 말 그칠, 주비, 어조사.
a final particle

厶(㠯←써 이:음부)와 矢의 합침. 矢는 화살이 날아가다가 꽂힘을, 厶는 㠯의 본자로 보습 끝이 땅에 들어가 닿음을 나타냄. 이상 두 뜻에서, 문장을 끝맺을 때나 강조할 때의 '어조사' 로 쓰이게 되었다 形.

- [甚矣 심의] 심하구나.
  [鮮矣仁 선의인] 어진 자가 적다.
  [此迫矣 차박의] 이것이 덤비는구나.

5급

知 알 지

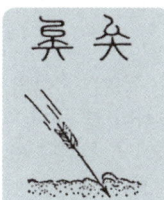

알, 깨달을, 생각할, 분별할, 맡을, 짝.
know, understand, memorize

矢와 口(입 구)의 합침. 사람의 말(口)을 화살(矢)처럼 빠르게 알아듣는 다' 는 뜻으로 된 자. 안다는 데서 '분별하다' 의 뜻으로도 쓰인다 會.

- [知己 지기] 자기의 참모습을 아는 이.
  [知識 지식] 지각(知覺)과 학식.
  [探知 탐지] 더듬어 살펴서 알아봄.

6급

短

짧을 단

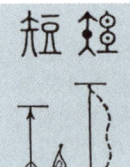

짧을, 잘못, 모자랄, 흉볼, 일찍 죽을.
short, deficient

矢와 豆(콩 두:음부)의 합침. 옛적에, 긴 물건은 활로, 짧은 물건은 화살(矢)로 잰 데서 더 작은 물건을 가리키는 豆를 矢에 어울러 '짧다' 또는 '모자라다' 의 뜻이 된 자 形.

- [短期 단기] 짧은 기간.
  [短縮 단축] 짧게 줄어짐. 또는 줄임.
  [長短 장단] 길고 짧음. 좋고 나쁨.

3급

矯

바로잡을 교

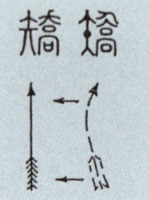

바로잡을, 속일, 거짓, 날랠, 굳셀.
correct, deceive

矢와 喬(큰키나무 교:음부)의 합침. 길고 구부러진(喬 p.225 橋) 화살(矢)을 '바로잡는다' 는 뜻으로 된 자인데, 구부러진 것을 펴 '바로잡는다' 는 뜻으로 쓰이게 되었다 形.

- [矯正 교정] 바로잡음.
  [矯奪 교탈] 속여 빼앗음.
  [矯風 교풍] 나쁜 풍속을 바로잡음.

6급

石

돌 석

돌, 저울, 단단할, 섬, 경쇠, 돌바늘.
stone, hard

언덕(厂) 아래에 굴러 떨어진 돌덩이(口) 모양을 본떠 '돌' 을 뜻한 자 象會.

- [石器 석기] 돌로 만든 기구.
  [石柱 석주] 돌기둥.
  [木石 목석] 감정이 무딘 사람의 비유.

4급 II

砲

대포 포

대포(大砲), 돌 쇠뇌.
cannon

石과 包(쌀 포:음부)의 합침. 돌(石)을 여러 개 싸서(包 p.86) 쏘아 한꺼번에 나가게 했던 '돌 쇠뇌' 를 뜻하여 된 자. 오늘날은 탄환[砲彈]을 내쏘는 '대포' 의 뜻으로 쓰인다 形.

- [砲聲 포성] 대포를 쏠 때 나는 소리.
  [發砲 발포] 총포를 쏨.
  [大砲 대포] 화약의 힘으로 포탄을 쏘는 무기.

4급 II

破

깨뜨릴 파

깨뜨릴, 깨질, 패할, 다할, 흩뜨릴.
break, ruin, defeat

石과 皮(가죽 피:음부)의 합침. 돌(石)의 표면(皮)이 부서진다는 데서 '깨어지다' 의 뜻이 된 자 形.

- [破壞 파괴] 깨뜨려 헐어버림.
  [破損 파손] 깨어져 못 쓰게 됨.
  [打破 타파] 규율이나 관례를 깨뜨림.

矢・石 部

4급II

研 갈 연

갈, 연마할, 연구할, 벼루. 통硯 약研
polish, study, research

石과 幵(평평할 견:음부)의 합침. 돌(石)을 반듯하게(幵) '갈고 닦는다' 는 뜻으로 된 자. 나아가, 일이나 사물을 갈고 닦을 경우에는 '연구(研究)하다' 의 뜻으로 널리 쓰인다 形.

【참고】 幵은 방패(干) 두 개가 나란히 세워진 면이 '평평함' 을 뜻함.

- [研修 연수] 연구하고 닦음.
- [研學 연학] 학문을 연마(研磨)함.
- [精研 정연] 정밀히 연구함.

3급II

硬 굳을 경

굳을, 단단할, 강할, 익숙하지 않을.
solid, strong, hard

石과 更(다시 갱:음부)의 합침. 화산이 터질 때 녹아 흐른 돌(石)이 다시(更 p.210) 굳어졌다는 데서 '단단하다' 의 뜻이 된 자 形.

- [硬骨 경골] 강직하여 굽히지 않는 기골.
- [硬化 경화] 단단해짐.
- [强硬 강경] 버티어 굽힘이 없음.

4급

碑 비석 비

비석, 석주, 문체, 지석.
monument, epitaph

石과 卑(낮을 비:음부)의 합침. 돌(石)을 낮게(卑 p.88) 깎아 세운 '비석(碑石)' 을 뜻한 자. 또는, 돌(石)에 사적을 써서 무덤 앞에 야트막하게(卑) 묻은 '지석(誌石)' 을 뜻하여 된 자 會形.

- [碑銘 비명] 비석에 새긴 글.
- [碑文 비문] 비석에 새긴 글.
- [墓碑 묘비] 무덤 앞에 세우는 빗돌.

3급II

碧 푸를 벽

옥돌, 푸를, 청강석.
blue, jade stone

王(玉=구슬 옥)·白(흰 백:음부)에 石의 합침. 흰(白)빛을 띠는 '푸른빛의 옥(王) 돌(石)' 을 가리켜 된 자 會形.

- [碧溪 벽계] 물이 푸른 시내.
- [碧眼 벽안] 푸른 눈동자(서양 사람 눈).
- [碧海 벽해] 푸른 바다.

4급II

確 굳을 확

굳을, 확실할, 단단할, 견고할.
true, firm, solid

石과 隺(새 높이 날 학:음부)의 합침. 지조가 높고(隺 p.416 鶴) 의지가 돌(石) 같다 하여 '굳다' 의 뜻이 된 자. 굳다는 데서 '확실(確實)하다' 의 뜻으로 널리 쓰인다 形.

- [確信 확신] 굳게 믿어 의심하지 아니함.
- [確認 확인] 확실히 인정함.
- [正確 정확] 바르고 확실함.

3급II			갈, 숫돌, 맷돌, 닳을, 마찰할, 돌.
 磨 갈 마			polish, whetstone, mill ① 麻(삼 마:음부)와 石의 합침. 삼껍질(麻)을 빨아서 매끈하게 하듯이 돌(石)을 '간다'는 뜻으로 된 자 形. ② 본자는 礳. 삼껍질(麻)을 돌(石) 위에 놓고 짓찧어 겉껍질을 벗길 때 삼껍질이 갈라지며(非) 돌도 '닳음'을 뜻한 자 會形. ● [磨滅 마멸] 닳아 없어짐. [磨擦 마찰] 서로 닿아서 비빔. 충돌됨. [硏磨 연마] 정신이나 기술을 닦음.

3급II			주춧돌.
 礎 주춧돌 초	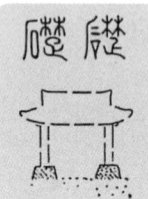		foundation, plinth 石과 楚(휘추리 초:음부)의 합침. 나무 기둥 밑에 그루터기처럼 높게(楚) 받친 '주춧돌(石)'을 뜻하여 된 자. 또는, 초나라(楚)에서 기둥 밑에 괴는 돌(石)을 '礎(주춧돌)'로 썼던 데서 된 자 形. 【참고】楚는 휘추리(林)가 나오는 그루터기(疋)가 '높음'을 뜻하기도 함. ● [礎石 초석] 주춧돌. [基礎 기초] 사물의 밑자리나 바닥. [柱礎 주초] 기둥 밑에 받쳐 놓은 돌. 주춧돌.

5급			보일, 가르칠, 바칠, 제사 시/ 땅귀신 기.
 示(礻) 보일 시			exhibit, indicate, offer ① 제물을 차려 놓는 '제단' 모양을 본뜬 자. 신에게 제사를 지내며 찾아뵐 때 신이 암시를 내린다는 데서 '가르침(啓示)'의 뜻으로도 쓰인다 象. ② 하늘(·→上)에서 해와 달과 별이 빛을 드리워(川) 길흉을 '보인다'는 뜻으로 된 자 指. ● [示範 시범] 모범을 보임. [示威 시위] 위력을 드러내어 보임. [提示 제시] 어떤 뜻을 나타내어 보임.

3급II			제사, 제사 지낼, 해[殷의 年紀].
 祀 제사 사			sacrifice ① 示와 巳(뱀 사:음부)의 합침. 큰 제사(示)는 낮에 지낸다는 데서 낮 시간(9~11시)을 뜻하는 巳를 음부로 합쳐 '제사(祭祀)'의 뜻이 된 자 形. ② 사람의 삶이 끝나 신(示)으로서 새로 생겨난(巳 p.146) 그를 모신다 하여 '제사'의 뜻이 된 자 會形. ● [祀典 사전] 제사(祭祀)의 의식. [奉祀 봉사] 조상의 제사를 받듦. [合祀 합사] 합동으로 지내는 제사.

6급			모일, 토지신, 단체, 제사 지낼. 약 社
 社 모일 사			company, party, society 示와 土(흙 토)의 합침. 토지(土)를 수호하는 신(示)에게 '제사 지낸다'는 뜻으로 된 자. 나아가, 그 제사를 지낼 때 대중이 모인다는 데서 '사회' 또는 '단체'의 뜻으로도 쓰인다 會. ● [社交 사교] 사회 생활에 있어서의 사귐. [社長 사장] 회사(會社)의 대표자. [結社 결사] 공동으로 단체를 결성함.

石・示 부

3급II

祈
빌 기

빌, 고할, 구할, 갚을, 천천할. 약 祈
pray, offer, beg

示와 斤(도끼 근:음부)의 합침. 제단(示) 앞에서 두 손을 도끼날(斤)처럼 모아 들고 복을 '빈다'는 뜻으로 된 자 形.

● [祈求 기구] 간절히 바람.
　[祈禱 기도] 신불에게 복을 빎.
　[祈願 기원] 바라는 일의 성공을 빎.

4급

祕
숨길 비

숨길, 비밀할, 신비로울, 모의할. 속 秘
hide, private, secret

① 示와 必(반드시 필:음부)의 합침. 신(示)은 반드시(必 p.164) 은밀하다 하여 '신비(神祕)롭다' 또는 '숨기다'의 뜻이 된 자 形.
② 본자는 閟. 문(門)을 닫고 빗장(必 p.164)을 지른다는 데서 '숨기다'의 뜻이 된 자 會形.

● [祕密 비밀] 숨기어 남에게 드러내지 말아야 할 일.
　[祕話 비화] 숨은 이야기.
　[極祕 극비] 지극한 비밀.

7급

祖
할아비 조

할아비, 조상, 비롯할, 근본. 약 祖
grandfather, ancestor

示와 且(많을 저:음부)의 합침. 사당에 위패(示)가 차례차례 쌓여(且 p.42) 있음을 나타내어 '조상(祖上)'을 뜻하게 된 자. 또는, 시조의 신위(示)부터 대대로 쌓이듯이(且) 내려온 많은 '할아비'의 뜻으로 된 자 會形.

● [祖國 조국] 조상 적부터 살던 나라.
　[祖父母 조부모] 할아버지와 할머니.
　[先祖 선조] 한 가계의 조상.

5급

祝
빌 축

빌, 축하할, 축문, 비롯할, 주저할. 약 祝
pray, bless, invocation

示에 口・儿(人)의 어울림. 제단(示)에서 사람(儿)이 축문을 읽으며(口) '빈다'는 뜻으로 된 자. 나아가, 일이 잘 되기를 빌어준다는 데서 '축하(祝賀)하다'의 뜻으로도 쓰인다 會.

● [祝福 축복] 행복을 빎.
　[祝電 축전] 축하하는 전보.
　[慶祝 경축] 경사를 축하함.

6급

神
귀신 신

귀신, 신, 영검할, 정신, 신통할. 약 神
god, divine, spirit

示와 申(펼 신:음부)의 합침. 만물을 펴내고(申 p.267) 복과 화를 내리는 '신(示)'을 뜻한 자 形.

● [神童 신동] 재주와 지혜가 특출한 아이.
　[神聖 신성] 거룩하고 존엄함.
　[精神 정신] 마음이나 생각. 영혼.

4급II

票
표 표

표, 쪽지, 문서, 불 날릴, 훌쩍 날, 끝.
ticket, bill, list

① 覀(←要=허리 요:음부)와 示의 합침. 물건의 중심부(覀)에 매달아 잘 띄게(示) 한 '표'를 뜻하여 된 자. 나아가, '쪽지'의 뜻으로도 쓰인다 形.
② 원자형은 㶕. 覀(←巻=높은 데 오를 선)과 火의 합침. 연락하기 위해 불(火)을 높이 올려(覀) '표한다'는 뜻으로 된 자 會.
[p.224 標, p.248 漂]
【참고】幖(깃발 표)는 천으로 熛(불똥 튈 표)는 불로 하는 표시임.

- [票決 표결] 투표로써 결정함.
  [傳票 전표] 금전 출납을 적은 작은 쪽지.
  [車票 차표] 차를 탈 수 있는 표.

3급

祥
상서 상

상서, 복, 착할, 제사. 약 祥 통 詳

示와 羊(양 양:음부)의 합침. 양(羊)을 잡아 정성껏 제사 지내니(示) '복'을 받게 되었다는 뜻. 복받는다는 데서 '상서(祥瑞)롭다'의 뜻으로도 쓰인다 會形.

- [祥雲 상운] 상서로운 구름.
  [吉祥 길상] 경사가 날 조짐.
  [發祥 발상] 기원이나 조짐이 생김.

4급II

祭
제사 제

제사, 기고, 제사 지낼 제 / 성(姓) 채.
sacrifice, to offer

夕(←肉=고기 육)·又(←手)에 示의 합침. 고기(夕)를 집어(又) 제단(示)에 놓고 지내는 '제사(祭祀)'를 뜻한 자 會.

- [祭物 제물] 제사에 쓰는 음식물.
  [祭主 제주] 제사를 주관하는 사람.
  [祝祭 축제] 축하하고 제사 지냄.

3급II

祿
녹 록

녹봉, 복, 착할, 죽을, 곡식[祿米].
blessing, official pay

示와 彔(나무 깎을 록:음부)의 합침. 나무를 깎아(彔 p.304 綠) 만든 위패를 모시고 제사(示) 지내어 '복' 받는다는 뜻으로 된 자. 또는, 위패를 안치한 사당을 돌보는 사람에게 내리는 '녹봉(祿俸)'의 뜻으로도 쓰인다 轉.

- [祿米 녹미] 녹으로 주는 쌀.
  [貫祿 관록] 몸에 갖추어진 위엄.
  [國祿 국록] 나라에서 주는 급료.

4급II

禁
금할 금

금할, 대궐, 감옥, 울, 이길, 당할.
forbid, prohibit, prison

林(수풀 림:음부)과 示의 합침. 신(示)을 모신 수풀(林)을 신성시하여 함부로 다치지 못하게 한 데서 '금지(禁止)하다'의 뜻이 된 자 形.

- [禁斷 금단] 어떤 행위를 못 하게 잘라 끊음.
  [禁煙 금연] 담배를 못 피우게 함.
  [嚴禁 엄금] 엄하게 금지시킴.

3급II

禍
재앙 화

재앙, 재화, 앙화, 재화 내릴. 약禍
calamity, affliction

示와 咼(입 비뚤어질 괘:음부)의 합침. 신(示)의 노여움을 사서 입이 비뚤어졌다(咼 p.377 過)는 데서 '앙화(殃禍)' 또는 '재화(災禍)'의 뜻이 된 자 形.

- [禍根 화근] 재앙의 근원.
  [禍難 화난] 재앙과 환난.
  [戰禍 전화] 전쟁으로 인한 재화.

5급

福
복 복

복, 상서, 착할, 음복할. 약福
blessing, happiness

示와 畐(가득찰 복:음부)의 합침. 畐은 술이 가득 찬 술병의 모양. 신(示)에게 술을 가득(畐) 부어 놓고 제사를 정성껏 지내서 '복' 받는다는 뜻으로 된 자. 또는, 제사(示) 지낸 술(畐)을 마시면 복 받는다 하여 '음복(飮福)하다'의 뜻으로도 쓰인다 會形.

- [福券 복권] 특정 표시를 한 표로 추첨하여 상품이나 상금을 줌.
  [福利 복리] 행복과 이익.
  [幸福 행복] 충분한 만족과 기쁨을 느끼는 상태.

3급II

禪
선 선

참선, 고요할, 중, 전할, 터 닦을. 약禅
silent, contemplation

示와 單(홑 단:음부)의 합침. 두 개의 연장을 하나로(單 p.104) 묶어 여럿이서 제사(示) 지낼 '터를 닦는다'는 뜻으로 된 자 形. 정신적인 터를 닦는다 하여 산스크리트 Dhyâna의 음과 뜻을 빌려 '고요히'·'참선(參禪)한다'는 뜻으로 널리 쓰이게 되었다 假.

- [禪法 선법] 참선하는 법.
  [禪位 선위] 임금이 왕위를 물려줌.
  [坐禪 좌선] 앉아 선도(禪道)를 참구함.

6급

禮
예도 례

예도, 예절, 예의, 절, 인사. 약礼
etiquette, propriety

示와 豊(풍성할 풍)의 합침. 제수를 그릇 가득이(豊 p.356) 차려 놓고 제사 지내는(示) 절차를 가리켜 '예도'·'예절(禮節)'의 뜻이 된 자 會形.

- [禮物 예물] 예식(禮式)에 쓰는 물품.
  [禮拜 예배] 신불에게 절함.
  [失禮 실례] 언행이 예의(禮儀)에 벗어남.

内
짐승 발자국 유

짐승 발자국.
footprint of animals

구부러져(冂) 둥그렇게(厶) 난 '짐승의 발자국' 모양을 본뜬 자 象.
【참고】冂(→九=모을 규)는 음부이기도 함.

3급II

새 금

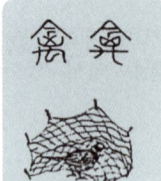

날짐승, 짐승, 사로잡을, 포로. 통擒
birds, capture

① '날짐승(离=짐승 리)'을 그물로 씌운(人) 모양에서 '사로잡다'의 뜻이 된 자 象.
② 今(이제 금:음부)·凶(흉할 흉)·內의 합침. 今은 굽은 뿔의 모양. 뿔(今) 사이가 움푹한(凶 p.77) 네 발(內) '짐승'을 나타내어 된 자 會形.

- [禽獸 금수] 새와 길짐승의 총칭.
- [家禽 가금] 집에서 기르는 닭·오리 등.
- [生禽 생금] 산 채로 잡음.

3급

벼 화

벼, 곡식, 모, 줄기 화/ 말 이빨의 수 수.
paddy, corn, grain

볏대(木)에서 이삭이 패어 드리워진(丿) 모양을 본떠 '벼'를 뜻한 자. 벼는 곡식 중 으뜸인 데서 모든 '곡식'의 총칭으로도 쓰인다 象.

- [禾穀 화곡] 벼. 곡류.
- [禾穗 화수] 벼의 이삭.
- [鋤禾 서화] 논을 맴.

4급

빼어날 수

빼어날, 벼 이삭 팰, 선비, 아름다울.
elegant

禾와 乃(이에 내)의 합침. 많은 벼 이삭(禾) 중에 특히 크고 길게 패어(丿) 고개 숙임(乃)을 나타내어 '빼어나다'의 뜻이 된 자 會.
【참고】乃는 孕(아이 밸 잉)의 획 줄임으로, 알이 통통하게 여묾을 나타내기도 함.

- [秀才 수재] 뛰어난 재주. 또는 그 사람.
- [閨秀 규수] 학예 있는 여자. 미혼 여자.
- [優秀 우수] 여럿 가운데서 가장 빼어남.

4급

사사(私事) 사

사사, 사정, 나, 간사할, 불공평할.
private, selfish

禾와 厶(사사 사:음부)의 합침. 양식을 가리키는 벼(禾)를 자기 팔에 끌어안은(厶 p.93) 모양에서 '사사롭다'의 뜻이 된 자 形.
【참고】농업 시대에 사회적인 지위와 경제력은 곡식이 주였단 데서 禾가 厶에 합쳐짐.

- [私見 사견] 개인의 의견.
- [私有 사유] 개인의 소유.
- [公私 공사] 공공의 일과 사사로운 일.

7급

가을 추

가을, 세월, 때, 말 뛰놀.
autumn, fall

禾와 火(불 화:음부)의 합침. 火는 곡식을 익혀 주는 태양열을 가리킴. 햇볕(火)을 받아 익은 곡식(禾)을 거둬들이는 계절, 즉 '가을'을 뜻한 자 形.
【참고】옛자는 秌. 벼(禾)에 끼어 있는 '귀뚜라미'를 작은 거북(龜) 같이 본 데서 됨.

- [秋霜 추상] 가을의 찬 서리(위엄의 비유).
- [秋色 추색] 가을철의 빛, 또는 가을을 느끼게 하는 분위기.
- [秋收 추수] 가을걷이.

科

6급 과목 과

과목, 과정, 과거(科擧), 법, 조목, 무리, 벌줄.
movement, class, section

禾와 斗(말 두)의 합침. 곡식(禾)을 말(斗)로 헤아리는 '과정(科程)' 또는 '법칙'을 뜻하여 된 자. 헤아린다는 데서 '조목'의 뜻으로도 쓰인다 會.

- [科料 과료] 경미한 죄에 과하는 재산형.
- [科目 과목] 학문의 구분 또는 분류.
- [學科 학과] 학문을 구별지은 과목.

秒

3급 분초 초

초, 초침 초/ 벼 까끄라기, 가늘 묘.
second, beard of grain

禾와 少(적을 소:음부)의 합침. 벼(禾)에 가느다랗게(少 p.138) 붙은 '까끄라기'를 뜻한 자. 까끄라기는 가늘고 작은 데서 가장 짧은 시간의 단위인 '초(秒)'의 뜻으로 널리 쓰인다 形.

- [秒針 초침] 시계의 초바늘.
- [分秒 분초] 시간의 분과 초.

租

3급II 조세 조

조세, 구실, 세들, 빌, 쌓을, 부세, 벼.
rent, lease, tax, heap

禾와 且(많을 저:음부)의 합침. 공전(公田)을 경작하여 수확한 곡식(禾)을 나라에 바치기 위해 쌓아 놓은(且 p.42) 것을 가리켜 '세', 즉 '구실'을 뜻하게 된 자 形. [p.288 稅]

- [租界 조계] 조차지(租借地)의 구역.
- [租稅 조세] 국세 및 지방세의 총칭.
- [租借 조차] 영토를 대여하는 일.

秩

3급II 차례 질

차례, 품수, 맑을, 떳떳할, 녹봉.
order, official rank, regular

禾와 失(잃을 실:음부)의 합침. 수확한 볏단(禾)을 허실되지(失 p.118) 않도록 차곡차곡 쌓아올린 모양에서 '차례'의 뜻이 된 자 形.

- [秩序 질서] 순조롭게 이루어지게 하는 사물의 순서나 차례.
- [秩次 질차] 질서.
- [祿秩 녹질] 봉록.

移

4급II 옮길 이

옮길, 변할, 바꿀, 모낼.
remove, transplant rice

禾와 多(많을 다:음부)의 합침. 못자리의 많은(多 p.117) 볏모(禾)를 논에 '옮겨 심는다(移秧)'는 뜻으로 된 자 形.

- [移動 이동] 옮겨 움직임.
- [移住 이주] 딴 곳으로 옮아가서 삶.
- [推移 추이] 차차 변하여 옮아감.

3급II

稀
드물 희

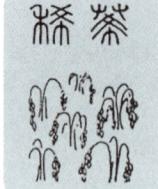

드물, 성길, 적을, 맑을, 묽을. 통希
rare, few, thin, diluted

禾와 希(드물 희:음부)의 합침. 벼(禾)가 드문드문(希 p.147) 있다는 데서 '성기다'의 뜻이 된 자. 드문드문 건더기가 있다 하여 '묽다'의 뜻으로도 쓰인다 形.

- [稀薄 희박] 조밀하지 아니함.
  [稀罕 희한] 썩 드묾.
  [古稀 고희] 일흔 살.

4급II

稅
세금 세

세금, 놓을, 거둘 세/ 풀 탈/ 기쁠 열.
tax, assess

禾와 兌(바꿀 태:음부)의 합침. 사전(私田)을 경작하여 탈곡한(兌 p.319 脫) 곡식(禾)의 일부를 나라에서 거둬 가는 조세(租稅), 즉 '세금(稅金)'을 뜻한 자 形.

- [稅關 세관] 재무부 세관국 소속의 관청.
  [課稅 과세] 세금을 매김.
  [納稅 납세] 국가에 세금을 바침.

4급II

程
한도
길(道) 정

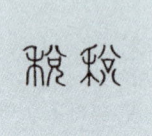

길, 과정, 헤아릴, 법, 규정, 도수.
rule, way, count, schedule

禾와 呈(공평할 정:음부)의 합침. 볏가리(禾)를 쌓을 때 고르게(呈 p.313 聖) 놓아 가며 '헤아린다'는 뜻으로 된 자. 고르게 쌓아 나간다는 데서 '과정(課程)'의 뜻으로도 쓰인다 形.

- [程度 정도] 알맞은 한도.
  [過程 과정] 사물의 진행. 발전의 경로.
  [日程 일정] 그날의 할 일.

3급II

稚
어릴 치

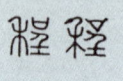

어릴, 어린 벼, 늦벼, 늦을. 통稺
young, child, late paddy

禾와 隹(새 추: 음부)의 합침. 새(隹)의 꽁지만큼 겨우 자란 벼(禾)가 '어리다'는 뜻으로 된 자 形.

- [稚氣 치기] 유치한 모양. 어린애 짓.
  [稚拙 치졸] 어리석고 졸렬함.
  [幼稚 유치] 나이가 어림. 정도가 낮음.

5급

種
씨 종

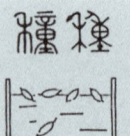

씨, 종류(種類), 가지, 심을, 펼.
seeds, kind

禾와 重(무거울 중:음부)의 합침. 농사(禾)짓는 데에 가장 중요한 (重 p.385) '씨앗'을 뜻하여 된 자. 씨앗의 속성에서 '심는다'는 뜻으로도 쓰인다 形.
【참고】 씨앗은 잘 여물어서 가장 무거운 것을 골라 심는다는 데서 重을 음부로 함.

- [種別 종별] 종류에 의한 구별.
  [種子 종자] 씨앗. 보리심(菩提心).
  [滅種 멸종] 씨가 없어짐. 종류가 없어짐.

禾 부

4급

일컬을 칭

일컬을, 헤아릴, 저울대, 날릴. 약 称
call, praise, weigh

禾와 爯(들 승:음부)의 합침. 곡식(禾)을 들어(爯) 올려 '저울'에 단다는 뜻으로 된 자. 저울에 달 때마다 소리쳐 그 수량을 여럿에게 알렸던 데서 '일컫다'의 뜻으로 널리 쓰인다 形.
【참고】爯은 쌓은(冉←冓=쌓을 구) 물건을 '들어(爪=손톱 조)올린다'는 뜻.

- [稱讚 칭찬] 잘 한다고 기리어 일컬음.
  [稱號 칭호] 어떠한 뜻으로 일컫는 이름.
  [名稱 명칭] 사물을 부르는 이름.

4급

穀
곡식 곡

곡식, 낟알, 삶, 녹 곡/ 젖 구. 속 穀
corn, grain

禾와 㱿(껍질 각:음부)의 어울림. 껍질(㱿)을 쓴 모든 '곡식(禾)'을 뜻한 자 形.
【참고】㱿은 쳐서(殳=칠 수) 벗긴 '겉껍질(靑=겉껍질 각)'을 뜻함.

- [穀價 곡가] 곡식의 값.
  [穀物 곡물] 곡식(穀食).
  [新穀 신곡] 햇곡식.

3급II

稿
볏짚
원고 고

볏짚, 원고, 초고. 통 藁·稾
culm of grain, manuscript

禾와 高(높을 고:음부)의 합침. 벼 이삭(禾)이 패어 높이(高) 나온 '볏짚'을 뜻한 자. 벼 이삭이 패어 나옴을 일의 실마리로 보고 공우전(貢禹傳)에서 글의 초 잡음을 '초고(草稿)'라 한 데서 '원고(原稿)'의 뜻으로 쓰이게 되었다 形.
【참고】'원고'라는 말은, 볏짚을 가공하기 이전처럼 원형 상태임을 가리키기도 함.

- [稿料 고료] 원고에 대한 보수.
  [寄稿 기고] 원고를 신문사, 잡지 등에 냄.
  [投稿 투고] 의뢰받지 않은 사람이 원고를 신문사 등에 보냄.

3급

稻
벼 도

벼. 약 稲
paddy

禾와 舀(절구 요:음부)의 합침. 절구(舀)에 찧어 먹는 '벼(禾)'를 뜻한 자 會形.
【참고】舀는 손(爪=손톱 조)으로 절구(臼=확 구)질함을 나타냄.

- [稻熱病 도열병] 벼에 나는 병의 하나.
  [稻作 도작] 벼농사.
  [陸稻 육도] 밭벼.

4급

積
쌓을 적

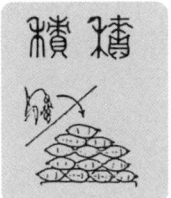

쌓을, 포갤, 부피, 곱셈 적/ 저축할 자.
pile up, accumulate, store up

禾와 責(맡을 책:음부)의 합침. 자기가 벤 볏단(禾)을 책임지고(責 p.359) 모아 '쌓는다'는 뜻으로 된 자 形.

- [積立 적립] 모아서 쌓아 둠.
  [積弊 적폐] 오랜 폐단.
  [容積 용적] 물건을 담을 수 있는 들이.

3급

穫
거둘 확

거둘, 벨, 곤박할 확/ 땅 이름 호.
to harvest, reap

禾와 蒦(헤아릴 약:음부)의 합침. 벼(禾)를 허실이 나지 않게 헤아려(蒦 p.354 護) '벤다', 또는 그 벤 벼를 '거둔다'는 뜻으로 된 자 形.

- [穫稻 확도] 벼를 거두어들임.
  [收穫 수확] 농작물을 거두어들임.
  [秋穫 추확] 가을걷이.

3급II

穴
굴 혈

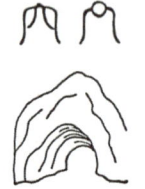

구멍, 움집, 굴, 굿, 틈, 광중, 곁.
hole, cave, cavity

宀(움집 면:음부)과 八(나눌 팔:음부)의 합침. 땅이 파헤쳐져(八) 된 '움집(宀)', 또는 '굴' '구멍'을 뜻한 자 會形.

- [穴居 혈거] 굴 속에서 삶.
  [孔穴 공혈] 구멍.
  [墓穴 묘혈] 시체가 놓이는 무덤의 구덩이.

4급II

究
연구할 구

연구할, 꾀할, 끝볼, 궁구(窮究)할.
search, examine into

穴과 九(아홉 구:음부)의 합침. 구불구불한(九) 굴(穴) 속의 끝까지 들어가 '끝을 본다'는 뜻으로 된 자. 끝까지 파고든다는 데서 '연구(研究)하다'의 뜻으로 쓰이게 되었다 形.

- [究明 구명] 궁구하여 밝힘.
  [講究 강구] 좋은 방법을 궁리함.
  [探究 탐구] 진리, 학문 따위를 파고들어 깊이 연구함.

7급

空
빌 공

빌, 없을, 다할, 구멍, 궁할, 하늘.
empty, vacant, hole, sky

穴과 工(장인 공:음부)의 합침. 땅을 파낸(工) 굴(穴)처럼 속이 '비다' · '없다'의 뜻으로 된 자. 크게 빈[空間] '하늘'의 뜻으로도 쓰인다 形.

- [空中 공중] 하늘과 땅 사이의 빈 곳.
  [架空 가공] 어떤 시설물을 공중에 가설함.
  [蒼空 창공] 맑게 개어 푸른 하늘.

3급II

突
갑자기 돌

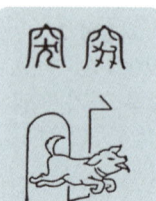

갑자기, 부딪칠, 우뚝할, 나타날, 굴뚝.
dash against, suddenly

穴과 犬(개 견)의 합침. 개(犬)가 구멍(穴)에서 별안간 뛰쳐 나온다는 데서 '갑자기'의 뜻이 된 자. 또는, 그 개와 '부딪친다'는 뜻으로도 쓰인다 會.

- [突進 돌진] 거침없이 나아감.
  [突出 돌출] 툭 튀어 나옴.
  [衝突 충돌] 서로 맞부딪치거나 맞섬.

6급

窓
창 창

창문, 지게문. 동窗
window

본자는 窗. 굴(穴) 구멍(囪=창 구멍 창)을 본떠 '창문(窓門)'의 뜻이 된 자 象. 후에, 마음에도 눈(厶←口)과 같은 창구멍(穴)이 있다 하여 心을 합쳐 쓰이게 되었다 會.

- [窓口 창구] 창을 통해 응대하는 곳.
  [窓戶紙 창호지] 문 바르는 종이.
  [同窓 동창] 같은 학교의 졸업생.

4급

窮
다할
궁할 궁

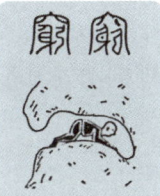

다할, 궁구할, 마칠, 막힐, 가난할.
exhaust, search out

穴과 躬(몸 궁:음부)의 합침. 몸(躬)을 구부리고 들어가던 굴(穴)이 막혀 '곤궁(困窮)하다'는 뜻으로 된 자.
【참고】躬의 본자는 躳. 곧, 몸(身=몸 신)과 척추뼈(呂=등골뼈 려)의 합침임.

- [窮理 궁리] 문리 또는 사리를 깊이 연구함.
  [窮極 궁극] 마지막. 극도에 달함.
  [追窮 추궁] 끝까지 캐물음.

3급

竊
훔칠 절

훔칠, 도둑질, 몰래, 사사. 동窃
thief, secretly

벌레(离=벌레 설)가 쌀(米)을 먹으려고 구멍(穴)을 뚫고 흠집(丿)을 내듯이 '도둑질한다'는 뜻으로 된 자 會.
【참고】卨은 잘 파먹는 벌레를 본뜸.

- [竊盜 절도] 몰래 훔침.
  [剽竊 표절] 남의 글을 제 것처럼 발표함.

7급

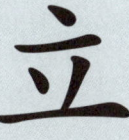
立
설 립

설, 세울, 곧, 정할, 굳을, 리터.
stand, erect, immediately, solid

① 땅(一)에 바로 '선' 사람(亣) 모양을 본떠 '세우다'의 뜻이 된 자 象.
② 본자는 亣. 사람(大 p.117)이 땅(一)에 '섰음'을 나타낸 자 會.

- [立身 입신] 사회에 나가서 출세함.
  [立案 입안] 안을 세움.
  [對立 대립] 마주 대하여 섬. 버팀.

3급

竝
나란히 병

아우를, 견줄, 붙들, 함께. 동並·倂
united, compare, together

두 사람이 함께 선(立·立) 모양을 나타내어 '아우르다'의 뜻이 된 자. 서로 어깨를 나란히 한 모양에서 '견준다'는 뜻으로도 쓰인다 會.

- [竝發 병발] 한꺼번에 일어남.
  [竝用 병용] 아울러 같이 씀.
  [竝行 병행] 두 가지 일을 함께 함.

6급	 章 글 장	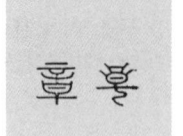	글, 표할, 장, 밝을, 끝, 인장(印章). sentence, chapter ① 音(소리 음)과 十(열 십)의 합침. 음악(音)의 한 단락(十), 또는 '글'의 한 '장이 끝남'을 뜻하여 된 자 會. ② 辛(매울 신)과 曰의 어울림. 말(曰)을 잘못한 죄인에게 바늘로 찔러(辛) '표함'을 뜻하여 된 자 會. ● [章句 장구] 글의 장과 구. [文章 문장] 글월. [樂章 악장] 큰 악곡 중의 소곡.
3급	 竟 마침내 경		마침내, 마칠, 다할, 즈음, 필경, 지경. 통境 finish, exhaust, at last 音(소리 음)과 儿(←人)의 합침. 사람(儿)이 부르던 노래(音)가 끝났다는 데서 '마치다'·'마침내'의 뜻이 된 자 會. ● [竟夕 경석] 밤새도록. 철야. [究竟 구경] 사리의 마지막. 필경. [畢竟 필경] 마침내. 결국에는.
6급	 童 아이 동		아이, 우뚝우뚝할, 남자종, 어리석을. child, boy, boyish 立(←辛=죄 건)과 里(←重=무거울 중:음부)의 합침. 무거운(里) 죄(立)를 범한 자를 '노예'로 삼았음을 뜻하여 된 자 形. 그 노예를 어린애 취급했던 데서 '아이'의 뜻으로 널리 쓰이게 되었다 轉. 【참고】 辛은 노예의 이마에 바늘로 낸 흠. ● [童心 동심] 어린아이의 마음. [童顏 동안] 어린애 같은 얼굴. [兒童 아동] 어린이.
4급II	 端 끝 단		끝, 실마리, 바를, 비롯할, 싹, 오로지. clue, beginning 立과 耑(끝 단:음부)의 합침. 바로 서(立) 나오는 풀싹이 실끝(耑)처럼 삐쭉 내민 모양에서 '실마리' 또는 '끝[始初]'의 뜻이 된 자 形. 【참고】 耑은 山(←屮=싹날 철)·一(지면)·而(풀뿌리 모양)를 합쳐 '풀끝'을 나타냄. ● [端緖 단서] 일의 실마리. 일의 처음. [端正 단정] 얌전하고 바름. [發端 발단] 어떤 일이 처음으로 벌어짐.
5급	 競 다툴 경		다툴, 굳셀, 쫓을, 급할, 높을. 통竸 contest 誩(←詰=말 다툴 경)과 儿(걷는 사람 인) 둘의 합침. 두 사람(儿·儿)이 마주 향해 서서(立·立) 말(口·口)로 '다툰다'는 뜻으로 된 자 會. 【참고】 竸은 서서(儿·儿) 소리(音·音)를 높여 '다툼'을 나타냄. ● [競技 경기] 재주를 경쟁함. [競賣 경매] 값을 많이 주는 이에게 파는 일. [競爭 경쟁] 서로 겨루어 다툼.

4급II

竹(⺮)
대 죽

대, 대쪽, 서간, 피리, 성(姓).
bamboo, flute

'대'와 그 이파리 모양을 본뜬 자 象. 대로 만든 '피리'를 뜻하기도 한다 轉.

- [竹林 죽림] 대숲.
  [竹杖 죽장] 대지팡이.
  [爆竹 폭죽] 불꽃놀이의 하나.

4급II

笑
웃음 소

웃음, 웃을, 기쁠, 꽃필. 통 咲
laugh, smile

① 竹과 夭(굽을 요)의 합침. 바람에 대(竹)가 구부러지며(夭) 잎이 스치는 소리가 마치 사람이 허리를 구부리고 '웃는' 것 같다는 뜻으로 된 자 會.
② 주인의 대피리(竹) 소리를 듣고 개(犬:夭는 犬의 잘못)가 꼬리치며 반가워한다 하여 '기쁘다'의 뜻이 된 자 會.

- [笑話 소화] 웃음거리. 우스운 이야기.
  [可笑 가소] 어처구니 없음. 우스움.
  [微笑 미소] 빙긋이 웃는 웃음.

6급

第
차례 제

차례, 집, 다만, 과거(科擧), 또.
order, house, only

竹과 弔(←弟=아우 제)의 합침. 글을 쓴 대쪽(竹)들을 순서 있게 위에서 내리(弟 p.158 弟) 엮는다는 데서 '차례'의 뜻이 된 자 會.

- [第一 제일] 첫째.
  [第三者 제삼자] 당사자 이외의 사람.
  [落第 낙제] 시험에 떨어짐.

3급II

笛
피리 적

피리, 저, 날라리. 통 邃
flute, fife

竹과 由(말미암을 유: 음부)의 합침. 대(竹 p.293)통에 뚫은 구멍으로 말미암아(由 p.267) 소리가 나는 '피리'를 뜻한 자 形.

- [笛聲 적성] 피리 소리.
  [汽笛 기적] 기관차의 고동.
  [胡笛 호적] 태평소.

3급II

符
부호 부

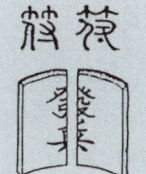

부호, 병부, 증거, 도장, 들어맞을, 상서.
tally, correspond

竹과 付(줄 부:음부)의 합침. 대쪽(竹)에 글을 새긴 것을 쪼개어 그 한쪽을 줌으로써(付 p.52) 군사 발동권을 가지게 했던 '병부(兵符)'를 뜻한 자. 나아가 '부호'의 뜻으로도 쓰임 會形.

- [符籍 부적] 악귀를 쫓는다는 종이 쪽.
  [符合 부합] 부신(符信)처럼 꼭 들어맞음.
  [音符 음부] 음악의 기호. 소리를 나타냄.

4급
筋 힘줄 근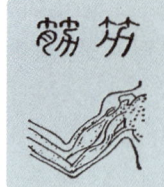

힘줄, 기운, 힘.
muscle(sinew), strength

竹부에 月(←肉)과 力의 합침. 힘(力)을 쓸 때 근육(月)이 대마디(竹)같이 나타나는 '힘줄'을 뜻한 자. 힘줄은 기운의 바탕이라는 데서 '힘'의 뜻으로도 쓰인다 會.
【참고】 또는 筋(대뿌리 륵)과 月의 합침.

- [筋肉 근육] 힘줄과 살.
- [鐵筋 철근] 콘크리트 속의 철재.

5급
筆 붓 필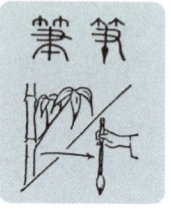

붓, 쓸, 글씨, 글, 오랑캐 이름.
pen, letter, sentence

竹과 聿(붓 율:음부)의 합침. 聿(p.315)만으로도 '붓'을 뜻했는데, 후에 그 자루를 대로 만든 데서 竹을 합쳐 된 자 會形.

- [筆記 필기] 글씨를 씀. 받아 쓰는 일.
- [筆答 필답] 글로 써서 대답함.
- [親筆 친필] 손수 쓴 글씨.

6급
等 무리 등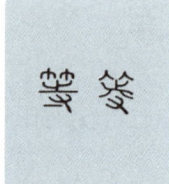

무리, 가지런할, 같을, 헤아릴, 등급.
arrange, sort, equal, grade

竹과 寺(관청 시)의 합침. 대쪽(竹)에 쓰인 관청(寺 p.136) 서류를 '가지런히 정리한다'는 뜻으로 된 자. 그 서류를 순서 있게 분류한다는 데서 '등급(等級)'의 뜻으로도 쓰인다 會.

- [等閒 등한] 대수롭지 않게 보아 넘김.
- [同等 동등] 등급이 같음. 자격이 같음.
- [平等 평등] 차별이 없어 고름.

3급 II
策 꾀 책

꾀, 문서, 계책, 채찍, 시초, 지팡이.
plot, plan, whip, stick

竹과 朿(가시 차:음부)의 합침. 대(竹)로 만들어 따끔하게(朿 p.80 刺) 때리는 '채찍'을 뜻하여 된 자 會形. 채찍질은 요령 있게 해야 한다 하여 '꾀' 또는 '계책'의 뜻으로도 쓰인다 轉.

- [策略 책략] 일처리에 대한 꾀와 방법.
- [上策 상책] 제일 좋은 계책(計策).
- [失策 실책] 잘못된 계책.

7급
答 대답 답

대답, 갚을, 합당할, 그렇다 할, 베.
answer, reply, requite

竹과 合(합할 합:음부)의 합침. 대쪽(竹)에 써서 보내온 글의 내용에 맞게(合 p.97) '회답(回答)한다'는 뜻으로 된 자 形.

- [答禮 답례] 남에게 받은 예를 갚는 일.
- [答狀 답장] 회답하는 편지.
- [報答 보답] 남의 호의나 은혜를 갚는 일.

竹 부

算 셈 산 (7급)

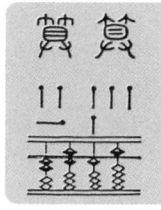

셈, 셈할, 산가지, 꾀, 슬기. 동 筭
count, account

竹과 具(갖출 구)의 합침. 具는 손에 물건을 든 모양. 산가지(竹) 또는 돈을 들고(具 p.73) 계산을 한다 하여 '셈하다'의 뜻이 된 자 會.

- [算數 산수] 초등 셈법.
- [珠算 주산] 주판으로 하는 셈.
- [打算 타산] 이해 관계를 계산(計算)함.

管 대롱·주관할 관 (4급)

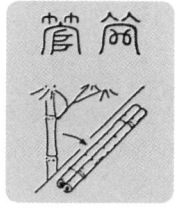

대롱, 주관할, 쌍피리, 관리할, 열쇠, 고동, 대통.
flute, control, manage, pipe

竹과 官(벼슬 관:음부)의 합침. 관청(官 p.130)에서 대(竹)로 만들어 불던 '쌍피리'를 뜻하여 된 자. 피리를 잘 보관한다 하여 '관리(管理)하다', 일을 '주관하다'의 뜻으로도 쓰인다 形.

- [管內 관내] 맡아서 다스리는 구역 안.
- [主管 주관] 일을 주장하여 관리함.
- [鐵管 철관] 쇠로 만든 관.

節 마디 절 (5급)

마디, 절개, 철, 예절, 절제할. 약 节
node, joint

竹과 卽(나아갈 즉:음부)의 합침. 대(竹)가 자라 나아감(卽 p.91)에 따라 생겨나는 '마디'를 뜻한 자. 대는 사철 푸르고 마디가 깐지져 절도 있다는 데서 '절개(節槪)'의 뜻으로도 쓰인다 形.

- [節約 절약] 아껴 씀.
- [節次 절차] 일의 순서나 방법.
- [時節 시절] 철. 때. 동안.

範 법 범 (4급)

법, 본보기, 모범(模範), 떳떳할.
standard, model

笵(←范=본보기 범:음부)과 車(수레 거)의 어울림. 먼 길을 떠날 때 수레(車)로 짐승을 치어 그 피로 길제사 지냄을 '본보기(笵)'로 삼았던 데서 된 자. 나아가, '법'의 뜻으로도 쓰인다 形.
【참고】笵은 물(氵)이 범람하는 곳에 대(竹)로 테두리(㔾←丮=테두리함)를 만들어 넘어가지 않도록 한 '본보기'를 뜻함.

- [範圍 범위] 사물이 차지한 일정한 한계.
- [範疇 범주] 분류. 속하는 부류.
- [規範 규범] 법칙 또는 원리.

篇 책 편 (4급)

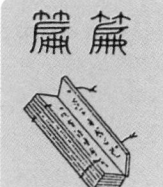

책, 편차(篇次)할, 편, 글.
book, edit, chapter

竹과 扁(현판 변:음부)의 합침. 글을 쓴 댓(竹) 조각(扁)을 엮은 '책'을 뜻하여 된 자 會形.
【참고】扁은 집집(戶)마다의 이름을 쓴(册) '호패' 또는 '현판'을 뜻함.

- [篇首 편수] 시문의 첫머리.
- [短篇 단편] 짤막하게 엮은 글.
- [長篇 장편] 편장(篇章)이 긴 문예물.

3급
篤
도타울 독

도타울, 굳을, 위독할, 말 느릴. 통쯔
sincere, honest, solid

竹(대 죽:음부)과 馬의 합침. 댓조각(竹)을 모아 만든 채로 '느리게 걷는 말(馬)'을 때려 있는 힘을 다해 달리게 한다는 데서, '도탑다'의 뜻이 된 자 形. 또는 쯔(도타울 독·축)과 음이 같은 데서 그 뜻을 빌려 온 자 假.

- [篤實 독실] 열성 있고 건실함.
- [敦篤 돈독] 인정이 두터움.
- [篤志家 독지가] 특별한 마음을 써 원조하는 사람.

4급II
築
쌓을 축

쌓을, 다질, 지을, 공이, 날개칠.
build, construct

筑(주울 축:음부)과 木의 합침. 나뭇공이(木)를 들었다(筑) 놓았다 하여 흙을 '다지며' '쌓는다'는 뜻으로 된 자 形.
【참고】筑은 대(竹)로 만든 악기를 손에 '든다(丮=안을 공)'는 뜻으로 됨.

- [築臺 축대] 높이 쌓아올린 대.
- [改築 개축] 다시 고쳐 짓거나 쌓음.
- [建築 건축] 집·성·다리 따위를 세움.

4급
簡
대쪽 간략할 간

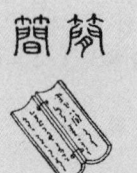

대쪽, 간략할, 편지, 구할, 분별할.
letter, simple, slip of bamboo

竹과 閒(사이 간:음부)의 합침. 대쪽(竹) 사이(閒 p.391)에 '간략(簡略)하게' 쓴 '편지'를 뜻한 자. 그 대쪽에 쓰인 글들을 '분별한다'는 뜻으로도 쓰인다 形.

- [簡潔 간결] 간단하고 깨끗함.
- [簡單 간단] 단출함. 간략함.
- [書簡 서간] 편지.

3급II
簿
문서 부

장부(帳簿), 적바림, 홀 부/ 누에발 박.
account book, record

竹과 溥(넓을 부:음부)의 합침. 넓죽한(溥) 대쪽(竹)에 수지(收支) 관계를 기록해둔다는 데서 '장부(帳簿)' 또는 '적바림'의 뜻이 된 자 形.
【참고】溥는 물(氵)이 퍼져(尃=펼 부) '너름'.

- [簿記 부기] 재산의 출납을 장부에 기입함.
- [家計簿 가계부] 살림의 수지를 적는 장부.
- [名簿 명부] 성명을 기록한 책.

4급
籍
문서 적

문서, 서적(書籍), 호적, 왁자할.
book, list, register

竹과 耤(밭갈 적:음부)의 합침. 대쪽(竹)에 호수(戶數)나 인적 사항을 새겨 밭갈(耤) 때의 이랑이 겹쳐지듯이 차례로 엮은 '문서' 또는 '호적(戶籍)'을 뜻하여 된 자 形.
【참고】耤은 땅을 갈아(耒=따비 뢰) 햇볕을 쬔다(昔 p.204)는 데서 '밭갈다'의 뜻.

- [籍記 적기] 문서에 적음.
- [國籍 국적] 국민의 자격을 가진 신분.
- [學籍 학적] 학생에 관한 일체의 기록.

竹・米 부

6급 米 쌀 미

쌀, 낟알, 미터.
rice, grain, meter

사방(十)으로 흩어진 '쌀알' 들(災) 모양, 또는 껍질이 까져(十) 나온 '쌀알(災)'을 가리킨 자 指.

- [米價 미가] 쌀값.
  [米穀 미곡] 쌀과 또는 온갖 다른 곡식.
  [白米 백미] 흰 쌀.

4급 粉 가루 분

가루, 분, 분 바를, 회, 빻을, 데시미터.
flour, powder

米와 分(나눌 분:음부)의 합침. 쌀(米)이 잘게 나뉘어져(分 p.77) 부쉬진 '가루'를 뜻하여 된 자 會形.

- [粉末 분말] 가루.
  [粉食 분식] 밀가루로 만든 음식으로 하는 식사.
  [白粉 백분] 흰 가루.

3급 粟 조 속

조, 좁쌀, 겉곡식, 벼, 녹미.
millet

西(←卤=열매 매달릴 유)와 米(쌀 미)의 합침. 西(卤)는 곡식의 이삭 모양. 이삭(西)에 낟알(米)이 껍질째 달린 '겉곡식' 또는 '조'를 뜻하여 된 자 會.

- [粟粒 속립] 좁쌀의 낟알.
  [粟米 속미] 좁쌀. 조와 쌀.
  [黍粟 서속] 기장과 조.

3급Ⅱ 粧 단장할 장

단장할, 치장할. 본妝

米와 庄(농막 장:음부)의 합침. 농막(庄)에서 쌀(米)을 빻을 때 가루를 뒤집어쓴 모습이 마치 분 바른 것 같다는 데서 '단장(丹粧)하다'의 뜻이 된 자 形.
【참고】庄은 농토(土) 근처에 지은 집(广).

- [粧飾 장식] 외양의 꾸밈새.
  [新粧 신장] 새로 꾸밈.
  [化粧 화장] 얼굴을 곱게 꾸밈.

4급Ⅱ 精 정할 정

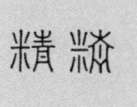

정밀할, 깨끗할, 정신, 밝을, 대낀 쌀.
pure, skillful, spirit, clear

米와 靑(푸를 청:음부)의 합침. 푸른 빛(靑)이 감돌도록 쓿은 쌀(米)이 '깨끗함'을 뜻한 자. 나아가, 대낀 쌀(米)같이 깨끗한(靑) 마음이라 하여 '밝다' 또는 그 '정신(情神)'의 뜻으로도 쓰인다 形.

- [精巧 정교] 정밀(情密)하고 교묘함.
  [精力 정력] 심신의 활동력. 원기.
  [妖精 요정] 요사스러운 정령(精靈).

3급Ⅱ

糖
엿 당(탕)

엿, 사탕(砂糖).
candy, sugar

米와 唐(갑자기 당:음부)의 합침. 쌀(米)로 쑨 죽에 엿기름을 넣으니 갑자기(唐 p.103) 단맛으로 바뀌어 '엿'이 됨을 뜻하여 된 자 形.

- [糖分 당분] 사탕질의 성분.
  [糖水肉 탕수육] 중국 요리의 하나.
  [麥芽糖 맥아당] 당류의 하나. 엿의 성분.

4급

糧
양식 량

양식, 곡식, 먹이, 구실, 조세. 동 粮
grain, food, tax

米와 量(헤아릴 량:음부)의 합침. 헤아리며(量 p.385) 먹는 쌀(米) 따위의 '양식(糧食)'을 뜻하여 된 자 形.

- [糧穀 양곡] 양식으로 쓰는 곡식.
  [軍糧 군량] 군대의 양식.
  [絶糧 절량] 양식이 다하여 끊어짐.

糸
실 사

실, 극히 적은 수 사/ 가는 실, 적을 멱.
thread, few(small) in number

'가는실'을 감아 놓은 실타래 모양을 본뜬 자 象.
【참고】 絲는 糸보다 여러 겹의 실.

4급

系
이어맬 계

 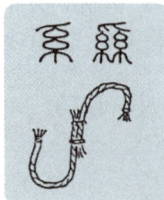

이을, 혈통, 실마리, 맬, 맏아들.
connect, node, tie

실(糸)의 끝(ノ←厂=끝 예:음부) 모양에서 '실마리' 또는 '이어지다'의 뜻이 된 자 象會形. 위에서 아래로 이어진다 하여 '매다[系統]'의 뜻으로도 쓰인다 轉.

- [系譜 계보] 혈통이나 계통을 적은 책.
  [系列 계열] 같은 계통에 따른 배열.
  [體系 체계] 계통 있게 종합한 조직 구성.

3급

糾
얽힐 규

 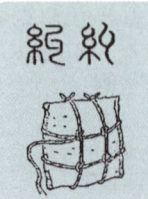

얽을, 살필, 꼴, 규명할, 얽을, 탄핵할.
inspect, examine

糸와 丩(얽힐 구:음부)의 합침. 노끈(糸)을 '꼰다(丩)' 또는 노끈 꼬이듯이 일이 '뒤얽힌다'는 뜻으로 된 자. 그 일을 '살펴' '규명(糾明)한다'는 뜻으로도 쓰인다 會形.

- [糾彈 규탄] 죄상을 조사하여 탄핵함.
  [紛糾 분규] 뒤얽혀 말썽 많고 시끄러움.

米・糸 部

4급

紅 붉을 홍

붉을, 여뀌, 연지 홍/ 길쌈 공. 통 功・工
red, rouge

糸와 工(장인 공:음부)의 합침. 실(糸)에 분홍 물감을 가공하여(工) 들인 '붉은빛' 을 뜻하여 된 자 形.

● [紅桃 홍도] 붉은 복숭아 꽃.
　[紅顔 홍안] 혈색이 좋은 얼굴.
　[眞紅 진홍] 진한 붉은빛.

5급

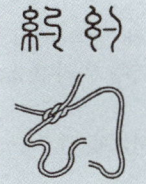

約 맺을 약

맺을, 대략, 약속할, 고생할 약/ 미쁠 요.
nearly, promise

糸와 勺(작을 작:음부)의 합침. 실(糸)로 작은(勺) 매듭을 '맺는다' 는 뜻으로 된 자. 나아가, 실로 매듭 맺어 '약속(約束)한다' 는 뜻으로도 쓰인다 形.

【참고】勺은 작은(一) 물체를 싸(勹=쌀 포)잡음을 뜻함.

● [約婚 약혼] 혼인을 약속함.
　[期約 기약] 때를 정하고 약속함.
　[言約 언약] 말로써 약속함.

4급

紀 벼리 기

벼리, 기율, 기록할, 터, 해, 실마리.
border rope, regulation, record

糸와 己(몸 기:음부)의 합침. 본자는 己로, '실마리' 를 뜻하여 된 자인데, 후에 糸를 덧붙여 그물의 둘레 코를 꿰어 척추뼈(己 p.146) 마디처럼 된 '벼리' 를 뜻하게 되었다. 벼리는 그물을 헝클어지지 않게 질서 잡는다는 데서 '기율(紀律)' 의 뜻으로도 쓰인다 形.

● [紀綱 기강] 기율과 법강.
　[紀念 기념] 오래도록 전하여 잊지 아니함.
　[風紀 풍기] 풍속과 습관에 대한 기율.

3급 II

紋 무늬 문

무늬, 문채. 통 文
stripes, figures

糸와 文(아롱질 문: 음부)의 합침. 실(糸)로 수를 놓아 아롱지게(文) 한 '무늬' 를 뜻하여 된 자 會形.

● [紋織 문직] 무늬를 넣어 짬.
　[波紋 파문] 물결. 어떤 일의 영향.

4급

納 들일 납

들일, 받을, 수장할, 바칠, 너그러울.
enter, receive

糸와 內(들일 납:음부)의 합침. 실(糸)이 물을 빨아들이듯이(內 p.71) '받아들인다' 는 뜻으로 된 자 形.

● [納入 납입] 세금・회비 등을 바침.
　[收納 수납] 받아 거두어 납입함.
　[出納 출납] 내주고 받아들임.

4급 II

純
순수할 순

순수할, 생실, 밝을 순/ 옷선 준/ 묶을 돈.
pure, honest, true

糸와 屯(둔칠 둔:음부)의 합침. 屯은 새싹(屮←丩)이 지각(-)을 뚫고 나오는 모양. 갓 돋아난 새싹(屯)이 볕에 그을지 않은 것처럼 익히지 않은 '생실(糸)'을 뜻하여 된 자. 생실은 잡것이 섞이지 않았다는 데서 '순수(純粹)하다'의 뜻으로 널리 쓰인다 形.

- [純潔 순결] 잡것이 섞이지 않고 깨끗함.
  [純眞 순진] 마음이 순박하고 진실함.
  [淸純 청순] 맑고 순수함.

7급

紙
종이 지

종이, 편지(片紙).
paper, letter

糸와 氏(성씨 씨:음부)의 합침. 糸는 종이 만드는 섬유를 나타냄. 가는 실(糸) 같은 섬유질이 나무 뿌리(氏 p.233) 같이 줄을 이루며 된 '종이'를 뜻한 자 形.

- [紙面 지면] 종이의 겉면. 지상(紙上).
  [白紙 백지] 흰 종이.
  [表紙 표지] 책뚜껑. 책의 겉면.

6급

級
등급 급

등급, 차례, 실갈피, 목, 두름[國].
order, grade, degree

糸와 及(미칠 급:음부)의 합침. 실(糸)이 차례차례로 뒤따라(及 p.94) 이어졌다는 데서 '차례'의 뜻이 된 자. 높고 낮은 차례인 '등급(等級)'의 뜻으로도 쓰인다 形.

- [級長 급장] 학급(學級)을 대표하는 학생.
  [階級 계급] 사회적 지위.
  [昇級 승급] 등급이 오름.

3급 II

索
찾을 색
노(새끼줄) 삭

찾을, 더듬을 색/ 동아줄, 꼴, 쓸쓸할 삭.
search, grope, rope

① 屮(←㞢=무성할 발)과 糸의 합침. 무성히 자라나는(屮) 덩굴손(糸)이 서로 얽혀 꼬아진 것이 '동아줄' 같다는 뜻으로 된 자. 덩굴이 뻗어 나갈 곳을 '찾는다'는 데서 '더듬다'의 뜻으로도 쓰인다 會.
② 두 손(屮←廾=양손 공)으로 새끼(糸)를 '꼬는' 모양을 나타내어 '동아줄'의 뜻이 된 자 象會.

- [索莫 삭막] 쓸쓸한 모양.
  [索引 색인] 항목이나 낱말 등의 목록.
  [搜索 수색] 더듬어서 찾음.

3급 II

紛
어지러울 분
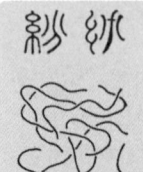

어지러울, 엉클어질, 분잡할, 많을.
confused, disorderly

糸와 分(나눌 분:음부)의 합침. 실(糸)이 여러 갈래로(分 p.77) '엉클어져' '어지럽다'는 뜻으로 된 자 形.
【참고】 본디는 말꼬리가 여러 갈래의 실같이 드리워져 '엉클어졌음'을 뜻한 자.

- [紛亂 분란] 어수선하고 소란스러움.
  [紛失 분실] 잃어버림.
  [內紛 내분] 내부의 분쟁(紛爭).

糸 부

4급 II

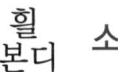
흴 본디 소

흴, 바탕, 빌, 생명주, 질박할, 천할, 평상.
white, quality

垂(𠂹=垂=드리울 수의 본자:음부)와 糸의 합침. 빨아서 드리운(垂) 명주실(糸)이 '희게' 빛남을 뜻하여 된 자 會形. 흰빛은 모든 빛의 소재(素材)가 된다 하여 '바탕'의 뜻으로도 쓰인다 轉.

- [素服 소복] 흰 옷. 또는 흰 상복.
- [素質 소질] 본디 타고난 성질.
- [要素 요소] 없으면 안 될 바탕.

3급 II

자줏빛 자

자줏빛, 자주 옷.
purple, purple clothes

此(그칠 차:음부)와 糸의 합침. 빨강과 파랑의 중간색에 머무른(此 p.228) 실(糸) 색인 '자줏빛'을 뜻한 자 形.

- [紫色 자색] 자줏빛.
- [紫外線 자외선] 파장이 가시광선보다 짧은 전자기파.
- [紫桃 자도] 자두나무. 자두.

3급 II

여러 자주 루

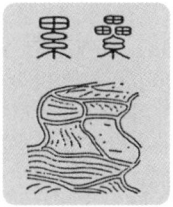

여러, 포갤, 층, 맬, 폐 끼칠, 더할.
several, accumulate, fold

田(←畾=밭갈피 뢰:음부)와 糸의 합침. 밭이랑(田)이 실(糸)같이 겹쳐 있다 하여 '여럿' 또는 '포개다'의 뜻이 된 자 形.
【참고】 본자는 纍로 실(糸)이 겹침을 나타내는 畾가 田으로 획이 줆.

- [累積 누적] 포개어 쌓음.
- [累次 누차] 여러 번.
- [連累 연루] 남의 범죄에 관계됨.

4급 II

가늘 세

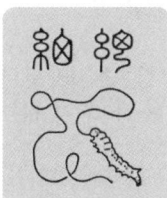

가늘, 세밀(細密)할, 잗다랄, 좀놈.
fine, tiny, delicate

糸와 田(←囟=숫구멍 신:음부)의 합침. 囟은 누에 머리의 모양으로 누에가 토해 낸 실(糸)이 '가늘다'는 뜻으로 된 자 形.

- [細心 세심] 자세히 주의하는 마음.
- [細胞 세포] 생물체 구성의 기본 단위.
- [詳細 상세] 속속들이 자세(仔細)함.

5급

마칠 종

마칠, 마지막, 다할, 끝, 끝날, 죽을.
finish, conclude, end

糸와 冬(겨울 동:음부)의 합침. 冬(p.75)은 네 계절의 마지막인 데서 糸에 합쳐 실의 '끝'을 뜻한 자. 또는, 실패에 실(糸)을 끝까지 다 감고 그 끝을 얼어붙은(冬) 듯이 매듭 맺는다는 데서 '마치다'·'끝내다'의 뜻이 됨 會形.

- [終結 종결] 결말이 남.
- [終點 종점] 맨 끝이 되는 곳.
- [最終 최종] 맨 나중.

3급

絃
줄 현

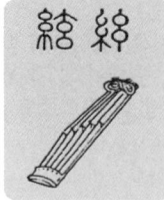

악기 줄, 탈, 줄 종류. 통弦
string of musical instrument

糸와 玄(가물거릴 현:음부)의 합침. 현악기의 선(糸)을 퉁길 때 보 일락말락 하게 가물거리는(玄) '악기줄' 을 뜻하여 된 자 形.

- [絃樂 현악] 현악기로 탄주하는 음악.
  [絃琴 현금] 거문고.
  [管絃樂 관현악] 관악기 · 현악기 · 타악기의 합주.

4급

組
짤 조

짤, 구성할, 만들, 인끈, 땋은 실.
weave, organize, constitute

糸와 且(많을 저:음부)의 합침. 실오리(糸)를 합쳐(且 p.42) 얽어 '짬' 을 뜻한 자. 또한, 여러 실오리를 엮어서 만든 '인끈' 의 뜻으로도 쓰인다 形.

- [組閣 조각] 내각을 조직함.
  [組織 조직] 얽어서 만듦.
  [結組 결조] 맺고 얽음.

4급 II

統
거느릴 통

거느릴, 벼릿줄, 실마리, 이을, 합칠.
control, clue, unify

糸와 充(채울 충:음부)의 합침. 누에가 한 줄기의 실오리(糸)로 고치의 주위를 모두 채우는(充 p.69) '실마리' 를 뜻하여 된 자. 나아가, 명주실을 뽑을 때 여러 고치의 실마리들이 한 줄기로 모이며 이끌린다는 데서 '거느리다' 의 뜻으로도 쓰인다 形.

- [統率 통솔] 일체를 통할하여 거느림.
  [統治 통치] 도맡아 다스림.
  [傳統 전통] 전해 오는 사상 · 관습 · 행동 따위의 양식.

5급

結
맺을 결

맺을, 마칠, 나중, 엉길, 끝맺을, 못.
knot, finish

糸와 吉(길할 길:음부)의 합침. 좋은(吉 p.97) 일의 약속으로서 실(糸)을 '맺는다' 는 뜻으로 된 자. 맺고 끊는다는 데서 '마치다' 의 뜻으로도 쓰인다 形.
【참고】결승문자(結繩文字) 시대를 연상시킴.

- [結果 결과] 어떤 원인으로 인한 결말.
  [結婚 결혼] 혼인 관계를 맺음.
  [連結 연결] 서로 이어서 맺음.

4급 II

絕
끊을 절

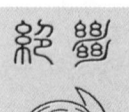

끊을, 으뜸, 뛰어날, 멸할, 죽을.
cut, absolute

糸에 刀 · 巴(卩=마디 절:음부)의 합침. 실(糸)의 매듭(巴)을 칼(刀)로 '끊는다' 는 뜻으로 된 자 會形.
【참고】巴은 무릎처럼 된 마디를 가리킴.

- [絕交 절교] 교제를 끊음.
  [絕望 절망] 희망이 끊어짐.
  [拒絕 거절] 물리쳐서 딱 떼어 버림.

糸 부

5급

給
줄 급

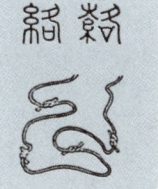

줄, 넉넉할, 공급할, 댈, 말 민첩할.
sufficient, give, supply

糸와 合(합할 합:음부)의 합침. 실(糸)을 모아(合 p.97) 길게 이은 '줄'을 뜻하여 된 자. 물건을 줄 잇듯이 댄다 하여 '공급(供給)하다'의 뜻으로도 쓰인다 形.

- [給料 급료] 노력에 대한 보수.
  [給仕 급사] 단체에서 잔심부름하는 아이.
  [配給 배급] 분배하여 공급함.

3급II

絡
이을 락
얽을

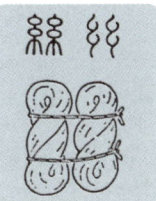

이을, 연락할, 솜, 두를, 맬, 묶을, 실.
tie, connected

糸와 各(각각 각:음부)의 합침. 각각(各 p.97) 따로 있는 실끝(糸)을 이어 맨다는 데서 '잇다'·'연락(連絡)하다'의 뜻이 된 자 形.

- [絡繹 낙역] 내왕이 끊임없음.
  [籠絡 농락] 약은 꾀로 사람을 놀림.
  [脈絡 맥락] 사물 따위가 서로 이어져 있는 관계나 연관.

4급

絲
실 사

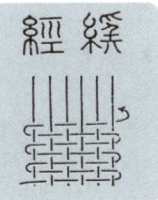

실(명주실), 현악기, 자을, 풍류 이름.
thread(silk)

糸 둘의 합침. 본디, 누에가 토해 내어 된 '명주실'을 뜻하여 된 자. 나아가 일반적인 '실'의 뜻으로 쓰인다 會.
【참고】糸는 絲보다 겹이 적어 가는 실.

- [絲雨 사우] 보슬비를 실에 비유한 말.
  [綿絲 면사] 무명실.
  [毛絲 모사] 털실.

4급II

經
글 경
지날

글, 지날, 날실, 다스릴, 경영할. 약 経
pass through

糸와 巠(물줄기 경:음부)의 합침. 巠은 지하수의 흐르는 모양. 피륙을 짤 때 지하의 물줄기(巠)같이 세로줄을 이루는 '날실(糸)'을 뜻한 자. 날실이 사침을 거쳐 간다는 데서 '지나가다' 또는 날실은 씨실을 거느린다는 데서 '다스리다'의 뜻으로도 쓰인다 形.
【참고】巠의 巛은 날실이 늘어진 모양. 工은 도투마리의 모양이기도 함.

- [經過 경과] 때가 지나감.
  [經濟 경제] 재화를 획득, 이용하는 활동.
  [聖經 성경] 종교상 최고 경전이 되는 책.

3급

絹
비단 견

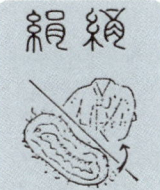

비단, 깁, 명주.
silk, pongee

糸와 月(작은 벌레 연:음부)의 합침. 月은 누에의 입(口)과 몸(月←肉)을 가리킴. 누에(月)고치에서 뽑은 실(糸)로 짠 '명주'·'비단'을 뜻하여 된 자 形.

- [絹絲 견사] 명주실.
  [純絹 순견] 순 명주실로 짠 비단.
  [人絹 인견] 인조 견사의 준말.

6급

綠
푸를 록

푸를, 초록빛, 청황색, 조개풀.
green

糸와 彔(나무 깎을 록:음부)의 합침. 산 나무의 껍질을 깎았을(彔) 때 속껍질의 섬유질(糸)이 '청황색[草綠]' 임을 가리켜 된 자 形.
【참고】彔은 멧돼지(彑)가 산 나무 껍질을 진(氺←水)이 날 만큼 갉아 '깎음'을 뜻함.

- [綠陰 녹음] 우거진 나무 그늘.
- [常綠 상록] 나뭇잎이 항상 푸름.
- [新綠 신록] 초목의 새 잎이 띤 푸른빛.

3급II

綱
벼리 강

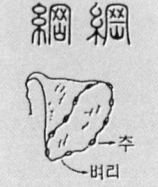

벼리, 근본, 법, 대강, 맬, 다스릴.
border(net), main principle

糸와 岡(산등성이 강:음부)의 합침. 굵은 실(糸)로 그물 주위를 꿰어 산등성이(岡)같이 두드러지게 된 '벼리'를 뜻하여 된 자. 벼리는 크고 성기다는 데서 '대강(大綱)'의 뜻으로도 쓰인다 形.
【참고】岡은 그물(冂)을 세워 쳤을 때와 같은 모양의 '산(山)등성이'를 나타냄. 罔(없을 망 p.309)은 별자.

- [綱領 강령] 일에 으뜸 되는 큰 줄거리.
- [紀綱 기강] 기율과 법도를 아울러 이르는 말.
- [政綱 정강] 정치의 강령.

3급II

維
벼리 유

벼리, 맬, 이을, 오직, 끌어갈, 끈.
tie, maintain, connect, rope

糸와 隹(새 추:음부)의 합침. 줄(糸)로 새(隹)를 '맨다'는 뜻으로 된 자. 그 '끈' 자체를 가리키기도 한다 形.
【참고】본디는 실(糸)로 새의 깃(隹)처럼 얽어 '수레 위를 가렸던 덮개'를 뜻했음.

- [維新 유신] 사물의 면목을 일신함.
- [維持 유지] 지탱하여 감.
- [纖維 섬유] 올실.

3급II

綿
솜 면

솜, 고치솜, 동일, 잇닿을. 통緜 통棉
cotton, bind, continuous

糸와 帛(명주 백)의 합침. 가는 명주실(帛 p.388 錦) 같은 섬유(糸)가 끊이지 않고 '잇닿았다'는 뜻으로 된 자 會. 또한, 끊임없이 올실을 자아내는 '솜'의 뜻으로도 쓰이게 되었다 轉.

- [綿密 면밀] 소홀하지 않고 치밀함.
- [綿布 면포] 무명.
- [海綿 해면] 갯솜. 해면동물의 준말.

3급II

緊
긴할 긴

요긴할, 급할, 친친 얽을, 움츠릴.
important, urgent

臤(굳을 간:음부)과 糸의 합침. 밧줄(糸)로 사람을 굳게(臤 p.362 賢) '얽어 맨다'는 뜻으로 된 자. 나아가, 사태가 '급하다'는 뜻으로도 쓰인다 形.

- [緊密 긴밀] 견고하여 빈틈이 없음.
- [緊張 긴장] 마음을 조이고 정신을 바짝 차림.
- [要緊 요긴] 중요하고도 꼭 필요함.

5급

練
익힐 련

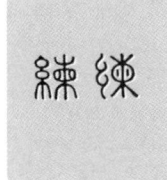

익힐, 이길, 누일, 가릴. ㈱練 ⑧鍊
train, bleach, soften

糸와 柬(분별할 간:음부)의 합침. 실(糸)을 삶아 불순물을 제거한다(柬)는 데서 '누이다'·'가리다'의 뜻이 된 자. 천을 거듭 '이겨' 다룬다는 데서 일을 '익히다'의 뜻으로도 쓰인다 ⑱.
【참고】 柬은 나누어(八) 묶는다(束=묶을 속)는 뜻에서 '분별하다'의 뜻이 됨.

● [練兵 연병] 군대를 훈련(訓練)함.
　[練習 연습] 되풀이하여 익힘.
　[洗練 세련] 지식·기술·성격 등이 익숙함.

3급 II

緒
실마리 서

실마리, 실끝, 일의 시초, 찾을, 계통.
clue, beginning

糸와 者(놈 자:음부)의 합침. 실(糸)의 끝부분 그 자체(者 p.312)를 가리켜 '실마리'의 뜻이 된 자. 실은 끝부터 푼다 하여 '시초'의 뜻으로도 쓰인다 ⑱.

● [緒言 서언] 머리말.
　[端緒 단서] 실마리. 일의 처음.
　[頭緒 두서] 일의 실마리. 순서. 조리.

4급

緣
인연 연

인연, 인할, 가선 두를, 좇을 연/ 왕후 옷 단.
connection, cause, hem

糸와 彖(끊을 단:음부)의 합침. 천이 끊긴(彖) 데를 실(糸)로 감치며 '가선 두른다'는 뜻으로 된 자. 그 가선으로 말미암아 올이 풀리지 않는다는 데서 '인연(因緣)'의 뜻으로 널리 쓰인다 ⑱.
【참고】 彖은 멧돼지(豕)가 달아나려고 주둥이(彑)로 우리를 뚫는다 하여 '끊다'의 뜻.

● [緣故 연고] 까닭. 혈통·정분 등의 관계.
　[緣由 연유] 까닭. 사유. 유래.
　[事緣 사연] 사정과 연유.

6급

線
줄 선

줄, 실, 줄칠, 길, 바느질할. ⑧綫
thread, wire, line

糸와 泉(샘 천:음부)의 합침. 샘(泉 p.238)에서 나오는 물이 길게 흘러내리는 것 같은 가는 '실(糸)' 또는 '줄'을 뜻한 자 ⑱.

● [線路 선로] 기차 따위가 다니는 길.
　[曲線 곡선] 굽은 선.
　[脫線 탈선] 언행이 상규를 벗어나 빗감.

3급 II

緩
느릴 완

느릴, 더딜, 늘어질, 늦출, 너그러울.
slowly, tardy, generous

糸와 爰(당길 원:음부)의 합침. 실(糸)이 느슨하게 당겨져(爰 p.208 暖) '늘어진' 모양을 나타낸 자. 늘어졌다는 데서 '더디다'의 뜻으로도 쓰인다 ㈜⑱.

● [緩行 완행] 느리게 다님.
　[緩衝地帶 완충지대] 충돌 완화의 중립지.
　[弛緩 이완] 느즈러짐. 풀리어 늦추어짐.

3급

緯
씨 위

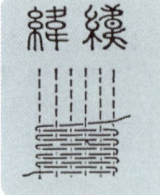

씨줄, 경위, 짤, 묶을, 참서[未來記].
latitude, transverse, thread

糸와 韋(두를 위:음부)의 합침. 베를 짤 때 가로 방향으로 씨실(糸)이 어긋지며 왔다갔다함(韋 p.403)을 나타내어 '씨줄'의 뜻이 된 자 會形.

- [緯度 위도] 지구 표면의 가로의 좌표.
  [緯書 위서] 미래의 길흉 화복의 예언서.
  [經緯 경위] 날(가로 방향)과 씨(세로 방향).

3급 II

編
엮을 편

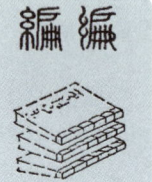

엮을, 책편, 기록할, 벌일 편/ 땋을 변.
compose, edit, record

糸와 扁(작을 편:음부)의 합침. 글을 쓴 작은 조각(扁 p.295 篇)들을 모아 노끈(糸)으로 책을 '엮는다'는 뜻으로 된 자 形.

- [編隊 편대] 대오를 편성함.
  [編成 편성] 엮어서 만듦.
  [改編 개편] 고쳐서 다시 엮음.

3급

縣
고을 현

고을, 끊어질 약 県, 매달 통 懸
hang, cut, district

県(목 베어 달 교)와 系(이을 계[혜]:음부)의 합침. 목을 베어(県) 끈에 '매단다(系)'는 뜻으로 된 자. 후에, 상부에 매여 있는 '현(고을)'의 뜻으로 널리 쓰이게 되었다 會形.
【참고】 県는 首(머리 수)의 거꾸로 된 자로, '목을 베어 거꾸로 매다는 형벌'을 뜻함.

- [縣監 현감] 조선 때 작은 현의 원.
  [縣治 현치] 현의 행정.
  [郡縣 군현] 군과 현.

3급 II

縱
세로 종

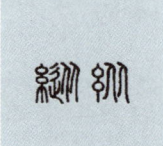

세로, 늘어질, 놓을 종/ 바쁠 총. 약 縦
vertical, loose

糸와 從(좇을 종:음부)의 합침. 노끈(糸)이 위에서 아래로 뒤를 이어(從 p.162) '늘어진다'는 뜻으로 된 자. 늘어진 상태를 가리켜 '세로'의 뜻으로도 쓰이게 되었다 形.

- [縱橫 종횡] 세로와 가로.
  [放縱 방종] 거리낌 없이 함부로 놀아남.
  [恣縱 자종] 방자하고 방종함.

4급

縮
줄일 축

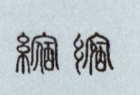

줄, 오그라질, 어지러울, 모자랄, 거둘.
shrink, diminish

糸와 宿(잘 숙:음부)의 합침. 실(糸)이나 천을 물에 담갔다가 잠재우면(宿 p.133) '오그라지며' '줄어든다'는 뜻으로 된 자 形.

- [縮小 축소] 줄어 작아짐. 줄여 작게 함.
  [減縮 감축] 줄여서 적게 함.
  [短縮 단축] 짧게 줄임.

4급

績
길쌈 적

길쌈할, 자을, 이룰, 공적, 이을, 일
spin, merit, succeed

糸와 責(맡을 책:음부)의 합침. 여기서의 責은 積(쌓을 적)의 본자. 실(糸)을 겹겹으로(責) 감는다는 데서 '잣다'·'길쌈하다'의 뜻이 된 자. 길쌈할 때 많은 실을 잣고 나르느라 애썼다 하여 '공적(功績)'의 뜻으로도 쓰인다 形.

- [績文 적문] 문장을 지음.
- [成績 성적] 학업 또는 사업의 결과.
- [治績 치적] 정치의 공적·실적(實績).

4급Ⅱ

總
다(皆) 총

다, 모두, 묶을, 거느릴, 모을. 俗 総
all, whole, sum, control

糸와 悤(바쁠 총:음부)의 합침. 번잡한(悤) 것을 끈(糸)으로 한데 묶는다는 데서 '합하다'의 뜻이 된 자. 합한다는 데서 '모두' 또는 '거느리다'의 뜻으로도 쓰인다 會形. [p.302 統]
【참고】悤은 마음(心)이 타도록(囱=굴뚝 총) '바쁘고 복잡하다'는 뜻.

- [總計 총계] 통틀어 합친 계산.
- [總長 총장] 전체를 통할하는 우두머리.
- [監總 감총] 전체를 감독함.

3급Ⅱ

繁
번성할 번

번성할, 많을, 번잡할 번/ 말 뱃대끈 반.
flourishing, crowded

본자는 緐. 무성한 풀(毎=무성할 번:음부)처럼 늘어진 말갈기를 땋아(系=맬 계) 장식한 것처럼 일이 '번성(繁盛)하다'는 뜻으로 된 자. 후에, 攵(칠 복)을 합쳐, 말의 배를 치면서 졸라매는 '말 뱃대끈'의 뜻으로도 쓰인다 轉.

- [繁殖 번식] 붇고 늘어서 많이 퍼짐.
- [繁華 번화] 번성하고 화려함.
- [頻繁 빈번] 매우 잦음.

4급

織
짤 직

 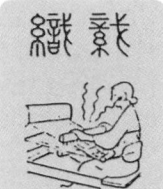

짤, 낳이, 만들 직/ 실 다듬을 지/ 기치 치.
weave, spin

糸와 音(소리 음)·戈(창 과)의 어울림. 바디(戈) 소리(音)를 내면서 실(糸)로 베를 '짠다'는 뜻으로 된 자 會.
【참고】戠(찰흙 시)로 음부를 삼기도 함.

- [織女 직녀] 길쌈하는 여자. 별의 이름.
- [織造 직조] 피륙을 짜는 일.
- [組織 조직] 얽어서 만듦. 짜서 이룸.

3급

繫
맬 계(혜)

 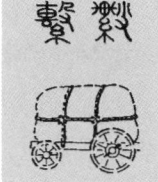

맬, 얽을, 맺을, 묶을, 약속할.
fasten, join, bind, connect

毄(칠 격:음부)과 糸의 합침. 굴대 끝(軎=굴대 끝 세 p.193 擊)에서 수레바퀴가 벗어나가지 못하도록 비녀장(殳)을 꽂고 노끈(糸)으로 '얽어 맨다'는 뜻으로 된 자 形.

- [繫留 계류] 붙들어 머무르게 함.
- [坐繫 좌계] 고분고분 묶임.

4급

繼
이을 계

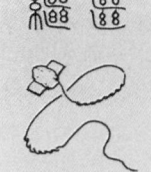

이을, 맬. 통䋭 약継 통繫
continue, connect

糸와 䋭(이을 계:음부)의 합침. 실(糸)을 '이어(䋭 p.200 斷)' '맨다' 는 뜻의 자 形.
【참고】䋭는 본디 䌛(끊어질 절)이었음. 즉, 끊어졌기 때문에 糸로 '잇는다' 는 뜻.

- [繼續 계속] 끊이지 않고 늘 잇대어짐.
  [繼承 계승] 뒤를 이어받음.
  [引繼 인계] 일을 넘기고 이어받는 일.

4급 II

續
이을 속

이을, 잇닿을, 공적, 계속(繼續). 약続
continue, follow

糸와 賣(팔 육:음부)의 합침. 실(糸)이 잇닿은 것이 상품의 사고 팖(賣)처럼 끊이지 않는다 하여 '잇다' 또는 '잇닿다' 의 뜻이 된 자 形. [賣과 賣는 별자]
【참고】賣은 '잘 사귀어서(㚿=화목할 목) 물건(貝)을 사라' 고 외치는 행상인의 소리가 잇달아 난다는 데서 합침.

- [續出 속출] 계속 잇대서 나옴.
  [續行 속행] 계속하여 행함.
  [連續 연속] 잇달아 죽 계속됨.

缶
장군 부

장군, 양병, 질그릇, 용량. 통瓿
pottery(earthenware)

배가 불룩하고 아가리가 좁은 '질그릇' 또는 '장군' 모양을 본뜬 자 象.
【참고】搖(흔들 요)·謠(노래 요)·陶(질그릇 도) 등은 缶가 포함됨.

- [擊缶 격부] 장단에 맞추어 장구를 침.
  [土缶 토부] 질장구.

4급 II

缺
이지러질 결

이지러질, 이 빠질, 흠, 모자랄. 약欠
broken, defect, lack

缶와 夬(터놓을 쾌:음부)의 합침. 질그릇(缶)의 한 귀퉁이가 터뜨려졌다(夬 p.236 決)는 데서 '이지러지다' 의 뜻이 된 자. 이지러졌다는 데서 '모자라다' 의 뜻으로도 쓰인다 形.

- [缺席 결석] 참석하지 아니함.
  [缺點 결점] 완전하지 못한 점.
  [破缺 파결] 깨어져 흠이 남.

网(罓 罒)
그물 망

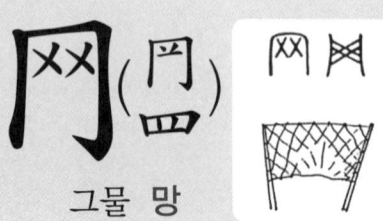

그물.
net

그물의 벼리(冂=경계 경)와 그물코(㐅) 모양을 본떠 '그물' 의 뜻이 된 자 象.

3급

없을 망

없을, 속일, 맺을, 그물, 흐릴, 말.
without, net, deceive

冂(网)과 亡(도망 망:음부)의 합침. 물고기를 그물(冂)쪽으로 도망치게(亡 p.49) 몰이하여 잡는다는 데서 '속이다'의 뜻이 된 자. 또는, 그물(冂)로 고기를 잡으려 할 때 고기가 도망쳐(亡) '없다'는 뜻으로 된 자 形.

- [罔極 망극] 어버이의 은혜가 그지없음.
- [罔然 망연] 멍한 모양.
- [誣罔 무망] 기만. 속임.

4급 II

둘(措) 치

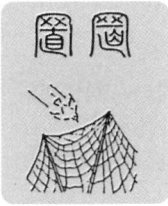

둘, 베풀, 버릴, 놓을, 세울, 역말.
lay, place, constitute, settle

① 皿(网)과 直(곧을 직)의 합침. 새 잡는 그물(皿)을 곧바로(直 p.276) 쳐 '베푼다'는 뜻으로 된 자 會. [p.269 畢]
② 정직한(直) 사람은 잘못되어 법망(皿)에 걸려들지라도 곧 '풀어놓는다'는 뜻으로 된 자 會. [p.310 罷]

- [置重 치중] 어떠한 곳을 중요하게 여김.
- [設置 설치] 베풀어서 둠.
- [安置 안치] 안전하게 잘 둠.

5급

罪
허물 죄

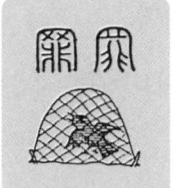

허물, 죄, 죄줄, 고기그물.
crime, fault

皿(网)과 非(그를 비:음부)의 합침. 非는 고기의 지느러미, 또는 새의 날갯죽지의 모양. 고기나 새(非)를 잡는 '그물(皿)'을 뜻한 자. 또는, 법망(皿)에 걸려들 그른(非) 짓을 가리켜 '죄'를 뜻하게 된 자 形.
【참고】 본자는 辠인데, 皇(임금 황)과 자형이 닮았다 하여 진시황 때 罪로 바뀌게 됨.

- [罪責 죄책] 죄를 저지른 책임.
- [無罪 무죄] 죄가 없음. 허물이 없음.
- [犯罪 범죄] 죄를 지음. 또는 범한 죄.

4급 II

벌할 벌

벌줄, 벌, 벌받을, 꾸짖을.
punish, scold

詈(꾸짖을 리)와 刂(刀)의 합침. 칼(刂)을 들어 위엄을 보이며 꾸짖어(詈) '벌준다'는 뜻으로 된 자 會.
【참고】 詈는 얼굴을 그물(皿)살처럼 찌푸리며 '꾸짖음(言=말씀 언)'을 나타냄.

- [罰金 벌금] 범법의 처벌로 부과하는 돈.
- [罰則 벌칙] 형벌(刑罰)에 처하는 규칙.
- [處罰 처벌] 죄에 상당한 형벌에 붙임.

3급 II

마을(官廳) 서

부서, 관청, 둘, 서명할, 그물칠.
department, office, sign

皿(网)과 者(놈 자:음부)의 합침. 새나 물고기 따위(者 p.312)를 몰아 잡기 위해 '그물(皿)을 친다'는 뜻으로 된 자. 또는, 그물코(皿) 같이 서로 관련 있게 사람(者)을 배치하는 관청의 '부서(部署)'를 뜻하기도 한다 形.

- [署理 서리] 직무를 대리함.
- [官署 관서] 관청.
- [官公署 관공서] 관서와 공서.

3급

罷
마칠 파

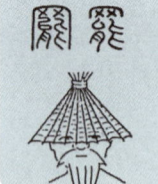

파할, 그만둘, 내칠 파/ 고달플 피.
cease, dismiss, banish

网(网)과 能(능할 능:음부)의 합침. 유능한(能 p.318) 사람은 죄를 지어 법망(网)에 걸려들지라도 그 죄를 '파해 준다'는 뜻으로 된 자. 후에, 죄를 뒤집어쓰고 일을 '그만두게 된다'는 뜻으로 쓰이게 되었다 會. [p.309 置]

- [罷免 파면] 직무를 해면시킴.
- [罷職 파직] 관직을 파면시킴.
- [斥罷 척파] 내침.

4급 II

羅
벌릴 라

벌일, 깁, 새그물, 지남철.
spread out, arrange, net

网(网)과 維(벼리 유)의 합침. 새그물(网)의 벼리(維 p.304)를 잡고 친다 하여 '벌이다'의 뜻이 된 자 會.

- [羅紗 나사] 양복감으로 쓰이는 모직물.
- [羅列 나열] 죽 늘어섬.
- [網羅 망라] 빠짐없이 몰아들임.

4급 II

羊(𦍌)
양 양

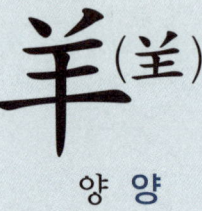

양, 노닐, 상양새(외다리의 새).
sheep

'양' 머리의 두 뿔(丷→丷=양뿔 개)과 네 발 및 꼬리(茾) 등의 모양을 본뜬 자 象.

- [羊腸 양장] 꼬불꼬불함의 비유.
- [羊頭狗肉 양두구육] 겉과 실속이 다름.
- [羊皮紙 양피지] 양가죽을 늘여 만든 종이.

6급

美
아름다울 미

아름다울, 예쁠, 좋을, 맛날, 큰 양.
beautiful, handsome

羊과 大(큰 대)의 합침. '큰(大) 양(羊)'이 살져 '아름답게' 보임을 뜻하여 된 자 會. 살진 양고기는 맛있다는 데서 '맛나다'의 뜻으로도 쓰인다 轉.

- [美貌 미모] 아름다운 얼굴 모습.
- [美化 미화] 아름답게 만듦.
- [優美 우미] 뛰어나게 아름다움.

4급

群
무리 군

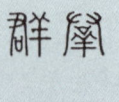

무리, 떼 지을, 많을, 모을, 벗. 통羣
group, flock, company

君(임금 군:음부)과 羊의 합침. 임금(君 p.99)이 백성을 이끌듯이 목동의 이끎에 따르는 양(羊) '떼'를 뜻하여 된 자 形.
【참고】獨(홀로 독)의 경우 犭(犬)을 변으로 한 것과 대조적임.

- [群雄 군웅] 많은 영웅.
- [群衆 군중] 많이 모인 무리.
- [魚群 어군] 고기의 떼.

4급 II

옳을 의

옳을, 바를, 의, 의리, 뜻. 通誼
right, meaning

羊과 我(나 아:음부)의 합침. 나(我 p.180)의 마음씨를 양(羊)같이 착하게 가진다 하여 '바르다'·'옳다', 또는 나(我)를 양(羊)같이 희생시킨다 하여 '의리(義理)'의 뜻이 된 자 會形.

- [義擧 의거] 정의를 위해 일을 일으킴.
  [義務 의무] 맡은 직분. 해야할 일.
  [正義 정의] 바른 의리. 올바른 도리.

3급 II

깃 우

깃, 날개, 펼, 모을, 찌, 우성(羽聲).
feather, plume, gather

새의 긴 '깃' 또는 '날개' 모양을 본뜬 자 象.

- [羽緞 우단] 털이 돋은 비단.
  [羽翼 우익] 새의 날개. 보좌하는 일.
  [毛羽 모우] 짐승의 털과 새의 깃.

3급

늙은이 옹

늙은이, 날, 새 목 아래 털, 시아비.
old man, father-in-law

公(귀인 공:음부)과 羽의 합침. 본디는 깃(羽)이 골고루(公 p.72) 난 '새의 목 아래 털'을 뜻하여 된 자 形. 후에, 목 아래로 수염이 길게 난 '늙은이'를 뜻하여 쓰이게 되었다 轉.

- [翁主 옹주] 서출의 왕녀.
  [老翁 노옹] 늙은 남자의 존칭.
  [漁翁 어옹] 고기잡이 늙은이.

6급

익힐 습

익힐, 버릇, 거듭, 겹칠, 날기, 펼.
learn, habit, repeated

羽와 白(←自=코 비)의 합침. 어린 새가 코를 쌕쌕거리며 스스로(白 p.321 自) 날기를(羽) '거듭' '익힌다'는 뜻으로 된 자 會.

- [習性 습성] 버릇이 된 성질.
  [復習 복습] 다시 익힘.
  [學習 학습] 배워서 익힘.

3급 II

날개 익

날개, 도울, 공경할, 붙들, 호위할.
wings of a bird, assist

羽와 異(다를 이:음부)의 합침. 몸 양쪽에 방향을 달리한(異 p.269) 두 '날개(羽)'를 뜻하여 된 자. 나아가, 그 날개가 서로 협조하여 난다는 데서 '돕다'의 뜻으로도 쓰인다 形.

- [翼贊 익찬] 임금을 보좌함
  [右翼 우익] 오른쪽 날개. 보수적 당파.
  [一翼 일익] 한쪽 부분. 한 소임.

7급
老(耂)
늙을 로

늙을, 어른, 익숙할, 쭈그러질, 은퇴.
old, old man, crooked

허리 굽은(匕) 백발의 '늙은이(耂=毛+人)'가 지팡이를 짚고 있는 모양을 나타내어 된 자 象會.

- [老年 노년] 나이가 들어 늙은 때.
- [老鍊 노련] 오랜 경험으로 아주 익숙함.
- [元老 원로] 관위·연령·덕망이 높은 이.

5급
考
생각할 고

생각할, 상고할, 노인, 헤아릴, 칠, 죽은 아비.
consider, deceased father

耂(←老)와 丂(숨 막힐 고:음부)의 합침. 성장이 막히고(丂 p.48 于) 허리가 굽은 '노인(耂)'을 뜻하여 된 자 形. 노인은 일을 깊이 헤아린다 하여 '상고(詳考)하다', 또는 노인을 생각한다는 데서 '죽은 아비'의 뜻으로도 쓰인다 轉.
【참고】 考의 옛자는 攷. 구부정한(丂) 몸에 지팡이를 짚고 땅을 치며(攵) 걷는다는 뜻.

- [考試 고시] 학력·임용 등의 시험.
- [考案 고안] 어떤 안을 연구해 냄.
- [參考 참고] 참조하여 고증(考證)함.

6급
者
놈 자
사람 자

놈, 것, 사람, 이, 어조사.
fellow, those who, it, this

① 耂와 白(말할 백)의 합침. 나이 많은(耂) 이가 사람을 낮추어 말할(白) 때에 이 '놈' 저 '놈' 한다는 뜻으로 된 자. 또는, 사물을 이 '것' 저 '것' 가리키는 뜻의 어조사로 널리 쓰인다 會.
② 耂(←米=많을 려)와 白(←甘=삼태기 기)의 합침. 삼태기(白)에 많이(耂) 담긴 장작을 이 '것' 저 '것' 가리킴을 뜻하여 된 자 會.

- [讀者 독자] 읽는 사람.
- [使者 사자] 명령을 받고 심부름하는 이.
- [筆者 필자] 글을 쓴 사람.

3급
而
말 이을 이

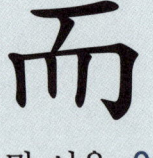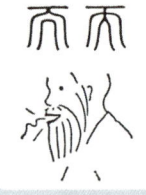

말 이을, 또, 너, 수염, 뿐, 머뭇거릴.
and, still, yet, also, but

'윗수염' 모양을 본뜬 자. 수염 사이로 말이 연이어 나온다 하여 문장을 '머뭇거리다' '이을' 때의 어조사로 널리 쓰인다 象.

- [而立 이립] 30세를 일컬음.
- [而已 이이] 뿐. 그만큼.
- [然而 연이] 그러고서.

3급 II
耐
견딜 내

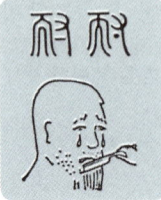

참을, 구레나룻 깎을 내 / 능할 능. 통能
bear, endure

而와 寸(법도 촌)의 합침. 죄를 짓고 법도(寸)에 의해 수염(而)을 깎이는 것을 '참는다'는 뜻으로 된 자 會.

- [耐久力 내구력] 오래 견디는 힘.
- [耐乏 내핍] 궁핍을 참고 견딤.
- [忍耐 인내] 괴로움을 참음.

 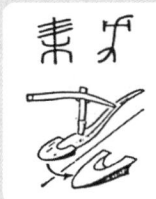

따비, 따비할, 쟁기, 굽정이.
plough, plowshare

耒(풀 어지러이 날 개)와 木의 어울림. 잡초(耒)를 캐고 밭을 일구는 나무(木)로 된 연장의 하나인 '따비'를 뜻한 자會.
【참고】耒는 길(丨)을 뒤덮을 이만큼 '풀이 어지러이 남(彡)'을 본뜸.

- [耒耜 뇌사] 쟁기.
  [負耒 부뢰] 밭갈이를 함.

耒 따비 뢰

3급 II

밭 갈, 호리질할, 겨리질할. 동畊
cultivate, plow

耒와 井(우물 정:음부)의 합침. 井은 정전(井田)으로 한 밭이랑의 모양. 쟁기(耒)로 밭이랑(井)을 지으며 '밭을 간다' 는 뜻으로 된 자 會形.

- [耕作 경작] 땅을 갈아 농사를 지음.
  [耕地 경지] 경작하는 전지.
  [秋耕 추경] 가을갈이.

耕 밭갈 경

5급

귀, 조자리, 어조사, 그칠, 뿐. 동巳
ear

'귀'의 모양을 본뜬 자 象.

- [耳目 이목] 귀와 눈.
  [耳痛 이통] 귀앓이.
  [牛耳讀經 우이독경] 쇠귀에 경 읽기.

耳 귀 이

3급

 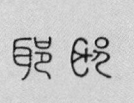

그런가, 어조사 야/ 간사할 사. 동邪
interrogative particle, cunning

耳(:음부)와 阝(邑)의 합침. 마을(阝)에서 들려(耳) 오는 못된 말에 대해 '의문을 나타낸다' 는 뜻으로 된 자 形.
【참고】본자인 邪(p.381)의 牙가 耳로 바뀜.

- [耶蘇敎 야소교] 예수교.
  [耶孃 야양] 부모.
  [耶枉 사왕] 간사함.

耶 그런가 야

4급 II

성인, 거룩할, 임금, 신성할, 지극할.
sage, excellent, holy, sacred

耳와 呈(드러낼 정:음부)의 어울림. 어떤 것이나 들으면(耳) 잘 통하여 사리에 참되고 공평하여 덕이 드러나는(呈) 사람이라는 데서 '성인(聖人)'의 뜻이 된 자 形.
【참고】呈은 곧은(壬=곧은 줄기 정 p.153 庭) 말(口)로 사리를 '공평히' '드러낸다' 는 뜻.

- [聖潔 성결] 거룩하고 깨끗함.
  [聖賢 성현] 성인과 현인.
  [神聖 신성] 신(神)과 같이 거룩, 존엄함.

聖 성인 성

3급

聘
부를 빙

부를, 찾을, 장가들, 사신 보낼.
invite, inquire, about

耳와 甹(끌 병:음부)의 합침. 훌륭하다는 말을 듣고(耳) 마음이 이끌려(甹) '찾아본다' 는 뜻으로 된 자 形.
【참고】甹은 입김(丂 p.48 于)이 말로 말미암아(由) 허공에 '이끌리듯' 나감을 뜻함.

- [聘母 빙모] 아내의 어머니.
  [聘丈 빙장] 장인의 존칭.
  [招聘 초빙] 예를 갖추어 불러 맞아들임.

6급

聞
들을 문

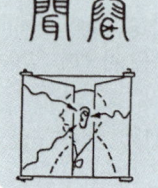

들을, 들릴, 이름날, 소문(所聞). 동 耷
hear, reputation, rumour

門(문 문:음부)과 耳의 합침. 귀(耳)는 소리를 듣는 문(門)임을 나타내어 '듣다' 의 뜻이 된 자 形.

- [聞望 문망] 명예와 인망.
  [見聞 견문] 보고 들음(앎의 비유).
  [新聞 신문] 새 소식을 전달하는 간행물.

3급Ⅱ

聯
연이을 련

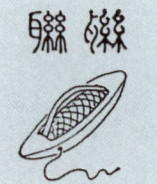

잇닿을, 합할, 관계할, 연. 약 联
join, combine, connect

① 耳와 絲(북에 실 꿸 관)의 합침. 베를 짤 때 씨실(가로 방향)이 북(絲 p.392 關)의 귀(耳)로 계속 풀려 나감을 가리켜 '잇닿다' 의 뜻이 된 자 會.
② 본자는 聯. 뺨 가장자리에 귀(耳)가 실(絲)로 이은 듯이 '연결되어' 있음을 뜻한 자 會.

- [聯立 연립] 연합하여 섬.
  [聯合 연합] 둘 이상의 사물이 합함.
  [關聯 관련] 관계를 맺음.

3급

聰
귀 밝을 총

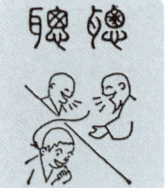

귀 밝을, 총명할, 민첩할. 속 聡
good hearing, quickwitted

耳와 悤(바쁠 총:음부)의 합침. 말을 빠르게(悤 p.307 總) 알아듣는다(耳) 하여 '귀 밝다' · '총명(聰明)하다' 의 뜻이 된 자 形.

- [聰氣 총기] 총명한 기운.
  [聰敏 총민] 총명하고 민첩함.
  [聖聰 성총] 임금의 총명.

4급Ⅱ

聲
소리 성

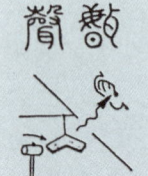

소리, 말, 기릴, 풍류, 울릴. 약 声
sound, fame, tone in music

殸(→磬=경쇠 경:음부)과 耳의 합침. 声은 악기, 殳(칠 수)는 악기를 치는 채. 악기(声)를 채(殳)로 칠 때 귀(耳)로 들리는 '소리' 를 뜻하여 된 자 會形.

- [聲量 성량] 목소리의 크기와 양.
  [聲明 성명] 말하여 밝힘.
  [名聲 명성] 세상에 널리 떨친 이름.

4급II

職
직분 직

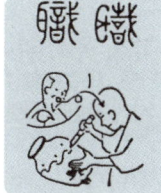

직분, 맡을, 벼슬, 주장할, 떳떳할, 많을.
occupation, official duty

耳와 戠(찰흙 시:음부)의 합침. 전해 오는 말(音 p.404)을 듣고(耳) 후세 사람이 알도록 찰흙으로 된 그릇에 창칼(戈)로 새기는 것을 업으로 삼았던 데서 '직업(職業)'의 뜻이 된 자 形. [p.353 識]

- [職權 직권] 직무상(職務上)의 권한.
- [職能 직능] 직무상의 능력이나 기능.
- [官職 관직] 관리의 직책(職責).

4급

聽
들을 청

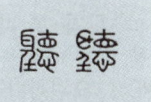

들을, 받을, 좇을, 꾀할, 기다릴. 속 聴

耳와 壬(나올 청:음부)에 悳(얻을 덕)의 어울림. 마음에서 곧게 우러나오는(壬 p.153 廷) 말을 얻어(悳) '듣는다(耳)' 는 뜻으로 된 자 形.
【참고】悳(←惪=큰 덕)은 곧은(直) 마음(心), 또는 그 마음을 가진 사람을 얻었다는 뜻.

- [聽講 청강] 강의를 들음.
- [聽取 청취] 자세히 들음.
- [視聽 시청] 보고 들음.

聿(圭)
붓 율

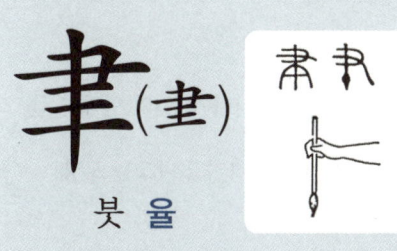

붓, 마침내, 오직, 스스로, 좇을, 지을.
pen, thereupon

① 肀(손 놀릴 섭)과 一의 합침. '붓'을 쥐고 손을 놀려(肀) 글자 획(一)을 그음을 가리켜 된 자 指.
② 손에 쥔 '붓'의 모양을 본뜬 자 象.
【참고】肀은 막대(丨)를 쥐고(ㅋ←手) 그 끝(一)을 움직임을 나타냄.

- [聿修 율수] 조상의 덕을 이어 닦음.
- [聿皇 율황] 몸이 빠른 모양.

4급

肅
엄숙할 숙

엄숙할, 공경할, 깨끗할, 절할. 속 粛

肀(손 놀릴 섭)과 㶊(→淵=연못 연)의 어울림. 㶊은 벼룻전(丨)에 에워싸인 물(㕣←水). 손을 놀려(肀) 붓에 먹물(㶊)을 묻힐 때 몸가짐을 정숙히 한다 하여 '엄숙(嚴肅)하다'의 뜻이 되었다 會.

- [肅然 숙연] 삼가고 두려워함.
- [肅淸 숙청] 다스려 깨끗이 함.
- [靜肅 정숙] 고요하고 엄숙함.

4급II

肉(月)
고기 육

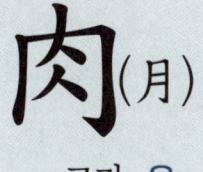

고기, 살, 몸 육/ 둘레, 살찔, 찰 유.
meat, flesh, muscle

'고깃덩이의 힘살[筋肉]' 및 그 단면의 모양을 본떠 '살' 또는 '몸'을 뜻한 자 象.
【참고】月은 달, 月(舟)는 배.

- [肉感 육감] 육체(肉體)에 일어나는 감각.
- [肉身 육신] 사람의 몸.
- [骨肉 골육] 뼈와 살. 부자·형제.

3급II

肖
닮을
같을 초

닮을, 작을 초/ 쇠약할, 사라질 소
weak, scattered, resemble

小(작을 소:음부)와 月(肉)의 합침. 몸(月)의 외모가 조금(小) 비슷하다는 데서 '닮다' 의 뜻이 된 자. 또는, 살(月)이 말라 몸이 작아진다(小)는 데서 '쇠약하다'·'사라지다' 의 뜻으로도 쓰인다 形.

- [肖似 초사] 매우 닮음.
  [肖像 초상] 사람의 용모를 그린 그림.
  [不肖 불초] 훌륭하지 못한 사람.

3급II

肝
간 간

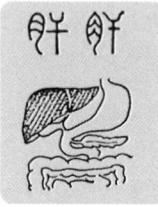

간, 속마음, 요긴할.
liver, important

月(肉)변에 干(방패 간:음부)의 합침. 창 따위를 막는 방패(干)처럼 몸(月)에서 독성을 풀어 병을 막는 구실을 하는 '간' 을 뜻하여 된 자. 간은 중요한 내장이란 데서 '요긴하다' 의 뜻으로도 쓰인다 形.

- [肝要 간요] 아주 요긴함.
  [肝油 간유] 어류의 간에서 짠 기름.
  [忠肝 충간] 충성스러운 마음.

7급

育
기를 육

기를, 낳을, 자랄, 어릴.
nourish, bear, bring up

厶(아이 나올 돌)과 月(肉:음부)의 합침. 갓난아기(厶)의 연약한 몸(月)을 튼튼하게 '기른다' 는 뜻으로 된 자 形.
【참고】厶은 子가 거꾸로 된 자로, 모체에서 아기가 나오는 모양.

- [育成 육성] 길러서 자라게 함.
  [敎育 교육] 가르쳐 기름.
  [養育 양육] 부양해서 기름.

3급II

肥
살찔 비

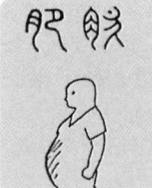

살찔, 살질, 살 오를, 걸 찰, 거름, 땅 이름.
fat, manure

月(肉)변에 巴(←卩=무릎 마디 절)의 합침. 살(月)이 마디(巴 p.381 묩)마다 토실토실하다 하여 '살지다' 의 뜻이 된 자 會.

- [肥大 비대] 살지고 몸집이 큼.
  [肥沃 비옥] 땅이 걸고 기름짐.
  [堆肥 퇴비] 풀을 발효시켜 만든 거름.

3급

肩
어깨 견

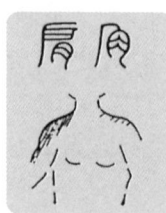

어깨, 이길, 맡길, 멜, 능할 견/ 곧을 흔.
shoulder, endure, bear

戸(←戸=어깻죽지 모양)와 月(肉)의 합침. 한쪽 어깨뼈 모양을 본뜬 戸와 살(月)을 합쳐 '어깨' 를 뜻하게 된 자 象會.

- [肩章 견장] 어깨에 붙인 표장.
  [比肩 비견] 서로 비슷함.
  [兩肩 양견] 두 어깨.

肉 부

3급
肯
즐길 긍

즐길, 즐겨 할, 뼈에 붙은 살, 감히.
permit, agree, dare

止(그칠 지)와 月(肉)의 합침. '뼈에 붙은(止) 살(月)'을 뜻하여 된 자 會.
뼈에 붙은 고기는 맛있다는 데서 '즐기다'의 뜻으로도 쓰인다 轉.
【참고】 肯의 止는 본디 冎(살 발라낼 과)임.

- [肯諾 긍낙] 승낙함.
- [肯定 긍정] 그렇다고 인정함.
- [首肯 수긍] 고개를 끄덕여 인정함.

3급II
肺
허파 폐

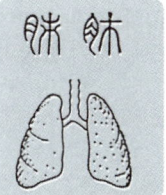

허파, 부아, 친할, 마음 속 폐/ 성할 패.
lung, heartily, flourishing

月(肉)변에 市(앞치마 불:음부)의 합침. 앞치마(市)처럼 심장(月)의 앞을 가린 폐장(肺臟), 즉 '허파'를 뜻한 자 形.
【참고】 市는 천(巾)으로 앞을 가리고 그 위를 끈(一)으로 동인 '앞치마'를 나타냄. 市(저자 시)와는 별자임.

- [肺結核 폐결핵] 폐병.
- [肺腑 폐부] 마음의 깊은 속. 요긴한 점.
- [愁肺 수폐] 근심.

3급II
胃
밥통 위

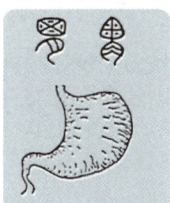

밥통, 위, 양, 별 이름, 성(姓).
stomach

田과 月(肉)의 합침. 田은 위에 음식물이 든 모양. 몸(月)의 내부에서 음식물을 담는(田) 구실을 하는 '위'를 뜻하여 된 자 象會.

- [胃液 위액] 위선에서 분비되는 소화액.
- [胃腸 위장] 위와 창자.
- [健胃 건위] 위를 튼튼하게 함.

3급II
胡
되(狄) 호

오랑캐, 멱줄띠, 늙은이, 어찌, 웃을.
dewlap, why

古(예 고:음부)에 月(肉)의 합침. 소의 턱밑살(月)이 오래(古 p.95)된 것처럼 우글쭈글한 '멱줄띠'를 가진 '오랑캐'를 뜻한 자 形.
그 멱줄띠를 괴상하게 본 데서 음이 통하는 何(어찌 하)의 뜻을 빌려 '어찌'의 뜻으로도 쓰인다 假.

- [胡然 호연] 어찌 그럴까?
- [胡笛 호적] 태평소.
- [胡蝶 호접] 나비.

4급II
背
등 배

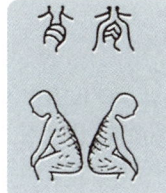

등, 햇무리, 등질, 죽을 배/ 버릴 패.
back, rebel, reject

北(배반할 배:음부)와 月(肉)의 합침. 남향해서 사는 생활 환경에서 북쪽(北 p.87)으로 행하게 되는 몸(月)의 뒤쪽인 '등'을 뜻하여 된 자. 나아가, '등지다'·'어기다'의 뜻으로도 쓰인다 形.

- [背景 배경] 위에서 돌보아 주는 세력.
- [背信 배신] 신의를 저버림.
- [向背 향배] 좇음과 등짐.

4급

胞
세포 포

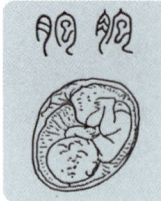

세포, 태보, 배, 한 배, 부엌. 통 胞
womb, brotherly, cell

月(肉)에 包(쌀 포:음부)의 합침. 뱃(月)속에서 태아를 싸고(包 p.86) 있는 '태보(胎褓)'를 뜻한 자. 나아가, 엷은 막에 싸여 있는 '세포 (細胞)'의 뜻으로도 쓰인다 會形.

- [胞子 포자] 번식을 맡은 세포.
  [胞胎 포태] 태막과 태반.
  [同胞 동포] 같은 나라의 국민.

3급 II

胸
가슴 흉

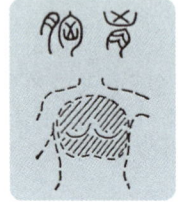

가슴, 마음[胸裏].
breast, mind

月(肉)변에 匈(가슴 흉:음부)의 합침. 匈만으로도 허파(㐅) 따위를 에워싼(勹) '가슴'을 뜻하는데, 후에 몸뚱이를 뜻하는 月을 덧붙여 쓰게 되었다 會形.
【참고】 匈의 㐅은 험상스러운 허파를 가리킴.

- [胸廓(郭) 흉곽] 가슴 부분의 골격 구간.
  [胸襟 흉금] 가슴 속에 품은 생각.
  [胸中 흉중] 가슴 속. 마음. 생각.

5급

能
능할 능

능할, 재간, 곰 능/ 견딜 내/ 별 이름 태.
ability, capable, endure

주둥이(厶)·몸뚱이(月)·발(ヒヒ) 모양을 나타내어 '곰'을 뜻한 자인데, 곰은 발(ヒヒ=앞뒷발 비)을 재주 있게 잘 움직인다(肻=움직일 원) 하여 '능하다'의 뜻으로 쓰이게 되었다 象會.
【참고】 肻은 주둥이(厶)와 몸(月)을 잘 '움직인다'는 뜻.

- [能力 능력] 일을 해낼 수 있는 힘.
  [可能 가능] 할 수 있음. 될 수 있음.
  [有能 유능] 매우 잘 함. 능력이 뛰어남.

3급 II

脅
위협할 협

위협할, 으를, 갈비, 거둘, 옆구리.
terrify, threaten

劦(힘쓸 협:음부)과 月(肉)의 합침. 물건을 낄 때에 힘(劦)을 쓰는 '옆구리(月)'를 뜻한 자. 그 힘으로 사람을 겁나게 한다는 데서 '으르다'·'위협(威脅)하다'의 뜻으로 널리 쓰인다 形.

- [脅迫 협박] 으르고 다잡음.
  [脅喝 협갈] 으르댐.
  [脅奪 협탈] 위협하여 빼앗음.

4급 II

脈
줄기 맥

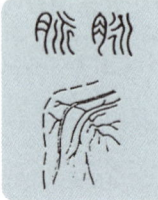

줄기, 맥, 혈맥, 잇달. 통 脉
pulse, blood vessel, vein

月(肉)변에 𠂢(흐를 비)의 합침. 몸뚱이(月) 속에서 피가 흘러다니는 (𠂢 p.241 派) 혈관, 즉 '혈맥(血脈)'을 뜻한 자 會.

- [脈搏 맥박] 염통(=심장)의 수축에 따라 뛰는 맥.
  [亂脈 난맥] 흩어져 질서나 체계가 없음.
  [山脈 산맥] 산줄기.

肉 부

3급 II
脚 다리 각

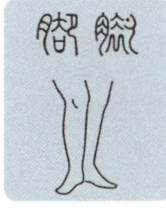

다리, 종아리, 발, 밟을, 아래. 본腳
leg, calf, foot

月(肉)변에 却(물러갈 각:음부)의 합침. 무릎(月)에서 뒤로 굽혀지는(却) 부분을 가리켜 '다리' 의 뜻이 된 자 形.
【참고】却은 무릎(卩)을 구부리고 뒤로 '물러간다(去 p.93)' 는 뜻.

- [脚本 각본] 연극의 바탕이 되는 글.
- [失脚 실각] 요로의 지위를 잃음.
- [立脚 입각] 근거로 함.

3급
脣 입술 순

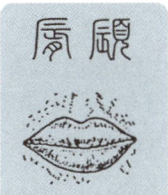

입술, 가.
lips

辰(별 진:음부)과 月(肉)의 합침. 辰(p.371)은 조개가 껍데기를 벌리고 움직이는 모양. 조개(辰)가 껍데기를 벌렸다 오므렸다 하는 것과 같은 모양의 '입술(月)'을 뜻하여 된 자 形.

- [脣輕音 순경음] 입술 가벼운 소리.
- [脣音 순음] 입술이 맞닿아 나는 소리.
- [口脣 구순] 입과 입술.

4급
脫 벗을 탈

벗을, 간략할, 빠질, 풀어질 탈/ 더딜 태.
undress, take off, escape

月(肉)변에 兌(바꿀 태:음부)의 합침. 살(月)이 빠지거나 곤충 따위가 꼴을 바꾼다(兌) 하여 '벗다' 의 뜻이 된 자 形.
【참고】兌(p.349 說)는 사람(儿)의 입(口)김이 빠져(八) 나간다는 데서 '바꾸다' 의 뜻.

- [脫衣 탈의] 옷을 벗음.
- [脫皮 탈피] 낡은 것을 벗고 새로워짐.
- [離脫 이탈] 떨어져 나감.

3급 II
腐 썩을 부

썩을, 무를, 속썩일, 두부(豆腐).
rotten, spoiled, bean curds

府(곳집 부:음부)와 肉의 합침. 곳간(府 p.152)에 오래 놓아 둔 고기(肉)가 '썩는다' 는 뜻으로 된 자 形.

- [腐蝕 부식] 썩어 벌레 먹음.
- [腐敗 부패] 썩어 문드러짐.
- [陳腐 진부] 낡아서 새롭지 못함.

3급 II
腦 골/뇌수 뇌

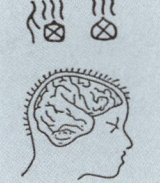

뇌, 머릿골, 머리, 정신. 약脑
brain, head, spirit

月(肉)변에 甾(머리 뇌:음부)의 합침. 머리(甾)에 들어 있는 살(月), 즉 '머릿골(뇌)' 을 뜻하여 된 자. 머릿골은 생각의 근원이라는 데서 '정신' 의 뜻으로도 쓰인다 會形.
【참고】甾의 巛은 정수리의 털, 囟(숫구멍 신)은 머릿골의 모양으로, 상형자임.

- [腦貧血 뇌빈혈] 뇌의 피가 부족한 증상.
- [腦炎 뇌염] 뇌수(腦髓)의 염증.
- [頭腦 두뇌] 머리. 사물을 판단하는 힘.

3급

腰
허리 요

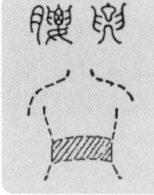

허리, 찰(허리에).
loins, to attach at the waist

月(肉)변에 要(허리 요)의 합침. 要(p.340)만으로도 '허리'를 뜻했는데 '중요하다'의 뜻으로 쓰이게 되자, 몸을 뜻하는 月을 덧붙인 腰로 '허리'의 뜻을 나타내게 되었다 會形.

- [腰折 요절] 우스워 허리가 부러질 듯함.
- [腰痛 요통] 허리가 아픈 병.
- [山腰 산요] 산의 중허리.

3급II

腹
배 복

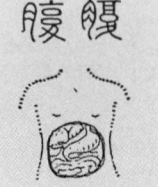

배, 마음, 안을, 두터울.
belly, mind

月(肉)변에 复(돌아갈 복:음부)의 합침. 대장·소장(月) 등이 구불구불 돌아(复 p.162 復) 들어 있는 '배'를 뜻하여 된 자 形.

- [腹案 복안] 속으로 구상 중인 안건.
- [空腹 공복] 빈 뱃속.
- [遺腹子 유복자] 잉태 중에 아버지가 죽은 자식.

4급

腸
창자 장

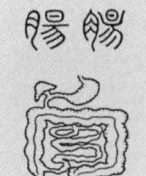

창자, 마음, 통창할, 나라 이름. 속 膓
intestine

月(肉)변에 昜(빛날 양:음부)의 합침. 昜(p.191 揚) 아침(旦) 햇빛에 깃발(勿)이 구불구불 휘날리는 모양. 몸(月) 속에 구불구불한(昜) 모양으로 들어 있는 '창자'를 뜻한 자 形.

- [腸炎 장염] 창자에 일어나는 염증.
- [斷腸 단장] 창자가 끊어지는 듯한 슬픔.
- [盲腸 맹장] 막창자(오른쪽 하복부).

3급II

臟
오장 장

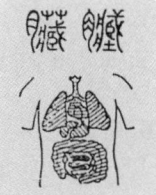

오장(心·肺·肝·腎·脾臟). 약 臓
entrails, bowels

月(肉)변에 藏(감출 장:음부)의 합침. 몸(月) 속에 감추어져(藏 p.332) 있는 내장을 통틀어 '오장(五臟)'의 뜻이 된 자 會形.

- [臟器 장기] 내장(內臟)의 기관.
- [心臟 심장] 염통.

5급

臣
신하 신

신하, 백성, 나, 저, 두려울.
courtier(minister)

임금 앞에서 몸을 삼가 꿇고 엎드린 '신하(臣下)'의 모양을 본뜬 자. 또는, 임금의 말을 들은 신하가 황공스러워 눈을 크게 뜬 모양에서 '두렵다'의 뜻으로도 쓰인다 象.

- [臣民 신민] 군주국의 관원과 백성.
- [君臣 군신] 임금과 신하.
- [忠臣 충신] 충절을 다하는 신하.

臥

3급

누울, 눕힐, 쉴, 엎딜, 침실. ⓒ卧
to lie down, rest

臣과 人(사람 인)의 합침. 신하(臣)가 임금(人) 앞에 '엎드린다'는 뜻으로 된 자. 나아가, '눕다'의 뜻으로 두루 쓰이게 되었다 會.

- [臥病 와병] 병으로 누움.
- [臥食 와식] 놀고 먹음.
- [臥薪嘗膽 와신상담] 괴로움을 견딤의 비유.

누울 와

臨

3급 II

임할, 볼, 군림(君臨)할, 굽힐, 쓸, 울.
reach, look, visit

臥(누울 와)와 品(물품 품:음부)의 어울림. 물건(品 p.102)을 보기 위해 몸을 굽혀(臥 p.321) 가까이 '임함'을 뜻하여 된 자 形.

- [臨檢 임검] 현장에 가서 검사함.
- [臨時 임시] 일시적인 기간.
- [光臨 광림] 남의 방문에 대한 높임말.

임할 림

自

7급

스스로, 몸소, 코, 부터, 자기, 저절로.
self, from, natural

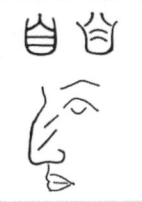

사람의 '코'를 정면에서 본 모양을 본뜬 자. 코를 가리키며 자기(自己)를 나타낸 데서 '스스로'의 뜻으로도 쓰인다 象.
【참고】自는 鼻(코 비)의 본자이기도 함.

- [自白 자백] 허물을 스스로 고백함.
- [自信 자신] 자기의 능력을 스스로 믿음.
- [各自 각자] 제각기.

스스로 자

臭

3급

냄새, 향기, 썩을, 악명. ⓒ臭
odor, stinking

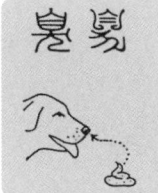

自(鼻=코 비의 본자)와 犬(개 견)의 합침. 개(犬)가 코(自)를 벌름거리며 맡는 '냄새'를 뜻하여 된 자. 냄새가 변했다 하여 '썩다'의 뜻으로도 쓰인다 會.

- [臭氣 취기] 좋지 않게 풍기는 냄새.
- [惡臭 악취] 나쁜 냄새.
- [香臭 향취] 향 냄새. 좋은 냄새의 비유

냄새 취

至

4급 II

이를, 올, 곳, 지극(至極)할, 절기.
reach, extremely, season

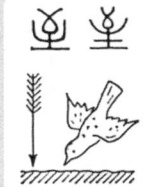

새(⻂←𠃑) 또는 화살이 날아와 땅(一)에 '이름'을 나타내어 된 자 象指.

- [至今 지금] 지금까지.
- [至上 지상] 제일 높은 위.
- [冬至 동지] 24절기의 22째 절기. 양력 12월 21일 또는 22일.

이를 지

5급

致
이를 치

이를, 이룰, 극진할, 불러 올. 본致
reach, complete

至와 夊(뒤에 올 치)의 합침. 사람이 어떤 곳에 가(至) 이르러서(夊) 목적을 '이루었다'는 뜻으로 된 자 會.

- [致富 치부] 부자가 됨.
  [送致 송치] 보내어 그 곳에 닿게 함.
  [誘致 유치] 꾀어서 데려옴.

3급 II

臺
대 대

누각, 집, 정자, 관청, 돈대. 약 台
observatory, terrace

高(←高=높을 고)와 至의 합침. 멀리 바라볼 수 있도록 높이(高) 쌓아 놓고 머무르는(至 p.131 室) 곳인 '돈대'나 '누각'을 뜻하여 된 자 會.

- [臺詞 대사] 각본에 따라 하는 말.
  [舞臺 무대] 연기 따위의 발표 장소.
  [寢臺 침대] 서양식 침상.

臼(臼)
절구 구

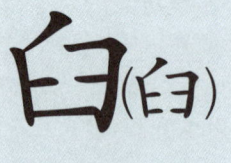

확, 절구, 별 이름, 땅 이름.
mortar

확(凵)에 쌀(--)이 든 모양에서 '절구'의 뜻이 된 자 象.

- [臼齒 구치] 어금니.
  [杵臼 저구] 절굿공이와 절구.

4급

與
더불 줄 여

더불, 줄, 참여할, 허락할, 및. 약 与
with, give, take part in

舁(마주 들 여)와 与(줄 여)의 어울림. 두 사람이 손(臼=양손 마주 잡을 국)으로 맞들어 (廾=받들 공) 준다(与)는 데서 '더불다'·'참여 하다'의 뜻이 된 자 會.
【참고】 与는 물건을 나타내는 一과 담음을 뜻하는 勺(구기 작)을 합쳐 '주다'의 뜻.

- [與黨 여당] 현재 정권을 잡고 있는 정당.
  [關與 관여] 관계하며 참여(參與)함.
  [賞與 상여] 상으로 금품 따위를 줌.

4급 II

興
일(起) 흥

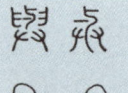

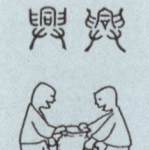

일, 흥할, 성할, 기쁠, 감동할. 약 兴
prosper, joyful

舁(마주 들 여)와 同(같을 동)의 어울림. 힘을 합하고(同 p.98) 손을 맞잡으니(舁 p.322 與) 일이 잘 되어 '흥한다'·'일어난다'는 뜻으로 된 자 會.

- [興亡 흥망] 일어남과 멸망함.
  [興味 흥미] 흥나는 재미. 흥취(興趣).
  [復興 부흥] 쇠잔하던 것이 다시 일어남.

舊 예 구 5급

예, 오랠, 부엉이, 친구, 낡을. 약 旧
old, ancient, friend

雈(부엉이 환)과 臼(:음부)의 합침. 머리에 두 뿔(˥˥←ㅛ=양뿔 개)같이 털이 솟고 절구통(臼) 같은 몸뚱이를 가진 '부엉이(雈)'를 뜻하여 된 자 形. 부엉이는 밤에만 활동하여 이따금 나타난다는 데서 음이 같은 久(오랠 구)·古(예 고)의 뜻을 빌려 '오래다'의 뜻으로 널리 쓰인다 假.

- [舊式 구식] 그전 형식. 케케묵은 것.
  [舊情 구정] 옛정.
  [復舊 복구] 그전 모양으로 회복함.

舌 혀 설 4급

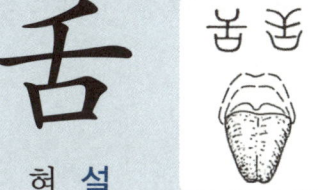

혀, 말.
tongue

① 입(口)안의 '혀(千→干)'를 내민 모양을 본뜬 자 象.
② 口(입 구)와 干(방패 간[설]:음부)의 합침. 입(口) 안에서 말할 때나 먹을 때 방패(干 p.149) 같은 구실을 하는 '혀'를 뜻한 자 會形.

- [舌戰 설전] 말다툼.
  [口舌 구설] 시비하고 비방하는 말.
  [毒舌 독설] 악독하게 혀를 놀려 해침.

舍 집 사 4급Ⅱ

집, 쉴, 놓을, 베풀, 둘, 버릴. 통 捨
house, stay, give up

'집'의 지붕(亼)·기둥(干)·벽(口) 모양을 나타내어 된 자 象形. 집은 잠자는 곳이라 하여 '쉬다'의 뜻으로도 쓰인다 轉.

- [舍監 사감] 기숙사를 감독하는 사람.
  [官舍 관사] 관리가 살도록 지은 집.
  [校舍 교사] 학교의 건물.

舛 어겨질 천

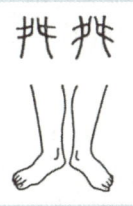

어겨질, 어수선할, 어지러울, 틀릴.
opposed to, contrary

夕(천천히 걸을 쇠)와 ㅑ(걸을 과)의 합침. 夕는 오른발, ㅑ는 夕의 반대형으로 왼발을 나타냄. 두 발이 각각 상반되게 있는 모양에서 '어겨지다'·'틀리다'의 뜻이 된 자. 어겨졌다는 데서 '어수선하다'의 뜻으로도 쓰인다 會.

- [舛駁 천박] 뒤섞여 고르지 못함.
  [乖舛 괴천] 어그러짐.

舞 춤출 무 4급

춤, 춤출, 환롱할, 좋아 펄펄 뛸.
dancing, dance, frisk

無(←舞=없을 무:음부)와 舛의 합침. 無는 원래 춤추는 모양(p.254 無). 발을 엇디디면서(舛) '춤추다'는 뜻으로 된 자 形.

- [舞臺 무대] 연극 등을 연출하는 곳.
  [舞姬 무희] 전문으로 춤추는 여자.
  [歌舞 가무] 노래와 춤.

3급 舟 배 주		**배, 잔대, 실을, 띨.** ship, boat, saucer 통나무를 파서 만든 '쪽배'의 모양을 본뜬 자 象. 쪽배처럼 속을 파서 만든 '잔대'의 뜻으로도 쓰인다 轉. [p.324 船] ● [舟車 주거] 배와 수레. [舟遊 주유] 뱃놀이. [片舟·扁舟 편주] 작은 배.
4급II 航 배 항		**배, 건널, 배로 건널, 배다리, 날.** sail, navigate 舟와 亢(높을 항:음부)의 합침. 돛대가 우뚝(亢) 선 배(舟)를 사람이 타고 물길을 '건넌다'는 뜻으로 된 자 形. 【참고】亢은 사람의 머리 부분(亠)과 목덜미(几)를 나타내어 '높다'의 뜻이 됨. ● [航空 항공] 항공기로 공중을 비행함. [航海 항해] 배로 바다를 항행(航行)함. [就航 취항] 항해의 길을 떠남.
3급II 般 일반 반		**일반, 옮길, 돌, 돌아올, 펼, 셈.** 통 搬 general, carry, return 舟와 殳(몽둥이 수)의 합침. 배(舟)에 물건을 싣고 노(殳) 저어 '옮아간다'는 뜻으로 된 자 會. 나아가, 배는 여러 사람이 이용한다는 데서 '일반(一般)'의 뜻으로도 쓰인다 轉. ● [般師·班師 반사] 군사를 이끌고 돌아옴. [諸般 제반] 모든 것. 여러 가지. [全般 전반] 통틀어 모두.
5급 船 배 선(전)		**배, 옷깃.** ship 舟와 㕣(산속 늪 연:음부)의 합침. 㕣은 골짜기(八) 입구(口)의 늪. 늪(㕣)이나 강을 건너 다니는 '배(舟)'를 뜻한 자 形. ● [船客 선객] 배를 탄 손님. [船長 선장] 선원의 우두머리. [艦船 함선] 군함과 기선(汽船)의 총칭.
2급 艮 그칠 간		**그칠, 한정할, 어려울, 괘 이름.** cease, definite 본자는 皀. 目과 匕(변화할 화)의 합침. 匕(p.86)는 사람이 반대로 선 모양. 눈알(目)을 굴리며 몸을 돌린다(匕)는 뜻이었으나, 몸이나 눈알을 돌리는 데는 한도가 있다 하여 '그치다'·'한정하다'·'어렵다'의 뜻이 된 자 會. 【참고】艮은 見의 반대형이라는 설도 있음. ● [艮方 간방] 북동쪽. [艮止 간지] 머물러야 할 곳에 머무름.

5급

良
어질 량

어질, 좋을, 퍽, 자못, 남편, 풍구.
gentle, good, excellent

① 곡식을 위로 넣어 흘려내리며 정선(精選)하는 '풍구'를 본뜬 자인데, 정선된 것은 '좋다'는 뜻으로 된 자. 나아가, '착하다'·'어질다'의 뜻으로도 쓰인다 象.
② 畗(←富=충실할 부)와 亾(망할 망:음부)의 합침. 곡식을 풍구에 넣어 몹쓸(亾 p.49 亡) 것은 버리고 충실한(畗) 것만 가려 낸다는 데서 '좋다'의 뜻이 된 자 會形.

● [良順 양순] 어질고 순함.
[良心 양심] 선악을 판단하는 도덕 의식.
[改良 개량] 나쁜 점을 고쳐 좋게 함.

7급

色
빛 색

빛, 낯빛, 예쁜 계집, 모양, 성낼.
colour, appearance

① ⺈(←人=사람 인)과 巴(←㔾=병부 절)의 합침. 사람(⺈)의 마음 움직임이 마치 무릎 마디(巴)가 들어맞듯이 바로 얼굴에 나타남을 가리켜 '낯빛'의 뜻이 된 자 會.
② 수컷(⺈)이 암컷 꽁무니(巴=꼬리 파)에 머무른 모양을 본떠 된 자로, 발정기에는 몸빛이 윤이 나는 데서 '색'의 뜻으로 쓰이게 되었다 象.

● [色彩 색채] 빛깔. 빛깔과 문채.
[氣色 기색] 얼굴에 나타나는 빛.
[顔色 안색] 얼굴에 나타나는 기색.

艸(艹)
풀 초

풀, 새 초 통草/ 풀 파릇파릇 날 절.
grass, weed, growing grass

屮(싹날 철) 둘의 합침. 초목의 싹들(屮·屮)이 돋아 나오는 모양에서 '풀싹'의 뜻이 된 자 會. [p.142 屮]

7급

花
꽃 화

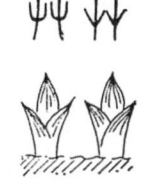

꽃, 필, 천연두, 기생, 써 없앨. 통華
flower, bloom

艹밑에 化(변화할 화:음부)의 합침. 싹눈(艹) 같은 봉오리가 변화하여(化 p.86) '꽃이 핀다'는 뜻으로 된 자 形.

● [花郞 화랑] 신라 때의 청소년 단체.
[花園 화원] 화초(花草)를 심은 동산.
[生花 생화] 산 화초에서 꺾은 꽃.

3급II

芽
싹 아

싹, 싹 나올, 비롯할.
bud, sprout

艹밑에 牙(어금니 아:음부)의 합침. 어금니(牙)가 솟아나듯이 볼록이 돋아나는 '풀(艹)싹'을 뜻하여 된 자 會形.

● [芽甲 아갑] 터 나오는 싹.
[麥芽 맥아] 엿기름.
[發芽 발아] 싹이 나옴. 눈이 틈.

3급II

芳
꽃다울 방

꽃다울, 향내, 꽃, 덕스러울.
beautiful, scent

++밑에 方(모방 방:음부)의 합침. 향풀(++)의 향기가 사방(方)으로 퍼진다는 데서 '꽃답다'의 뜻이 된 자 形.

- [芳年 방년] 꽃다운 젊은 나이.
- [芳名 방명] 꽃다운 이름.
- [香芳 향방] 좋은 향기.

3급II

若
같을 약

 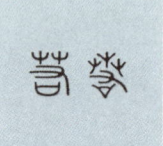

같을, 너, 어릴, 어떠할, 만약(萬若).
like, if, young

++밑에 右(오른쪽 우)의 합침. 손(右 p.97)으로 골라내는 야채(++)가 '어리다'는 뜻으로 된 자. 그 모양이 비슷비슷하다 하여 '같다'의 뜻으로도 쓰인다 會.
【참고】若의 본자는 艹(연약할 약)이라고도 함.

- [若干 약간] 얼마 안 됨. 얼마쯤.
- [若何 약하] 어떠함. 여하(如何).
- [泰然自若 태연자약] 태연하고 침착함.

3급

苗
모 묘

 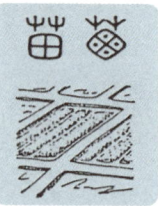

싹, 모종, 혈통, 곡식, 무리, 사냥.
bud, seedling, tribes

++밑에 田(밭 전)의 합침. 밭(田)에서 돋아나는 곡식의 '싹(++)' 또는 그 '모종'을 뜻한 자 會.

- [苗木 묘목] 어린 나무. 나무 모.
- [苗板 묘판] 못자리.
- [種苗 종묘] 묘목이 될 씨를 심음.

3급

苟
진실로
구차할 구

 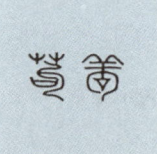

진실로, 구차할, 겨우, 풀 이름.
destitute, only

① ++밑에 句(당길 구:음부)의 합침. 덩굴손으로 다른 풀을 감싸 당기며(句 p.96) 뻗어 나가는 '풀(++)'을 뜻하여 된 자. 잡아당기며 남에게 매달린다는 데서 '구차(苟且)하다'의 뜻으로 널리 쓰인다 形.
② 艹(←芉=양뿔 개)와 句(굽을 구)의 합침. 순한 양(艹)이 무릎을 구부리고(句 p.96) 앉은 모양이 참돼 보인다는 데서 '진실하다'의 뜻이 된 자 會.

- [苟命 구명] 구차한 목숨.
- [苟安 구안] 안일만 탐내어 구차하게 삶.
- [苟容 구용] 비굴하게 남의 비위를 맞춤.

6급

苦
쓸 고

쓸, 괴로울, 모질, 부지런할, 씀바귀.
suffering, bitter, pain

++밑에 古(오랠 고:음부)의 합침. 씀바귀(++)는 싹이 나서 오래(古 p.95) 묵으면 몹시 '쓰다'는 뜻. 쓰다는 데서 '괴롭다'의 뜻으로도 쓰인다 形.

- [苦生 고생] 괴로운 생활.
- [苦學 고학] 학비를 자신이 벌어 공부함.
- [勞苦 노고] 수고롭고 괴로움.

艸 부

3급II

茂 무성할 무

무성할, 우거질, 힘쓸, 빼어날.
flourishing, thriving

艹밑에 戊(무성할 무:음부)의 합침. 초목이 우거진 모양을 본뜬 戊(p.179)만으로도 '무성(茂盛)하다'의 뜻을 나타냈으나, '천간의 다섯째'로 쓰이게 되자, 艹를 덧얹어 쓰이게 되었다 會形.

- [茂林 무림] 무성한 숲.
- [茂蔭 무음] 무성한 나무의 그늘.
- [榮茂 영무] 슬기롭고 빼어남.

6급

英 꽃부리 영

꽃부리, 영웅, 꽃다울, 아름다울.
corolla, talented, hero

艹밑에 央(가운데 앙:음부)의 합침. 초목(艹)에서 가장 곱게 보이는 꽃의 중심부(央 p.118)인 '꽃부리'를 뜻한 자. 꽃부리와 같이 빛나고 뛰어나다는 데서 '영웅(英雄)'의 뜻으로도 쓰인다 形.

- [英斷 영단] 지혜롭고 용기 있게 처단함.
- [英特 영특] 걸출하고 뛰어남.
- [育英 육영] 인재를 교육함.

3급

茫 아득할 망

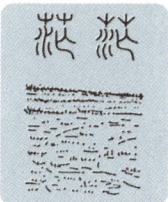

망망할, 물 질펀할, 멍할, 막연할.
vast, vague

艹밑에 汒(큰물 망:음부)의 합침. 초목(艹)의 끝만 보일 정도로 큰 물(汒)이 짐을 가리켜 '질펀하다'의 뜻이 된 자 形.
【참고】汒은 지상물을 휩쓸어 망그러뜨리(亡)는 '큰물(氵)'을 나타냄.

- [茫茫 망망] 넓고 먼 모양.
- [茫然 망연] 멀거니 있는 모양.
- [蒼茫 창망] 큰일을 당해서 계획이 안 섬.

7급

草 풀 초

풀, 거칠, 추할, 초서(草書), 초할.
grass, rough, mean

艹밑에 早(이를 조:음부)의 명칭. 이른(早) 봄에 돋아나오는 '풀(艹)'을 뜻하여 된 자 形.
【참고】早는 싹이 껍질(十←甲 껍질 각)에서 터 나오듯이 해(日)가 동녘에 떠오르는 '이른 아침'의 뜻.

- [草略 초략] 몹시 거칠고 간략함.
- [草案 초안] 초잡은 글발. 기초한 의안.
- [雜草 잡초] 저절로 나 자라는 잡풀들.

3급II

茶 차 다(차)

차, 차풀.
tea.

艹밑에 人(사람 인)과 木(나무 목)의 어울림. 사람(人)이 풀(艹) 또는 나무(木)의 잎을 달여 먹는 '차'를 뜻한 자 會.
【참고】본자는 荼(씀바귀 도)였음.

- [茶菓 다과] 차와 과자.
- [茶房 다방] 찻집.
- [紅茶 홍차] 붉은 빛이 나는 차의 하나.

3급II

荒 거칠 황

거칠, 황폐할, 흉년들, 클, 빠질, 멀.
wild, deserted

艹밑에 㐬(물 넘칠 황:음부)의 합침. 물이 넘쳐(㐬) 초목(艹)을 휩쓸고 간 자리가 '거칠다'·'황폐하다'는 뜻으로 된 자 形.
【참고】 㐬은 물(巛←川)이 넘쳐 망침(亡)을 뜻함.

- [荒唐 황당] 참되지 않고 터무니없음.
  [荒野 황야] 거친 들.
  [破天荒 파천황] 이전에 아무도 한 적이 없는 일을 함.

3급II

莊 씩씩할 장

씩씩할, 장엄할, 농막, 별장. 약 荘
grave, serious, villa

艹밑에 壯(왕성할 장:음부)의 합침. 풀(艹)이 왕성하게(壯 p.115) 우거진 모양에서 '장엄(莊嚴)하다'의 뜻이 된 자 會形.

- [莊園 장원] 별장. 또는 그에 딸린 동산.
  [莊重 장중] 장엄하고 정중함.
  [山莊 산장] 산에 있는 별장(別莊).

3급II

荷 멜 하

멜, 짐, 더할, 연꽃, 원망할. 통 何
bear, load, luggage, add

① 艹밑에 何(어찌 하:음부)의 합침. 何(p.57)만으로도 짐을 '메다'는 뜻으로 된 자인데 '어찌'의 뜻으로 쓰이게 되자, 艹를 덧얹어 '짐을 메다'는 뜻으로 쓰이게 되었다.
② 잎(艹)을 짊어진(何) 듯이 물 위에 떠서 피는 '연꽃'의 뜻으로 된 자 形.

- [荷物 하물] 짐.
  [荷主 하주] 짐의 임자.
  [入荷 입하] 물건이 들어옴.

3급II

莫 없을 막

없을, 말, 무성할, 꾀할 막/ 저물 모. 통 暮
forbid, quiet evening

艹밑에 旲(햇빛 대)의 합침. 해(旲)가 서쪽 지평선 풀(艹) 속에 가려져 없어진다 하여 '저물다' 또는 '없다'의 뜻이 된 자 會. 해가 풀 속에 가려지듯이 남몰래 숨어서 일을 꾸미는 '꾀'의 뜻으로 쓰인다 轉.
【참고】 본자는 茻. 茻(잡풀 우거질 망:음부) 속에 해(日)가 묻힘을 나타내어 저물다.

- [莫大 막대] 아주 큼.
  [莫甚 막심] 더할 나위 없음.
  [莫春 모춘] 늦은 봄.

3급II

菊 국화 국

국화.
chrysanthemum

艹밑에 匊(움켜쥘 국:음부)의 합침. 匊은 쌀(米)을 줌에 싸(勹) 쥔 모양. 손가락을 움켜쥔(匊) 듯이 꽃잎(艹)이 뭉쳐진 '국화(菊花)'를 뜻하여 된 자 形.

- [菊版 국판] 14.8cm×21cm 크기의 책.
  [黃菊 황국] 누런 빛깔의 국화.
  [寒菊 한국] 겨울에 피는 국화.

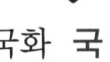

艸 부

3급II

 菌 버섯 균

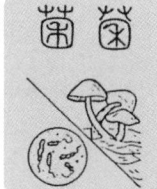

버섯, 곰팡이, 세균, 무궁화.
fungus, bacteria

++밑에 囷(구부러질 균:음부)의 합침. 고불고불한(囷) 팡이실로 생성하는 식물(++)인 '버섯'을 뜻한 자. 생성 과정이 닮은 '곰팡이'나 '세균(細菌)'의 뜻으로도 쓰인다 形.
【참고】囷은 곡식(禾)을 저장하려고 판 굴(囗)이 '구불구불함'을 나타냄.

- [菌類 균류] 버섯·곰팡이붙이.
- [保菌 보균] 병균(病菌)을 지니고 있음.
- [殺菌 살균] 세균을 죽임.

3급II

 菜 나물 채

나물, 반찬, 주린빛, 캘. 통采
vegetable, eatable plants

++밑에 采(캘 채:음부)의 합침. 먹을 수 있는 풀(++)을 캠(采 p.189 採)을 가리켜 '나물'을 뜻하게 된 자 形.

- [菜蔬 채소] 온갖 푸성귀. 남새.
- [菜食 채식] 푸성귀만으로 차린 반찬.
- [野菜 야채] 식용 초본 식물의 총칭.

4급

 華 빛날 화

빛날, 화려할, 꽃, 흴, 쪼갤. 통花
brilliant, splendid

++밑에 苹(←𠂹=드리울 수)의 합침. 꽃(++)이 번성하게 피어 드리워진(苹) 모양에서 '화려(華麗)하다'의 뜻이 된 자 會.

- [華燭 화촉] 결혼식 때 쓰는 밀초.
- [繁華 번화] 번성하고 화려함.
- [榮華 영화] 몸이 귀히 됨.

8급

 萬 일만 만

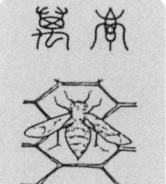

일만, 벌, 만약(萬若), 많을. 약万
ten thousand, bee

'벌'의 촉각(++)·마디진 몸통(日)·발(禸) 모양을 본떠 된 자. 벌이 무리를 지어 그 수가 많은 데서 '일만'의 뜻으로 두루 쓰인다 象.
[또는, 전갈을 본뜬 자].

- [萬能 만능] 모든 사물에 능통함.
- [萬歲 만세] 축하의 뜻으로 외치는 소리.
- [巨萬 거만] 만의 곱절이라는 많은 금액을 일컫는 말.

5급

 落 떨어질 락

떨어질, 마을, 쌀쌀할, 죽을, 폐할.
fall, village, cold, wither

++밑에 洛(물방울 떨어질 락:음부)의 합침. 초목(++)의 잎이 물방울 떨어지듯이(洛) '떨어짐'을 뜻한 자. 떨어진다는 데서 '죽다'의 뜻으로도 쓰인다 形.
【참고】洛은 물방울(氵)이 뿔뿔이(各) '떨어짐'을 뜻함.

- [落望 낙망] 바라던 마음이 떨어뜨려짐.
- [落葉 낙엽] 떨어진 잎.
- [村落 촌락] 촌에 이루어진 부락(部落).

3급II		
葬 장사 지낼 **장**		**장사 지낼.** bury, inter ++밑에 死(죽을 사)와 廾(들 공)의 합침. 죽은(死) 사람을 들어(廾)내어 풀(++)로 덮어 놓은 데서 '장사(葬事) 지내다'의 뜻이 된 자 會. [p.112 墓] 【참고】본자는 葬. 茻(잡풀 우거질 망) 속에 주검(死)이 묻힘을 나타내어 됨. ● [葬禮 장례] 장사 지내는 예절. [葬地 장지] 시체를 매장(埋葬)하는 땅. [火葬 화장] 시체를 불살라 장사 지냄.

5급		
葉 잎 **엽**		**잎, 세대, 후손 엽/ 성, 땅 이름 섭.** leaf, generation ++밑에 枼(엷을 엽:음부)의 합침. 초목(++)에 달린 엷은 잎(枼)의 모양을 나타내어 '잎사귀'를 뜻한 자. 나뭇잎이 해마다 새로 나 겹쳐진다는 데서 '세대'의 뜻으로도 쓰인다 會形. 【참고】枼은 나무(木)에 해마다(世 p.43) 나오는 새 잎이 '엷음'을 뜻함. ● [葉綠素 엽록소] 잎에 있는 녹색 색소. [葉書 엽서] 우편 엽서 또는 그림 엽서. [末葉 말엽] 맨 끝 무렵 시대.

3급II		
著 나타날 **저**		**나타낼, 지을 저/ 붙을, 입을 착.** 본箸 속着 compose, appear, attach 본자는 箸. 竹밑에 者(놈 자:음부)의 합침. 者(p.312)는 이 '것' 저 '것' 집는 젓가락을 가리킴. 대(竹)로 만든 '젓가락(箸)짝'을 뜻하여 된 자 形. 대(竹)로 만든 젓가락(者)에 문자를 새겼던 데서 음이 통하는 書(글 서)의 뜻을 빌려 '글 짓다'·'나타내다'의 뜻으로 쓰이게 되었다 假. 【참고】본자의 竹은 예서(隸書)때 ++로 바뀜. ● [著者 저자] 책의 지은이. [著陸 착륙] 비행기가 육지에 내림. [共著 공저] 둘 이상이 공동으로 지음.

3급II		
蒙 어두울 **몽**		**어릴, 어리석을, 입을, 받을, 덮을.** stupid, cover ++밑에 冡(덮을 몽:음부)의 합침. 본자인 冡만으로도 돼지(豕)의 머리를 덮어씌운(冖=겹쳐 덮을 모) 모양으로 '어리석음'을 나타낸 자인데, 후에 ++를 덧얹어 그 뜻을 강조했다 會形. ● [蒙古 몽고] 중국 북쪽의 나라 이름. [蒙昧 몽매] 어리석고 어두움. [啓蒙 계몽] 몽매한 이를 깨우침.

3급II		
蒸 찔 **증**		**찔, 겨릅대, 섶, 많을, 무리.** 통烝 steam, twigs of hemp ++밑에 烝(삶을 증:음부)의 합침. 삼(++)껍질을 벗기기 위하여 삶는다(烝)는 데서 '찌다'의 뜻이 된 자. 쪄서 껍질을 벗겨 낸 '겨릅대'를 뜻하기도 한다 形. 【참고】烝은 불(灬←火)을 때어 김을 올린다(丞=위로 향할 승)는 데서 '삶다'의 뜻. ● [蒸氣 증기] 액체 증발 때 나는 기체. [蒸發 증발] 액체가 기체로 변하는 현상. [薪蒸 신증] 땔나무.

艸 부

3급II 蒼 푸를 창

푸를, 무성할, 어슴푸레할, 급할, 백성.
green, flourish, people

艹밑에 倉(창고 창:음부)의 합침. 양곡이 창고(倉 p.61)에 가득 찰 수 있을 만큼 곡식(艹)이 잘 자라 '무성하다' 는 뜻으로 된 자. 무성히 자란 그 빛깔에서 '푸르다' 의 뜻으로도 쓰인다 形.

- [蒼空 창공] 푸른 하늘.
- [蒼白 창백] 푸른 기가 있고 해쓱함.
- [蒼生 창생] 백성. 국민.

4급II 蓄 모을 축

 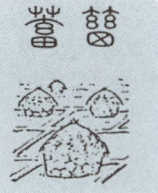

모을, 쌓을, 감출, 둘, 기를. 通畜
accumulate, collect

艹밑에 畜(쌓을 축:음부)의 합침. 곡식을 거두어 쌓아(畜 p.268) 놓고 풀(艹)로 덮어 둔다는 데서 '쌓다' 의 뜻이 된 자 會形.

- [蓄財 축재] 재물을 모아 쌓음.
- [蓄積 축적] 많이 모아 쌓아 둠.
- [貯蓄 저축] 아껴서 모아 쌓아 둠.

3급II 蓋 덮을 개

덮을, 대개 개/ 어찌 아니하리오 합. 俗盖
cover, generally

艹밑에 盍(덮을 합:음부)의 합침. 盍만으로도 밥그릇(皿)에 뚜껑(去 p.93)을 '덮는다' 는 뜻이었는데, 그 위에 艹를 덧얹어 그 뜻을 강조하였다 會形.

- [蓋世 개세] 기개가 세상을 뒤덮음.
- [蓋然 개연] 불확실하나 그럴 것 같음.
- [覆蓋 복개] 덮개. 뚜껑.

3급 蔬 나물 소

나물, 채소.
eatable plants, vegetable

艹밑에 疏(뚫릴 소:음부)의 합침. 씨앗이 뿌리(疋=발 소)를 내리고 껍질을 뒤집어 쓴 채 돋아나는 (㐬=거꾸로 나올 돌 p.241 流) 푸성귀(艹)를 나타내어 '나물' 또는 '채소(菜蔬)' 를 뜻한 자 形.
【참고】疏는 아기가 거꾸로 나오며(㐬) 발(疋)로 모래집을 '뚫고' 나옴.

- [蔬果 소과] 채소와 과일.
- [蔬飯 소반] 채소 반찬.
- [蔬食 소사] 채소 반찬뿐인 밥.

3급II 蓮 연꽃 련

연꽃, 연밥.
lotus(water-lily), lotus seed

艹밑에 連(잇닿을 련:음부)의 합침. 열매 송이는 차바퀴(車) 같고 뿌리는 수레가 연이어 가듯이 뻗어나가는(辶) 물풀(艹)의 하나인 '연' 을 뜻하여 된 자 形.

- [蓮步 연보] 미인의 고운 걸음걸이.
- [蓮實 연실] 연밥.
- [睡蓮 수련] 연꽃과 닮은 꽃의 한 종류.

급수	한자	이미지	뜻풀이
3급	蔽 덮을 폐		덮을, 가릴, 다할, 정할. 통弊 shade, hide, cover, exhaust ++밑에 敝(옷 해질 폐:음부)의 합침. 해진 헝겊(敝 p.156 弊)같이 엉성히 풀(++)을 엮어 앞만 '가림'을 뜻하여 된 자 形. ● [蔽塞 폐색] 가려 막음. [掩蔽 엄폐] 보이지 않게 덮고 막음. [隱蔽 은폐] 덮어 감춤. 가리어 숨김.
3급II	 薄 엷을 박		엷을, 얇을, 숲, 야박할, 가벼울, 다닥칠. thin, mean, heartless, light ++밑에 溥(펼 부:음부)의 합침. 초목(++)이 펼쳐진(溥) '숲'을 뜻하여 된 자. 후에, 물풀(++)이 보일 정도로 물(氵)이 얕게 펼쳐져(尃 p.89 博) 있다 하여 '얇다'의 뜻으로 쓰이게 되었다 形. ● [薄德 박덕] 덕행이 적음. [薄利 박리] 적은 이익. [淺薄 천박] 학문 또는 생각이 얕음.
3급	 薦 천거할 천		천거할, 드릴, 짚자리, 쑥 천/ 꽂을 진. 통縉 recommend, offer ++밑에 廌(해태 치:음부)의 합침. 해태(廌)에게 맛있고 아름다운 풀(++)을 주도록 권한다는 데서 '천거(薦擧)하다'의 뜻이 된 자 會形. 【참고】 廌는 '해태'의 모양을 나타낸 자임. ● [薦新 천신] 새 물건을 신명께 올림. [推薦 추천] 인재를 천거함. [他薦 타천] 다른 사람이 추천하는 일.
3급II	 藏 감출 장		감출, 숨을, 광, 간직할, 장풀. 약蔵 conceal, store house, store up ① ++밑에 臧(숨길 장:음부)의 합침. 풀(++)로 곡식 따위를 덮어 간직한다(臧) 하여 '감추다'의 뜻이 된 자. 나아가, '창고'의 뜻으로도 쓰인다 會形. ② 본자는 臧. 신하(臣)가 임금 앞에 나아갈 때에 무기(戕=창 장:음부)를 풀어 감추어 두고 간다 하여 '숨기다'의 뜻이 되었다 會形. ● [藏書 장서] 간직해 둔 책. [所藏 소장] 간직하여 둔 물건. [貯藏 저장] 쌓아서 간직해 둠.
4급II	 藝 재주 예		재주, 글, 대중할, 심을, 기술. 약芸 talent, writing, skill 본자는 蓺. ++밑에 埶(심을 예)의 합침. 초목(++)을 '심는다(埶 p.85 勢)'는 뜻으로 된 자로, 초목을 잘 키우려면 솜씨가 필요하다 하여 '재주'의 뜻으로도 쓰인다. 주로 '글재주'를 뜻한 데서 云(이를 운)을 받쳐 쓰게 되었다 會形. ● [藝能 예능] 기예(技藝)에 뛰어난 기능. [藝術 예술] 미를 표현하는 기술. [文藝 문예] 시·소설 등의 예술.

6급

약 약

약, 약초(藥草), 약 쓸. 약藥
medicine

++밑에 樂(즐거울 락:음부)의 합침. 초목(++)의 뿌리나 잎으로 만든 것이 병을 낫게 하여 즐겁게(樂 p.224) 해주는 '약'을 뜻하여 된 자 形.

- [藥局 약국] 약을 짓는 곳.
- [藥師 약사] 약을 조제하는 사람.
- [補藥 보약] 몸의 건강을 돕는 약.

3급II

되살아날 소

차조기, 술, 깰, 구할. 통甦・穌
revive, plants

++밑에 穌(깨어날 소:음부)의 합침. 穌만으로도 곡식(禾)과 물고기(魚)를 먹고 기운을 차려 '깨어난다'는 뜻으로 된 자인데, 후에 환자가 약초를 먹고 깨어났다 하여 ++를 덧얹어 쓰이게 되었다 形.

- [蘇生 소생] 다시 살아남.
- [蘇子 소자] 차조기의 씨.
- [耶蘇敎 야소교] 예수교.

3급II

蘭
난초 란

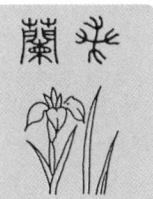

난초, 목란, 풀 이름, 나라 이름. 통欄
orchis, magnolia

++밑에 闌(난간 란:음부)의 합침. 잎(++)이 길게 벋어 난간 살(闌 p.226 欄)처럼 엇걸리며 자라나는 '난초(蘭草)'를 뜻하여 된 자 形.

- [蘭客 난객] 좋은 벗.
- [蘭燈 난등] 아름다운 등.
- [金蘭 금란] 매우 두터운 교분의 비유.

虍
범 호

범의 문채.
figure of tiger

얼룩덜룩한 줄무늬가 진 호랑이 가죽의 모양을 본떠 그 '문채'를 뜻하게 된 자 象.

3급II

범 호

범.
tiger

虍와 儿(걸을 인)의 합침. 어슬렁거리며 걷는(儿) '범(虎)'을 본떠 된 자 象會.

- [虎穴 호혈] 범이 사는 굴. 위험한 곳.
- [虎患 호환] 범이 끼치는 해.
- [猛虎 맹호] 사나운 범.

4급 II

處
곳 처

곳, 살, 그칠, 머무를, 처할. 약 処
place, live, stay

虍(:음부)와 処(곳 처)의 합침. 본자는 處. 걸음(夂=천천히 걸을 쇠)을 멈추고 걸상(几)에 걸터앉음을 나타내어 쉬는 '곳'이나 '사는 곳'을 뜻한 자. 후에, 거닐던 호랑이(虍)가 머무르는 '곳(処)'을 가리켜 된 자 形.

- [處世 처세] 세상을 살아감.
- [處身 처신] 세상을 살아가는 데 가져야 할 몸가짐이나 행동.
- [出處 출처] 사물이 나온 곳.

4급 II

虛
빌 허

빌, 헛될, 약할, 거짓말, 다할. 약 虚
empty, void, false

虍(:음부)와 쓰(→丘=언덕 구)의 합침. 쓰는 푹 팬 언덕의 모양. 범(虍)을 잡으려고 언덕(쓰)에 파놓은 함정에 아무것도 걸려든 것이 없다는 데서 '비다'의 뜻이 된 자 形.
【참고】쓰는 중국 곤륜산에 있는 분지가 널따랗다 하여 '빈 언덕'의 뜻이 된 자라 함.

- [虛構 허구] 사실이 없는 일을 얽어 만듦.
- [虛弱 허약] 힘이 없고 약함.
- [空虛 공허] 속이 텅 빔.

6급

號
이름 호

부르짖을, 호령할, 이름, 이를. 약 号
roar, call

号(이름 호)와 虎(범 호:음부)의 합침. 号는 口(입 구)에 丂(입김 막힐 고 p.48 于)를 더한 자로서 소리를 치니 막혔던 입김이 나감을 나타냄. 범(虎 p.333)의 울음소리(号)처럼 우렁차게 '부르짖는다'는 뜻으로 된 자 會形.

- [號外 호외] 정한 호수 외의 임시 발간.
- [記號 기호] 무슨 뜻을 나타내는 표.
- [稱號 칭호] 어떤 뜻으로 일컫는 이름.

虫
벌레 충

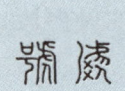

벌레(혹은 蟲의 약자).
worms, insects

뱀이 사리고 있는 모양을 본떠, 널리 '벌레'의 뜻으로 쓰인다 象 [p.335 蟲].

3급 II

蛇
긴 뱀 사

뱀 사/ 이무기, 든든할 타/ 구불구불 갈 이.
snake, serpent, go winding

虫과 它(뱀 타:음부)의 합침. 它는 뱀이 머리를 들고 구불구불 가며 꼬리를 늘인 모양. '뱀'은 파충류에 속하는 데서 후에 虫을 덧붙여 쓰게 되었다 象會形.

- [蛇足 사족] 군더더기를 이르는 말.
- [毒蛇 독사] 독이 있는 뱀.
- [長蛇陣 장사진] 길게 늘어선 사람들.

3급

벌 봉

벌 본蠭, 칼끝. 통鋒
bee, the point of a sword

虫과 夆(만날 봉:음부)의 합침. 교미할 때 자웅이 공중 높은 데서 만나(夆 p.375 逢) 교접하는 '벌(虫)'을 뜻한 자 形.

- [蜂起 봉기] 벌떼처럼 일어남.
  [蜜蜂 밀봉] 참벌. 꿀벌.
  [女王蜂 여왕봉] 여왕벌. 권력을 쥔 여자의 비유.

3급

꿀 밀

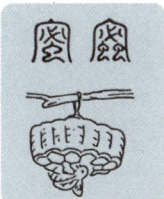

꿀.
honey

宓(빽빽할 밀:음부)과 虫의 합침. 벌(虫)이 빽빽하게(宓 p.133 密) 지은 집에 저장해 두는 '꿀'을 뜻한 자 形.

- [蜜蠟 밀랍] 꿀벌 집의 주성분.
  [蜜月 밀월] 결혼 직후의 즐겁고 달콤한 시기.
  [石蜜 석밀] 산 속 돌틈의 벌꿀.

3급

나비 접

나비.
butterfly

虫과 枼(엷을 엽:음부)의 합침. 곤충(虫) 중 날개가 나뭇잎같이 엷고(枼 p.330 葉) 잎맥이 있는 '나비'를 뜻한 자 形.

- [蝶夢 접몽] '꿈'의 뜻으로 쓰이는 말.
  [蝴蝶 호접] 나비.
  [黃蝶 황접] 노랑나비.

3급

반딧불 형

개똥벌레. 통熒
firefly

𤇾(←熒=불 반짝일 형:음부)과 虫의 합침. 반짝이는 불빛(𤇾 p.223 熒)을 내는 '개똥벌레(虫)'를 뜻하여 된 자 會形.

- [螢光 형광] 반딧불.
  [螢雪 형설] 고생을 하며 공부함의 비유.
  [螢惑星 형혹성] 화성의 다른 이름.

4급Ⅱ

벌레 충

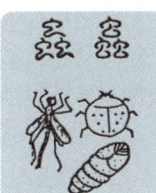

벌레(동물의 총칭), 김 오를.
insect, worm

虫 셋을 합쳐, 널리 '벌레'를 뜻하여 쓰인다 會.

- [蟲齒 충치] 삭은니.
  [昆蟲 곤충] 날개 2쌍, 발 3쌍의 동물.
  [害蟲 해충] 해를 끼치는 벌레.

4급Ⅱ

血 피 혈

피, 피칠할, 붙이, 물들일, 씩씩할.
blood, family

皿(그릇 명) 위에 丿(←一)을 합침. 丿은 그릇에 담긴 피. 짐승의 피(丿)를 그릇(皿)에 담아 신에게 바쳤던 데서 널리 '피'를 가리키게 된 자 指.

- [血眼 혈안] 기를 써서 핏발이 선 눈.
  [血液 혈액] 혈관(血管) 속의 피.
  [出血 출혈] 피가 혈관 밖으로 나옴.

4급Ⅱ

衆 무리 중

무리, 많을, 민심, 고비 뿌리.
crowd, public opinion

① 血과 乑(乑=사람 모일 음)의 합침. 핏줄(血)이 같은 사람들(乑)이 한 동아리를 이룬 '무리'를 뜻하여 된 자 會.
② 본자는 眔. 罒은 눈(目), 乑은 人 셋의 합침. 모인 사람들(乑)의 눈(目)이 '많다'는 뜻으로 된 자 會.

- [衆論 중론] 여러 사람의 의견.
  [觀衆 관중] 구경꾼들.
  [大衆 대중] 많은 수효의 모든 사람.

6급

行 다닐 행 / 항렬 항

다닐, 행할, 갈, 길 행/ 항렬(行列), 항오 항.
walk, act, go

① 彳(자축거릴 척)과 亍(자축거릴 촉)의 합침. 왼발(彳)과 오른발(亍)을 번갈아 움직임을 나타내어 '다니다'의 뜻이 된 자. 걸어다님은 행동(行動)이라 하여 '행하다'의 뜻으로도 쓰인다 會.
② 사람들이 왕래하는 '네거리'의 모양을 본뜬 자 象.

- [行爲 행위] 사람이 행하는 짓.
  [進行 진행] 일을 치러 나아감.
  [通行 통행] 길로 통하여 다님.

6급

術 재주 술

재주, 꾀, 기술, 방법, 길, 술법.
wit, talent, skill

行 안에 朮(삽주 뿌리 출:음부)의 어울림. 삽주 뿌리(朮)같이 여러 갈래로 난 작은 '길(行)'을 뜻하여 된 자 形. 사람이 살아가는 '길' 또는 '방법[技術]'의 뜻으로도 쓰인다 轉.

- [術語 술어] 학술상(學術上)의 용어.
  [手術 수술] 탈난 곳을 도려내어 고침.
  [話術 화술] 말재주. 이야기하는 기교.

4급Ⅱ

街 거리 가

거리, 네거리, 큰 길, 별 이름.
road, cross street, main street

行 안에 圭(홀 규:음부)의 어울림. 圭는 土의 겹침으로, 땅 위 여러 갈림길이 교차됨을 나타냄. 뭇 사람이 다니는(行) 갈래진 길(圭)인 '네거리'를 뜻한 자 形.

- [街路 가로] 시가지의 도로.
  [街頭 가두] 길거리.
  [市街 시가] 도회지의 큰 거리.

血·行·衣 부

3급II

衝
찌를 충

찌를, 부딪칠, 돌파할, 사북, 거리.
conflict, dash, rush against

行 안에 重(거듭 중:음부)의 어울림. 여러 갈래의 길(行)이 가위의 사북처럼 겹쳐짐(重 p.385)을 나타내어 '부딪치다'의 뜻이 된 자 ㊀.

- [衝擊 충격] 서로 부딪쳐 몹시 침.
  [衝突 충돌] 서로 부딪침.
  [緩衝 완충] 충돌을 완화시킴.

4급II

衛
지킬 위

지킬, 막을, 호위할, 경영할. ㊁衞

guard, protect, escort

① 行 안에 韋(에워쌀 위)의 어울림. 에워싸듯이(韋 p.403) 주위를 돌아다니며(行) 경계한다 하여 '지키다'·'호위(護衛)하다'의 뜻이 된 자 ㊁.
② 동자인 衞는 行 안에 帀(←韋=군복 위)와 帀(두를 잡)의 어울림. 군인(帀 p.403 韋)이 성의 주위를 순라 돌며(帀 p.148 師) 다닌다(行) 하여 '지키다'·'호위하다'의 뜻이 된 자 ㊁. [p.107 圍]

- [衛生 위생] 건강을 보호·증진·예방함.
  [防衛 방위] 막아서 보호함.
  [守衛 수위] 지킴. 경비를 맡은 사람.

3급II

衡
저울대 형

저울대, 평평할, 수레멍에 형/ 가로 횡. ㊁橫

balance beam, yoke

行(:음부) 안에 角(뿔 각)과 大의 어울림. 소를 끌고 갈(行) 때 떠받지 못하도록 뿔(角)에 맨 큰(大) 나무가 '가로' 임을 뜻한 자. 그 나무가 평형을 이룬 데서 '저울대'의 뜻으로 널리 쓰인다 ㊀.

- [衡平 형평] 평평한 상태. 균형(均衡).
  [度量衡 도량형] 자·되·저울의 총칭.

6급

衣(衤)
옷 의

옷, 옷 입을, 저고리, 행할, 의할.
clothes, wear

① 사람(亠=머리 두)이 '저고리'를 입은(𧘇=옷섶 모양) 모양을 본뜬 자 ㊂.
② 亠와 从(두 사람 종)의 합침. 사람들(从)이 몸을 감싸 덮는(亠) '옷'을 뜻하여 된 자 ㊁.

- [衣服 의복] 옷.
  [白衣 백의] 흰 옷.
  [上衣 상의] 저고리.

6급

表
겉 표

겉, 웃옷, 밝을, 글, 나타낼, 표, 법.
surface, express

㇀(←毛=털 모)와 衣의 어울림. 짐승 털(㇀)은 바깥으로 돌아 '옷(衣)'의 구실을 한다는 뜻으로 된 자. 나아가, 모피옷(衣)은 털(㇀)을 바깥으로 낸 데서 '겉'의 뜻으로 널리 쓰인다 ㊁.

- [表面 표면] 거죽으로 드러난 표면.
  [表明 표명] 표시(表示)해서 명백히 함.
  [發表 발표] 널리 드러내어 알림.

血·行·衣 부 337

3급II

 쇠할 쇠

쇠할, 약할 쇠 / 상복, 같을, 줄일 최.
declining, week

풀(卄=풀 엮음새)로 엮어, 비 올 때 어깨에 걸쳐 입는(衣) '도롱이'의 모양을 본뜬 자인데, 도롱이 입은 농부나 '상복' 입은 상주의 모습이 파리하다 하여 '쇠약하다'의 뜻으로 쓰이게 되었다 象.
【참고】衰에 卄를 얹어 蓑(도롱이 사)가 됨.

- [衰盡 쇠진] 점차로 쇠하여 다 됨.
- [老衰 노쇠] 늙어서 쇠약(衰弱)함.
- [衰服 최복] 상중에 입는 상복.

3급II

 입을 피

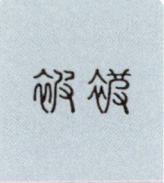

입을, 이불, 덮일, 미칠, 나타날, 당할.
coverlet, wear

衤(=衣)변에 皮(가죽 피:음부)의 합침. 살갗(皮)에 닿는 '잠옷(衤)'을 뜻한 자. 잠옷을 입는다는 데서 일반적인 옷을 '입는다'는 뜻으로 쓰이게 되었다 形.

- [被動 피동] 남의 힘에 의하여 움직이는 일.
- [被服 피복] 의복.
- [加被 가피] 부처나 보살이 힘을 주는 일.

3급II

 옷 마를 재

마를, 헤아릴, 분별할, 결단할, 헝겊.
cut, judge, decide

𢧵(해할 재:음부)와 衣의 어울림. 𢧵(p.219 㦮)는 칼 따위로 무엇을 자름. 옷감(衣)을 본에 맞추어 잘라(𢧵) '마른다'는 뜻으로 된 자. 자른다는 데서 '결단하다'의 뜻으로도 쓰인다 形.

- [裁斷 재단] 마름질함. 재결(裁決).
- [裁量 재량] 헤아려 처리함.
- [決裁 결재] 올린 안건을 승인함.

3급II

 찢어질 렬

찢어질, 찢을, 터질, 갈릴, 자투리.
split, burst, break

列(벌일 렬:음부)과 衣의 합침. 옷(衣)을 지으려고 천을 벌리어(列 p.78) '찢는다'는 뜻으로 된 자. 원래는 옷(衣)을 지으려고 벌이어(列) 마름질하고 남은 조각인 '자투리'의 뜻으로 되었다 形.

- [裂傷 열상] 피부가 찢어진 상처.
- [決裂 결렬] 갈가리 찢어짐. 의견이 합쳐지지 않아 각각 갈라섬.
- [破裂 파열] 깨어져서 갈라짐.

3급II

 속 리

속, 안, 내부, 옷 안. 동 裡
inner, inside, inside of clothes

衣안에 里(마을 리:음부)의 어울림. 리는 밭(田) 두렁(土)처럼 두렁진 옷 안쪽의 이음매. 옷(衣)의 이음매(里)는 안쪽에 있다는 데서 '속'의 뜻이 된 자 形.

- [裏面 이면] 속. 일의 내부의 사실.
- [腦裏 뇌리] 머릿속. 심중.
- [表裏 표리] 겉과 속.

衣 부

裕 넉넉할 유 — 3급II

넉넉할, 너그러울, 족할, 늘어질.
rich, abundant, generous

衤변에 谷(골짜기 곡:음부)의 합침. 옷(衤)이 커서 골짜기(谷)같이 주름진다 하여 '넉넉하다' 의 뜻이 된 자 形.
【참고】 谷은 땅의 주름이라는 데서 합쳐짐.

- [裕福 유복] 살림이 넉넉함.
- [富裕 부유] 재물이 넉넉함.
- [餘裕 여유] 넉넉하고 남음이 있음.

補 기울 보 — 3급II

기울, 도울, 수선할, 고칠, 맡길.
patch, help, repair, add

衤변에 甫(클 보:음부)의 합침. 찢어진 옷(衤)을 깁듯이 사람의 부족한 데를 메워 주어 큰(甫) 사람이 되도록 '돕는다' 는 뜻으로 된 자 形.
【참고】 甫는 아비(丶←父) 노릇(用)을 할 만큼 '컸다' 는 뜻으로 됨.

- [補修 보수] 낡은 것을 수선함.
- [補助 보조] 보충(補充)하여 도와 줌.
- [候補 후보] 어떤 직위에 나아갈 사람.

裝 꾸밀 장 — 4급

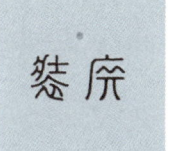

꾸밀, 행장(行裝), 쌀, 동일. 약 装
baggage, pack, decorate

壯(성하게 할 장:음부)과 衣의 합침. 옷(衣)을 성하게(壯 p.115) 차린다는 데서 '꾸미다' 의 뜻이 된 자 形.

- [裝飾 장식] 겉모습을 꾸밈. 꾸밈새.
- [盛裝 성장] 옷을 화려하게 차려 입음.
- [包裝 포장] 물건을 싸서 꾸밈.

裳 치마 상 — 3급II

치마, 성할, 항상. 통 常
clothes, garments

尙(높을 상:음부)과 衣의 합침. 고상한(尙 p.138) 사람이 부끄러운 부분을 가렸던 옷(衣)으로, 오늘날의 '치마' 의 뜻이 된 자 形.
[p.148 常]

- [裳裳 상상] 화려한 모양. 훌륭함.
- [裳繡 상수] 치마에 수를 놓음.
- [衣裳 의상] 저고리와 치마.

製 지을 제 — 4급II

마를, 지을, 법제(法制), 비옷, 갖옷.
cut out, make, manufacture

制(지을 제:음부)와 衣의 합침. 피륙을 말라 옷(衣)을 '짓는다(制 p.79)' 는 뜻으로 된 자. 짓는다는 데서 '만들다' 의 뜻으로도 쓰인다 形.

- [製菓 제과] 과자를 만듦.
- [製造 제조] 물건을 만듦.
- [特製 특제] 특별히 만듦.

4급

複
겹칠 복

겹칠, 겹옷, 복도 복/ 거듭 부.
compound, double garments

衤변에 复(돌아갈 복:음부)의 합침. 옷(衤) 안을 한 겹 더 돌려(复 p.162 復)댄다 하여 '겹옷' 또는 '겹치다' 의 뜻이 된 자. 천이 겹쳐지듯이 되풀이한다는 데서 '거듭' 의 뜻으로도 쓰인다 形.

- [複寫 복사] 베낀 것을 거듭 베낌.
- [複雜 복잡] 일의 갈피가 뒤섞여 어수선함.
- [重複 중복] 거듭함. 덧포개짐.

3급Ⅱ

襲
엄습할 습

엄습할, 껴입을, 인할, 염습할, 물려받을, 벌.
invade, wear, inherit

龍(용 룡:음부)과 衣의 합침. 용(龍)이 구름에 싸여 올라가듯이 죽은 사람을 옷(衣)과 베로 쌈[殮襲]을 뜻한 자 形.

- [襲擊 습격] 느닷없이 엄습(掩襲)하여 침.
- [急襲 급습] 갑자기 습격함.
- [因襲 인습] 옛것을 좇음.

襾
덮을 아

덮을, 가리어 숨길.
cover, conceal

冂·凵·一의 어울림. 위에서 덮고(冂) 아래에서 받친(凵) 데에다 다시 뚜껑(一)으로 '덮는다' 는 뜻. 덮는다는 데서 '가려 숨긴다' 는 뜻으로도 쓰인다 會.

8급

西
서녘 서

서녘, 서양(西洋), 수박[西爪].
west

① 저물 무렵에 새가 보금자리를 찾아들어 앉은 모양을 본떠, 해가 지는 쪽인 '서녘' 의 뜻으로 쓰이게 된 자 象.
② 술을 걸러 먹는 용수를 본떠, 흔히 술을 마시는 때인 '해질' 무렵을 뜻하여 된 자 象.

- [西紀 서기] 서력 기원(西曆紀元).
- [西風 서풍] 서쪽에서 부는 바람. 洋風.
- [東西 동서] 동쪽과 서쪽.

5급

 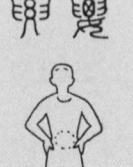

要
요긴할 요

요할, 구할, 하고자 할, 중할, 허리.
necessary, desire, important

两와 女(계집 녀)의 합침. '허리' 에 양손을 짚고 섰는 여자[女人]의 모양을 본뜬 자. 허리는 몸의 중심부인 데서 '중요(重要)하다'·'요긴하다' 의 뜻으로 두루 쓰인다 象.

- [要求 요구] 달라고 청함.
- [要素 요소] 사물의 필요불가결한 성분.
- [必要 필요] 꼭 소용이 됨.

衣・襾・見 부

覆 3급II
다시 복
덮을 부

다시, 엎을, 돌이킬, 배반할 복/ 덮을, 덮개 부.
upset, overturn, cover

襾와 復(다시 복:음부)의 합침. 물건을 덮고(襾) 또다시(復 p.162) '덮는다'는 뜻으로 된 자. 그 덮개를 엎어 덮는데서 '엎다'의 뜻으로도 쓰인다 ㊊.

- [覆面 복면] 얼굴을 가림.
  [顚覆 전복] 뒤집어 엎음.

見 5급
볼 견
뵈올 현

볼 견/ 뵈올, 나타날, 보일, 드러날 현. ⓣ現
see, appear, exist, show

目(눈 목)과 儿(←人=사람 인)의 합침. 사람(儿)이 눈(目)으로 '본다'는 뜻으로 된 자. 눈에 사물이 보인다는 데서 '나타나다'의 뜻으로도 쓰인다 ㊌.

- [見地 견지] 자기가 보는 입장.
  [見學 견학] 실지로 보고 배움.
  [意見 의견] 마음에 생각하는 바. 본 바.

規 5급
법 규

법, 바를, 그림쇠, 바로 할, 꾀. ⓑ㊍
correct, rule, cleverness

夫(사내 부)와 見이 합침. 훌륭한 사람(夫 p.118)은 사물을 바로 본다(見)는 데서 '바르다'의 뜻이 된 자. 나아가 거리를 바르게 잰다 하여 '법[規則]'의 뜻으로도 쓰인다 ㊌.

- [規格 규격] 규칙과 격식. 일정한 표준.
  [規約 규약] 규칙의 약정. 약정한 규칙.
  [正規 정규] 바른 규정. 정식의 규정.

視 4급II
볼 시

볼, 살필, 견줄, 본받을, 대접. ㊣視
see, look at, inspect, compare

示(보일 시:음부)와 見의 합침. 示는 남에게 보임, 見은 자기가 보는 것. 보이고(示) 또 본다(見)는 데서 '살피다'·'견주다'의 뜻이 되었다 ㊌㊊.

- [視力 시력] 눈으로 보는 힘.
  [視察 시찰] 실지로 돌아다니며 살펴봄.
  [注視 주시] 주목하여 봄.

親 6급
친할 친

친할, 사랑할, 손수, 어버이, 일가.
friendly, parents

亲(나무 포기져 나올 진:음부)과 見의 합침. 나무 포기(亲)같이 많은 자식들을 보살펴(見) 주는 '어버이'를 뜻하여 된 자. 어버이와 자식은 가깝다는 데서 '친하다'의 뜻으로도 쓰인다 ㊊.
【참고】亲은 벤 그루(立←辛=매울 신)에 '나무(木)가 포기져 나옴'을 뜻함. [p.200 新]

- [親近 친근] 정의가 썩 가까움.
  [親分 친분] 가까운 정분.
  [和親 화친] 나라 사이의 좋은 교분.

4급

깨달을 각

깨달을, 발각될, 클 각/ 꿈깰 교. ㈱ 覚
perceive

學(←學=배울 학:음부)과 見의 합침. 보고(見) 배워(學 p.128 學) '깨닫는다'는 뜻으로 된 자. 숨겨졌던 것이 눈에 띄어 알려졌다 하여 '발각(發覺)되다'의 뜻으로도 쓰인다 ㈱.

- [覺醒 각성] 깨달아 정신을 차림.
- [錯覺 착각] 잘못 깨닫거나 생각함.
- [觸覺 촉각] 피부에 물건이 닿는 감각.

4급

볼 람

볼, 두루 볼, 살펴볼. ㈱ 覧
see, inspect, exhibit

臨(→監=볼 감:음부)과 見의 합침. 보고(臨 p.275 監) 또 본다(見)는 데서 '두루 보다'의 뜻이 된 자 ㈱㈱.

- [覽讀 남독] 죽 훑어 읽음.
- [展覽 전람] 벌여 놓고 봄.
- [回覽 회람] 차례로 돌려 가며 봄.

5급

觀
볼 관

볼, 모양, 관념, 나타낼, 점칠. ㈱ 観·規
view, see, gaze on

雚(황새 관:음부)과 見의 합침. 황새(雚 p.85 勸)가 적을 막거나 먹을 것을 찾기 위해 자세히 '본다(見)'는 뜻으로 된 자. 사물을 마음으로 깊이 본다는 데서 '관념(觀念)'의 뜻으로도 쓰인다 ㈱.

- [觀客 관객] 구경꾼.
- [觀察 관찰] 사물을 잘 살펴봄.
- [美觀 미관] 아름다운 구경거리.

6급

뿔 각

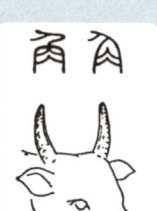

뿔, 찌를, 모날, 모퉁이, 각, 비교할.
horn, corner, angle

짐승의 '뿔' 모양을 본뜬 자. 뿔이 뾰족하게 나왔다 하여 '모나다' 또는 '모퉁이'의 뜻으로도 쓰인다 ㈱.

- [角度 각도] 각의 크기.
- [頭角 두각] 여럿 중에서 특히 뛰어남.
- [直角 직각] 90°의 각도.

4급 II

풀 해

풀, 해부할, 흩어질 해/ 헤칠 개. ㈱ 觧
loosen, dissect, scatter

角에 刀(칼 도)와 牛(소 우)의 어울림. 소(牛)의 두 뿔(角) 사이를 칼(刀)로 쳐 쓰러뜨리고 해부(解剖)한다는 데서 '풀다'의 뜻이 된 자 ㈱.

- [解決 해결] 사건을 풀어서 결말지음.
- [解體 해체] 한 조직체를 풀어 헤침.
- [分解 분해] 덩이가 풀어져 헤어짐.

觸

3급II

닿을 촉

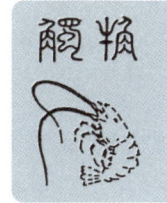

닿을, 찌를, 범할, 느낄, 지날. ㈜㈱觸
touch, butt, offend, feel

角과 蜀(해바라기벌레 촉:음부)의 합침. 벌레(蜀 p.251 濁)가 뿔수염(角)으로 더듬어 사물을 분간한다는 데서 '닿다'·'느끼다'의 뜻이 된 자 ㊟.

- [觸感 촉감] 스칠 때 느껴지는 감각.
  [抵觸 저촉] 서로 맞닥뜨림.
  [接觸 접촉] 맞붙어서 닿음.

言

6급

말씀 언

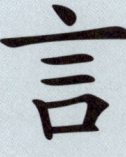 

말씀, 말할, 한 마디, 나, 우뚝할.
words, speak

言(←훅=찌를 건:음부)과 口(입 구)의 합침. 스스로 생각한 바를 곧바로 찔러(言 p.370 辛) '말한다(口)'는 뜻의 자 ㊟.
【참고】話는 이야기, 語는 서로 논란함, 說은 밝히는 말, 談은 주고받는 이야기.

- [言聲 언성] 말의 소리. 語聲.
  [言語 언어] 말. 음성 언어와 문자 언어.
  [宣言 선언] 공포하여 말함.

訂

3급

바로잡을 정

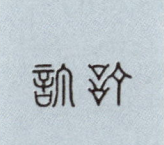

바로잡을, 고칠, 약속 맺을, 의논할.
revise, correct, argue

言과 丁(못 정:음부)의 합침. 비뚤어진 것을 쐐기나 못(丁 p.41)을 쳐서 바로잡듯이 잘못된 것을 말(言)로 '고친다'는 뜻으로 된 자 ㊟.

- [訂正 정정] 글의 잘못된 곳을 바로잡음.
  [改訂 개정] 바르게 고침.
  [增訂 증정] 보태고 고치는 일.

計

6급

셀 계

 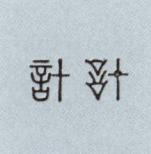

셀, 셈, 셈 마칠, 꾀할, 계교(計巧).
calculation, reckon, plan

言과 十(열 십)의 합침. 열(十)을 한 단계로 크게 소리쳐(言) 가며 헤아린다 하여 '셈하다'의 뜻이 된 자. 셈을 하여 계획을 세운다는 데서 '꾀하다'의 뜻으로도 쓰인다 ㊟.

- [計量 계량] 분량을 헤아림.
  [計算 계산] 수량을 헤아림.
  [合計 합계] 한데 몰아서 계산함.

討

4급

칠 토

칠, 찾을, 벨, 구할, 꾸짖을, 다스릴.
attack, punish

言과 寸(법도 촌)의 합침. 법(寸 p.136)에 의해 논죄하여(言) '다스린다'는 뜻으로 된 자. 나아가, 다스리기 위해 적을 '친다'는 뜻으로도 쓰인다 ㊟.

- [討論 토론] 여럿이 의견을 내며 논의함.
  [討伐 토벌] 정벌함.
  [檢討 검토] 어떤 사실이나 내용을 분석하여 따짐.

6급

訓
가르칠 훈

가르칠, 인도할, 경계할, 새길, 따를.
teach, instruct, admonish

言과 川(내 천:음부)의 합침. 냇물(川)이 위에서 아래로 흐르듯이 이치를 좇아 타이른다(言)는 데서 '가르치다'의 뜻이 된 자 形.
[p.197 敎]
【참고】 남자에게는 敎, 여자에게는 訓을 썼음.

- [訓育 훈육] 품성 도야의 교육.
- [訓話 훈화] 교훈하는 말. 훈시(訓示).
- [敎訓 교훈] 가르치고 훈계(訓戒)함.

7급

記
기록할 기

기록할, 적을, 글, 표, 욀, 기억(記憶)할.
record, remember

言과 己(몸 기:음부)의 합침. 己(p.146)는 실끝이 고부라진 모양에서 일의 실마리가 마련됨을 뜻함. 말(言)의 실마리(己)를 정리하여 문자로 마련한다는 데서 '적다'의 뜻이 된 자 形.

- [記錄 기록] 적음. 사료로서의 자료.
- [記入 기입] 적어 넣음.
- [手記 수기] 체험한 일을 손수 적음.

3급II

訟
송사할 송

송사, 시비할, 꾸짖을, 드러낼, 찬사.
justice, accuse

言과 公(바를 공:음부)의 합침. 다툼질(言)을 공정히 판가름하는(公 p.72) '송사(訟事)'를 뜻하여 된 자 形.

- [訟案 송안] 송사의 기록.
- [訴訟 소송] 재판을 겖.
- [爭訟 쟁송] 서로 송사를 해서 다툼.

3급II

訣
이별할 결

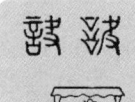

헤어질, 사례할, 비결.
to part from, secret

言과 夬(터놓을 쾌:음부)의 합침. 사이가 틈나(夬 p.236 決) 작별의 말(言)을 하고 '헤어진다'는 뜻으로 된 자 會形.

- [訣別 결별] 기약 없는 작별.
- [永訣 영결] 죽음으로 인해 영이별함.

4급II

設
베풀 설

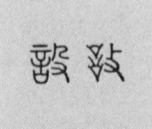

베풀, 만들, 둘, 갖출, 가령.
institute, establish, arrange

言과 殳(칠 수)의 합침. 殳는 망치질하며 작업함을 나타냄. 말(言)로 사람을 부려 작업한다(殳)는 데서 일을 '베푼다'는 뜻이 된 자 會形.

- [設備 설비] 베풀어서 갖춤.
- [設置 설치] 베풀어서 둠.
- [施設 시설] 베풀어 설비함.

言 부

4급II

訪
찾을 방

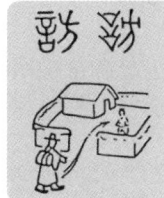

찾을, 물을, 의논할, 피할, 찾아뵐.
ask about, argue, visit

言과 方(방법 방:음부)의 합침. 좋은 방법(方)을 의논하기(言) 위하여 '찾는다'는 뜻으로 된 자 形.

- [訪問 방문] 남을 찾아봄.
  [來訪 내방] 남이 와서 찾아봄.
  [探訪 탐방] 탐문하여 찾아봄.

5급

許
허락할 허

허락할, 가량, 나아갈, 기약할, 곳.
permit, perhaps, promise

言과 午(낮 오:음부)의 합침. 午는 정오에 음기와 양기가 서로 교차되어 융화됨을 나타냄. 말(言)을 듣고 의견이 합치되어(午 p.88) '허락(許諾)한다'는 뜻으로 된 자 形.
【참고】午는 하루 중 가장 밝은 때인 데서 허락을 명확히 한다는 뜻을 뒷받침함.

- [許可 허가] 법률이 허락하는 일.
  [免許 면허] 어떤 일을 허락하는 행정 처분.
  [特許 특허] 특정 권리 설정의 행정 행위.

3급II

訴
호소할 소

호소할, 하소연할, 아뢸, 송사할, 헐뜯을.
complain, inform, accuse

言과 斥(물리칠 척:음부)의 합침. 억울함을 물리치기(斥 p.200) 위해 관청에 호소한다(言)는 데서 '하소연하다'·'송사(訟事)하다'의 뜻이 된 자 形.

- [訴狀 소장] 소송(訴訟) 제기의 서류.
  [告訴 고소] 옳고 그름의 판결을 구함.
  [起訴 기소] 검사가 공소(公訴)를 제기함.

3급

詐
속일 사

속일, 거짓, 간사(奸詐)할.
deceive, feign, cunning, artful

言과 乍(잠깐 사:음부)의 합침. 말(言)을 잠깐(乍 p.57 作) 사이에 꾸며댄다 하여 '거짓'·'속이다'의 뜻이 된 자 形.

- [詐欺 사기] 꾀로 남을 속임.
  [詐稱 사칭] 지위·신분을 속여 일컬음.
  [巧詐 교사] 교묘하게 남을 속임.

4급

評
평할 평

평할, 평론할, 헤아릴, 고칠, 기롱할.
criticize, judge, correct

言과 平(공평할 평:음부)의 합침. 옳고 그름을 공평하게(平 p.149) 가려 말한다(言)는 데서 '평론(評論)하다'의 뜻이 된 자 會形.

- [評價 평가] 사물의 가치를 평정(評定)함.
  [評判 평판] 세상 사람의 비평.
  [批評 비평] 옳고 그름 등을 논함. 品評.

3급II

 詞 말 글 사

말, 글, 고할, 어조사, 문체 이름.
inform, sentence, word, verse

言과 司(맡을 사:음부)의 합침. 맡은(司 p.97) 일에 대하여 의견을 말(言)로 표현함을 가리켜 '고하다', 또는 '말' 자체를 뜻하게 된 자 會形. [p.370 辭]

- [詞話 사화] 고전 운문의 한 형식인 사(詞)에 관한 평론.
- [歌詞 가사] 노래의 내용이 되는 글.
- [品詞 품사] 단어의 문법상의 가름.

3급

 詠 읊을 영

읊을, 소리 뽑을, 시가. 동 咏
chant, sing

言과 永(길 영:음부)의 합침. 말소리(言)를 길게(永 p.234) 뽑아 '읊는다'는 뜻으로 된 자 會形.

- [詠歎 영탄] 목소리를 길게 뽑아 읊음.
- [愛詠 애영] 시가(詩歌) 등을 즐겨 읊음.
- [吟詠 음영] 시를 읊음.

4급II

 試 시험 시

시험할, 비교할, 더듬을, 쓸.
test, compare, try, use

言과 式(법 식:음부)의 합침. 일정한 방식(式 p.157)에 의해 물어 본다(言)는 데서 '시험(試驗)하다'의 뜻이 된 자 形.

- [試圖 시도] 시험적으로 기도함.
- [試合 시합] 재주를 겨루어 승부를 다툼.
- [考試 고시] 시험.

4급II

 詩 시 시

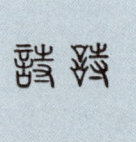

시, 귀글, 풍류가락, 받들, 시경, 뜻.
poem, verse, rhythm, hold

言과 寺(관청 시:음부)의 합침. 정서나 감정을 말이나 글(言)로 운율(寺 p.136)에 맞게 읊거나 써 나가는 '시'를 뜻하여 된 자 形.
【참고】 寺는 관청의 기율을 뜻한 데서 여기서는 詩의 규칙인 운율을 가리킴.

- [詩人 시인] 시를 잘 짓는 사람.
- [詩集 시집] 시를 모은 책.
- [律詩 율시] 여덟 구로 된 한시의 한 체.

3급

 該 갖출(備) 마땅(當) 해

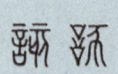

갖출, 그, 군호, 겸할, 넓을, 맞을.
that, combine, ought to

言과 亥(돼지 해:음부)의 합침. 돼지 뼈대(亥 p.50)의 짜임새처럼 빈틈없이 맞춘 군대의 암호말(言)인 '군호'를 뜻하여 된 자. 그 군호가 빈틈없음을 가리켜 '갖추다' 또는 '겸하다'의 뜻으로 널리 쓰인다 形.

- [該博 해박] 학문이 넓음.
- [該地 해지] 그 땅.
- [當該 당해] 그에 관련된.

詳

3급II

자세할 상

자세할, 상세할, 다 상/ 거짓 양. 통伴
detail

言과 羊(양 양:음부)의 합침. 양(羊)의 울음소리처럼 자잘하게 말한다(言)는 데서 '자세하다'·'상세(詳細)하다'의 뜻이 된 자 形.

- [詳述 상술] 자세히 진술함.
  [未詳 미상] 자세하지 않음.
  [仔詳 자상] 자세하고 찬찬함.

話

7급

말씀 화

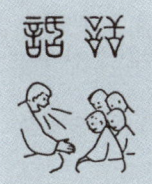

말씀, 이야기, 착한 말.
talk, saying, story

① 言과 舌(혀 설)의 합침. 혀(舌)로 말(言)함을 가리켜 '말씀' 또는 '이야기'의 뜻이 된 자 形.
② 본자는 䛽. 言과 㕦(입 막을 괄:음부)의 합침. 막힘(㕦 p.240 活) 없이 '착한 말(言)'을 한다는 뜻 形.

- [話題 화제] 이야깃거리, 또는 그 제목.
  [對話 대화] 서로 마주하여 하는 이야기.
  [會話 회화] 서로 만나서 이야기함.

誇

3급II

자랑할 과

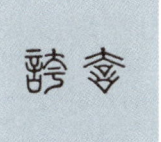

자랑할, 자만할, 클, 거칠. 통夸
boast, ample

言과 夸(큰 체할 과:음부)의 합침. 사실보다 더 과장해서(夸) 말한다(言)는 데서 '자랑하다'의 뜻이 된 자 會形.
【참고】夸는 大와 입김이 나가는 모양인 亏(어조사 우)를 합쳐 '큰 소리침'을 뜻함.

- [誇大 과대] 큰 것처럼 풍을 침.
  [誇示 과시] 자랑하여 보임.
  [誇張 과장] 실제보다 지나치게 나타냄.

誠

4급II

정성 성

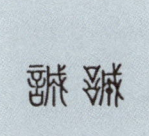

정성, 미쁠, 공경할, 진실, 참, 살필.
sincerity, believe, reality

言과 成(이룰 성:음부)의 합침. 말(言)한 바를 꼭 이루도록(成 p.179) 한다는 데서 '정성'의 뜻이 된 자 形.

- [誠實 성실] 성의(誠意)가 있고 착실함.
  [誠心 성심] 정성(精誠)된 마음.
  [至誠 지성] 지극한 정성.

誓

3급

맹세할 서

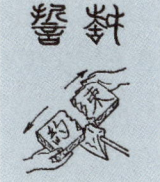

맹세할, 약속할, 고할, 경계할.
vow, promise, warn

折(꺾을 절:음부)과 言의 합침. 언약한(言) 내용을 새긴 나무 조각을 꺾어(折 p.184) 나눠 가지며 '약속한다'는 뜻으로 된 자. 나아가, 약속을 다짐한다는 데서 '맹세하다'의 뜻으로도 쓰인다 形.

- [誓約 서약] 맹세하고 약속함.
  [宣誓 선서] 공개적으로 맹세함.

4급

誌

기록할 지

기록할, 사기, 욀, 표. 통志
record, historical, record

言과 志(뜻 지:음부)의 합침. 말(言)과 뜻(志 p.164)을 실어 적는다 하여 '기록하다' 의 뜻이 된 자 形.

- [日誌 일지] 직무상의 기록을 적는 책.
  [雜誌 잡지] 호를 좇아 간행되는 출판물.
  [會誌 회지] 회에서 발행하는 기관지.

4급 II

認

알(知) 인

알, 인정할, 허락할.
know, recognize, admit

言과 忍(참을 인:음부)의 합침. 남의 말(言)을 끝까지 참고(忍 p.164) 들어 그 내용을 '알고' '인정(認定)한다' 는 뜻으로 된 자 形.

- [認識 인식] 의식하여 아는 작용.
  [默認 묵인] 말 없는 가운데 승인(承認)함.
  [是認 시인] 옳다고 인정함.

3급

誕

낳을
거짓 탄

탄생할, 클, 속일, 방종할, 이에.
birth, feign

言과 延(끌 연:음부)의 합침. 말(言)로 약속한 것을 질질 끌며(延 p.155) '속인다' 는 뜻으로 된 자. 또는, 소문(言)으로 백성에게 멀리 알려져 나가는(延) 왕의 출생일, 즉 '탄생(誕生)' 의 뜻이 된 자 形.

- [誕辰 탄신] 임금이나 성인이 태어난 날.
  [虛誕 허탄] 허황하고 미덥지 않음.

3급 II

誘

꾈 유

꾈, 달랠, 당길, 가르칠, 나아갈.
induce, entice, soothe

言과 秀(빼어날 수:음부)의 합침. 말(言)을 빼어나게(秀 p.286) 잘 해서 '꾄다' 는 뜻으로 된 자 會形.

- [誘拐 유괴] 사람을 속여 꾀어냄.
  [勸誘 권유] 권해서 달램.
  [誘惑 유혹] 꾀어 정신을 어지럽힘.

7급

語

말씀 어

말씀, 논란할, 말할, 알릴, 소리.
words, talk with, speak

言과 吾(나 오:음부)의 합침. 제각기 자기(吾 p.343 言)의 의견을 나타내어 논란하는 '말(言)' 을 뜻한 자 形. [p.343 言]

- [語感 어감] 말이 주는 느낌.
  [語調 어조] 말의 가락.
  [口語 구어] 보통 회화에 사용되는 말.

言 부

3급
誦
왼 송

왼, 되뇔, 낭독할, 풍유할, 원망할.
recite, intone

言과 甬(물 솟을 용:음부)의 합침. 샘물 솟듯이(甬 p.83 勇) 말소리(言)를 높여 글을 '낭독한다'는 뜻으로 된 자 形.

- [誦詩 송시] 시를 읊음.
- [讀誦 독송] 소리내어 읽음. 외어 읽음.
- [暗誦 암송] 책을 보지 않고 글을 욈.

4급 II
誤
그르칠 오

그르칠, 틀릴, 잘못, 의혹할 속약 误
mistake, err, error

言과 吳(큰소리할 오:음부)의 합침. 큰소리(吳)로 풍 치는 말(言)은 사실과 '틀리다'는 뜻으로 된 자 會形.
【참고】 吳는 머리를 잦히고(矢=기울 측) 크게 입(口) 벌려 '큰소리침'을 뜻함.

- [誤字 오자] 잘못된 글자.
- [誤解 오해] 그릇 해석함. 뜻을 잘못 앎.
- [過誤 과오] 과실과 착오(錯誤).

5급
說
말씀 설
달랠 세

말씀, 고할 설 / 기쁠 열 통 悅 / 달랠 세.
explain, tell

言과 兌(기꺼울 태:음부)의 합침. 내용을 밝혀 기뻐하도록(兌) '설명(說明)하는 말(言)'을 뜻하여 된 자. 나아가, '기쁨' 자체의 뜻으로도 쓰인다 會形.
【참고】 兌는 사람(儿)이 '기쁨'에 넘쳐 웃을 때 입김(口)이 퍼져(八) 나가는 모양.

- [說話 설화] 신화·전설에서 번진 이야기.
- [論說 논설] 사물의 이치를 풀어 말함.
- [力說 역설] 극력 주장함. 힘써 말함.

3급
誰
누구 수

누구, 접때, 무엇, 누구요, 옛, 발어사.
who, what

言과 隹(새 추:음부)의 합침. 새(隹)의 외마디소리처럼 소리쳐(言) '누구야!' 한 데서 된 자 形. 또는, 무슨 새(隹)냐고 물은(言) 데서 음이 통하는 孰(누구 숙)의 뜻을 빌려 '누구'·'무엇'의 뜻으로 쓰이게 된 자 假.

- [誰某 수모] 아무개.
- [誰昔 수석] 옛날. 종전.
- [誰何 수하] 누구.

5급
課
공부할
과정 과

공부, 몫, 세금, 시험할, 차례, 법식.
test, exercise, levy taxes

言과 果(결과 과:음부)의 합침. 공부한 결과(果 p.216)를 물어(言) 본다 하여 '시험하다'의 뜻이 된 자. 그 시험에 의하여 지위를 정한다는 데서 '차례'의 뜻으로도 쓰인다. 또는, 사업의 결과(果)를 물어(言) 보고 매긴 '세금'의 뜻으로 된 자 形.

- [課業 과업] 배당한 업무 또는 학과.
- [課題 과제] 부과(賦課)된 문제.
- [學課 학과] 학교의 학습 과정(課程).

5급 談 말씀 담

말씀, 이야기할, 바둑 둘, 농할.
converse, chat, tell jokes

言과 炎(불꽃 염:음부)의 합침. 불(炎 p.253)가에 둘러앉아 서로 주거니 받거니 하며 '이야기한다(言)'는 뜻으로 된 자 形. [p.343 言]

- [談笑 담소] 이야기도 하고 웃기도 함.
  [談話 담화] 이야기. 의견의 발표.
  [對談 대담] 서로 마주 대하여 말함.

5급 調 고를 조

고를, 부드러울, 맞을, 가락 조/ 아침 주.
harmonize, suitable

言과 周(두루 주:음부)의 합침. 말(言)로 두루(周 p.100) 어울리게 한다 하여 '고르다'의 뜻이 된 자 形.

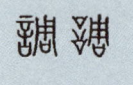

- [調査 조사] 실정을 살펴 알아봄.
  [調停 조정] 분쟁 중간에 서서 화해시킴.
  [同調 동조] 보조(步調)를 같이 맞춤.

3급 諒 살펴알 믿을 량

믿을, 미쁠, 참, 알, 살필, 생각해줄, 의리.
sincerity, understand

言과 京(서울 경:음부)의 합침. 생각이 크고(京 p.51) 깊은 사람의 말(言)은 믿을 만하다는 데서 '참되다'·'미쁘다'의 뜻이 된 자 形.

- [諒知 양지] 살펴서 앎.
  [諒察 양찰] 사정을 잘 살펴 알아 줌.
  [海諒 해량] 바다처럼 큰 마음으로 너그럽게 양해함.

4급II 請 청할 청

청할, 원할, 구할, 뵐, 물을, 가을 조회.
beg, request, invite

言과 靑(젊을 청:음부)의 합침. 젊은이(靑)가 어른을 찾아뵙고 부탁의 말(言)을 한다는 데서 '청하다'의 뜻이 된 자 形.

- [請求 청구] 달라고 요구함.
  [請願 청원] 해주기를 청하고 원함.
  [申請 신청] 신고하여 청구함.

4급II 論 논할 론

의론할, 말할, 변론할, 생각 론/ 차례 륜.
argue, discuss, debate

言과 侖(뭉치 륜:음부)의 합침. 侖은 책(冊)을 차례로 모음(스=모을 집)을 가리킴. 많은 책을 읽고 자기의 주장을 뭉쳐(侖) 차례로 조리 있게 '말한다(言)'는 뜻으로 된 자 形.

- [論文 논문] 연구 결과의 논술(論述).
  [論爭 논쟁] 말이나 글로 논하여 다툼.
  [辯論 변론] 옳고 그름을 따져 논란함.

諸
모두 제
3급II

모든, 여러, 모을, 어조사, 말 잘할.
all, every

言과 者(놈 자:음부)의 합침. 여러 사람(者 p.312)이 '말(言)을 잘한다' 는 뜻이었으나, 말을 잘 하는 여러 사람들 자체를 가리켜 '모든' 의 뜻으로 쓰이게 되었다 會形.

- [諸君 제군] 여러분(손아래의 경우).
  [諸般 제반] 모든. 여러 가지.
  [諸位 제위] 여러분(손위나 동등의 경우).

諾
허락할 낙
3급II

허락할, 대답할.
answer, admit

言과 若(젊을 약:음부)의 합침. 젊은이(若 p.326)의 부탁 말(言)을 들어 준다 하여 '허락(許諾)하다' 의 뜻이 된 자 形.

- [諾諾 낙락] 남의 말을 잘 좇는 모양.
  [受諾 수락] 요구를 받아들여 승낙함.
  [承諾 승낙] 권하는 바를 들어 줌.

謀
꾀 모
3급II

꾀, 물을, 도모(圖謀)할, 의논할.
plan, plot, argue

言과 某(아무 모:음부)의 합침. 어떤 사람(某 p.217)과 일을 의논한다(言)는 데서 '꾀하다' 의 뜻이 된 자 形.

- [謀略 모략] 해치려는 꾀. 꾀와 방략.
  [謀陷 모함] 남을 못된 구렁에 빠지게 함.
  [無謀 무모] 꾀와 분별이 없음.

謁
뵐 알
3급

 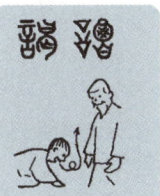

뵐, 사뢸, 아뢸, 알릴, 명함.
visit a superior, inform

言과 曷(그칠 갈:음부)의 합침. 마음 속의 것을 다(曷 p.245 渴) 고해 바친다(言)는 데서 '사뢰다' 의 뜻이 된 자 形.

- [謁見 알현] 지위가 높은 이를 만나 뵘.
  [謁候 알후] 웃어른을 뵙고 문안함.
  [拜謁 배알] 높은 어른께 뵘.

謂
이를 위
3급II

이를, 일컬을, 고할, 까닭, 힘쓸.
say, be called, inform

言과 胃(밥통 위:음부)의 합침. 위(胃 p.317)가 음식물을 삭이듯이 생각한 바를 새겨 '말한다(言)' 는 뜻으로 된 자. 나아가, '이르다' 의 뜻으로도 쓰인다 形.

- [可謂 가위] 가히 말하자면.
  [所謂 소위] 이른바.
  [云謂 운위] 일러 말함.

4급 II

謠
노래 요

곡 없는 노래, 노래할, 소문, 풍설. **약**謡
ballad, song, sing, rumour

言과 䍃(질그릇 요:음부)의 합침. 질그릇(䍃)을 두들기는 소리같이 말(言)의 마디만 있고 '곡은 없는 노래'를 뜻하여 된 자 **形**.
[곡 있는 노래는 歌]
【참고】䍃는 고기(夕←肉) 굽듯이 구운 질그릇(缶)을 두들길 때 나는 소리를 뜻함.

- [謠言 요언] 유행가의 말. 풍설.
  [歌謠 가요] 민요(民謠)·유행가의 총칭.
  [童謠 동요] 동심을 나타낸 노래.

4급 II

講
욀 강

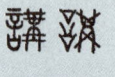

욀, 강론할, 익힐, 강구할, 꾀할, 화해할.
teach, lecture, be reconciled

言과 冓(어긋매껴 쌓을 구:음부)의 합침. 재목을 어긋매껴(冓) 쌓듯이 여러 갈래의 의견(言)을 엇걸려 설명한다 하여 '강론(講論)하다'·'강구(講究)하다'의 뜻이 된 자 **會形**.
【참고】冓는 나무를 井자형으로 거듭(再) '쌓아올린' 모양.

- [講義 강의] 글이나 학설을 가르치는 일.
  [講和 강화] 서로 전쟁을 그치고 화의함.
  [開講 개강] 강의나 강습(講習)을 시작함.

4급 II

謝
사례할 사

사례할, 사절할, 끊을, 물러갈, 고할.
express gratitude, reject

言과 射(쏠 사:음부)의 합침. 활을 쏘아(射 p.136) 버리듯이 말(言)을 딱 잘라 한다는 데서 '사절(謝絶)하다'의 뜻이 된 자. 후에, 그 뜻이 뒤집혀 '사례(謝禮)하다'의 뜻으로도 쓰인다 **形**.

- [謝意 사의] 감사 또는 사과(謝過)하는 뜻.
  [感謝 감사] 매우 고마움.
  [厚謝 후사] 후하게 사례함.

3급 II

謙
겸손할 겸

겸손할, 사양할 겸 / 혐의 혐. **통**嫌
modest, suspicion

言과 兼(겸할 겸:음부)의 합침. 사양하는 말(言)을 거듭(兼 p.73) 한다는 데서 '겸손하다'의 뜻이 된 자 **形**.

- [謙讓 겸양] 겸손(謙遜)하고 사양함.
  [謙稱 겸칭] 겸사(謙辭)하여 일컬음.
  [自謙 자겸] 스스로 자기를 겸양함.

3급

謹
삼갈 근

삼갈, 금할, 공경할, 자성할, 오로지.
attentive, respectful

言과 堇(진흙 근:음부)의 합침. 진흙(堇 p.85 勤) 길을 갈 때처럼 말(言)을 조심해 한다는 데서 '삼가다'의 뜻이 된 자. 삼가 예로 대한다 하여 '공경하다'의 뜻으로도 쓰인다 **形**.

- [謹愼 근신] 언행을 조심함.
  [謹嚴 근엄] 깊이 삼가고 엄숙히 함.
  [恭謹 공근] 공손하고 삼감.

言 부

4급 證 증거 증

증거, 증언, 질정할, 증험할. 약 証
evidence, prove, proof

言과 登(오를 등:음부)의 합침. 단 위에 올라(登 p.273) 사실대로 말한다(言) 하여 '증언(證言)' 또는 '증거(證據)'의 뜻이 된 자 形.

- [證明 증명] 증거를 들어 밝힘.
  [保證 보증] 책임지고 틀림없음을 증명함.
  [立證 입증] 증거를 댐. 증거를 세움.

5급 識 알 식

알, 친분 식/ 기록할, 표지(標識) 지.
know, acquaintance, record

言과 戠(찰흙 시:음부)의 합침. 전해 오는 말(言)이나 소리(音)를 진흙으로 된 바람벽이나 토기에 창칼(戈) 따위로 새겨 여러 사람이 '알도록' '기록한다'는 뜻으로 된 자 形.
【참고】戠는 말소리(音)를 새겨(戈) '기록한다'는 뜻도 있어 識의 본자이기도 함.

- [識見 식견] 학식(學識)과 견문.
  [識別 식별] 분별하여 앎.
  [意識 의식] 사물을 깨닫는 마음의 작용.

3급II 譜 족보 보

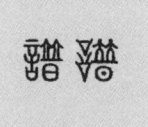

족보, 문서, 적을, 붙이, 너를.
belong to, document, genealogy

言과 普(넓을 보:음부)의 합침. 널리(普 p.207) 흩어져 있는 말(言)을 연대로 모아 쓴 '문서'를 뜻하여 된 자 形.

- [譜錄 보록] 족보(族譜).
  [系譜 계보] 혈통이나 계통을 적은 책.
  [樂譜 악보] 음의 배열을 나타낸 것.

4급II 警 깨우칠 경

깨우칠, 경계할, 깨달을, 경동할.
admonish, warn

敬(삼갈 경:음부)과 言의 합침. 행동을 삼가도록(敬 p.198) 말(言)로 '깨우쳐 준다'는 뜻으로 된 자 會形.

- [警戒 경계] 미리 조심함.
  [警告 경고] 주의시킴.
  [夜警 야경] 밤에 마을을 살피며 다님.

3급II 譯 번역할 역

번역할, 통변할, 통역할. 약 訳
translate, interpret

言과 睪(엿볼 역:음부)의 합침. 한 나라의 말(言)을 다른 나라의 말이나 글로 바꾸어 그 내용을 엿보아(睪 p.193 擇) 알도록 옮긴다 하여 '번역(翻譯)하다'의 뜻이 된 자 形.

- [譯書 역서] 번역한 책.
  [誤譯 오역] 잘못 번역함. 잘못된 통역.
  [完譯 완역] 완전하게 번역함.

4급 II

議
의논할 의

의논할, 말할, 꾀할, 논할, 가릴. 약 议
to talk about, discuss

言과 義(옳을 의:음부)의 합침. 올바른(義 p.311) 결과가 이루어지도록 서로 말한다(言)는 데서 '의론(議論)하다' 의 뜻이 된 자 形.

- [議案 의안] 회의에서 토의(討議)할 안건.
  [議長 의장] 회의를 주재하는 사람.
  [會議 회의] 여럿이 모여 의논함.

4급 II

護
도울 호

도울, 보호할, 호위할, 두남둘, 지킬.
protect, guard, assist

言과 蒦(헤아릴 확[핵]:음부)의 합침. 정상을 헤아려(蒦) 타이르고(言) 돌보아 준다 하여 '보호(保護)하다' 의 뜻이 된 자 形.
【참고】 蒦은 손(又)에 올려 놓은 부엉이(雈=부엉이 환 p.323 舊)가 두리번거리며 도망가려고 '헤아린다' 는 뜻.

- [護身 호신] 몸을 보호함.
  [救護 구호] 구조하여 보호함.
  [擁護 옹호] 편들고 두둔함.

3급 II

譽
기릴 예
명예

기릴, 칭찬할, 이름날, 즐길. 약 誉·䣱
honor, praise, come to fame

與(더불 여:음부)의 합침. 여러(與 p.322) 사람이 떠받들어 하는 말(言)을 가리켜 '기리다' 또는 '이름나다' 의 뜻이 된 자 形.

- [譽望 예망] 명예(名譽)와 인망.
  [聲譽 성예] 세상에 떨치는 이름과 칭송받는 명예.
  [榮譽 영예] 영광스러운 명예.

6급

讀
읽을 독
구절 두

읽을, 셀 독/ 구절, 토 두. 약 読
read, clause

言과 賣(팔 육:음부)의 합침. 상인이 물건을 팔기(賣 p.308 續) 위하여 외쳐대듯이 소리(言)내어 책을 '읽는다' 는 뜻으로 된 자 形.

- [讀書 독서] 책을 읽음.
  [讀者 독자] 책을 읽는 사람.
  [吏讀 이두] 한자의 음의를 따 적던 문자.

5급

變
변할 변

변할, 고칠, 재앙, 죽을, 꾀. 약 変
change, reform, calamity

䜌(말 잇달 련:음부)과 攵(칠 복)의 합침. 긴 말(䜌)로 타이르고 종아리를 쳐(攵) 가며 가르치면 마음을 고쳐 사람이 달라진다 하여 '변하다' 의 뜻이 된 자 形.
【참고】 䜌은 말(言)이 엉킨 실(絲)처럼 '잇닮' 을 뜻함.

- [變更 변경] 바꾸어 고침.
  [變化 변화] 변하여 다르게 됨.
  [突變 돌변] 갑작스럽게 변함.

言·谷·豆 부

3급 II

讓 사양할 양

사양할, 겸손할, 넘겨줄, 꾸짖을. 약 譲
yield, modest, resign

言과 襄(도울 양:음부)의 합침. 도와주는(襄) 것을 말(言)로 '사양(辭讓)한다'는 뜻으로 된 자 形.
【참고】襄은 멍에에 잇대어(㒺=이을 양) 천으로(衣) 맨 소의 가슴걸이가 힘쓰기에 '도움' 된다는 뜻.

- [讓渡 양도] 권리·재산 등을 남에게 넘김.
- [讓與 양여] 남에게 넘겨줌.
- [謙讓 겸양] 겸손한 태도로 사양함.

4급

讚 기릴 찬

기릴, 도울, 밝을. 통 讃 통 賛
praise, assist, bright

言과 贊(도울 찬:음부)의 합침. 좋은 점을 칭찬하며(言) 돕는다(贊 p.363)는 데서 '기리다'의 뜻이 된 자 會形.

- [讚美 찬미] 덕 같은 것을 기림.
- [讚揚 찬양] 칭찬(稱讚)하여 드러냄.
- [禮讚 예찬] 높이고 기림.

3급 II

谷 골 곡

골, 꽉 막힐, 기를 곡 / 성(姓) 욕.
valley

산등성이가 갈라진 사이로 흘러나오는 물(𠛅←水)의 입구(口)를 가리켜 '골짜기'의 뜻이 된 자 會.
【참고】1. 𠛅는 물에 패어 갈라진 모양이기도 함.
2. 俗·浴·欲 등은 谷을 몸으로 한 자.

- [谷王 곡왕] 바다의 별명.
- [溪谷 계곡] 물이 흐르는 산골짜기.
- [深谷 심곡] 깊은 골짜기.

4급 II

豆 콩 두

콩, 팥, 말, 목기, 예그릇. 통 荳 · 斗
bean, wooden bowl

고기를 담던 '예그릇' 또는 제사 때 쓰는 '제기' 모양을 본뜬 자 象. 그 그릇의 모양이 콩꼬투리 같이 보이고 荅(좀콩 답)과 음이 통하는 데서 그 뜻을 빌려 '콩'의 뜻으로 두루 쓰인다 假.
【참고】一은 뚜껑, 口는 음식물의 담김, ㅛ는 그릇받침 또는 다리.

- [豆腐 두부] 콩으로 만든 음식의 하나.
- [豆太 두태] 콩과 팥.
- [俎豆 조두] 제기(祭器)의 이름.

3급

豈 어찌 기

어찌, 일찍, 그 기 / 승전가 개. 통 凱
how, early

① 개선할 때 치는 북장구 같은 악기의 모양을 본떠 '승전가'의 뜻이 된 자 象.
② 콩꼬투리(豆) 같은 많은 병사들이 산(山)을 떠 옮길 듯한 기세로 살아서 돌아옴을 보고 감탄한 데서 '어찌'의 뜻이 된 자 會.

- [豈敢 기감] 어찌 감히.
- [豈弟 개제] 온화하고 단정함.
- [豈樂 개악] 싸움에 이겼을 때의 음악.

4급II

豊
풍년 풍

 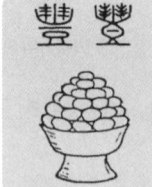

풍년들, 풍성할, 두터울 풍/ 례(禮의 옛자).
abundant, plentiful harvest

원자형은 豐. 제사 음식이 '풍성(豊盛)히' 담긴(曲) 그릇(豆) 모양을 본뜬 자. 제수가 많이 담긴 데서 '풍년(豊年)들다' 의 뜻으로 널리 쓰인다 (象).

- [豊滿 풍만] 흠뻑 많아서 그득함.
- [豊富 풍부] 넉넉하고 많음.
- [凶豊 흉풍] 흉년과 풍년.

豕
돼지 시

돼지, 돝.
pig

'돼지' 의 머리 및 등 (一)·네발(彑)·꼬리(ヾ)의 모양을 본뜬 자 (象). [p.50 亥]

- [豕心 시심] 돼지같이 허욕이 많음.
- [野豕 야시] 들 돼지. 멧돼지.

3급

豚
돼지 돈

새끼돼지, 집돼지, 복, 지척거릴.
young pig

月(←肉=살 육)변에 豕의 합침. 살(月)이 통통히 찐 '새끼돼지(豕)'를 뜻하여 된 자. 또는, 돼지를 살지게 먹임을 나타내어 '집돼지'의 뜻으로도 쓰인다 (會).

- [豚犬 돈견] 돼지와 개.
- [豚兒 돈아] 자기 자식의 겸칭.
- [養豚 양돈] 돼지를 기름.

4급

象
코끼리 상

코끼리, 본받을, 빛날, 형상할.
elephant, pattern

'코끼리' 의 코·엄니·네발·꼬리 모양을 본뜬 자 (象). 그림을 통해서만 코끼리를 보았던 데서 '형상(形象)하다' 의 뜻으로 두루 쓰인다 (轉). [p.66 像]

- [象形 상형] 물건 형상의 시늉.
- [象徵 상징] 다른 사물로 나타내는 일.
- [現象 현상] 눈앞에 보이는 사물의 형상.

3급II

豪
호걸 호

호걸, 뛰어날, 굳셀, 호화할, 돼지갈기.
hero, courageous

亠(←高=높을 고:음부)와 豕의 합침. 높이(亠) 세워진 성난 '멧돼지(豕)의 갈기' 를 뜻하여 된 자 (形). 멧돼지같이 거세다 하여 '굳세다' 또는 '호걸(豪傑)' 의 뜻으로 두루 쓰인다 (轉).

- [豪雨 호우] 줄기차게 오는 비.
- [豪俠 호협] 호방(豪放)하고 의협스러움.
- [强豪 강호] 강하여 겨루기 어려운 상대.

4급

豫 미리 예

미리, 기쁠, 참여할, 머뭇거릴. 약 予
beforehand

予(취할 여:음부)와 象(코끼리 상)의 합침. 큰 코끼리(象)가 먹이를 취할(予 p.47) 때 코를 먼저 내민다는 데서 '미리'의 뜻이 된 자 形.

- [豫告 예고] 미리 알려 줌.
  [豫備 예비] 미리 준비함.
  [猶豫 유예] 할까 말까 망설임.

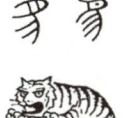

豸 해태 치

해태, 맹수, 풀, 발 없는 벌레.
carnivora

'맹수'가 발을 모으고 등을 높이 세워 덤벼들려는 모양을 본뜬 자 象.
【참고】맹수를 나타내는 글자의 변으로, 犭(犬)과 함께 많이 쓰임.

- [豸冠 치관] 해태 가죽의 관. 법관이 씀.
  [豸史 치사] 어사의 별칭.

 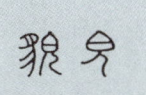

3급 II

貌 모양 모

모양, 꼴, 얼굴, 짓 모/ 모뜰, 멀 막.
manner, form, face, mold

豸와 皃(모양 모:음부)의 합침. 皃만으로도 사람(儿)의 얼굴 모양(白=목 위 부분 모양)을 뜻한 자인데, 후에 맹수(豸)의 머리통같이 만든 가면을 쓴 '꼴'을 뜻하게 되었다 會形.

- [貌襲 모습] 사람의 생긴 모양(貌樣).
  [美貌 미모] 아름다운 얼굴 모습.
  [容貌 용모] 얼굴 모양.

3급

貝 조개 패

조개, 자개, 조가비, 재물, 비단.
shell, treasure

'조개' 모양을 본뜬 자. 조가비를 화폐로 사용했던 데서 '돈'이나 '재물'의 뜻으로 널리 쓰인다 象.

- [貝殼 패각] 조개의 껍데기. 조가비.
  [貝錦 패금] 고운 비단.
  [珠貝 주패] 진주(眞珠)의 다른 이름.

3급 II

貞 곧을 정

곧을, 바를, 굳을, 점칠, 괘 이름.
chaste, virtuous, upright

卜(점 복)과 貝의 합침. 복채로 돈(貝)을 내고 '점(卜)친다'는 뜻으로 된 자. 점(卜)을 친 대가(貝)를 정직하게 낸다 하여 '곧다'의 뜻으로 널리 쓰인다 會.

- [貞淑 정숙] 지조가 굳고 마음이 맑음.
  [貞操 정조] 부녀의 깨끗한 절개.
  [不貞 부정] 여자가 정조를 더럽힘.

4급

負
질(荷) 부

 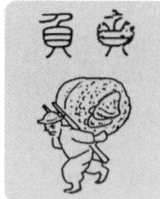

질, 짐질, 빚질, 믿을, 저버릴, 힘입을.
bear, be in debt

勹(←人=사람 인)과 貝의 합침. 사람(勹)이 재화(貝)를 '짊어진다'는 뜻으로 된 자. 남(勹)의 돈(貝)을 짊어진다는 데서 '빚지다'의 뜻으로도 쓰인다 會.

- [負擔 부담] 어떤 일을 맡아 의무를 짐.
- [負債 부채] 남에게 진 빚.
- [抱負 포부] 마음속에 지닌 생각과 계획.

3급 II

貢
바칠 공

바칠, 천거할, 세바칠, 고할, 나아갈.
offer as tribute, recommend

工(만들 공:음부)과 貝의 합침. 공들여 만든(工) 재물(貝)을 위에 '바친다'는 뜻으로 된 자. 나아가, 웃사람에게 사람을 '천거한다'는 뜻으로도 쓰인다 會形.

- [貢物 공물] 나라에 진상하던 물건.
- [貢獻 공헌] 힘들여 이바지함.
- [租貢 조공] 조세 따위를 바침.

5급

財
재물 재

 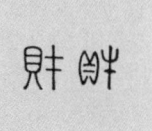

재물, 재화(財貨), 보배, 뇌물. 통 才
wealth, treasure

貝와 才(바탕 재:음부)의 합침. 생활 하는 데에 바탕(才 p.181 手)이 되는 '재물(貝)' 또는 '보배'를 뜻한 자 形.

- [財産 재산] 경제적 가치가 있는 총체.
- [財源 재원] 재화를 발생·수득하는 근원.
- [蓄財 축재] 재물(財物)을 모아 쌓음.

4급 II

貧
가난할 빈

가난할, 구차할, 모자랄.
poor, destitute

分(나눌 분:음부)과 貝의 합침. 재물(貝)을 헛되이 흩어(分 p.77) 버려 '가난하다'는 뜻으로 된 자 會形.

- [貧民 빈민] 가난한 백성.
- [極貧 극빈] 지극히 가난함.
- [淸貧 청빈] 청백하여 가난함.

3급

貪
탐낼 탐

탐할, 욕심낼.
desire, covet, greedy

今(이제 금:음부)와 貝의 합침. 돈(貝)에 마음이 이끌려(今 p.51 今) 몹시 모으려고(스 p.97 삼) 한다는 데서 '탐내다'의 뜻이 된 자 形.

- [貪心 탐심] 탐내는 마음.
- [貪慾 탐욕] 지나치게 탐하는 욕심.
- [食貪 식탐] 음식을 몹시 탐함.

貝 부

4급 II
貨 재물 화

재화, 화물, 물품, 팔, 선물할.
wealth, goods, wares

化(변화할 화:음부)와 貝의 합침. 돈으로 바뀔(化 p.86) 수 있는 물품(貝)이라는 데서 '재화(財貨)'의 뜻이 된 자. 그 재화를 운반한다 하여 '화물(貨物)'의 뜻으로도 쓰인다 形.

- [貨主 화주] 화물의 임자.
- [貨幣 화폐] 돈.
- [雜貨 잡화] 벌여 놓은 온갖 상품.

3급 II
貫 꿸 관

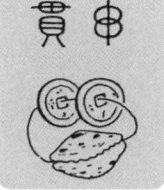

꿸, 마칠, 돈꿰미, 본(本), 벼리, 무게.
go through, cash-string

毌(꿸 관:음부)과 貝의 합침. 옛날에 돈(貝)을 '꿰어(毌)' 다루었던 데서 된 자. 동전 따위의 무게가 일정했던 데서 '무게(관)'의 단위로도 쓰인다 會形.
【참고】 毌은 꿴 모양으로 貫의 본자.

- [貫徹 관철] 기어이 뚫어 목적을 달성함.
- [貫通 관통] 꿰뚫음.
- [一貫 일관] 한 이치로 모든 일을 꿰뚫음.

3급
販 팔(賣) 판

팔, 장사할, 상업, 무역할.
sell, deal in

貝와 反(돌릴 반:음부)의 합침. 물건(貝)을 사서 되돌려(反 p.94) 판다는 데서 '장사하다' 또는 '팔다'의 뜻이 된 자 形.

- [販路 판로] 상품이 팔리는 방면.
- [販賣 판매] 상품 같은 것을 팖.
- [共販 공판] 공동 판매의 준말.

5급
責 꾸짖을 책

꾸짖을, 책임, 조를, 맡을 책/ 빚 채.
blame, demand, duty

主(←束=가시 차:음부)와 貝의 합침. 가시(主)로 찌르는 것처럼 꾼 돈(貝) 갚기를 '조른다'는 뜻으로 된 자. 조른다는 데서 '꾸짖다', 또는 꾼 돈을 갚아야 한다는 데서 '책임(責任)'의 뜻으로도 쓰인다 形.

- [責望 책망] 허물을 들어 꾸짖음.
- [問責 문책] 잘못을 캐묻고 책망함.
- [重責 중책] 무거운 책임.

5급
貯 쌓을 저

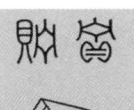

쌓을, 저축할, 감출, 저장할, 둘.
store, save, hoard

貝와 宁(멈출 저:음부)의 합침. 재물(貝)을 멈추어(宁) 둔다 하여 '쌓다'·'저장(貯藏)하다'의 뜻이 된 자. 돈(貝)을 모아 둔다(宁) 하여 '저축(貯蓄)하다'의 뜻으로도 쓰인다 會形.
【참고】 宁는 집(宀) 안에 물건을 풍성히(丁 p.41) 쌓아 둔다는 데서 '멈추다'의 뜻.

- [貯金 저금] 돈을 모아 둠. 또는 그 돈.
- [貯水 저수] 관개용으로 물을 가둬 둠.
- [滿貯 만저] 가득 저장함.

5급

貴
귀할 귀

귀할, 높을, 귀히 여길, 당신, 귀인.
noble, dear, nobleman

virtual(←臾=삼태기 궤:음부)와 貝의 합침. 삼태기 짜듯이 짠 고리짝(虫)에 돈(貝)을 담아 소중히 간직한 데서 '귀하다' 의 뜻이 된 자. 돈이 많고 지위가 높은 '귀인(貴人)' 의 뜻으로도 쓰인다 形.
【참고】臾는 양손(臼=양손으로 쥘 국)으로 삼태기(人=상형)를 쥔 모양.

- [貴骨 귀골] 귀히 자란 사람.
- [貴下 귀하] 상대에 대한 존칭.
- [富貴 부귀] 재산이 많고 지위가 높음.

5급

買
살 매

살, 구해 가질.
buy, purchase

罒(网=그물 망)과 貝의 합침. 罒은 그물처럼 엮어 만든 망태기. 돈(貝)을 주고 바꾼 물건을 망태기(罒)에 담는다는 데서 '사다' 의 뜻이 된 자 會.

- [買收 매수] 물건을 사들임.
- [買占 매점] 물건을 휩쓸어 사 둠.
- [賣買 매매] 팔고 사는 일.

3급 II

貸
빌릴 대

빌릴, 꾸일, 줄, 갚을 대/ 빌, 틀릴 특.
lend, repay

代(대신 대:음부)와 貝의 합침. 대가(代 p.53)를 받기 위해 돈(貝)을 꾸어준다는 데서 '빌리다' 의 뜻이 된 자 形.

- [貸與 대여] 어느 동안 빌려 줌.
- [貸借 대차] 꾸어 줌과 꾸어 옴.
- [賃貸 임대] 임금을 받고 빌려 줌.

5급

費
쓸 비

쓸, 허비할, 없앨, 소모할, 고을, 넓을.
waste, expend, spend

弗(버릴 불:음부)와 貝의 합침. 돈(貝)을 헛되이 써 버린다(弗)는 데서 '허비(虛費)하다' 의 뜻이 된 자 會形.

- [費用 비용] 쓰이는 돈. 드는 돈.
- [經費 경비] 사업 경영에 드는 비용.
- [浪費 낭비] 헛되이 함부로 씀.

3급 II

貿
무역할 무

무역할, 몰아 살, 바꿀, 어릿어릿할.
trade, exchange

卯(무성할 묘:음부)와 貝의 합침. 많은(卯 p.90) 물건(貝)을 사고 팖을 가리켜 '무역(貿易)하다' 의 뜻이 된 자 形.

- [貿穀 무곡] 시세를 노려 곡식을 사 둠.
- [貿市 무시] 물품을 교환하여 장사함.
- [貿販 무판] 쇠고기를 파는 푸주를 냄.

貝 部

3급II

賀
하례할 하

하례할, 축하할, 위로할, 더할.
congratulate, console, add

加(더할 가:음부)와 貝의 합침. 기쁜 일에 물건(貝)을 덧붙여(加 p.82) 보내어 '축하한다' 는 뜻으로 된 자. 축하의 예를 표한다 하여 '하례(賀禮)하다' 의 뜻으로 널리 쓰인다 形.

- [賀客 하객] 축하(祝賀)하는 손님.
- [慶賀 경하] 경사에 축하함.
- [年賀 연하] 새해의 복을 축하함.

4급

賊
도둑 적

도적, 도둑질, 해칠, 그르칠, 역적.
thief, steal, injure

① 則(법 칙:음부)과 戈(창 과)의 어울림. 법(則 p.80)을 어기고 흉기(戈)를 휘두르며 '해친다' 는 뜻으로 된 자 會形.
② 貝와 戎(병장기 융)의 합침. 흉기(戎)를 품고 남의 재물(貝)을 훔친다하여 '도적(盜賊)' 의 뜻이 된 자 會.
【참고】戎은 창칼(戈)로 칼질(𠂉)함을 뜻함.

- [賊子 적자] 큰 불효자.
- [國賊 국적] 나라를 망친 역적(逆賊).
- [海賊 해적] 바다에서 활동하는 도적.

3급II

賃
품삯 임

품삯, 품살, 머슴, 빌, 세낼.
hiring expenses, rent, hire

任(맡을 임:음부)와 貝의 합침. 맡은(任 p.54) 일을 한 대가로 주는 '품삯(貝)' 을 뜻한 자 形.

- [賃金 임금] 노동의 대가로 받는 보수.
- [勞賃 노임] 노동에 대한 보수.
- [運賃 운임] 운반한 대가로서의 삯.

4급

資
재물 자

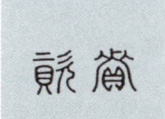

재물, 밑천, 바탕, 자품, 도울.
wealth, quality, assist

次(버금 차:음부)와 貝의 합침. 사업에 있어 사람 다음(次 p.226)가는 바탕인 자금(貝)을 가리켜 '밑천[資本]' 의 뜻이 된 자 形.

- [資格 자격] 신분, 지위, 또는 조건.
- [資金 자금] 무슨 일에 필요한 돈.
- [物資 물자] 물건을 만드는 자료(資料).

3급

賓
손 빈

손, 인도할, 좇을, 복종할, 배척. 속 㝑
guest, lead on, submit

𡧀(=宷=알맞을 면:음부)과 貝의 합침. 집(宀)의 아늑한 (丏=눈 가릴 면)데서 재물(貝)을 들여 정중히 대접하는 '손님' 을 뜻하여 된 자 形.
【참고】宷은 집(宀)을 적당하게 마련해서 잠자기(丏=눈 가릴 면)에 '알맞다' 는 뜻.

- [賓客 빈객] 점잖은 손님.
- [貴賓 귀빈] 귀한 손님.
- [來賓 내빈] 공식으로 찾아온 손님.

3급II

 賦 부세 부

조세, 매길, 타고 날, 줄, 받을, 펼, 시.
tax

貝와 武(호반 무:음부)의 합침. 무력(武 p.228)을 배경으로 거둬들이는 돈(貝), 즉 '조세'를 뜻하여 된 자. 나아가, 그 조세를 국민에게 고루 혜택 되게 쓴다는 데서 '주다' 의 뜻으로도 쓰인다 形.

- [賦課 부과] 과세 따위의 의무를 지움.
- [賦與 부여] 나눠 줌.
- [天賦 천부] 선천적으로 타고 남.

5급

 賞 상줄 상

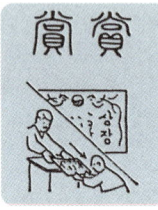

상줄, 칭찬할, 구경할, 즐길, 숭상할.
give a prize, praise

尙(가상할 상:음부)과 貝의 합침. 공로가 있는 사람을 가상히(尙 p.111 堂) 여겨 재물(貝)을 내린다는 데서 '상주다' 의 뜻이 된 자 形.

- [賞金 상금] 상으로 주는 돈.
- [賞狀 상장] 상으로 주는 증서.
- [入賞 입상] 상을 타게 됨.

4급II

 賢 어질 현

어질, 현인, 나을, 좋을, 구멍, 돈 많을.
wiseman, excellent

臤(굳을 간:음부)과 貝의 합침. 굳은(臤) 의지로 '돈(貝)을 많이 벎' 을 뜻하여 된 자. 후에, 그 돈을 잘 베풀어 착한 일을 했다는 데서 '어질다' 의 뜻으로 쓰이게 되었다 形.

【참고】臤은 신하(臣)를 손으로 단단히 움켜쥔다(又)하여 '굳다' 의 뜻.

- [賢明 현명] 어질고 사리에 밝음.
- [賢淑 현숙] 여자가 현명하고 숙덕이 있음.
- [聖賢 성현] 성인과 현인(賢人).

3급

 賜 줄 사

줄, 내릴, 고마울, 은혜, 다할.
bestow, be favored with

貝와 易(다스릴 이:음부)의 합침. 아랫사람을 다스릴(易 p.204) 때 상으로 재물을(貝) 을 '내려 준다' 는 뜻으로 된 자 形.

- [賜暇 사가] 휴가를 내림.
- [賜藥 사약] 임금이 독약을 내림.
- [下賜 하사] 임금이 물건을 내림.

3급II

 賤 천할 천

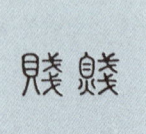

천할, 천히 여길, 흔할, 헐할. 약賎
base, humble, cheap

貝와 戔(상할 잔:음부)의 합침. 상한(戔 p.388 錢) 물품(貝)은 값싸다는 데서 '천하다' 의 뜻이 된 자. 천하다는 데서 '헐하다'·'흔하다' 의 뜻으로도 쓰인다 形.

- [賤待 천대] 업신여기어 푸대접함.
- [賤視 천시] 업신여겨 봄.
- [微賤 미천] 미약하고 비천(卑賤)함.

貝 부

5급

팔 매

팔, 기만할, 퍼뜨릴[賣名]. ㋿売
sell

士(←出=날 출)과 買(살 매:음부)의 합침. 일단 사들였던(買 p.360) 물건을 내놓아(士) '판다'는 뜻으로 된 자 會形.

- [賣却 매각] 물건을 팔아 버림.
- [賣買 매매] 물건을 팔고 사는 일.
- [放賣 방매] 물건을 내놓아 팖.

5급

바탕 질

바탕, 질박할 질/ 저당, 볼모 지. ㋿质
quality, simple, pawn

斦(모탕 은)과 貝의 합침. 물건(貝)을 쌓을 때 밑에 받치는 모탕(斦)을 가리켜 '바탕'의 뜻이 된 자. 나아가, 물건(貝)을 괴는 받침(斦)은 양쪽의 높이가 같아야 하듯이, 돈을 꾸기 위해 맡기는 물건도 꾸는 돈과 값이 같아야 한다는 데서 '저당' 또는 '볼모'의 뜻으로도 쓰인다 會.

【참고】斦은 도끼(斤·斤) 자국이 많은 '도끼 모탕'을 나타낸 자.

- [質問 질문] 의문이나 이유를 캐물음.
- [物質 물질] 물건의 형질 또는 본바탕.
- [性質 성질] 본디 가지고 있는 바탕.

3급Ⅱ

의지할 뢰

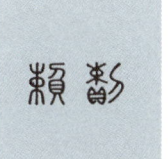

의지할, 의뢰할, 자뢰할, 힘입을, 믿을. ㋲㋿頼
rely on, depend on, trust to

剌(←剌=어그러질 랄:음부)과 貝의 합침. 물건(貝)을 사서 팔 때 가격의 차이(剌)로 이익을 얻는다는 데서 '힘입다'의 뜻이 된 자 形.

【참고】剌은 묶은(束=묶을 속) 것을 칼(刀)로 찍어 '어그러뜨림'을 뜻함.

- [賴德 뇌덕] 남의 덕을 입음.
- [無賴漢 무뢰한] 떠돌이 불량배.
- [信賴 신뢰] 믿고 의지함.

3급

줄(送) 증

줄, 더할, 선사할. ㋲贈
give, send, add, present

貝와 曾(거듭 증:음부)의 합침. 재물(貝)이 늘게 거듭(曾 p.210) 준다는 데서 '더하다'·'선사하다'의 뜻이 된 자 形.

- [贈與 증여] 물건을 줌.
- [贈呈 증정] 물건을 드림.
- [寄贈 기증] 물건을 보내 줌.

3급Ⅱ

도울 찬

도울, 기릴, 찬성할, 참례할. ㋲贊
assist, approval, praise

兟(나아갈 신:음부)과 貝의 합침. 돈(貝)을 가지고 나아가(兟) '돕는다'는 뜻으로 된 자 會形. [p. 355 讚]

- [贊同 찬동] 찬성(贊成)하여 동의함.
- [贊助 찬조] 뜻을 같이하여 도와 줌.
- [協贊 협찬] 힘을 합하여 찬성함.

5급

붉을 적

붉을, 빨갈, 아무것도 없을, 남쪽.
red, bare

土(←大)와 亦(←火)의 합침. 큰불이 타오르는 빛깔에서 '붉다'의 뜻이 된 자. 불에 타서 '아무것도 없다'는 뜻으로도 쓰인다 會.

- [赤色 적색] 붉은 빛깔.
- [赤手 적수] 맨손. 빈손.
- [赤字 적자] 결손이 있을 때의 붉은 글씨.

4급 II

달릴 주

달릴, 달아날, 갈, 몰, 종, 짐승.
run, go, walk

土(←大)와 ㄓ(←止=그칠 지)의 합침. 팔을 크게 휘저으며(大) 발(ㄓ)을 재빠르게 내딛는다는 데서 '달리다'의 뜻이 된 자 會.

- [走狗 주구] 앞잡이가 된 사람의 비유.
- [競走 경주] 달리기. 빠름을 다툼.
- [逃走 도주] 피하거나 쫓겨 달아남.

3급

다다를
갈 부

다다를, 달릴, 알릴, 부고할. 통 訃

reach, run to

走와 卜(점칠 복:음부)의 합침. 점(卜)을 쳐 보고 급히 '달려간다(走)' 또는 '다다른다'는 뜻으로 된 자 形.

- [赴任 부임] 임지로 감.
- [赴討 부토] 치러 감. 토벌하러 감.
- [迅赴 신부] 빨리 내달음.

4급 II

일어날 기

일어날, 일어설, 일으킬, 시작할.
get up, rise, raise

① 走와 己(몸 기:음부)의 합침. 달리려고(走) 몸(己)을 일으킴을 가리켜 '일어나다'의 뜻이 된 자 形.
② 본자는 起. 뱀(巳)이 달아날(走) 때 대가리를 치켜듦을 가리켜 '일어나다'의 뜻이 된 자 會.

- [起立 기립] 일어나서 섬.
- [起因 기인] 일이 일어나는 원인.
- [發起 발기] 앞장서서 새로운 일을 꾸며 시작함.

3급 II

뛰어넘을 초

뛰어넘을, 뛰어날, 높을, 넘을.
leap over, exceed

走와 召(부를 소:음부)의 합침. 윗사람이 불러서(召 p.96) '뛰어간다(走)'는 뜻으로 된 자. 나아가 장애물을 '뛰어넘는다'는 뜻으로도 쓰인다 形.

- [超過 초과] 일정한 한도를 넘음.
- [超越 초월] 한계나 표준을 넘음.
- [出超 출초] 수출 초과의 준말.

越

3급II

넘을 월

넘을, 건널, 뛰어날, 날릴, 멀, 이에.
exceed, overstep

走와 戉(큰도끼 월:음부)의 합침. 도끼(戉 p.125 威)를 휘두르며 경계 너머로 달려(走) '뛰어 넘는다'는 뜻으로 된 자 形.

- [越權 월권] 권한 외의 행위를 함.
  [越等 월등] 사물의 정도차가 대단함.
  [優越 우월] 남보다 월등하게 뛰어남.

趣

4급

뜻 취

뜻(취미), 빨리 갈, 풍취 취/ 재촉할 촉.
tendency, interesting

走와 取(가질 취:음부)의 합침. 무엇을 가지러(取 p.94) '빨리 간다(走)'는 뜻으로 된 자. 마음이 쏠려 나아감을 가리켜 '취미(趣味)'의 뜻으로 널리 쓰인다 會形.

- [趣旨 취지] 근본 목적이 되는 뜻.
  [趣向 취향] 취미가 쏠리는 방향.
  [興趣 흥취] 마음이 끌릴 만한 흥과 취미.

足

7급

발 족

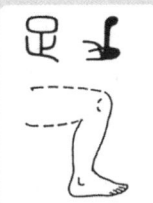

발, 넉넉할, 옳을, 그칠 족/ 아첨할, 보탤 주.
foot, enough, excessive

무릎의 슬개골(口)에서 발가락(止←止) 끝까지의 모양을 본떠 '발'을 뜻한 자. 또는, 발을 길게 내딛는다는 데서 '넉넉하다'의 뜻으로도 쓰인다 象.

【참고】 또는, 口는 넓적다리뼈, 止(←止)는 발목 이하의 모양이라고도 함.

- [足迹(跡) 족적] 옛날의 업적. 옛 자취.
  [禁足 금족] 출입을 금함.
  [滿足 만족] 마음에 흡족함.

距

3급II

상거(相距)할 거

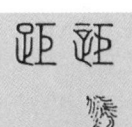

떨어질, 며느리발톱, 지낼, 이를, 뛸.
distant from, cockspur

足변에 巨(클 거:음부)의 합침. 닭 다리(足) 뒤쪽에 굵게(巨 p.145) 붙은 '며느리발톱'을 뜻하여 된 자. 며느리발톱은 다른 발톱들보다 외따로 있다는 데서 '떨어지다'의 뜻으로 널리 쓰인다 形.

- [距今 거금] 지금으로부터 지난 어느 때.
  [距離 거리] 서로 떨어진 정도.
  [相距 상거] 서로 떨어진 두 거리.

跡

3급II

발자취 적

발자취, 행적, 사적. 同 迹 同 蹟
footprint, trace, effects, follow

足변에 亦(또 역:음부)의 합침. 발(足)을 거듭(亦 p.50) 옮겨서 난 흔적, 즉 '발자취'를 뜻하여 된 자 形.

- [跡捕 적포] 뒤를 밟아가 잡음.
  [筆跡 필적] 글씨의 모양이나 그 솜씨.
  [痕跡 흔적] 뒤에 남은 자국.

3급
跳
뛸 도

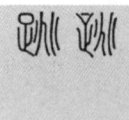

뛸, 솟구칠, 건널, 달아날.
leap, jump, overstep

足변에 兆(조짐 조:음부)의 합침. 땅에 금이 날(兆 p.69) 만큼 발(足)을 구르며 '뜀' 을 뜻하여 된 자 形.

- [跳梁 도량] 함부로 날뛰어 다님.
  [跳躍 도약] 뛰어 오름.
  [棒高跳 봉고도] 장대높이뛰기.

6급
路
길 로

길, 중요할, 클, 수레. 통露·輅
way, path, important

足변에 各(각각 각:음부)의 합침. 사람들이 저마다(各 p.97) 모습을 나타내어 다니는(足) '길' 을 뜻하여 된 자 會形.

- [路費 노비] 노자(路資). 여행에 드는 돈.
  [路線 노선] 한 목표로 나아가는 길.
  [道路 도로] 인도·차도의 총칭.

3급 II
踏
밟을 답

밟을, 걸음.
tread, tramp

足변에 㕮(말 줄줄 할 답:음부)의 합침. 엮어대는 말소리(㕮)에 발(足)을 맞추어 '밟는다' 는 뜻으로 된 자 形.
【참고】 㕮은 물(水)이 흐르듯이 말(日)이 '줄줄 나옴' 을 뜻함.

- [踏步 답보] 제자리걸음.
  [踏査 답사] 실지로 가서 자세히 조사함.
  [踏襲 답습] 이어받아 그대로 행함.

3급 II
踐
밟을 천

밟을, 이행할, 오를, 차려 놓을. 약践
step, ascend

足변에 戔(상할 잔:음부)의 합침. 발(足)로 땅을 디딜 때 흔적(戔)이 남을 나타내어 '밟다' 의 뜻이 된 자 形.

- [踐歷 천력] 여러 곳을 돌아다님. 경력.
  [踐行 천행] 말한 바를 실지로 이행함.
  [實踐 실천] 실지로 이행함.

3급 II
蹟
발자취 적

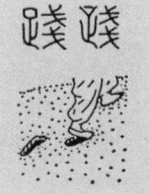

발자취, 행적, 사적, 좇을. 통跡·迹
trace, footprint

足변에 責(맡을 책:음부)의 합침. 한 걸음 한 걸음(足) 책임(責 p.359) 있게 일을 한 '행적(行蹟)' 또는 '사적(史蹟)' 의 뜻으로 된 자 形.

- [古蹟 고적] 남아 있는 옛날 물건.
  [奇蹟 기적] 기이한 사실.
  [事蹟 사적] 사건 또는 사업의 자취.

足・身・車 부

躍 뛸 약

3급

뛸, 뛰게 할 약/ 빨리 달릴 적.
jump, leap, run quickly

足변에 翟(꿩깃 적:음부)의 합침. 꿩(翟 p.252 濯)이 발(足)을 퉁기며 팔짝팔짝 '뛴다'는 뜻으로 된 자 形.

- [躍動 약동] 생기 있게 움직임.
  [活躍 활약] 힘차게 활동함.

身 몸 신

6급

몸, 몸소, 줄기, 애 밸, 나이. 通娠
body, oneself, trunk, pregnant

아이 밴 여자의 불룩한 몸 모양을 본떠 '아이 배다'의 뜻이 된 자 象. 나아가, 제 몸 스스로를 가리키는 '자신(自身)'의 뜻으로도 쓰인다 轉.

- [身上 신상] 자기 일신상의 일.
  [身體 신체] 사람의 몸.
  [修身 수신] 심신을 닦아 수양하는 일.

車 수레 거·차

7급

수레, 바퀴, 그물, 잇몸 거·차/ 성 차.
cart, car, wheel

바퀴 달린 '수레'를 옆에서 본(원형은 輚) 모양을 본뜬 자로, 그 '바퀴'의 뜻으로도 쓰인다 象.
【참고】 '거'라는 음은 사람이 '타고 간다' 하여 居(살 거)·去(갈 거)의 음을 취해 됨.

- [車庫 차고] 차를 넣는 곳집.
  [客車 객차] 손님을 태우는 차.
  [車馬 거마] 탈것. 사람의 왕래의 비유.

軌 바퀴 자국 궤

3급

수레바퀴, 굴대, 법, 좇을, 바퀴 자국.
wheel, track

車와 九(굽을 구:음부)의 합침. 수레바퀴(車)의 여러 살을 에워싼 구부정한(九) '바퀴 둘레'를 뜻하여 된 자 形.

- [軌道 궤도] 일정하게 다니는 길.
  [同軌 동궤] 같은 규칙에 대한 비유.

軍 군사 군

8급

군사, 진칠.
army, quarter, camp

冖(←勹=쌀 포)와 車의 합침. 전차(車)의 주위를 둘러싸고(冖) 진군하는 '군사(軍士)'의 뜻으로 된 자. 또는, 전차(車)로 에워싸며(冖) '진친다'는 뜻으로 된 자 會.

- [軍隊 군대] 일정하게 조직된 장병들.
  [陸軍 육군] 육상에서 싸우는 군대.
  [從軍 종군] 군대를 따라 진지로 나감.

3급 **軒** 집 헌		**집, 초헌, 수레, 껄껄 웃을, 추녀.** carriage with one wheel, eaves 車와 干(방패 간:음부)의 합침. 창(干 p.149)대처럼 긴 두 개의 줏대 사이에 외바퀴가 달린 수레(車), 즉 '초헌(軺軒)'을 뜻하여 된 자. 수레의 바퀴살같이 벌어진 서까래의 모양에서 '집'의 뜻으로도 쓰인다 (形). ● [軒然 헌연] 뜻대로 되어 웃는 모양. [軒昻 헌앙] 풍채와 의기가 당당함. [軒軒丈夫 헌헌장부] 퍽 출중한 사내.
3급 II **軟** 연할 연		**연할, 부드러울, 무를, 연약할.** soft, mild, weak 본자는 輭. 車와 耎(부드러울 연:음부)의 합침. 수레바퀴(車)에 부들로 꼰 밧줄을 감아 부드럽게(耎) 구르도록 한 데서 '연하다'의 뜻이 된 자. 수레(車)를 탄 사람이 지쳐 하품한다는 데서 후에 耎이 欠으로 바뀌어 '연약(軟弱)하다'의 뜻으로도 쓰인다 (形). 【참고】耎은 사람(大)이 수염(而 p.312) 올처럼 가늘어서 '연약하다'의 뜻. ● [軟膏 연고] 고약의 하나. [軟化 연화] 단단한 것이 연하게 됨. [柔軟 유연] 부드럽고 연함.
3급 II **較** 비교할 견줄 교		**비교할, 대략, 조금 교/ 밝을, 대강 각.** compare, nearly 車와 交(엇걸 교:음부)의 합침. 수레(車)에 짐을 실을 때 얽어맨(交 p.50) 짐짝의 경사도를 보고 앞뒤의 무게를 '비교(比較)한다'는 뜻으로 된 자 (形). ● [較略 교략] 대개. 대략. [較藝 교예] 재예의 낫고 못함을 비교함. [平較 평교] 고르게 함.
3급 II **載** 실을 재		**실을, 탈, 행할, 이길, 해, 비롯할.** load, ride 車와 𢦏(해할 재:음부)의 어울림. 나무를 잘라(𢦏 p.219 栽) 만든 틀을 수레(車)에 올려놓고 짐을 '싣는다'는 뜻으로 된 자 (形). ● [載積 재적] 실어서 쌓음. [滿載 만재] 가득 실음. [轉載 전재] 이미 발표된 글을 옮겨 실음.
5급 **輕** 가벼울 경	 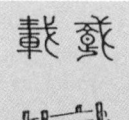 	**가벼울, 천할, 깔볼, 빠를, 경솔할. 약 軽** light, humble, reckless 車와 巠(물줄기 경:음부)의 합침. 물길(巠 p.303 經)같이 고불고불하고 좁은 길을 빨리 갈 수 있는 수레(車)라는 데서 '가볍다'의 뜻이 된 자. 가볍다는 데서 '경솔(輕率)하다'의 뜻으로도 쓰인다 (形). ● [輕減 경감] 덜어 가볍게 함. [輕蔑 경멸] 업신여김. [輕裝 경장] 홀가분한 차림.

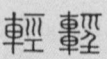

車 부

3급Ⅱ

輩 무리 배

무리, 패, 견줄, 수레 행렬, 순서.
class, group, compare

非(아닐 비:음부)와 車의 합침. 많은 수레(車)의 행렬이 새의 두 날개(非 p.402)처럼 펼쳐져 줄진 모양에서 '무리'의 뜻이 된 자 形.

- [輩出 배출] 인재가 쏟아져 나옴.
  [先輩 선배] 학문·덕행 등이 자기보다 많은 이.
  [年輩 연배] 서로 비슷한 나이.

3급

輝 빛날 휘

빛날, 빛. 통 煇
bright, light

光과 軍(군사 군:음부)의 합침. 야영하는 군사(軍 p.367)의 진지에서 불빛(光 p.70)이 환히 '빛남'을 뜻하여 된 자 形.

- [輝石 휘석] 옥돌의 하나.
  [輝煌 휘황] 광채가 눈부시게 빛남.
  [光輝 광휘] 아름답게 빛나는 빛.

4급

輪 바퀴 륜

바퀴, 둘레, 돌, 서릴, 높을, 세로.
wheel, around, rotate

車와 侖(뭉치 륜:음부)의 합침. 侖은 수레바퀴의 여러 살이 차례로 꽂혀 뭉쳐진 모양. 여러 살이 뭉쳐(侖) 이루어진 '수레바퀴(車)'를 뜻한 자. 수레바퀴는 구른다 하여 '돌다'의 뜻으로, 또는 수레바퀴의 테두리를 가리켜 '둘레'의 뜻으로도 쓰인다 形.

- [輪廓(郭) 윤곽] 사물의 대강의 테두리.
  [輪轉 윤전] 바퀴처럼 빙빙 돎.
  [車輪 차륜] 수레바퀴.

3급Ⅱ

輸 보낼 수

보낼, 실어 낼, 알릴, 질, 떨어뜨릴.
transport, export, fall

車와 兪(거룻배 유:음부)의 합침. 兪는 나무를 모아(亼=모을 집) 만든 배(月←舟)에 물건을 싣고 물(巛←水)길로 보냄. 여기에 車를 덧붙여 수레(車)에 물건을 실어(兪) '보낸다'는 뜻이 되었다 形.

- [輸送 수송] 물건을 실어 보냄.
  [輸出 수출] 국내 산물을 외국에 내보냄.
  [運輸 운수] 큰 규모로 짐을 옮기는 일.

3급

輿 수레 여

수레 바탕, 무리, 비롯할, 실을, 차량.
load, bottom of a carriage

車와 舁(들것 여:음부)의 어울림. 수레(車)에 짐을 싣기 위해 들것(舁 p.322 與)처럼 꾸민 '수레 바탕'을 뜻하여 된 자. 수레에 짐을 실을 때에 여러 사람의 손이 동원된다 하여 널리 '무리'의 뜻으로 쓰인다 形.

- [輿論 여론] 대중의 공론 또는 의견.
  [輿地 여지] 지구. 大地.
  [喪輿 상여] 시체를 나르는 기구.

4급 **轉** 구를 전		**구를, 넘어질, 옮길, 돌, 변할.** 약 転 roll, overtune, change 車와 專(오로지 전:음부)의 합침. 專(p.137)은 실을 자을 때 쓰는 물레. 수레바퀴(車)가 물레(專) 돌듯 돌아간다 하여 '구르다'의 뜻이 된 자. 굴러간다는 데서 '옮기다'의 뜻으로도 쓰인다 形. ● [轉學 전학] 다른 학교로 옮아가 공부함. 　[運轉 운전] 기계나 수레를 움직여 굴림. 　[回轉 회전] 빙빙 돌아서 구름.
3급 **辛** 매울 신	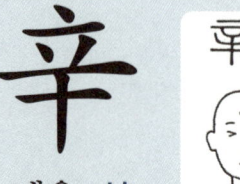	**매울, 고생, 혹독할, 천간, 새.** 통 新 bitter, acrid, 8th of 10 stems ① 辛(죄 건)과 一의 어울림. 죄(辛)에 걸려든(一) 사람이 고통으로 인하여 '고생한다'는 뜻으로 된 자 會. ② 윗사람(一)에게 죄(一)를 범한(丫→干=범할 간) 자에게 바늘로 찌른 데서 '혹독하다'·'맵다'의 뜻이 된 자 會. 【참고】辛은 윗사람(一→上)을 범했다(丫→干) 하여 '죄'의 뜻이 됨. ● [辛苦 신고] 괴롭고 수고로움. 　[辛酸 신산] 맵고 심. 괴로움과 쓰라림. 　[艱辛 간신] 힘들고 고생스러움.
3급 **辨** 분별할 변		**분별할, 나눌, 판단할, 밝을.** 약 弁 통 辯 distinguish, discriminate 辡(죄인 송사할 변:음부)안에 刂(←刀)의 어울림. 두 사람이 다툼질하는(辡) 것을 칼(刂)로 쪼개듯이 판가름한다는 데서 '분별하다'·'판단하다'의 뜻이 된 자 會形. 【참고】辡은 두 죄인(辛·辛)이 '서로 다투어 송사함'을 뜻함. ● [辨明 변명] 사리를 분별하여 명백히 함. 　[辨證 변증] 논변하여 증명함. 　[分辨 분변] 세상 물정을 알아서 가림.
4급 **辭** 말씀 사		**말씀, 글, 사양할, 감사할, 거절할.** 약 辞 expression, words, resign 𤔌(다스릴 란)과 辛의 합침. 죄(辛)를 다스리기(𤔌 p.47亂) 위해 하는 '말' 또는 '글'을 뜻하여 된 자 會. 말로 거절한다는 데서 음이 같은 辤(받아들이지 않을 사)의 뜻을 빌려 '사양(辭讓)하다'의 뜻으로도 쓰인다 假. ● [辭典 사전] 언어를 모아 해설한 책. 　[辭職 사직] 직무를 내놓고 물러남. 　[言辭 언사] 말. 말씨.
4급 **辯** 말씀 변		**말 잘할, 따질, 풍유할, 가릴.** 약 弁 speak skilfully, dispute 辡(죄인 송사할 변:음부) 안에 言의 어울림. 다투는(辡) 두 사람의 말을 듣고 옳고 그름을 가려 설명한다(言)는 데서 '말 잘하다' 또는 '따지다'의 뜻이 된 자 會形. ● [辯論 변론] 사리를 밝혀 옳고 그름을 말함. 　[辯護 변호] 변명하여 비호함. 　[雄辯 웅변] 조리 있게 말을 잘하는 일.

3급II 辰

때, 날 **신** / 별, 삼월, 용, 조개 **진**. ⑧蜃
star, 5th of 12 stems(dragon)

① '조개' 가 껍데기를 벌려 발을 내놓고 움직임을 나타낸 자. 그 조개가 움직이는 '삼월' 에 농사철을 알리는 전갈자리가 나타난다 하여 '별' 의 뜻으로 된 자 象.
② 厂(집 엄:음부)·二(→上)·乚(←匕=변화할 화) 乁(←乙=굽을 을) 의 어울림. '춘삼월' 에 아지랑이가 올라(二) 초목의 싹이 고부랑하게 나오며(乁) 변화할(乚) 때 하늘(厂)에 농사 별자리[房星:전갈자리]가 나타난다 하여 '별' 을 뜻하게 된 자 會形.

때 신
별 진

- [辰時 진시] 오전 7~9시.
  [日辰 일진] 날의 간지(干支).
  [生辰 생신] '생일' 의 높임말.

3급II 辱

욕될, 굽힐, 더럽힐, 욕할, 고마워할.
abuse, bend, insult

辰과 寸(법도 촌:음부)의 합침. 농사짓는 철(辰)을 놓친 자를 법도(寸 p.136)에 따라 벌주어 '욕뵌다' 는 뜻으로 된 자 會.

욕될 욕

- [辱說 욕설] 남의 명예를 더럽히는 말.
  [屈辱 굴욕] 남에게 굽혀 모욕을 받음.
  [侮辱 모욕] 깔보아서 욕되게 함.

7급 農

농사, 농부, 두터울, 질을, 힘쓸.
agriculture, farm, strive

① 원자형은 𦦴. 囟(숫구멍 신:음부)과 辳(첫새벽 신)의 어울림. 새벽(辳)부터 머리(囟)에 수건을 쓰고 밭에 나가 일하는 '농부(農夫)' 를 뜻하여 된 자. 나아가, 그 농부가 하는 일을 가리켜 '농사(農事)' 의 뜻으로도 쓰인다 形.
② 田(밭 전)의 변형인 囟(→曲)과 辰의 합침. 별(辰)이 보이는 새벽부터 밭(田)에 나가 '김맴' 을 뜻한 자. 會.
【참고】 辳은 사람이 손[臼=양손 국]을 움직여 일하는 때(辰), 즉 '첫새벽' 의 뜻.

농사 농

- [農藥 농약] 농산물에 쓰는 약.
  [農業 농업] 농사에 종사하는 직업.
  [營農 영농] 농업을 경영함.

辵(辶)

쉬엄쉬엄 갈, 뛸.
resting walk, leap

彳(←亻=자축거릴 척)과 止(止=그칠 지)의 어울림. 걷다(彳) 멈추었다(止) 하며 간다 하여 '쉬엄쉬엄 가다' 의 뜻이 된 자 會.

쉬엄쉬엄 갈 **착**

4급 迎

맞을, 맞이할, 맞출, 마중, 만날. ⑭迎
welcome, receive, meet

卬(높을 앙:음부)에 辶의 받침. 오는 사람을 마중 나가(辶) 높이 우러러(卬 p.53 仰) '맞이한다' 는 뜻으로 된 자 形.

맞을 영

- [迎接 영접] 손님을 맞이하여 응접함.
  [迎合 영합] 아첨하여 붙좇음.
  [歡迎 환영] 기쁜 마음으로 맞이함.

6급

 가까울 근

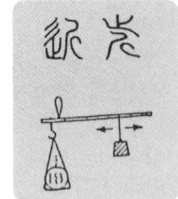

가까울, 친할, 거의, 닮을. 약 近
near, close, approach

斤(무게 근:음부)에 辶의 받침. 물건을 달 때 저울추(斤)를 옮겨가는(辶) 거리가 짧다는 데서 '가깝다'의 뜻이 된 자 形.

- [近刊 근간] 최근의 출판이나 곧 나올 책.
  [近處 근처] 가까운 곳.
  [附近 부근] 맞닿아서 가까운 곳.

3급

 돌이킬 반

돌아올, 돌아갈, 되돌릴, 갚을. 약 返
return, send back, repay

反(돌아올 반:음부)에 辶의 받침. 갔다가(辶) 다시 '돌아온다(反 p.94)'는 뜻으로 된 자 會形.

- [返納 반납] 도로 돌려 바침.
  [返送 반송] 도로 돌려 줌.
  [往返 왕반] 갔다가 돌아옴.

3급II

 핍박할 박

핍박할, 다가올, 서두를, 줄일. 약 迫
oppress, approach, hurry

白(흰 백:음부)에 辶의 받침. 어떤 일이 명백하게(白) '닥쳐온다(辶)'는 뜻으로 된 자. 나아가, 바싹 닥쳐온다는 데서 '핍박(逼迫)하다'의 뜻으로도 쓰인다 形.

- [迫力 박력] 일을 밀고 나가는 힘.
  [迫害 박해] 핍박하여 해롭게 함.
  [切迫 절박] 기한이 매우 가까이 닥침.

3급II

 펼 술

펼, 이을, 지을, 좇을, 설명할. 약 述
continue, compile, explain

朮(삽주 뿌리 출:음부)에 辶의 받침. 끊어질 듯이 이어지며 뻗는(辶) 삽주 뿌리(朮)같이 길이 서로 '이어짐'을 뜻하여 된 자. 또는, 생각한 바를 삽주 뿌리(朮)가 뻗듯이 차례를 따라(辶) '설명한다'는 뜻으로도 쓰인다 形. [p.336 術]

- [述語 술어] 풀이말(述部의 중심어).
  [述懷 술회] 마음속에 있는 생각을 이야기함.
  [陳述 진술] 자세하게 말함.

3급II

 쫓을 따를 추

쫓을, 따를, 미룰 추/ 옥 다듬을 퇴. 약 追
follow, pursue, engrave

𠂤(堆=쌓일 퇴의 본자:음부)에 辶의 받침. 물건을 쌓고 쌓아 올리듯이(𠂤 p.148 師) 앞사람의 뒤를 한 발짝 한 발짝 '쫓는다(辶)'는 뜻으로 된 자 形.

- [追加 추가] 나중에 더하여 보탬.
  [追從 추종] 뒤를 따라서 좇음.
  [訴追 소추] 검사가 공소를 제기함.

辶 부

4급II

 물러날 퇴

물러날, 갈, 물리칠, 바랠. 약 退
retreat, retire, go away

① 원자형은 復. 彳(자축거릴 척)에 日과 夊(천천히 걸을 쇠)의 합침. 드높이 떴던 해(日)가 천천히(夊) 서녘으로 넘어간다(彳→辶)는 데서 '물러나다' 또는 '물리치다'의 뜻이 된 자 會.
② 오늘날의 자형은, 해가 서쪽 끝(艮=그칠 간)으로 '물러간다(辶)'는 뜻으로 된 자 會.

● [退去 퇴거] 물러감. 은거함.
[退學 퇴학] 다니던 학교를 그만둠.
[早退 조퇴] 정각 이전에 물러감.

3급

 미혹할 미

미혹할, 망설일, 헤맬, 잘못들. 약 迷
seduce, hesitate, go astray

米(쌀 미:음부)에 辶의 받침. 米는 사통팔달한 길의 형상. 갈림길(米)에서 이리 갈까 저리 갈까(辶) 한다는 데서 '망설이다'·'헤매다'의 뜻이 된 자 形.

● [迷路 미로] 방향을 잡을 수 없는 길.
[迷信 미신] 망령된 믿음의 집착.
[昏迷 혼미] 사리에 어둡고 흐리멍덩함.

4급II

 보낼 송

보낼, 전송할, 가질, 줄, 활 쏠. 약 送
send, accompany, give to

① 关(笑=웃음 소의 옛자:음부)에 辶의 받침. 떠나는(辶) 사람을 웃으며(关) '보낸다[餞送]'는 뜻으로 된 자 形.
② 새벽에 딸을 시집으로 보낼(辶) 때 계집종에게 횃불을 들려 딸려 '보낸다(关←㑞=보낼 잉)'는 뜻으로 된 자 會.

● [送金 송금] 돈을 부쳐 보냄.
[送電 송전] 전류를 보내는 일.
[輸送 수송] 사람이나 짐을 실어 보냄.

4급

 도망할 도

도망할, 달아날, 피할, 빠져날. 약 逃
run away, escape, avoid

兆(백성 조:음부)에 辶의 받침. 죄지은 백성(兆)이 피해(辶) '달아난다[逃亡]'는 뜻으로 된 자 形.
【참고】兆는 죄지은 백성이 '많다', 또는 거북의 등 껍데기의 금같이 난 '샛길'을 뜻함.

● [逃熱 도열] 열이 식어 없어짐.
[逃走 도주] 피하거나 쫓겨서 달아남.
[逃避 도피] 달아나서 몸을 피함.

4급II

 거스를 역

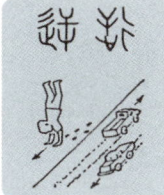

거스를, 거스릴, 맞이할, 배반할. 약 逆
resist, betray

屰(거스를 역:음부)에 辶의 받침. 서로 거슬러(屰) 반대되게 간다(辶) 하여 '배반하다'·'거스르다'의 뜻이 된 자 形.
【참고】屰은 위에서 침범하는(ㅅ←干=범할 간) 것을 아래에서 떠받쳐(凵) 되받아 냄을 나타내어 '거스르다'의 뜻.

● [逆賊 역적] 나라 또는 왕에게 반역한 자.
[逆行 역행] 거슬러 나아감.
[反逆 반역] 배반하여 모역(謀逆)함.

3급II

길 도

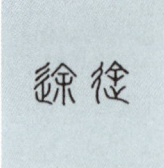

길. 약途 통塗
road, way

余(남을 여:음부)에 辶의 받침. 사람이 다니는(辶) 여러 갈래(余)의 '길'을 뜻하여 된 자 形.
【참고】余는 외기둥에 서까래가 사방으로 뻗친 모양에서 '여러 갈래'의 뜻.

- [途中 도중] 계속되는 일이 끝나기 전.
  [壯途 장도] 장쾌한 사명을 띠고 떠나는 길.
  [前途 전도] 앞으로 갈 길.

3급II

통할 투

통할, 사무칠, 샐, 지나칠, 놀랄. 약透
pass through, transparent

秀(벼 이삭 팰 수:음부)에 辶의 받침. 벼 이삭(秀 p.286)이 볏대를 뚫고 나옴(辶)을 가리켜 '통하다'의 뜻이 된 자 形.

- [透明 투명] 속까지 환히 트여 밝음.
  [透徹 투철] 사리가 밝고 확실함.
  [浸透 침투] 스미어 젖어들어감.

3급

쫓을 축

쫓을, 물리칠, 다툴 축/ 달릴 적. 약逐

pursue, expel

豕(돼지 시:음부)에 辶의 받침. 멧돼지(豕)를 뒤쫓아가서(辶) '물리친다'는 뜻으로 된 자 形.

- [逐條 축조] 순차로 조목을 따름.
  [逐出 축출] 쫓아 냄. 몰아 냄.
  [角逐 각축] 서로 이기려고 다툼.

6급

통할 통

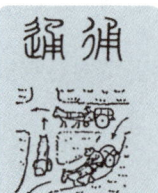

통할, 형통할, 사귈, 다닐, 알릴. 약通
pass through, favorably

甬(골목길 용:음부)에 辶의 받침. 골목길(甬)이 큰길로 이어져 나감(辶)을 가리켜 '통하다'의 뜻이 된 자. 통한다는 데서 '알리다'의 뜻으로도 쓰인다 形.
【참고】甬은 사람(マ→人)이 다니는 길(用=통할 용)을 가리킴(⇒篆文).

- [通讀 통독] 처음부터 끝까지 내리읽음.
  [通行 통행] 통하여 다님. 유통(流通)함.
  [直通 직통] 중개 없이 바로 통함.

6급

빠를 속

빠를, 속도, 부를, 초래할, 서두를. 약速
quick, speed, hasty

束(묶을 속:음부)에 辶의 받침. 약속(束) 시간에 맞추려고 급히 간다(辶)하여 '빠르다'의 뜻이 된 자 形.
【참고】束은 나무(木)를 묶듯(囗=에울 위)이 '언약 맺음'을 나타냄.

- [速力 속력] 속도를 이루는 힘.
  [速禍 속화] 재앙을 부름.
  [急速 급속] 아주 빠름. 몹시 급함.

辵 부

4급II

造
지을 조

지을, 나아갈, 만들, 처음. 약造
make, construct, proceed

告(알릴 고:음부)에 辶의 받침. 일할 것을 신에게 알리러(告 p.100) '나아간다(辶)'는 뜻으로 된 자. 발전하여, 그 일을 이루었다는 데서 '만들다'·'짓다'의 뜻으로 쓰이게 되었다 形.

- [造成 조성] 물건을 만들어 이루어 냄.
- [造作 조작] 물건을 지어서 만듦.
- [建造 건조] 건설하여 새로 지음.

3급

逝
갈 서

갈, 떠날, 지나갈, 죽을, 이에.
pass over, die

折(꺾을 절:음부)에 辶의 받침. 사람의 목숨이 꺾이어(折 p.184) 영영 간다(辶)는 데서 '죽다'의 뜻이 된 자 形.

- [逝去 서거] 감. 죽음. '死去'의 높임말.
- [長逝 장서] 길이 떠남(죽음의 비유).

4급II

連
이을 련

이을, 잇닿을, 끌릴, 머무를. 약連
continue, join, connect

車(수레 거)에 辶의 받침. 수레바퀴(車)가 잇달아 굴러간다(辶)는 데서 '잇닿다'·'잇다'의 뜻이 된 자 會.

- [連結 연결] 서로 이어서 맺음.
- [連續 연속] 끊이지 않고 죽 이음.
- [關連 관련] 서로 관계를 맺음.

3급II

逢
만날 봉

만날, 맞이할, 북소리, 클, 꿰맬. 약逢 통縫
meet with

夆(만날 봉:음부)에 辶의 받침. 길을 가다(辶) '만난다(夆)'는 뜻으로 된 자 會形.
【참고】夆은 걷는(夂=뒤져 올 치) 두 발처럼 풀(丰=풀 봉)이 엇갈려 서로 '만남'을 뜻함.

- [逢變 봉변] 뜻밖에 변을 당함.
- [逢著 봉착] 어떤 처지나 상태에 부닥침.
- [相逢 상봉] 서로 만남.

5급

 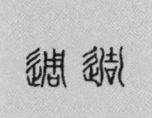
週
주일 주

주일, 두루, 두를, 이레. 약週 통周
revolve, week

周(둘레 주: 음부)에 辶의 받침. 둘레(周 p.100)를 한 바퀴 돌아간다(辶)하여 '두르다' 또는 '일주(一周)'의 뜻이 된 자 會形.

- [週刊 주간] 한 주일마다 하는 간행.
- [週期 주기] 한 바퀴를 도는 시기.
- [每週 매주] 주마다.

3급II

편안할 일

편안할, 달아날, 숨을, 뛰어날. 약 逸
ease, comfortable, hide

兎(토끼 토)에 辶의 받침. 토끼(兎 p.71)가 도망쳐(辶) '숨는다'는 뜻으로 된 자. 숨어 조용히 지낸다는 데서 '편안하다'의 뜻으로도 쓰인다 會.

- [逸品 일품] 아주 뛰어난 물건. 절품.
- [逸話 일화] 알려지지 않은 이야기.
- [安逸 안일] 편안하고 한가로움.

3급

잡을 체

잡을, 쫓을 체/ 미칠, 이를 태. 약 逮
arrest, pursue, reach

隶(미칠 대:음부)에 辶의 받침. 뒤쫓아(隶) 가서(辶) '잡는다'는 뜻으로 된 자 形.

- [逮捕 체포] 죄인을 쫓아가서 잡음.
- [未逮 미체] 붙잡지 못함.

4급II

나아갈 진

나아갈, 오를, 천거할, 가까이할. 약 進
advance, proceed

隹(새 추)에 辶의 받침. 새(隹)가 종종 뛰며 앞으로 '나아간다(辶)'는 뜻으로 된 자. 뛰던 새가 난다는 데서 '오르다'의 뜻으로도 쓰인다 會.

- [進步 진보] 차차 더 좋게 되어 나아감.
- [進出 진출] 앞으로 나아감.
- [行進 행진] 대오를 지어 걸어나감.

4급

만날 우

만날, 마주칠, 대접할, 뜻밖에. 약 遇
meet, happen

禺(짐승 우:음부)에 辶의 받침. 짐승(禺)들은 돌아다니다가(辶) 우연(偶然)히 잘 '만난다'는 뜻으로 된 자 形.
【참고】 禺는 험한 대가리(田←由=귀신 머리 불)와 발(冂=짐승 발자국 유)을 나타내어 됨.

- [遇害 우해] 살해당함.
- [待遇 대우] 예를 갖추어 맞아 대접함.
- [知遇 지우] 인격, 학식을 알아 후대 받음.

3급

드디어 수

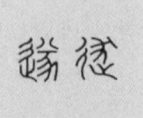

드디어, 이룰, 다할. 약 遂 본 㒸
complete, proceed, at last

㒸(다할 수:음부)에 辶의 받침. 뜻한 대로 모두(㒸) 잘 되어 간다(辶)는 데서 '드디어', '이루다'의 뜻이 된 자 形.
【참고】 㒸는 멧돼지(豕) 떼가 모두 흩어져(八) 도망쳤다는 데서 '다하다'의 뜻 形.

- [遂行 수행] 계획한 대로 해냄.
- [未遂 미수] 목적했던 바를 이루지 못함.
- [完遂 완수] 목적을 완전히 달성함.

辵 부

4급
 놀 유

놀, 사귈, 여행할, 떠돌. 통游 약遊
play, associate with

斿(깃발 유:음부)에 辶의 받침. 어린애가 깃발(斿)을 들고 다니며 (辶) '논다'는 뜻으로 된 자 形.
【참고】斿는 사람(人)이 갈 방향(方)을 가리키는 㫃(깃발 언)에 子를 합쳐, 애들이 가지고 노는 '기'를 뜻함.

- [遊覽 유람] 돌아다니며 구경함.
- [遊興 유흥] 주연을 베풀고 재미있게 놂.
- [外遊 외유] 외국에 여행함.

6급
 옮길 운

옮길, 움직일, 운전할, 운수, 부릴. 약運
carry, drive, move

軍(군사 군:음부)에 辶의 받침. 병사들(軍 p.367)이 전차를 몰고 간다(辶)는 데서 '움직이다'·'옮기다'의 뜻이 된 자 形.

- [運動 운동] 몸을 놀려 움직임.
- [運賃 운임] 물건을 운반한 데 대한 삯.
- [幸運 행운] 좋은 운수(運數).

5급
 지날 과

지날, 넘을, 지나칠, 허물. 약過
exceed, pass over, error

咼(입 비뚤어질 괘:음부)에 辶의 받침. 입 비뚤어진(咼) 사람의 말처럼 말이 잘못 나갔다(辶) 하여 '허물'의 뜻이 된 자. 또는, 그 말이 정도를 넘쳤다는 데서 '지나치다'의 뜻으로도 쓰인다 形.
【참고】咼는 입(口)의 뼈(冎=살 발라 낸 뼈 과)가 '비뚤어짐'을 뜻함.

- [過勞 과로] 지나치게 일하여 고달픔.
- [過飮 과음] 술을 지나치게 마심.
- [經過 경과] 때를 지냄. 일의 과정(過程).

4급Ⅱ
 통달할 달

통달할, 이를, 이룰, 방자할. 약達
reach, achieve

羍(←羍=새끼양 달:음부)에 辶의 받침. 새끼양(羍)이 어미양 있는 데로 간다(辶)는 데서 '이르다'의 뜻이 된 자. 이른다는 데서 '통달(通達)하다', 또는 통달했다고 까분다는 데서 '방자하다'의 뜻으로도 쓰인다 形.
【참고】羍은 큰(大) 양에 매달려 젖을 빨고 있는 '새끼양(羊)'을 뜻함.

- [達成 달성] 목적한 바를 이룸.
- [到達 도달] 정한 곳에 다다름.
- [送達 송달] 보내어 줌.

3급
 두루 편

두루, 두루 미칠, 횟수. 통徧 약遍
everywhere, turn around

扁(현판 변:음부)에 辶의 받침. 여러 정자의 현판(扁)을 보며 돌아다닌다(辶)는 데서 '두루'의 뜻이 된 자 形.
【참고】본자 徧의 '彳'이 辶으로 바뀐 자.

- [遍歷 편력] 널리 돌아다님.
- [遍在 편재] 널리 퍼져 있음.
- [普遍 보편] 낱낱에 두루 미쳐 공통됨.

3급

違 어긋날 위

어길, 잘못, 다를, 되올, 피할. 약 違
oppose, disobey, error, avoid

韋(어길 위:음부)에 辶의 받침. 서로 길을 어긋나게(韋 p.403) 가서 (辶) 만나지 못하여 '어기다'의 뜻이 된 자 會形.

- [違反 위반] 서로 어김. 법령을 어김.
- [違法 위법] 법률이나 명령을 어기는 일.
- [非違 비위] 법에 어긋나는 일.

7급

道 길 도

길, 도리, 이치, 도, 순할, 이를. 약 道
road, way, principle

首(머리 수)에 辶의 받침. 인간(首)이 갈(辶) '길', 또는 살아갈(辶) 때 으뜸(首) 되는 '도리(道理)'를 뜻한 자 會.

- [道德 도덕] 사람이 행할 바른 길.
- [道義 도의] 사람이 행해야 할 도덕.
- [鐵道 철도] 기찻길.

3급

 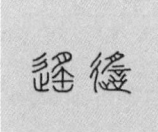

遙 멀 요

멀, 아득할, 멀리 거닐, 노닐.
distant, remote

䍃(질그릇 요:음부)에 辶의 받침. 질그릇(䍃 p.352 謠)을 두들길 때 퍼져 나가는(辶) 소리가 은은히 '멀리' 감을 뜻하여 된 자. 나아가, 사람이 멀리 '거닌다'는 뜻으로도 쓰인다 形.

- [遙拜 요배] 먼 곳에서 바라보며 절함.
- [遙遠 요원] 아득히 멂.
- [逍遙 소요] 슬슬 거닐며 돌아다님.

3급

遞 갈릴 체

갈마들, 바꿀, 멀, 역마, 전할. 약 逓
substitute, transmit

虒(뿔범 치:음부)에 辶의 받침. 虒는 범같이 빨리 뜀을 나타냄. 소식을 빨리(虒) 전하러 역마를 갈아타며 내닫는다(辶)는 데서 '갈마들다'의 뜻이 된 자 形.
【참고】虒는 뿔(厂)이 있는 범(虎)의 하나.

- [遞減 체감] 등수를 따라 차례로 덜어 감.
- [遞信 체신] 소식을 전하는 일.
- [郵遞 우체] 우편물.

3급

遣 보낼 견

보낼, 쫓을, 버릴, 부장품. 약 遣
send, expel, abandon

① 𠳋(작은 흙덩이 견:음부)에 辶의 받침. 무덤(𠳋)에 부장품을 넣어 '보낸다(辶)'는 뜻으로 된 자 形.
② 흙을 삼태기(𠀍←臾=삼태기 궤 p.360 貴)에 담아 버리듯(𦥑→ 堆=버릴 퇴) '내보낸다(辶)'는 뜻으로 된 자 形.

- [遣憤 견분] 분노를 품.
- [派遣 파견] 용무를 띠어 사람을 보냄.

辵 부

6급

멀 원

멀, 멀리할, 고상할, 깊을. 약遠
distant, far, remote

袁(옷이 길 원:음부)에 辶의 받침. 옷(袁)을 챙겨 떠나가야(辶) 할 만큼 길이 '멀다' 는 뜻으로 된 자 形.
【참고】袁은 땅에 끌릴까 봐 조심할(古←東=삼갈 전) 만큼 '긴 옷(衣)' 을 뜻함.

- [遠路 원로] 먼 길.
  [敬遠 경원] 존경하되 가까이하지는 않음.
  [永遠 영원] 세월이 끝없이 길고 오램.

4급

맞을 적

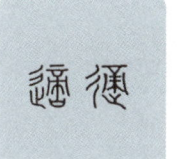

갈, 알맞을, 마침, 편안할, 좇을. 약適
suitable

啇(뿌리 적:음부)에 辶의 받침. 나무 뿌리(啇)가 뻗어나간다(辶)는 데서 '가다' 의 뜻이 된 자. 나무 뿌리는 가지가 자라는 데에 적절하게 뻗는다 하여 '알맞다' 의 뜻으로도 쓰인다 形.
【참고】啇은 입(口)은 말(商←辛←言)의 근원이라는 데서 '밑동' 또는 '꼭지' 의 뜻. 또는 帝 의 변형으로, 임금(帝)의 말(口)은 만법의 '근본' 이 된다는 데서 '뿌리' 의 뜻.

- [適當 적당] 사리에 알맞음.
  [適中 적중] 과불급이 없이 꼭 들어맞음.
  [快適 쾌적] 심신에 맞아 기분이 썩 좋음.

3급Ⅱ

옮길 천

옮길, 옮을, 귀양 보낼, 바뀔. 속약迁
move, remove, change

署(높은 데 오를 선:음부)에 辶의 받침. 높은 데로 올라(署)간다(辶)는 데서 '옮다' 의 뜻이 된 자 形.
【참고】署은 가마(兩←舁=마주 들 여)에 사람(大)이 무릎을 구부리고(巳) '올라감' 을 뜻함.

- [遷都 천도] 도읍을 옮김.
  [變遷 변천] 변하여 바뀌짐.
  [左遷 좌천] 벼슬이 못한 자리로 옮겨짐.

3급

더딜/늦을 지

더딜, 오랠, 느릴, 쉴. 속遅 약遅
late, long, slow

犀(무소 서)에 辶의 받침. 무소(犀)가 천천히 걸어가는(辶) 모양에서 '더디다'·'느리다' 의 뜻이 된 자 形.
【참고】犀는 尸(←尾=꼬리 미)와 牛(소 우)의 합침.

- [遲刻 지각] 정한 시각보다 늦음.
  [遲延 지연] 지체되고 천연됨.
  [遲滯 지체] 지정거려서 늦어짐.

5급

가릴 선

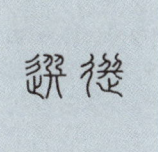

가릴, 뽑을, 추려낼, 셀, 재물. 약選
select, choose, elect

巽(유순할 손:음부)에 辶의 받침. 제사 지내러(巽) 갈(辶) 사람을 골라 뽑는다는 데서 '가리다'·'뽑다' 의 뜻이 된 자 會形.
【참고】巽은 무릎을 꿇고(巽←卩=두 무릎 꿇을 절 p.90 卩) 제상(丌←几=책상 기)에 제물을 고루 갖춰 바치는 모양에서 '유순하다' 의 뜻.

- [選出 선출] 여럿 가운데서 골라 뽑아 냄.
  [選擇 선택] 골라서 뽑음.
  [當選 당선] 선거에 뽑힘.

3급

遵
좇을 준

좇을, 따라갈, 행할, 지킬. 약 遵
follow, obey, observe

尊(높을 존:음부)에 辶의 받침. 윗사람(尊 p.137)의 뒤를 따라간다(辶)는 데서 '좇아가다'의 뜻이 된 자 形.

- [遵法 준법] 법령을 지킴.
- [遵守 준수] 규칙·명령 등을 좇아 지킴.
- [奉遵 봉준] 받들어 행함.

4급

遺
남길 유

남길, 잃을, 자취, 끼칠, 물려줄. 약 遺
remain, leave behind, lose

貴(귀할 귀:음부)에 辶의 받침. 길을 가다가(辶) 귀중한(貴 p.360) 물건을 떨어뜨렸다 하여 '잃어버리다'·'남기다'의 뜻이 된 자 形.

- [遺物 유물] 후세에 남겨진 물건.
- [遺失 유실] 가진 물건을 잃어버림.
- [遺族 유족] 죽은 이의 남아 있는 가족.

3급II

還
돌아올 환

 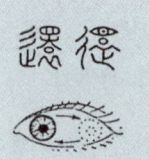

돌아올, 도리어 환/ 돌 선. 통 旋 약 還
return, repay, revolve

睘(눈 휘둥그레질 경:음부)에 辶의 받침. 눈알이 휘둥그렇게(睘) 돌아갔다가(辶) 제자리로 '돌아온다'는 뜻으로 된 자. 나아가, '돌려주다'의 뜻으로도 쓰인다 形.

【참고】睘은 놀란 눈초리(罒←目)가 길게(袁←袁=옷 길 원) '휘둘러짐'을 나타냄.

- [還送 환송] 도로 돌려보냄.
- [還鄕 환향] 고향으로 돌아감.
- [歸還 귀환] 다시 돌아옴.

4급

避
피할 피

피할, 숨을, 면할, 어길. 통 辟 약 避
avoid, conceal, escape

辟(피할 피:음부)에 辶의 받침. 남의 눈을 피해 숨어 도망간다(辶) 하여 '피하다'·'숨다'의 뜻이 된 자. 피해 숨어 위험을 '면한다'는 뜻으로도 쓰인다 形.

【참고】辟는 죄지은(辛) 자가 절제(卩←卩=節)를 당하고 문책(口) 받기를 싫어한다는 데서 '피하다'의 뜻이 됨.

- [避亂 피란] 난리를 피함.
- [避身 피신] 몸을 숨기어 피함.
- [逃避 도피] 도주하여 피함.

4급II

邊
가 변

가, 곁할, 국경, 모퉁이, 끝. 약 辺
edge, boundary

臱(뵈지 않을 면:음부)에 辶의 받침. 아래가 보이지 않게(臱) 낭떠러지가 연이어 나간(辶) 가장자리를 가리켜 '가'의 뜻이 된 자. '가'라는 데서 '국경'의 뜻으로도 쓰인다 形.

【참고】臱은 코(自 p.321) 구멍(穴) 속 쪽(方)이 '뵈지 않는다'는 뜻으로 됨.

- [邊境 변경] 나라의 경계가 되는 곳.
- [海邊 해변] 뭍과 바다가 맞닿은 곳.
- [身邊 신변] 몸 또는 몸의 주위.

邑(阝) 고을 읍

7급

고을, 영유할, 답답할 읍/ 아첨할 압.
city, district, town

囗(둘러쌀 위)와 巴의 합침. 巴은 卩(=무릎 마디 절)의 변형된 자로 사람을 나타냄. 일정하게 둘러싸인 지경(囗) 안에 사람(巴)들이 모여 사는 '고을' 또는 '읍'을 뜻한 자 會.

- [邑內 읍내] 읍청(邑廳)이 있는 고을 안.
  [邑長 읍장] 읍의 우두머리.
  [都邑 도읍] 서울. 수도.

邪 간사할 사

3급II

간사할 사/ 그런가 통 耶 땅 이름 야.
cunning, wicked, isn't

牙(어금니 아)에 阝(邑)의 합침. 어금니(牙)같이 튼튼한 지형(阝)으로 이뤄진 제나라의 '지명[琅邪]'을 뜻하여 된 자인데, 그 땅에서 살던 사람들의 풍속이 못된 데서 '간사(奸邪)하다'의 뜻으로 쓰이게 되었다 形.

- [邪計 사계] 바르지 못한 계책(計策).
  [邪敎 사교] 요사(妖邪)스러운 종교.
  [邪念 사념] 간악한 생각.

邦 나라 방

3급

나라, 봉할, 성(姓). 속 邦
state, country, grant a fief

丰(풀 무성할 봉:음부)과 阝(邑)의 합침. 풀이 무성하게(丰 p.119 奉) 자라고 언덕진 지역(阝)에 모여 사는 부족 국가를 뜻한 자인데, 널리 '나라'의 뜻으로 쓰인다 形.

- [邦慶 방경] 나라의 경사.
  [友邦 우방] 가까이 사귀는 나라.
  [聯邦 연방] 국가 결합의 하나.

那 어찌 나

3급

어찌, 많을, 편할, 나라 이름.
where, who, what, which

冄(←冉=가는 털 늘어질 염:음부)에 阝(邑)의 합침. 뺨에 털이 많이 나 늘어진(冄) 사람들이 산다는 서쪽 '나라(阝)'를 뜻하여 된 자 形. 뺨에 긴 털이 많이 난 것을 보고 의아감을 품으며 감탄한 데서 '어찌'라는 뜻으로 쓰이게 되었다 轉.
【참고】冄은 모발이 길게 자라 양뺨에 드리워진 모양.

- [那落 나락] 나락가. 즉 지옥.
  [那邊 나변] 어디. 어느 곳.
  [刹那 찰나] 썩 짧은 동안.

郊 들(野) 교

3급

들, 시골, 성 밖.
outskirts, suburb

交(사귈 교:음부)와 阝(邑)의 합침. 성내에서 쉽게 왕래할(交 p.50) 수 있는 성 밖 마을(阝)인 '시골'을 뜻한 자 形.

- [郊外 교외] 도시의 밖.
  [近郊 근교] 도시 부근의 들.
  [遠郊 원교] 도회에서 먼 마을이나 들.

3급II

郎 사내 랑

사내, 남편, 아들, 주인, 마을. 약 郎
man, husband, son

良(어질 량:음부)과 阝(邑)의 합침. 마을(阝)에서 어질고(良) 훌륭한 '사내'를 뜻하여 된 자 形.
【참고】 본디 郎은 阝(邑)의 뜻을 취해 노(魯)나라의 '마을' 이름으로 썼었는데, 후에 良의 뜻을 취해 '남편'을 뜻하게 되었음.

- [郎君 낭군] 남편을 일컬음.
  [婿郎 서랑] 사위.
  [花郎 화랑] 신라 때 젊은이들의 단체.

6급

郡 고을 군

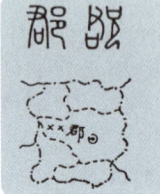

고을, 무리 모일.
district, country

君(임금 군:음부)과 阝(邑)의 합침. 임금(君 p.99)의 명을 받아 백성을 다스리기 위해 마련된 '고을(阝)'을 뜻한 자 形.

- [郡守 군수] 한 군의 우두머리.
  [郡廳 군청] 한 군을 다스리는 관청.
  [隣郡 인군] 이웃 군.

3급

郭 둘레 외성 곽

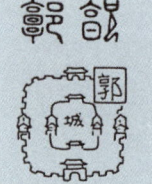

둘레, 성곽(城郭), 벌릴, 성. 통 廓
rim

享(←𩫏=성 곽:음부)과 阝(邑)의 합침. 享(→전자)만으로도 높이 쌓은 성을 나타냈는데, 그 성 밖에 고을(阝)을 한 겹 더 둘러싼 '바깥 성'을 뜻한다 形.

- [郭索 곽색] 마음의 안정을 잃은 모양.
  [外郭 외곽] 바깥 테두리. 外廓.
  [輪郭 윤곽] 거죽의 모양. 輪廓.

6급

部 떼 부

떼, 무리, 나눌, 거느릴, 마을, 분류.
group, part, section

咅(가를 부:음부)와 阝(邑)의 합침. 나라를 다스리기 쉽게 여러 고을(阝)로 가른(咅) 데서 '나누다'의 뜻이 된 자. 나아가, 그 고을의 주민을 가리켜 '무리'의 뜻으로도 쓰인다 形.
【참고】 咅는 서서(立) 침방울을 튀기며 말다툼(口)하다가 '갈라짐'을 뜻함.

- [部落 부락] 시골에서 여러 민가가 모여 이룬 동네.
  [部下 부하] 아랫사람.
  [外部 외부] 바깥쪽.

4급

郵 우편 우

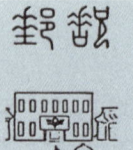

우편, 역, 역말, 지날, 탓할. 통 尤
post-house, post

垂(변방 수:음부)와 阝(邑)의 합침. 먼 변경(垂)과 중앙 지방(阝)간에 연락을 취할 때 사람과 말이 쉬는 '숙소'를 뜻하여 된 자인데, 연락한다는 데서 '우편'의 뜻으로 쓰이게 되었다 會形.
【참고】 垂는 초목의 잎이 드리워진 모양인 𠂹에 土를 받쳐 길게 뻗친 '변방'을 뜻함.

- [郵送 우송] 우편(郵便)으로 보냄.
  [郵票 우표] 우편물에 붙이는 증표.
  [置郵 치우] 역참. 역마를 갈아타는 곳.

都

5급

도읍 도

도읍, 도회지, 서울, 모두, 도무지.
metropolis, capital, all

者(놈 자:음부)와 阝(邑)의 합침. 고을(阝) 중에서도 많은 사람들(者 p.312)이 살고 있는 '도회지(都會地)'를 뜻하여 된 자. 나아가, '도읍(都邑)'의 뜻으로도 쓰인다 形.

- [都市 도시] 시가지를 이룬 도회.
- [都合 도합] 모두 한데 합한 셈. 도통.
- [首都 수도] 한 나라의 중앙 정부가 있는 도시.

鄉

4급II

시골 향

시골, 고향, 곳, 대접할. 약 郷 통 饗
native-place, village, treat

鄕(𢀛←골목 항)과 皀(밥 고소할 흡:음부)의 어울림. 촌락(𢀛)에서 음식(皀 p.91 卽)을 가운데 놓고 둘러앉아 먹는 모양에서 '시골'의 뜻이 된 자. 나아가, '대접하다'의 뜻으로도 쓰인다 形.

- [鄕愁 향수] 고향(故鄕)을 그리는 마음.
- [鄕土 향토] 시골 마을. 그 고장.
- [歸鄕 귀향] 고향으로 돌아감.

酉

3급

닭 유

닭(열째 지지), 가을, 나아갈, 술.
cock(10th of 12 stems)

술병 모양을 본떠 '술'을 뜻한 자 象. 술은 닭이 둥우리에 드는 해질 무렵에 마신다는 데서 12지지의 열째인 '닭'의 뜻으로 쓰이게 되자, 후에 氵를 덧붙인 酒가 '술'의 뜻으로 쓰이게 되었다 轉.

- [酉方 유방] 서쪽.
- [酉聖 유성] 술의 별칭.
- [酉時 유시] 하오 5~7시.

配

4급II

나눌 짝 배

나눌, 짝, 술빛, 도울, 귀양 보낼.
pair, mate, divide, banish

酉와 己(몸 기[비]:음부)의 합침. 사람(己)에게 술(酉)을 따라 준다는 데서 '나누다'의 뜻이 된 자 形. 술을 부어 놓고 신랑·신부가 예를 올린다 하여 妃(왕비 비, 짝 배)의 뜻을 빌려 '짝'의 뜻으로도 쓰인다 假.

- [配給 배급] 분배(分配)하여 공급함.
- [配達 배달] 물건을 가져다가 몫몫으로 나누어 돌림.
- [流配 유배] 죄인을 귀양 보냄.

酌

3급

술 부을
잔질할 작

잔질할, 술 따를, 대중할, 참작(參酌)할.
scoop out and pour wine

酉와 勺(구기 작:음부)의 합침. 술(酉)을 작은 구기(勺)로 떠 잔에 따른다는 데서 '잔질하다'의 뜻이 된 자 會形.
【참고】 勺은 무엇(一)을 뜨는 작은 구기(ᄀ)를 나타냄.

- [酌婦 작부] 주점에서 술을 따르는 여자.
- [對酌 대작] 마주 대하여 술을 마심.
- [斟酌 짐작] 어림쳐서 헤아림. 겉가량.

4급
酒 술 주
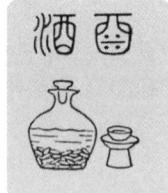

술, 냉수, 벼슬 이름, 잔치, 나아갈.
wine, liquor, clear water

氵(水)변에 酉의 합침. 곡물에 물(氵)과 누룩을 섞어 빚은 '술(酉)'을 뜻한 자 會形.

- [酒席 주석] 술자리.
- [酒仙 주선] 세상 일보다 술을 낙으로 삼는 이.
- [禁酒 금주] 술을 끊음.

3급II
醉 취할 취

취할, 침혹할, 빠질, 궤란할. 약 酔
drunk, intoxicated

酉와 卒(다할 졸:음부)의 합침. 술(酉)의 양이 다 되도록(卒 p.89) 마셨다는 데서 '취하다'의 뜻이 된 자 會形.

- [醉興 취흥] 술에 취해 일어나는 흥취.
- [陶醉 도취] 무엇에 열중함.
- [心醉 심취] 깊이 빠져 마음을 빼앗김.

3급
醜 추할 추
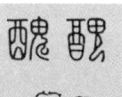

추할, 더러울, 같을, 부끄러울, 무리.
dirty, ugly, hateful

酉(:음부)와 鬼(귀신 귀)의 합침. 술(酉)을 퍼마시고 귀신(鬼)같이 추잡하게 군다는 데서 '추하다'의 뜻이 된 자 會形.

- [醜聞 추문] 추잡한 소문.
- [醜雜 추잡] 언행이 지저분하고 잡스러움.
- [美醜 미추] 아름다움과 더러움.

6급
醫 의원 의

의원, 병 고칠, 구할, 초. 약 医
doctor, cure, heal, relieve

① 殹(소리 마주칠 예:음부)와 酉의 합침. 신음 소리(殹)를 내며 몸부림치는 환자에게 약술(酉)을 먹여 '고친다'는 뜻으로 된 자 會形.
② 화살(矢)이나 창(殳) 따위에 찔려 패인(匚) 데를 독한 술(酉)로 소독하여 '고친다'는 뜻으로 된 자 會.

- [醫師 의사] 의료(醫療)를 업으로 하는 자.
- [醫藥 의약] 의료에 쓰이는 약품.
- [漢醫 한의] 한방의 의술(醫術).

釆(采) 나눌 변

나눌, 분별할(辨의 본 자), 발자국.
distinguish

짐승의 '발자국' 모양을 본뜬 자인데, 그 발자국을 보고 어떤 짐승인지를 알아낸다는 데서 '분별하다'의 뜻으로 널리 쓰인다 會.

釋

3급II

풀 석

풀, 해석할, 놓을, 둘, 부처. ㈜釈
release, translate, annotate

釆과 睪(엿볼 역:음부)의 합침. 사물을 분별하여(釆) 알아보기(睪 p.193 擇) 쉽게 설명한다 하여 '풀다'·'해석(解釋)하다'의 뜻이 된 자. 또, 알게 되어 손을 뗀다는 데서 '놓다'의 뜻으로도 쓰인다 ㊋.

- [釋迦 석가] 불교를 연 부처 이름.
- [釋放 석방] 가두었던 사람을 풀어놓음.
- [保釋 보석] 임시로 석방함.

里

7급

마을 리

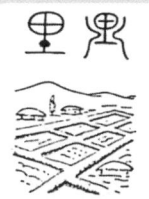

마을, 이수(里數), 근심할, 거할, 이미.
village, a measure of length

田(밭 전)과 土(흙 토)의 합침. 농토(田) 사이의 땅(土)에 사람이 '거주함'을 나타내어, 널리 '마을'의 뜻으로 쓰이게 된 자. 밭(田)의 이랑(土) 수로 넓이와 길이의 기준을 삼았던 데서 '이수'의 뜻으로도 쓰인다 ㊌.

- [里程 이정] 길의 이수.
- [洞里 동리] 마을. 동과 이의 총칭.
- [鄕里 향리] 나서 자라난 고향 마을.

重

7급

무거울 중

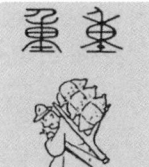

무거울, 두터울, 거듭, 더딜, 높일.
weighty, important, repeat

① 사람이 등에 무거운 짐을 지고 선 모양을 본떠 '무겁다'의 뜻이 된 자 ㊊.
② 壬(싹 나올 정)과 里(←東=꿸 동:음부)의 어울림. 싹이 나올(壬) 때 꿰뚫어야(東 p.215) 할 흙이 '겹쳐' '두텁다[重厚]'는 뜻으로 된 자 ㊌㊋.
【참고】여기서의 壬은 흙(土)을 뚫고 싹이 나오는(丿) 모양.

- [重複 중복] 거듭함. 겹친 위에 또 겹침.
- [重要 중요] 귀중(貴重)하고 종요로움.
- [體重 체중] 몸의 무게.

野

6급

野
들(坪) 야

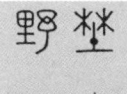

들, 촌스러울, 야만, 분야. ㈜埜
field, rustic, branch

里와 予(줄 여 : 음부)의 합침. 사람에게 곡식을 키워 주는(予 p.47) 논(土)밭(田)이 있는 '들'을 뜻하여 된 자 ㊋.

- [野黨 야당] 정권을 잡지 못한 정당.
- [野菜 야채] 들이나 산에서 나는 나물.
- [荒野 황야] 거친 들판.

量

5급

헤아릴 량

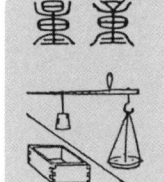

헤아릴, 생각할, 예상할, 휘, 국량(局量).
measure, consider, calculate

日과 重(←重=무거울 중:음부)의 합침. 日은 물건 또는 되의 모양. 물건(日)의 부피나 무게(重)를 '헤아린다'는 뜻으로 된 자 ㊋.

- [量子 양자] 물질의 최소량의 단위.
- [裁量 재량] 짐작하여 헤아림. 재단함.
- [重量 중량] 무게의 정도. 무게의 크기.

8급

쇠 금
성(姓) 김

쇠, 금, 돈, 귀중할 금/ 성 김[國字].
gold, money, valued

亼(←스=이제 금:음부)에 土와 ㆍㆍ의 어울림. 亼은 무엇이 덮인 모양, ㆍㆍ은 광석. 흙(土)에 덮여(亼) 있는 광석(ㆍㆍ)의 하나인 '금'을 뜻하여 된 자 ㊗.

- [金庫 금고] 귀중품을 넣어 두는 곳.
  [金言 금언] 귀중한 말.
  [代金 대금] 물건의 값. 치르는 돈.

4급

針
바늘 침

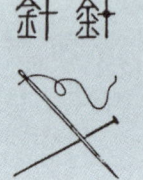

바늘, 꿰맬, 침 찌를. 본鍼
needle, sew, pin, sting

① 金과 十(열 십:음부)의 합침. 十은 실을 꿴 바늘의 모양. 쇠(金)로 된 '바늘(十)'을 뜻한 자. 바늘의 구실에서 '꿰매다' 또는 '침 놓다'의 뜻으로도 쓰인다 ㊗.
② 본자인 鍼은, 쇠(金)로 된 바늘로 옷의 해지거나 터진 데를 모두(咸=다 함:음부) '꿰맨다'는 뜻으로 된 자인데, '침 놓는 바늘'의 뜻으로 쓰이게 되자, 보통 바늘은 針자로 쓰게 되었다 ㊗.

- [針路 침로] 배나 비행기가 나아가는 길.
  [注射針 주사침] 주삿바늘.
  [指針 지침] 가르쳐 인도할 방침(方針).

3급

鈍
둔할 둔

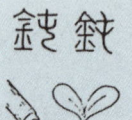

둔할, 무딜, 굼뜰, 노둔(魯鈍)할.
obtuse, dull, stupid

金과 屯(두꺼울 둔:음부)의 합침. 쇠(金)로 만든 창이나 칼의 날이 닳아 떡잎같이 두껍게(屯 p.300 純) 되었다는 데서 '무디다'·'둔하다'의 뜻이 된 자 ㊗.

- [鈍器 둔기] 무딘 연장.
  [鈍才 둔재] 둔한 재주. 무딘 사람.
  [愚鈍 우둔] 어리석고 둔함.

4급

鉛
납 연

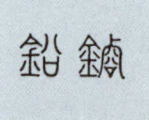

납, 분, 따를. 통沿
lead, powder

金과 㕣(산 속 늪 연:음부)의 합침. 녹았을 때나 녹지 않았을 때나 늪(㕣 p.237 沿)의 물빛처럼 푸르스름하고 잿빛을 띠는 금속(金)인 '납'을 뜻한 자 ㊗.

- [鉛板 연판] 납을 부어 만든 인쇄판.
  [亞鉛 아연] 청백색 금속의 하나.
  [黑鉛 흑연] 연필(鉛筆)심을 만드는 광물.

4급 II

銃
총 총

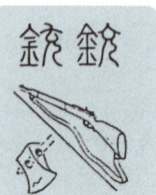

총, 도끼 구멍.
gun, the eye of an ax

金과 充(채울 충:음부)의 합침. 쇠(金)도끼에 자루를 꽉 차게(充 p.69) 끼우는 '도끼 구멍'을 뜻하여 된 자 ㊗. 도끼 구멍에 자루가 꽉 차듯이 총구멍을 탄환이 빠듯하게 나가며 그 기능을 발휘하는 '총'의 뜻으로 널리 쓰인다 ㊝.

- [銃口 총구] 총부리.
  [銃傷 총상] 총에 맞아 다친 상처.
  [拳銃 권총] 짧고 작은 총.

金 부

6급
銀 은 은

은, 은빛, 돈, 은화(銀貨), 날카로울.
silver, silver color

金과 艮(그칠 간:음부)의 합침. 눈알을 굴릴(艮 p.324) 때의 흰자위처럼 백색의 빛을 내는 쇠붙이(金)인 '은'의 뜻으로 된 자 形.

- [銀河水 은하수] 남북으로 뻗친 별무리.
  [銀行 은행] 대표적인 금융 기관.
  [水銀 수은] 상온에서 액체인 금속 원소.

3급II
銘 새길 명

새길, 기록할, 명금석 글.
engrave, inscribe on

金과 名(이름 명:음부)의 합침. 이름(名 p.98)을 오래도록 전하기 위하여 쇠(金)종이나 솥에 '새긴다'는 뜻으로 된 자 會形.

- [銘心 명심] 마음에 새겨 둠.
  [感銘 감명] 크게 느껴 마음에 새겨 둠.
  [座右銘 좌우명] 늘 옆에 두고 가르침으로 삼는 말.

4급II
銅 구리 동

구리, 돈, 동화(銅貨), 산골.
copper, coin, money

金과 同(한가지 동:음부)의 합침. 빛깔이 금(金)과도 같이(同 p.98) 불그레한 '구리'를 뜻하여 된 자 形.

- [銅佛 동불] 구리로 만든 불상.
  [銅版 동판] 구리 조각에 새긴 인쇄 원판.
  [靑銅 청동] 주석과 구리의 합금.

3급
銳 날카로울 예

날카로울, 날랠, 작을 예/ 창 태.
keen, sharp, valiant

金과 兌(바꿀 태[예]:음부)의 합침. 쇠(金)를 깎아(兌 p.319 脫) 뾰족이 한다는 데서 '날카롭다'의 뜻이 된 자 形.

- [銳利 예리] 두뇌나 칼날이 날카로움.
  [新銳 신예] 새롭고 기세가 날카로움.
  [精銳 정예] 정련되고 날카로움.

4급II
錄 기록할 록

 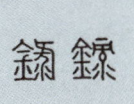

기록, 문서, 목록, 새길 록/ 사실할 려.
record, document, index

金과 彔(나무 깎을 록:음부)의 합침. 칼(金)로 나무를 깎아(彔 p.304 綠) 글자를 '새기거나' '기록(記錄)한다'는 뜻으로 된 자 形.

- [錄音 녹음] 음파의 기록.
  [附錄 부록] 본문 끝에 덧붙이는 기록.
  [收錄 수록] 모아서 거두어 적어 둠.

3급 II

鋼
강철 강

강철, 강쇠, 굳셀.
steel, strong

金과 岡(산등성이 강:음부)의 합침. 산등성이(岡 p.304 綱)같이 굳센 쇠(金)라 하여 '강철(鋼鐵)'의 뜻이 된 자. 그 성질에서 '굳세다'의 뜻으로도 쓰인다 形.

- [鋼玉 강옥] 경도가 큰 보석의 하나.
  [鋼版 강판] 강철판에 조각한 요판.
  [製鋼 제강] 시우쇠를 불려 강철을 만듦.

3급 II

錯
어긋날 착

어긋날, 섞일, 버무릴, 도금할 착/ 둘 조.
confuse, mix, mistake

金과 昔(옛 석:음부)의 합침. 쇠붙이(金)에 금속막을 덧겹치듯이(昔 p.204) 입힌 '도금'을 뜻하여 된 자. 도금할 때 쇠붙이와 한데 합쳐진다 하여 '섞이다'·'버무리다'의 뜻으로도 쓰인다 形.

- [錯誤 착오] 틀려서 잘못됨.
  [錯雜 착잡] 뒤섞여 복잡함.
  [交錯 교착] 엇걸리고 뒤섞임.

4급

錢
돈 전

돈, 전, 무게 단위, 가래. 약 銭
money, coin

金과 戔(상할 잔:음부)의 합침. 금속(金)으로 창이나 칼[刀錢=도전]같이 깎아(戔) 만들었던 '돈'을 뜻하여 된 자. 나아가, '동전'의 뜻으로 널리 쓰인다 形.
【참고】 戔은 병기(戈)와 병기(戈)로 싸워 '상했다'는 뜻.

- [錢主 전주] 사업에 밑천을 대준 사람.
  [口錢 구전] 흥정을 붙여 주고 받는 돈.
  [金錢 금전] 돈.

3급 II

錦
비단 금

비단, 비단옷, 탄미할, 성(姓).
silk, silk clothes

金(:음부)과 帛(비단 백)의 합침. 금빛(金)같이 고운 '비단(帛)'을 뜻하여 된 자 會形.
【참고】 帛은 옷깃(巾)에 붙이는 흰(白) '비단동정'을 뜻하여 됨.

- [錦繡 금수] 비단과 수.
  [錦衣 금의] 비단옷.
  [素錦 소금] 흰 비단.

3급 II

鍊
쇠 불릴
단련할 련

쇠 불릴, 단련할, 이길. 통 煉 약 錬
train, discipline, smelt, refine

金과 柬(분별할 간:음부)의 합침. 쇠(金)의 성질을 가려내기(柬 p.305 練) 위해 '불린다'는 뜻으로 된 자. 나아가 '단련(鍛鍊)하다'의 뜻으로도 쓰인다 形
【참고】 '불리다'는 '불에 달구어 단단하게 하다'는 뜻.

- [鍊磨 연마] 여러 번 갈고 닦음.
  [手鍊 수련] 익숙하여 솜씨가 좋음.
  [冶鍊 야련] 쇠를 불림.

金 부

3급 II

鎭
진압할 진

누를, 진정할, 가라앉을, 수자리. 약 鎮
repress, subdue, appease

金과 眞(참 진:음부)의 합침. 거푸집에 쇳물(金)을 부으니 속이 꽉 차면서(眞 p.277) 그 밑을 내리 '누른다' 는 뜻으로 된 자. 또는, 마음을 참되게(眞) 가져 쇳덩이(金)같이 무겁게 눌러 평정한다 하여 '진정(鎭定)하다' 의 뜻으로도 쓰인다 形.

- [鎭壓 진압] 진정시키려고 누름.
  [鎭痛 진통] 아픈 것을 진정시킴.
  [重鎭 중진] 중요한 자리에 있는 사람.

3급 II

鎖
쇠사슬 쇄

쇠사슬, 수갑, 닫을, 가둘, 자물쇠. 속 鎖
chain, handlock, lock

金과 貨(자개 소리 쇄:음부)의 합침. 꿰어맨 자잘한(小) 조개(貝=조개 패)들이 맞부딪는 것 같은 소리가 나는 '쇠사슬(金)' 을 뜻하여 된 자 形.

- [鎖國 쇄국] 나라의 문호를 굳게 닫음.
  [連鎖 연쇄] 사물이나 현상이 사슬처럼 이어져 통일체를 이룸.
  [鐵鎖 철쇄] 쇠사슬.

4급

鏡
거울 경

 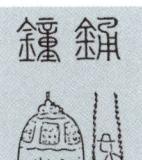

거울, 비출, 살필, 안경(眼鏡).
mirror, reflect

金과 竟(끝날 경:음부)의 합침. 금속(金)의 표면(竟 p.292)을 닦아 만든 '거울' 을 뜻하여 된 자 會形.
【참고】 竟은 거울에 비쳐지는 물체가 거울 속에 들어 있는 듯 보이지만, 실은 거울면에서 '끝남' 을 뜻하여 음부로 합침.

- [鏡臺 경대] 거울을 단 화장대.
  [明鏡 명경] 맑은 거울. 확실한 증거.
  [破鏡 파경] 부부의 헤어짐의 비유.

4급

鐘
쇠북 종

 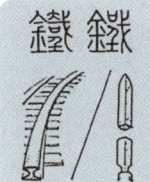

쇠북, 종, 인경, 시계. 통 鍾
bell, clock

金과 童(아이 동:음부)의 합침. '쇠(金)북' 소리를 아이(童 p.292)의 울음소리에 비겨 그 뜻이 된 자 形.
【참고】 童은 撞(칠 당)의 획 줄임으로, 종을 친다는 데서 음부로 합쳤다고도 함.

- [鐘閣 종각] 큰 종을 달아 놓는 집.
  [警鐘 경종] 잘못되는 일에 대하여 미리 주의나 충고를 줌을 비유.
  [掛鐘 괘종] 벽에 거는 시계의 하나.

5급

鐵
쇠 철

쇠, 검은 쇠, 검을, 단단할. 속 약 鉄
iron, black, firm, strong

金과 戴(←戴=빠를 철:음부)의 합침. 빨리(戴) 녹이 스는 쇠(金)로서 널리 쓰이는 '검은 쇠' 를 뜻하여 된 자 形.
【참고】 戴은 본디 녹이 빨리 나타나(呈=나타낼 정) 삭아버린다(戈=상할 재)는 뜻으로 됨.

- [鐵道 철도] 철로 된 궤도에 의한 길.
  [鐵棒 철봉] 제조에 쓰는 기구.
  [製鐵 제철] 쇠를 제련·정제하는 일.

3급 II

鑄
쇠 불릴 주

쇠 불릴, 부어 만들. 약 铸
fuse, mold

金과 壽(오래 살 수:음부)의 합침. 쇠(金)를 녹여 기물을 만드는 거푸집 속이 壽(p.115)의 전자처럼 구불구불한 데서 이를 음부로 합쳐 '쇠 불리다'·'부어 만들다'의 뜻이 된 자 形.

【참고】 壽는 주조한 그릇은 오래간다, 또는 주조할 쇠를 오래도록 녹임을 뜻하기도 함.

- [鑄造 주조] 쇠를 녹여 물건을 만듦.
  [鑄貨 주화] 주조된 금속 화폐.

3급 II

鑑
거울 감

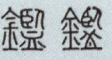

거울, 밝을, 비칠, 비춰 볼, 본뜰.
mirror, light, reflect, mold

金과 監(볼 감:음부)의 합침. 놋쇠(金) 대야에 얼굴을 비춰 봤던(監 p.275) 데서 '거울'의 뜻이 된 자. 나아가, 거울이 잘 비추어 준다는 데서 '밝다'의 뜻으로도 쓰인다 形.

- [鑑別 감별] 감정(鑑定)하여 분별해 냄.
  [鑑賞 감상] 예술 작품을 음미, 이해함.
  [龜鑑 귀감] 사물의 본보기.

4급

鑛
쇳돌 광

쇳돌, 광석, 쇳덩이. 동 礦 약 鉱
mineral, ore

金과 廣(넓을 광:음부)의 합침. 널따란(廣 p.154) 대지에 묻혀 있는 쇳돌(金), 즉 '광석(鑛石)'을 뜻한 자 形.

- [鑛物 광물] 땅 속에서 나는 천연 무기물.
  [鑛夫 광부] 광물을 파내는 인부.
  [採鑛 채광] 광물을 캐어냄.

8급

長
긴 장

길, 길이, 기를, 클, 많을, 어른, 우두머리.
long, length, elder, chief

① 수염과 머리카락이 긴 노인이 지팡이를 짚고 있는 모양에서 '어른' 또는 '길다'의 뜻이 된 자 象.
② 匚(←厂=거꾸러질 망:음부)·兀(兀=높을 올)·ㄣ(←匕=변화 화)의 어울림. 지혜가 높고(兀) 허리가 굽게(匚) 변한(ㄣ) '어른'을 뜻하여 된 자 會形.

【참고】 張·帳 등은 長을 몸으로 취한 자임. 镸은 亾이 뒤집혀 된 자.

- [長久 장구] 길고 오램.
  [成長 성장] 자라서 점점 커짐.
  [會長 회장] 회의 대표자.

8급

門
문 문

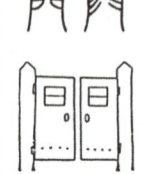

문, 집, 집안, 지체, 무리, 들을, 길.
gate, family

두 짝 '문'의 모양을 본뜬 자. 대문이 큰 '집'을 나타내기도 한다 象.

- [門前 문전] 대문 앞.
  [門下 문하] 스승의 밑.
  [後門 후문] 뒷문.

金 · 長 · 門 부

4급 閉 닫을 폐

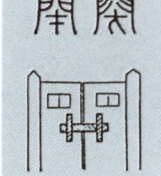

닫을, 마칠, 가릴, 덮을 폐/ 감출, 막을 별.
shut, close, stop, obstruct

문(門)에 빗장(才)을 끼운 모양에서 '닫다'의 뜻이 된 자. 닫는다는 데서 '막다' 또는 '마치다'의 뜻으로도 쓰인다 象.
【참고】才(재주 재)는 빗장을 지른 모양과 그 기능에서 취함.

- [閉門 폐문] 문을 닫음.
  [閉會 폐회] 집회나 회의를 마침.
  [開閉 개폐] 열고 닫음.

7급 間 사이 간

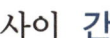

사이, 틈, 동안 간/ 한가할, 쉴 한. 본 閒
during, between, interval

門 안에 日(날 일)의 합침. 햇빛(日)이 들어오는 문(門)틈을 가리켜 '사이'의 뜻이 된 자 會.
【참고】본자인 閒은 달빛(月)이 새어드는 문(門) '틈'을 나타내어 됨.

- [間或 간혹] 이따금. 어찌다가.
  [居間 거간] 흥정을 붙이는 일.
  [夜間 야간] 밤 동안. 밤 사이.

3급 閏 윤달 윤

윤달, 방계, 윤위.
intercalation, extra

門 안에 王(임금 왕)의 합침. '윤달'에는 임금(王)이 종묘 출입을 안 하고 대궐 문(門) 안에만 있다는 데서 門 안에 王을 넣어 그 뜻을 나타낸 자 會.

- [閏年 윤년] 윤일 또는 윤달이 든 해.
  [閏月 윤월] 윤달.
  [閏位 윤위] 정통이 아닌 임금의 자리.

4급 閑 한가할 한

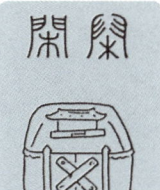

한가할, 막을, 문지방, 고요할, 익힐. 통 閒
leisure, defend, quiet

門 안에 木(나무 목)의 합침. 문간(門)에 나무(木)를 가로질러 출입을 '막는다'는 뜻으로 된 자. 출입이 없으니 '한가하다'는 뜻으로 널리 쓰인다 會.

- [閑談 한담] 심심풀이의 이야기.
  [閑散 한산] 조용하고 한가(閑暇)함.
  [有閑 유한] 시간 여유가 있어서 한가함.

6급 開 열 개

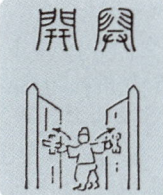

열, 통할, 베풀, 비롯할, 필, 떨어질.
open, begin

門 안에 开(←幵=평평할 견:음부)의 합침. 开은 빗장(一)을 두 손(廾=양손 공)으로 빼는 모양. 빗장을 빼고 문을 '연다'는 뜻으로 된 자. 연다는 데서 '비롯하다'의 뜻으로도 쓰인다 形.

- [開校 개교] 새 학교에서 공부를 시작함.
  [開發 개발] 미개지를 개척, 발전시킴.
  [展開 전개] 열리어 나타남.

3급II

閣
집 각

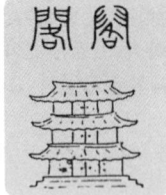

큰 집, 누각, 다락집, 선반, 문 말뚝.
castle, mansion

門 안에 各(각각 각:음부)의 합침. 여러 사람(各 p.97)이 찾아드는 '큰 문(門) 달린 집' 또는 '누각(樓閣)'을 뜻하여 된 자. 본디는, 큰 집의 출입구(門)를 아무나(各) 드나들지 못하도록 친 '말뚝' 따위를 뜻했다 形.

- [閣議 각의] 내각의 회의.
  [閣下 각하] 고위 관리의 존칭.
  [內閣 내각] 행정권 담당의 최고 기관.

3급

閱
볼(覽) 열

볼, 겪을, 지낼, 점호할, 가릴, 읽을.
inspect, review, read

門 안에 兌(날카로울 예:음부)의 합침. 영문(門) 안에서 군사의 상황을 날카로이(兌 p.387 銳) 점검한다는 데서 '살펴보다'의 뜻이 된 자 形.

- [閱覽 열람] 책 따위를 죽 내리훑어 봄.
  [檢閱 검열] 검사하여 열람함. 조사함.

5급

關
관계할 관

관계할, 통할, 닫을 관/ 문지방 완. 약 関

connect, close, threshold

門 안에 絲(북에 실 꿸 관:음부)의 합침. 문(門)을 북에 실 꿰듯이 (絲) 사슬로 걸어맨다는 데서 '닫다'의 뜻이 된 자. 반대로, 그 사슬을 풀고 나간다 하여 '통하다'의 뜻으로도 쓰인다 形.
【참고】絲는 실(絲←絲=실 사)을 북(丱=북의 양귀 관)에 꿴을 뜻함.

- [關係 관계] 사물들 간에 관련이 있음.
  [關與 관여] 관계하며 참여함.
  [無關 무관] 관련(關聯)이 없음.

2급

阜(阝)
언덕 부

언덕, 클, 살찔, 성할, 많을, 두둑할.
mound, great

흙이 겹겹이 쌓이고 덮쳐진 큰 '언덕' 모양을 본뜬 자. 그 모양에서 '크다'·'많다'의 뜻으로도 쓰인다 象.

- [阜通 부통] 널리 통용시킴.
  [高阜 고부] 높은 언덕.

4급II

防
막을 방

막을, 둑, 방비할, 병풍, 방죽. 통 房
defend, bank, guard, screen

阝(阜)변에 方(방위 방:음부)의 합침. 물이 넘치는 쪽(方 p.201)에 언덕(阝)을 높이 쌓은 '둑'을 뜻하여 된 자. 둑은 홍수를 막는다는 데서 '방비(防備)하다'의 뜻으로도 쓰인다 形.

- [防空 방공] 항공기에 의한 공격을 방비함.
  [防止 방지] 막아서 그치게 함.
  [消防 소방] 화재를 막아 냄.

附 붙을 부

3급 II

붙을, 의지할, 가까이할, 부딪칠. 통付
attach, depend on, near

阝(阜)변에 付(붙을 부:음부)의 합침. 큰 산 옆에 작은 언덕(阝)들이 덧붙어(付 p.52) 있는 듯한 데서 '붙다'의 뜻이 된 자. 붙는다는 데서 '의지하다'의 뜻으로도 쓰인다 形.

- [附近 부근] 가까운 곳. 언저리.
- [附屬 부속] 딸려 붙음.
- [寄附 기부] 보조의 목적으로 재물을 냄.

阿 언덕 아

3급 II

언덕, 아첨할, 마룻대 아/ 누구, 호칭 옥.
slope, flatter, pillar

阝(阜)변에 可(옳을 가:음부)의 합침. 可의 자형같이 구부러진 '언덕(阝)'을 뜻하여 된 자. 언덕(阝)을 오를 때처럼 몸을 굽히고 옳다는 말(可 p.96)만 한다는 데서 '아첨하다'의 뜻으로 널리 쓰인다 會形.

- [阿膠 아교] 짐승의 가죽, 힘줄, 뼈로 만든 접착제의 하나.
- [阿附 아부] 비위를 맞추고 알랑거림.
- [阿片 아편] 양귀비 진액을 말린 것.

降 내릴 강 / 항복할 항

4급

내릴, 떨어질, 돌아갈 강/ 항복할 항
descend, fall, surrender

阝(阜)변에 夅(내릴 강:음부)의 합침. 언덕(阝) 위에서 아래로(夅) '내려온다'는 뜻으로 된 자. 언덕(阝)에 올랐던 적이 내려온다(夅) '항복(降服)하다'의 뜻으로도 쓰인다 會形.
【참고】 夅은 위에서 걸어(夂) 내려옴(㐄=걸을 과)을 나타낸 모양 (p.323 夊써). 降의 옛자.

- [降下 강하] 아래로 내림.
- [昇降 승강] 오르고 내림.
- [投降 투항] 적에게 항복함.

限 한할 한

4급 II

한정, 막힐, 지경, 가지런할, 검정할.
limit, define, boundary

阝(阜)변에 艮(그칠 간:음부)의 합침. 험한 산 언덕(阝)에 앞이 가로막혔다(艮)는 데서 '막히다'·'한정(限定)되다'의 뜻이 된 자 形.

- [限界 한계] 사물의 정해 놓은 범위.
- [限度 한도] 일정한 정도.
- [期限 기한] 미리 기약해 놓은 시기.

院 집 원

5급

원집, 절, 학교, 담, 관청, 튼튼할.
public building, wall

阝(阜)변에 完(튼튼할 완:음부)의 합침. 언덕(阝)같이 담장을 튼튼하게(完 p.130) 둘러친 '관청'이나 '원집'을 뜻하여 된 자 形.

- [院長 원장] 병원(病院) 따위의 우두머리.
- [退院 퇴원] 병원에 입원했다 나옴.
- [學院 학원] 사립 교육 기관의 하나.

4급

陣
진칠 진

진칠, 영문, 싸울, 베풀, 벌일. 동陣
camp, battle, arrange

阝(阜)변에 車(수레 거)의 합침. 언덕(阝)을 의지하여 전차(車)를 배치하고 '진친다'는 뜻. 진친다는 데서 '베풀다'의 뜻으로도 쓰인다 形.
[p.367 軍]

- [陣地 진지] 전투 부대가 진을 친 터.
  [布陣 포진] 진을 침.
  [筆陣 필진] 간행물의 집필 진용(陣容).

4급 II

除
덜 제

 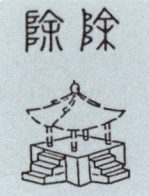

덜, 버릴, 나눌, 섬돌, 벼슬 줄, 다스릴.
exclude, abandon, divide

阝(阜)변에 余(남을 여:음부)의 합침. 큰 건물(대궐)에 여분(余 p.57)으로 돌 따위를 언덕(阝)처럼 쌓아올린 섬돌을 뜻한 자. 섬돌은 하나하나 덜듯이 딛게 된 데서 '덜'의 뜻으로 두루 쓰인다 形.

- [除去 제거] 덜어 내어 떨어 버림.
  [除隊 제대] 현역 복무에서 물러남.
  [解除 해제] 행동에 제약을 가하는 법령 따위를 풀어 자유롭게 함.

3급 II

陷
빠질 함

빠질, 빠뜨릴, 함정(陷穽). 약陷
fall, sink, trap

阝(阜)변에 臽(구덩이 함:음부)의 합침. 臽은 사람(ク←人)이 구덩이(臼=확 구)에 빠짐을 나타냄. 언덕(阝)에 파놓은 함정에 사람이 '빠짐(臽)'을 뜻한 자 形.

- [陷落 함락] 적의 성, 요새, 진지 따위를 공격하여 무너뜨림.
  [陷沒 함몰] 성 따위가 떨어짐. 몰락함.
  [謀陷 모함] 꾀로 어려운 구렁에 빠뜨림.

4급 II

陰
그늘 음

 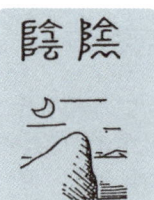

그늘, 음기(陰氣), 흐릴, 몰래, 세월.
shade, cloudy, secret

阝(阜)변에 侌(陰의 옛자:음부)의 합침. 산이나 언덕(阝)에 가려져 햇볕이 들지 않는 '그늘(侌)'을 뜻한 자 形.
【참고】侌은 구름(云 p.48)이 하늘을 뒤덮어(今 p.51, p.386 今) '그늘짐'을 뜻함.

- [陰地 음지] 응달. 볕이 잘 들지 않는 곳.
  [綠陰 녹음] 우거진 푸른 나무의 그늘.
  [寸陰 촌음] 썩 짧은 시간의 비유.

3급 II

陳
베풀 묵을 진

 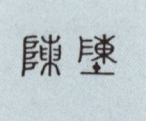

베풀, 묵을, 벌일, 오랠, 고할, 섬돌.
arrange, spread

阝(阜)변에 木(나무 목)과 申(펼 신:음부)의 어울림. 구릉(阝)에 나무(木)가 질펀히 펼쳐져(申 p.267) 있다는 데서 '벌이다'의 뜻이 된 자 會形.

- [陳腐 진부] 묵어서 썩음. 낡고 헒.
  [陳述 진술] 자세하게 말함. 開陳.
  [陳列 진열] 물건을 죽 벌여 놓음.

5급

陸
뭍 륙

뭍, 육지, 두터울, 뛸, 길, 어긋날.
land, continent, leap

阝(阜)변에 坴(큰 흙덩이 륙:음부)의 합침. 언덕(阝)과 큰 흙덩이(坴)가 높고 낮게 잇닿아 된 '육지(陸地)'를 뜻한 자 會形.
【참고】 坴은 버섯(초=버섯 록)처럼 불쑥불쑥 나온 흙덩이(土)를 뜻함.

- [陸橋 육교] 구름다리.
  [大陸 대륙] 지구상의 커다란 육지.
  [上陸 상륙] 배에서 육지로 오름.

3급 II

陵
언덕 릉

언덕, 임금 무덤, 업신여길, 짓밟을.
mound, imperial tomb

阝(阜)변에 夌(높을 릉:음부)의 합침. 夌은 걸어(夊=천천히 걸을 쇠) 넘기가 힘든 언덕(초=버섯 록). 크고 높은(夌) '언덕(阝)'을 뜻하여 된 자. 나아가, 큰 언덕(阝)처럼 높게(夌) 만든 '왕릉(王陵)'의 뜻으로도 쓰인다 形.

- [陵谷 능곡] 언덕과 골짜기.
  [陵蔑 능멸] 업신여기어 깔봄.
  [丘陵 구릉] 언덕.

3급 II

陶
질그릇 도

질그릇, 구울, 만들 도 / 화락할, 따라갈 요.
earthenware, burning

阝(阜)변에 匋(질그릇 도:음부)의 합침. 匋는 흙으로 에워싸(勹) 만든 장군(缶)을 나타내어 '질그릇'을 뜻한 자로, 질그릇을 굽는 가마를 언덕 밑에 세운 데서 阝를 덧붙여 쓰게 되었다 形.

- [陶冶 도야] 심신을 닦아 기름.
  [陶醉 도취] 무엇에 마음이 쏠려 열중함.
  [薰陶 훈도] 덕으로써 사람을 감화함.

3급 II

隆
높을 륭

높을, 성할, 우뚝할, 클, 두터울.
flourish, swell up

夅(←降=내릴 강:음부)과 生(날 생)의 합침. 낮은(夅) 지대에 산 같은 것이 불쑥 솟아난(生) 모양에서 '높다'의 뜻이 된 자. 높다는 데서 '성하다'의 뜻으로도 쓰인다 形. [p.393 降]

- [隆起 융기] 평면보다 높게 볼록 일어남.
  [隆盛 융성] 기운차게 높이 일어남.
  [興隆 흥륭] 흥하고 융성함.

6급

陽
볕 양

볕, 밝을, 양지, 거짓, 환할. 同 昜
sunny, bright, false

阝(阜)변에 昜(볕 양:음부)의 합침. 햇볕(昜)이 잘 쬐는 산언덕(阝)의 남쪽, 즉 '양지(陽地)'를 뜻한 자 形. [p.191 揚]
【참고】 昜은 아침 해(昂→旦)가 떠오르며 빛나는(彡) 모양으로, '볕'을 뜻함.

- [陽春 양춘] 따뜻한 봄.
  [夕陽 석양] 저녁때의 해. 저녁 나절.
  [太陽 태양] 해.

4급II

무리 대

무리, 떼, 군대 대/ 떨어질 추. 통墜
group, army

阝(阜)변에 㒸(다할 수:음부)의 합침. 산언덕(阝)의 갈라진(八) 골짜기를 쏘다니는 멧돼지(豕) '떼'를 가리켜 된 자. 나아가, '무리'의 뜻으로도 쓰인다 形.

- [隊列 대열] 대를 지어 늘어선 행렬.
  [隊伍 대오] 군대(軍隊)의 항오.
  [入隊 입대] 군대에 들어감.

4급

階
섬돌 계

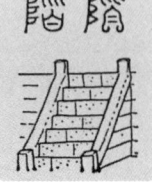

섬돌, 층계, 사닥다리, 벼슬 차례.
stone step, stair, grade

阝(阜)변에 皆(다 개:음부)의 합침. 언덕배기(阝)에 여러(皆 p.274) 개의 툇돌을 쌓은 '섬돌' 또는 '층계(層階)'를 뜻하여 된 자 形.

- [階級 계급] 등급. 사회적 지위.
  [階段 계단] 층층대. 일할 때 밟는 순서.
  [品階 품계] 벼슬의 차례.

3급II

隔
사이 뜰 격

사이 뜰, 막힐, 막을, 멀, 이미.
obstruct, interpose, distant

阝(阜)변에 鬲(오지병 격:음부)의 합침. 언덕(阝)에 둘러싸여 오지병(鬲 p.414) 속 같다 하여 '막히다'의 뜻이 된 자. 언덕에 막혀 내왕이 멀어졌다는 데서 '사이 뜨다'의 뜻으로도 쓰인다 形.

- [隔離 격리] 사이를 띄어 놓음.
  [間隔 간격] 틈. 물건과 물건과의 거리.

4급II

際
즈음
가(邊) 제

즈음, 가, 닿일, 만날, 사귈, 어울릴.
border, associate with

阝(阜)변에 祭(제사 제:음부)의 합침. 산제사(祭 p.284)를 지내는 언덕과 언덕(阝)이 맞닿은 데를 가리켜 '즈음'의 뜻이 된 자 形.

- [際會 제회] 당하여 만남. 뜻이 잘 맞음.
  [交際 교제] 목적 의식을 띤 사교.
  [國際 국제] 나라와 나라 사이의 교제.

4급II

障
막을 장

막을, 막힐, 가리울, 거리낄, 간 막을, 병풍.
obstruct, hinder, interpose

阝(阜)변에 章(글 장:음부)의 합침. 음악이나 글에 있어 章(p.292)과 章 사이가 끊어져 구별되듯이 언덕(阝)이 가로막혀 있다 하여 '막히다'의 뜻이 된 자 形.

- [障壁 장벽] 가리어 막은 벽.
  [障碍 장애] 어떤 사물의 진행을 가로막아 거치적거리게 함.
  [保障 보장] 장해(障害)가 없도록 보증함.

阜·隶 부

3급
隣
이웃 린

이웃, 이웃할, 도울, 수레 소리. 본鄰
neighbor, near, assist

본자는 鄰. 粦(도깨비 불 린:음부)과 阝(邑)의 합침. 粦은 도깨비불(米←炎)이 서로 어긋지며(舛=어겨질 천) 교차함. 마을(阝)에서 서로 왔다갔다(粦) 하는 '이웃'을 뜻하여 된 자. 이웃이란 데서 '돕다'의 뜻으로도 쓰인다 形.

● [隣近 인근] 이웃. 근처.
　[隣接 인접] 이웃하여 있음.
　[善隣 선린] 이웃과 사이좋게 지냄.

4급
險
험할 험

험할, 위태로울, 어려울. 약険 통嶮
steep, dangerous

阝(阜)변에 僉(다 첨:음부)의 합침. 산과 언덕(阝)이 첩첩으로 모여 (僉 p.412 驗) '험하다'는 뜻으로 된 자 形.

● [險口 험구] 남의 흠을 들추어 헐뜯는 일.
　[險惡 험악] 지세·형세 등이 험함.
　[危險 위험] 위태하고 험함.

3급Ⅱ
隨
따를 수

따를, 맡길, 내키는 대로. 약随
follow, convenience

隋(떨어질 타:음부)와 辶(辵=쉬엄쉬엄갈 착)의 어울림. 뒤떨어져(隋) 쫓아간다(辶)는 데서 '따르다'의 뜻이 된 자 形.
【참고】隋는 阝(무너질 타)와 月(肉=살 육)을 합쳐, 어깨가 축 처짐을 가리킴.

● [隨伴 수반] 붙좇아 따름.
　[隨行 수행] 따라감. 따라서 실행함.
　[肩隨 견수] 약간 뒤에서 따라감.

4급
隱
숨을 은

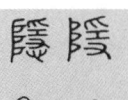

숨을, 음흉할, 가릴, 가엾을. 약隠
conceal, hidden, tricky

阝(阜)변에 㥯(삼갈 은:음부)의 합침. 산언덕(阝) 밑에서 조심스레(㥯) 피해 산다는 데서 '숨어 살다'의 뜻이 된 자 形.
【참고】㥯은 손(爪=손톱 조)과 손(彐→又=오른손 우)을 모아 일(工)을 조심(心)해서 함.

● [隱居 은거] 세상을 피해 삶.
　[隱密 은밀] 숨어 있어 형적이 안 나타남.
　[惻隱 측은] 딱하고 가엾음.

隶
밑 이

밑 이 / 미칠[及], 더불어 대.
reach to

彐(又=손 우)와 氺(←尿·尾=꼬리 미)의 합침. 꼬리(氺)를 붙잡고(彐) 뒤쫓아간다는 데서 '미치다' 또는 '밑'의 뜻이 된 자 會.

3급 隷 종 례

종, 붙이, 죄인, 서체, 검열할. 통 隸
slave, belong to, inspect

柰(←㮋=빌미 수:음부)와 隶의 합침. 저지른 죄의 꼬리가 잡혀(隶) 그 벌(㮋)로서 '종'이 되었다는 뜻으로 된 자 形.
【참고】㮋는 신(示)이 내리는 (士←出) '벌'.

● [隷屬 예속] 딸려서 매임.
　[奴隷 노예] 권리와 자유가 없는 사람.

佳 새 추

새(꽁지 짧은) 추/ 높을 최. 통 崔
short tailed birds

꽁지가 몽똑하게 짧은 '새'의 모양을 본떠, 꽁지 짧은 새를 통틀어 일컫는 자 象.
【참고】鳥(새 조 p.416)는 꽁지가 긴 새임.

5급 雄 수컷 웅

수컷, 씩씩할, 뛰어날, 웅장할, 영웅.
male, brave, martial

厷(팔 굉:음부)과 隹의 합침. 암컷보다 완력(厷)이 센 새(隹)인 '수컷'을 뜻하였는데, 두루 동물의 수컷을 일컫게 된 자. 수컷은 용맹하다 하여 '씩씩하다'의 뜻으로도 쓰인다 形.
【참고】厷은 𠂇(手)와 厶(p.93)의 합침으로, 수컷의 완력을 나타냄.

● [雄姿 웅자] 씩씩한 모습.
　[雄壯 웅장] 으리으리하게 크고 장함.
　[群雄 군웅] 떼 지어 태어난 영웅(英雄).

3급II 雅 맑을 아

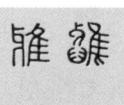

맑을, 바를, 아담할, 떳떳할, 갈까마귀.
righteous, clear, elegant

牙(어금니 아:음부)와 隹의 합침. 배가 희고 어금니(牙)가 부딪는 것 같은 소리를 내며 우는 '갈까마귀(隹)'를 뜻하여 된 자. 그 울음소리가 맑다 하여 '아담(雅淡)하다'의 뜻으로도 쓰인다 形.

● [雅量 아량] 너그러운 도량.
　[優雅 우아] 점잖고 아름다움.
　[淸雅 청아] 깨끗하여 속되지 않음.

6급 集 모을 집

모을, 나아갈, 문집, 가지런할, 편할.
collect

새(隹) 떼가 나무(木)를 뒤덮듯이 많이 앉은 모양에서 '모이다'의 뜻이 된 자 會. 모인다는 데서 글을 모아 엮은 '문집(文集)'의 뜻으로도 쓰인다 象.

● [集中 집중] 한 군데로 모임. 모이게 함.
　[集合 집합] 한 군데로 모여 합침.
　[召集 소집] 불러서 모음.

3급

雖
비록 수

비록, 벌레 이름, 밀 수/ 오직 유. 통惟
although, still

虫(벌레 충)과 唯(오직 유:음부)의 어울림. 도마뱀 같은 파충류(虫)로 외마디소리(唯 p.103)를 내는 크고 괴이한 '벌레'를 뜻한 자. 그 벌레가 비록 크고 괴이하나 해를 끼치지는 않는다는 데서 '비록'의 뜻으로 널리 쓰인다 形.

- [雖乞食 수걸식] 빌어먹을망정.
- [雖說 수설] …라고는 하지만.
- [雖然 수연] 비록 그러하나.

4급

雜
섞일 잡

섞일, 번거로울, 어수선할. 약雑
mix, confused, crowded

원자형은 襍. 衤(衣=옷 의)변에 集(모을 집:음부)의 합침. 새의 날개에 알락달락한 깃이 모인(集) 것처럼 여러 빛깔로 된 천(衤)이 모여 '어수선하다' 또는 '섞이다'의 뜻으로 된 자 會形.

- [雜念 잡념] 쓸데없는 여러 가지 생각.
- [雜費 잡비] 자질구레한 씀씀이.
- [亂雜 난잡] 조촐하지 못하고 어수선함.

3급II

雙
두 쌍

둘, 쌍, 짝, 한 쌍, 견줄. 약双
two, pair, couple, both

雔(새 한 쌍 수)와 又(손 우)의 합침. 손(又)에 두 마리의 새(雔)를 앞힌 모양을 나타내어 한 '쌍'의 뜻이 된 자 會.

- [雙肩 쌍견] 두 어깨.
- [雙方 쌍방] 두 편. 양방.
- [無雙 무쌍] 견줄 만한 상대가 없음.

4급

離
떠날 리

떠날, 베풀, 흩어질, 꾀꼬리. 약难 통鸝
leave, spread, separate

离(헤어질 리:음부)와 隹의 합침. '꾀꼬리(隹)'를 뜻하여 된 자인데, 이 새는 봄·여름에는 산지에 살다가 가을·겨울에는 평야로 떠나간다(离) 하여 '이별(離別)하다'의 뜻으로 널리 쓰이게 되었다 形.
【참고】离는 머리(凶)가 삐죽 나온 네 발(禸) 짐승의 뜻인데, 그 짐승은 잘 흩어진다 하여 '헤어지다'의 뜻이 됨.

- [離散 이산] 떨어져 흩어짐.
- [離婚 이혼] 부부가 서로 갈림.
- [分離 분리] 갈라서 떼어 놓음.

4급II

難
어려울 난

어려울, 근심, 힐난할 난/ 탈 나. 약难
difficult, distress, rebuke

堇(←堇=진흙 근:음부)과 隹의 합침. 진흙(堇 p.85 勤)에 앉았던 새(隹)가 날아가려 할 때 간신히 발을 뺀다는 데서 '어렵다'의 뜻이 된 자 形.

- [難關 난관] 지나기가 썩 어려운 관문.
- [難局 난국] 어려운 판국.
- [非難 비난] 남의 잘못을 쳐서 말함.

5급
雨 비 우

비, 비 올, 내릴.
rain, shower

구름에서 빗방울이 떨어지는 모양을 본떠 '비' 또는 '비 오다' 의 뜻이 된 자 ⑧.

- [雨期 우기] 비가 많이 오는 시기.
- [雨天 우천] 비가 내리는 하늘. 비가 옴.
- [暴雨 폭우] 몹시 쏟아지는 비.

6급
雪 눈 설

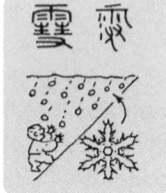

눈, 눈 내릴, 흴, 씻을[雪辱=설욕].
snow, to wash, clean

雨와 크(손 우)의 합침. 비(雨)가 얼어서 내리는 눈발을 손(크)으로 받는 모양을 나타내어 '눈' 의 뜻이 된 자 ⑧會. 눈은 모든 것을 덮어 깨끗이 한다는 데서 음이 통하는 潔(깨끗할 결)의 뜻을 빌려 '씻다' 의 뜻으로도 쓰인다 假.

- [雪景 설경] 눈이 내린 경치.
- [雪上加霜 설상가상] 엎친 데 덮침.
- [降雪 강설] 눈이 내림.

5급
雲 구름 운

구름, 은하수, 하늘, 팔대 손.
clouds

雨와 云(움직일 운:음부)의 합침. 云(p.48)만으로도 수증기가 올라가 모인 구름의 모양. 비(雨)가 되는 수증기(云)의 응결체인 '구름'을 뜻하여 된 자 會形.

- [雲霧 운무] 구름과 안개.
- [雲集 운집] 구름같이 많이 모임.
- [風雲 풍운] 영웅 호걸들의 큰 뜻의 기운.

3급
零 떨어질 영(數字) 령

떨어질, 작을, 부서질, 나머지, 영.
fall, fracture, zero

雨와 令(명령 령:음부)의 합침. 하늘의 명령(令 p.53)에 의하여 내린다는 빗방울(雨)을 가리켜 '떨어지다' 의 뜻이 된 자. 빗방울처럼 '작다' 또는 그 둥근 모양에서 '0' 의 뜻으로도 쓰인다 形.

- [零落 영락] 잎이 시들고 말라서 떨어짐.
- [零點 영점] 득점이나 성과가 전혀 없음.
- [零下 영하] 빙점 이하.

7급
電 번개 전

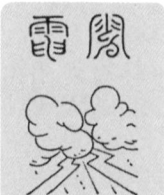

번개, 전기, 번쩍할, 경의 표할.
lightning, electricity, flash

雨와 电(←申=펼 신:음부)의 합침. 电은 번갯불의 모양(p.267 申). 비(雨)가 내릴 때 번쩍 빛을 펼치는(电) '번개' 를 뜻하여 된 자. 번개는 음전기와 양전기를 띠고 있는 데서 '전기(電氣)' 의 뜻으로도 쓰인다 會形.

- [電燈 전등] 전기를 이용한 등.
- [電流 전류] 전기가 흐르는 현상.
- [感電 감전] 전기에 감응됨.

雷 우레 뢰 — 3급II

우레, 천둥, 따라 소리칠, 칠.
thunder, re-echo

雨와 田(←畾=밭갈피 뢰:음부)의 합침. 田은 ⊕(수레바퀴 모양)의 변형. 비(雨)가 올 때 수레바퀴(田)가 한꺼번에 굴러가는 듯한 요란한 소리를 내는 '우레'를 뜻한 자. 또는, 비(雨) 올 때 북(田←甲=손 북의 모양) 치는 듯한 소리를 내는 '우레'를 뜻하여 된 자 會形.

- [雷聲 뇌성] 천둥소리.
  [落雷 낙뢰] 벼락이 떨어짐.
  [地雷 지뢰] 땅 속에 묻는 폭약.

需 쓰일 수 — 3급II

구할, 음식, 머뭇거릴, 기다릴, 소용될.
food, require, need

雨와 而(머뭇거릴 이:음부)의 합침. 비(雨)를 만나 머뭇거린다(而 p.312)는 데서 '기다리다'의 뜻이 된 자. 또는, 수염(而)이 빗물(雨)을 흡수한다는 데서 '구하다'·'소용되다'의 뜻으로도 쓰인다 會形.

- [需要 수요] 재화를 용역을 어떤 값으로 사려는 욕망.
  [軍需 군수] 군사상 필요한 물자.
  [婚需 혼수] 혼인에 드는 물건이나 비용.

震 우레 진 — 3급II

진동할, 두려울, 떨, 위엄, 벼락. 통振
vibrate, terrible, tremble

雨와 辰(별 진:음부)의 합침. 비(雨)가 올 때에 유성(辰)처럼 빛을 내며 떨어지는 '벼락'을 뜻하여 된 자. 그 벼락 치는 소리에 '진동(震動)한다'는 뜻으로도 쓰인다 形.
【참고】震의 雨는 雷의 획 줄임으로써 우레 소리를, 辰은 振의 획 줄임으로써 우레 소리에 흔들림을 뜻한다는 설도 있음.

- [震怒 진노] 존엄한 사람의 분노.
  [地震 지진] 땅이 움직여 흔들림.

霜 서리 상 — 3급II

서리, 세월, 햇수, 흰 털, 엄할.
frost, year, frigid

雨와 相(서로 상:음부)의 합침. 이슬(雨)이 서로 마주 선(相 p.276) 듯이 얼어붙은 '서리'를 뜻하여 된 자 形.

- [霜夜 상야] 서리가 내린 밤.
  [星霜 성상] 일 년 동안의 세월.
  [秋霜 추상] 가을날 찬서리. 위엄의 비유.

霧 안개 무 — 3급

안개, 안개 자욱할. 통霚
fog, mist

雨와 務(힘쓸 무:음부)의 합침. 수증기(雨)가 힘차게(務 p.84) 몰려 자욱해짐을 나타내어 '안개'의 뜻이 된 자. 또는, 비(雨)가 창대(矛)같이 힘차게(力) 후들겨지며(攵) 쏟아질 때 물보라같이 나타나는 '안개'를 뜻하여 된 자 形.

- [霧散 무산] 안개가 걷히듯 흩어짐.
  [濃霧 농무] 짙은 안개.
  [噴霧 분무] 물이나 약을 안개처럼 뿜음.

3급II		
露 이슬 로		**이슬, 적실, 드러날, 이슬 줄, 드러낼.** dew, wet, disclose 雨와 路(길 로:음부)의 합침. 길(路 p.366)가 풀잎에 흔히 맺히는 빗방울(雨)같이 엉긴 '이슬'을 뜻하여 된 자 形. ● [露骨 노골] 조금도 숨김없이 드러냄. 　[露出 노출] 겉으로 드러남. 　[草露 초로] 풀끝의 이슬. 덧없음의 비유.

3급II		
靈 신령 령		**신령, 영혼, 신통할, 좋을.** 약 灵·灵 divine spirit, soul 霝(비 내릴 령:음부)과 巫(무당 무)의 합침. 신이 내린(霝) 무당(巫)이 신과 통한다 하여 '신령(神靈)'의 뜻이 된 자. 신령과 정신은 통한다는 데서 '영혼(靈魂)'의 뜻으로도 쓰인다 形. 【참고】霝은 비(雨)가 소리내며(㗊=많은 소리 령) '내림', 巫는 양 소매를 늘이고 춤추는 '무당'의 모양. ● [靈感 영감] 심령의 작용으로 얻는 느낌. 　[英靈 영령] 죽은 이의 영혼에의 높임말. 　[幽靈 유령] 죽은 사람의 혼령.

8급		
青 푸를 청		**푸를, 젊을, 대껍질, 봄.** 통 靑 속 青 blue, green, young ① 生(→生=날 생)과 丹(붉을 단)의 합침. 붉은(丹 p.44)계 광물(구리 따위)의 거죽에 산화 작용으로 생겨나는(生) 녹이 '푸르다'는 뜻으로 된 자 會. ② 초목의 싹이 날(生) 때에는 붉으나(丹) 자라면 '푸르다'는 뜻으로 된 자. 초목이 푸르듯이 싱싱하다 하여 '젊다'의 뜻으로도 쓰인다 會. ● [靑年 청년] 젊은 나이. 　[靑春 청춘] 스무 살 전후의 젊은이. 　[丹靑 단청] 붉고 푸른 채색을 하는 일.

4급		
靜 고요할 정		**고요할, 편안할, 쉴, 깨끗할.** 약 静 silent, peaceful, rest 靑과 爭(다툴 쟁:음부)의 합침. 붉고 푸른(靑)색이 엇걸린(爭 p.257) 단청의 빛깔이 조용한 분위기를 자아낸다 하여 '고요하다'의 뜻이 된 자 形. ● [靜肅 정숙] 고요하고 엄숙함. 　[靜養 정양] 몸과 마음을 편안하게 함. 　[安靜 안정] 정신이 고요하고 평안함.

4급II		
非 아닐 비		**아닐, 어길, 없을, 그를, 나무랄.** not, wrong, without 새의 두 날개가 서로 반대 방향으로 펴짐을 나타내어 '어긋남'을 가리킨 자. 어긋난다는 데서 '그르다' 또는 '아니다'의 뜻으로도 쓰인다 指. 【참고】俳·徘·悲·罪 등은 非를 몸으로 한 자임. ● [非常 비상] 예사의 상태가 아님. 　[非行 비행] 좋지 못한 행동. 　[是非 시비] 잘잘못. 옳으니 그르니 다툼.

面

7급

낯 면

얼굴, 향할, 앞, 보일, 겉. 속面
face, towards, before

사람 머리(百=首)의 앞쪽 윤곽(囗)을 나타내어 '얼굴'을 뜻한 자 象會.
【참고】靦(무안할 전)·麵(국수 면) 등은 面의 뜻을 취해 된 자임.

- [面談 면담] 서로 만나서 이야기함.
  [面目 면목] 체면(體面)에 관한 명목.
  [方面 방면] 어떤 방향의 지방.

革

4급

가죽 혁

가죽, 고칠, 펼 혁/ 병 급할 극.
leather, reform

짐승의 날가죽에서 털을 뽑고 있는 모양을 본떠, 털만 뽑아 낸 '가죽'을 뜻한 자. 날가죽(皮 p.274)을 가공하여 쓴다는 데서 '고치다'의 뜻으로도 쓰인다 象.
【참고】皮(가죽 피)는 털과 기름을 안 뺀 '날가죽', 韋(가죽 위)는 부드럽게 잘 다룬 가죽'을 뜻함.

- [革帶 혁대] 가죽으로 만든 띠.
  [改革 개혁] 묵은 제도를 새롭게 고침.
  [沿革 연혁] 변천하여 온 내력.

韋

2급

다룸 가죽 위

다룸 가죽, 훌부들할, 군복, 에울.
soft leather

① 기름을 빼어 부드럽고 우글쭈글한 '다룸 가죽'의 모양을 본뜬 자. 또는, 가죽으로 군인의 옷을 만든 데서 '군복'의 뜻으로도 쓰인다 象.
② 성의 주위(囗)를 군인이 발을 어긋 디디며(韋→舛 p.323) 돌아다닌 발자국을 나타내어 '에우다'의 뜻이 된 자 會.
[p.274 皮, p.403 革]

- [韋帶 위대] 가죽띠. 빈천한 사람의 비유.
  [韋編三絶 위편삼절] 독서에 힘씀의 비유.

韓

8급

한국/나라 한

한국, 우물 담, 나라 이름.
fence of well, name of state

倝(←䣺=해 돋을 간:음부)과 韋의 합침. 韋는 성의 둘레. 아침 햇빛(倝 p.47 乾)을 받아 아름답게 빛나는 '우물 담(韋)'을 뜻한 자. 또는, 해 돋는(倝)쪽에 성곽 같은 산에 둘러싸인(韋) '한나라'의 뜻으로도 쓰인다 形.

- [韓人 한인] 한국(韓國) 사람.
  [大韓 대한] 대한민국의 약칭.
  [三韓 삼한] 마한, 진한, 변한의 일컬음.

韭

부추 구

부추.
leek

땅(一) 위에 여러 갈래(非 p.402)로 돋아 나온 '부추'의 모양을 본뜬 자 象.
【참고】韱(가늘 섬), 懺(뉘우칠 참)·纖(가는 실 섬)은 韭의 뜻을 전체 또는 부분적으로 취해 된 자임.

- [韭細靑 구세청] 잿빛을 띤 파르스름한 청자의 한 빛깔.
  [韭菜 구채] 부추.

6급

 音 소리 음

소리, 말 소리, 소식, 편지, 음악.
sound, voice, music

말소리에 마디가 있음을 나타내어 言의 아랫부분 口에 한 획(一)을 더 그어 '소리'를 가리킨 자. 나아가, 음색(音色)을 나타내는 '음악(音樂)'의 뜻으로도 쓰인다 指.

- [音曲 음곡] 음악의 곡조.
  [音聲 음성] 목소리.
  [爆音 폭음] 폭발하는 큰 소리.

3급Ⅱ

 韻 운 운

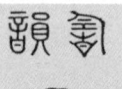

운, 울림, 운치, 화할. 동 韵
rhyme, sound, harmony

音과 員(인원 원:음부)의 합침. 사람(員 p.102)이 글을 읽는 소리(音)의 높낮이를 가리켜 '운'의 뜻이 된 자. 운에 맞춰 글 읽는 소리(音)가 둥글게(員) 조화된다는 데서 '화하다'의 뜻으로도 쓰인다 形.

- [韻文 운문] 문자 배열에 규율이 있는 글.
  [餘韻 여운] 남은 운치(韻致).
  [音韻 음운] 한자의 음과 운.

3급Ⅱ

響 울릴 향

울릴, 울림, 소리 마주칠. 약 響 통 鄕
sound, make a noise, echo

鄕(시골 향:음부)과 音의 합침. 메아리가 잘 들리는 시골(鄕 p.383)의 산 '울림(音)'을 뜻하여 된 자 形.
【참고】鄕은 시골의 산은 울림이 잘 들린다 하여 '소리 울림'의 뜻도 있음.

- [響應 향응] 지른 소리에 울리는 소리가 응함.
  [影響 영향] 어떤 사물이 미치는 결과.
  [音響 음향] 소리와 그 울림.

頁 머리 혈

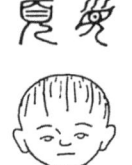

머리, 마리, 페이지. 본 頁
head, page

사람(儿)의 목에서 '머리(百=首)' 끝까지의 모양을 본뜬 자. 머리라는 데서 책머리에 매기는 '페이지'의 뜻으로도 쓰인다 象.
【참고】首는 눈·코·머리카락을 본뜬 자.

3급Ⅱ

 頂 정수리 정

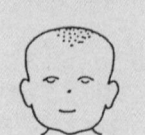

정수리, 이마, 꼭대기, 머리에 일.
forehead, crown, top

丁(못 정:음부)과 頁의 합침. 머리(頁)를 못(丁)의 대가리에 비겨 '정수리'를 뜻하게 된 자 形.

- [頂上 정상] 꼭대기. 최상.
  [頂點 정점] 맨 꼭대기의 점.
  [絶頂 절정] 사물의 진행이나 발전이 최고의 경지에 달한 상태.

頃

4급

기울 경

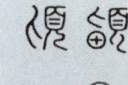

기울, 잠깐, 요즘 경/ 반 걸음 규.
inclined head, moment, about

匕(구부릴 비)와 頁의 합침. 머리(頁)가 한쪽으로 구부러졌다(匕 p.86)는 데서 '머리 비뚤이'의 뜻이 된 자. 나아가, 머리를 돌리는 짧은 동안을 가리켜 '잠깐'의 뜻으로도 쓰인다 會.

- [頃刻 경각] 눈 깜박할 동안.
  [萬頃 만경] 한없이 너름의 일컬음.
  [半頃 반경] 반쯤.

須

3급

모름지기 수

모름지기, 수염, 잠깐, 재료, 기다릴.
indispensable, beard

彡(터럭 삼)과 頁의 합침. 얼굴(頁) 아래에 난 털(彡), 즉 '수염'을 뜻하여 된 자. 수염이 많이 나 풍채가 좋게 보일 것은 두말할 나위도 없다는 데서 '모름지기'의 뜻으로도 쓰인다 會.

- [須眉 수미] 수염과 눈썹.
  [須臾 수유] 잠시 동안.
  [必須 필수] 꼭 필요함.

項

3급 II

항목 항

항목(項目), 목덜미, 클, 조목.
nape, article, large

工(장인 공:음부)과 頁의 합침. 머리(頁)와 양 어깨 사이에 工과 같은 형태로 이어져 있는 '목덜미'를 뜻하여 된 자 形.

- [項鎖 항쇄] 죄인의 목에 씌우는 칼.
  [事項 사항] 사물을 나눈 조목이나 항.
  [條項 조항] 법률이나 규정 따위의 조목이나 항목.

順

5급

순할 순

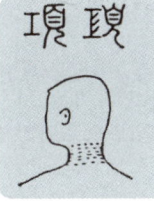

순할, 좇을, 차례, 화할, 즐길.
obedient, follow, obey

川(내 천:음부)과 頁의 합침. 물(川)이 위에서 아래로 흐르는 것이나, 사람 몸이 정수리(頁)에서 발꿈치에 이르기까지는 지극한 순리를 따르고 있다는 데서 川과 頁을 합쳐 '순하다'의 뜻이 된 자. 물 흐르듯 순리에 따른다 하여 '좇다' 또는 '차례'의 뜻으로도 쓰인다 會形.

- [順序 순서] 정해 놓은 차례.
  [順應 순응] 순순히 잘 따름.
  [溫順 온순] 성질이 온화하고 순함.

頌

4급

기릴
칭송할 송

기릴, 칭송할, 욀 송/ 얼굴 용. 통 容
honor, praise, memorize

公(공변될 공:음부)과 頁의 합침. 누구에게나 공평한(公 p.72) 얼굴(頁)로 대하는 원만한 사람이라고 칭찬한다는 데서 '칭송(稱頌)하다'의 뜻이 된 자 會形. 후에, 誦(욀 송)과 음이 같은 데서 그 뜻을 빌려 '외다'의 뜻으로도 쓰이게 되었다 假.

- [頌辭 송사] 공덕을 찬미하는 언사.
  [頌祝 송축] 경사를 축하함.
  [讚頌 찬송] 아름다움과 덕을 기림.

3급

頗
자못 파

자못, 치우칠, 비뚤어질.
inclined to one side

皮(가죽 피:음부)와 頁의 합침. 얼굴(頁)의 살갗(皮)이 한쪽으로 '비뚤어짐'을 뜻하여 된 자 形.

- [頗多 파다] 아주 많음.
  [頗僻 파벽] 한쪽으로 치우침.
  [偏頗 편파] 치우쳐 공평하지 못함.

5급

領
거느릴 령

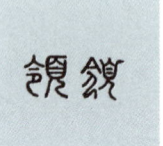

거느릴, 옷깃, 우두머리, 차지할, 고개.
control, chief, receive

令(명령 령:음부)과 頁의 합침. 명령(令 p.53)을 내리는 '우두머리(頁)'를 뜻한 자. 나아가, '거느리다'의 뜻으로도 쓰인다 形.

- [領導 영도] 거느려 지도함.
  [領受 영수] 돈이나 물품 등을 받아들임.
  [占領 점령] 일정한 곳을 차지함.

6급

頭
머리 두

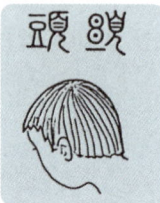

머리, 위, 우두머리, 두목(頭目), 마리.
head, top, leader, chief

豆(제기 두:음부)와 頁의 합침. 머리통(頁)이 제기(豆 p.355) 모양처럼 생겼음을 나타내어 '머리'를 뜻한 자. 짐승은 머리를 보고 헤아린다는 데서 '마리[頭數]'의 뜻으로도 쓰인다 形.

- [頭腦 두뇌] 머릿골.
  [頭痛 두통] 머리가 아픔.
  [街頭 가두] 시가의 길거리.

3급

頻
자주 빈

자주, 급할, 찡그릴, 물가. 통 瀕·瀕
frequently, hurried

步(걸을 보)와 頁의 합침. 물을 건너갈(步) 때의 파문처럼 이맛살(頁)을 찌푸린다 하여 '찡그리다'의 뜻이 된 자. 그 파문이 연이어 일어난다 하여 '자주'의 뜻으로도 쓰인다 形.

- [頻度 빈도] 같은 현상이나 일이 반복되는 도수(度數).
  [頻發 빈발] 일이 자주 생겨남.
  [頻繁 빈번] 매우 잦아 복잡함.

6급

題
제목 제

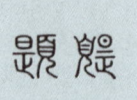

제목, 이마, 끝, 표, 쓸, 글, 평론할.
forehead, title, write

是(이 시:음부)와 頁의 어울림. 노예를 구별하기 위하여 '이마(頁)'에 '표적' 낸 것을 가리켜(是 p.205) 된 자인데, 책을 구별하기 위해 붙이는 '제목(題目)'의 뜻으로 널리 쓰인다 形.

- [題材 제재] 주제(主題)가 되는 재료.
  [宿題 숙제] 해결해야 할 문제(問題).
  [表題 표제] 책의 겉에 쓰인 책 이름.

頁 부

3급II

 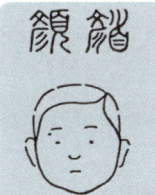

顔
낯 안

얼굴, 빛, 편액, 산 우뚝할.
face, color, lofty

彦(착한 선비 언:음부)과 頁의 합침. 선비(彦)의 훤칠한 이마(頁)를 가리켜 '얼굴'을 뜻하게 된 자 會形.
【참고】彦은 채색(彣=채색 문) 옷을 입고 움집(厂)에서 공부하는 '선비'를 뜻함.

- [顔面 안면] 얼굴을 서로 알 만한 친분.
  [顔色 안색] 얼굴에 나타나는 기색.
  [紅顔 홍안] 젊고 아름다운 얼굴.

4급

 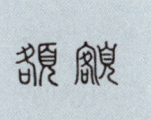

額
이마 액

이마, 수효, 액수, 현판, 머릿수.
forehead, number, amount

客(손 객:음부)과 頁의 합침. 사람(客 p.131)의 머리(頁) 앞부분의 흰한 '이마'를 뜻한 자. 사람의 이마같이 잘 보이는 데에 수량과 액수를 표시한다 하여 '수효'의 뜻으로도 쓰인다 形.

- [額面 액면] 유가 증권 등에 적힌 금액.
  [額字 액자] 현판에 쓴 큰 글자.
  [金額 금액] 돈의 액수.

5급

 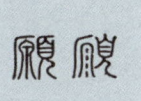

願
원할 원

원할, 바랄, 부러워할, 생각할, 매양.
desire, hope, wish

原(근원 원:음부)과 頁의 합침. 머리(頁)는 사고(思考)의 근원(原 p.92)임을 나타내어 '생각하다'의 뜻이 된 자로, 생각한 일이 잘 되기를 바란다는 데서 '원하다'의 뜻이 되었다 形.

- [願書 원서] 청원하는 뜻을 기록한 서류.
  [所願 소원] 원하는 바.
  [宿願 숙원] 오래 묵은 소원.

5급

類
무리 류

무리, 동아리, 닮을, 착할, 대개.
kind, resemble, class, sort

頪(깨닫기 어려울 뢰:음부)와 犬(개 견)의 어울림. 개(犬)의 대가리는 서로 비슷하여 구별하기 어렵다(頪)는 데서 '닮다'의 뜻이 된 자 會形.
【참고】頪는 얼굴(頁)에 쌀겨(米)가 묻어 누군지를 '분별하기가 어렵다'는 뜻.

- [類例 유례] 같거나 비슷한 사례.
  [類似 유사] 서로 비슷함.
  [種類 종류] 사물의 부문을 나누는 갈래.

3급

顧
돌아볼 고

돌아볼, 돌볼, 도리어, 다만, 당길.
look after, care for

雇(머슴 고:음부)와 頁의 합침. 머슴(雇)이 주인의 부름에 머리(頁)를 돌린다는 데서 '돌아보다'의 뜻이 된 자. 또는, 주인의 일을 '돌본다'는 뜻으로도 쓰인다 形.

- [顧客 고객] 상점에 물건을 사러 오는 손님.
  [顧慮 고려] 다시 돌이켜 헤아림.
  [回顧 회고] 돌이켜봄.

4급

顯

나타날 현

나타날, 밝을, 높을, 통달할. 약 顕
appear, manifest, display

㬎(누에고치 현:음부)과 頁의 합침. 머리(頁)에 장식으로 꾸민 명주실(㬎)이 반짝거리며 빛을 낸다는 데서 '나타나다'의 뜻이 된 자 會形.
【참고】 본자인 㬎은 햇빛(日)에 유난히 반짝거리는 명주실(㬎←絲)을 뜻함.

- [顯達 현달] 높은 지위에 오름.
  [顯著 현저] 뚜렷이 드러남.
  [英顯 영현] 죽은 이의 영혼을 높이는 말.

6급

風

바람 풍

바람, 풍속(風俗), 경치, 모양, 위엄.
wind, custom, view

凡(무릇 범:음부)과 虫(벌레 충)의 어울림. 凡은 그 형상에서 물체를 스쳐가는 바람을 가리킴. 벌레(虫)는 '바람(凡 p.76)'의 영향을 많이 받음을 나타낸 자. 또는, 바람(凡)이 휩쓸고 지나갈 때 그 속에 큰 벌레(虫)가 숨어 지나가는 것 같다는 데서 虫을 凡의 밑에 붙여 '바람'을 뜻한 자 形.
【참고】 楓(단풍 풍)·颱(큰 바람 태)·飄(나부낄 표) 등은 風의 음 또는 뜻을 취해 된 자임.

- [風聞 풍문] 바람결에 들리는 소문.
  [風習 풍습] 풍기(風氣)와 습관.
  [暴風 폭풍] 세게 부는 바람.

4급Ⅱ

飛

날 비

날, 높을, 빠를, 흩어질, 여섯 말.
fly, high

새가 두 날개를 펴고 하늘 '높이' '나는' 모양을 본뜬 자. 난다는 데서 '떠돌다'·'빠르다'의 뜻으로도 쓰인다 象.

- [飛躍 비약] 높이 뛰어오름.
  [飛行 비행] 공중으로 날아다님.
  [雄飛 웅비] 크고 용기 있게 활동함.

3급

飜

번역할 번

번역할, 뒤집힐, 날, 엎치락 뒤치락할. 통 翻
flutter, fly, overturn

番(차례 번:음부)과 飛의 합침. 새가 날개를 차례로(番 p.269) 퍼득여 '난다(飛)'는 뜻으로 된 자. 날 때 그 날개를 퍼득인다는 데서 '엎치락뒤치락하다'의 뜻으로도 쓰인다 形.

- [飜覆 번복] 뒤집힘. 뒤엎음.
  [飜案 번안] 원안을 조금 고쳐서 만듦.
  [飜譯 번역] 문장을 다른 나라 말로 옮김.

7급

食(飠)

밥
먹을 식

밥, 먹을, 헛말할 식/ 먹일 사. 통 飼
meal, eat, retract

亼(모을 집)과 皀(밥 고소할 흡)의 합침. 밥(皀)을 그릇에 모아(亼) 담은 모양에서 '밥' 또는 '먹다'의 뜻이 된 자 象會.

- [食事 식사] 밥 먹는 일.
  [斷食 단식] 먹는 일을 중단함.
  [粉食 분식] 밀가루 따위로 만든 음식을 먹음.

頁 · 風 · 飛 · 食 부

3급

飢
주릴 기

주릴, 굶을, 굶길, 흉년들. 통饑
hungry, starve

食변에 几(기댈 상 궤:음부)의 합침. 밥(食)을 못 먹어 힘없이 안석(几)에 기대거나, 안석 밑같이 속이 빔을 나타내어 '굶다' 의 뜻이 된 자 形.[p.410 餓]

● [飢渴 기갈] 굶주림과 목마름.
　[飢寒 기한] 배고프고 추위에 떪.
　[療飢 요기] 조금 먹고 배고픔을 면함.

6급

飮
마실 음

마실, 음료, 잔치, 머금을, 숨길. 약飲
drink, feast

食변에 欠(하품 흠)의 합침. 입을 크게 벌리고(欠) 물이나 술 따위를 먹는다(食) 하여 '마시다' 의 뜻이 된 자 會.

● [飮料水 음료수] 먹는 물. 식수.
　[飮食 음식] 마시거나 먹을 수 있는 것.
　[過飮 과음] 술을 지나치게 마심.

3급 II

飯

밥 반

밥, 먹을, 먹일, 칠, 기를. 약飯
cooked rice, eat, nourish

食변에 反(뒤칠 반:음부)의 합침. 밥(食)을 입 안에서 혀로 이리저리 뒤치며(反 p.94) 씹어 '먹는다' 는 뜻으로 된 자. 또는, 그 '밥' 자체를 뜻하기도 한다 形.

● [飯酒 반주] 밥 먹을 때 먹는 술.
　[飯饌 반찬] 밥에 곁들여 먹는 여러 음식.
　[朝飯 조반] 아침밥.

3급

飽
배부를 포

배부를, 물릴, 흡족할, 만족할. 약飽
eat enough, hateful, satisfied

食변에 包(쌀 포:음부)의 합침. 음식(食)이 배에 가득하게 꽉 싸였음(包 p.86)을 가리켜 '배부르다' 의 뜻이 된 자 形.

● [飽腹 포복] 배에 가득 차도록 먹음.
　[飽食 포식] 배불리 먹음.
　[飽和 포화] 끝까지 꽉 찬 상태.

3급 II

飾
꾸밀 식

꾸밀, 가선 두를, 문채날, 분바를. 약飾
decorate, beautify, paint

食(먹을 식:음부)변에 人(사람 인)과 巾(수건 건)의 합침. 사람(人)이 천(巾)에 수를 놓듯이 음식(食)상을 모양내어 차린다는 데서 '꾸미다' 의 뜻이 된 자 形.

● [飾辭 식사] 겉만 꾸미어 하는 말.
　[修飾 수식] 겉모양을 꾸밈.
　[裝飾 장식] 치장하는 일.

5급

養 기를 양

기를, 가르칠, 봉양할, 취할, 몸 위할.
nourish, nurture, support

羊(양 양:음부)과 食의 합침. 양(羊)을 먹여(食) '기른다', 또는 양고기(羊)를 먹고(食) 몸을 튼튼히 한다는 데서 '몸 위하다'의 뜻이 된 자 會形.

- [養成 양성] 길러냄.
- [養育 양육] 길러 자라게 함.
- [敎養 교양] 학식을 바탕으로 한 수양.

4급II

餘 남을 여

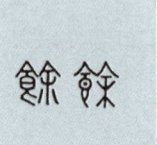

남을, 나머지, 끝, 다를, 풍요할. 약 余

overplus, remainder

食변에 余(남을 여:음부)의 합침. 음식(食)을 남에게 줄 만큼 남아 돈다(余 p.57)는 데서 '남다'·'풍요하다'의 뜻이 된 자. 남은 음식물은 변한다 하여 '다르다'의 뜻으로도 쓰인다 形.

- [餘談 여담] 용건 밖의 이야기.
- [餘分 여분] 나머지.
- [殘餘 잔여] 남아 있음.

3급

餓 주릴 아

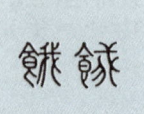

주릴, 굶을. 약 餓

hungry, starved

食변에 我(나 아:음부)의 합침. 내(我 p.180)가 먹을(食) 것이 없어 '굶주린다'는 뜻으로 된 자 形. [p.410 飢]

- [餓鬼 아귀] 항상 굶주리는 귀신.
- [餓死 아사] 굶어 죽음.
- [饑餓 기아] 굶주림.

3급II

館 집 관

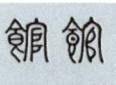

집, 객사, 묵을, 학교. 약 舘 속 舘

house, lodging house, lodge

食변에 官(벼슬 관:음부)의 합침. 관리(官 p.130)가 밥을 먹고(食) 묵을 수 있도록 마련되었던 '여관(旅館)집'을 뜻하여 된 자. 나아가, '큰 집'의 명칭으로도 쓰인다 形.

- [館舍 관사] 건물. 외국 사신의 유숙처.
- [本館 본관] 여럿 중에서 중심 되는 건물.
- [學館 학관] 사설 교육 기관의 호칭.

5급

首 머리 수

머리, 먼저, 우두머리, 처음, 비롯할.
head, leader, beginning

털(ヽ←巛)이 나 있는 '머리(百)'를 본뜬 자. 머리는 몸의 맨 위에 있다는 데서 '우두머리' 또는 '처음'의 뜻으로도 쓰인다 象. [p.404 頁]

【참고】縣·道 등은 首의 뜻을 취해 된 자임.

- [首相 수상] 내각의 우두머리.
- [首席 수석] 맨 윗자리.
- [元首 원수] 나라를 대표하는 사람.

食・首・香・馬 부

香 향기 향 — 4급II

향기(香氣), 향기로울, 향(약 이름).
perfume, fragrant, incense

禾(벼 화)와 日(←甘=맛 감)의 합침. 쌀(禾)밥이 입맛(日)을 돋우는 고소한 냄새를 풍긴다는 데서 '향기롭다'의 뜻이 된 자 會.

- [香料 향료] 향을 만드는 원료.
- [香水 향수] 향내가 나는 물.
- [焚香 분향] 향료를 불에 피움. 燒香.

馬 말 마 — 5급

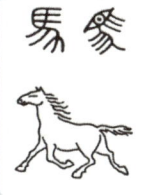

말, 아지랑이, 추녀 끝, 마르크(Mark).
horse

'말'의 갈기와 꼬리(馬)・네 굽(灬) 등을 본뜬 자 象.

- [馬脚 마각] 말의 다리.
- [馬車 마차] 말이 끄는 수레.
- [乘馬 승마] 말을 탐.

騎 말탈 기 — 3급II

말 탈, 기마(騎馬), 기병.
ride on horseback, cavalry

馬와 奇(기이할 기:음부)의 합침. 말(馬)에 오른 사람(大 p.117)이 박차를 차며 소리쳐(可 p.96) 말이 내딛게 한다는 데서 '말 타다'의 뜻이 된 자 形.

- [騎士 기사] 말을 타는 무사.
- [單騎 단기] 홀로 말을 타고 감.
- [鐵騎 철기] 철갑을 입은 기병(騎兵).

騰 오를 등 — 3급

오를, 날칠, 뛸, 달릴.
rise, ascend, leap

朕(틈 짐:음부)과 馬의 어울림. 배의 이음매가 터진 틈새(朕)로 물줄기가 솟구치듯이 말(馬)이 굽을 모아 '뛰어오른다'는 뜻으로 된 자 形.
【참고】朕의 月은 舟(배 주)의 변형, 关(움켜질 권)은 배의 이음새.

- [騰貴 등귀] 물가가 비싸짐.
- [暴騰 폭등] 물가가 별안간 뛰어오름.

騷 떠들 소 — 3급

떠들, 시끄러울, 소동할, 흔들릴. 약 騒
disturbed, agitated, excited

馬와 蚤(벼룩 조:음부)의 합침. 말(馬)이 무엇에 물려 벼룩(蚤)처럼 마구 날뛴다는 데서 '소동(騷動)하다'・'흔들리다'의 뜻이 된 자 會形.
【참고】蚤는 손톱(叉←爪=손톱 조)으로 꼬집듯이 깨무는 벌레(虫)인 '벼룩'을 뜻함.

- [騷亂 소란] 어수선하고 시끄러움.
- [騷擾 소요] 떠들썩하게 들고 일어남.
- [騷音 소음] 시끄러운 소리.

3급
驅 몰 구

몰, 쫓아 보낼, 앞잡이, 선봉, 대열. 약駆
drive away, expel, forerunner

馬와 區(감출 구:음부)의 합침. 말(馬)이 발을 감춘 듯이(區 p.87) 굽이 보이지 않을 만큼 내닫도록 채찍질한다는 데서 '몰다'의 뜻이 된 자 形.

- [驅步 구보] 달음질침.
- [驅除 구제] 몰아내 없애 버림.
- [先驅 선구] 사상 등에 타인들보다 앞섬.

4급 II
驗 시험 험

시험할, 증험할, 보람, 말 이름. 약験
test, examine, proof

馬와 僉(다 첨:음부)의 합침. 말(馬)을 여럿(僉)이 보고 좋고 나쁨을 가려낸 데서 '시험(試驗)하다'의 뜻이 된 자 形.
【참고】僉은 여럿(从)이 모여(스=모일 집) 비평함(吅=부르짖을 현)을 나타냄.

- [驗算 험산] 운산 결과의 오차를 봄.
- [經驗 경험] 몸소 겪고 치러 봄.
- [效驗 효험] 일의 좋은 보람 또는 어떤 작용의 결과.

4급
驚 놀랄 경

놀랄, 두려울, 말 놀랄.
frightful, afraid

敬(공경할 경:음부)과 馬의 합침. 조심성(敬 p.198)이 많은 말(馬)이 잘 놀람을 가리켜 '놀라다'의 뜻이 된 자 形.

- [驚異 경이] 놀라 이상히 여김. 놀라움.
- [驚歎 경탄] 몹시 감탄함.
- [勿驚 물경] '놀라지 마라'라는 감탄사.

3급 II
驛 역 역

역, 역마, 정거장, 잇닿을, 자랄. 약駅
station

馬와 睪(엿볼 역:음부)의 합침. 역마(馬)를 보살피고(睪 p.193 擇) 갈아탈 수 있도록 했던 '역참(驛站)'의 뜻으로 된 자. 일반적인 '역'의 뜻으로 쓰인다 形.
【참고】 역마(驛馬)가 전해오는 소식을 알아보고자 한다 하여 睪을 음부로 합침.

- [驛夫 역부] 역에서 잡무에 종사하는 사람.
- [驛長 역장] 정거장의 우두머리.
- [終着驛 종착역] 기차 등의 최종 도착역.

4급
骨 뼈 골

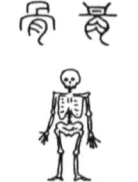

뼈, 요긴할, 꼿꼿할, 골품(骨品).
bone

冎(살 발라낼 과)와 月(肉=살 육)의 합침. 살(月←肉)이 발라내진(冎) '뼈'를 뜻한 자. 뼈대는 몸의 근간인 데서 '요긴하다'의 뜻으로도 쓰인다 會.
【참고】冎는 본디 두개골 모양의 본뜸.

- [骨格 골격] 동물의 체형을 이루고 몸을 지탱하는 뼈의 조직.
- [骨折 골절] 뼈가 부러짐.
- [骸骨 해골] 죽은 사람의 뼈.

體 몸 체 — 6급

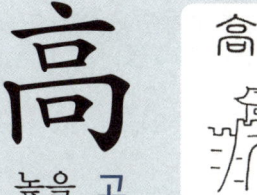

몸, 근본, 꼴, 본받을. ㈜體 ㈣体
body, four limbs, style

骨과 豊(두터울 풍[례]:음부)의 합침. 뼈(骨)와 살과 오장육부(豊 p.356)로 이루어진 '몸'을 뜻하여 된 자 ㊋.
【참고】 豊은 그릇에 음식이 많이 담기듯이, 몸에 오장육부 등이 담김을 가리킴.

- [體得 체득] 몸소 체험(體驗)하여 얻음.
- [體裁 체재] 생기거나 이루어진 됨됨이.
- [身體 신체] 사람의 몸.

高 높을 고 — 6급

높을, 위, 멀, 비쌀, 뽐낼, 뛰어날.
high, above, noble

성(冋) 위에 높이 치솟은 망루(亠)의 모양을 본떠 '높다'의 뜻을 나타낸 자. 치솟아 높다는 데서 '비싸다' 또는 '뛰어나다'의 뜻으로도 쓰인다 ㊝.
【참고】 1. 冋(성곽 경)은 성곽(冂)의 출입구(口)를 나타냄.
2. 稿・豪・京・亨(형통할 형) 등은 高의 음 또는 뜻을 취해 된 자임.

- [高級 고급] 정도가 높은 급.
- [高尙 고상] 지조가 높고 깨끗함.
- [最高 최고] 가장 높음.

髟 머리 늘어질 표

머리 늘어질, 깃발 날릴, 희뜩희뜩할.
lengthen hair, fly flag

镸(←長=긴 장)과 彡(터럭 삼)의 합침. 긴(镸) 머리카락(彡)이 '늘어짐'을 뜻한 자. 머리카락이 바람에 나부끼듯 '깃발이 날린다'는 뜻으로도 쓰인다 ㊢.

- [髟髟 표표] 머리칼이 길게 늘어진 모양.

髮 터럭 발 — 4급

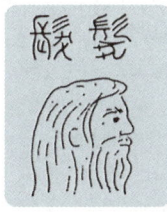

터럭, 머리카락, 모래땅, 메마를. ㈣髪
hair, barren

髟와 犮(개 달아날 발:음부)의 합침. 개 꼬리(犮 p.186 拔) 같이 늘어진 긴 '머리털(髟)'을 나타내어 된 자 ㊋.

- [斷髮 단발] 머리털을 짧게 자름.
- [身體髮膚 신체발부] 온몸, 머리털, 살.
- [理髮 이발] 머리털을 깎음.

鬥 싸울 두/각

싸울, 다툴.
fight, quarrel

𠂇(잡을 국)과 彐(잡을 극)의 합침. 두 사람이 주먹을 불끈 잡아(𠂇) 쥐고(彐) 맞선 모양에서 '싸우다'의 뜻이 된 자 ㊢.
【참고】 𠂇은 싸우려고 왼손을 부르쥔 모양, 彐은 오른손을 부르쥔 모양.

- [鬥姑娘 두고랑] 여아의 장난감의 하나.

4급

鬪
싸움 투

싸움, 싸울, 다툴, 겨룰. ㊍鬥 ㊔閗
fight, battle, quarrel

鬥 안에 斲(←斲=쪼갤 착:음부)의 어울림. 서로 맞서 쥐어박고 뜯으며(鬥) '싸운다(鬥)'는 뜻으로 된 자 ㊉.
【참고】 斲은 䀠(큰 술잔 두)와 斤(도끼 근)을 합쳐, 술 먹고 싸워 상처나고 깨짐을 뜻함.

● [鬪爭 투쟁] 다투어 싸움.
[健鬪 건투] 씩씩하게 잘 싸움.
[戰鬪 전투] 병력으로 서로 싸움.

鬯
울창술 창

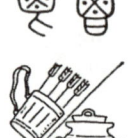

울창술(술 이름), 활집, 자랄. ㊋暢
wine from millet

① '활집' 모양을 본뜬 자 ㊇.
② 그릇(凵)에 기장쌀(※←米)과 향초를 넣어 담근 '울창술'을 국자(匕=숟가락 비)로 퍼내는 모양을 나타내어 그 뜻이 된 자 ㊈.

● [鬯茂 창무] 자라서 무성함.
[鬱鬯酒 울창주] 제사의 강신(降神)에 쓰는 울금향 술.

鬲
오지병 격

오지병, 막을 격 ㊋隔 / 다리 굽은 솥 력.
earthen pot, iron cauldron

세 개의 '다리가 굽은 큰 솥'의 모양을 본뜬 자. 또는, '오지병'의 모양을 본뜬 자라고도 한다 ㊇.
【참고】 隔(막을 격), 融(녹을 융) 등은 鬲의 음 또는 뜻을 취해 된 자임.

● [鬲閉 격폐] 격리하여 잠금.
[瓦鬲 와력] 오지로 구운 솥.

3급Ⅱ

鬼
귀신 귀

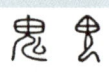

귀신[無所依者], 도깨비, 뜬 것.
demon, ghost

甶(귀신 머리 불)에 儿과 厶(私의 본자)의 어울림. 죽은(甶) 사람(儿)의 영혼을 해치는 '귀신(鬼神)'을 뜻하여 된 자 ㊈.
【참고】'神'은 公, '鬼'는 厶(私)로, 厶는 公을 해치는 데서 합쳐짐.

● [鬼氣 귀기] 소름이 끼치는 분위기.
[鬼才 귀재] 세상에 드물게 뛰어난 재기.
[餓鬼 아귀] 먹을 것만 찾는 사람의 비유.

3급Ⅱ

魂
넋 혼

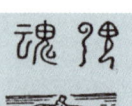

넋, 혼[附氣之神], 마음[旅魂].
soul, manes, spirit

云(구름 운:음부)과 鬼의 합침. 구름(云)처럼 떠다니는 죽은 사람의 넋(鬼)을 나타내어 '혼'의 뜻이 된 자 ㊉.
【참고】'魄'은 陰인데, 대해 '魂'은 陽. 양기는 떠다님을 나타내어 云(p.48)을 합침.

● [魂怯 혼겁] 혼이 빠지도록 겁을 먹음.
[鎭魂 진혼] 죽은 사람의 넋을 가라앉힘.
[招魂 초혼] 죽은 이의 혼을 부르는 일.

5급

고기 물고기 어

고기, 생선, 좀[衣魚] 어/ 나 오. 통吾
fish

'물고기' 의 머리(⺈)·몸통(田)·지느러미(灬) 등의 모양을 본뜬 자 象.

- [魚雷 어뢰] 공격용 수뢰의 하나.
- [魚族 어족] 온갖 물고기의 종류.
- [養魚 양어] 물고기를 길러서 번식시킴.

5급

고울 선

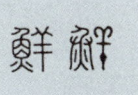

고울, 깨끗할, 생선, 새, 적을, 좋을.
new, fresh, fish

魚와 羊(←羴=노린내 날 전:음부)의 합침. 양(羊)에서 노린내가 나듯이 비린내가 나는 '생선(魚)' 을 뜻한 자. 생선은 싱싱하다는 데서 '깨끗하다' 의 뜻으로도 쓰인다 形.
【참고】羴은 양(羊) 떼에서 나는 노린내.

- [鮮明 선명] 산뜻하고 밝음.
- [鮮血 선혈] 신선한 피.
- [新鮮 신선] 새롭고 산뜻함.

4급 II

새 조

새(꽁지가 긴).
bird(with long tail)

꽁지가 긴 '새' 의 모양을 본뜬 자 象.
【참고】隹(새 추)는 꽁지가 짧은 새.

- [鳥籠 조롱] 새장.
- [鳥跡 조적] 새의 발자국. 문자의 비유.
- [候鳥 후조] 철새.

3급 II

봉새 봉

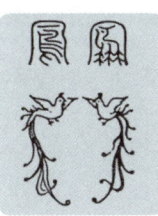

새, 봉황(수).
phoenix

凡(무릇 범:음부)과 鳥의 어울림. 뭇(凡) 새들 중에서 가장 신령스럽다는 새(鳥), 즉 '봉황' 을 뜻하여 된 자 形.

- [鳳擧 봉거] 몸을 깨끗이 하고 은퇴함.
- [鳳舞 봉무] 봉황의 춤. 천하가 태평함.
- [鳳仙花 봉선화] 봉숭아꽃.

4급

울 명

울, 울릴, 새가 울, 부를.
cry, sound, chirp

口(입 구)와 鳥의 합침. 수탉(鳥)이 주둥이(口)를 벌리고 '욺' 을 나타내어 된 자 會.

- [鳴謝 명사] 마음 깊이 사례함.
- [共鳴 공명] 같이 울림. 동감을 가짐.
- [悲鳴 비명] 다급할 때 지르는 소리.

3급

雁 기러기 안

기러기. 동雁 가짜.
wild goose

厂(바위집 엄:음부)과 亻(사람 인)에 鳥의 합침. 바위 틈서리(厂)에 깃들이며 사람(亻)과 관계가 깊은 철새(鳥)인 '기러기'를 뜻하여 된 자 會形. 보통 雁으로 쓴다.
【참고】 기러기는 두 번 짝짓지 않는다 하여 혼인 예물로서 인간과 관계를 맺어 왔음.

- [雁行 안행] 형제의 순서의 비유.
- [奠雁 전안] 신랑이 기러기를 가지고 가 드리는 예.
- [天雁 천안] 기러기.

3급

鴻 기러기 홍

큰 기러기, 클, 굳게 달릴, 굳셀.
wild swan, great

江(물 강:음부)과 鳥의 합침. 강물(江)에 뜬 큰 새(鳥), 즉 '큰 기러기'를 뜻한 자 形.

- [鴻毛 홍모] 아주 가벼운 것의 비유.
- [鴻恩 홍은] 큰 은혜.
- [鴻志 홍지] 큰 뜻.

4급

鷄 닭 계

닭. 동雞 약鶏
fowl, cock, hen

奚(큰 배 해:음부)와 鳥의 합침. 새(鳥)의 하나로 유달리 배가 커(奚) 보이는 '닭'을 뜻한 자 形.
【참고】 奚는 실 같은 털이 잇달아(幺←絲←系=이을 계) 엉겨붙은 닭 따위의 큰(大) 배를 가리킴.

- [鷄卵 계란] '달걀'의 한자말.
- [鷄林 계림] 경주의 옛 이름. 우리 나라의 별칭.
- [養鷄 양계] 닭을 침. 또는 그 닭.

3급II

鶴 학 학

학, 두루미, 새털 함치르르할, 흴.
crane, white

隺(새 높이 날 학:음부)과 鳥의 합침. 새(鳥)중에서 높이 날며 뜻이 높다(隺)는 '학'을 뜻하여 된 자 形.
【참고】 隺은 새(隹=새 추)가 하늘(冖)을 뚫듯이 '높이 낢'을 뜻함.

- [鶴髮 학발] 흰 머리털의 비유.
- [鶴首 학수] 목을 빼고 기다림.
- [白鶴 백학] 두루미.

鹵 소금 로

염밭, 황무지, 소금, 거칠, 훔칠.
salt land, barren

① 鹵(→西=서녘 서의 옛자)와 ⁖(소금의 모양)의 어울림. 중국 서쪽(鹵)에서 나는 돌 '소금 밭(⁖)'을 나타낸 자. 소금이 나는 땅에는 풀이 자라지 않는다 하여 '황무지'의 뜻으로도 쓰인다 會指.
② 망태기에 담긴 '소금'의 모양을 본뜬 자 象.

- [鹵獲 노획] 전쟁에서 적의 물건을 얻음.
- [荒鹵 황로] 황무지.

鳥·鹵·鹿·麥·麻 부

3급 II

鹽
소금 염

소금, 자반, 절일, 후렴. ㈱塩·塩
salt, salted fish, brine, refrain

鹵와 監(살필 감:음부)의 어울림. 염밭(鹵)에 바닷물을 끌어들여 일광·배수 등의 관리를 잘 보살펴(監 p.275) 결정시킨 '바닷소금'을 뜻하여 된 자 ㈜.

- [鹽田 염전] 소금을 만드는 밭.
  [食鹽 식염] 식용의 소금.
  [天日鹽 천일염] 햇볕과 바람으로 증발시켜 만든 소금.

3급

鹿
사슴 록

사슴, 작은 수레, 술그릇, 녹록할.
deer

'사슴'의 뿔과 머리(亠)·몸통(♨)·네 발(比) 등의 모양을 본뜬 자 ㈜.

- [鹿角 녹각] 사슴의 뿔.
  [鹿茸 녹용] 사슴의 새로 돋은 연한 뿔.
  [馴鹿 순록] 북극권에서 사는 사슴과의 짐승.

4급 II

麗
고울 려

고울, 붙을, 맑을, 맬 려/ 부딪칠 리. ㈱丽
beautiful, elegant

丽(붙을 려:음부)와 鹿의 합침. 사슴(鹿)이 나란히 짝을 지어(丽) 가는 모양을 나타내어 '곱다'의 뜻이 된 자. 곱다는 데서 '맑다'의 뜻으로도 쓰인다 ㈜㈜.

- [麗句 여구] 아름다운 문구.
  [秀麗 수려] 산수의 경치가 뛰어남.
  [華麗 화려] 빛나고 아름다움.

3급 II

麥
보리 맥

보리, 밀, 귀리. ㈜㈱麦
wheat, barley

來(올 래)와 夊(뒤에 올 치)의 어울림. 來(p.58)는 보리 이삭(來)과 뿌리(夊) 모양을 나타내어 된 자 ㈜㈜.

- [麥芽 맥아] 보리싹을 내어 말린 엿기름.
  [麥酒 맥주] 서양식 술의 하나.
  [大麥 대맥] 보리(小麥은 밀).

3급 II

麻
삼 마

삼, 윤음(임금 말씀), 깨, 마비할.
hemp

广(집 엄)과 林(삼실 파)의 합침. 집(广)에서 삼실(林)을 가림을 뜻하여 된 자인데, '삼' 자체를 뜻하게 되었다 ㈜.

【참고】 1. 林는 삼(屮)껍질을 갈라서(八) 짼 '삼실'을 뜻함.
2. 磨·魔(마귀 마) 등은 麻가 몸으로 됨.

- [麻布 마포] 베.
  [亂麻 난마] 어지럽게 얽힌 사물의 비유.
  [胡麻 호마] 참깨.

6급

黃
누를 황

누를, 급히 서두를, 늙은이, 어린애.
yellow

艾(→光=빛 광:음부)과 田(밭 전)의 어울림. 땅(田)의 빛깔(艾)이 '누름'을 뜻하여 된 자 會形. [天의 빛깔은 元으로 나타냄]
【참고】 1. 오행(五行)에서 땅빛은 노랑임.
2. 廣·橫(가로 횡)·礦(쇳돌 광)은 黃을 몸으로 취해 된 자임.

● [黃道 황도] 태양의 시궤도(視軌道).
　[黃泉 황천] 저승. 지하의 샘.
　[硫黃 유황] 비금속 원소의 하나.

1급

黍
기장 서

기장, 메기장, 무게 단위, 술그릇.
millet

禾(벼 화)에 入(들 입)과 氺(水)의 어울림. 물(氺)을 넣어(入) 술을 만드는 데에 가장 좋은 벼과(禾)에 속하는 '기장'을 뜻하여 된 자 會. 기장은 가뭄에 견디는 힘이 강함.
【참고】 氺는 雨의 획 줄임이라고도 함.

● [黍粟 서속] 기장과 조.
　[黍禾 서화] 기장의 다른 이름.

5급

黑
검을 흑

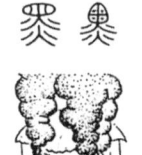

검을, 검은 사마귀, 캄캄할, 그를, 잘못.
black, mole, dark, sooty

원자형은 囪. 囪(囟=창 창의 본자)과 炎(불꽃 염)의 합침. 불 땔 때 연기(杰←炎)가 창(囟) 사이로 빠져 나가면서 그을어진 것이 '검다'는 뜻으로 된 자. 광선이 다 빨리어 검다는 데서 '캄캄하다'의 뜻으로도 쓰인다 會.

● [黑幕 흑막] 드러나지 않은 음흉한 장막.
　[黑心 흑심] 음흉하고 부정한 욕심이 많은 마음.
　[暗黑 암흑] 어둡고 캄캄함.

3급Ⅱ

默
잠잠할 묵

잠잠할, 말 없을, 흐릴, 가리킬, 침잠할.
silent, quiet, gloomy

黑(검을 흑:음부)과 犬(개 견)의 합침. 캄캄한(黑) 밤에 개(犬)마저 짖지 않는 '고요'를 뜻하여 된 자. 고요하다는 데서 '잠잠하다'의 뜻으로도 쓰인다 形.

● [默殺 묵살] 문제도 안 삼고 내버려 둠.
　[默認 묵인] 슬며시 말없이 승인해 줌.
　[沈默 침묵] 말이 없이 잠잠함.

4급

點
점 점

점찍을, 흠, 더러울, 불켤, 곳. 약 点
dotted, fault, spot, light

黑과 占(얼룩질 점:음부)의 합침. 먹물(黑)이 튀어 얼룩졌다(占 p.90)는 데서 '점찍다'·'더럽다'의 뜻이 된 자 形.

● [點檢 점검] 낱낱이 조사함.
　[點呼 점호] 인원의 이상 유무를 조사함.
　[採點 채점] 점수(點數)를 매기는 일.

4급II

黨
무리 당

무리, 편벽될, 견줄, 고향, 알. ㉭党
party, cliquish

① 尙(높을 상:음부)과 黑의 합침. 어두운(黑) 현실을 개척하려고 높은(尙 p.138) 뜻을 품고 모인 '무리' 를 뜻하여 된 자. 반대로, 이익에 치우쳐 높은(尙) 뜻을 저버리고 마음을 검게(黑) 가진다 하여 '편벽되다' 의 뜻으로도 쓰인다 ㉭.
② 높이(尙) 뜬 해와 달이 어둠(黑)을 밝히듯이 환히 '안다' 는 뜻으로 된 자 ㉭㉭.

● [黨爭 당쟁] 당파 지어 서로 싸움.
　[黨派 당파] 붕당(朋黨)의 나뉜 갈래.
　[政黨 정당] 정견이 같은 사람들의 당파.

黹
바느질할 치

바느질할, 수놓을.
sew, embroider

① 바늘에 실을 꿰어 '수놓은' 모양을 본뜬 자. 실을 꿰어 수놓는다는 데서 '바느질하다' 의 뜻으로도 쓰인다 ㉭.
② 业(←丵=풀 성할 착)과 㡀(옷 찢어질 폐)의 어울림. 찢어진 옷(㡀)을 풀이 엉키듯이(业) 실로 꿰맨다 하여 '바느질하다' 의 뜻이 된 자 ㉭. [p.149 幣]
【참고】黻(수 불)·黼(수 보) 등은 黹의 뜻을 취해 된 자임.

黽
맹꽁이 맹

맹꽁이 맹/ 힘쓸 민/ 땅 이름 면.
cacopides, tornieri

큼직한 두 눈에 배가 불룩 나온 '맹꽁이' 를 본뜬 자 ㉭.
【참고】繩(노끈 승)·蠅(파리 승), 鼈(자라 별) 등은 黽의 음 또는 뜻을 취해 된 자임.

● [黽勉 민면] 부지런히 힘씀.
　[求黽 구면] 구하려고 힘씀.
　[水黽 수맹] 물에 있는 맹꽁이.

2급

鼎
솥 정

솥, 세 갈래, 바야흐로, 새로울. ㉭鼎
tripod, oppose three power

① '세 갈래' 의 발이 달린 '솥' 의 모양을 본뜬 자 ㉭.
② 目(←貝=조개 패)밑에 爿(조각널 장)·片(조각 편)의 어울림. 옛날에 큰 조개(目)를 '솥' 으로 삼고 나무를 쪼개어(爿+片=木) 불 땠던 데서 만들어진 자 ㉭.
【참고】1. '팅(ㄉㄧㄥ,ting→정)' 하는 음은 솥을 쳤을 때 나는 소리를 시늉한 것임. 2. 鼏(솥 매다는 나무 경)·鼾(솥 간) 등은 鼎의 뜻을 취해 된 자임.

● [鼎立 정립] 세 세력이 솥발같이 대립함.
　[鼎鼎 정정] 성대한 모양.
　[鼎鐘文字 정종문자] 솥·종에 새긴 문자.

3급 II

鼓 북 고

북, 휘(20말), 두드릴, 칠, 탈, 부추길.
drum, beat

壴(악기 세울 주)와 支(가지 지)의 합침. 악기를 세워(壴) 나무채(支 p.195)로 치는 '북'을 뜻하여 된 자 會.
【참고】 1. 壴의 士(出)는 북줄 또는 꾸미개, 口는 북통, ㅛ는 받침을 가리킴.
2. 皷(두드릴 고)·瞽(소경 고) 등은 鼓의 뜻을 취해 된 자임.

- [鼓動 고동] 피의 순환으로 심장이 뜀.
- [鼓膜 고막] 귀청. 중이의 바깥쪽.
- [大鼓 대고] 큰북.

1급

鼠 쥐 서

쥐, 좀도둑, 우물쭈물할, 근심할, 씹을.
mouse, thief

'쥐'의 이빨(臼)·및 네 발(龰)·꼬리(乀) 모양을 본뜬 자. 그 습성에서 '좀도둑' 또는 '씹다' 등의 뜻으로도 쓰인다 象.
【참고】 鼬(족제비 유)·䶈(박쥐 오) 등은 鼠의 뜻을 취해 된 자임.

- [鼠輩 서배] 보잘것없는 소인배들.
- [鼠賊 서적] 좀도둑의 비유.

5급

鼻 코 비

코, 비롯할, 손잡이, 코 꿸. 통 自

nose, beginning

自(스스로 자)와 畀(줄 비)의 합침. 自(p.321)만으로도 코를 뜻하였으나 '자기'라는 뜻으로 쓰이게 되자, 공기를 흡입해준다는 뜻으로 畀를 받쳐 '코'의 뜻으로 쓰이게 되었다 會. 코는 얼굴 중심에 있고 가장 높다 하여 '비롯하다'의 뜻으로도 쓰인다 轉.
【참고】 1. 畀는 받침대(丌=책상 기)를 통하여(田←由=말미암을 유) '무엇을 준다'는 뜻.
2. 軒(코 골 한)·鼾(코 골 후) 등은 鼻의 뜻을 취해 된 자임.

- [鼻音 비음] 콧소리.
- [鼻祖 비조] 창시자. 시조.
- [酸鼻 산비] 마음이 아파 코가 시큰함.

3급 II

齊 가지런할 제

가지런할, 다스릴 제/ 재계 재. 약 斉 통 齋
arrange, regulate

 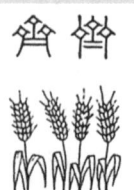

벼나 보리의 이삭들이 나란히 팬 모양을 본떠 '가지런하다'의 뜻이 된 자. 또는, 곡식을 가꾸고 돌본다는 데서 '다스리다'의 뜻으로도 쓰인다 象.
【참고】 濟·齋(가질 재) 등은 齊를 몸으로 취해 된 자임.

- [齊家 제가] 집을 잘 다스림.
- [一齊 일제] 한결같음. 같은 때.
- [整齊 정제] 바로잡아 가지런히 함.

齒

4급 II

이 치

이, 나이, 벌일, 같을, 기록할. 약 歯
tooth, age

止(그칠 지:음부)와 凶(이의 모양)의 합침. 잇몸에 '이'가 아래 위로 나란히 박힌(止) 모양(凶)을 나타낸 자. 이의 수로 연치(年齒)를 알 수 있다 하여 '나이'의 뜻으로도 쓰인다 形.

【참고】齟(이 어긋날 저)·齬(이 어긋날 어)·齦(잇몸 간) 등은 齒의 뜻을 취해 된 자임.

- [齒石 치석] 이에 엉겨 붙은 석회질.
  [齒痛 치통] 충치·풍치 등의 이앓이.
  [乳齒 유치] 갈지 않은 젖니.

龍

4급

용, 미리, 임금 룡/ 둔덕 롱/ 잿빛 망. 약 竜
dragon

立·月(肉)·(辶←ᄀ←飛=날 비)의 어울림. 대가리를 치켜 세우고(立) 몸뚱이(月)를 꿈틀거리며 하늘로 날아오르는(辶) '용'을 나타내어 된 자 象會.

【참고】籠(새장 롱)·聾(귀머거리 롱)·寵(괼 총) 등은 龍을 몸으로 한 자임.

- [龍馬 용마] 매우 잘 달리는 좋은 말.
  [龍顔 용안] 임금의 얼굴. 천안(天顔).
  [登龍門 등용문] 입신 출세의 관문.

龜

3급

거북 귀
터질 균

거북, 점칠 귀/ 손 틀 균/ 나라 구. 약 亀
tortoise, chapped

'거북'이 귀갑(囧) 밖으로 머리(勹)와 꼬리(乚)를 내놓고 네 발(ヨ) 기어가는 모양을 본뜬 자. 거북 등의 금처럼 손등이 갈라졌다는 데서 '손 트다'의 뜻으로도 쓰인다 象.

【참고】熏(거북 지져 점칠 초)·穐(가을 추) 등은 龜의 뜻을 취해 된 자임.

- [龜鑑 귀감] 사물의 거울. 곧 본보기.
  [龜手 균수] 추위에 튼 손.
  [龜裂 균열] 갈라져 터짐. 분열함.

龠

세 구멍 피리, 소리 화할, 조화될, 작.
flute

侖(뭉치 륜)과 吅(많은 소리 령)의 어울림. 여러 구멍(吅)에서 나오는 많은 소리가 한데 뭉쳐(侖 p.63 侖) 잘 '조화됨'을 뜻하여 된 자. 그 '피리' 자체를 뜻하기도 한다 會.

【참고】龡(=吹=불 취)·龢(=和=화할 화) 등은 龠의 뜻을 취해 된 자임.

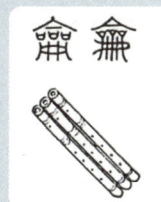

피리 약

- [龠合 약홉] 곡량의 적은 수량.
  [執龠 집약] 피리를 붊.

자음 색인
(字音 索引)

표제자(標題字) 및 그 동자(同字)·속자(俗字)·약자(略字)들을 자음(字音)에 의해 가나다순(順)과 부수순(部首順)으로 늘어놓고, 동자(同字)·속자(俗字)·약자(略字)는 맨 오른쪽에 표제자(標題字)를 밝혀 두어 찾아가도록 하였다.

자음 색인

ㄱ

가
仮 63 假
佳 58
価 67 價
假 63
價 67
加 82
可 96
家 132
暇 207
架 217
歌 227
街 336

각
刻 80
却 91
各 97
格 220
確 281
脚 319
覚 342 覺
覺 342
角 342
較 368
閣 392
鬪 413

간
乾 47
刊 78
姦 124
干 149
幹 150
斡 150 乾

懇 177
看 277
簡 296
肝 316
艮 324
間 391

갈
渴 245 渴
渴 245

감
凵 76
咸 101
感 173
敢 197
減 246
甘 266
監 275
鑑 390

갑
合 97
押 185
甲 267

강
剛 81
康 154
強 158
強 158 強
江 235
港 246
綱 304
講 352
鋼 388

降 393

개
个 61 個
介 52
佳 58
個 61
慨 175 慨
慨 175
愾 175 慨
改 195
概 224 概
概 224
槩 224 概
皆 274
盖 331 蓋
箇 61 個
蓋 331
觧 342 解
解 342
豈 355
開 391

객
客 131

갱
更 210

거
去 93
契 120
居 140
巨 145
拒 185
拠 194 據

挙 194 舉
據 194
擧 194
距 365
車 367

건
乾 47
件 54
健 64
巾 146
建 156

걸
乞 46
傑 65
气 233
渴 245 渴
渴 245

검
俭 68 儉
儉 68
剣 82 劍
劍 82
劒 82 劍
検 226 檢
檢 226

격
擊 193 擊
撃 193
格 220
激 251
毄 193 擊
隔 396

鬲 414

견
健 64
堅 111
牽 260
犬 260
絹 303
肩 316
見 341
遣 378

결
決 236
潔 251
欠 308 缺
結 302
缺 308
訣 344

겸
兼 73
謙 352

경
京 51
傾 66
冂 74
卿 92
境 113
庚 152
徑 161 徑
径 161
慶 174
敬 198
景 207

자음 색인 [경~권]

경			고	古	95		恭	169		擴	194		枯	217
	更	210		告	100		攻	195		狂	261		構	223
	畊	313 耕		固	107		空	290		鉱	390 鑛		求	234
	硬	281		姑	124		紅	299		鑛	390		拘	261
	竟	292		孤	128		貢	358					球	264
	競	292		庫	153				괘	掛	190		穀	289
	競	292 競		故	196	과	寡	134					究	290
	経	303 經		枯	217		戈	179	괴	塊	112		臼	322
	經	303		稿	289		果	216		壊	114 壞		舊	323
	耕	313		稟	289 稿		瓜	265		壞	114		苟	326
	警	353		考	312		科	287		怪	167		韭	403
	軽	368 輕		苦	326		誇	347		愧	173		駆	412 驅
	輕	368		藁	289 稿		課	349					驅	412
	鏡	389		顧	407		過	377	교	交	50		亀	421 龜
	頃	405		高	413					巧	145		龜	421
	驚	412		鼓	420	곽	拡	194 擴		招	186			
							擴	194		教	197 敎	국	口	105
계	係	60	곡	告	100		郭	382		敎	197		国	107 國
	啓	103		哭	102					校	219		國	107
	契	120		曲	210	관	冠	75		橋	225		局	140
	季	127		穀	289		官	130		矯	280		菊	328
	継	308 繼		穀	289 穀		寬	135		覚	342 覺			
	彐	159		谷	355		慣	175		覺	342	군	君	99
	戒	180					管	295		較	368		群	310
	桂	220					舘	410 館		郊	381		羣	310 群
	械	221	곤	丨	43		覎	342 觀					軍	367
	渓	247 溪		困	106		観	342 觀	구	丘	43		郡	382
	溪	247		坤	109		觀	342		旧	323 舊			
	界	268		混	244		貫	359		久	45	굴	屈	140
	癸	272					関	392 關		九	46			
	系	298					關	392		俱	61	궁	宮	132
	繋	307	골	骨	412		館	410		具	73		弓	157
	継	308 繼								区	87 區		窮	291
	繼	308	공	供	58	괄	活	240		區	87			
	計	343		公	72					口	95	권	券	80
	谿	247 溪		共	72	광	光	70		句	96		勧	85 勸
	階	396		功	83		広	154 廣		懼	178		勸	85
	雞	416 鷄		孔	127		廣	154		拘	186		卷	91
	鶏	416 鷄		工	145		拡	194 擴		救	197		拳	187
	鷄	416		廾	156									
				恐	168									

권	權 226 權
	權 226
궐	丿 47
	厥 93
궤	几 69
	几 76
	軌 367
귀	句 96
	帰 229 歸
	敀 229 歸
	歸 229
	貴 360
	鬼 414
	亀 421 龜
	龜 421
규	九 46
	叫 96
	癸 272
	糾 298
	規 341
	頃 405
균	勻 109 均
	均 109
	菌 329
	亀 421 龜
	龜 421
극	克 70
	剋 82 劇
	劇 82
	可 96
	極 223
	苟 326
	革 403

근	僅 66
	勤 85 勤
	勤 85
	巾 146
	斤 200
	根 219
	筋 294
	謹 352
	近 372
금	今 51
	吟 99
	琴 265
	禁 284
	禽 286
	金 386
	錦 388
급	及 94
	急 167
	泣 238
	級 300
	給 303
긍	恒 167
	肯 317
기	乞 46
	企 54
	其 73
	器 105
	基 110
	奇 119
	寄 133
	居 140
	己 146
	幾 151
	忌 165
	技 184

	旗 202
	既 202 旣
	旣 202
	期 213
	棄 222
	機 225
	欺 227
	气 233
	気 234 氣
	氣 234
	汽 236
	畿 270
	示 282
	祈 283
	紀 299
	記 344
	豈 355
	起 364
	飢 409
	騎 411
긴	緊 304
길	吉 97
김	金 386
ㄴ	
나	內 71
	奈 119
	那 381
	難 399 難
	難 399
낙	諾 351
난	暖 208
	難 399 難

	難 399
남	南 89
	男 268
납	內 71
	納 299
낭	娘 125
내	乃 45
	內 71
	奈 119
	耐 312
	能 318
	那 381
냥	両 71 兩
	兩 71
	娘 125
녀	女 121
녁	疒 271
년	年 150
념	念 166
녕	寧 135
	寧 135 寧
노	努 83
	奴 121
	怒 166
농	農 371
뇌	惱 171 惱

	惱 171
	脳 319 腦
	腦 319
능	耐 312
	能 318
니	泥 239
ㄷ	
다	多 117
	大 117
	茶 327
단	丹 44
	但 56
	単 104 單
	單 104
	団 108 團
	團 108
	壇 114
	断 200 斷
	斷 200
	旦 203
	檀 225
	段 231
	短 280
	端 292
	緣 305
달	達 377
담	担 194 擔
	擔 194
	淡 244
	炎 253
	談 350

자음 색인 [답~령]

답
畓 268
答 294
踏 366

당
党 419 黨
唐 103
堂 111
当 270 當
當 270
糖 298
黨 419

대
代 53
台 322 臺
大 117
対 137 對
對 137
帯 148 帶
帶 148
待 161
歹 229
臺 322
貸 360
隊 396
隶 397

댁
宅 129

덕
德 163 德
徳 163
悳 163 德

도
倒 62
刀 77
到 79
図 108 圖
圖 108
塗 112
導 138
島 143
度 152
徒 162
挑 187
桃 220
渡 246
盗 275 盜
盜 275
稲 289 稻
稻 289
茶 327
跳 366
逃 373
途 374
道 378
都 383
陶 395

독
毒 232
独 262 獨
獨 262
督 278
篤 296
読 354 讀
讀 354

돈
敦 198
純 300
豚 356

돌
突 290

동
冬 75
凍 76
動 84
同 98
東 215
洞 240
童 292
銅 387

두
亠 49
士 108
斗 199
読 354 讀
讀 354
豆 355
頭 406
鬥 413

둔
屯 142
鈍 386

득
得 162

등
灯 256 燈
燈 256
登 273
等 294
鐙 256 燈
騰 411

ㄹ

라
羅 310

락
各 97
楽 224 樂
樂 224
絡 303
落 329
諾 351
路 366

란
丹 44
乱 47 亂
亂 47
卵 91
欄 226 欄

欄 226
蘭 333

람
濫 252
覧 342 覽
覽 342

랑
廊 154
朗 212
浪 242
郎 382

래
來 58
来 58 來
耒 58 來

랭
冷 75

략
掠 190
略 269
畧 269

량
両 71 兩
兩 71
凉 243 涼
掠 190
梁 221
涼 243
粮 298 糧
糧 298
良 325
諒 350
量 385

려
励 85 勵
勵 85
慮 175
旅 201
録 387

려
麗 417 麗
麗 417

력
力 82
暦 209 曆
曆 209
歴 229 歷
歷 229
鬲 414

련
恋 179 戀
憐 176
戀 179
練 305 練
練 305
联 314 聯
聯 314
蓮 331
連 375
錬 388 鍊
鍊 388

렬
列 78
劣 83
烈 254
裂 338

렴
廉 154

렵
獵 262

령
令 53
嶺 144
灵 402 靈
零 400
霊 402 靈
靈 402
領 406

자음 색인 [례~목]

례			屢	141		裡	338	裏	忙	164		宀	129	
	例	58	楼	224	樓	裏	338		忘	165		眠	277	
	礼	285	禮	樓	224		里	385		望	212		綿	304
	禮	285	涙	243	涙	雞	399	離	竜	421	龍	緜	304	綿
	農	356	淚	243		離	399		网	308		面	403	面
	隸	398	漏	249		丽	417	麗	罔	309		面	403	
			累	301		麗	417		茫	327		眉	419	
로	劳	84	勞						龍	421				
	勞	84										멸	滅	248
	炉	257	爐	뤼	涙	243	淚	린	隣	397				
	爐	257		淚	243					매	埋	110	명	冥	75
	老	312					림	林	216		壳	363	賣	名	98
	路	366	류	柳	218		臨	321		妹	123		命	101
	鑪	257	爐	流	241					媒	126		明	203
	露	402		甾	269	留	립	立	291	某	217		皿	274
	鹵	416		留	269					梅	221	梅	盟	275
				類	407		ㅁ			梅	221		銘	387
록	禄	284					마	磨	282	每	232	每	鳴	415
	綠	304		륙	六	72	馬	411		每	232				
	錄	387		陸	395		麻	417		買	360		모	侮	59
	鹿	417								賣	363		冒	74
				륜	倫	63	막	幕	149				務	84
론	論	350		論	350		幙	149	幕	맥	麦	417	麥	募	85
				輪	369		漠	250		百	273		厶	93
롱	弄	156					莫	328		脉	318	脈	慕	174
	龍	421		률	卒	263	率	貌	357		脈	318		暮	209
				律	161					麥	417		木	213
뢰	耒	313		栗	218		만	万	329	萬				某	217
	頼	363		率	263		慢	174		맹	孟	128	模	224
	賴	363	賴				晚	206		猛	261		母	232	母
	雷	401		륭	隆	395	満	248	滿	盟	275		母	232	
							滿	248		盲	276		毛	233
료	了	47		릉	陵	395	漫	249		眉	419		矛	279
	僚	67					萬	329					莫	328
	料	199		리	利	79				멱	冖	74	謀	351
				吏	98		말	末	213	冪	74	冖	貌	357
				履	141					糸	298				
룡	竜	421	龍	李	214		망	亡	49				목	匹	87
	龍	421		梨	221		妄	121		면	免	70	木	213
루	屡	141	屢	理	265		孟	128		勉	84				

428 자음 색인 [례~목]

자음 색인 [목~복]

목			문			반			백					
	牧	260		問	104		伴	55		白	273		采	384
	目	276		文	199		半	88		盃	215 杯			
	睦	278		紋	299		反	94		背	317	별	ノ	44
				番	314 聞		叛	95		輩	369		別	79 別
몰	勿	86		聞	314		班	264		配	383		別	79
	沒	236		門	390		番	269					批	182
	没	236 沒					盤	276	백	伯	55		閉	391
			물	勿	86		繁	307		白	273			
몽	夢	117		物	259		般	324		百	273	병	丙	43
	蒙	330					返	372					並	291 竝
			미	味	100		飯	409	번	反	94		倂	291 竝
묘	卯	90		尾	140					煩	255		兵	73
	墓	112		微	163 微	발	拔	186		番	269		屛	141
	妙	122		微	163		犮	272		繁	307		病	272
	廟	154		未	213		発	273 發		翻	408 飜		竝	291
	苗	326		眉	277		發	273		飜	408			
				米	297		髮	413				보	保	60
무	亡	49		美	310				벌	伐	54		報	111
	務	84		迷	373	방	倣	62		罰	309		宝	136 寶
	戊	179					傍	64					寶	136 寶
	无	202	민	憫	177		匚	87	범	凡	76		寶	136
	武	228		敏	196 敏		妨	122		犯	260		普	207
	毋	232 母		敏	196		房	181		範	295		步	228
	母	232		民	233		放	196					父	258
	無	254		黽	419		方	201	법	法	238		補	339
	矛	279					芳	326					譜	353
	舞	323	밀	密	133		訪	345	벽	壁	114			
	茂	327		蜜	335		邦	381		碧	281	복	伏	54
	謀	351					邦	381 邦					副	81
	貿	360		ㅂ			防	392	변	便	59		卜	90
	霧	401 霧								変	354 變		幅	149
	霧	401	박	博	89	배	倍	62		編	306		復	162
				拍	185		北	87		變	354		攴	195
묵	冒	74		朴	214		培	110		弁	370 辯		服	212
	墨	113 墨		泊	238		妃	121		辨	370		福	285
	墨	113		爆	257		拜	187 拝		辯	370		腹	320
	默	418		簿	296		拜	187		辺	380 邊		複	340
				薄	332		排	189		遍	377		覆	341
문	免	70		迫	372		杯	215		邊	380			

자음 색인 [본~서]

본	本 214	북	北 87		賓 361		糸 298		喪 104
봉	奉 119	분	分 77		頻 406		絲 303		嘗 105 嚐
	封 136		墳 113				耶 313		嚐 105
	峯 143		奔 119	빙	冫 75		舍 323		尙 138
	峰 143 峯		奮 120		冰 75 冫		蛇 334		常 148
	蜂 335		憤 177		氷 234		詐 345		床 151
	蠭 335 蜂		粉 297		聘 314		詞 346		想 172
	逢 375		紛 300				謝 352		桑 220
	鳳 415	불	不 42	사	人		賜 362		樣 223 様
부	不 42		仏 57 佛		事 48		辭 370 辭		様 223
	付 52		佛 57		仕 52		辭 370		湯 246
	冨 134 富		払 185 拂		似 55		邪 381		状 261 狀
	副 81		拂 185		使 57		食 408		狀 261
	否 99				ム 93	삭	削 80		广 271
	培 110	붕	崩 143		写 135 寫		数 198 數		相 276
	夫 118		朋 212		史 96		數 198		矧 66 傷
	婦 126				司 97		朔 212		祥 284
	富 134	비	不 42		四 106		索 300		裳 339
	府 152		備 65		士 115				詳 347
	復 162		匕 86		夕 116	산	山 142		象 356
	扶 182		卑 88		寫 135		散 198		賞 362
	浮 241		否 99		寺 136		産 266		霜 401
	父 258		妃 121		射 136		筭 295 算	새	塞 112
	符 293		婢 126		巳 146		算 295	색	塞 112
	簿 296		悲 171		師 148 師	살	殺 231		索 300
	缶 308		批 182		師 148	삼	三 41		色 325
	瓨 308 缶		比 232		思 166		參 93 參	생	生 266
	腐 319		碑 281		捨 189		叄 93		省 277
	複 340		祕 283		斜 199		彡 159	서	叙 197 敍
	覆 341		秘 283 祕		斯 200		森 222		序 151
	負 358		肥 316		査 217	상	上 41		庶 153
	賦 362		費 360		死 229		傷 66		徐 161
	赴 364		非 402		沙 236		像 66		恕 167
	部 382		飛 408		獻 263 獻		償 68		敍 197
	阜 392		鼻 420		獻 263		商 103		暑 208
	附 393	빈	貧 358		砂 236 沙				
					祀 282				
					社 282				
					私 286				

자음 색인 [서~승]

서
- 書 210
- 緖 305
- 署 309
- 西 340
- 誓 347
- 逝 375
- 黍 418
- 鼠 420

석
- 夕 116
- 席 148
- 惜 170
- 昔 204
- 析 216
- 液 243
- 石 280
- 釈 385 釋
- 釋 385

선
- 仙 52
- 先 70
- 単 104 單
- 善 104
- 單 104
- 宣 131
- 旋 201
- 洗 240
- 禅 285 禪
- 禪 285
- 綫 305 線
- 線 305
- 船 324
- 選 379
- 還 380
- 鮮 415

설
- 契 120
- 舌 149
- 舌 323
- 設 344
- 說 349
- 雪 400

섭
- 攝 194
- 涉 243
- 葉 330

성
- 城 109
- 声 314 聲
- 姓 123
- 性 167
- 成 179
- 星 205
- 盛 275
- 省 277
- 聖 313
- 聲 314
- 誠 347

세
- 世 43
- 勢 85
- 歲 229
- 洗 240
- 稅 288
- 細 301
- 說 349

소
- 召 96
- 小 138
- 少 138
- 所 181
- 掃 188
- 昭 205
- 消 242
- 燒 256 燒
- 燒 256
- 燥 256
- 疋 270

- 疏 270
- 笑 293
- 素 301
- 肖 316
- 蔬 331
- 蘇 333
- 訴 345
- 騷 411 騷
- 騷 411

속
- 俗 60
- 属 142 屬
- 屬 142
- 束 215
- 粟 297
- 続 308 續
- 續 308
- 速 374

손
- 孫 128
- 損 192

솔
- 卒 263 率
- 帥 147 帥
- 帥 147
- 率 263

송
- 松 216
- 訟 344
- 誦 349
- 送 373
- 頌 405

쇄
- 刷 79

쇄
- 刷 79
- 殺 231
- 鎖 389
- 鎖 389 鎖

쇠
- 夊 116
- 衰 338

수
- 修 61
- 卒 263 率
- 收 195 收
- 受 95
- 唯 103
- 囚 106
- 垂 109
- 壽 115
- 守 129
- 宿 133
- 寿 115 壽
- 壽 115 壽
- 帥 147 帥
- 帥 147
- 愁 172
- 手 181
- 授 189
- 搜 192
- 收 195
- 数 198 數
- 數 198
- 樹 225
- 殊 230
- 殳 231
- 水 234
- 獣 262 獸
- 獸 262
- 率 263
- 睡 278
- 秀 286
- 秀 286
- 誰 349
- 輸 369
- 遂 376
- 隨 397 隨
- 隨 397

- 雖 399
- 需 401
- 須 405
- 首 410

숙
- 叔 94
- 孰 128
- 宿 133
- 淑 244
- 熟 255
- 肅 315 肅
- 肅 315

순
- 巡 144
- 循 163
- 旬 203
- 殉 230
- 瞬 279 瞬
- 瞬 279
- 純 300
- 脣 319
- 順 405

술
- 戌 179
- 術 336
- 述 372

숭
- 崇 143

습
- 拾 187
- 湿 252 濕
- 濕 252
- 習 311
- 襲 340
- 隰 252 濕

승
- 乘 45 乘
- 乘 45
- 僧 67 僧

	僧 67		晨 206		餓 410 餓	애	哀 101	어	吾 100
	勝 84		申 267		餓 410		愛 172		御 162
	承 183		神 283				涯 243		於 201
	昇 204		臣 320	악	亜 49 亞		爱 172 愛		漁 249
			身 367		亞 49				語 348
시	使 57		辛 370		岳 143	액	厄 92		魚 415
	侍 58		辰 371		嶽 143 岳		夜 117		
	十 88				悪 171		液 243	억	億 68
	始 123	실	失 118		惡 171		額 407		憶 177
	寺 136		実 135 實		楽 224 樂				抑 183
	尸 139		室 131		樂 224	야	也 46		
	市 147		實 135				夜 117	언	焉 254
	提 191			안	安 129		射 136		言 343
	斯 200	심	審 135		岸 142		耶 313		
	施 201		尋 137		案 220		邪 381	엄	厂 92
	时 206 時		心 164		眼 278		野 385		严 105 嚴
	是 205		沈 236		雁 416 鴈				嚴 105
	時 206		深 244		顏 407	약	弱 158		岩 144 巖
	氏 233		甚 266		鴈 416		約 299		巖 144
	矢 279						若 326		广 151
	示 282	십	十 88	알	歹 229		薬 333 藥		厳 105 嚴
	视 341 視		拾 187		謁 351		藥 333		
	視 341						躍 367	업	業 222
	試 346	쌍	雙 399	암	岩 144 巖		龠 421		
	詩 346				巖 144			여	与 322 與
	豕 356	씨	氏 233		暗 208	양	壌 115 壤		予 47
							壤 115		余 57
식	式 157		○	압	亜 49 亞		揚 191		如 121
	息 169				亞 49		易 395 陽		汝 235
	植 222	아	亜 49 亞		圧 114 壓		楊 222		與 322
	識 353		亞 49		壓 114		様 223 樣		興 369
	食 408		児 71 兒		押 185		樣 223		餘 410
	飾 409		兒 71		邑 381		洋 239		
			我 180				羊 310	역	亦 50
신	伸 55		涯 243	앙	仰 53		詳 347		域 110
	信 61		牙 259		央 118		譲 355 讓		射 136
	慎 173 愼		芽 325		殃 230		讓 355		役 160
	愼 173		兩 340		袂 230 殃		陽 395		易 204
	新 200		阿 393				養 410		疫 271
			雅 398						

자음 색인 [역~위]

역									
訳	353	譯							
譯	353								
逆	373								
駅	412	驛							
驛	412								

연
- 宴 132
- 延 155
- 沿 237
- 演 250
- 烟 254 煙
- 然 254
- 煙 254
- 燃 255
- 燕 256
- 研 281 硏
- 硏 281
- 緣 305
- 軟 368
- 鉛 386

열
- 悅 169
- 熱 255
- 說 344
- 閱 392

염
- 塩 417 鹽
- 塩 417 鹽
- 染 218
- 炎 253
- 鹽 417

엽
- 葉 330

영
- 咏 346 詠
- 営 257 營
- 影 159
- 映 205
- 景 207

영(계속)
- 暎 205 映
- 栄 223 榮
- 榮 223
- 永 234
- 泳 239
- 營 257
- 英 327
- 詠 346
- 迎 371 迎
- 迎 371

예
- 兒 71 兒
- 兒 71
- 芸 332 藝
- 藝 332
- 誉 354 譽
- 譽 354
- 豫 357
- 銳 387

오
- 五 49
- 傲 65
- 午 88
- 吾 100
- 嗚 105
- 娛 125
- 悟 169
- 惡 171 惡
- 惡 171
- 於 201
- 汚 235
- 烏 253
- 誤 349 誤
- 誤 349
- 魚 415

옥
- 屋 140
- 獄 262

옥(계속)
- 玉 263
- 阿 393

온
- 温 247 溫
- 溫 247

옹
- 擁 193
- 翁 311

와
- 偽 67 僞
- 僞 67
- 汚 235
- 瓦 266
- 臥 321
- 卧 321 臥

완
- 完 130
- 緩 305
- 関 392 關
- 關 392

왈
- 曰 210

왕
- 尤 139
- 往 160
- 徃 160 往
- 王 264
- 皇 274

외
- 外 116
- 畏 268

요
- 丿 44
- 幺 150
- 幼 150
- 揺 192 搖
- 搖 192
- 曜 209
- 楽 224 樂

요(계속)
- 樂 224
- 猶 261
- 約 299
- 腰 320
- 要 340
- 謠 352 謠
- 謠 352
- 遙 378
- 陶 395

욕
- 慾 176
- 欲 227
- 浴 242
- 谷 355
- 辱 371

용
- 勇 83
- 容 132
- 庸 153
- 用 267
- 頌 405

우
- 于 48
- 偶 64
- 優 68
- 区 87 區
- 區 87
- 又 93
- 友 94
- 右 97
- 娛 125
- 宇 129
- 尤 139
- 愚 173
- 憂 176
- 有 211
- 牛 259
- 羽 311
- 遇 376

우(계속)
- 郵 382
- 雨 400

운
- 云 48
- 員 102
- 運 377
- 雲 400
- 韻 404

웅
- 雄 398

원
- 元 69
- 円 107 圓
- 原 92
- 員 102
- 園 107
- 圓 107
- 怨 166
- 援 191
- 源 247
- 遠 379
- 院 393
- 願 407

월
- 月 211
- 越 365

위
- 位 56
- 偉 64
- 偽 67 僞
- 僞 67
- 危 91
- 囗 105
- 囲 107 圍
- 圍 107
- 委 124
- 威 125
- 慰 176
- 爲 258 爲

	爲 258		聿 315		以 53	입	入 71		場 111 場	
	畏 268	을			夷 118				墻 114	
	緯 306	은	恩 168		寅 133		ㅈ		壯 115 壯	
	胃 317		銀 387		已 146	자	佐 56		壯 115	
	衛 337		隱 397 隱		施 201		作 57		牆 114 墻	
	衛 337 衛		隱 397		易 204		刺 80		奬 120 奬	
	謂 351	을	乙 46		異 269		姉 122		奬 120	
	違 378		疑 271		矣 279		姿 124		将 137 將	
	韋 403				移 287		子 126		將 137	
유	乳 46	음	吟 99		而 312		字 127		帳 148	
	儒 68		淫 245		耳 313		恣 168		張 158	
	唯 103		陰 394		蛇 334		慈 173		掌 190	
	幼 150		音 404		隷 397		玆 263		爿 258	
	幽 151		飮 409	익	弋 156		積 289		狀 261	
	悠 170	읍	泣 238		益 274		紫 301		章 292	
	惟 170		邑 381		翼 311		者 312		粧 297	
	愈 172	응	凝 76	인	人 51		自 321		腸 320	
	有 211		応 178 應		仁 51		詐 345		腸 320 腸	
	柔 218		應 178		儿 69		資 361		臟 320 臟	
	油 237		疑 271		印 90	작	作 57		臟 320	
	猶 261	의	仅 67 儀		因 106		旹 258 爵		莊 328 莊	
	由 267		依 59		姻 124		昨 205		莊 328	
	肉 285		儀 67		寅 133		爵 258 爵		葬 330	
	維 304		医 384 醫		乚 155		爵 258		藏 332 藏	
	肉 315		宜 130		引 157		酌 383		藏 332	
	裕 339		意 172		忍 164	잔	殘 230 殘		裝 339 裝	
	誘 348		疑 271		煙 254		殘 230		裝 339	
	遊 377		矣 279		認 348	잠	暫 209		長 390	
	遺 380		義 311	일	一 41		潜 250 潛		障 396	
	酉 383		衣 337		日 202		潛 250	재	再 74
	雖 399		訉 354 議		逸 376	잡	雜 399 雜		哉 102	
육	肉 315		議 354	임	任 54		雜 399		在 108	
	育 316		醫 384		壬 115	장	丈 42		宰 131	
윤	潤 250				賃 361		場 111		才 182	
	閏 391	이	二 48						齊 420 齊	
									材 214	
									栽 219	
									災 253	

	裁 338		全 71	정	丁 41		諸 351	종	宗 130			
	財 358		典 73		争 257 爭		除 394		従 162 從			
	載 368		前 81		井 49		際 396		從 162			
	齊 420		専 137 專		亭 51		題 406		種 288			
쟁	争 257 爭		專 137		停 63		齊 420		終 301			
	爭 257		展 141		定 131	조	兆 69		縦 306 縱			
저	且 42		战 180 戰		庭 153		助 83		縱 306			
	低 56		戦 180 戰		廷 155		召 96		鐘 389			
	底 152		戰 180		征 160		吊 157 弔	좌	佐 56			
	抵 184		殿 231		情 170		弔 157		坐 109			
	著 330		田 267		打 182		挑 187		左 145			
	諸 351		畋 267 田		政 196		操 193		座 153			
	貯 359		船 324		整 199		早 203					
			転 370 轉		正 228		昭 205	죄	罪 309			
적	借 62		轉 370		浄 244 淨		朝 213					
	寂 133		錢 388 錢		淨 244		条 221 條	주	丶 44			
	弔 157		錢 388		爭 257		條 221		主 44			
	摘 192		電 400		鼻 419 鼎		潮 251		住 56			
	敵 198				程 288		照 255		作 57			
	滴 248	절	切 77		精 297		燥 256		周 100			
	的 273		切 77 切		訂 343		爪 257		奏 119			
	積 289		卩 90		貞 357		祖 283		宙 130			
	笛 293		折 184		静 402 靜		租 287		州 144			
	邃 293		拙 186		靜 402		組 302		族 202			
	籍 296 笛		準 247		頂 404		調 350		昼 206 晝			
	績 307		竊 291		鼎 419		跳 366		晝 206			
	賊 361		節 295 節				造 375		朱 214			
	赤 364		節 295	제	制 79		錯 388		柱 218			
	跡 365		絶 302		堤 111		鳥 415		株 219			
	蹟 366		艸 325		帝 147				注 239			
	躍 367				弟 158	족	族 202		洲 240			
	迹 365 跡	점	占 90		折 184		足 365		珠 264			
	逐 374		店 152		提 191				舟 324			
	適 379		漸 250		斉 420 齊	존	存 127		調 350			
			点 418 點		済 252 濟		尊 137		走 364			
전	伝 65 傳		點 418		濟 252				足 365			
	傳 65				祭 284	졸	卒 89		週 375			
		접	接 190		第 293		拙 186		酒 384			
			蝶 335		製 339							

주														
	鑄	390		志	164		姪	125		慚	174	천	千	88
				持	187		疾	271		慙	174 慚		天	117
죽	竹	293		指	188		秩	287		慘	175 慘		川	144
				支	195		質	363 質		惨	175		泉	238
준	俊	60		智	207		質	363		漸	174		浅	245 淺
	尊	137		枝	217								淺	245
	屯	142		止	228	집	執	110	창	倉	61		舛	323
	準	247		氏	233		集	398		創	81		薦	332
	純	300		池	235					唱	103		賎	362 賤
	遵	380		知	279	징	徴	163 徵		昌	204		賤	362
				紙	300		徵	163		暢	208		践	366 踐
중	中	43		織	307		懲	178		窓	291		踐	366
	仲	53		至	321		懲	178 懲		窻	291 窓		迁	379 遷
	衆	336		誌	348					蒼	331		遷	379
	重	385		識	353		天			邑	414			
				遲	379 遲	차	且	42				철	哲	102
출	卒	89		遅	379		借	62	채	債	66		喆	102 哲
				遟	379 遲		差	145		彩	159		中	142
즉	則	80					次	226		採	189		徹	163
	即	91 卽	직	直	276		此	228		祭	284		柒	249 漆
	卽	91		織	307		茶	327		菜	329		漆	249
	特	260		職	315		車	367		豸	357		鉄	389 鐵
										責	359		鐵	389
증	增	113 增	진	尽	275 盡	착	捉	188						
	増	113		振	188		濁	251	책	冊	74	첨	尖	138
	憎	176 憎		珍	264		着	278		册	74 冊		添	245
	憎	176		盡	275		著	330		策	294			
	曾	210		真	277 眞		辵	371		責	359	첩	妾	123
	症	272		眞	277		錯	388						
	蒸	330		薦	332				처	処	334 處	청	厅	155 廳
	証	353 證		辰	371	찬	讃	355 讚		妻	123		廳	155
	證	353		進	376		讚	355		處	334		晴	207
	贈	363 贈		鎭	389 鎮		贊	363 贊					晴	207 晴
	贈	363		鎮	389		賛	363	척	刺	80		清	245
				陣	394					尺	139		青	402 青
지	之	45		陳	394	찰	察	134		彳	160		聴	315 聽
	只	95		震	401					戚	180		聽	315
	地	108				참	参	93 參		拓	186		請	350
	底	152	질	侄	125 姪		參	93		斥	200		靑	402

자음 색인 [청~토]

청													
	青	402	青	聰	314	聰	衝	337		칙	則	80		濯	252
체	体	413	體	聰	314		銃	386		친	親	341	탄	嘆	227	歎
	切	77	切	銃	386		취	取	94	칠	七	41		彈	158	彈
	切	77		최	催	65		吹	99		柒	249	漆		彈	158
	替	211		最	211		就	139		漆	249		歎	227
	滯	248		衰	338		臭	321	臭	침	侵	59		炭	253
	體	413	體	佳	398		臭	321		寢	134	寢		誕	348
	逮	376		추	丑	42		趣	365		寢	134	탈	奪	120
	遞	378		出	77		醉	384	醉		慘	175	慘		脫	319
	體	413		取	94		醉	384		慘	175	탐	探	189
초	初	78		愁	172	측	側	64		枕	216		貪	358
	中	142		抽	185		則	80		沈	236	탑	塔	112
	抄	183		推	190		測	247		沉	236	沈			
	招	186		秋	286	층	層	141	層		浸	242	탕	湯	246
	礎	282		臭	321	臭	層	141		針	386		糖	298
	秒	287		臭	321		曾	210						
	肖	316		追	372	치	値	63	칭	稱	289	稱	태	大	117
	艸	325		醜	384		夂	116		稱	289		太	118
	草	327		遂	376		差	145						怠	166
	超	364		佳	398		耻	168	恥	쾌	快	165		態	174
촉	促	60	축	丑	42		植	222					殆	230
	属	142	屬	畜	268		治	237						泰	239
	屬	142		祝	283		直	276	타	他	52		能	318
	燭	256	燭	築	296		移	287		堕	113	墮		脫	319
	獨	262		縮	306		稚	288		墮	113		逮	376
	触	343	觸	蓄	331		穉	288	稚		妥	122		銳	387
	觸	343		逐	374		織	307		打	182				
	趣	365	춘	春	206		置	309		池	235	택	宅	129
촌	寸	136					恥	168		蛇	334		択	193	擇
	村	215	출	出	77		致	322						擇	193
총	総	307	總	충	充	69		豸	357	탁	卓	89		沢	251	澤
	縦	306	縱		忠	165		齒	419		度	152		澤	251
	縱	306		虫	334		齒	421	齒		托	182	토	兎	70	兔
	總	307		蟲	335		齒	421			拓	186		兔	70
										濁	251				

자음 색인 [토~험]

토	吐	98
	土	108
	討	343

통	洞	240
	痛	272
	統	302
	通	374

퇴	推	190
	敦	198
	追	372
	退	373

투	投	183
	透	374
	閗	414 鬪
	鬪	414 鬪
	鬪	414

| 특 | 特 | 260 |
| | 貸 | 360 |

ㅍ

파	把	183
	播	193
	波	238
	派	241
	番	269
	破	280
	罷	310
	頗	406

판	判	78
	板	215
	版	259
	販	359

| 팔 | 八 | 72 |

패	伯	55
	倍	62
	拔	186 拔
	拔	186
	敗	197
	肺	317
	背	317
	貝	357

| 팽 | 亨 | 50 |
| | 傍 | 64 |

편	便	59
	偏	63
	平	149
	片	259
	篇	295
	編	306
	遍	377

| 평 | 平 | 149 |
| | 評 | 345 |

폐	幣	149
	廃	155 廢
	廢	155
	弊	156
	肺	317
	蔽	322
	閉	391

포	勹	86
	包	86
	布	147
	抱	184
	捕	188
	暴	208
	浦	241
	砲	280

| | 胞 | 318 |
| | 飽 | 409 |

폭	幅	149
	暴	208
	爆	257

표	標	224
	漂	248
	票	284
	表	337
	髟	413

| 푼 | 分 | 77 |

| 품 | 品 | 102 品 |
| | 品 | 102 |

풍	楓	223
	豊	356
	風	408

피	彼	160
	疲	271
	皮	274
	罷	310
	被	338
	避	380

필	匹	87
	必	164
	拂	185
	比	232
	畢	269
	疋	270
	筆	294

| 핍 | 幅 | 149 |

ㅎ

하	下	42
	何	57
	夏	116
	暇	207
	河	237
	荷	328
	賀	361

학	学	128 學
	學	128
	鶴	416

한	寒	134
	恨	168
	旱	203
	汗	235
	漢	249
	閑	391
	間	391
	限	393
	韓	403

| 할 | 割 | 81 |
| | 害 | 132 |

함	含	99
	咸	101
	濫	252
	陷	394 陷
	陷	394

합	合	97
	盖	331 蓋
	蓋	331

항	巷	146
	恒	167
	抗	184

	港	246
	航	324
	行	336
	項	405

해	亥	50
	奚	120
	害	132
	械	221
	海	241 海
	海	241
	解	342 解
	解	342
	該	346

| 핵 | 核 | 219 |

| 행 | 幸 | 150 |
| | 行 | 336 |

향	亨	50
	享	50
	向	98
	鄕	383
	響	404 響
	響	404
	香	411

허	虛	334 虛
	虛	334
	許	345

헌	厂	92
	憲	177
	献	263 獻
	獻	263
	軒	368

| 험 | 険 | 397 險 |

자음 색인 [험~희]

	險 397		惠 171 惠		紅 299	회	会 211 會		虫 334
	驗 412 驗		惠 171		鴻 416		回 106	휘	戱 181 戲
	驗 412		慧 175	화	化 86 化		壞 114 壞		戲 181
혁	革 403	호	乎 45		化 86		壞 114		揮 191
현	懸 178		互 48		画 270 畫		悔 169 悔		輝 369 輝
	玄 263		号 334 號		和 101		悔 169		輝 369
	玆 263		呼 101		火 252		懷 178 懷	휴	休 55
	現 265		好 122		畫 270		懷 178		堕 113 墮
	県 306 縣		戱 181 戲		禍 285		會 211		墮 113
	絃 302		戲 181		禾 286		灰 253		携 192
	縣 306		戶 181		花 325		灰 253 灰		
	見 341		毫 233		華 329	획	画 270 畫	흉	畜 268
	賢 362		浩 242		話 347		劃 82 劃		
	頁 404		湖 246		貨 359		劃 82	흉	凶 77
	顕 408 顯		穫 290	확	拡 194 擴		獲 262		胸 318
	顯 408		胡 317		擴 194		畫 270	흑	黑 418
			虍 333		獲 262	횡	弘 157		
혈	穴 290		虎 333		確 281		横 225 橫	흔	肩 316
	血 336		號 334		穫 290		橫 225		
	頁 404		護 354	환	丸 44	효	効 196 效	흠	欠 226
			豪 356		患 170		孝 127		
혐	嫌 126	혹	惑 171		換 191		效 196	흡	吸 100
	謙 352		或 180		歓 227 歡		曉 209 曉		
협	協 89	혼	婚 125		歡 227		曉 209	흥	奥 322 興
	脅 318		昏 204		環 265		爻 258		興 322
형	亨 50		昏 204 昏		還 380	후	侯 59	희	㐂 104 喜
	兄 69		混 244	활	活 240		候 62		喜 104
	刑 78		魂 414				厚 92		希 147
	形 159	홀	忽 165	황	兄 69		後 161		戱 181 戲
	螢 335		核 219		況 237 況				戲 181
	衡 337				況 237	훈	訓 344		稀 288
혜	兮 72	홉	合 97		皇 274	훤	暖 208		
	匸 87	홍	弘 157		荒 328				
	奚 120		洪 240		黃 418	훼	毁 231		

총획 색인
(總畫 索引)

표제자(標題字) 및 그 동자(同字)·속자(俗字)·약자(略字)들을 총획순(總畫順) 부수순(部首順)으로 늘어놓고, 동자(同字)·속자(俗字)·약자(略字)는 맨 오른쪽에 표제자(標題字)를 밝혀 찾아가도록 하였다. 맨 왼쪽 줄은 부수의 표시다.

총획 색인

1획

一	一	41
丨	丨	43
丶	丶	44
丿	丿	44
乙	乙	46
亅	亅	47

2획

一	丁	41
	七	41
丿	乃	45
乙	九	46
亅	了	47
二	二	48
亠	亠	49
人	人	51
儿	儿	69
入	入	71
八	八	72
冂	冂	74
冖	冖	74
冫	冫	75
几	几	76
凵	凵	76
刀	刀	77
力	力	82
勹	勹	86
匕	匕	86
匚	匚	87
匸	匸	87
十	十	88
	卜	90

卩	卩	90
厂	厂	92
厶	厶	93
又	又	93

3획

一	三	41
	上	41
	丈	42
	下	42
	万	329 萬
丨	个	61 個
丶	丸	44
丿	久	45
乙	乞	46
	也	46
二	于	48
	亡	49
几	凡	76
十	千	88
口	口	95
囗	囗	105
土	土	108
士	士	115
夂	夂	116
夊	夊	116
夕	夕	116
大	大	117
女	女	121
子	子	126
宀	宀	129
寸	寸	136

小	小	138
尢	尢	139
尸	尸	139
屮	屮	142
山	山	142
巛	川	144
工	工	145
己	己	146
	已	146
	巳	146
巾	巾	146
干	干	149
幺	幺	150
广	广	151
廴	廴	155
廾	廾	156
弋	弋	156
弓	弓	157
彐	彐	159
彡	彡	159
彳	彳	160
手	才	182

4획

一	不	42
	丑	42
	与	322 與
丨	中	43
丶	丹	44
丿	之	45
	予	47
二	云	48

	互	48
	五	49
	井	49
人	今	51
	仁	51
	介	52
	仏	57 佛
	仅	67 儀
儿	元	69
入	內	71
八	公	72
	六	72
	兮	72
冂	円	107 圓
	凶	77
刀	分	77
	切	77
勹	勿	86
	匀	109 均
匕	化	86
	化	86
	匹	87
	区	87 區
十	午	88
厂	厄	92
又	及	94
	反	94
	友	94
	收	195 收
	双	399 雙
士	壬	115
大	天	117

	夫	118
	太	118
子	孔	127
小	少	138
尢	尤	139
尸	尺	139
屮	屯	142
弓	弔	157
	引	157
心	心	164
戈	戈	179
戶	戶	181
手	手	181
支	支	195
攴	攴	195
文	文	199
斗	斗	199
斤	斤	200
方	方	201
无	无	202
日	日	202
曰	曰	210
月	月	211
木	木	213
欠	欠	226
止	止	228
歹	歹	229
殳	殳	231
毋	毋	232
比	比	232
毛	毛	233
氏	氏	233

气	気 233	勹	包 86		払 185 拂	辶	辺 380 邊		吐 98			
氵	水 234	匕	北 87		斥 200				向 98			
火	火 252	十	半 88		旦 203	**6획**		囗	因 106			
爫	爪 257	卜	占 90	木	未 213	一	両 71 兩		回 106			
父	父 258	卩	卯 90		末 213		吉 104 喜		団 108 團			
爻	爻 258		印 90		本 214	丨	争 257 爭	土	在 108			
月	月 258	厶	去 93	止	正 228	亠	交 50		地 108			
片	片 259	口	古 95	毋	母 232		亥 50	士	壮 115 壯			
牙	牙 259		只 95	氏	民 233		亦 50	夕	多 117			
牛	牛 259		句 96	氵	氷 234	人	仰 53	大	夷 118			
犬	犬 260		叫 96		永 234		仲 53	女	妃 121			
玉	王 264		召 96	犭	犯 260		件 54		如 121			
			史 96	玄	玄 263		企 54		妄 121			
5획			可 96	玉	玉 263		伏 54		好 122			
一	且 42		右 97	瓜	瓜 265		任 54	子	字 127			
	世 43		司 97	瓦	瓦 266		伐 54		存 127			
	丘 43		号 334 號	甘	甘 266		休 55	宀	宅 129			
	丙 43	囗	四 106	生	生 266		仮 63 假		守 129			
丨	旧 323 舊		囚 106	用	用 267		伝 65 傳		宇 129			
丶	主 44	土	圧 114 壓	田	田 267		会 211 會		安 129			
丿	乎 45	夂	処 334 處		由 267	几	充 69	寸	寺 136			
人	他 52	夕	外 116		甲 267		兆 69	小	尖 138			
	仕 52	大	央 118		申 267		先 70		当 270 當			
	付 52		失 118	疋	疋 270		光 70	尸	尽 275 盡			
	仙 52	女	奴 121	疒	疒 271	入	全 71	巛	州 144			
	代 53	工	左 145	癶	癶 272	八	共 72		巡 144 巡			
	令 53		巧 145	白	白 273	冂	再 74	巾	吊 157 弔			
	以 53		巨 145	皮	皮 274	冖	写 135 寫		師 148 師			
儿	兄 69	巾	市 147	皿	皿 274	冫	冰 75 冫	干	年 150			
	充 69		布 147	目	目 276	刀	刑 78	弋	式 157			
冂	冊 74		帥 147 帥	矛	矛 279		列 78	心	忙 164			
	冊 74 冊	干	平 149	矢	矢 279	力	劣 83	戈	戌 179			
冖	写 135 寫	幺	幼 150	石	石 280	卩	危 91	手	托 182			
冫	冬 75	广	広 154 廣	示	示 282	口	各 97	攴	收 195			
凵	出 77		庁 155 廳		礼 285 禮		合 97	日	早 203			
刀	切 77 切	弓	弘 157	内	内 285		吉 97		旬 203			
	刊 78	心	必 164	禾	禾 286		同 98	曰	曲 210			
力	加 82	戈	戊 179	穴	穴 290		名 98	月	有 211			
	功 83	手	打 182	立	立 291		吏 98	木	朴 214			

총획 색인 [6획~7획]

欠	次	226		艸	艸	325			別	79	別	广	床	151		止	步	228	
	朱	214			虍	333			利	79			序	151		冊	每	232	
	來	58	來	虫	虫	334		力	助	83		廴	廷	155		水	求	234	
止	此	228		血	血	336			努	83			延	155			決	236	
歹	死	229		行	行	336			勞	84	勞	廾	弄	156			汽	236	
毋	每	232	每	衣	衣	337			励	85	勵	弓	弟	158			沈	236	
气	気	234	氣	襾	襾	340		匚	医	384	醫	旦	灵	402	靈		沉	236	沈
水	汗	235			西	340		卩	却	91		彡	形	159			没	236	
	江	235		辵	迁	379	遷		卵	91		彳	役	160			沒	236	沒
	汚	235							即	91	卽	心	忍	164			沙	236	
	汝	235		**7획**				口	吟	99			志	164			沢	251	澤
	池	235		乙	乱	47	亂		君	99			忌	165		火	災	253	
火	灰	253		二	亜	49	亞		否	99			忘	165		犬	状	261	狀
	灰	253	灰		来	58	來		含	99			快	165			狂	261	
	灯	256	燈	亠	亨	50			吹	99			応	178	應	田	男	268	
白	百	273		人	伴	55			吸	100		戈	成	179		矢	矣	279	
竹	竹	293			伯	55			吾	100			我	180		示	社	282	社
米	米	297			伸	55			告	100			戒	180		禾	秀	286	
糸	糸	298			似	55			呂	102	品	手	扶	182			私	286	
缶	缶	308			位	56		口	困	106			批	182		穴	究	290	
网	网	308			但	56			囲	107	圍		抄	183		糸	系	298	
羊	羊	310			佐	56			図	108	圖		投	183		肉	肖	316	
羽	羽	311			低	56		土	均	109			把	183			肝	316	
老	老	312			住	56			坐	109			抑	183		艮	良	325	
	考	312			余	57		士	壮	115			抗	184		見	見	341	
而	而	312			何	57			声	314	聲		技	184		角	角	342	
耒	耒	313			佛	57			売	363	賣		折	184		言	言	343	
耳	耳	313			作	57		夊	麦	417	麥		抜	186	拔	谷	谷	355	
聿	聿	315			体	413	體	女	妙	122			択	193	擇	豆	豆	355	
肉	肉	315		儿	克	70			妨	122		支	改	195		豕	豕	356	
臣	臣	320			免	70			妊	122			攻	195		豸	豸	357	
自	自	321			兎	70	兔	子	孝	127		日	旱	203		貝	貝	357	
至	至	321			児	71	兒	宀	完	130			时	206	時	赤	赤	364	
臼	臼	322		八	兵	73		寸	寿	115	壽		更	210		走	走	364	
舌	舌	323		冫	冷	75			对	137	對	木	李	214		足	足	365	
舛	舛	323			況	237	況	尸	局	140			材	214		身	身	367	
舟	舟	324		刀	初	78			尾	140			束	215		車	車	367	
艮	艮	324			判	78		巛	巡	144			村	215		辛	辛	370	
	色	325			別	79		巾	希	147			条	221	條	辰	辰	371	

走	走 371	冂	冒 74	冒	妻 123	戶	所 181	毋	毒 232
	迎 371 迎	冖	画 270	畫		始 123	手	承 183	水	河 237
	近 372 近	刀	到 79			姓 123		抱 184		油 237
	返 372 返		制 79			姑 124		抵 184		治 237
邑	邑 381		刷 79			委 124		押 185		沿 237
	邪 381		券 80		子	季 127		抽 185		況 237
	邦 381		刺 80			孟 128		拂 185		泊 238
	邦 381 邦		刻 80			孤 128		拒 185		法 238
	那 381		刹 82	劇		学 128	學		拍 185		泣 238
酉	酉 383	力	効 196	效	宀	官 130		拓 186		波 238
釆	釆 384	十	卑 88			宜 130		拔 186		泥 239
里	里 385		卒 89			宗 130		拘 186		注 239
阜	防 392		卓 89			宙 130		拙 186		泳 239
			協 89			定 131		招 186	火	炎 253
8획			卒 263	率		実 135	實		拜 187	拜		炉 257	爐
一	並 291 竝	卩	卷 91			宝 136	寶		担 194	擔	爪	爭 257
乙	乳 46	厶	参 93	參	寸	時 258	爵		拠 194	據	片	版 259
亅	事 48	又	取 94		小	尙 138		拡 194	擴	牛	物 259
二	亞 49		叔 94		尸	居 140	支	放 196			牧 260
亠	享 50		受 95			屈 140	交	斉 420	齊	犬	狀 261
	京 51	口	周 100		山	岸 142	方	於 201			狗 261
人	使 57		味 100			岳 143	日	明 203	田	当 269	當
	佳 58		呼 101		干	幸 150		易 204	白	的 273
	來 58		命 101		广	底 152		昇 204	目	盲 276
	例 58		和 101			府 152		昌 204		直 276
	供 58	严	厳 105	嚴		庚 152		昏 204	矢	知 279
	侍 58		咏 346	詠		店 152		昔 204	示	祀 282
	依 59	囗	固 107		彳	徃 160	往	月	朋 212		社 282
	侮 59 侮		国 107	國		往 160		服 212		祈 283	祈
	価 67 價	土	坤 109			彼 160	木	板 215	穴	空 290
	侄 125 姪		垂 109			征 160		杯 215	糸	糾 298
	併 291 竝	夕	夜 117			径 161	徑		東 215	网	罔 309
儿	兔 70	大	奇 119		心	忠 165		松 216	肉	育 316
	兒 71		奈 119			忽 165		林 216		育 316	育
入	兩 71		奉 119			念 166		析 216		肥 316
八	具 73		奔 119			性 167		枕 216		肩 316
	其 73	女	姉 122			怪 167		果 216		肯 317
	典 73		姜 123		戈	或 180		枝 217		肺 317
	奥 322	興		妹 123	戶	房 181	止	武 228	臣	臥 321

총획 색인 [8획~9획]

부수	한자	쪽	이체	부수	한자	쪽	이체	부수	한자	쪽	이체	부수	한자	쪽	이체	부수	한자	쪽	이체
	卧	321	臥		冒	74		廴	建	156			柳	218			省	277	
舌	舍	323		冖	冠	75		彳	待	161			栄	223	榮		県	306	縣
艸	花	325		刀	削	80			律	161			柒	249	漆		昇	419	鼎
	芽	325			則	80			後	161		歹	殃	230		石	研	281	硏
	芳	326			前	81		心	怒	166			殆	230		示	祈	283	
虍	虎	333		力	勇	83			思	166		殳	段	231			祖	283	祖
衣	表	337			勉	84			怠	166		水	泉	238			祝	283	祝
辵	迎	371		十	南	89			怨	166			泰	239			神	283	神
	近	372			単	104	單		急	167			洋	239		禾	秋	286	
	返	372		卩	卽	91			恒	167			洗	240			秒	287	
	迫	372	迫	厂	厚	92			恨	168			洞	240			科	287	
	述	372	述	又	叛	95			悔	169	悔		洪	240		穴	突	290	
金	金	386			叙	197	敍	戈	战	180	戰		洲	240			窃	291	竊
長	長	390		口	哀	101		手	拜	187			活	240		糸	紅	299	
門	門	390			咸	101			拾	187			派	241			約	299	
阜	阜	392			品	102			持	187			海	241	海		紀	299	
	附	393			哉	102			挑	187			浄	244	淨	羊	美	310	
	阿	393			咲	293	笑		指	188			浅	245	淺	老	者	312	
隶	隶	397		夂	変	354	變	攴	政	196		火	炭	253		而	耐	312	
隹	佳	398		大	奔	119			故	196			為	258	爲	耳	耶	313	
雨	雨	400			奏	119			敀	229	歸		点	418	點	肉	胃	317	
青	青	402	靑		契	120		方	施	201		犬	独	262	獨		胡	317	
	靑	402		女	姻	124		无	既	202	旣	玉	珍	264			背	317	
非	非	402			姦	124		日	昏	204	昏	甘	甚	266			胞	318	
面	面	403	面		姿	124			星	205		生	靑	402	靑		脉	318	脈
					姪	125			映	205		田	畋	267	田	自	臭	321	臭
9획					威	125			昭	205			界	268		艸	若	326	
丿	乘	45		宀	客	131			昨	205			畓	268			苗	326	
亠	亭	51			宣	131			是	205			畏	268			荀	326	
人	侵	59			室	131			春	206			畇	313	耕		苦	326	
	侮	59		寸	封	136			昼	206	晝	疒	疫	271			茂	327	
	侯	59			專	137	專		昜	395	陽	癶	癸	272			英	327	
	便	59		尸	屋	140		木	枯	217			発	273	發	襾	要	340	
	係	60			屏	141	屛		架	217		白	皆	274		言	訂	343	
	俊	60		己	巷	146			某	217			皇	274			計	343	
	促	60		巾	帝	147			查	217		皿	盃	215	杯		訫	354	議
	俗	60			帥	147			柔	218		目	相	276		貝	貞	357	
	保	60		幺	幽	151			柱	218			看	277			負	358	
	信	61		广	度	152			染	218			眉	277		走	赴	364	

총획 색인 [9획~10획]

部	字	번호	本字		部	字	번호	本字		部	字	번호	本字		部	字	번호	本字		部	字	번호	本字
車	軍	193	擊			値	63				歸	229	歸			株	219				症	272	
	軌	367				倫	63			广	座	153				栽	219			皿	益	274	
	軍	367				倹	68	儉			庫	153				根	219			目	眞	277	
辵	迫	372			几	党	419	黨			庭	153				桂	220				真	277	眞
	述	372			八	兼	73			弓	弱	158				格	220				眠	277	
	追	372	追		冖	冥	75			彳	徐	161				桃	220			石	砲	280	
	退	373	退		冫	凍	76				徑	161				案	220				破	280	
	迷	373	迷			涼	243	凉			徒	162				桑	220			示	袂	230	殃
	送	373	送		刀	剛	81				從	162	從		歹	殊	230				祕	283	
	逃	373	逃			剖	82	剖		心	恕	167				殉	230				祖	283	
	逆	373	逆			剣	82	劍			恋	168				殘	230	殘			祝	283	
邑	郊	381			厂	原	92				恐	168			殳	殺	231	殺			神	283	
	郎	382	郞		口	哲	102				恥	168			气	氣	234				祥	284	祥
里	重	385				哭	102				恩	168			水	泰	239			禾	租	287	
阜	降	393				員	102				恭	169				流	241	流			秩	287	
	限	393				唐	103				息	169				浦	241				称	289	稱
面	面	403			土	城	109				悦	169				海	241				秘	283	祕
革	革	403				埋	110				悔	169				浮	241			立	竝	291	
韋	韋	403			夂	夏	116				悟	169				浩	242				竜	421	龍
韭	韭	403			大	奚	120				惠	171	惠			浪	242			竹	笑	293	
音	音	404			女	娘	125				悩	171	惱			浴	242			米	粉	297	
頁	頁	404				娛	125				恋	179	戀			浸	242			糸	納	299	
風	風	408			子	孫	128			手	拳	187				消	242				紋	299	
飛	飛	408			宀	宰	131				捕	188				涉	243				純	300	
食	食	408				宮	132				捉	188				涙	243	淚			紙	300	
首	首	410				宴	132				振	188			火	烏	253				級	300	
香	香	411				害	132				搜	192				烈	254				索	300	
						家	132				挙	194	擧			烟	254	煙			紛	300	
10획						容	132			支	效	196				烛	256	燭			素	301	
丿	乘	45			寸	射	136				敏	196	敏		爪	愛	172	愛		缶	瓨	308	缶
人	倶	61				將	137	將		斗	料	199			牛	特	260				缺	308	
	修	61			尸	展	141			方	旅	201			玄	玆	263			羽	翁	311	
	倉	61			山	峯	143			无	既	202	旣		玉	班	264			耒	耕	313	
	個	61				峰	143	峯		日	時	206				珠	264			耳	耻	168	恥
	倒	62				島	143			日	書	210			田	畜	268			肉	胸	318	
	倍	62			工	差	145			月	朔	212				留	269				能	318	
	借	62			巾	師	148			木	栗	218			疒	疾	271				脅	318	
	倣	62				席	148				校	219				疲	271				脈	318	
	候	62				帯	148	帶			核	219				病	272						

自	臭	321
至	致	322
舟	航	324
	般	324
艸	茫	327
	草	327
	茶	327
	荒	328
	莊	328	莊
衣	衰	338
	被	338
言	討	343
	訓	344
	記	344
豆	豈	355
貝	貢	358
	財	358
走	起	364
車	軒	368
辰	辱	371
辵	迹	365	跡
	追	372
	退	373
	迷	373
	送	373
	逃	373
	逆	373
	途	374	途
	透	374	透
	逐	374	逐
	通	374	通
	速	374	速
	造	375	造
	連	375	連
	逢	375	逢
邑	郞	382
	郡	382
酉	配	383
	酌	383

	酒	384
金	針	386
阜	院	393
	陣	394
	除	394
	陷	394	陷
食	飢	409	饑
馬	馬	411
骨	骨	412
高	高	413
髟	髟	413
鬥	鬥	413
鬯	鬯	414
鬲	鬲	414
鬼	鬼	414

11획

乙	乾	47
人	假	63
	停	63
	偏	63
	偉	64
	健	64
	側	64
	偶	64
	偽	67	僞
冖	富	134	富
刀	副	81
力	動	84
	務	84
匸	區	87
厶	參	93
口	唯	103
	唱	103
	啓	103
	商	103
	問	104
囗	國	107
土	域	110

	執	110
	培	110
	基	110
	堂	111
	堅	111
	塩	417	鹽
女	婚	125
	婢	126
	婦	126
子	孰	128
宀	寂	133
	宿	133
	寅	133
	寄	133
	密	133
寸	將	137
	專	137
尸	屛	141
山	崩	143
	崇	143
巾	帳	148
	常	148
	帶	148
广	庸	153
	庶	153
	康	154
弓	張	158
	强	158
彡	彩	159
彳	得	162
	御	162
	從	162
心	患	170
	悠	170
	情	170
	惜	170
	惟	170
	惡	171	惡
	慘	175	慘

戈	戚	180
手	掃	188
	捨	189
	採	189
	排	189
	授	189
	探	189
	掛	190
	掠	190
	接	190
	推	190
攴	敏	196
	敎	197
	教	197	敎
	敍	197
	救	197
	敗	197
斗	斜	199
斤	斷	200	斷
方	旋	201
	族	202
无	旣	202
日	晝	206
	晨	206
	晩	206
月	朗	212
	望	212
木	梁	221
	梨	221
	梅	221
	條	221
	械	221
欠	欲	227
殳	殺	231
毛	毫	233
水	淚	243
	涯	243
	液	243
	涼	243

	淨	244
	淡	244
	淑	244
	混	244
	深	244
	淫	245
	淺	245
	淸	245
	添	245
	渴	245	渴
	溪	247	溪
	濟	252	濟
火	焉	254
牛	牽	260
犬	猛	261
	猟	262	獵
玄	率	263
玉	球	264
	現	265
	理	265
生	産	266
田	畢	269
	署	269	略
	略	269
	異	269
皿	盜	275	盜
	盖	331	蓋
目	眼	278
	着	278
石	硏	281
示	票	284
	祥	284
	祭	284
禾	移	287
穴	窓	291
立	章	292
	竟	292
竹	第	293
	笛	293

	符	293			貭	363	質		麥	417		广	廃	155	廢		歹	殘	230
糸	紫	301	車	軟	368		麻	417		弓	強	158	強	水	渴	245
	累	301		転	370	轉	黃	黄	418	黃		弾	158	彈		港	246
	細	301	走	途	374		龜	亀	421	龜	彳	復	162			渡	246
	終	301		透	374							循	163			減	246
	絃	302		逐	374		12획			微	163	微		湖	246
	組	302		通	374						徧	377	遍		湯	246
	経	303	經		速	374		人	傍	64		心	悲	171			測	247
羽	習	311			造	375			備	65			惑	171			温	247	溫
聿	粛	315	肅		逝	375			傑	65			惡	171			満	248	滿
肉	脚	319		連	375		刀	割	81			惠	171			湿	252	濕
	脣	319		逢	375			創	81			惱	171		火	然	254
	脫	319		週	375	週	力	勝	84			慨	175	慨		無	254
	脳	319	腦		逸	376	逸		勞	84		手	掌	190			焼	256	燒
舟	船	324		逮	376	逮		勤	85	勤		提	191		爪	爲	258
艸	莊	328		進	376	進	十	博	89			揚	191		犬	猶	261
	荷	328	邑	郭	382		卩	卿	92			揮	191		玉	琴	265
	莫	328		部	382		厂	厥	93			換	191		田	異	269
虍	處	334		郵	382		口	喆	102	哲		援	191			番	269
	虛	334	虛		鄉	383	鄕		善	104			搖	192	搖		畫	270
虫	蛇	334	酉	醉	384	醉		喜	104		支	敢	197		疋	疏	270
行	術	336	釆	釈	385	釋		喪	104			敦	198		疒	痛	272
見	規	341	里	野	385			單	104			散	198		癶	登	273
	視	341	視	門	閉	391			営	257	營	斤	斯	200			發	273
	覌	342	觀	阜	陷	394		囗	圍	107		日	普	207		皿	盜	275
言	訟	344		陰	394		土	堤	111			智	207			盛	275
	訣	344		陳	394			報	111			晴	207		目	着	278	著
	設	344		陸	395			場	111			景	207		矢	短	280
	訪	345		陵	395			堕	113	墮		曉	209	曉	石	硬	281
	許	345		陶	395		女	媒	126		曰	曾	210		禾	稀	288
	訳	353	譯		険	397	險	宀	富	134			最	211			稅	288
	誉	354	譽	雨	雪	400			寒	134			替	211			程	288
豕	豚	356		頁	頂	404		寸	尋	137		月	期	213		立	童	292
貝	貧	358			頃	405			尊	137			朝	213		竹	等	294
	貪	358		食	飢	409			壽	115	壽	木	棄	222			筆	294
	貨	359		魚	魚	415		尤	就	139			森	222			筋	294
	貫	359		鳥	鳥	415		尸	屢	141	屢		植	222			策	294
	販	359		鹵	鹵	416			属	142	屬		検	226	檢		答	294
	責	359		鹿	鹿	417		巾	幅	149		欠	欺	227		米	粟	297
							幺	幾	151								

粧 297	走 超 364	順 405	彳 微 163	殳 殿 231
糸 紫 301	越 365	食 飮 409 飲	心 憙 163 德	毀 231
統 302 統	足 距 365	飯 409 飯	想 172	水 源 247
結 302	車 輕 368 輕	黃 黃 418	愁 172	溪 247
絶 302	辵 週 375	黍 黍 418	愈 172	準 247
給 303	逸 376	黑 黑 418	意 172	溫 247
絡 303	逮 376	黹 黹 419	愛 172	滅 248
絲 303	進 376	齒 齒 421 齒	愚 173	滯 248
耳 联 314 聯	遇 376 遇		感 173	火 煙 254
聿 肅 315 肅	遂 376 遂	**13획**	愧 173	照 255
艸 菊 328	遊 377 遊	乙 亂 47	愼 173	煩 255
菌 329	運 377 運	人 催 65	愼 173 愼	煇 369 輝
菜 329	過 377 過	傲 65	慨 175 慨	犬 獄 262
華 329	達 377 達	傳 65	愾 175 愾	獻 263 獻
虍 虛 334	遍 377 遍	債 66	戈 戰 180 戰	田 當 270
血 衆 336	違 378 違	僅 66	手 搖 192	皿 盟 275
行 街 336	道 378 道	傷 66	搜 192	目 睡 278
衣 裁 338	遲 379 遲	傾 66	損 192	睦 278
裂 338	邑 都 383	僧 67 僧	携 192	督 278
裡 338 裏	里 量 385	力 募 85	攝 194	石 碑 281
裕 339	金 鈍 386	勢 85	支 敬 198	示 祿 284
補 339	門 間 391	勤 85	數 198 數	禁 284
裝 339 裝	閏 391	勸 85 勸	斤 新 200	禍 285 禍
見 視 341	閑 391	口 嗚 105	日 暎 205 映	福 285 福
覚 342 覺	開 391	嘗 105 嘗	暇 207	禪 285 禪
言 訴 345	閗 414 鬪	口 園 107	暉 207 晴	肉 禽 286
詐 345	阜 隆 395	圓 107	暑 208	禾 稚 288
評 345	陽 395	土 塔 112	暖 208	竹 算 295 算
詞 346	隊 396	塊 112	暗 208	節 295 節
詠 346	階 396	塗 112	日 會 211	米 糧 298 糧
証 353 證	隨 397 隨	塞 112	木 業 222	糸 經 303
豕 象 356	隹 雄 398	墓 112	楊 222	絹 303
貝 貯 359	雅 398	塩 417 鹽	楓 223	継 308 繼
貴 360	集 398	大 奬 120 獎	極 223	続 308 續
買 360	難 399 離	女 嫌 126	様 223 樣	网 置 309
貸 360	雁 416 鷹	宀 寢 134 寢	概 224 概	罪 309
費 360	雨 雲 400	干 幹 150	楼 224 樓	羊 群 310
貿 360	頁 須 405	广 廊 154	楽 224 樂	羣 310 群
賀 361	項 405	廉 154	止 歲 229	義 311

耳	聖	313	辛	辭	370 辭	口	嘗	105		幹	150 幹	网	罰	309
	聘	314	辰	農	371	囗	圖	108	欠	歌	227		署	309
	聚	314 聞	走	遇	376		團	108	止	歷	229 歷	耳	聞	314
聿	肅	315		遂	376	土	塲	111 場	水	滯	248	肉	腐	319
肉	腦	319		遊	377		境	113		滿	248	至	臺	322
	腰	320		運	377		墨	113 墨		滴	248	臼	與	322
	腹	320		過	377		增	113 增		漂	248	舛	舞	323
	腸	320		達	377	士	壽	115		漆	249	艸	蒙	330
臼	與	322		遍	377	夕	夢	117		漢	249		蒸	330
艸	萬	329		違	378	大	奬	120		漏	249		蒼	331
	落	329		道	378		奪	120		漁	249		蓄	331
	葬	330		遣	378 遣	宀	寢	134		漫	249		蓋	331
	葉	330		遠	379 遠		察	134		演	250		蔬	331
	著	330		遲	379 遲		寡	134		漸	250	虫	蜜	335
虍	號	334	邑	鄕	383		寧	135		漠	250	衣	裳	339
虫	蜂	335	金	鉛	386		寧	135 寧	犬	獄	262		製	339
衣	裏	338		鉄	389 鐵		實	135	疋	疑	271		複	340
	裝	339		鑛	390 鑛	寸	對	137	皿	盡	275	言	誠	347
角	解	342	門	関	392 關	尸	屢	141		監	275		誓	347
	解	342 解	阜	隔	396		層	141 層	石	碧	281		誌	348
	觸	343 觸	雨	零	400	巾	幕	149	示	禍	285		認	348
言	試	346		電	400		幕	149 幕		福	285		誕	348
	詩	346		雷	401	彳	徹	163		禪	285 禪		誘	348
	該	346	頁	頌	405		德	163 德	禾	種	288		語	348
	詳	347	食	飮	409		徵	163 徵		稱	289		誦	349
	話	347		飯	409	心	慈	173		稻	289 稻		誤	349
	誇	347		飽	409 飽		態	174	立	端	292		誤	349 誤
	譽	354 譽		飾	409 飾		慚	174	竹	算	295		說	349
豆	豊	356	黽	黽	419		慢	174		管	295		讀	354 讀
貝	賊	361	鼎	鼎	419		慘	175		箇	61 個	豕	豪	356
	賃	361	鼠	鼠	420		慨	175	米	精	297	豸	貌	357
	資	361	鼓	鼓	420		慣	175	糸	綠	304	貝	賓	361
	賤	362 賤					憎	176 憎		綱	304		賓	361 賓
足	跡	365	**14획**			手	摘	192		維	304		賦	362 賦
	跳	366	人	像	66	方	旗	202		綿	304	車	輕	368
	路	366		僚	67	日	暢	208		緊	304	辵	遙	378
	踐	366 踐		僧	67		曆	209 曆		練	305 練		遞	378
車	較	368		僞	67	木	榮	223		綾	305 綾		遣	378
	載	368	刀	劃	82		構	223		總	307 總		遠	379

	適	379	適		審	135		標	224	臼	興	322		靈	402	靈
金	銃	386	銃		寫	135		樓	224	艸	蔬	331	食	養	410
	銀	387		寸	導	138	導	樂	224		蓮	331		餓	410	餓
	銘	387		尸	層	141		模	224		藏	332	藏	髟	髮	413
	銅	387			履	141		横	225	横	虫	蝶	335	鳥	鴈	416
	錢	388	錢	巾	幣	149		權	226	權	行	衝	337	鹿	麗	417	麗
門	閣	392		幺	繼	308	繼	欠	歎	227		衛	337	衛	齒	齒	421
阜	際	396		广	廣	154			歡	227	歡	言	誰	349				
	障	396			廟	154		水	潛	250		課	349		**16획**		
	隱	397	隱		廢	155			潜	250	潜	談	350	人	儒	68
隹	雜	399	雜	廾	弊	156		潤	250		調	350	宀	冪	74	冖
	難	399	難	弓	彈	158		潔	251		諒	350	冫	凝	76
雨	需	401		彡	影	159		潮	251		請	350	口	器	105
靑	静	402	靜	彳	德	163		火	熟	255		論	350	土	壁	114
頁	頗	406			徵	163			熱	255	貝	賦	362		墻	114
	領	406			徹	163		犬	獎	120	獎	賞	362		壇	114
食	飽	409		心	慕	174		田	畿	270		賢	362		壞	114	壞
	飾	409			慙	174	慚	皿	盤	276		賜	362		壤	115	壤
馬	驅	412	驅		慶	174		石	確	281		賤	362	大	奮	120
	駅	412	驛		慧	175		禾	穀	289		賣	363	子	學	128
鬼	魂	414			慮	175			稿	289		質	363	寸	導	138
鳥	鳳	415			慾	176			稾	289	稿	贊	363	贊	心	憲	177
	鳴	415			憂	176			稻	289	走	趣	365		憶	177
鼻	鼻	420			慰	176		穴	窓	291	窓	足	踏	366		懷	178	懷
齊	齊	420			憎	176			窮	291		踐	366	戈	戰	180
					憐	176		竹	節	295	車	輩	369		戲	181
	15획				憫	177			範	295		輝	369	手	擇	193
人	價	67			憤	177			篇	295		輪	369		擁	193
	儀	67		戈	戲	181	戲	糸	緜	304	綿	辶	適	379		操	193
	儉	68		手	播	193			練	305		遷	379		擔	194
	億	68			擊	193	擊		緖	305		選	379	選	據	194
刀	劇	82		攴	敵	198			緣	305		遵	380	遵	支	整	199
	劍	82			數	198			線	305		遺	380	遺	日	曉	209
	劒	82	劍	日	暴	208			緩	305	酉	醉	384		曆	209
土	墨	113			暮	209			緯	306	金	銳	387	木	樹	225
	增	113			暫	209			編	306		鑄	390	鑄	橋	225
	墮	113		木	樣	223		网	罷	310	門	閱	392		機	225
	墳	113			概	224		耳	聰	314	聰	阜	隣	397		横	225
宀	寬	135			槩	224	概	肉	腸	320	腸	雨	震	401	止	歷	229

水	澤	251		遲	379		檢	226	金	鍊	388	車	轉	370
	濁	251		選	380	水	濕	252	阜	隱	397	酉	醫	384
	激	251		遵	380		濫	252	隶	隸 398 隷		金	鎭	389
火	燃	255		遺	380		濯	252	隹	雜	399		鎭 389 鎮	
	燒	256		還 380 還			濟	252	雨	霜	401		鎖	389
	燈	256		避 380 避		火	燥	256		霧 401 霧			鎖 389 鎖	
	燕	256	金	錄	387		燭	256	韋	韓	403	門	鬪 414 鬪	
犬	獨	262		鋼	388		營	257	食	館	410	隹	雜	399
	獸 262 獸			錯	388	爪	爵 258 爵		魚	鮮	415		雙	399
目	瞳 279 瞬			錢	388	爿	牆 114 墻		鳥	鴻	416		雞 416 鷄	
矢	矯 66 矯			錦	388	犬	獲	262	黑	點	418	頁	題	406
石	磨	282		鍊 388 鍊		玉	環	265	龠	龠	421		顏	407
禾	積	289	阜	險	397	目	瞬	279					額	407
竹	篤	296		隨	397	矢	矯	280	**18획**				顯 408 顯	
	築	296	隶	隸	398	示	禪	285	心	懲 178 懲		馬	騎	411
米	糖	298	靑	靜	402	禾	穉 288 稚		手	擧	194		騷 411 騷	
	穀 289 穀		頁	賴 363 賴		糸	縱	306		擴	194		驗 412 驗	
糸	縣	306		頭	406		縮	306	斤	斷	200			
	縱 306 縱			頻	406		績	307	日	曜	209	**19획**		
舌	館 410 館		食	餘	410		總	307	止	歸	229	土	壞	114
艸	蔬	331		餓	410		繁	307	爪	爵	258	宀	寶 136 寶	
	蔽	332		館 410 館		羽	翼	311	犬	獵	262	心	懲	178
虫	螢	335	黑	默	418	耳	聯	314	石	礎	282		懷	178
行	衛	337	龍	龍	421		聰	314	示	禮	285	火	爆	257
	衡	337	龜	龜	421		聲	314	竹	簡	296	犬	獸	262
見	親	341					聽 315 聽		米	糧	298	禾	藁 289 稿	
	覽 342 覽		**17획**			臣	臨	321	糸	織	307		穫	290
言	諸	351	人	償	68	艸	薄	332	羽	翼	311	竹	簽 293 笛	
	諾	351		優	68		薦	332		翻 408 飜			簿	296
	謀	351	力	勵	85		藥 224 藥		耳	職	315		籍	296
	謁	351	土	壓	114	言	謠	352	臼	舊	323	糸	繫	307
	謂	351	山	嶽 143 岳			講	352	艸	藏	332	网	羅	310
	謠 352 謠			嶺	144		謝	352	虫	蟲	335	肉	臟 320 臟	
豕	豫	357	心	懇	177		謙	352	襾	覆	341	艸	藝	332
貝	賴	363		應	178	谷	谿 247 溪		見	觀 342 觀			藥	333
車	輸	369	戈	戱	181	車	輿	369	言	謹	352	言	證	353
辛	辦	370	手	擊	193	辵	還	380	豆	豊 356 豊			識	353
辵	遷	379	攴	嚴 105 嚴			避	380	貝	贈 363 贈			譜	353
	遲 379 遲		木	檀	225	酉	醜	384	足	蹟	366	貝	贈	363

19획

	贊	363
辛	辭	370
辶	邊	380
金	鏡	389
門	關	392
隹	離	399
	難	399
雨	霧	401
音	韻	404
頁	願	407
	類	407
鳥	鷄	416 鶏
鹿	麗	417

20획

力	勸	85
口	嚴	105
土	壤	115
宀	寶	136
心	懸	178
木	欄	226 欄
火	爐	257
犬	獻	263
立	競	292
竹	籍	296
糸	繼	308
艸	蘇	333
見	覺	342
角	觸	343
言	警	353
	譯	353
	議	354
	讓	355 讓
身	體	413 體
采	釋	385
金	鐘	389
	鐙	256 燈
雨	露	402
音	響	404 響

馬	騰	411
	騷	411
鬥	鬪	414
黑	黨	419

21획

尸	屬	142
心	懼	178
手	攝	194
木	欄	226
糸	續	308
艸	蘭	333
見	覽	342
言	護	354
	譽	354
足	躍	367
辛	辯	370
金	鐵	389
雨	露	402 露
頁	顧	407
飛	飜	408
馬	驅	412
鳥	鷄	416
	鶴	416

22획

木	權	226
欠	歡	227
穴	竊	291
立	競	292 競
耳	聽	315
肉	臟	320
衣	襲	340
言	讀	354
	讚	355 讚
金	鑄	390
	鑑	390
音	響	404

23획

山	巖	144
心	戀	179
虫	蠭	335 蜂
言	變	354
金	鑛	390
頁	顯	408
馬	驗	412
	驚	412
	驛	412
骨	體	413

24획

言	讓	355
金	鑪	257 爐
雨	靈	402
鹵	鹽	417

25획

| 广 | 廳 | 155 |
| 見 | 觀 | 342 |

26획

| 言 | 讚 | 355 |

MEMO